"十三五"国家重点出版物出版规划项目

20世纪中期云南少数民族社会历史调查实录

第三卷

民族工作（一）

主　编　◎　申　旭
副主编　◎　肖依群

云南人民出版社

图书在版编目（CIP）数据

20世纪中期云南少数民族社会历史调查实录. 第三卷，民族工作. 一 / 申旭主编；肖依群副主编. -- 昆明：云南人民出版社，2023.4
 ISBN 978-7-222-21679-2

Ⅰ. ①2… Ⅱ. ①申… ②肖… Ⅲ. ①少数民族—民族历史—社会调查—云南—20世纪 Ⅳ. ①K280.74

中国国家版本馆CIP数据核字(2023)第017134号

责任编辑	郭木玉　高　专
特约编辑	周元晖
助理编辑	巫孟连
装帧设计	石　斌
责任校对	溥　思　文永清
	明　珍　费　珺
	崔同占　李　红
	白　帅
责任印制	代隆参

20世纪中期云南少数民族社会历史调查实录
第三卷
民族工作（一）

主　编◎申　旭
副主编◎肖依群

出　版	云南人民出版社
发　行	云南人民出版社
社　址	昆明市环城西路609号
邮　编	650034
网　址	www.ynpph.com.cn
E-mail	ynrms@sina.com
开　本	787mm×1092mm　1/16
印　张	35.25
字　数	813千
版　次	2023年4月第1版第1次印刷
印　刷	昆明理煋印务有限公司
书　号	ISBN 978-7-222-21679-2
定　价	500.00元

云南人民出版社微信公众号

写在前面

一

2019年1月，我在5卷本《秘境——云南民族濒危影像记忆》的开篇"写在前面"中写道：

编成本套图书前后历经10个月，而搜集、梳理和研究云南民族影像资料，则自我来云南工作以后直到退休，花费了整整30年的时间。

在2016年出版的《云南民族调查史料钩沉（1950—1965）》开篇"前言"中，我曾写下这样一段话：出版本书最主要的目的，就是将我们20多年来搜集到的云南民族调查史料的相关内容和目录公之于世。这些史料绝大部分至今尚未公开出版，也很少为有关部门和专业研究人员所使用，很多人甚至不知道其存在。而这些珍贵的云南民族调查史料，正是中华人民共和国建立初期党的民族政策在西南边陲得以良好贯彻执行的确切依据，也是部分民族政策基于民族调查而制定的最好见证。如果要总结新中国民族工作的"云南现象"和"云南经验"，了解云南民族团结进步、边疆繁荣稳定的历史发展轨迹，这些史料则是其中最早和最重要的组成部分。

编纂《秘境——云南民族濒危影像记忆》丛书，我们有着同样的初衷。"为了明天而收集昨天"，则是我们的终极目的。

2020年1月，《20世纪中期云南少数民族社会历史调查实录》（后文简称《实录》）的选编工作正式启动。

我们对于20世纪中期云南少数民族文献史料和影像资料的搜集是同步进行的，因而编纂《实录》和编纂《秘境——云南民族濒危影像记忆》一样，有着同样的初衷和终极目的，两套图书同为"历史记忆"，一为文字，一为图片，相互观照，彼此成就。5卷本《秘境——云南民族濒危影像记忆》于两年前编定，即将面世，而《实录》的编辑和出版事宜肇始于2012年，至今已8年有余。其间不断大费周折与各方机构、多个部门商谈切磋，多次按照要求提交情况说明、申请报告、策划方案、出版计划、经费预算；曾接到过项目已获批准的通知，也见到了权威机构的立项文件，但结果都无从言说，令人身心俱疲、感喟不已。2015年，我在《云南民族调查史料钩沉（1950—1965）》（云南人民出版社2016年版）一书的"前言"中写道：

2004年，我们策划并出版了《见证历史的巨变——云南少数民族社会发展纪实》一书，全书分为4卷，即社会发展卷、生产劳作卷、生活习俗卷和文化艺术卷，书中提供了1480幅珍贵的历史照片，是我们搜集、整理云南民族调查资料的阶段性成果。之后在继续查找、搜集和购买各种云南民族调查资料的同时，我们在极为困难的条件下，阅读了全部能够找得到和看得到的云南民族调查资料，并开始着手辨识和系统分类整理工作，计划将其部分陆续公开出版。由于经费等多方面的原因，这项工作至今仍在进行之中，因而先将云南民族调查资料的主要情况和一万多份史料的目录编成《云南民族调查史料钩沉（1950—1965）》一书，抛砖引玉，希冀有更多的人来关注和研究新中国建立初期云南各民族的发展历程，也期望有更多的人去抢救和保护云南民族调查资料，少存遗憾，给后人留下一笔不可多得的精神财富。

来到"十三五"收官之年，《实录》史料的辨识、分类、整理、选编和出版进程步入快速前行的轨道。

二

20世纪中期云南少数民族社会历史调查资料，主要包括以下几个方面的内容：
1. 民国时期的调查资料；
2. 中共云南省委边疆工作委员会的调查资料；
3. 云南省民族事务委员会的调查资料；
4. 云南省民族工作队的调查资料；
5. 中央民族访问团西南民族访问团第二分团的访问调查资料；
6. 云南民族识别研究组的调查资料；
7. 云南民族语言调查组的调查资料；

8. 全国少数民族社会历史调查中的云南民族调查资料；

9. 为贯彻执行民族政策，配合中央、云南省有关方面的各项工作，云南省各专区、自治区（州）、县、市、区、乡以各种组织形式进行的调查资料。

《实录》中民国时期的调查资料收录较少，范围也不甚广，目的仅在于使阅读者和使用者对1950年前后阶段云南少数民族的基本情况和发展进程有一个连续性的概念，不致截然割裂开来，重点仍聚焦于1950年云南解放以后各方面所发生的重大变革，并以1956—1964年的调查资料最为集中。因1956年开始的全国少数民族社会历史调查，包括云南在内的大部分地区在1965年时已基本结束，《民族问题三种丛书》的编写工作又因"文化大革命"的来临而陷于停顿状态，《实录》内容的时间下限也就确定在1966年"文化大革命"开始以前。

提起"云南民族调查"，人们首先想到的就是始于1956年的全国少数民族社会历史调查，即人们通常所说的"全国民族大调查"。实际上，早在1941年8月，中国共产党就做出了《中共中央关于调查研究的决定》，对中国社会各阶层进行调查研究。在1956年全国少数民族社会历史调查开始之前，中央人民政府先后派出了中央民族访问团西南民族访问团第二分团、云南民族识别研究组和云南民族语言调查组前往云南进行各项访问调查，中共云南省委边疆工作委员会、云南省民族事务委员会、云南省民族工作队等也对云南省解放初期各方面的情况做了大量的调查研究工作，为云南省少数民族身份和种类的最终确认、云南边疆民族地区社会经济的发展和中央民族政策的制定、贯彻执行奠定了坚实的基础。

从1956年开始，中国历史上第一次有组织、有计划进行的全国少数民族社会历史状况科学调查，系由毛泽东倡议、彭真负责。当时明确了调查工作由全国人民代表大会民族委员会主持，成立了由全国人民代表大会民族委员会主任委员刘格平、中央民族事务委员会副主任刘春和中央民族学院副院长费孝通组成的调查领导小组，在全国人民代表大会民族委员会成立了调查办公室。1956年4月，全国人民代表大会民族委员会制订了民族调查规划，拟定筹建云南、贵州、广西、西藏等地区少数民族社会历史调查组，计划在4—7年内基本弄清楚各主要少数民族的社会经济结构和阶级情况。当年就组织了云南、四川等地8个调查组，抽调了民族学家、社会学家、历史学家、经济学家以及社会科学研究人员、民族工作干部、大专院校师生参加。对云南各民族的调查，至"文化大革命"以前基本结束。据不完全统计，20世纪50—60年代云南民族调查资料初步整理出万余种，总字数在1亿字以上；整理档案资料和文献摘录数百种，计2000多万字；录制少数民族社会历史科学纪录片7部，拍摄各民族照片数万幅，还搜集了一批少数民族历史文物。

中国少数民族社会历史调查及其资料的整理、出版时间前后长达数十年之久。这是新中国成立以来唯一的一次大范围、全方位的少数民族调查，丰富的材料比较详细、忠实地记录下了各民族历史和现状，是非常可贵的第一手材料，为我国少数民族身份、种类的识别和确认提供了科学依据，培养了新中国第一批民族学家和人类学家，为中国少数民族的社会发展和新中国民族学、人类学的奠基与成长发挥了举足轻重的作用。就最终确定少数民族种类最多的云南省而言，民族识别和调查做得最好，民族工作尤为仔细和认真，民族政策的贯彻和落实最到位，调查资料数量及保留较多，内容也极为丰富，因而显得尤为弥足珍贵。

《实录》所说的"云南少数民族调查资料"即指上述各项调查的文献、提纲、记录、报告、总结、信件、照片、纪录片文本、研究成果、纸质文物等各类历史资料，以及20世纪50—60年代铅印的云南民族调查资料。

20世纪50—60年代，全国人民代表大会民族委员会云南少数民族社会历史调查组、中国科学院民族研究所云南民族调查组和云南省少数民族社会历史研究所等部门和研究机构编辑铅印的调查资料，由于封面一律为白色，故又被称为"白皮书"。

云南民族调查资料白皮书总共印刷了多少种，目前尚不得而知。到目前为止，我们收藏到58种，涉及云南25个世居少数民族中的14个，即彝族、哈尼族、白族、傣族、傈僳族、拉祜族、佤族、纳西族、景颇族、布朗族、阿昌族、怒族、德昂族、独龙族等。其他11个少数民族没有涉及，原因和可能性有3点。

1. 当时进行的少数民族社会历史调查主要是为撰写各少数民族简史、简志提供资料，具体分工的方法是：一个民族若同时分布在若干省区，则由分布该民族人数最多的省区负责撰写，其他省区负责该民族的社会历史调查，并把调查资料提供给承担撰写任务的省区。云南配合贵州、广西等省区撰写任务而进行调查的少数民族共有8个，即蒙古族、回族、藏族、苗族、壮族、布依族、瑶族、水族等。

2. 普米族、基诺族和满族3个民族被识别和确定为单一民族的时间较晚。普米族于1961年被确定为单一民族，而基诺族直到1979年才被确定为单一民族。当时普米族和满族两个民族的调查资料已经初步整理，但未被列入白皮书，而基诺族尚被称为攸乐人，其调查资料则被列入彝族的内容范畴。

3. 某些民族的调查资料，也许已经收入白皮书，只是我们尚未见到。

通过阅读白皮书，并将其与云南民族调查资料手稿及后来公开出版的国家民委

《民族问题五种丛书》之《中国少数民族社会历史调查资料丛刊》中的云南部分进行对照，简而言之，白皮书的价值主要体现在以下4个方面。

第一，《中国少数民族社会历史调查资料丛刊》没有全部收录白皮书的内容。仅举一例如下。

中国科学院民族研究所云南省少数民族社会历史调查组、云南省少数民族社会历史研究所办公室在《四川及云南昭通地区彝族社会历史调查资料》（彝族调查资料之二，1963年5月10日）白皮书的"说明"中写道：

> 因为编写《彝族简史》的需要，中国科学院民族研究所云南省少数民族社会历史调查组与云南省少数民族社会历史研究所于1960年2月至5月，至四川凉山彝族自治州和西昌地区以及羌族地区进行了调查。此次调查中，以云南大学历史系方国瑜教授为首的20多位师生，也作为调查组的成员参加了工作。本资料就是以此次调查的一部分专题材料为主，包括云南昭通地区毗连四川凉山的有关部分调查而成的。

《四川及云南昭通地区彝族社会历史调查资料》白皮书共收录四川、云南有关彝族的调查16篇。20世纪80年代，在出版国家民委《民族问题五种丛书》之《中国少数民族社会历史调查资料丛刊》时，云南省编辑组编辑了一本《四川广西云南彝族社会历史调查》（云南人民出版社1987年版），但未收录任何一篇该白皮书中的调查资料。

第二，云南民族调查资料白皮书主要来自当年的调查手稿，但现今部分手稿已不存在或很难寻觅，白皮书就成为当时调查最真实的记录。

截至目前，我们已粗读过1万多份尚未系统整理和公开出版的云南民族调查资料，大多为复写本、刻印本、油印本和抄本，表明这些资料并非孤本，其中部分曾经内部印刷，部分已经编入白皮书或《中国少数民族社会历史调查资料丛刊》。例如，《思茅 玉溪 红河傣族社会历史调查》编者指出：

> 本集共收集孟连傣族历史文献译文、社会调查资料及景谷、元江、新平、金平、红河各县调查材料共十七篇，其中八篇曾由中国科学院民族研究所云南民族调查组、云南省民族研究所以内部资料形式铅印过。①

---

① 云南省编辑组编：《思茅 玉溪 红河傣族社会历史调查·后记》，国家民委民族问题五种丛书之一《中国少数民族社会历史调查资料丛刊》，云南人民出版社1985年版。

《傣族社会历史调查》（西双版纳之十）编者指出，该集收入的资料中，"《勐海县勐混区曼蚌乡傣族农村公社和家族组织调查》一文，曾见于云南省历史研究所的内刊"①。《傣族社会历史调查》（西双版纳之三）编者指出：

本集收入的译稿，都是1954年至1955年间收集的有关西双版纳宣慰使司和各勐的史料，大部分在五十年代作内部资料刊印过。《傣族宣慰使司地方志》，是傅懋勣教授和刀忠强同志在1953年翻译的，我们根据中共西双版纳州委档案科和省历史研究所的复写本和油印本，选用了其中几节。《防火的通告》《宣慰使侍卫轮流执勤牌》等五篇，均选自省历史研究所的手抄稿，没有译者署名，只在卷内目录"调查写作年月"栏中注明"1954年"。这些稿件均请当年西双版纳傣族社会联合调查组翻译小组主持工作的刀国栋同志过目，认定确系这个小组的翻译稿。②

《傣族社会历史调查》（西双版纳之六）编者指出：

本集共收入十二篇调查资料，其中《勐遮傣族社会经济情况调查》和《勐遮傣族农民内部的封建等级调查》两篇，在六十年代初期作为内部资料铅印过。其余各篇原件，除了《版纳勐遮景真傣族社会历史情况调查》存中共西双版纳傣族自治州州委档案室外，均存省历史研究所。③

《傣族社会历史调查》（西双版纳之七）编者指出：

本集收入了景糯、勐很、勐旺、景董以及象明的调查资料共十四篇。收入的这些资料原件，除《景糯傣族社会经济情况调查》《勐旺傣族社会经济调查补充材料》《勐旺曼练景寨调查》《勐旺曼扫寨调查》存中共西双版纳傣族自治州州委档案科外，其他各

---

① 云南省编辑组编：《傣族社会历史调查（西双版纳之十）·后记》，国家民委民族问题五种丛书之一《中国少数民族社会历史调查资料丛刊》，云南民族出版社1987年版。
② 《民族问题五种丛书》云南省编辑委员会编：《傣族社会历史调查（西双版纳之三）·后记》，《中国少数民族社会历史调查资料丛刊》，云南民族出版社1983年版。
③ 《民族问题五种丛书》云南省编辑委员会编：《傣族社会历史调查（西双版纳之六）·后记》，《中国少数民族社会历史调查资料丛刊》，云南民族出版社1984年版。

件均存省历史研究所。①

《傣族社会历史调查》（西双版纳之八）编者指出：

> 本集收入勐罕、勐笼、勐养和勐景哈、勐宽等五个勐的调查资料十二篇。……除上述外，其余各篇五十年代的油印本，原件存省历史研究所。②

仅仅要弄清楚这些原件现今是否还存世，其中哪些作为内部资料刊印过、哪些曾收入云南民族调查资料白皮书、哪些已收入《中国少数民族社会历史调查资料丛刊》、都进行了哪些删节和修改等，都不是一件简单容易的事情。

第三，《中国少数民族社会历史调查资料丛刊》遗漏了太多白皮书原有的信息。

白皮书大多有"前言"或"编后记"，如1958年2月13日全国人民代表大会民族委员会云南民族调查组、云南民族研究所《1956年12月至1957年6月云南西盟卡瓦族社会经济调查总结报告·卡瓦族调查材料之一》（全国人民代表大会民族委员会办公室编，1958年3月）白皮书的"编辑前言"：

> 自1956年12月至1957年6月，我组、所3个田野调查组分别调查了德宏州南部景颇族6个点，西盟县卡瓦族6个点，碧江县傈僳族2个点，贡山县四区独龙族3个点，碧江、福贡、贡山三县怒族3个点。在过去调查的基础上，进一步调查研究了这五族地区的生产力、生产关系、阶级分化、政治及家族制度、意识形态及生活习惯和社会主义改造中的问题。但我组、所初创之际，全部干部都是生手，受过资产阶级社会学、民族学一定的影响，几次批判又软弱无力；尤其对马列主义学习不深，不善于正确地进行阶级分析，特别是对过渡时期两条道路斗争的认识不明确，因此五族调查材料在目前社会主义改造与生产大跃进两个高潮中不能够全部说明问题，就是阶级分化与社会主义改造中的矛盾问题，组、所内干部意见也不一致，尚不能得出准确结论。
>
> 上述五族调查，原始材料164万字，景颇族社会、经济、政治、意识形态及历史的专题材料38万字，五族各点的综合材料50万字，卡瓦与景颇两族的综合材料51万字，

---

① 云南省编辑组编：《傣族社会历史调查（西双版纳之七）·后记》，国家民委民族问题五种丛书之一《中国少数民族社会历史调查资料丛刊》，云南民族出版社1985年版。
② 云南省编辑组编：《傣族社会历史调查（西双版纳之八）·后记》，国家民委民族问题五种丛书之一《中国少数民族社会历史调查资料丛刊》，云南民族出版社1985年版。

五族5个总结材料共30万字。另收集文物193件，摄拍照片900张，可供研究参考。

办公室编印资料150万字，这是研究边疆各民族社会经济的基础。争取文史馆、参事室及云大教师多人协助，抄录明清两代云南及东南亚民族史料400余万字，翻译外文著作中的云南及东南亚民族资料120万字，对于明清以来各民族历史关系研究有参考价值。

五族田野调查材料及总结材料，尚须较长时间修改才能付印。就是五族5个总结材料，合计亦达30万字，不便领导同志看阅。为便于领导同志在百忙中以短时间看阅我组、所调查研究情况，特将五族调查材料各写成2000—4000字的总结提要。

该书的"编后记"除了告诉我们该书的编辑者是云南少数民族社会历史调查组、云南省少数民族社会历史研究所，校阅者是张凤岐以外，还讲述了此次调查的基本情况：

1956年12月至1957年6月，我组在西盟瓦族自治县对马散、永广、中课、翁戛科、岳宋等5个瓦族寨子进行了重点调查，并对该县其他少数民族（拉祜族、傈僳族、"罗缅"）进行了某些调查。我们的调查是在过去调查材料的基础上进行的，过去的材料给了我们帮助和启发。

在调查过程中，是在思茅地委会、澜沧边工委会、西盟工委会和西盟瓦族自治县筹委会以及西盟各区委会的具体领导和帮助下进行的，并得到当地驻军的大力协助。

由于我组同志多是初次参加调查工作，缺乏农村工作经验，理论水平不高，因而我们的调查是很肤浅的、不全面的，有些材料还须复查，有些论点还值得商榷。

云南民族调查组第一分组
1957年12月　昆明

《1956年12月至1957年6月云南西盟大马散卡瓦族社会经济调查报告·卡瓦族调查材料之三》（全国人民代表大会民族委员会办公室编，1958年3月）白皮书除了"前言"以外，还有"编者说明"和"编后记"。全国人民代表大会民族委员会云南少数民族社会历史调查组、云南省少数民族社会历史研究所撰写的"编者说明"主要讲述了此次调查的时间、地点和内容：

全国人民代表大会民族委员会云南少数民族社会历史调查组第一分组于1956年11月至1957年7月，到云南西盟卡瓦族自治县（筹备委员会）在卡瓦族的6个点（大马散、岳宋、永广、中课、翁戞科、龙坎）进行了社会经济和历史的调查工作。大马散是分组的调查重点，在这里调查历时7个多月之久，写成了这个调查报告。

本册包括大马散寨卡瓦族的概况、经济［包括农业（生产力：生产工具、生产技术、劳动力的使用、产量。生产关系：生产资料占有、劳动组织与分工、合种、土地买卖、雇工、债务、蓄奴），手工业及副业，商业］、社会历史（历史、政治、军事、物质生活、家庭、婚丧、宗教、科学文艺、文教卫生）和大马散农业生产合作社情况。第一分组试图在几年来地、县委调查的基础上，进一步调查研究了大马散卡瓦族的生产力、生产关系、阶级分化、政治及家族制度、意识形态及生活习惯和社会主义改造的问题。大马散是西盟卡瓦族的腹心地区，保留本民族的固有特点较多些，代表面较宽，所以，在这里进行实地调查就能了解西盟腹心地区卡瓦族的特点。

自从1957年冬至1958年春省委提出苦战三年改变我省的面貌以来，西盟大马散卡瓦族与全省各族人民一样，掀起了生产大跃进和合作化大跃进的高潮，两个高潮互相推动，使大马散卡瓦族起了亘古未有的大变化，如猎头之俗已在大跃进中停止；许多落后习惯已完全改变。本调查报告由于调查时间的限制性，有些卡瓦族在前进中所存在的矛盾和问题，在1956—1957年夏调查时还没有暴露出来，或尚未发现。因此当时调查研究的认识与今天卡瓦族大跃进中生动活泼的局面，容或有不全面不深透之处。但作为了解大马散卡瓦族生产和合作化大跃进以前的实际情况，仍然有参考价值，特刊印出来，以供各方研究之助。

"编后记"则提供了整理者的分工情况：

我组在马散调查中得到中共西盟工委会、西盟瓦族自治县筹委会及马散区委会的大力帮助，区上的同志们更提供了许多材料，特此致谢！本报告的整理者是：顾宗振同志负责"概况""生产资料占有""劳动组织与分工""合种"，杨炳炎同志负责"生产力""手工业及副业""文教卫生"，沈琼英同志负责"土地买卖""雇工""大马散农业生产合作社情况"，李仰松同志负责"债务""物质生活"，黄宝璠同志负责"蓄奴""商业"，徐志远同志负责"历史""军事""姓氏与父子连名制度""科学文艺"，傅愫斐同志负责"政治""家庭""婚丧""宗教"。

云南民族调查组第一分组
1957年12月　昆明

国家民委《民族问题五种丛书》云南省编辑委员会编的《佤族社会历史调查（一）》①将该册的标题改成了《西盟大马散佤族社会经济调查报告》，删去了《1956年12月至1957年6月云南西盟大马散卡瓦族社会经济调查报告》白皮书中的"前言""编者说明"和"编后记"。

云南民族调查资料白皮书的"前言""编辑前言""说明""编辑说明""编后记"为我们提供了丰富和宝贵的云南民族调查组的信息，但在公开出版《中国少数民族社会历史调查资料丛刊》时大多被删去，留下了太多的缺憾，其中部分也许已经无法弥补。

第四，《中国少数民族社会历史调查资料丛刊》几乎对所有收录进白皮书的内容进行了修改或删节。

鉴于上述，《实录》将收录部分白皮书的内容，主要包括3个方面：一是《中国少数民族社会历史调查资料丛刊》没有收录的文稿，二是《中国少数民族社会历史调查资料丛刊》虽然收录但删改过多的文稿，三是《中国少数民族社会历史调查资料丛刊》仅做了部分收录的文稿。《实录》对于部分白皮书文稿的收录，如果能找到原稿，即以原稿为准；如果无法找到原稿，则以白皮书为准。

三

《中国少数民族社会历史调查资料丛刊》云南部分，收录的不仅是1956年开始的"全国民族大调查"中云南的民族调查资料，而且包括部分1950年至1955年中央和云南省有关部门所做的各项云南民族调查的资料。例如，1958年5月云南少数民族社会历史调查组在《西双版纳傣族社会经济史料译丛》"前言"中写道：

中央访问团第二分团，中共云南省委边疆工作委员会，云南省民族事务委员会，各地、县委，各民族工作队及其他部门和民族工作干部，几年来对云南各少数民族地区的社会经济情况曾进行了许多调查工作，搜集了大量资料，这些资料是此次调查研究的基础。现特委托中共云南省委边疆工作委员会研究室、云南省民族事务委员会、我组参加其工作，将上项资料分别整理编辑；全国人民代表大会民族委员会并指定我组负责刊印出来，

---

① 《民族问题五种丛书》云南省编辑委员会编：《佤族社会历史调查（一）》，《中国少数民族社会历史调查资料丛刊》，云南人民出版社1983年版。

以供我组作为调查研究的基础材料及各有关部门和民族工作的参考。①

在该书的"编者说明"中，编者又写道：

在解放后几年民族工作基础上，1954年九十月间，中共云南省委边委、省委宣传部与省民委先后派去工作组，会同思茅地委联络组与西双版纳工委调查组，并选拔当地傣族干部20余人，共同组成近70人的调查工作队，展开了景洪、勐海、勐遮、勐腊、勐捧等版纳的傣族社会调查工作。在进行调查工作中，也广泛地搜集过去西双版纳宣慰使司和各勐公私所藏的傣文抄本进行翻译，编成本书。②

另外，如《中国少数民族社会历史调查资料丛刊》收录的云南民族识别等方面的资料，调查时间也都在1956年"全国民族大调查"开始以前。

云南民族调查资料最初计划用来编写《民族问题三种丛书》，即《中国少数民族简史》《中国少数民族简志》《中国少数民族自治地方概况》。1978年党的十一届三中全会以后，中央决定将《民族问题三种丛书》扩成《民族问题五种丛书》，增加了《中国少数民族语言简志丛书》和《中国少数民族社会历史调查资料丛刊》。《民族问题五种丛书》中的前4种已于20世纪80年代前后基本出版完毕，第五种即《中国少数民族社会历史调查资料丛刊》，作为国家民委《民族问题五种丛书》之一，于20世纪80年代前后全国共出版143册。其中，云南部分由云南人民出版社和云南民族出版社共出版73册，约计3000万字，册数和字数均约占全国出版总量的一半。国家民委《民族问题五种丛书》修订本于2009年由民族出版社出版，合计为86种147册，其中《中国少数民族社会历史调查资料丛刊》云南部分，虽然《崩龙族社会历史调查》不再单独出版，但是加上民族出版社1990年出版的《基诺族普米族社会历史综合调查》1册，仍为73册。

国家民委《民族问题五种丛书》之《中国少数民族社会历史调查资料丛刊》的编纂工作始于1979年。费孝通曾回忆说："我是1950年到贵州的，从那年开始就搞民族调查。在这以前，什么叫少数民族，我们也不大清楚。通过中央访问团的几次调查，搜集到不少资料，了解了有些什么民族。……总之，过去30年的民族调查工

---

① 全国人民代表大会民族委员会办公室编：《西双版纳傣族社会经济史料译丛·傣族调查材料之一·前言》，1958年5月。
② 全国人民代表大会民族委员会办公室编：《西双版纳傣族社会经济史料译丛·傣族调查材料之一·编者说明》，1958年5月。

作，国家是花了钱花了力的，各个民族都出了力。我们搞了不少资料，数量很大。可是，这一大批资料很多都不在了，在'四人帮'横行时损失了。据我所知，贵州烧得很厉害，一卡车一卡车的资料拉去烧掉了，别的地方也损失了不少。这样，现在剩下的材料就很宝贵了。正是因为这个教训，所以在三中全会之后，国家民族事务委员会就提出来，要抓紧时间把过去的材料整理出来，要编五种丛书，供大家使用。"① "1978年的中共十一届三中全会后，国家民委行政机构得以恢复，隔年即在北京召开了出版'五丛'的规划会议，并成立了由众多著名专家学者组成的编委会，以民委党组的名义向党中央进行报告。此报告于1979年3月由中央宣传部和中央统战部转发至相关省和自治区，并将这一计划列为国家哲学社会科学研究'六五'规划重点科研项目，作为国家任务下达执行。借此，因'文革'而搁置的民族问题'三套丛书'得以充实、提高、发展至'五种丛书'。""2003年9月1日，民族出版社将一份重修、再版《民族问题五种丛书》的设想和方案上报至国家民族事务委员会民族问题研究中心。经相关专家学者的反复研究论证，《关于修订、再版〈民族问题五种丛书〉的总体方案》于2005年2月制定出台。随后国家民委主任李德洙主持召开党组会议，审议并原则上通过了该方案。是年7月，经报请国务院批准，修订再版工作全面启动。"②

为了做好这项宏大巨制的修订工作，在北京成立了"国家民委《民族问题五种丛书》总修订委员会"，并在"基本保持原貌，统一体例、版本，增加新内容"的总体指导方针下，根据各种丛书的不同特点，制定了具体的修订思路。"'中国少数民族社会历史调查资料丛刊'的修订，主要是尊重史实，修正错误，增加注释。"③修订原则即包括两个方面：一是"尊重史实"，即尊重当时的调查成果，原封不动地保留原文，连标点符号都不改，只在需要修订的地方用标注的方式加以说明；二是"拾遗补阙"。一方面由于原版"五种丛书"的调查重点集中于西南、西北地区，此次修订需要补上中东南等地区漏掉的内容；另一方面需要以页下注释的形式补充调查点几十年来人口、经济、社会、风俗、语言等方面的变化情况。④

---

① 费孝通：《费孝通民族研究文集》，民族出版社1988年版，第295—296页。
② 徐姗姗：《对"民族大调查"与"社会历史调查丛刊"的再解读》，《广西民族研究》2007年第2期。
③ 李德洙：《国家民委〈民族问题五种丛书〉修订再版总序》，2007年8月。
④ 《中国少数民族社会历史调查丛刊》修订领导小组：《〈中国少数民族社会历史调查丛刊〉修订要求与相关说明》（2006年2月），转引自徐姗姗《对"民族大调查"与"社会历史调查丛刊"的再解读》，《广西民族研究》2007年第2期。

在新中国成立初期历次的民族调查中，无论从规模来讲，还是从结果来看，开始于1956年的全国少数民族社会历史调查都是史无前例的，曾被国家民委等部门和国外学术机构评价为"前无古人，后无来者"。以此次民族调查为基础，出版了《民族问题五种丛书》。这套丛书是当今世界上多民族国家中唯一一部由政府组织、社会力量广泛参与、全面反映国内各民族情况的大型综合文献，内容涉及民族区域自治、民族学、民族史、民族语言文字以及民族经济、文学、宗教、医药、体育、音乐、舞蹈、美术等诸多领域；调查编写工作涉及全国19个省、自治区及中央有关单位400多个编写组，1700余人执笔，共编写出版《民族问题五种丛书》403本，总字数约8000万字；其编写出版工作自1958年开始，到1991年暂告一段落。

四

1950—1965年以各种形式进行的民族调查及其成果是新中国民族理论形成的第一成果，至今仍是民族学、人类学研究的一块稳固基石，在中国民族学发展史上具有里程碑意义。云南是中国共产党民族政策具体实践的一个成功典型案例，丰富而翔实的各少数民族社会历史调查资料则具有充分的代表性。云南是中国少数民族种类最多的省份，是中国少数民族社会历史调查的重点省份，也是中国少数民族社会历史调查文献资料保存最多的省份。当前，云南正在努力建设我国民族团结进步示范区，回顾民族工作历程、总结民族团结经验、促进民族理论创新，是创建示范区的基础性重点工作，因而编辑出版《实录》有着重要的理论价值和现实意义，也将产生深远的影响。

我们现在编辑的这套图书，曾被命名为《〈民族问题五种丛书〉续编——云南少数民族社会历史调查资料未刊稿汇编》，其原因就在于云南少数民族社会历史调查资料未刊稿的存世量远超于人们对它的掌握和认知，其主要目的之一则是为了弥补《中国少数民族社会历史调查资料丛刊》云南部分的某些缺憾与不足。

《中国少数民族社会历史调查资料丛刊》云南部分收录了当时诸多民族调查资料的精华，这一点毋庸置疑，此不赘述。但从现存云南民族调查资料的情况看，《中国少数民族社会历史调查资料丛刊》也存在一些缺憾，主要表现在两大方面。

1. 缺少9个民族的内容。云南有26个世居民族，《中国少数民族社会历史调查资料丛刊》云南部分仅收录了17个民族的调查资料，而汉族、蒙古族、藏族、壮族、布依族、满族、水族、普米族和基诺族等9个民族的内容没有收录。需要说明以下两点。第一，虽然新中国成立初期云南的各项调查主要集中在少数民族地区，调查对象主要是各少数民族，出版的图书名称为《中国少数民族社会历史调查资料丛刊》，但云南汉族的调查资料也应该以某种形式被收录其中。云南民族关系中有3个重要的"离不开"，即汉族离不开少数民族、少数民族离不开汉族、少数民族之间互相离不开，要想把一个地区的民族情况弄清楚，没有汉族的调查资料是很难做到的。就我们目前所见到的云南民族调查资料而言，其中约有数百份汉族调查资料，内容包括云南汉族的来源、汉族与云南社会经济的发展、汉族与少数民族的融合、新中国成立前汉族商业垄断和云南资本主义萌芽、新中国成立初期云南汉族状况、云南山区汉族社会经济调查等诸多方面。第二，在20世纪80年代云南民族出版社和云南人民出版社出版的《中国少数民族社会历史调查资料丛刊》中，没有基诺族和普米族的内容，1990年民族出版社出版了《基诺族普米族社会历史综合调查》一书，其中的上篇"《基诺族社会历史综合调查》，是根据全国民族问题五种丛书编委会云南分编委1980年的决定进行编写的。这一资料的完成是长时间调查的结果"①。虽然基诺族在1979年才被正式确认为中国的一个单一民族，但在20世纪50—60年代的民族调查资料中，有数十份有关"攸乐人"的调查报告，这些调查资料并没有收入《基诺族普米族社会历史综合调查》一书。而《基诺族普米族社会历史综合调查》的下篇《普米族社会历史综合调查》，虽然收录的是20世纪50—60年代的调查资料，但部分经过选编者的多次修订，已经无法看到其原始面貌。后人在对前人的历史调查资料进行选编时，删除不利于民族团结或不合时宜的内容非常必要，但选编者基于自己的知识背景对其他民族（当时云南民族识别工作尚未结束，部分民族及其支系的身份、名称尚未最终确认，但参订者将调查资料涉及的所有民族称谓全部改为后来确定的"规范化名称"②）的调查资料进行"选编""参订""修订"（修订者与调查者并非同一民族），必然面临语言、文化诸多方面的困难和不理解，其结果也就很难完全展示原始调查资料的真实性和准确性。

2. 内容涵盖面不够。首先，据目前所了解的情况，云南民族调查资料存世量居全国第一。在修订出版的147册《中国少数民族社会历史调查资料丛刊》（民族出版

---

① 《民族问题五种丛书》云南省编辑委员会编：《基诺族普米族社会历史综合调查（上篇）·基诺族社会历史综合调查·说明》，《中国少数民族社会历史调查资料丛刊》，民族出版社1990年版。
② 《民族问题五种丛书》云南省编辑委员会编：《基诺族普米族社会历史综合调查（下篇）·兰坪、宁蒗两县普米族社会调查·说明》，《中国少数民族社会历史调查资料丛刊》，民族出版社1990年版。

社2009年版）中，云南有73册，占了总册数的一半。没有整理和出版的内容，云南民族调查资料现存在1亿字左右，远远超过现已出版的《中国少数民族社会历史调查资料丛刊》字数的总和。

在云南民族调查资料中，最具价值者为原始档案，即云南少数民族社会历史调查资料，其重要原因之一就在于其他4种丛书的编写依据大多来自第五种即云南少数民族社会历史调查资料。据不完全统计，云南调查组收集、整理和编写的历史档案、少数民族文献和调查资料目前已公开出版约3000万字，大约占到调查资料总字数的1/4。没有系统整理和出版的调查资料，部分存藏于北京市、云南省及其各州市县档案馆、图书馆和相关机构，部分散落于民间或由私人收藏，部分由原参与民族调查的工作人员收藏，部分见诸网上书店，版本包括稿本、复写本、刻印本、油印本、铅印本以及少数民族文字文献，内容则包括调查资料、调查提纲、工作计划、工作报告、工作笔记、文件、公文、批示、审稿意见、会议记录、总结、简报、通信、纸质文物（地契、证照、奖状、土司谱牒、账本等）、纪录片文本（拍摄提纲、脚本、分镜头剧本、解说词）等。但这些珍贵的史料数十年来几乎无人问津，其中部分资料由于保存不当或经过多次搬迁损毁严重，部分已经丢失，有些已有虫蛀，有些则因时间太久（受当年的纸张和墨水质量所限）或受潮而变得字迹模糊、难以辨认，亟待抢救性整理和出版。

云南之所以现存有如此大量丰富的民族调查资料，与云南的地理环境、民族情况、历史发展等多方面的复杂因素是分不开的。由于云南民族具有复杂性、国际性、宗教性等多方面的特点，新中国成立初期在云南的各项民族调查工作都要比在其他省区的工作更难做，需要的时间也更长。例如，新中国成立初期中央决定派出民族访问团到全国民族地区进行访问，首先派出的就是西南民族访问团（1950年），而东北内蒙古民族访问团在两年之后才派出。中央民族访问团西南民族访问团又分为3个分团，第一分团去西康，第二分团到云南，第三分团去贵州。到1951年3月，第一、第三分团的工作已全部结束，而第二分团即云南分团第二阶段的访问工作才刚刚开始。中央民族访问团西南民族访问团第二分团走访了云南9个专区的42个县（含设治局），除了建立地方民族民主联合政府、开办民族干部培训班、召开地区民族代表会议等各项重要工作以外，还整理和编写了百余万字的访问调查资料，这在中央派到全国各地的民族访问团中实属唯一。

前面所说8个方面的云南民族调查资料（不包括民国时期的调查资料），至今大部分尚未整理和出版。已出版的《中国少数民族社会历史调查资料丛刊》中的云南资料只是这些民族调查资料中的极小部分，而且很多重要内容几乎没有涉及。即使读完《中国少数民族社会历史调查资料丛刊》云南部分的全部内容，人们对新中国成立之后一个时期内的云南民族情况依然缺乏了解。比如：云南民族调查是怎样开始和进行的，来龙去脉是什么；云南多种社会形态并存的状况如何；云南的民主改革是在什么条件下如何分类进行的；云南民族区域自治政策和民主建政工作是怎样贯彻和落实的；云南第一个民族自治区和民族自治县是如何成立的，有什么经验和不足，对以后其他民族自治区、自治州和自治县的建立有什么影响和借鉴；等等。

其次，某些少数民族的各类调查资料很多且内容极为丰富，而《中国少数民族社会历史调查资料丛刊》仅收录了其中的极少部分。

最后，我们所说《中国少数民族社会历史调查资料丛刊》收录资料的涵盖面不够还有另外一种情况，即某一方面的资料有所收录，但或掐头去尾，或只见其一不知其二，使人无法了解某一方面资料的全面情况。例如，关于云南民族识别共有3个综合调查报告，第一阶段的识别报告名称为《云南省民族识别研究第一阶段工作初步总结》[1]，仅其中的《云南民族识别研究组第一阶段民族识别总结》部分被收录在《云南少数民族社会历史调查资料汇编》中，标题被改为"云南省民族识别报告"[2]，而第二阶段云南民族识别（第一阶段云南民族识别工作总结上报不到1个月，第二阶段云南民族识别工作已经开始）总结和后来的云南民族识别综合调查报告均未被收录，无论是一般读者，还是专业研究人员，仅通过《中国少数民族社会历史调查资料丛刊》收录的资料，对新中国云南民族识别情况和过程都不可能有一个基本的了解。

对于缺少9个民族内容的情况，由于《实录》的内容是少数民族社会历史调查史料，因而汉族不再单独列项，读者可以从各少数民族调查资料和综合调查资料（如"经济生活"部分）中窥见一斑；没有列项的各少数民族资料，除当时尚未识别、"正名"、列为单一民族从而导致没有（或尚未发现和整理）调查资料者外，我们尽量予以弥补和增添。对于内容涵盖面过窄的情况，除了增加单独板块以外，我们在各卷少数民族调查资料中也会适当加以补充。

---

[1] 中共云南省委边疆工作委员会编印：《云南省民族识别研究第一阶段工作初步总结》，1954年8月25日。
[2] 云南省编辑组编：《云南少数民族社会历史调查资料汇编（三）》，《中国少数民族社会历史调查资料丛刊》，云南人民出版社1987年版。

五

《实录》名为"实录",就表明了对原始文献史料进行实录即是《实录》最主要的特色之一,也是《实录》与过往同类图书最大的不同之处,保持调查资料的原貌和真实性便成为编辑《实录》的不二法门。

在选编《实录》资料的过程中,经过我们将云南民族调查资料的手稿、原件和白皮书等进行比对,可以发现,部分《中国少数民族社会历史调查资料丛刊》中云南的资料已经做了一定程度的修改,有些调查资料改动的幅度相当大,中央民族访问团西南民族访问团第二分团编辑出版的《云南民族情况汇集草稿》就是一个典型的例子。

中华人民共和国成立后不久,根据毛泽东主席的建议,中央决定向全国各民族地区派遣访问团。从1950年7月到1952年年底,中央共派出4个民族访问团,即中央民族访问团西南民族访问团、中央民族访问团西北民族访问团、中央民族访问团中南民族访问团和中央民族访问团东北内蒙古民族访问团。1950年6月,中央决定首先派出西南民族访问团,由刘格平任团长,费孝通、夏康农任副团长,团员共120余人,分别深入川、滇、黔、康民族地区进行访问。中央民族访问团西南民族访问团团员由中央民族事务委员会、文化教育委员会、内务部、卫生部、贸易部、青年团中央等20多个单位(政务院所属各部、会、院、署)抽调组成。中央民族访问团西南民族访问团下设3个分团,第一分团赴西康,刘格平兼任团长;第二分团赴云南,夏康农兼任团长,王连芳任副团长;第三分团赴贵州,费孝通兼任团长。中央民族访问团西南民族访问团第二分团即云南分团,简称中央访问团第二分团。

1950年7月2日,中央民族访问团西南民族访问团离开北京,经武汉到重庆,西南军政委员会主席刘伯承、副主席邓小平作欢迎报告。刘伯承在欢迎报告中指出:

> 关于西南少数民族问题,以我们来说还是一个新的问题,我们仅一知半解,许多情况我们还不大了解,比如西康藏族人口,云南、贵州少数民族的种类,到今天还没有精确的统计。……希望访问团每达少数民族地区要首先赔不是;另外是要多多调查研究,做一个毛主席的好学生。……要正确地执行民族政策,首先要调查研究。毛主席指示我们:"没有调查研究,就没有发言权。"①

---

① 《刘伯承同志在欢迎中央访问团会上关于西南民族工作问题的报告》(1950年7月21日),云南省委办公厅印《民族工作文件汇编》,1951年8月。

邓小平在讲话中指出：

中央民族访问团这次到西南来，必定对我们帮助很大。你们在少数民族方面研究、了解的东西比我们多得多。特别是你们下去以后，亲身接触具体情况，会发现许多问题。我们很希望同志们研究各种问题，多提意见，哪怕是一个片面的意见，也比没有意见好。现在我们就是苦于没有意见。……依靠同志们的工作，我相信可以解决西南最复杂的又是最重大的问题——民族团结问题，至少可以打下一个很好的基础。①

中央访问团第二分团走访了云南9个专区的42个县，从中央访问团第二分团的行程来看，其在云南的访问可以分为两个阶段。第一阶段从1950年8月6日至1951年1月31日，主要访问滇西各地。1月31日滇西各组返回昆明做短暂休整，第二分团领导做半年来第一阶段工作初步总结。第二阶段从1951年2月22日至5月中下旬，主要访问滇南各地。5月中下旬滇南各组返回昆明，齐聚安宁温泉，做第二分团工作和个人总结。

此外，中央访问团第二分团还整理和编写了100余万字（《实录》编者按目前已收藏的78册书稿页数统计）的访问调查资料，这套资料有一个总的名称，即《云南民族情况汇集草稿》。

中央访问团第二分团编印的《云南民族情况汇集草稿》（后文简称《草稿》）也分为两个阶段，第一阶段的访问成果标明为"材料"，标明的出版（《草稿》为竖排铅印，小32开本，纸张粗糙，封面用红字印刷，虽然标有"出版"字样，但并无统一书号）时间是1951年2月；第二阶段的访问成果标明为"资料"，标明的出版时间是1951年7月。可以看出，中央访问团第二分团的工作不仅时间长（中央访问团第二分团第二阶段工作刚刚开始，第一分团和第三分团的工作已经结束）、成果多（目前尚未看到其他访问团有如此大量的实地访问调查报告面世），而且时间抓得很紧——1951年1月31日第一阶段工作结束，2月份就出版了第一阶段的访问材料；1951年6月10日中央访问团第二分团离昆返京，7月份人们就看到了墨香犹存的第二阶段访问资料。

中央民族访问团西南民族访问团第二分团第一阶段访问了6个专区，即宜良、丽江、保山、大理、楚雄、武定，在这6个专区的每册《草稿》前面都有一个"编

---

① 《邓小平文选》第一卷，人民出版社1994年版，第170—171页。

者声明":

> 这些材料是我们从1950年8月29日至1951年1月31日（其中大部时间是在行动中），先后在圭山、丽江、保山、大理、武定、楚雄等地区进行兄弟民族访问工作中，通过当地干部、民族代表及熟悉当地情况的人士所了解的一些情况。为应各有关机关之急需，仅将原材料加以整理，尽量避免主观分析与结论，在文字上仅要求念得通、看得懂。但由于是短期的访问与了解及仓促整理，情况难免不真实或不深入，观点难免错误，文字烦琐或不通顺。故仅能供各有关机关进行民族工作的参考或进一步考察的线索，并望于今后的调查研究，加以校正。
>
> 1951年2月 日

中央民族访问团西南民族访问团第二分团第二阶段访问了3个专区，即普洱、蒙自和文山。在普洱区和蒙自区的每册《草稿》中也都有一个"编者声明"，与前面6个专区每册《草稿》的"编者声明"内容基本相同，只是时间和地点有了更动：

> 这些材料是我们从1951年2月22日至1951年5月底（其中大部时间是在行动中），先后在蒙自、普洱、文山等地区进行兄弟民族访问工作中，通过当地干部、民族代表及熟悉当地情况的人士所了解的一些情况。为应各有关机关之急需，仅将原材料加以整理，尽量避免主观分析与结论，在文字上仅要求看得懂。但由于短期访问及仓促整理，情况难免不真实或不深入，观点难免错误。故仅能供各有关机关进行民族工作的参考或进一步考察的线索，并望于今后的调查研究，加以校正。
>
> 1951年6月 日

20世纪70年代末，国家民委将《民族问题三种丛书》扩展为《民族问题五种丛书》时，部分《草稿》被编入《民族问题五种丛书》之《中国少数民族社会历史调查资料丛刊》中，名称为《中央访问团第二分团云南民族情况汇集》，分上、下两册，由云南民族出版社1986年出版。

《草稿》共计有多少册？这是一个迄今尚未找到答案的问题。作为中央民族访问团西南民族访问团第二分团副团长并留任云南的王连芳在《云南民族工作回忆》一书中回忆道：

当时我们可能了解的民族情况，联络组基本上都了解到了。每次送到我那里的材料都很多，由孙敏贤同志帮我一道看，并进行分类处理。一是如控告、纠纷和违反禁忌等需当地干部引起注意的，留在当地处理，一般的交县里，重要的给地委；二是典型材料、综合材料、总结等直接报省委，少数给省民委；三是报送中央的材料，紧迫的直接电告中央，其他的则带回北京。这些材料虽然粗浅但却使我们初步掌握了云南少数民族的基本情况，为中央和省委以后的民族工作决策提供了重要依据。其中一部分在1985年被编成《云南民族情况汇集》（上、下集），留下了近90万字的珍贵资料，其他资料和总结均随团带回北京，保留在中央民委。①

王连芳所说的《云南民族情况汇集》即1986年出版的《中央访问团第二分团云南民族情况汇集》（后文简称《汇集》）。《汇集》编者在上册"后记"中说：

1981年底，为编辑西双版纳地区的傣族调查资料，马曜教授首先将珍存的中访团这批资料中有关西双版纳的调查资料十件，交付编入《傣族社会历史调查（西双版纳之一）》（云南民族出版社出版）。出书后引起各方关注，经编委丛刊组研究决定，命专人搜集这批资料，编入中国少数民族社会历史调查资料丛刊。由于历史原因，当年中访团达百余件、百余万字的《云南民族情况汇集草稿》，已很难见到完整成套的了。在搜集这些资料过程中，先后得到省档案馆、省民委资料室同志的鼎力协助，终于将文山以外各地区调查资料基本收齐。

《汇集》编者在下册"后记"中又说：

上、下两集的资料，从搜集原件到编辑付印，前后历时两年多；在搜集资料、编辑过程中，原中央访问团二分团副团长省人大常委会副主任王连芳同志，始终给予各种极大的支持和指导。马曜教授将珍藏数十年的资料近30件交付编辑。原中访团二分团的苏丹、宋伯胤、胡鸿章、宋文治、高文英、尹寿铭等同志，以极大的热情为编辑提供情况、照片等。

作为中央民族访问团西南民族访问团第二分团成员并留居云南工作的胡鸿章回忆说，中央访问团第二分团"接触了分别居住在60个县内的少数民族群众，做了20

---

① 王连芳：《云南民族工作回忆》，民族出版社2012年版，第12—13页。

个村和10余个专题的典型调查,整处了近百万字的调查材料"①,又说中央访问团第二分团"整理了70份近80万字的调查材料"②。关于《草稿》的册数,有"70份"和"百余件"之说,但不知道"百余件"的根据从何而来,更不晓得"百余件"的具体内容;关于《草稿》的篇幅,则有"近80万字""近90万字""近百万字"和"百余万字"等等不同的说法。

关于文山专区的访问资料,《汇集》编者在上册"后记"中说:

经我们在昆明、北京两地查找,又函请文山壮族苗族自治州民委查询,均未找到。

中央民族访问团西南民族访问团第二分团访问文山的资料有多少,当时是否已编入《草稿》?这也是无从知晓的问题。中央民族访问团西南民族访问团第二分团成员宋伯胤在1951年2月12日的日记中写道:

老聂告诉我,下一阶段工作我参加第一组,组长是老范,我是副组长,由老聂率领,去蒙自、文山工作三个月。团部去宁洱,还有一路去澜沧,这两组是远征军。我们的地区是近了点,团部给予的任务,他们是做"线"的访问,我们则做"面"的调查。③

从宋伯胤后来的日记来看,他这一组人马又分为两部分,一部分去蒙自,一部分去文山,宋伯胤只去了蒙自,在他的日记中有详细的记录。他在1951年5月27日的日记中写道:

到文山去的同志们回来了。二分团这一次是最后的会师。④

到文山去的"同志们"都有谁,是否编写了访问调查资料,依然不得而知。

为了寻找中央民族访问团西南民族访问团第二分团在文山的线索,我曾两次前

---

① 胡鸿章:《回忆中央访问团访问云南》,云南省编辑组《中央访问团第二分团云南民族情况汇集(下)·附录三》,《中国少数民族社会历史调查资料丛刊》,云南民族出版社1986年版。
② 胡鸿章:《回忆中央访问团云南分团》,《云南文史资料选辑第四十四辑·云南民族工作回忆录(一)》,云南人民出版社1993年版。
③ 南京博物院编:《宋伯胤文集·民族调查卷》,文物出版社2012年版,第216页。
④ 南京博物院编:《宋伯胤文集·民族调查卷》,文物出版社2012年版,第304页。

往文山壮族苗族自治州、市各档案馆、图书馆、民宗局、政协文史资料编辑审查委员会等相关机构查阅档案资料，仅在文山州档案馆查到了两份提及中央民族访问团的资料。两份资料皆有两个版本，一为手稿，一为刻印稿，内容基本一致。一份资料为中国共产党文山地方委员会1951年3月17日统族字第贰号文，名为《文山地委统战部关于民族工作的计划》，其第三部分"关于民族调查工作"写道：

各县要在五月下旬（即中央访问团未到前）完成下列各项民族调查工作：
①民族种类——名称。②各民族人口数——尽可能得到正确数字，即匪乱地区亦应估计人口的约数。③各民族分布地区——如能绘图说明更好。④风俗习惯——各民族婚姻、年节等礼俗制度。⑤各民族的历史——叙述民族来历、有过什么沿革或斗争。⑥社会概况——各少数民族与汉族的关系，各民族互相间的关系。土司、领袖、头目和经济、生活等情况，应各民族分别叙述。⑦干部情况——县、区、村各级干部各若干？党团员干部各若干？⑧文化情况——有无自己的语言文字？学校情形？⑨宗教——有何宗教信仰？迷信程度。⑩治安状况——报导各少数民族地区匪特活动情况及有无参加匪特的恶霸地富。

从这份民族调查工作计划中，我们从一个侧面可以大致了解中央民族访问团西南民族访问团第二分团在云南各地访问调查的具体内容，还可以知道中央民族访问团西南民族访问团第二分团在1951年5月下旬（或以后）要去文山访问，这与宋伯胤记录的时间稍有出入（宋伯胤1951年5月27日的日记说"到文山去的同志们回来了"）。我们所无法知道的是——文山地区制订的民族调查工作计划完成得如何，是否编写了调查报告？如果是，又是否会列为中央民族访问团西南民族访问团第二分团调查材料的一部分？如果答案是肯定的，那为什么到目前为止在《草稿》中没有找到任何有关文山调查资料的痕迹？如果答案是否定的，又是出于什么原因？（《草稿》普洱和蒙自两区资料的"编者声明"中都提到去过文山访问调查并进行了材料整理）

另一份资料为中国共产党文山地方委员会1951年7月18日发文第031号，名为《地委关于召开各族各界代表会议建立联合政府复麻栗坡市委》。其中，在"（三）如何产生政府委员问题"一节中提到了"见张冲、王连芳同志《关于普洱专署组织联合政府的总结报告》"①，在"（五）领导思想问题"一节中指出：

中访团来文山指示后，少数民族工作已引起各级党委注意，但把阶级斗争与民族团结对立起来的左倾情绪还未根绝，争取与稳定民族上层分子还不坚决。……必须明确在边远地区，特别民族关系混乱的地区，只有把社会改革暂退一步，把民族团结、民主建政、生产工作、抗美援朝运动、爱国主义教育推进一步，把少数民族团结发动起来，才能推动其他工作。我们要在思想上彻底解决此一问题，并将这一精神贯彻到具体工作中去！

这份资料对中央民族访问团西南民族访问团第二分团到过文山做了确切的记录，但除了做指示以外有没有像在其他地区一样编写调查报告并编入《草稿》？从到目前为止所掌握的资料来看，依然不得而知。

《草稿》是中央民族访问团西南民族访问团第二分团最为重要的成果之一。从《汇集》编者叙述的情况看，《草稿》非常珍贵，但散佚情况严重，在20世纪80年代编辑《汇集》时，曾"命专人搜集"，并动用组织手段，都未能将《草稿》收齐。我们曾查找和阅读了上万份的云南民族调查手稿资料，对老一代民族工作者吃苦耐劳的革命精神和一丝不苟的工作作风充满敬意，因而历来视其为可信的史料。先是一个偶然的机会，从一家旧书店淘到几册《草稿》，将《草稿》和《汇集》进行简单对照阅读之后，顿时让人心生狐疑：两种版本同一篇访问调查的内容居然有很多地方无法对应！是我见到的这几本情况如此，还是所有《汇集》收录的《草稿》内容已非原文？经过20多年的搜集和寻访，现已收藏除文山区以外的《草稿》原件共78册（其中一册为翻拍件），依照中央民族访问团西南民族访问团第二分团的访问路线顺序，计有路南圭山区材料5册、丽江区材料17册、保山区材料13册、大理区材料2册、楚雄区材料1册、武定区材料7册、普洱区资料20册和蒙自区资料13册。除《傣族社会历史调查》（西双版纳之一）收录10册以外，《汇集》共收录《草稿》63册。

将《草稿》与《汇集》进行比对，发现《汇集》编者对《草稿》动了较大的"手术"，主要有以下几个方面。

1. 未收录或部分收录。《汇集》没有收录的《草稿》有5册，对其他部分《草稿》的内容仅做部分收录或删节收录。

---

① 关于张冲、王连芳的报告及中央民族访问团西南民族访问团第二分团协助成立普洱专区联合政府，参见申旭、肖依群编著的《云南民族调查史料钩沉（1950—1965）》（云南人民出版社2016年版）一书之"Ⅰ 中央访问团第二分团对云南的访问调查"。

2. 掐头。每册《草稿》都有封面和"编者声明",封面上标有"云南民族情况汇集草稿""××区材(资)料之×""中央访问团第二分团"字样以及篇名、出版年月等各种信息,《汇集》将其和"编者声明"、目录等一并删除。

3. 去尾。王连芳在《云南民族工作回忆》一书中写道,中央民委受命筹建访问团时,访问过程中的调查研究工作就备受重视,民委领导指派他负责起草一个调查提纲,由杨静仁修改后报送中央。1950年6月访问团全体人员集中在北京国子监学习,当时的中央书记处书记、北京市委书记彭真派秘书到国子监找他,转达了3点意见:第一,访问有多种功能,但其中一个重大的政治任务就是多方面了解民族情况报告中央,为中央今后的民族工作决策作参考;第二,调查提纲所列的项目都可以,但最根本的东西是调查各族群众的愿望、要求和疾苦,不要以为群众意见零碎,从零碎意见中可以看到人民的真实要求和期待,从而懂得人民要我们干什么、不要我们干什么;第三,调查要尽可能深入,尽可能深入下面,从一户、一个人那里了解情况。①另外,《中央访问团的任务、工作方法和守则》规定中央访问团的任务有两条,其中之一是"对西南各兄弟民族之政治、经济、文化情况、民族关系、群众要求以及当前民族政策的执行情形,有重点地进行调查研究,并搜集有关资料"②。《汇集》将《草稿》中关于民族关系、群众要求和民族政策执行情形等方面的内容(放在各篇访问调查报告的后半部分)大多删去,对其他方面的内容也部分删除,对此,《汇集》编者的解释是:"编辑过程中,以不失历史资料为前提,对各篇作了必要的删节或摘要,均不一一注明。"③

4. 换名。大部分《草稿》的标题被重新命名。

5. 肢解。一册《草稿》被分成2个、3个甚至4个材料并分别加上标题后放入《汇集》之中。

6. 重组。颠倒《草稿》原文的内容次序重新组合。

7. 改写。全部《草稿》的内容均被做过改写或改编。

8. 添加。《汇集》编者人为添加了"内容"或自己的主观臆断。

1951年2月17日,中央民族访问团西南民族访问团第二分团副团长王连芳召集会议,布置整理访问材料的工作及具体要求。宋伯胤在当天的日记中写道:

---

① 参见王连芳:《云南民族工作回忆》,民族出版社2012年版,第10—11页。
②《中央访问团的任务、工作方法和守则》,《中央访问团团员手册》,1950年。(参见《实录》第一卷)
③ 云南省编辑组:《中央访问团第二分团云南民族情况汇集(上)·后记》,《中国少数民族社会历史调查资料丛刊》,云南民族出版社1986年版。

晚上在王副团长屋里开会，参加者是留昆整理资料的同志。王副团长指出，在着手整理材料以前，必须首先解决两个思想问题：第一，以非常宝贵和高度重视的态度来对待这个任务；第二，不要随意处置同志们心血的成果。至于整理材料的具体要求，有四点。

（一）整理材料是一个材料汇集的过程，我们所要做的事情就是将材料汇集起来，不是系统地编成文件。

（二）有文必录。即使同一个问题，有两种说法，也要录进去。

（三）原则上无大问题。

（四）文字略通顺。[①]

"材料汇集""有文必录"是《草稿》整理成册的重要基本准则。《宋伯胤文集·民族调查卷》一书收录了他自己11篇《草稿》中的文章，但颇具意味的是，每篇文章的末尾都注明有"原载云南省编辑组：《中央访问团第二分团云南民族情况汇集》，云南民族出版社，1986年"字样；也就是说，该书的编者并没有对照《草稿》原文，而是沿用了没有按照"材料汇集""有文必录"原则进行编辑的文本，若以后有人引用该书，极有可能造成误解误用的不良后果。

国家民委《民族问题五种丛书》云南省编辑委员会在《中国少数民族社会历史调查资料丛刊》（修订本）云南部分的"出版说明"中说："《丛刊》是研究民族历史、民族学等学科的综合性调查资料汇编。我们这次编选基本上以过去调查整理稿为基础，以便保证调查资料的客观性。在具体编选时，则以具有科学研究价值作为选编资料的标准。在时间上以反映各民族民主改革前社会面貌的资料为主。根据调查资料的价值大小，采取全录或节录。"可能是由于修订原则的约束，抑或是修订者没有找到"过去调查整理稿"，因而在2009年民族出版社出版的修订本中，虽然强调此次修订再版的主要工作是"订正错误"[②]，但将《草稿》原文与之对比来看，《汇集》中的错误显然没有得到"订正"，这种情况严重地影响了文献史料的真实性和准确性。我们非常赞同"尊重史实"的修订原则，但仅就《草稿》而言，现今人们尊重的并不是其原文的"史实"，而是经过《汇集》编者改编、改写后的"史实"。

---

① 南京博物院编：《宋伯胤文集·民族调查卷》，文物出版社2012年版，第219页。
② 《中国少数民族社会历史调查资料丛刊》修订编辑委员会：《中国少数民族社会历史调查资料丛刊·修订再版说明》，2007年12月。

遭遇了《汇集》编者大刀阔斧的"手术"，《草稿》已经变得"面目全非"，可谓"旧貌换新颜"。但可以肯定的是，经过了彻头彻尾的改变以后，《汇集》中的诸多问题也许瑕不掩瑜，但它无论是对于云南民族调查资料真实性和完整性的保存和留传来说，还是对于后人参考和进行学术研究而言，都不失为一种"硬伤"。

六

《实录》的编辑出版是一个系统性工程，第一阶段计划出版30卷。具体内容是：

第一至二卷：中央民族访问团西南民族访问团第二分团；

第三至四卷：民族工作；

第五至六卷：民主改革；

第七至九卷：民族语言调查；

第十卷：民族人口·民族识别；

第十一卷：民族民主建政与区域自治；

第十二卷：经济生活；

第十三卷：全国少数民族社会历史调查工作文档；

第十四卷：民族问题三种丛书与云南少数民族社会历史科学纪录片工作文档；

第十五至二十八卷：云南各少数民族调查资料；

第二十九至三十卷：图录和三十卷总目。其中，图录包括有关公文、函件、工作书札、电报稿，各少数民族历史照片、民族调查和纪录片拍摄工作照，中央访问团和慰问团赠送云南少数民族礼物、云南少数民族敬献中央人民政府礼品的照片。

在30卷图书中，云南少数民族资料与其他分类资料各占一半。

各卷预计完稿时间：

2020年：10卷。

2022年：7卷。

2023年：6卷。

2025年：7卷。

《实录》各卷采用纵向和横向两种分类编排方式，在一卷之内必要时纵向与横向交错进行。

第一至十四卷内容的分类架构为纵向排列，即大体上是按各项调查的时间顺序，其主要目的有二：一是为了突出新中国成立伊始中央人民政府对云南边疆人民的关怀、党的民族政策在云南的施行及新中国民族工作的"云南现象"和"云南经验"；二是展示新中国成立初期云南各项民族调查（包括中央民族访问团西南民族访问团第二分团、民族语言、民族识别等中央人民政府派出的调查组和云南省委边疆工作委员会、云南省民族事务委员会、云南省民族工作队等云南本地的调查组）的主要（文字）成果。第一至十四卷的内容突出两个重点，一是1949年以后从中央到地方各级政府机构及下属民族事务机构对云南各地的调查，二是新中国成立初期云南经历的重大事件（如清匪反霸、镇反、减租退押、民主改革、区域自治、互助合作、经济发展等），以展示这一时期云南社会的发展历程。

第十五至三十卷的内容主要集中于全国少数民族社会历史调查中的云南各少数民族调查及相关图片，各民族资料按民族代码顺序依次列出，其分类架构大体为横向排列。

编辑《实录》的整体思路，既着重于全面，也考虑到具体；既有选择重点，也要照顾到各方面的平衡。例如，第五至六卷内容为"民主改革"，包括3个部分，即土地改革、和平协商土地改革和直接过渡。这两卷资料选择的要旨，既要考虑到纵向的主题思路（从中央文献到地方指示，弄清事件的来龙去脉和具体内容），又要顾及内容涵盖面（如清匪反霸、减租退押、土改、复查以及土地改革中的建党、建团、妇女工作等），还要照顾到横向3个方面的大体平衡（一是3个部分内容篇幅的平衡，二是各地区、市县覆盖面的平衡，三是各民族内容的平衡）。再如，在民族语言调查资料的选择上，既要考虑到面的平衡（只要是有调查资料的民族，尽可能有所展现），又要有侧重地照顾到各卷内容的平衡（比如藏族，除语言调查资料外，其他方面的调查资料较少，在以往出版的《中国少数民族社会历史调查资料丛刊》中也没有云南藏族的资料），还要有重点（比如彝族，不但是云南支系、人口最多和分布最广的少数民族，而且还涉及四川、贵州等省，同时还是与周边东南亚国家共有的跨境民族）。

如此架构的目的在于以下5点。一是尝试对1950—1965年的云南民族调查史料进行一次系统性的梳理，因尚属首次，难度甚大，但却非常必要，也具有重大的现实意义。二是通过系统梳理，为总结新中国成立初期民族工作的"云南现象"和"云南经验"提供扎实和充足的史料依据，并在此基础上使其能提升到民族学研究和民族工作的理论高度。三是展现以前所有同类图书中大多没有收录却又极为重要的内容。四是摒弃以前大多主要选择经济内容的编辑思路（经济内容的重要性不言而喻，我们将主要在第十五至二十八卷各民族板块中加以展现）。如果《实录》在内容上与以往同类图书大体雷同或相似，只是在数量上进行些许增添和补充，那就失去了其应有的价值。毛主席当年曾对中央其他领导讲，少数民族地区也要进行社会改革了，一改革很多东西以后就再也见不到了，所以要抢救，这才有了中国"前无古人、后无来者"的少数民族社会历史调查。但是要"抢救"而且已经"抢救"的东西，绝非仅有经济甚至只是农业生产一项内容。五是通过文字、图片系统和全方位的展现，试图勾勒出新中国成立初期云南民族调查的全幅景象和完整进程，并以一斑而窥全豹，从而对全国各少数民族地区的社会历史调查在广度和深度方面能有进一步的了解和认识。

执守严谨的重材料、重考证学风并提出"史学即是史料学"观点的历史学家傅斯年曾说过："整理史料是件很不容易的事，历史学家本领之高低全在这一处上决定。后人想在前人工作上增高：第一，要能得到并且能利用前人不曾见或不曾用的材料；第二，要比前人有更细密更确切的分辨力。"① 囿于心智、学识、能力与对云南民族调查史料的认知和掌握程度，及对民族史史料学及其目录学、分类学的一知半解，加之新中国成立初期各种访问团、慰问团、调查组、民族识别研究组、工作队、代表团、参观团等活动密集频繁，更有史无前例的"全国少数民族社会历史调查"，以及中国共产党各项民族政策和实施细则的深入持续贯彻执行，从而使云南民族调查史料的存量和内容变得更为丰厚，全面系统梳理可谓工程浩大，仅凭一己之力很难付诸实施并顺利面世，因而我们现阶段仅仅是在力学不倦的同时，尽力去做一些局部的抢救性整理工作。目前，30卷图书的资料已基本齐备，编选工作也在按照计划有条不紊地展开。当然，我们不会停下继续搜集和整理云南民族调查文献史料的脚步，在身心安好、精力财力尚可维系的情况下，依然会不回头地执着前行，并借此表达对那些在极端严酷环境下脚踏实地开展民族工作的工作者的诚挚敬意。他们历尽艰辛、勇于奉献甚至以生命的代价②获取的第一手调查资料，早已构成云南民族文化遗产宝库中不可或缺的重要组成部分。文化是民族的灵魂，是民族精神和民族素质的纽带，深深植根于民族的血脉之中。这些史料之所以如此珍贵，很大程度上就在于其丰厚的民族文化内涵，值得永久藏存。想要留住它们，就离不

---

① 傅斯年：《史学方法导论》，《傅斯年全集》第1册，湖南教育出版社2003年版，第58页。
② 1958年9月29日下午7时，云南民族调查组怒江分组贡山小组成员陈延长在调查途中坠落怒江，不幸遇难。时任贡山小组组长洪俊于10月1日上报《关于陈延长同志牺牲的经过（报告）》，详细描述了事件的经过。我们藏有这份报告的原件（复写稿），其内容将编入《实录》第十三卷。——编者

开执着者的良苦用心；想要解读、弘扬和传播它们，就离不开研究者的孜孜矻矻和传播者的不懈努力，其中最重要的一个方面，就是具有历史眼光和远见卓识的出版者，云南人民出版社就担当了这一举足轻重、令人钦敬的角色。

这些无可复制的实地调查资料，已经成为云南民族文化遗产宝库中的经典。何谓经典？2003年诺贝尔文学奖得主、南非作家J. M. 库切（John Maxwell Coetzee）的定义也许最为贴切。他在题为"何谓经典"的演讲中说道：

> 经典就是得以存活之物……历经过最糟糕的野蛮攻击而得以劫后余生的作品，因为一代一代的人们都无法舍弃它，因而不惜一切代价紧紧地拽住它，从而得以劫后余生的作品——那就是经典。

作为云南民族文化遗产宝库中的经典，它们不能被遗忘，也不应该被率意"修正"。作为云南珍贵民族记忆的收藏者和云南历史文化的研习者，我们也会时刻牢记——"为了明天而收集昨天"。这既是初衷，也是终极目的。

申　旭

2020年1月15日

编辑说明

1. 20世纪中期云南民族调查的内容广泛、丰富、繁芜，由于时间、精力、费用等诸多因素，仅靠个人努力显然无法完成全部云南民族调查史料的搜集工作，挂一漏万在所难免。就目前了解和掌握的情况看，有些调查史料或调查笔记没有标题，且内容相当零碎；有些史料仅有存目而内容已佚；有些史料仅见标题而尚未看到具体内容；有些史料抑或无必要收录，因此《实录》内容为精选而非大全。

2. 通过多年对云南民族调查史料的持续收藏和研读，《实录》暂将其分为13个大类，即中央民族访问团西南民族访问团第二分团、民族工作、民主改革、民族语言、民族人口、民族识别、民族民主建政与区域自治、经济生活、全国少数民族社会历史调查、三种丛书、少数民族社会历史科学纪录片、云南各少数民族调查史料和图片。

3. 本着拾遗补阙的原则，已公开出版的史料原则上不再收录，但为了展现一项调查工作的全过程并保持一套史料的系统性和完整性（收齐一套史料往往需要数年甚至更长的时间），同类图书仅做部分收录或删节、改动过多而又相当重要的史料，则全文收录。

4. 某些文稿有手写本、复写本、刻印本、油印本、铅印本等多种版本，其中部分为摘录或摘要本，《实录》选择相对完备、详细的版本。

5. 《实录》按具体内容和民族内容进行分类，前者按时间先后编排，后者按中国民族代码顺序排列。

6. 一卷或一个板块具体内容的编辑，按照省、专区、自治区（州）、县、市、区、乡等行政区划依次进行，各级行政区划排名不分先后。

7. 依照中国民族代码顺序排列的云南各民族调查史料，按照当时各调查分组或调查小组的调查对象和调查主题进行分类。例如彝族分组的调查史料，除了其中标明为其他民族的调查内容以外，皆归入彝族范畴。

8. 带有歧视和侮辱意味的民族称谓一律删除，必须保留者皆做修改，比如"猡"改作"倮"，"母鸡"改为"姆㟤"，等等。

9. 部分史料中存在民族歧视和侮辱方面的叙述，凡影响民族和谐与团结部分予以删除，不加注明。

10. 1966年以前云南各项民族调查（参见《实录》之"写在前面"）期间，部分少数民族尚未进行民族识别或完全确认，部分少数民族的名称尚未最终确定，《实录》对这一时期云南民族调查史料中的原有民族或其支系称谓予以保留，不做改动。例如佤族在定名之前，曾被称为或更改为"瓦族""卡瓦族""佧佤族""佧瓦族""卡佤族"等，本书不做统一，以免完全抹去了民族名称的历史演变过程。

11. 1966年以前云南各项民族调查（参见《实录》之"写在前面"）期间，部分少数民族自治地方的名称尚未最终"正名"，《实录》原样保留，不做更动。

12. 由于调查、访问、翻译、记录、整理的人员、时间、地点等方面的不一致，人名、地名的写法并不一致，《实录》以脚注形式予以标明，不做统一或修改。

13. 同一专业术语在不同文献中的用法不同，如三种丛书，又写作"三套丛书""三种民族问题丛书""民族问题三种丛书"等，除明显错讹之处以外，不做统一。

14. 部分文稿封面、目录标题与正文标题并不一致，本书原样录入，不做改动，仅在页下注释说明。

15. 部分文稿中的数字明显存疑，除有直接证据或旁证据之修改外，不做更改，也不做说明。

16. 原文稿中数字表述多为汉字，除必须使用汉字者外，现统一使用阿拉伯数字。

17. 部分汉字的使用几十年来已有明显变化。如"哪里"原稿作"那里"，"做生意"原稿作"作生意"等；再如助词"的""地""得"的使用也较为随意。现根据当下汉语使用规范进行统一，不做说明。

18. 部分文稿标题没有域名，为方便阅读，根据内容将域名放在括号内置于标题前予以标明。

19. 部分文稿没有标明日期，如能在正文中查出日期，则将其摘出置于文稿的开端。

20. 文稿中个别明显笔误或错漏之处，直接补入和改正，不做注释。

21. 限于当时记录、翻译和编写等各方面的原因，部分文稿无法通读，《实录》

在不扰乱和改变其原有风格的前提下稍加理顺。

22. 为了方便阅读，对个别较长的段落稍加分段调整。

23. 《实录》尽量保持原记录文稿的行文风格和断句构成，但为了保证史料的完整性和阅读顺畅，根据内容对部分文稿的序号进行了补入和调整；对标点符号按现在的使用规范做了修改，不做说明。

24. 由于纸张、墨水、年代久远、保存不当、记录编写人员笔误等诸多原因，部分史料的自造字、错别字偏多，个别专有名词处已有残破或漫漶不清，以致极难辨识和无法卒读。对此，《实录》尽力以其他同类史料予以校正补入，无法补入者，则标以虚缺号"□"。

25. 《实录》第七、八、九卷内容为云南民族语言调查资料。由于各方面的原因，此3卷采用扫描和拍照方式将原手写稿内容呈现。原手写稿中的汉语存在有错别字、繁体字、异体字、不规范简体字、自造字等情况，还有词汇、语法序号编排混乱，表格随意断开、分页等现象，作为对珍贵原始资料的抢救性保护留传，《实录》不做任何改动，保持原稿模样。

26. 《实录》收录的史料，部分为个人收藏，部分存藏于相关档案馆、图书馆、资料室，部分存藏于当年参加过民族调查的工作人员手中，为了方便阅读和使用，尽量列出日期、署名等相关信息，并置于每篇文稿的开端，但不标明收藏出处。

目 录

中共中央关于调查研究的决定 ··· 1
西南局关于边界地区工作方针问题复滇省委 ··· 4
二野前委关于少数民族工作指示（草案） ··· 6
中央《关于少数民族工作的指示草案》的修正意见 ··· 11
中国共产党云南省第一次代表会议决议（摘录） ··· 12
省委关于少数民族工作中错误思想问题的指示（摘录） ······································· 13
西南区的工作任务
　　——1950年7月27日在西南军政委员会第一次全体委员会议上的报告（节录）······ 14
云南省委关于少数民族工作会议的总结
　　——代十、十一月份综合报告 ·· 15
一年来的民族工作 ··· 24
中央人民政府民族事务委员会关于各民族代表参加国庆节的报告
　　——李维汉主任在1950年11月24日政务院第六十次政务会议上的报告 ············ 30
邓副主席对西南各民族庆祝国庆代表团的讲话 ··· 34
1951年的工作任务 ··· 43
一年来西南的民族工作及对1951年工作的意见（草稿）
　　——向西南民族事务委员会第二次全体委员会议的报告 ································ 44

西南民族事务委员会关于召开少数民族地区各种会议的意见 …… 50
两年来的民族工作
　　——在中央人民政府民族事务委员会第二次（扩大）会议上的报告 …… 52
西南民族工作情况
　　——在中央人民政府民族事务委员会第二次（扩大）会议上的发言摘要 …… 60
王维舟兼主任委员传达李维汉主任委员在中央人民政府民族事务委员会第二次
　　（扩大）会议上《有关民族政策的若干问题》的报告及对西南区1952年民族
　　工作任务的意见 …… 66
西南军政委员会民族事务委员会关于开展西南少数民族地区抗美援朝运动的
　　指示 …… 75
云南省人民政府　中国人民解放军云南军区为加强民族团结巩固国防联合发布
　　十项公告 …… 77
筹办云南民族学院初步计划方案（草案） …… 79
边疆民族工作
　　——1951年10月4日宋政委对本院全体师生的报告 …… 82
中共云南省委《目前边疆民族工作概况及1952年工作意见》 …… 87
关于1953年民族工作的意见（摘录） …… 96
关于边疆民族区今后工作方针和步骤的意见 …… 98
云南省四年来民族工作概况 …… 99
培养少数民族干部试行方案 …… 112
中共云南省委作出新规划改进培养少数民族干部的工作 …… 114
云南省委关于民族政策执行情况的检查报告（草稿） …… 116
政务院第二百一十七次政务会议通过决议帮助尚无文字的民族创立文字 …… 128
云南少数民族语文的一般情况 …… 130
关于少数民族创立和改革文字工作的情况和规划
　　——在蒙古语族语言科学讨论会上的报告摘要 …… 135
帮助少数民族创立、改进和改革文字工作的情况和问题 …… 140
蒙自地委关于民族工作的意见（草案） …… 154
蒙自地委关于1952年边疆民族工作的意见 …… 160

楚雄专区民族工作总结	163
楚雄州十年来民族工作总结	168
武定专区民族工作报告	176
双柏县民族工作概况	185
玉溪专区民族情况及九年来民族工作的伟大成就	199
新平县一年来的民族工作情况报告	203
景东县民族情况报告	206
景东县崇明区民族工作总结报告	210
景东县安定区民族工作总结报告	215
景东县景福区民族工作总结报告	219
景东县保甸区民族工作总结报告	222
景东县太忠区帮庆乡民族工作总结报告	231
景东县培养少数民族干部的工作总结报告	233
元阳县委1954年民族工作总结报告（摘录）	237
（元阳）关于几年来培养民族干部工作总结报告	243
中共巧家县委民族工作报告	246
宣威县委关于一年来的民族工作总结（摘录）	248
榕峰县几年来民族工作总结及今后意见	251
云南省西双版纳三年来的民族工作报告	
——1953年1月17日在首届族代会上的报告	259
版纳勐遮工委两年来民族工作总结报告（摘要）	264
盈江县几年来民族工作总结（摘要）	270
莲山县几年来民族工作的总结报告（摘要）	272
瑞丽县五年来（1950.4—1955.4）民族工作总结	273
盏西区第四期民族干部训练班总结	307
德宏边六县地区工作发展的几个阶段	312
（保山）三年来民族工作的成就	315
（保山）三年来民族工作的报告（摘录）	319

（保山）兄弟民族区几项工作简略汇报 ………………………………………… 321
加强边疆民族工作诸问题
　　——郑刚同志于1952年11月2日在保山边疆民族工作会议上的总结报告 …… 324
关于边疆地区生产问题的几点意见 …………………………………………… 332
（耿马）七个月来民族工作开展的概况 ……………………………………… 334
耿马县半年来民族工作总结
　　——1954年11月14日王道傅同志在全县干部大会上的发言 ……………… 337
耿马县一年来民族工作中几个问题的总结发言 ……………………………… 346
陇川县工委几年来民族工作的初步总结（1952—1954年）………………… 356
江城解放初期的民族工作 ……………………………………………………… 360
丽江区少数民族工作的几点经验（摘录）…………………………………… 362
宁蒗几年来民族工作概况（1950—1955）…………………………………… 366
怒江区三年来民族工作总结报告 ……………………………………………… 380
思茅地委向中央工作团关于边疆民族工作情况和意见的汇报提纲 ………… 387
澜沧县民族工作报告 …………………………………………………………… 412
澜沧县三年来民族工作成就 …………………………………………………… 421
梁河五年来民族工作初步总结（1950—1954）……………………………… 426
孟连县民族工作年终总结 ……………………………………………………… 432
云南省少数民族概况 …………………………………………………………… 435

中共中央关于调查研究的决定①
《云南民族工作参考资料》第二辑
云南省人民政府民族事务委员会编印
1951年

中共中央关于调查研究的决定

(1941年8月1日)②

二十年来，我党对于中国历史中国社会与国际情况的研究，虽然是逐渐进步的，逐渐增加其知识的，但仍然是非常之不足，粗枝大叶，不求甚解，自以为是，主观主义、形式主义的作风，仍然在党内严重地存在着。抗战以来，我党在了解日本，了解国民党，了解社会情况各方面，是大进一步了，主观主义、形式主义的作风也减少了。但所了解者，仍然多属粗枝大叶的，漫画式的，缺乏系统的周密的了解，主观主义与形式主义作风，并未彻底消灭。对于二十年来由于主观主义与形式主义，由于幼稚无知识，使革命工作遭受损失的严重性，尚未被全党领导机关及一切同志所彻底认识。到延安来报告工作的同志，其中的多数，对于他们自己从事工作区域的内外环境，不论在社会阶级关系方面，在敌伪方面，在友党友军方面，在自己工作方面，均缺乏系统的周密的了解。党内许多同志，还不了解没有调查就没有发言权这一真理。还不了解系统的周密的社会调查是决定政策的基础。还不知道领导机关的基本任务就是在于了解情况与掌握政策，而情况如不了解，则政策势必错误。还不知道不但日本帝国主义对于中国的调查研究是如何的无微不至，就是国民党对于国内外的情况，亦比我党所了解的丰富得多，还不知道粗枝大叶、自以为是的主观主义作风，就是党性不纯的第一个表现。而实事求是，理论与实际密切联系，则是一个

---

① 注重调查研究是中国共产党的优良传统之一。早在1930年5月，毛泽东就发表了"没有调查，就没有发言权"（毛泽东：《反对本本主义》）的精辟论断。1941年8月1日，中国共产党做出了《中共中央关于调查研究的决定》，对中国社会各阶层进行调查研究。《中央访问团关于民族调查研究提纲》中关于调查研究的方法，也提到了参考《中共中央关于调查研究的决定》，特辑出以供参考。——编者
② 《云南民族工作参考资料》第二辑将该日期写为1941年8月11日，经查阅相关资料，《中共中央关于调查研究的决定》由毛泽东起草，中共中央1941年8月1日发出。——编者

党性坚强的党员的起码态度。我党现在已是一个担负着伟大革命任务的大政党，必须力戒空疏，力戒肤浅，扫除主观主义作风，采取具体办法，加重对于历史，对于环境，对于国内外、省内外、县内外具体情况的调查研究，方能有效地组织革命力量，推翻日本帝国主义及其走狗的统治。为此目的特决定办法如下：

（一）中央设置调查研究机关，收集国内外政治、军事、经济、文化及社会阶级关系各方面材料，加以研究，以为中央工作的直接助手。

（二）各中央局、中央分局、独立区域的区党委或省委，八路军新四军之高级机关，各根据地高级政府，均须设置调查研究机关，收集有关该地敌友我政治、军事、经济、文化及社会阶级关系各方面材料，加以研究，以为各该地工作的直接助手，同时供给中央以材料。

（三）关于收集材料的方法，举例如下：第一，收集敌友我三方关于政治、军事、经济、文化及社会阶级关系的各种报纸、刊物、书籍，加以采录、编辑与研究。第二，邀请有经验的人开调查会，每次三五人至七八人，调查一乡、一区、一县、一城、一镇、一军、一师、一工厂、一商店、一学校、一问题（例：土地问题、劳动问题、游民问题、会门问题）的典型。从研究典型着手，是最切实的办法，由一典型再及另一典型。第三，在农村中，应着重对于地主、富农、商人、中农、贫农、雇农、手工工人、游民等各阶层生产情况及其互相关系的详细调查。在城市中，应着重对于买办大资产阶级、民族资产阶级、小资产阶级、贫民群众、游民群众及无产阶级的生活情况及其互相关系的详细调查。第四，利用各种干部会、代表会收集材料。第五，写名人列传。凡地主、资本家财产五万元以上者，敌军伪军友军团长以上的军官，敌区友区县长以上的官长，敌党伪党友党县以上的负责人，名流、学者、文化人、新闻记者、在一县内外闻名者、会门首领、教派首领、流氓头、土匪头、名优、名娼以及在华外人活动分子，替他们每人写一数百字到数千字的传记。此种传记，要责成地委及县委同志分负责任。传记内容须切合本人实际。同时注意搜集各种人员的照片。第六，个别口头询问，或人去问，或调人来问，问干部、问工人、问农民、问文化人、问商人、问官吏、问流氓、问俘虏、问同情者，均属之。第七，搜集县志、府志、省志、宗谱，加以研究。

（四）除中央及各地的调查研究机关外，必须动员全党全军及政府之各级机关及全体同志，着重对于敌友我各方情况的调查研究，并供给上级调查研究机关以材料。

（五）向各级在职干部与训练干部的学校，进行关于了解客观情况（敌友我三方）的教育。鼓励那些了解客观情况较多较好的同志，批评那些尚空谈不实际的同志。鼓励那些既了解情况又注意政策的同志，批评那些既不了解情况又不注意政策的同志，使这种了解情况注意政策的风气与学习马列主义理论的风气密切联系起来。在学习中，反对不管实际只记条文的风气。反对将学习马列主义原理原则与了解中国社会情况解决中国革命问题互相脱节的恶劣现象。要提倡干部与学生看报，指导看报方法，指导他们分析时局的每一变动。要供给干部与学生关于国内外、省内外、县内外各种情况的实际材料，把讲授与研究这些材料及其结论当作正式课程，给予必要时间，并实行考绩。

（六）责成各级党部将本决定与中央七月一日所发关于增强党性的决定联系起来，向党的委员会及干部会议作报告，并讨论实施办法。

西南局关于边界地区工作方针问题复滇省委
《民族工作文件汇编》
云南省委办公厅印
1951年8月

西南局关于边界地区工作方针问题复滇省委

（1950年8月19日）

　　对于各边区采取稳重方针，是正确的。你们所拟指示，除应将宗教问题中"我们虽然不宣传不反对外国人来中国传教"一句删去外，余均可用，望即发各地委执行。云南面前摆着三个重大问题，即国防问题、民族问题和土匪问题。这三个问题是密切关联的。在步骤上说，目前云南必须首先解决内地约80个县的发动群众、肃清土匪问题，才有可能依靠这80个县的基础，去解决边界50余县（设治区）的复杂的民族问题和国防问题。我们说第一步把工作重点放到80个内地县，不是说可以放弃50个边地县的工作，而是说在内地秩序尚不巩固，群众尚未初步发动的情况下，一旦边界发生问题，将使我们陷于非常被动和混乱的境地。所以，在把重点放在内地时候，必须同时加强对于边地工作的指导。你们提议在云南西部和南部组织两个行政区（设区党委及行署），我们认为是可以的。但设置这两个行政区的目的，应是为着加强边区，只宜划必要的少数内地县，作为工作的依托，以免他们失掉重点，产生顾此失彼的毛病。中心地区各地，则应置于省委直接领导下，抓紧时机，进行发动群众和各项基本建设工作。对于两个行政区的区划及人事配备，请你们拟出计划，经中央政府考虑和批准而后实行。至于边地的工作方针，还需要加强调查研究，作全盘的考虑。边区不但是国防与民族两大问题，而且还有土匪问题，内地土匪将逃向边地。帝国主义、国民党的所谓游击战争，必将以边界少数民族地区为依托，向内地扰乱和发展。问题是很复杂的。这三个问题的核心是民族问题，只有解决了民族问题，才能解决国防和土匪问题。民族问题是不能急性的，需要有步骤、有方针，而且有重点地去进行。建议你们：拟出包括政治（包括区域自治或联合政府及首先团结上层人物的统一战线等）、经济（包括贸易问题、关税问题、财政问题）、军事（包括国防要点的初步设置，防止内地土匪逃至边地，隔离少数民族与帝国主义、国民党的关系等）、干部训练、情报和公安机关的建立等等方面的计划。选择重点（首先是国防重点或比较易于收效的地区）加以实行，积累经验，以便于在内地80县的工作基础初步打定之后，将整个工作的中心，转到边地上去。求得在两三年内解决云南的、也是西南的、长达三千公里的、巩固国防的任务。

二野前委①关于少数民族工作指示（草案）②
《云南边疆民族地区民主改革》
中共云南省委党史研究室编
云南大学出版社　1996年版

二野前委关于少数民族工作指示（草案）

（1949年9月20日）

通　知

兹将关于少数民族工作指示草案发下，望即研究执行。这个草案尚待中央审查批准，如有补正，将来另行通知。

二野前委

西南少数民族种类很多，数量亦大，散布地区很广，根据现有不完全可靠的材料，云南少数民族占全省人口的十分之六，其中相当大的一部分业已汉化，并与汉人杂处；贵州约占全省人口百分之二十；西康估计约在半数左右；四川则散布于周边地区。由于历代统治阶级和大汉族主义残酷统治和压榨的结果，造成了汉族与各个少数民族之间很深的隔膜，各少数民族对于汉人仇恨很深，戒备甚严，疑心很大，反对汉族压迫的武装斗争在历史上曾不断地发生，在抗战期间国民党在西南除了继续其镇压政策之外，曾收买了一些少数民族上层统治人物，吸收了少数青年进军事政治学校学习，并在少数民族中进行了一些武断宣传，而我们在这些民族中，则毫无基础，一九三五年长征的时候我们曾接触了一部分的少数民族，有的地方散布了一些好的影响，有的地方则形成严重的对立，这些都说明西南少数民族工作的复杂性和艰苦性，没有正确的政策和艰苦耐烦的

---

① 二野前委，指中国人民解放军第二野战军前方委员会，邓小平任前委书记。——编者
② 《二野前委关于少数民族工作指示（草案）》是中共中央较早关于西南少数民族工作的文献。中共中央于1949年10月批准了该工作指示。在云南省委办公厅编印的《民族工作文件汇编》（1951年8月）中，收录有这篇文献，名为《二野前委关于少数民族工作的指示草案》，但内容没有《云南边疆民族地区民主改革》一书收录的同篇文献全面，也没有后面的附录，故本篇文献录自《云南边疆民族地区民主改革》一书。——编者

工作是不可能把民族工作做好的。

因为我们了解的情况很少，而每个民族都有其政治、经济、文化和风俗习惯的不同的特点，现在还不可能拟定具体政策步骤和工作方法，这要在将来接触具体对象、具体问题的时候，去逐步地予以解决。现在我们只就一般的原则和必须注意的事项，作出如下的指示。

一、我党对于少数民族的政策是中国境内各民族一律平等，应加强中华各民族的友好合作和互相团结，并在反对共同敌人和各民族自由联合的基础上组成一自由统一的中华人民共和国，"共产党人应当积极地帮助各少数民族的广大人民群众，为实现这个政策而奋斗，应当帮助各少数民族的广大人民群众，包括一切联系民众的领袖在内，争取他们在政治上、经济上、文化上的解放与发展，并成立拥护民众利益的少数民族自己的军队，他们的言语、文字、风俗习惯及宗教信仰，应被尊重"（毛主席《论联合政府》）。这就是我们对待民族问题上唯一正确的思想和政策，在某些党员中可能存在的大汉族主义的遗毒，歧视少数民族的倾向和不愿意进行少数民族工作的态度，都必须予以清算，因此没有正确的思想和政策，没有耐烦热诚地帮助少数民族人民获得解放的态度，就不可能取得少数民族的信任，达到团结他们最后地战胜帝国主义消灭国民党反动残余和建设新中国的目的。

二、实现上述的目的，需要一个长期的工作过程，首先是如何去打开工作的门路，解除民族间的隔阂，这是一切工作的起点，做到了这一点才有可能去逐步地扩大我党政治影响，使少数民族明了我党的真实政策，才有可能去帮助他们从政治上、经济上、文化上逐步地获得解放，我们的军队和地方工作人员不要放松任何一个机会去主动地向少数民族宣传我党的民族政策，寻找各种关系去沟通联络，但取得任何的最可靠的办法还在于我们的行动，首先是我们军队和地方干部认真实行三大纪律八项注意，尊重他们的风俗习惯和宗教信仰，诚恳热情地接待他们，每一个人不侵犯他一丝一毫的利益，不轻率地提出他们今天还不能接受的主张，不把自以为很对的事在还没有得到他们赞成的条件下去强制他们执行，特别在实行负担政策的时候绝对不要从主观的需要出发，不要希望从少数民族中取得更多的财政收入，而要诚意地一步一步地，帮助他们解除汉人对他们残酷的经济剥削，并援助他们发展生产，在政治上要真正实行：少数民族的事，由少数民族自己来管理，取消大汉族主义的汉官制度，我们派去干部应以少而精为原则，且应立于帮助的地位。不要把汉人区工作方针和工作方法，搬到少数民族地区去用，不要在条件尚未成熟的情况下，去人为地鼓动少数民族人民作反对其统治者的斗争。在一个相当时期内，我们的目标是求得民族间的和平，而不是在那里去发动阶级斗争。总之，在少数民族问题上，如果我们犯了急性病，那我们不但办不了好事，而且要造成严重的恶果。

三、少数民族人民的解放，除了共产党和人民政府领导与帮助之外，更重要的还在于少数民族内部人民民主势力的成长，而培植这个力量则需要一个相当的过程。首先要注意物色一批比较进步的青年到我们的学校或专门的少数民族训练班中学习，培养他们成为干部。国民党在西南办有一些少数民族的学校，务必妥善接管，继续开学，并适当地改善其教育内容，军队在作战中俘虏的少数民族官兵，应全部清理出来加以宽待，或经短期专门训练，发足路费放回，扩大影响，或介绍政府分配工作，或在本人自愿的条件下送入少数民族学校学习，机关中的职员亦应注意团结教育，绝对禁止轻视和侮辱。对于少数民族中的上层分子应进行耐烦的争取工作，以便于经过他们获得与少数民族人民接触的机会，减少我们工作的障碍。我们要善于在这些上层人物中选择一些靠近我们而又与群众有联系的较进步的人物，吸收他们到各级政府少数民族部门中工作，或聘请他们当各界代表会议代表，或委以参议、咨议之类的名义，并逐渐培养其中一部分作为我们的干部，并以大力争取团结其中的中间分子。各地党要在开始的时候，应把少数民族的工作重点放在少数民族与汉人杂处的地区，因为这种地区的少数民族文化较高，经济较为发展，接近也较容易，便于进行工作，培养干部和创造工作经验，但是在汉族占优势，少数民族占劣势的地区，各种政策应特别谨慎。必须放手吸引少数民族进步分子或中间分子到各级政权或群众团体中工作，汉人多的地方他们任副职，少数民族多的地方他们任正职，务使他们有职有权，耐心地教育和团结他们，我们这样做，不但是全面开展少数民族工作的准备，而且将起到示范和吸引的作用。

四、军队在进入或通过少数民族地区之前，必须先行调查其风俗习惯和宗教信仰，由兵团或军级政治机关制订几条简明的注意事项，教育所有人员一体遵行。军队的食粮，尽可能地不在贫瘠的少数民族地区筹集，如果必须筹集亦应遵守下列原则：第一，一律经过旧有政府机关办理，不应由军队直接出面筹集；第二，一般应按旧例筹集，只能比国民党征的少，不能比国民党征的多；第三，在人烟稀少或过去没有负担的地区应尽可能做到自带粮食，或用现金、食盐兑换粮食，军队宿营尽可能地少占民房，或实行露营。请向导要给够代价。部队尽可能携带一些小小礼物如食盐、针线等，送给群众，以资联络感情。

五、在军队中，特别在干部中，应以毛主席《论联合政府》中的少数民族一段，及高岗同志在内蒙干部会议上的讲话（见《政策汇编》）为教材，学习我党对少数民族的政策，并结合当地具体情况进行研究。

六、少数民族问题是一般干部没有接触过的新问题，故须严格执行事前请示事后报告的制度，克服无政府无纪律状态，以免发生错误，或在发生错误之后易于纠正。

为加强对少数民族的调查研究工作，必要时应在党委下设立少数民族工作委员会。

附
进入少数民族区域内的一些注意事项

注：这个材料是由南京熟悉西南少数民族问题的人士和学者经过详细讨论之后写出来的，对我们很有帮助，望注意研究，并结合你们本身的调查材料，针对不同对象，提出几条简明的注意事项，通令全体官兵一体遵行。

二野前委
9月20日

（一）多带露营的设备，因为他们的房子都很小，而且不集中，生活习惯又不同，非常不方便。

（二）不要进他们的庙宇、祠堂，除非他们的邀请。在看他们举行祭祀或跳神的时候，要同他们一样保持严肃的态度，不要哗笑。

（三）西康人对于宗教特别虔诚，须十分小心尊重他们的习惯。

（四）在进军的时候，最好预先派人和他们的领袖接洽好，他们可以帮很多的忙。

（五）他们要邀请参加他们的宴会的时候，不要过于拒绝，怕他们多心认为是看不起他们，他们宴会中所吃的东西，也许是很难吃的，但为顾全主人的面子，得勉强尝一点。

（六）和他们妇女办交涉的时候，要十分小心，不要使他们发生误会，认为是调戏他们的妇女。

（七）四川、西康交界的大小凉山一带的倮罗，喜欢世代寻仇，叫作"打冤家"。在他们宴会或许多人聚会的时候，不要问他们的家世，因为可能使两家之间起了冲突。

（八）川北和西康一带，非常贫瘠，农产品极少，并缺乏食盐（但西康之宁属盐源、盐边等县产盐），而且大小凉山区域，成半独立状态，不受汉人征调，向这些地方进军的时候，粮食最好能预先筹划，还多带点盐巴进去，自己吃，也可送人。

（九）云南贵州两省少数民族和汉人杂处，国民党对于他们是征粮征兵的，解放军去了，要征粮，大概他们会视为当然的事情，为省麻烦，当然经过旧有的政权机关的好，但要严防旧有的人员舞弊中饱。

（十）西康南部和云南永宁相近的木里土司地，是么些人和估宗人合住的地方，也成半独立状态，他们自称为木里王国，他们对于汉人素来取一种极客气而疏远的态度。汉人官员来往必隆重地接送，有时还送许多粮食、马匹和金子（他们藏金子不少），但不愿汉人在那里久留。要向那里进军要先和他们的"王"接洽好，他有一位"宰相"是能说汉话的。

（十一）少数民族中往往有许多不合理的事情，例如大小凉山的倮罗，阶级制度很严，主人对于奴隶可以自由地生杀买卖，掠取汉人为奴隶，非常的虐待，又如有许多民族的土司出来，老百姓都须跪伏道旁，土司可以随便召去老百姓家的女儿做婢妾。又如木里土司地政治清明，但刑罚非常残酷，常常将犯罪的人，用铁链长系终身，甚至断去手足，让他在牢中自死，对于这些事情，只能慢慢地去教育，而不要性急地去干涉。

（十二）国民党这几年在少数民族中，设立了不少的小学，宣传国民党的抗战功绩，恐怕少数民族受影响很不少，须慢慢地去说服他们，改造他们的思想。

（十三）近年来西南各省种鸦片烟和买卖鸦片烟的事，几乎是公开的，为了铲烟苗的事，几次激成民变，少数民族中有不少是做这种生意的，对于他们也只能慢慢教育，而不要操之过急。

（十四）多带点针线一类的东西，可以换粮食，付工资。

（十五）多带点普通药品，如治疟疾的药，治疥疮的药，治火眼的药以及红药水，碘酒，十滴水，万金油等，到处受欢迎，而且赢得他们的信仰，不过施药时得特殊小心，如果施坏了他们也容易失望。

（十六）云南的盐缺乏碘质，人吃久了，容易生瘿袋病，最好多带点海盐和紫菜海带一类的东西去。

（十七）云南野人山江心坡一带，系滇缅北段未定界的地方，民族复杂，而且受西洋传教士的影响很深，最好暂且不进去，以省去麻烦，如果非在那里经过不可，必须有深知他们内容的通事预先接洽好。

中央《关于少数民族工作的指示草案》的修正意见
《民族工作文件汇编》
云南省委办公厅印
1951年8月

中央《关于少数民族工作的指示草案》的修正意见

二野前委，并告各中央局分局及前委：

　　9月20日电悉。大体上同意你们所拟《关于少数民族工作的指示草案》，惟一项关于党的民族政策的申述，应根据人民政协共同纲领中民族政策的规定。又关于各少数民族的"自觉权"问题，今后不应再去强调，过去在内战时期，我党为了争取少数民族，以反对国民党的反动统治（它对各少数民族特别表现为大汉族主义）曾强调过这一口号，这在当时是完全正确的。但今天的情况，已有了根本的变化，国民党的反动统治基本上已被打倒，我党领导的新中国业已诞生，为了完成我们国家的统一大业，为了反对帝国主义及其走狗分裂中国民族团结的阴谋，在国内民族问题上，就不应再强调这一口号，以免为帝国主义及国内各少数民族中的反动分子所利用，而使我们陷于被动的地位。在今天应强调，中华各民族的友爱合作和互相团结，此点望你们加以注意。

中央
10月5日

中国共产党云南省第一次代表会议决议（摘录）
《民族工作文件汇编》
云南省委办公厅印
1951年8月

中国共产党云南省第一次代表会议决议（摘录）

　　第五，对少数民族工作，坚持贯彻民族和睦、加强民族团结、消灭历史所造成的民族隔阂、工作稳步前进的方针。少数民族聚居区不实行减租退押；征粮工作及其他一切工作，必须照顾少数民族特点及尊重少数民族人民的意见去进行；从生产、救济、卫生和物资交流等各方面给少数民族必需的与可能的帮助；大力培养少数民族干部，领导少数民族自己解放自己。

省委关于少数民族工作中错误思想问题的指示（摘录）
《民族工作文件汇编》
云南省委办公厅印
1951年8月

省委关于少数民族工作中错误思想问题的指示（摘录）

（一）蒙自地委在征粮汇报总结报告中，列举了少数民族"八个特点"："①看近不看远，见小不见大；②迎旧不迎新，认熟不认生；③认人不认事，认头（人）不认（政）府；④喜枪怕缴枪，喜夸怕批评；⑤迷信多猜疑，翻脸不认人；⑥认亲当官荣，抢劫不为耻；⑦通上依靠下；⑧群众未觉悟，急躁就不妙。"又《经验交流》第十期所载《车里、佛海、南峤地区少数民族特点介绍》一文，其所列五个一般特点，其中四条，亦有类似错误观点。这些所谓"特点"的大部是少数民族表面的落后的局部现象，是大汉族主义反动统治者的传统观点，尤其所谓"翻脸不认人""抢劫不为耻"是十分错误的说法。并且将部分缺点作为全部特点，而忽略他们还有很多的优点。这说明了我们还残存着民族优越感和对少数民族的歧视倾向，这是开展少数民族工作很大的障碍。这不是以马列主义的观点从其产生的社会根源致历史根源上加以客观深入地分析与研究，不知道少数民族之所以落后是由于大民族主义长期反动统治所造成的必然结果，绝非他们自甘落后。对于某些落后表现，我们应寄以同情，在政治、经济、文化各方面给以照顾，切实消除民族隔阂，实行团结互助，结合"成为各民族友爱合作的大家庭"，逐步启发与提高他们的自觉。只有这样才能得出对少数民族的正确政策与工作步骤。如果根据那些错误的看法，去决定政策和工作，将一定发生严重错误。

西南区的工作任务

——1950年7月27日在西南军政委员会第一次全体委员会议上的报告（节录）

刘伯承

《云南民族工作参考资料》第一辑

云南省人民政府民族事务委员会编印

1951年

西南区的工作任务
——1950年7月27日在西南军政委员会第一次全体委员会议上的报告（节录）

第十，少数民族工作

西南是一个多民族地区，必须依据共同纲领第六章的各条规定，执行正确的民族政策，反对大汉族主义和狭隘民族主义，以便亲密团结各民族的力量，建立巩固的国防，肃清土匪特务，建设新西南，并使各少数民族的人民大众，获得政治、经济、文化、教育的建设事业之发展。

在政治上，应本平等团结互助原则，在少数民族聚居地区，实行民族区域自治。在各民族杂居地区之省、市、县人民代表会议和政权机关内，各民族均应有其相当名额的代表和工作人员。各民族间的纠纷，应本共同纲领的政策，经过各民族人民协商或由政府调处解决之。禁止民族间的歧视、压迫和分裂各民族团结的行为。

在经济上，人民政府应经过实行贸易自由、等价交换、组织运输、组织合作社、举办必要与可能的社会福利事业以及其他方法，扶助少数民族区域的农牧工商各业之发展，改善人民的生活。

在文化教育方面，人民政府应帮助各少数民族发展本民族的语言文字和学校教育，保障其宗教信仰自由，尊重其风俗习惯，并帮助其发展医药卫生工作。人民政府应举办各少数民族的干部学校和干部训练班，培养大批的少数民族干部。

有关各民族的政治的、经济的、社会的各项改革事业，必须依据于各该民族自身的条件，并在各族人民自觉自愿的基础上，由各族人民自行决定和实行，不得由工作干部自行决定和强制地加以实行。现在汉人地区实行的土地法令、减租法令等，不适用于少数民族地区。征收公粮、税收等项财政制度，在少数民族地区亦须针对实际情况酌情变通，不宜机械搬用。

云南省委关于少数民族工作会议的总结
——代十、十一月份综合报告①
《民族工作文件汇编》
云南省委办公厅印
1951年8月

云南省委关于少数民族工作会议的总结
——代十、十一月份综合报告

（1950年11月30日）

　　为了系统地研究分析全省各地少数民族情况，检讨少数民族工作，具体贯彻中央和西南局关于少数民族工作的指示，省委于11月22日召开了少数民族工作会议。出席者除省委负责同志和省级有关机关负责同志外，到各地区地委、县委、区、乡民族干部和民族工作干部二十九人。会议以五天时间听取各地汇报后，进行分组讨论两天，大组讨论和总结两天。最后，在统一的思想下，作了如下的总结。

　　一、会议认为在过去游击战争及解放以来，党在云南的少数民族工作是有成绩的。这显著地表现在游击战争中少数民族积极参加并与敌人坚决斗争，而且许多地区还付出了重大的牺牲。解放后接管、征粮、剿匪各种工作中，各族人民以无比热情来拥护与支持党的政策。在长期革命斗争中，各族人民之间建立了深厚的战斗友谊。党与毛主席的威信，人民政府与解放军的威信，在各族人民中有了深刻的影响。在斗争中已涌现和培养了一批各民族自己的干部和与少数民族建立了密切联系的民族工作干部。这些，是我们今后进一步团结各族人民，进行祖国伟大建设事业的良好基础。

　　但我们少数民族工作中，尚存在着严重的缺点和错误。解放前后各地在工作中表现的民族政策很模糊，在各种工作和政策上与对待汉人地区一样，一般化地对待少数民族地

---

① 《云南边疆民族地区民主改革》（云南大学出版社1996年10月第1版）一书摘录了这篇文献，题目为《西南局对云南省委宋任穷同志关于少数民族工作会议讨论总结（草案）的批复（摘录）》，正文的标题为《宋任穷同志关于少数民族工作会议讨论总结（草案）》，略去了后面的附录《少数民族情况与问题》。该批复的原文如下："送来省委少数民族工作会议讨论总结（草案）已收阅，同意你们对少数民族工作的部署和意见，并同意作为10、11两月份的综合报告，希即下达遵照执行为要。"本书将这篇文献全文辑出，个别地方做了必要的删节。——编者

区，执行过急的不适当的减租减息、清算斗争以及军事上消灭土司等。如蒙自区红河外七个土司打翻了五个。解放后，虽一再强调中央民族团结政策和稳重谨慎的方针，但一方面具体贯彻不够，一方面为某些干部的盲目不服气思想情绪的抵抗，各种严重缺点及错误未能有效地纠正。这是十分值得我们警惕的。

二、会议分析研究各地情况后，认为我省当前少数民族的要求为积极地参加政治活动，政府中有其代表；杂居区要求减租退押、改善生活、改进生产、医药卫生、供给必需品、收购土产（如麻布、山货、药材）、办学校等，甚为迫切。根据中央和西南局历次关于少数民族工作政策方针的指示，对几个具体问题须明确解决：

（一）政治权利问题：各族人民普遍要求是参加政权，是政府中有他们的发言地位。这一要求是完全正当和必须的。省人民政府是中央人民政府之下的一个地方政府，不论立法上和实际上也是云南各族人民的联合政府。为更好地团结各族人民，必须：

（1）民族杂居区，专、县、区、乡均组织民族联合政府，根据各民族的人口状况吸收各族代表组成政府委员会，并使参加一定的政府工作（如政府正副首长，科、局长等），真正有职有权。各地必须在各民族中物色与培养其代表人物，有计划地在一定时期内实现此种民族联合政府的组织。至于杂居区之单一民族聚居乡或村，或以某一种民族为主体之聚居乡或村，其乡或村的政府即实际上为民族的区域自治。有些地方单一民族聚居区，或某一民族占大多数的民族区，地委应考虑区域自治，提出意见，报省委研究决定。鉴于省内各地民族杂居状况异常错综，在划定行政单位时，一般仍以习惯上的区域为宜，不必勉强以民族区分。专署政府委员会尚未成立前，专署民族事务委员会暂不取消，以加强政府与各民族的联系。有的县条件不足时，亦可先组织民族事务委员会。

（2）有土司制度的地区，多为沿边区，仍保留土司制度。土司制度下已建立了行政委员会者仍旧，在土司同意下，我可派工作团进入谨慎工作。已取消土司制度者不恢复。

（3）为联系各族人民，解决各民族内部和各民族间的问题，必须经常召开民族代表会议，指导各族人民根据消除纠纷隔阂，加强团结友爱合作的原则，商量办理他们的事情。参加代表会议的代表，在开始时每每是只有上层人物土司头人参加，也是好的，这对团结各民族是只有好处而无坏处的。

（二）社会改革问题：

（1）减租退押：在少数民族地区实行减租退押，必须具备两个基本条件。一是先做好民族团结，成立了民族联合政府或区域自治政府，各民族有自己的人在政府中办事。与此相违反的方针，即不是先做好民族团结，而是先在各民族中"整坏人"的方针，是极其错误的，危险的。二是少数民族内部百分之九十以上的群众（不是少数干部和积极分子）真正要求和自己敢于行动起来，即少数民族自己起来解放自己的原则。这两个基本条件，包括了省委复武定地委指示中的四个原则。

基于以上原则，在沿边区：丽江区之德钦、中甸、维西、福贡、贡山、碧江，保山区之边沿各县局，宁洱区之外八县，蒙自区之江外地区，昭通区之大小凉山附近，以及文山区之富宁、广南一部和越南接界对汛地区之苗王区，肯定不实行减租退押。就民族说：藏族（古宗）、卡瓦、山头、倮黑、蛮族等民族中，肯定不实行减租退押。为了免致影响康藏，中甸民族聚居区中杂居一小块汉人地主的地方，也不实行减租。

内地民族杂居区或少数民族聚居区，只要条件成熟，符合上述基本原则，即可实行减租。在实行中，同样十个地主，少数民族群众只赞成减九个，不赞成减其余一个，则坚决依照群众意见只减九家。少数民族群众租种汉人地主之田，应坚决减租退押，不得犹疑，否则即为大民族主义。民族杂居区同时有汉人地主与少数民族地主者，则应先在汉人地主中实行减租退押，然后看群众条件再在少数民族地主中实行。各少数民族之间的租佃纠纷（如文山区之普拉族与侬青族的田地纠纷，彝族佃户要减回族地主田租的纠纷等），政府应进行调解，说服两方，互相照顾。少数民族内部的减租退押斗争方式，也应较汉人中缓和些，可多用调解的方式。至于个别民族（如民家族）与汉人界限已不深和不明显者，就不必人为地去制造或加深其界限，即进行一般的减租退押；但有的偏僻地方的民家人的民族界限还深的，即还应按少数民族对待。

至于少数民族中的退押问题，一般的不进行，但如昭通某些特殊的大地主，是既要减又要退；一般地主则可先减暂不退。

废除额外剥削、单纯劳役地租、少数民族二地主问题，应照减租退押的原则去办理，由少数民族自己商量决定。单纯劳役地租（过去无限制）在本民族协议同意下，可加以限制。

（2）反霸与杀人：在少数民族地区，一般不实行反霸；确为民族内部绝大多数群众要求和真正自己起来行动者，就由其民族自己进行。匪首和重大反革命分子应当处死刑时，必须以少数民族的代表会、群众大会等方式，经过少数民族内部的讨论，做出决定，经专署报省府批准，才能执行，否则宁可判以徒刑。罗平苗族反映我们杀苗人匪首"太急了"，其实际不是迟早问题，而是杀他们的人不与他们商量和不尊重他们的意见。这点我们必须十分注意。

（3）农民协会：凡不实行减租退押地区，一律不组织农协，因为这是农民阶级组织，组织了是容易出纠纷的。农代会也不召开。这些地区一律以民族代表会去组织和联系群众。只有在少数民族自己通过实行减租的地方，才组织农协和召开农代会。

（4）风俗习惯：目前少数民族迫切要求是改良生产、医药卫生、贸易，而不是改良风俗，因此急于去改良少数民族的风俗习惯是极错误的。宜良区有些地方已成立"风俗改革委员会"，要主动取消。我们的干部与少数民族中的急进分子不要去做这些事情，而应当去为少数民族做贸易、卫生工作为好。祭龙、祭山不要急于去反对，那是反对不了的，硬去反对只有脱离群众。有的祭山时间太长，影响生产，也只有在少数民族大家同意下，酌量缩短些。要求我们的干部、党员，好好遵守民族风习——这便是是否真正懂得党的民族政策，是否真正懂得联系群众的表现。

（5）其他问题：

①清真寺、喇嘛寺的公田的公粮负担办法，由省人民政府颁布。多数民族学田的公粮负担，按《新解放区农业税暂行条例》十三条第一项办理。至于清真寺等的公田，不收归公有。土改时另行研究。

②玉溪回民造枪手工业工人200余人的专业问题，委托玉溪地委妥为处理。

③武定蛮得梁子、宣威秃头梁子等少数民族太穷困的地方，不够半年粮食，应以生产自救为主，政府给以必须的补助（如贷粮、种子，甚至救济），帮助他们解决生活困难，使他们不去抢人。

④少数民族地区征粮问题：除个别特殊者可全免外，一般以看情况照顾为原则，至于各地征多少，应与少数民族商量决定，以示无例外地支持政府。不产稻的山地，可考虑折征或征收杂粮。

⑤少数民族逃亡地主的土地财产的处理：如家中有人者由其家人代管和代交公粮；家中无人者由其本民族代管和代交公粮（汉族逃亡地主则由政府代管）。

（三）医药贸易、文化问题：经济文化上的要求最迫切的为医药、卫生和贸易，如历年死人很多，吃不上盐，土产卖不出去，生活十分困难。虽学校也要求办，但在迫切程度上仍以前两者为最。

（1）医药卫生为少数民族最普遍迫切的要求，我们必须重视这一问题，用各种办法去减少各族人民疾病与死亡的痛苦。在目前条件下，必须广泛地动员一切中医、西医、针灸甚至草药医生等，去从事少数民族地区的医药卫生工作。大理的办法很好：大量地组织中、西、土、草药医生下乡；以两小时训练中学生后，下乡种痘；使所有的工作干部学会种痘，一面征粮，一面布种。除大量训练中西医外，应号召所有民族工作干部学会一两种简易医药，如种痘、针灸、接生等，是工作干部，也是医务工作者，并可从少数民族地区抽调学生来省培养助产知识。全省财政中可列一笔医药预算，以帮助少数民族地区的医药卫生工作。

（2）贸易工作上，要制订计划，贯彻下去，要做必要的赔钱贸易。少数民族普遍需要供应的如食盐、茶叶、烟、针线、土布等，要调查对象，尽量供应；要大力收购其土产，如麻布、皮货、药材等。少数民族地区贸易工作，要召开专门会议去研究。为补贸易干部的缺乏，应号召少数民族地区工作干部，学习贸易工作，结合群众，组织供销合作社，去沟通物资交流，贸易机关给以帮助和指导。

（3）文化教育：原有中心学校在可能条件下进行重点的恢复。一般小学则以民办公助的方针维持与恢复。曲靖区少数民族中巡回教育，半工半读（一面放羊，一面学习）的办法很可提倡。

（四）武装问题：除公开向我进攻之匪特反革命武装外，土司地区，不论土司枪支或民间自卫枪支，一律不收缴、不登记（当然，政府平常的了解是必要的，但这种了解不应是一般地调查登记）。内地过去已收缴的枪支亦不必发还。土司衙门、黑彝、干头的武装组织，也不要去干涉和取消。如他们要求我们派人去帮助其训练教育（可能是试探我们意图），一般也暂以不派去为好，免致因此发生猜疑；若确系真诚要求，考虑各种条件无坏影响者，经地委批准可考虑派去。边地人民公安武装要统一组织，不要以原土司、头目武装掺和或改编。驻扎少数民族地区之部队，一般以不轻易在当地吸收少数民族新战士为宜，以免引起怀疑。个别经考查清楚可以吸收的新战士，吸收后也当作培养少数民族武装骨干去进行。

（五）对帝国主义的斗争问题：在少数民族中，尤其在边地，要强调宣传反对帝国主义，反对国民党反动派，揭发他们是历来压迫少数民族挑拨民族团结的阴谋。启发和培养爱祖国，拥护毛主席，拥护中央人民政府的思想。培养伟大中华民族的正统观念。警惕帝国主义者在假面具下进行间谍活动，揭发美特蒋特等危害各族人民的罪行。在少数民族教徒中宣传和有步骤地实现自传、自养、自治的办教方针，使各族人民逐渐完全脱离帝国主义的影响。但绝不能去宣传反对信教。

（六）培养干部：为了培养民族干部，省筹办民族学院分院，培养一般县区的民族干部，以及短期性地培养一般区乡民族干部。首先以内地为重点，由各地区选送学生。专区可办民族干部训练班。县区领导机关也应以培养民族干部及民族工作干部为经常任务。训练班学员如系土司送来，回去可由土司分配其工作。少数民族工作干部，已与群众取得联系，就不要轻易调动，每个民族工作干部也应有长期为少数民族人民服务的思想。要大胆使用少数民族干部，不要要求过高，要耐心帮助提高；任何歧视或打击政策都是有害的。

三、会议认为，我们少数民族工作中许多错误的发生，都是由于干部中的大民族主义思想（如所谓"少数民族八大特点"，工作一般化，用军队去征服土司的做法等），以及工作中的急性病（如宜良区的改良风俗委员会，中甸成立农民协会）和无组织无纪律现象（如文山区未经批准擅自枪决龙开甲）。经验证明：少数民族工作，谨慎稳重，则错误越少。因此，要求所有民族工作干部，彻底清除大民族主义思想残余，认真体会省委指示民族工作"宜缓不宜急，讲团结不讲斗争，反左不是反右"的方针。以上大民族主义思想的倾向目前是主要的，必须坚决纠正。但在工作中碰到的狭隘民族主义思想表现，也应耐心教育改正。

少数民族干部、党员、积极分子中，必须注意防止脱离少数民族广大群众的急进思想。必须教育他们：要站在少数民族群众中间，要善于等待群众，联系群众，启发群众，带领广大群众一道前进，而不是几个人特别突出，商量一下，就冒失从事。

在少数民族工作中，我们经验缺乏，水平不高，因此，必须教育所有干部，要十分虚心谨慎，必须事事与群众商量，以补救我们的缺点。

附

少数民族情况与问题

（一）情况

云南是多民族的省份，其特点之一是种类多。据说有一百四十余种，我们已得材料有一百零二种。少数民族约占全省人口的百分之六十左右，其中以摆彝（泰）、彝（蛮、倮）、回、卡瓦、古宗（藏）、苗、民家为最多，前三种人口均在八十万至百余万。

特点之二：各族除一部分聚居外，多系互相杂居。如彝族以昭通、武定、宜良、丽江四区最多，其他8区都有散居。民家族以丽江、大理两区最多，也散居于滇中滇东各区。苗回两族各区都有。由于互相杂居，不仅每一专区有几十种兄弟民族，即一县一区也有几种乃至十余种之多。生活习惯既不相同，加以历代反动统治者的挑拨离间与镇压屠杀，民族隔阂是相当深的。解放后特务造谣欺骗，对我们尚存疑惧心理，如卡瓦族代表拉孟赴京参加国庆大典，久未归来，谣传被杀，卡瓦即集中武装准备"报仇"。

少数民族多从事农业，有些尚过着游牧或半游牧的生活，而最落后的民族（如山头人）尚以采集经济为主，苦村族尚系穴居野处不穿衣服。摆彝住地较肥沃，回族多善经商（过去多营枪弹、鸦片、走私），其他各族生活贫苦，而野卡、山头、苦村、部分倮倮等经常吃不到米和盐，连裤子都没有，腹前挂木板遮羞，他们说："共产党好，给我们裤子穿吧！"他们积极拥护共产党与人民政府，渴望社会改革。如昭通、大理区苗族，终年只能吃点山茅野菜，砍一担柴走两三天路去卖，还换不到一斤米。解放后听说政府需要粮食，就凑了一些自动交来。在匪乱中他们作向导，带部队剿匪。

土司以滇康、滇越、滇缅边境较多，巧家十余土司在游击战争中，发动少数民族农民打垮了，今尚无大问题。宁洱、保山、丽江三区政策比较稳重，出的乱子已解决，几十个土司，虽态度不一，大体已经稳定。唯蒙自区红河流域（元江以下）一带的土司，多勾结帝国主义与蒋匪特务，组织叛乱，少数跑来昆明，我们争取回去，尚未收效。内地如武定等区的土司，过去虽已"改土归流"，政治力量已比较弱，但土司经济制度仍保存，剥削苛重，少数民族要求减租退押，尤其要求废除额外剥削。民族杂居地区，地主多为汉族、回族和黑彝；聚居区的土地，多为土司占有，没有土司的地区，少数民族也有部分地主（如回族、侬青、沙族）。

边界少数民族，多跨境而居，如宁洱、蒙自、保山、丽江等区，都与缅、越某一民族有家族或亲族关系，边界互市与贸易关系尤为密切。有些则一受挑拨，就搬到外国去或未定界。而匪特出没边界，则更不易消灭。

帝国主义在少数民族中的活动，主要是通过传教，如宁洱的永文生、贝克；保山、丽江区的杨志英，都在少数民族地区"传教"三十年左右，其他各区都有外国传教士活动一二十年的。他们并开办了很多学校、医院，编制少数民族拼音文字，在群众中影响很大。目前各地教会，多仍继续造谣，宣传三次大战与原子弹，从事种种破坏活动；滇西天主教还在请求办学校。但在有些地区，由于领导上比较重视了少数民族工作，少数民族觉悟已逐渐提高，如武定县的少数民族，以前事无大小，都去找教士解决，农代会后，大小事情都来找人民政府了。古宗、摆彝，深信佛教，外国教打不进去，少受影响。回族以回教精神，团结力甚强，亦少受外国教影响，但各区反映，回族群众受白匪崇禧影响，尚未消除。

自从游击战争展开以来，我们的少数民族工作是有成绩的。初步团结了很多民族，培养了一些少数民族干部（各族都有：路南圭山、弥勒西山、大姚东山，现党政干部大多数是少数民族，等于自治区），为今后的工作打下了基础。但各地对少数民族工作的重视与政策的掌握是不一致的，一般都产生了很多缺点甚至错误，有些地方特别严重。以前没有完整的明确的民族政策，有些地方甚至利用民族矛盾去打击各民族的上层，阶级斗争的观念超过了民族团结的观念。有些把少数民族地区政策一般化，搞斗争，搞双减，与汉人地区完全一样。如1949年对蒙自区江外的土司，打了钱征样，甚至抄了家，以致五个土司都反了，联合起来对付我们。今夏又继续打翻了一些土司。减租后，有的群众反映："田是地主大老爷的，人家不给我们吃不是饿死了吗？"减息后，借贷中断，群众均表不满。

解放后，省委依据中央和西南局指示的精神，决定了"首先是联络感情，搞好关系，十分谨慎稳重，长期工作切忌性急"的基本原则，但具体的指示和帮助不够。各地都有些干部尚存在着不自觉的大民族主义的残余思想和急性病的思想，对上述原则，尚有一些盲目抵抗情绪，故党的民族政策的精神，未能很好地贯彻。几个月来，曾发生了一些严重违反民族政策的事件，除已经报告和通报者外，如蒙自区的猛农土司跑了，就把看家的人抓来枪毙，以致土司更坚决地与我对立，到现在还无法解决。保山区财经工作干部说："方克胜负担一半就解决全专区的问题了。"丽江区边干部主张对古宗的喇嘛寺、归化寺多派公粮公债，于是就把公粮公债任务的目光集中在土司地区，按汉人区一样去派粮、债、税；另方面特务挑拨破坏，以致方离我逃缅。南峤有干部不宣传政策，只把公粮任务交给头人，过了三天交不出来就扣了八个头人，以致有百多家少数民族被迫搬走；保山区我部队，×××团五连遇到无法生活的被迫抢劫的山头人（野人）用原始武器袭击，牺牲一个战士，部队即冲锋上去，烧死了五个山头人；邱北县领导上要山心区的回族干部吃猪肉，以致这个干部被视为"叛教"，该区工作无法开展。这些严重的情况，说明了我们的少数民族工作仍是十分混乱的，今后必须更多地注意。

（二）现在的问题

1. 干部思想问题：目前很多干部中，仍存在着一些混乱思想，主要是汉族干部的大民族主义的思想和少数民族干部的急性病思想。它们的具体表现，除前已报告者外，最近检查出来的，如宜良区有干部说："保俉不能让他读成书，否则就将骑在汉人头上。"罗平有干部说："这些人（指少数民族）比牛还难教。"文山区一干部则认为："'回子'最狡猾，是少数民族中最坏的。"峨山有个回民走私，干部就贴标语骂"回子"，引起回族群众十分不满,特务乘机造谣,说要"灭回"。又有些干部和少数民族急进分子,则急于在少数民族中进行社会改革,认为他们"早已完全汉化";禄劝县军管会一成立就出布告,要"改良风俗",有少数民族群众来要求"我家姑娘出嫁,请批准坐红轿";宜良区有些少数民族干部要强迫实行"断发""剪裙""去耳环",否则要罚米,以致有很多大姑娘都哭了;丽江区古宗、摩些族被迫剪发也很多;楚雄区有些回民参加工作,但干部一见他们不吃猪肉就骂"思想不通",于是参加工作的回民减少很多。这两种思想极其危险,如不彻底肃清,要做好少数民族工作是不可能的。

2. 少数民族迫切的要求:各地少数民族群众,提出了很多要求,其中较迫切、急需解决的为:

(1)参加政权:很多民族都要求有代表参加政府和各种会议,他们说:"以前当公事的没有自己人,所以常受欺侮,有一两个参加政权后又忘本了。""县里区里要有我们的人,有事先找自己的人商量后再找县长、区长。"关于此点,过去注意是十分不够的。

(2)卫生:少数民族地区,传染病(恶性疟疾、鼠疫、天花、回归热、蚊毒等)流行,医药全无。如禄劝奇寒奇热,气候很坏,群众说"病了只有挨",毫无办法;宁洱区及大理、保山、蒙自、文山区南部恶性疟疾(瘴气)流行;云县自1931年以来,大城居民全部死完,三十里内无人烟,现在仍很厉害,迫切要求给奎宁。鼠疫在滇西流行,数十年来直到现在仍未停止。少数民族妇女生产,均无一医生接生,婴孩死亡率极高,路南一妇人生了十一个孩子,只养活一个。

(3)贸易:少数民族生活极苦,日用必需品极感缺乏,很多人终年吃不起米、盐,全年杂粮也只够三五个月吃。如文山区有一个少数民族老妇,因为买不起,一看见盐就哭起来。各地少数民族都普遍要求大量廉价供应盐、土布等日用品;同时,少数民族自己生产的一些物品,如泸西、寻甸等白彝、苗族的手工麻布,凤仪俫僳的柴炭,丽江区藏族的麝香、虫草,盐江区傈僳族与昭通区苗族的大量药材、皮张,大理区南部和宁洱区的茶叶,卖不出去。近年汉商故意压低价格到二分之一至十分之一,渴望贸易公司能够收购。保山区的群众因为贸易公司无力大量供应日用品,故自己到缅甸去买,从芒市等地入口的很多货物,价格比我们的低,群众说:"这样下去,贸易公司被洋货压倒了。"

(4)少数民族干部的培养、教育与提拔:过去各地区一般都注意不够,有些干部对少数民族干部还存在着"利用""花瓶"的看法,不教育、不帮助。宁洱区就有干部说:"这些人,两个狡猾,一个懒惰,另外一个有威信而无能力。"对于回族干部,则强迫要吃猪肉。少数民族干部则感到自己有职无权,做翻译的怕将来汉人学会了话自己就没有饭碗,情绪均不安定;有的则提拔后脱离了群众,被目为忘本。有些地区少数民族群众对外来干部和汉人干部都不大相信,说:"尽管你说,反正你们根子不在这里,说说就走,土匪来了又整不着你们。"一般都希望多办训练班、注意教育、培养自己民族的干部。

(5)文化教育:少数民族文化原已落后(金平四万多人中,会写信的不到五十人),解放后,很多少数民族地区的学校因乡街子称斗捐归政府征收而停办,因此有的群众提出了恢复学校与发展少数民族文化教育的要求。他们说:"如果我们读书识字,来开会就能记了回去讲。"这虽不如救命医药的要求紧迫,但要尽可能地照顾,特别是回族。如峨山清真寺寺产收入所办的学校,今年征粮减租后,因经费不足,学校停办,回民就不满意,说:"大约要灭教了。""共同纲领说要发展少数民族文化,为什么又把学校搞停了?"要征粮减租上照顾回族的公学田,帮助他们办学校。

一年来的民族工作
中央民族事务委员会办公厅主任　杨静仁
《民族工作文件汇编（一）》
中央人民政府民族事务委员会编
1951年8月

一年来的民族工作

中央民族事务委员会办公厅主任　杨静仁

中国是个多民族的国家，除汉族外，还有许多少数民族。根据现有不完全的调查，中国少数民族大约有五六十种，人口在三四千万到5000万之间，约占全国总人口的1/10。他们分布的地区很广，约占全国总面积的2/3，差不多遍及全国，主要是在边疆，有的聚居，有的杂处。因为历代反动统治者迫害的结果，他们居住的地方大都是雪山、峻岭、草地、沙漠，自然条件很差。少数民族的发展很不齐一，有的还过着狩猎生活，有的以游牧为生，但大多数的民族已进入农业经济，有的且开始有了本民族的无产阶级，各民族之间的关系，在过去反动时代，是很不协和的，甚至是互相仇视的。中华人民共和国的成立，使中国各兄弟民族的关系有了根本的变化。中国各兄弟民族开始以平等、团结、互助的新关系一同进入新民主主义建设的总的轨道。

一年来，人民政府执行了共同纲领的民族政策，把加强民族团结作为民族工作的中心；各少数民族的内部改革，则根据各民族的自觉自愿，采取慎重稳进的方针。在这样的方针下，中央和少数民族地区的各级人民政府曾做了许多的工作，但因各地区解放时间的先后不同，各地区工作的发展也就很不平衡。总括起来，一年来的民族工作，主要的有如下几项：

首先是宣传民族政策，调解民族纠纷，搞好民族关系。因为全国基本上已经解放，各民族的关系已从压迫与被压迫的关系变为平等、互助的关系。民族关系上这种根本的改变，是值得着重指出的。但历史上长期的反动统治所造成的民族隔阂仍然存在着，加以反革命分子的挑拨，使各民族的亲密团结有时还不免发生问题。中央和各地人民政府通过各种方式在各民族中宣传民族政策，提倡民族间的友爱合作，并纠正在民族关系上所存在的残余的错误思想，即大民族主义和狭隘民族主义，主要是克服歧视少数民族、不尊重少数民族风俗习惯的大民族主义倾向。

各地人民政府对各民族间与民族内部的纠纷事件，一本消除隔阂、加强团结的原则，通过各族各界人民代表会议或各族人民的团结会、联谊会等方式，充分地进行协商，加以调解。这和历代反动统治政府，特别是国民党反动政府，专门挑拨各民族关系，制造纠纷，借以巩固其对少数民族的反动统治，加重对少数民族剥削的情形是根本不同的。各地圆满解决了的民族纠纷大大小小总计不下数千件，其中有存在了二三十年、四五十年，甚至百年的。大的如甘肃省临夏县的回、汉纠纷，甘肃省夏河县甘加、青海省同仁县甲吾藏族部落的草山纠纷等，在人民政府公正合理的调解下，发生纠纷的各族人民大都达到了和解。

在加强民族团结方面，另一重要的工作是，中央人民政府先后组织了两个访问团，分别到西南、西北的少数民族中去进行访问；最近中南军政委员会也组织了访问团到湘西苗族和瑶族地区进行访问。西北、西南、内蒙古和绥远的少数民族人士也先后组成团体到北京向自己的中央人民政府和领袖致敬。去年国庆节43个民族代表来京，是民族聚会规模最大、意义最深的一次。这种密切民族联系的工作，对沟通民族感情，加强民族团结都有很大的好处。

第二，在政权建设方面，人民政府执行了民族政策的规定，即在民族杂居区建立各民族的民主联合政府，在少数民族聚居区实行民族的区域自治。

一年来，已有不少的少数民族人士在政府中担任了负责职务。中央人民政府委员中，就有蒙古、回、维吾尔族的人士。西北军政委员会49名委员中有少数民族委员10人，其中回族4人，维吾尔族、蒙古族、藏族各2人。西南军政委员会中有藏族5人、彝族3人、苗族2人，此外并为其他少数民族保留了相当名额。中南军政委员会也有少数民族委员2人。就省一级来说，新疆省人民政府委员主要是少数民族，31名委员中，少数民族委员即占20人，其中维吾尔族9人，哈萨克族3人，回族2人，柯尔克孜族、蒙古族、乌孜别克族、塔塔尔族、锡伯族、俄罗斯族各1人。新疆省人民政府主席，甘肃、青海、绥远、新疆、云南等省副主席都由少数民族人士担任。各级人民政府民族事务机构中都是以少数民族人士为主要成分。在民族杂居地区的市、县、乡、区政府中，一般都有各民族的干部和各少数民族人士参加。据统计：云南省所属12个专区、116个市县中，担任正副县、市长和专员的少数民族干部达32人。西北的情况也是这样，新疆10个专署、80个县市的专员、县长中，有76人是少数民族；青海省贵德县全县400个乡、村长中，藏族即占230名。各地各界代表会及人民代表会一般都注意吸收少数民族的代表参加。如云南省南峤、澜沧等县的各界代表会议中，少数民族的代表均占全体代表的2/3以上。

在民族聚居区实行区域自治，内蒙古自治区早已实现，并且已获得显著的成绩。其他各地，有的则已经初步建立，有的则正在筹备建立，如绥远省的伊克昭盟，甘肃省藏民聚居的卓尼地区，天祝地区和临夏分区的东乡族聚居区以及肃北蒙民聚居区，川北平武县藏族聚居区，西康省藏族聚居区及西康省西昌县红毛妈姑区彝族聚居区，都初步建立了自治区人民政府。最近建立的西康省藏族自治区，政府委员30人中，藏族22人，汉族6人，彝族、回族各1人。主席是藏族，4个副主席有3个是藏族。藏族人士在这个人民政府中占绝对多数，突出地表现了自治区政权的特色。

民族聚居区实行区域自治，是一项很重大的工作，应该在事先做充分的准备；并依据各个地区不同的条件，有计划有步骤有分别地来实现。

第三，培养少数民族干部，是实现民族区域自治和搞好一切民族工作的关键。没有大批各民族的干部，民族团结和各种民族工作是做不好的。因此，一年来，政府对于培养和提拔少数民族干部给予了极大的注意。全国各地，特别是解放较早的地区，通过人民革命大学、公学以及训练班等方式培养了很多少数民族干部。以西部区来说，一年来已提拔和使用了1万多个干部，包括13种民族。在西南区乡级以上政权机关中，已有3000多名少数民族干部参加工作，其中仅贵州专署及县级机构中，少数民族干部即有470余人。这些少数民族干部在剿匪、领导群众生产、宣传人民政府各种政策等方面，特别是在调解民族纠纷方面，起了很大的作用。

为培养少数民族干部，政府除运用训练班等方式外，并决定在中央、西南、西北、中南几个地区创办民族学院，以便更有计划地大量培养。现各校筹备工作接近完成，即将开学。西北新疆学院去年9月下旬亦已改为民族学院，为新疆各族培养各种建设干部。

为了帮助少数民族发展，必须有一批汉族的干部和专家技术人才到少数民族地区去工作。一年来，在少数民族地区工作的汉族的干部和技术人员，起了应有的作用，受到当地少数民族人民的爱戴。

第四，有重点地帮助少数民族恢复和发展经济。一年来已经做了的，首先是帮助少数民族发展贸易。政府实行贸易自由和等价交换政策，大量收购土产，并给少数民族人民以日用必需品，因而初步改善了少数民族人民的生活，刺激了少数民族的生产情绪，使少数民族的经济生活开始活跃起来。这在解放较早的地区，已具有显著的成绩。据不完全统计，去年一年，西北区皮毛公司共收购了羊毛1687万余斤，羊绒19200余斤，驼毛13万余斤及大批山羊板皮、肠衣等。照现在的价格计算，牧民们的收入，可换小麦97782万余斤，换40码布64万余匹。这是西北牧区少数民族有史以来的一笔大收入。解放前，因为没有销售市场，牧民们的这些财富都成了废物。当时青海因为马匪步芳实行统制贸易，西宁市的羊毛每百斤仅可换小麦140斤或青斜纹布2丈。到去年12月，每百斤羊毛便可换小麦640斤，或换布2.74匹，前者提高了3倍多，后者提高10余倍（根据1月9日西安《群众日报》记者杨田农的报道）。西南地区的贸易工作也日益展开，在供应少数民族日用必需品方面，各地贸易机关特别注意解决少数民族地区的盐荒困难，打通盐源，有计划地调整盐价，取消不合理的运盐费，去年10月份的盐价比同年5月份的盐价降低20%到58%。11月份贵州省的盐价，每斤由12000元回落到5000元，因而使广大的少数民族解除了常年淡食的痛苦；解放前，每人每月只能吃到食盐1两，现在已能吃到5两。

除发展贸易外，政府为发展少数民族的畜牧业，也采取了各种积极的措施。如在西北畜牧区，政府去年对畜牧业的投资和贷款共折小米4800万斤，治疗牲畜700余万头，防疫注射牲畜10余万头，配种牲畜6000余次。西北各地人民政府采取保护性政策，并注意改良牲畜品种和大力进行防疫注射的结果，一年来牲畜死亡率大为减少，牲畜产量逐渐增加，仅新疆省去年畜产较前年就增加20%。至于农业区，政府也是尽可能地帮助少数民族解决土地、籽种、耕牛、农具以及水利等问题，并在负担方面予以照顾。驻在少数民族地区的人民解放军在帮助少数民族发展农业方面起了很大作用。以驻在新疆的人民解放军为例，去年全年耕种荒地75万亩，并修成可灌溉52万亩土地的水利工程，为新疆少数民族地区增加了财富。由于解放军缴纳公粮的结果，使新疆各族人民的负担，去年一年即减轻30万担粮；此外在改良农作法和改良土壤方面，都积极地帮助了农业区的少数民族人民。

第五，文化教育工作。教育方面主要是恢复、整顿原有学校。政府为帮助少数民族逐步提高文化水平和政治水平，在教育事业费的分配中，以及各级学校招收学生的办法中，都作了具体照顾。教育事业在少数民族地区，除按一般学校开支标准分配外，另有少数民族教育补助费。有本族文字的民族，如蒙古族、维吾尔族、藏族、东北朝鲜族等在其聚居区的学校中，都用本民族的语言文字进行教学。在出版和新闻方面，各民族语言文字都受到应有的尊重。中央和地方人民政府曾用蒙古、藏、维吾尔、哈萨克等族文字翻译出版书籍；人民政协文件及毛主席的很多著作的译本，受到各族人民的欢迎与珍视。新疆有用维吾尔文、蒙古文、哈萨克文、锡伯文等几种文字印行的报纸，内蒙古出版有蒙古文报纸，青海有藏文报纸，东北吉林省延边区有朝鲜文报纸。中央广播电台有蒙古、藏、朝鲜等民族语言的广播，昆明人民广播电台正筹备举办苗、彝、民家等民族语言广播，内蒙古人民已有了他们自己的广播电台。在文艺工作方面，北京电影制片厂曾专为少数民族拍制了或正在拍制着许多影片，包括文艺片及各种报道少数民族活动的纪录片，如《内蒙古人民的胜利》、《民族大团结》及《中央访问团在西北》等。西北军政委员会曾于去年派一工作组赴新疆，了解和学习各兄弟民族的艺术，中央访问团更有组织有计划地在西北、西南搜集各少数民族的语言、歌谣、故事、音乐、刺绣、雕刻等。这些工作，都是交流和发展各民族文化的良好开始。

医药卫生方面的工作，政府也极为注意，如组织防疫队、医疗队、抗梅工作队等深入少数民族地区，为少数民族防疫和治疗疾病。中央卫生部拨给少数民族地区卫生事业补助费1000万斤小米，作为维持旧有机构、建设新的卫生设备及补助免费医疗之用。为了有计划地开展少数民族地区的卫生工作，中央人民政府卫生部已与中央人民政府民族事务委员会进行具体研究，准备拟定今后在少数民族地区的卫生建设计划，以便逐步地、有重点地帮助少数民族发展卫生事业。

一年来，在促进民族团结及改进各民族人民生活方面，人民政府做了许多的工作。至于各少数民族区域的社会改革，政府是不加勉强的，一切改革，悉以各民族自觉自愿为原则。如中央人民政府在颁布土地改革法和婚姻法时，就考虑到少数民族地区的不同情况，予以特别照顾。

这里应该特别提出来说明的是内蒙古自治区……

已经解放了的各少数民族在祖国的大家庭中都有了初步的发展。中央人民政府、毛主席并极端关怀着尚在英、美帝国主义压迫下亟待解放的西藏人民和台湾省的少数民族的人民。去年10月间，解放西藏的大军业已进军。中央人民政府对和平解放西藏的各项政策，受到了全国各少数民族人民，特别是已解放了的昌都地区藏族人民的热烈拥护。

在过去一年中民族工作是有成绩的，这些成绩，是值得我们重视的。自然，就我们国家帮助各少数民族发展的整个事业来说，去年所已经做了的工作，还是很少，只能说是迈开了第一步。

正因为是第一步，所以工作上的缺点也是很多的。为纠正这些缺点，在今后的工作中，我们必须对下面几点加以特别注意。

第一，做民族工作，必须从每一民族的实际情况（包括民族的政治、经济、文化、宗教及风俗习惯等方面的特点）出发。各民族的情况不同，甚至所处的历史时代都不相同，因此适用于汉民族地区的工作经验，不尽适合甚至根本不适合于少数民族地区。在少数民族中，这个民族的情况又不同于那一个民族，因之工作方针和方式方法也应该有分别；就是在同一个民族中，因地区不同、情况不同，工作方法也应该有所不同，农业地区是一套，畜牧地区又必须是另一套。与此相反，如果不从每一个民族的实际情况出发，不顾民族各方面的特点而机械地搬运另一个民族、另一个地区、另一种情况下的工作经验，势必招致失败，而且常常使工作遭受很大损失。

第二，做民族工作，必须采取慎重稳进的方针。在少数民族地区所遇到的困难是很多的，主要的是：情况不熟悉，民族隔阂还存在，民族干部还太少，各少数民族的政治、经济、文化发展不平衡等。故在工作中，一定要坚持慎重稳进的方针，特别是对于少数民族的内部改革，必须根据该民族大多数人的自觉自愿而不是该民族中少数人的觉悟与愿望，并要考虑各种必要的条件是否具备。若是大多数人尚未觉悟，各种必要的条件尚未具备，则应该进行艰苦的群众工作，善于耐心地启发和等待群众的觉悟，并创设各种必要的条件。与此相反的是，不采取慎重稳进的方针，不顾大多数人民的觉悟程度和各种必要的条件，而轻率冒进，采取命令主义，进行轻骑式的突击，其结果一定招致严重的失败。

第三，必须反对大民族主义和狭隘民族主义。今天的大民族主义，表现为看不起少数民族，轻视民族形式、民族特点，不尊重他们的生活习惯和语言文字，不适当地强调国家和人民的整体利益，把各民族的正当要求与整体利益对立起来。今天的狭隘民族主义，表现为保守、排外、故步自封，不愿接受进步东西，不适当地强调民族特殊，强调本民族利益，看不到整个国家、各个民族、全体人民的共同利益，把本民族的利益与整体利益对立起来。这两种不正确的思想倾向，对民族团结和各民族的发展都极为有害，必须克服。特别是大民族主义，必须加以坚决地反对，因为它很容易刺激少数民族，而激起或助长狭隘民族主义。但不应该笼统地、抽象地、一般地到处去反对大民族主义和狭隘民族主义，而应该针对各地的不同情况，有分别地适当对待。反对的方法，应该是各自检讨，分工负责，我检讨我的大民族主义，你检讨你的狭隘民族主义。经验证明，这样才是最有效的办法。

中央人民政府民族事务委员会关于各民族代表参加国庆节的报告
——李维汉主任在1950年11月24日政务院第六十次政务会议上的报告
《民族工作文件汇编（一）》
中央人民政府民族事务委员会编
1951年8月

中央人民政府民族事务委员会关于各民族代表参加国庆节的报告
——李维汉主任在1950年11月24日政务院第六十次政务会议上的报告

主席、总理：

谨提出关于各民族代表参加国庆节的报告，请予指示。

（一）接受中央人民政府政务院周总理邀请来京参加国庆节的各兄弟民族代表共159人，文工团222人。代表成分包括各级军政人员、工人、农人、牧人、猎人、劳模、军烈属、教师、学生、文艺工作者、活佛、王公、阿訇、堪布、喇嘛、土司、头人等。

（二）来京前，多数代表怀着4个愿望：（1）参加国庆大典，见到毛主席，向毛主席致敬；（2）向中央陈述自己民族的情况和希望；（3）全国各民族大团结，听取中央指示；（4）参观首都，各方面看看新中国实际情况和对少数民族的态度。由于历史上大汉族主义压迫的影响，有些代表和文工团员不免怀着许多顾虑与怀疑。个别边疆民族代表甚至是经过地方人士的担保才敢来的。但是到了北京后的不多日子，曾经迟疑不愿来的人就向别人表示："我幸而来了！"计全体代表和文工团在京1个月，情绪始终是愉快而高涨的，普遍认为此次参加国庆节的愿望都达到了，并且一切都出乎意料。有许多事情又是从来没有见闻过，甚至是没有想到过的。因此，普遍的反映是印象深、感动大、收获多。离京时同时有两种情绪：一方面"留恋毛主席，留恋北京，留恋工作同志们"，很多人员临别时禁不住落泪；另一方面又急欲回去，"尽快地把自己所亲历、详见、亲闻告诉本民族"。

中央人民政府民族事务委员会关于各民族代表参加国庆节的报告
——李维汉主任在1950年11月24日政务院第六十次政务会议上的报告

首先是深深地体会到毛主席的伟大,国庆节看到群众对毛主席的热爱欢呼,和毛主席对人民的亲切回答时,很多人感动流泪了。西南代表说:"这才是真正的领袖。"新疆维吾尔族代表说:"国家、领袖和军队是各民族的。"海南岛黎族代表立誓说:"永远跟着共产党走,在毛泽东旗帜下前进!"青海撒拉族代表说:"看来毛主席好比天上的紫微星,大家都跟他转。"几乎全体中南代表都立誓:"回去一定把毛主席的关怀向本民族传达:一定要加倍努力工作和学习。"西南藏族某代表病相当重,但一定要参加10月3日向毛主席的献礼,劝阻不听,他说:"愿意把身子交给毛主席。"

祖国有这么伟大,这么地大人多,这么物产丰富,也是许多代表从来没有想到的。在来京途中,看到广大肥美田地上的庄稼,许多人羡慕不置。到京后,看了工厂,看了学校,看了医院,看了各种进步事业,深信前途无限光明。尤其国庆节日看到了坚强而雄伟的人民解放军及其装备,大家兴奋到极点,说:"再不怕有什么人敢于欺负我们了!"

"国民党对我们都是假的,这次上上下下都是真的。""毛主席,中央首长,各机关、招待所、工厂、学校……的同志对我们都那么尊重和亲切。"有些代表从前也受过国民党政府的邀请和招待,就更其深切地感到这一点。代表们和文工团团员们深信在中华人民共和国的大家庭中,各民族都有光明的前途。各民族代表的相互访问,因此倍增亲热。民族事务委员会负责人关于中央民族政策的报告和关于内蒙古自治区的介绍,因此也获得应有的效果。

各民族代表和文工团在首都一个月的活动,使一切参加工作的干部在思想上和情感上对中央的民族政策有进一步的领会。各民族文工团联合演出16次,单独演出7次,观众包括机关、部队人员、工人、学生和市民达10万人,发生了广泛而深刻的影响,对观众起了民族政策的教育作用,对少数民族启发了民族的自尊心,各民族文艺工作者之间则收到了互相观摩和学习的效果。

伟大的祖国,伟大的民族团结和民族大家庭,伟大的领袖毛主席,是不容许帝国主义侵犯的。当看到《人民日报》宣布的美帝国主义侵略中国的阴谋和挑衅,就立刻激起了崇高的愤慨,由西南代表的倡议,每一个代表都在抗美援朝的联合声明上签了名。此外,又作了各种民族语言的广播。这次各民族代表和文工团来京参加国庆节在政治上和精神上的收获,是不可限量的。

(三)在和各民族代表的谈话和访问中,多少了解了各民族的情况和要求。关于民族情况的材料,当分别加以整理。关于要求方面,大要有以下几项:

(1)各民族的区域自治要快点进行。各级人民政府特别是各民族杂居区的民族联合政府,要适当增加少数民族人员,过去有些地方少了,或是注意不够。

(2)多办民族学校,大量培养干部,恢复或设立各民族的中小学。内地的高等学校和中学要设立少数民族学生的公费名额,投考时要适当地照顾目前少数民族学生的文化水平。

(3) 多用各民族的文字出版书报和翻译著作，多去少数民族地区进行文艺工作。

(4) 多给各项卫生和医疗设备。

(5) 加强贸易工作，把少数民族地区的土产输出，生活必需品输进。

(6) 中央多派干部到各民族地区去领导和帮助工作。

(7) 今后希望多组织少数民族人士参观考察。

这些要求是合理的，与中央宗旨相符合，与周总理在国庆节报告中所指出的民族工作的方针相符合。周总理曾特别指出必须有计划有步骤地实现区域自治与大量培养民族干部这两项首要任务。

（四）由于人民大革命和人民解放战争在全国范围内取得了基本的胜利，打倒了各民族的共同敌人，已经使国内的民族关系发生了根本的变化，从民族间压迫与被压迫的关系，转变为平等互助的关系。又由于中央人民政府和各级人民政府做了许多的工作，使历史上造成的民族间的仇恨、隔阂、猜忌，特别是汉民族对各少数民族的歧视和少数民族对汉民族的不信任，也开始有了一些改变。然而这种歧视和不信任，既是长久历史所造成，也就需要一个相当的时间才能加以消除。这里的问题是需要经常注意地根据具体事实在大民族中纠正大民族主义倾向，在少数民族中纠正狭隘民族主义倾向，各自检讨，分工进行，目前尤应着重于纠正汉民族和汉人干部中的大民族主义倾向。

目前首要任务之一在于实行共同纲领中民族的区域自治政策。我们正在研究和起草一个实行民族区域自治通则的大纲。鉴于各民族的情况很多不同，其发展程度很不平衡，民族区域自治的具体内容和具体形式，也势必有所不同，因此关于通则的规定只能是大纲式的，而在实行时必须根据当地具体情况，并采取必要的准备和步骤。

目前的另一个首要任务，是普遍而大量地培养民族干部，这是圆满地实行民族区域自治和在民族区域做好一切工作的关键。我们提出了一个培养少数民族干部的实行方案和筹办中央民族学院的试行方案，请求予以审核批准，以便进行。

在汉民族与各少数民族间存在着历史上造成的政治、经济、文化水平的事实上的不平等，这需要长期的努力，其中包括汉民族的互助，才能加以改变。目前民族迫切需要帮助的是医药卫生、物产交流和文化教育，要请中央各主管部门特别加以注意，在明年计划内把这些工作列入适当地位，在经费方面有必要的准备，并考虑在条件略为具备时召集这3方面的专业会议，以资推进。

中央民族事务委员会的人力极不充实，因此工作也极不充实，需要逐步加以解决，才能适应民族工作日益发展的形势。

（五）在报告结束时，应当提到这次从各方面调来参加招待工作的干部，一般地搞好了民族关系，完成了任务。同时从各民族代表的口中，我们也知道在少数民族工作中的汉人干部，虽有小部分出了偏差，但极大多数是艰苦工作、遵守政策的。出了偏差的同志，在经过批评教育之后,有些已经有了改正。关键仍在上面的正确领导与及时教育。动员和鼓励适当的汉民族干部去少数民族地区工作,仍是必要的。不遵守政策而又不愿改正的固应加撤回,但确守政策、艰苦工作而有成绩的,则须予以奖励。

邓副主席对西南各民族庆祝国庆代表团的讲话

（1950年11月28日于西南军政委员会大礼堂）

《云南民族工作参考资料》第一辑

云南省人民政府民族事务委员会编印

1951年

邓副主席对西南各民族庆祝国庆代表团的讲话

（1950年11月28日于西南军政委员会大礼堂）

各位同志：

　　这次各位参观了很多地方，特别是在北京得到了中央各首长的指示，一切有关中国各民族的团结问题，中央各负责同志已经与各位报告过了。现在各位回到了西南，在招待方面不及在北京、南京、汉口了，这是很自然了，因为已经是回到自己的工作岗位上来了。再隔几天，大家就要回到本地去工作，那就没有招待了，这也是很自然的。诸位这次来，不管是哪一族的同志都是受了当地同胞的委托而来，他们对于你们是寄以无限的希望，希望你们把所见到的听到的，回去介绍给他们，你当然也会讲到在北京如何受到毛主席和中央各首长的招待，在上海如何受到招待等，这些问题是需要给他们讲的，也是他们所希望听到的。但我想他们更需要听到的，最希望听到的，还是有关各民族同胞最切身的问题，如现在毛主席领导的政府，究竟好到什么程度？毛主席领导我们的国家，打倒帝国主义，有什么办法？毛主席领导的国家，是各民族真正的平等，还是假平等？毛主席领导的国家是各民族团结，还是像过去历代反动统治大汉族主义的统治政策？毛主席领导的国家，对于民族政策是怎样？有什么办法使我们各民族欣欣向荣，一天天好起来？他们最希望听到的是这些话。当然这些问题都是共同纲领中所规定了的，这既是毛主席的思想，也是以毛主席为首的中国共产党的主张。还有中央各首长，特别是中央民族事务委员会李维汉主任给大家讲的话。主要是带这些东西回去。回到西南来，重庆是西南军政委员会的所在地，中国共产党中央西南局也在这里，管的是西南事情，大家回到了西南的工作岗位上来，所以我想联系西南实况讲一些问题，但我要声明，我讲这些问题也是很皮毛的，因为西南有这样多的民族，每个民族的历史特点，我们还不甚清楚，还懂得很少，须得在今后长期地了解，懂得更多一些，我们的工作才会做得更好些。这次诸位经重庆到北京，又回到了重庆，诸位所反映的材料，就帮助了我们很多，使我们了解了很多问题，但这样还不够。我今天所讲的是比较原则的一些问题，具体的问题要各位同志回到本地后，从实际工作中，和当地政府与共产党负责人在那里商量解决，他们比我们了解得多一些。

首先要讲一讲西南民族问题的重要性。我们中国是一个多民族的国家，全国的民族这次到北京去的，就有四十几个，属西南的有十九个民族（还未包括全部）。从几个大行政区来说，西南是全国民族问题最大的一个地方，另一个是西北。西南总人数是七千多万，少数民族约有一千多万，就是说有七分之六的汉人、七分之一的各个兄弟民族同胞。这个数目比别的地区要多。但数目多，不就等于问题大，我们说的西南问题大，除数目大、民族多以外，更大的问题是国防问题，西南的国防与各个民族间的团结是不能分开的，有了民族团结，就有了国防；没有民族团结，就没有国防。

大家可以想想，我们的国界，从西藏的最西部一直要经过巴基斯坦、印度、不丹、尼泊尔、缅甸、老挝、越南，这一条国境边界长好几千公里，散布在这一条边界上的几乎全是各个兄弟民族聚居区域，其中仅有少数汉人。如云南，还有一部分未定界的地方，其中有些地方本来是中国的地方，过去帝国主义为了进行侵略，他跟你来一个未定界；已经定了界的，也等于没有国界。帝国主义的侵略势力不断地一步一步向中国内部侵略。拿云南来说，就很复杂，是多民族地区，有彝族、僰族等，就僰族说，里面又分各个部落，这一个土司，那一个土司，都是互相分开的。这就使帝国主义和反动派利用这种复杂分散的情况，利用各民族间乃至各部落间的不团结，利用各兄弟民族过去反对大汉族主义的情感来挑拨中国各民族间的分裂。如我们要解放西藏，美英帝国主义就说西藏不是属于中国的地方，说西藏是另外一个国家，因此想利用联合国来干涉。但西藏人民是盼望着真正得到解放，盼望着回到祖国的大家庭来的。西藏民族在过去不赞成国民党，不赞成清朝以至历代反动的王朝，是完全合乎情理的。因为这些反动政府只有损害西藏人民的利益，从未顾到任何民族利益的。因此，西藏人民反对反动政府，是应该的，合乎情理的。今天中国是一个统一的大家庭，以毛主席为首的中央人民政府，是全心全意地为中国人民办好事的政府。今天的政府与过去是完全不同了，是真正代表各民族人民利益的政府，所以今天各民族只有回到这个大家庭来，才能使自己在政治上、经济上、文化上得到发展。但帝国主义们就怕这一点，怕各民族团结起来后，他们就无法进行侵略了。我们为了要使西藏人民求得解放，回到祖国的大家庭来，要去解放西藏人民，帝国主义就要反对，如云南高黎贡山及西康西南与印度接壤地方，帝国主义也要来反对各民族回到中华人民共和国的大家庭来。

又如在缅甸边界利用传教士（包括美、英、法各帝国主义者），利用传教的方法，或行医、做生意的方法，混进来进行破坏，制造谣言，利用细小事情，鼓动各民族各部落间的分裂、冲突，各民族各部落间越冲突得厉害，他们就越有办法。所以如果没有各民族间的相互谅解与团结，对国家没有热爱，对毛主席领导的中央人民政府及一切政策没有拥护，我们就不可能对付帝国主义的挑拨离间，推翻帝国主义的侵略；也就是说，我们没有国防。在这样长的边界上，历来是没有国防的。清朝没有国防，国民党统治时代更谈不上国防。我们国家要不要国防呢？要的，为了要抵抗帝国主义的侵略，一定要的。所以说西南民族问题比其他地方更重要，就是面对着帝国主义侵略。此外尚有各个地方的土匪活动，国民党反动派所谓的"游击战争"选择的地点也即在云南、贵州、西康及四川各省的交界处，也即是各民族聚居地区。如在云贵交界的昭通、威宁、毕节等地，川康交界的雷、马、屏、峨等地，以及湘鄂云贵交界的地方，又是山地，又是民族聚居区域。现在除少数边界外，土匪差不多已被肃清了，我们部队在各地区的剿匪得到成功，而且基本上消灭了土匪反动派，就是因为得到少数民族同胞的帮助。如贵州的苗族、云南与川康边境的彝族同胞，都与解放军一块儿干，大家在一个意志、一个行动、一个目的下干，很快地就消灭了反动派。这说明我们要巩固社会秩序，巩固治安，如果没有各民族间的团结，也是不可能的。云南方面的同志要注意，土匪正向国界方面转移，想在那里依靠外国帝国主义作根据地；另外蒋介石派李弥、鲁道源等想以邻接越南、老挝、缅甸的国界上民族聚居区域作根据地，做反革命的破坏活动，如要消灭反动派，把国防巩固起来，必须依靠各民族间的团结，这是一件很重要的事。没有各民族间的团结，就谈不上巩固社会秩序，谈不上国防，同样也谈不上国家建设。

  西南的建设是整个国家建设的一部分，这一部分也是要各民族共同努力的。西南建设是有前途的，从工业上说，西南是比较有好的基础，将来交通发展之后，是很有希望的。要把西南建设好，就要依靠各民族的共同努力，首要的问题，就是要团结。有了团结，就解决一切问题，没有团结一切都不能解决。在历史上没有团结，也不可能有团结，像清朝或以前的任何朝代，或是国民党时代，都不可能有团结，为什么？那就是因为它们实行大民族主义或大汉族主义来统治各民族，压迫各民族。大汉族主义者对于本民族人民，也是剥削压迫的，所有工农劳动人民都是受压迫的，抬不起头来。像这样的反动统治，是应该打倒的！今天呢？我们在毛主席领导的中央人民政府下面，在共同纲领的基础上，我们就一定能够团结起来。

  提到团结，就必须要反对两个东西，共同纲领明白规定：要反对大民族主义或大汉族主义。在全国范围来说，汉族是人数最多的民族，但在有些地方，如西藏本身，有少数蒙古族和汉族，在那里大民族是藏族。比如现在西康金沙江以东康属地区成立了西康省藏族自治区人民政府，藏族在全国范围来说，虽然人数比较少，在这个区域里，就是大民族，但主要的是反对大汉族主义。为什么第一件事要反对大汉族主义？因为在中国汉族人多，历来居统治地位，对兄弟民族是压迫的。应该指明，汉族中的工人农民是没有去压迫各民族的，压迫各民族的是蒋介石、清朝及历代的皇帝集团，今天我们弄清了大民族压迫其他民族的真相，就必须首先反对大汉族主义，其主要目的是要达到团结的基础。但是就这一面就够了吗？不够，还要加一个反对狭隘民族主义。团结是相互间的事，即是大汉族主义纠正了，但狭隘民族主义不纠正，还是团结不起来，各民族在过去是有狭隘民族主义的，是不可避免的，也可说应该有的。比如汉人到各民族地区去做生意，往往以很少代价换来了很多东西，所以各民族凡遇到了汉人，就存有怀疑，这是应该怀疑的，因为他是来欺侮人的，为什么不应该怀疑他呢？现在不同了，在毛主席领导下，汉族不能欺侮人了，这不是在口头上讲欺不欺侮人，而是要在实际上做出样子来看，大家才会相信。过去我们在西康要办贸易公司，目的是要把里面的土产运出来，外面的东西运进去，互助互利，使藏胞们不吃亏。有些藏族同胞先还有点怀疑，最近看到各种比价不同，他才相信了。所以各民族过去对汉族的一切怀疑猜忌是很自然的，但现在如果还存在着这样的怀疑猜忌，那是不好的，会妨碍团结的。因此在一方面要消除大汉族主义，另一方面必须消除狭隘民族主义，从两方面努力，就能达到团结，共同来做工作。比如我是一个汉人，应该努力反对大汉族主义，这是汉族干部的责任。各民族的干部，也应该努力反对狭隘民族主义，两方面去做，就做通了。又如不久在西南军政委员会开会的时候，有人提出来凉山彝民捉汉人当娃子（奴隶）是如何可恶，当时我们在会上讲道理，我们说究竟是汉人压迫彝人多，还是彝人压迫汉人多，把事情弄清楚，归根结底，是汉人压迫彝人多，这是汉人长期的压迫彝人的结果。那么彝人拿汉人去当娃子是否对？当然是不对的。既然不对，今天就不要再做了，再做就会引起相互间的冲突，这点凉山彝族干部就有责任向群众说明。但要晓得，这不是开了一个会就可把问题立即解决的，是须得作长期的教育工作，并在长期中以具体事实表现出来，才可以解决的。毛主席领导的国家，共产党领导的国家，是能够真正解决这个问题的。解决了相互间的矛盾，团结起来，建设就容易了。像苏联的西伯利亚，过去也是一个很困难的地方，现在各民族的生活不是变得很好了吗？毛主席的道路，就是走的这个道路，为什么毛主席领导的国家、共产党领导的国家能办得到呢？因为他是受压迫人的代表，共产党是受压迫阶级的党。过去统治者的方法，是用"鹬蚌相争、渔人得利"的办法，它不愿意各民族间团结，只希望各民族间有冲突，它就可以从中取利。过去我们都是受压迫的，毛主席今天领导各民族起来，反对过去的统治者，推翻了过去的统治者，而得到解放，也是我们各民族被压迫阶级共同努力的结果。所以我们要团结好，消除各民族间的相互歧视，而走向互相帮助，来共同建设我们的国家。

第二，谈谈有关各民族政治方面的问题。前面已经讲过，消除民族间的隔阂，团结在毛主席的思想周围，像一个大家庭一样，要表现在政治、经济、文化上，甚至表现在我们的感情上，这是一个长期的工作，不是一年半载就能办到的。但是我们要一天比一天好，一年比一年好，各位在讨论中，已提到了很多问题，这些问题我们要解决，共同纲领中规定的民族政策，我们都要逐步做到。大家最关切的问题，是成立区域自治政府和联合政府的问题，这个问题在中央毛主席以及西南都在认真考虑，必须认真实行，不这样做就是错误，就不能增强民族团结。反对大民族主义在政治上就是要实行区域自治及联合政府，但这件事，是否说做就能做到？要准备一下，要有步骤、有准备、有方法，否则随便说了就做，容易成为一种形式。这件事在中国是一件新事，是历史上没有过的，现在要创造经验，开始先在一个地方做出经验后，再把经验运用到其他地方去。我们正在选择了金沙江以东即原来康属地区来试行。当要成立政府的时候，应该叫作什么名字？这也是一个很大的问题，当时有的同志提议，叫作"博巴政府"，后来大家觉得博巴范围包括很大，有人不赞成,后来经过研究考虑,准备用"东藏自治人民政府",也发生问题,东藏应该包括哪些地区呢?是不是青海松潘及云南德钦一带的藏族,也要包括进去?最后才确定了用"西康省藏族自治区人民政府"。一个名字也许会影响到团结的,说明成立一个区域自治政府,不是一个简单问题。接着第二个是人事问题,自治政府里由哪些人来主持?要各方面交换意见,在西康地区代表性人物大家知道的多,还比较容易选择,名单已经通过,在中央访问团刘格平团长和西康廖主席亲自领导下,已正式开会成立了。但政府成立后究竟做些什么事?还没有经验。就是联合政府也不是简单的事,比如云南、西康,有些少数民族干部,当了县长副县长感到没有事情做,这一方面是有些工作同志思想上有问题,另一方面也可能是没有经验。各民族的干部生活习惯、语言都不同,文化程度也不同,难免不有些误会,难免不出些毛病。要在互相取得谅解的基础上,慢慢解决语言上、生活习惯上的隔阂。如果你们对他们的工作方法上,有认为不满意的地方,要提出意见,要看他是恶意是善意,是经验不够,抑是看不起人,要把问题弄清楚。如果是一点小的疏忽或者是办法不妥,就应该帮助他改正,和帮助进步。不要你看不起我,我看不起你,各民族间不应彼此歧视,有事可坦白提出意见,大家什么话都要摆在桌面上来讲,运用批评与自我批评,也是各民族间团结的最好方法,主要的是汉族干部要纠正错误。如果每个人都检查一下自己思想上有无问题,对于某一件事情怀疑得对不对,往往有时本意很好,也可能引起误会。如康定设立贸易公司,起初有人反对,就是一个例子。所以民族工作一定要慎重,不然好的意思会变成坏的结果。

关于成立自治政府与联合政府,各族同胞都很急,着急的是感到我们做得太慢,因为各族同胞多年来就是想自己管自己的事情。但我们要说明这道理为什么这样慢?如西康藏族自治区人民政府,是在解放后十个月才成立的。因为当时事情没有了解清楚,需要有准备。在其他地区亦需经过一个准备时期,所以表现就慢了。又如有人说为什么在西南军政委员会里没有某族的委员?这问题是容易理解的,因为军政委员会这样一个机构是需要各民族中有真正代表性的人物,如随便选一个来,那就是形式,因为他的代表性不够,结果只团结了少数的人,抛弃了多数的人,对那个民族是没有好处的。如像西康省府委员中,因为彝族的代表人物,一时选不出,现在还为彝族空出了几个名额,如果随便找几个人来充数那就会失掉信仰。也许有人说,我合格呀!但多数的人说你不合格,又怎么办呢?要采取这样慎重的态度,才能真正达到人民的团结。如果像过去国民党时代那样摆样子,对各民族本身是无好处的。经过一个时间以后,各民族能够自己创造出代表人物来就好了。

最近在剿匪斗争及征收公粮中,苗族、彝族同胞都表现得很积极。凉山彝族同胞帮助人民解放军捉住了国民党特务匪首卅余人。西康一位藏族同胞,一次拾到了一支卡宾枪,越看越爱,本来他们是最喜欢枪的,但这支枪是解放军的,最后还是还给解放军了。各族都已出现了一些英雄模范人物,谁能够真正地为本族人民谋福利,谁就是群众的真正领袖人物,一个土司、头人、活佛乃至一个普通人都可以成为群众的领袖,关键就在于是不是在为那一族人民办事。凡属热爱祖国,热爱人民,一定能成为人民的领袖。各位同志回去选代表，一定要到人民间去访问，听群众的意见，看他是几个人赞成的、几百人赞成的还是几万人赞成的，一定要人民相信他的，他说的话，大家都愿意听的，才能成为本族人民的真正代表。各族中由于历史条件而形成的领袖人物，希望要好好地为人民办事，保持已有的声誉，不然人民群众觉悟起来了，他们会要求自己来当家的。我说这些话完全是一种好意，希望不要引起误会。

在干部问题上，例如在西康藏族自治区人民政府里面，就有几个汉人委员。这些人不是以汉人资格去参加的，而是以共产党员的资格去参加的。还有其他地方汉族干部比较多点，这是很自然的，是历史条件形成的，这些汉人干部，在里面工作并无害处，是有好处的。当然，有些干部作风不好，有大汉族主义的思想，政府一定要把他们撤回来；如是属于工作方式方法不好，各族人民应帮助他、批评他，待各族干部培养起来以后，汉族干部就可以慢慢退出来了。

至于建立区域自治和联合政府问题，究竟哪一种好，要看各个地区具体情况来加以研究，联合政府之下，可以有区域自治，区域自治之下，也可以有小的联合政府，完全要看具体情况。如在云南有些地方不是一个民族聚居区，而是几个民族的杂居区，在这样的地方，就应组织联合政府，不宜成立区域自治。而康定区，系藏人聚居，条件符合，便可以成立区域自治。有人说，贵州东部六县苗族人数多，应该实行区域自治，但实际上这一带还是杂居区域，是不是有条件实行区域自治，还需要研究。要这样做，并不是说藏族可以搞区域自治，苗族不可以搞。各族干部中有的认为实行区域自治要好些，实际上，区域自治与联合政府都是好的。毛主席和中共中央所考虑的是哪一种组织形式，能够达成民族团结，哪一种能够解决问题。不是如国民党反动政府的那种只图形式、玩弄手段的做法，这点是需要说清楚的，不说清楚，就容易引起误解。

此外，各地区的民族工作要做下面三件事：（1）各地要召开各族人民代表会议，让代表们来讨论各族人民自己的问题，而且每年要定期开会。（2）在民族杂居地区的专署及县两级成立政府委员会，凡过去未设民族事务委员会的，即不再设立，但已设立的，暂不取消。有人说民族事务委员会不是直接参加政府，其实并不是没有直接参加政府，而是工作上有毛病，没有搞好。将来政府委员会的组成，委员名额，应按各族人口数比例分配，但不要装样子，装样子就是不诚恳，就不能解决问题。代表会议还能起短期训练班的作用，开始不一定办好的，以后慢慢地就可以提高了。（3）办民族学校，在西南办三个民族学院来培养干部。一个是在成都，主要的是吸收藏、彝两族青年，现在已在筹备中，另外在云南大学内设置一个民族学院，在贵州大学内设一个民族学院，现在应该马上开始筹备。惟最感困难的是教材和教员问题，因为有的同志提出用自己本族的语言和文字，这样翻译便成了问题。如在解放军进军西藏前，翻藏文布告，有的把"解放"两字译为"解脱"，把"中华"两字译为"中间的一朵花"，这是不恰当的，只好仍用译音的办法来解决。所以民族学院的教材最初只好多用些汉文，以后再从穿衣吃饭这些日常生活上的话着手，一步一步地去解决少数民族的语言文字问题。此外，各地区要多办一些民族训练班。

第三，关于经济问题。经济问题是我们国家各族人民一个基本的问题，如藏族同胞能够把皮毛药材输出、布匹输入，苗族和彝族同胞，能够吃到廉价的盐，算是经济问题，生活就可搞好。最大问题是要使生产发展、生活得到改善，这是长远努力的方向，要发展生产，就要创造条件。毛主席为什么要领导革命？就是要使人民在政治上经济上获得解放，生活一天一天获得改善，现在我们在政治上的解放是得到了，美帝要想奴役我们是办不到了，原子弹是不能解决问题的，我们四万万七千五百万人民团结起来，力量是极大的，谁也阻挡不了；政治问题基本得到解放，经济问题才在开始，正如毛主席说的现在才是万里长征走了第一步。我们要做到将来全国农业都用拖拉机，一个人可耕种百把亩田地，这是我们的远景。各族干部能够得到各族人民的拥护，必须使各族人民生活向上，逐步得到改善。所谓对人民有利的事，就是这些事，如过去盐一元一斤，现在只要九角九分；过去只能吃一斤盐，现在能吃一斤一两；过去过年过节，没有肉吃，现在可以买肉吃，这些哪怕是极小的经济问题，都能使人民的生活得到改善，增加人民对政府和对干部的拥护。毛主席所领导的中央人民政府，为什么能够得到全国人民的拥护？其中最重要的一条就是这一年来的经济建设办得好，今天虽然还不够好，但人民已经看到了新中国的远景了。各地区也是一样。

在汉族地区，作为经济建设的主要事情是进行土地改革。但土改现在只限于汉族地区，不能在少数民族地区推行，因为少数民族地区的条件还不具备，如办不到要硬办，就会出乱子。少数民族地区的所有改革包括经济的政治的改革事宜，一定要在各族人民自己要求的基础上与各民族人民来商量解决。大家商量如何办就如何办，不做就放下，这点绝不能急，要稳重地去做，但这种慢是有利的。有关各族的事，一定要和各民族共同商量解决，才能扫除大汉族主义所造成的隔阂。各位看了拖拉机以后可能产生急的思想，我们在工作中不能急，急了就要脱离群众。必须区别是少数的要求，还是多数的要求，带队的人，必须紧靠着队伍，一方面带着群众向前进，一方面又要不脱离群众，如果你走了两百里，队伍才走一百里，那就一定要脱离群众。

前次开西南妇代会，贵州苗族代表有的提出土改问题，刘主席当即解释，叫她们不要急，结果她们发言都没有兴趣了，并且说在贵州不但苗族农民要求减租和土改，就是苗族地主也赞同，但重要的是除自己举手外，还要得到大家赞成才办。在民族杂居区，可先分汉人的土地。对于少数民族区域，如果大家赞成，是可以做的，不赞成就不要做，一定要按稳重的方针办事。就是做，也必须经过自己举手通过，而且分地时，也只能依照现在居住状态来进行，不宜牵动太大。山下的田比较好些，下山分田是应该的，但不能全部下山，如果是完全从山上跑到山下，那山上的又谁要呢？当然山上的土质不如坝下的好，可以多分一点，在方法上给予照顾，如果完全采取"换防"的方式，把这一批人迁到山下去，把那一批人迁到山上，是会引起冲突、影响团结的。如果解决得不好，比不分还要坏。

除土改减租以外，其他经济上的改革，也要根据当地各民族人民自己的愿望来做。如当初拟在西康组织贸易公司时，就有些人不赞成，于是我们就搁着不干。

贸易公司各地现在要求成立的很多，如西康的彝族，云南的傣族，以及贵州各族都已提出，诸位提出要求是对的，但政府也有困难，国家贸易公司不为赚钱，主要是服务于生产，服务于物资交流，但干部不够用，因为大多数都参加剿匪、减租等工作去了。政府一定要办这一件事，希望大家都来参加，诸位回到工作岗位后，根据群众的意思，也可以办物资交流的工作。干部的工作是多方面的，不一定是政府里面，文化、农业、工业、机械都是需要大批的干部，办贸易公司就是经济干部的一种。

过去少数民族吃国民党所办"国家贸易"的亏，是在不等价的交换上，是剥削人民的。今天国家的贸易公司则不同了，是等价交换，是为了发展国计民生。有的人提出等价交换是对的，但有人提出要更便宜的交换，那就不一定好了，因为贸易公司的业务，是有计划的，如果过于便宜地去交换不等价的东西，结果就会使贸易公司蚀本太多。贸易公司是谁的呢？是国家的。国家又是谁的呢？是大家的。如使国家亏本过分，也就是人民受损失。还要了解，使国家亏本的不等价交换的交易是不能维持多久的。

在税收方面以西南来说，一般少数民族的负担要少于汉族，这是因为少数民族居住区较苦瘠些，应该如此，但将来经济提高以后，经济条件一致时，各族的负担量就应该一样。去年在贵州，为了照顾苗族同胞的困难，不向他们征粮，他们提出说："为什么不收我们的？"认为瞧不起他们。其他各族也有的在剿匪、征粮中起了积极带头作用。

希望各位对政府不要要求过高，要求过高了便容易失望。如在抗日战争中，有个故事，是红军到华北的太行山时，老百姓认为红军的游击战打得好，有个地方便叫一个炊事员去做游击战争的教员，这位教员也不识字，又未指导过战争，不能当教员，结果使他们大失所望。还有人民解放军的纪律，老百姓都认为是很好的，但万一看到有个别的作风不好，便认为全体解放军不好了，也不对。所以，关于设置贸易公司，目前的问题，一是干部问题，二是钱的问题。由于有这两个问题存在，目前成立贸易公司，也只能重点地举办。普遍地设立，目前还办不到，将来是可以办到的。就目前全国的情况来说，私人商业比国家商业大得多，国家经济只是居于领导地位，为要鼓励私人资本到少数民族地区做生意，也必须实行等价交换，大家不吃亏才行。

听说云南代表们，有要求利用几公里长的钢管来办水利，那是很不容易的，大家这些意见都要提交各地方政府去研究。但各位不要着急，经济建设是一个长期的工作，还需要大家长期地共同努力来实现。

第四，文化方面，各位提出意见要求办学校，设医院，都是很对的，今天各民族对医生更是感到需要。在贵州的人民解放军和中央访问团的医生，由于给少数民族的同胞诊病，很受到他们的欢迎。但医务人员不易解决，医生还需要动员教育他才会去的，解放军中的医疗人员，也不是个个高明，而且也不够用，所以将来必须训练本族的医务干部，问题更易解决，同时更可以针对各地区的特殊疾病训练专门的医务人员，专门到每个民族地区，去治疗那一种流行病。单就这样也得要时间，这必须向大家说清楚。

文字问题比医药更难了，因为有的民族有文字，有的民族文字不够用，有的完全无文字，这就成了教学上的困难。要解决这困难，初学时，在学某些（如医务）课程还是先学点汉文，因为教师不会各族语言和文字，不能不学汉文，并经过它作桥梁，来补足各族文字之不足。至于如何形成各民族文字的问题，将来一定要解决，也一定能够解决，这也是时间问题。

最后再讲一点前进分子的责任：

各位到过北京，接受过毛主席的指示，你们知道的比在家里的人要多一些，有的要求慢点儿回去，学习一会儿后好回去传达，这是好的。但工作还没有做，你们知道了，家里的人还不知道，所以还是回去传达毛主席指示，作用大一些。你们回去后，希望注意三点：（一）做好团结工作，不但使各民族之间的团结工作要做好，本族中团结工作也要做好。过去帝国主义和国内反动派，总是使各民族间互相打架，它们在旁边哈哈大笑。现在毛主席所领导的政府是希望各民族团结的，各位回去后，有利于团结的事就多做，不利于团结的事就不做。甘孜孔萨麻书两土司及松潘大姓部落与甘肃拉卜楞方面的纠纷，中央就很重视，历史上的疙瘩一定要解开，才能团结得好。各民族间也有坏分子，如傣族区内，就有不好的人与特务匪徒勾结，我们要团结起来对付敌人。毛主席说："对敌人要斗争，对自己要团结。"前进分子首先要自己团结起来。（二）前进分子应该服从人民的利益，所考虑的不是个人的利益，而是人民的利益，个人有要求，人民也有要求时，就应该先把个人利益放下来，服从人民的要求。各民族的人民希望你们回去作报告，你们就应该放弃今天的学习。要这样，各位才会是今天是前进分子，明天也是前进分子，若不然，人民不会赞成你是前进分子，即是自己承认也不顶事。（三）起带头作用，联系群众。如何能够做好事情，就要自己起带头作用，艰苦的事情，首先就要自己办，毛主席领导的共产党就是"吃苦在先，享乐在后"，所以能够得到人民群众的欢迎。人民解放军、老干部、共产党员，现在还是实行供给制，他们就是认识了那八个字，自己心甘情愿，各族有了很多具有这样认识的同志，什么事情都可以办好，一切政治经济的建设不知道要快多少年。苏联从事经济建设才二十几年，开始的几年也进得很慢，现在各民族都有拖拉机。我们只要大家拉起手来，共同从事经济建设，在不久的将来我们的经济条件就会大大进步了。

各位在北京看的多，回去不要样样看不顺眼，这样就糟了，因为你们在外面受招待是客人，是各民族的代表团，是对民族的礼节，对民族的尊重，现在回到西南已不是客人了，所以招待比较各地坏些，将来回到各个省县，可能更坏些，甚至没有招待了。各位回去后要忠心耿耿为人民办事，群众就会拥护你，不然就会脱离群众，得不到群众的拥护；同时各位是见过毛主席的，如自己作风不好就会使毛主席的话在群众中减少信仰，那也就失去了各位这次去见毛主席的意义。各位回去后一定要起模范作用，要有新的作风，使他们看见你这个人，就好像看到毛主席的好的领导一样。在生活方面也要注意，两个多月来生活起居在家里已有了些变化，回去以后要和从前一样，不要弄得群众不顺眼，要真正成为群众的代表，就一定要得到群众的批准。各位同志们都知道得很多，不一定我在这里说，我相信大家一定能够这样做的。

1951年的工作任务

（节录邓小平副主席在西南军政委员会第二次全体委员会议上的报告）

《云南民族工作参考资料》第一辑

云南省人民政府民族事务委员会编印

1951年

1951年的工作任务

少数民族工作有成绩。我们根据共同纲领的规定，及第一次全体委员会议通过的原则，采取了谨慎稳重的方针。半年来，实际工作证明，这方针是正确的。西康省藏族自治区人民政府，在中央访问团直接帮助指导下，于11月中旬正式成立。这给西南在建立民族区域自治政权工作上作了良好的开端，解放不久的昌都区业已建立了人民解放委员会。云南丽江专区则于10月中旬举行了所属13县25个民族的各族人民代表会议，会上检讨了各民族间与民族内部的不团结现象，表示今后永远在毛主席的领导下亲密团结像一家人一样。贵州、西昌及其他地区也进行了积极的工作，并已开始从少数民族中涌现出了不少的干部。半年来，中央访问团分别在各少数民族地区宣达毛主席及中央人民政府的关注，宣传中央的民族政策，并作调查访问，帮助当地干部研究情况，确定原则，到处受到少数民族同胞的热烈欢迎，也使当地干部学习了经验，熟悉了工作。经过这些努力，西南的少数民族工作，可以肯定将得到进一步的发展。

在民族杂居地区，少数民族人民已经提出同样实行减租退押和分配土地的要求，不考虑他们的要求是不对的，但完全与汉族区域一样实行也是不妥当的。在这些地区如果已经实行了区域自治或联合政府，如果少数民族人民自己绝大多数真正赞成，是可以实行的。但在实行当中，应该允许例外，即少数民族自己不赞成在哪一地区实行，甚至不赞成对哪一家实行时，就不应在那一地区或那一家实行。总之，有关各少数民族的改革事宜，必须通过各族人民代表会议，依据民族自己绝大多数的志愿，并经过他们的通过，方能进行。

一年来西南的民族工作及对1951年工作的意见（草稿）
——向西南民族事务委员会第二次全体委员会议的报告
王维舟
《云南民族工作参考资料》第一辑
云南省人民政府民族事务委员会编印
1951年

一年来西南的民族工作及对 1951 年工作的意见（草稿）

——向西南民族事务委员会第二次全体委员会议的报告

一、一年来的工作

西南是一个多民族的地区，少数民族的种类和人口数字，现在还没有正确的统计，根据现有材料研究，能够独立构成一个民族的共约34种（一说云南一省就有少数民族102种），人口约1800余万，其中以藏族、苗族、彝族、仲家、回族、摆彝、民家等族人口较多，这些民族大部分分布在漫长的国防线上，因此形成西南少数民族问题，又是国防问题。我们不熟悉情况，经验缺乏，工作是很困难的。但由于我们谨严地奉行了一条总的方针"谨慎稳进"，一年来努力的结果，尚未发生什么大偏差，证明中央这一条总的方针是正确的。7月后，中央派出以刘格平同志为首的中央民族访问团到达西南，经过他们数月辛勤地深入各地访问与工作，使西南民族工作在平稳的基础上又开始推进了一大步。兹将一年来的民族工作，分述于后：

（一）在民族团结方面：我们已基本消除了几千年来的民族仇视与隔阂，代之以民族平等、团结、互助与和睦的新的关系。西康藏民称我解放军为"嘉色巴"，意即新汉人。西昌彝族支头过去从不到汉人地区的，现来我专署致敬者两千数百人；藏民来康定致敬者近千人。各民族内部的关系也大为改进，在川西松潘给藏民解决了三十几年的械斗案，在西昌给彝族处理的纠纷案达600余件，所谓少数民族纠纷最深的"打冤家"事件，也已逐渐减少，有的甚至没有发生。解放军、人民政府的威信已普遍树立与提高，特别是对毛主席表示竭诚拥护与热爱，到处歌颂"毛主席是红太阳"，西康活佛喇嘛藏民争相为毛主席念长寿经。

去年19个民族百余代表去京参加庆祝国庆节，向毛主席暨中央首长致敬；并参观津、沪、宁、汉，祖国海陆空军与各种建设，更表现了各兄弟民族的亲密大团结，深刻认识到只有坚决跟着共产党走，各民族才能得到彻底的解放。各代表回去以后，都起了极大的政治影响。由于各兄弟民族的亲密团结，也由于对人民政府与人民解放军的拥护，各兄弟民族成立了自己的武装，与解放军比肩对敌作战，自带马匹运军粮。贵州苗胞争取土匪投诚人数达300余，枪达280余支。西康藏胞为支援进军西藏，曾动员和代买牦牛达3万余头。在交公粮上，大都是一次交完，并交好粮，而且许多是主动要求送交的。

（二）在政权建设方面：川北平武藏民4000余，于去年8月实行了西南最早的一个区域自治。11月西康的藏、彝、回、汉等族六七十万人，在康属20县另加上卓斯甲、俄洛两区，又实行了西南最大的一个区域自治，并正式成立了藏族自治区人民政府。贵州炉山凯里于1月成立苗族自治区人民政府。其他民族聚居地区，都在准备区域自治的条件，争取次第成立。至各民族参加政权工作者，计大行政区有33席，省级68席，省级以下至区级共有3000余席，各民族的各界人民代表会和民族座谈会，云、贵、康3省许多地区都已较大规模地举行了（如全专区或全省性的），有的并已开了两次会议。

（三）在文化教育方面：据不完全统计，各地开办短期训练班，以培养民族干部和民族工作者，在贵州即有1200余名，云南有2000余名，西康有270余名。学校教育在云南已经整理和恢复的有中学2所，省立小学14所，宁洱、蒙自、丽江等专区还分别设立了少数民族师资训练班；在西康成立并恢复的中学2所，公私立小学共4所；在贵州除一般的中小学均有少数民族子弟就学外，另在惠水县增设了民族中学1所；在川西恢复的中学有4所，小学25所，在川北恢复和增设的小学共有4所。对社教的进行，各少数民族地区也设立了一些民教馆、识字班，有的地方并开始有了人民文化馆和黑板报等。云南、贵州两省的军分区文工团，曾深入各该省的少数民族地区进行慰问与宣传。至中央访问团在云、贵、康诸省所到之处，都进行了图片展览、放映电影、歌舞演出和举行大小座谈会、联欢会等，吸收群众极广泛，情绪极热烈，为各少数民族历史上空前未有过的。

（四）在经济贸易方面：我们总的是采取扶助与发展的方针，而在财政上，又根据他们生活贫困的状况，实行了程度不同的免减粮税。国家的贸易机构已在各少数民族地区广泛建立，如西康一省即设立了大小分支贸易公司11个，主要是收购他们的土产和供售生活必需品，以等价交换为原则，从实际上改善他们的生活。云、贵境内少数民族最感食盐缺乏，各该省贸易公司即设立代销代购机构，并规定记欠税价办法，缩小必需品与土产品价格的剪刀差。如黔东在1950年1月份，以大米20斤或桐油4斤才能换盐巴1斤，但到11月份，只要大米15斤或桐油1斤半即可换1斤盐巴。黔南1950年1月份，以大米22斤换盐1斤，到11月份，即能以7斤12两大米换盐1斤。解放前每人每月平均只有食盐1两，现在能吃到5两了。西康在1950年6月至11月份5个月中，贸易公司收购藏胞土产合人民币95亿，而供售其生活品价值达127亿，由此刺激了各民族人民的生产情绪，如西康藏、彝各族自动组织生产供销合作社，彝族恢复了停顿多年的牛羊皮和猪鬃的生产等。

（五）在卫生方面：云、贵、康均在可能条件下组织了各种不同形式的医疗队、防疫队，前往少数民族地区工作。云南剑川县回归热流行，人民政府派医生去抢救，他们铺了数十里的松柏枝往返迎送。征粮队一面征粮一面又为兄弟民族种痘。西南卫生部1950年曾补助少数民族区的卫生事业费120万斤米。中访团所带大批药品及组织医疗队，用之于各兄弟民族区者，尚不计在此内。

一年来我们虽然做了许多工作，但仍是很不够的，我们还有不少的缺点和错误，主要是干部的急躁情绪、命令主义，不能体会民族感情和不耐心接近他们，把汉人区的经验、口号机械搬用。如云南禄劝县成立"改良风俗委员会"，蒙自区提出的所谓民族"八大特点"，夸大少数民族的落后面，川北和云、贵某些地区擅自搜缴他们的武器等，造成不满。以上缺点和错误，都使民族工作遭受到了某些损失。今后必须大力克服这些缺点，纠正这些错误，才能够把工作更好地推向前进。

二、今后一年的工作意见

以过去一年工作为基础，结合目前各兄弟民族地区的发展情况，本着邓副主席《1951年的工作任务》所指示的方针，提出以下几项，作为今后一年民族工作的任务。

（一）继续以调整民族关系为主，加强团结，反对大民族主义和狭隘民族主义的残余思想，这是开展民族工作的首要关键。必须提高各兄弟民族对团结重要性的认识，在团结的前提下再耐心调解与处理过去汉族与各兄弟民族间、各兄弟民族互相间和各民族内部间的种种重大纠纷，并加强宣传教育，使不再发生或少发生新的纠纷，使之彻底认识过去反动统治阶级是利用民族分裂、利用各民族间及内部败类所造成的罪恶。

（二）指导西南各少数民族地区实行区域自治及建立联合政权。这是今年主要的一项工作。在民族聚居的地区有重点地、有步骤地实行民族区域自治，在民族杂居的地区普遍建立各民族联合政权。联合政权之下又可以实行区域自治，同时区域自治之下又可以建立联合政权，以民族居住情况为准。关于政权建立问题，这是少数民族一个普遍的要求，也是具体团结少数民族来办自己事情的一个必要步骤，不能遇事延迟，使工作受到损失。现本会已拟订一个关于西南各少数民族地区实行区域自治及建立联合政权的原则性的意见，经本次委员会讨论通过，并呈西南军政委员会审查。批准后，即发交各省署参考施行。

已实行区域自治或建立联合政权的地方（如西康藏族自治区、川北平武藏族自治区、贵州炉山凯里苗族自治区），本会应与之随时密切联系，必要时派人前往协助工作，研究具体情况，吸收他们的经验，向其他各地区介绍，逐步推广。

（三）普遍地召开各族各界人民代表会议或各族代表会议、民族协商会议、民族联欢会以及其他各种形式的会议，这是推进民族工作稳步前进最妥当而有效的方法，同时又是实行区域自治或建立联合政权的有力条件。在过去一年各兄弟民族地区已经开过不少这样的会议，不仅证明在团结工作上起了显著的作用，即在剿匪肃特、安定社会秩序上也收到了很大的效果。今后帮助各兄弟民族发展政治、经济及文教各项建设上，也还需要通过各种形式的会议，了解他们的意见和要求，才能适当地订出具体计划，并通过他们和获得他们自己的赞成，在执行计划时，也才能顺利推进。

（四）关于减租和土改，在少数民族地区一般暂不实行，但已具备了条件，成为广大群众所举手赞成的，而又有一定的干部和领导者（特别是各民族自己的干部和领导），是可以考虑实行的，不考虑的态度是不对的，但必须十分重视民族问题，随时注意研究各族人民所反映的意见，谨慎执行政策，严防左偏。最好是先建立区域自治和联合政权，实行社会改革就能更好地进行。

（五）文化教育，重点首先是培养干部，这一问题，已决定在成都、昆明、贵阳创设3个民族学院，3院均已开始筹备，争取于短期内开学。根据最近各省署反映的情况，各边远地区的兄弟民族青年，愿参加学习的，甚为踊跃。但一般文化不高，要求招生标准还要降低，这是可以考虑的。除民族学院培养较高级干部外，另是办民族学校和多开短期训练班，从各方面解决民族干部的困难，但必须有一通盘筹划，设立地点应求适当，不可只集中于大城市而致无人愿到中小城市和乡村去。其次是各兄弟民族地区的中小学和师范，亦应尽可能予以恢复和创办。其他学校亦应向兄弟民族子弟开门，并予以适当照顾，培养师资，推行社教与建立文化娱乐。原则是一面普及，一面提高，在目前阶段是先求普及然后逐渐提高。其中应注意的是汉人对各兄弟民族是一种帮助态度，决不能包办代替，当从开始起就要注意培养他们自己的干部。此外便是发展兄弟民族的语言文字，举办各民族语文学习班，并拟编适合于他们的课本教材和与汉文合璧的名词字典，集中语文学者专家和富有兴趣的人试行研究，目前先以藏族语文为研究中心，其他民族语文次第进行，逐渐求得改进。

（六）发展兄弟民族地区的经济贸易，继续收购土产，供给生活必需品，要使各族人民生活逐渐地改善与提高。过去一年，各省在这方面已有相当的成绩，本年更应继续积极地展开这一工作。贵州省府所提出的如：设立盐店、组织赶场小组、试办合作社，西康省府所进行建立的各级的大小分支贸易公司及恢复原已停顿的织布机生产等项，我们认为各地都可以酌情采用。本年有个别的地区（如川南一些县）粮荒严重，除商请粮管总局注意运输调配、紧急救济外，还应组织以运输和生产度荒。再是整理交通、兴修水利、防止兽疫、改进农牧等，亦应在各族人民大众拥护及可能办到的条件下，联系有关机关研究逐渐进行。

（七）医药卫生及防疫工作，在兄弟民族地区迫切需要，拟以开展防疫工作为主，西南卫生部已决定在云南设医疗队12个，在贵州设医疗队3个、医疗站3个，西康设医疗队4个，川西设医疗队1个，川南设2个队，川北设3个队，每队每站均约10人，进行巡回医疗，这是很好的。并希望卫生与文教工作密切配合，以便更有效地开展民族地区工作，解决他们的医药困难，对贫苦的可免费治疗。同时还要进行卫生科学常识及政治宣传教育，以减除他们尚不习于讲求卫生的现象，但应注意各民族的宗教信仰和风俗习惯，不可过急。

在培养医务干部上，从简易着手，可分别训练只治一种专门病症的医生，特别着重培养各兄弟民族自己的医务干部，团结中西医生，加强医疗工作。

（八）继续调查访问。在中央访问团半年深入访问调查之后，本年我们还拟派几个调查小组，在可能条件下，分赴云南保山、宁洱、蒙自等专区及川西、川南等兄弟民族地区调查访问，帮助当地干部的工作，拟由本会主办，并请有关各部会参加协助。至经常的调查工作，则由各兄弟民族区的人民政府担任。

另组织西南民族参观团，拟于本年下半年组成，由各兄弟民族选出适当人物和适当名额的代表（云南解放不久的地区代表名额多分配一些），赴有关各重要地区参观，了解新中国建设的全貌，交流民族感情，以加强民族团结，并启发其对本民族地方各项建设的热情。

（九）建立和健全各级民族事务机构。遵照中央所指示的原则，云、贵、康、川西、川南均可成立省级的民族事务委员会，并明确规定其职掌范围和其上下级的关系。各省已成立民委会的，应当健全和加强其机构，未成立的应早日筹设。这对民族工作的开展具有很大的关系。

省级以下的专、县两级已明确规定不设民族事务委员会，各族按人口比例选出适当名额代表参加政府，组成各民族联合的政府委员会，在各该地区自治区政府或联合政府尚未组织成立，而已设有民族事务机构者，暂不取消，但必须解释清楚，以便今后决定。

在制度上，今年我们还拟举行一次到两次的西南民族工作会议，由本会主持，邀请各兄弟民族的代表性人物、各级民族事务机构的负责人及有关部会的负责人出席会议，目的在互通情报、交流和总结经验，搞好今后工作。

（十）加强研究及出版工作。关于研究工作：（1）本会已成立研究组织，准备将现有新旧资料加以整理，编纂印成活页小册（已经印了一些），以供民族工作干部的参考；（2）拟将西南各民族现时纷杂不同的名称，在可能条件下和根据各民族自己所喜好的称呼，加以调查研究及整理，以求得一公认的名称；（3）编制西南各民族人口的分布表，分发各地补充修正。关于出版，本年拟继续出版民族通讯、民族画刊，介绍西南民族概况、民族工作经验，反映各兄弟民族地区具体情形，以启发和提高各族人民的觉悟与认识。

（十一）关于解放西藏的工作，去年我人民解放军胜利解放昌都地区以后，曾普遍受到广大藏族人民的热烈欢迎，证明我们这一措施是完全正确的，今后我们应该坚决执行邓副主席在《1951年的工作任务》中的指示，发动西南各族人民积极支援人民解放军，争取全西藏的早日解放。另一方面，对于帮助解放后的西藏人民发展政治、经济、文化、教育各项事业，今年在可能范围内，我们也应该做一些准备工作。

（十二）在各兄弟民族地区，深入发动与开展抗美援朝反对美帝扩大侵略战争及保家卫国的运动。为此，必须清洗帝国主义历年来在少数民族地区散布的奴化毒素，和一切挑拨离间的阴谋。并进一步提高各兄弟民族认识美帝国主义侵略朝鲜强占我国台湾，不仅是威胁我国安全，而且是威胁亚洲和世界的和平。各兄弟民族应积极参加抗美援朝保家卫国的运动，并把这一运动转入加紧生产、加紧学习和经常的业务上去，使之成为推动实际工作的力量。更应大力进行系统的反美爱国主义的思想教育，加强各兄弟民族的自尊心和团结力，以巩固反美爱国的统一战线。

以上工作任务，是根据目前所了解到的情况和估计可能办到而提出的，其中心任务是实行区域自治及建立联合政府和培养少数民族的干部，我们应分别缓急轻重来分配力量，务冀以上任务能够逐渐地、有重点地获得实现。

我的全部报告在此结束，所提以上种种，由于了解情况不够，研究和分析不足，可能有很多地方不甚恰当，甚至是错误，特请到会的各委员及来宾同志，特别是请中央访问团几位团长和中央民委刘副主任委员多予批评和指示。

西南民族事务委员会关于召开少数民族地区各种会议的意见

1951年6月4日

《云南民族工作参考资料》第一辑

云南省人民政府民族事务委员会编印

1951年

西南民族事务委员会关于召开少数民族地区各种会议的意见

根据各地一年多来的事实证明,开好少数民族地区的各种会议,如各族各界人民代表会议、民族协商会、座谈会以及其他各种形式的会议,是加强民族团结、稳步推进民族工作的有效办法。今后为了进一步密切政府与少数民族人民的联系,传达政府的政令,及时了解少数民族人民的意见与要求,解决各地存在的问题,逐步推动各项建设事业的开展,总结各地开好会议的经验,并根据目前情形的需要,我们特提出如下几条意见以供参考:

一、各地召开各族各界人民代表会议或各族代表会议,在本年内,省(署)可召开一次,专区可召开二次,县可召开三次或四次,其他各种形式的会议,可视需要情形召开。根据各地经验,凡没有召开过各族各界人民代表会议或各族代表会议的地方,最好先召集民族座谈会、协商会,并可暂时代替其任务。

二、各族各界人民代表会议,是少数民族地区人民民主政权的最好的基本组织形式,也是实行民族区域自治及建立民族民主联合政权的必要基础,各少数民族地区,无论已否建立民族政权,均须建立这一会议的经常制度。

三、召集会议之前,当地人民政府应充分准备,做好宣传联络工作,使各族人民了解会议的意义,代表能具体地反映各族人民的意见和要求。代表的产生,要多方面进行了解,慎重协商,注意代表的代表性,并要照顾到少数,对少数民族的上层分子,只要不是坚决违反人民利益的,便应争取,代表的人数,视各地具体情况决定,不宜作硬性规定。

四、强调团结,打破顾虑,与掌握领导,发扬民主,是开好会议的重要关键,因此在会议前,必须结合代表的思想情况宣传政策,消除怀疑。协商有关团结的问题,凡在团结问题上表现得好的,予以表扬,不好的,要耐心说服教育,使会议在团结和互信的基础上进行。根据各地经验,应多开小组会,少开大会,使代表有充分发言的机会,负责领导的人，要分别参加到各小组，并随时举行汇报，密切联系，以便掌握领导会议的进行。一切问题，要反复协商，认真注意每个代表的每一句话和每一个反映。在某些问题上，如成立区域自治政府或民族民主的联合政府时，政府的组织人选等，最好先采取会外协商的方式，求得一致的意见以后，才在大会举手通过。每次会议要开得简单，掌握几个主要问题，求得解决，使代表群众和干部都体验到好处，很自然地形成一种制度，每逢上级交下重大任务或人民要求解决某种重大问题时，便召开这种会议。如此，一些强迫命令、包办代替和主观片面的作风，便可得到纠正，群众与政府和干部的关系，也就愈加密切。此外要掌握从实际出发的原则，慎重处理提案，凡政府能办得到的，即应尽速地办理，需要请示或一时办不到的，应详加说明，使代表感到说话有作用，是在为自己办事，这样才能通过会议和代表的积极性来推动工作。

五、深入和教育工作干部，做好招待工作，是开好会议的重要保证，因此必须学习民族政策，打通干部思想，批判其个别不正确的观念，要善于体会民族感情，树立为少数民族人民服务的精神，并尽可能学习兄弟民族语言，与代表打成一片，注意代表生活上每一细小问题，予以适当照顾。在领导上，要以身作则，深入了解情况，随时讲解政策，有计划地和有组织地，把会议当作一个短期训练班来对待（并可组织有教育意义的参观），使代表经过会议之后，能明确几个中心问题：如抗美援朝，清匪肃特，巩固治安及如何加强团结，搞好生产等，这样才能使每次会议收到最大的成效。会后要组织传达，使政府的政策贯彻到广大的少数民族人民群众中去，成为推动各项工作的力量。

六、希望省（署）以下的各级人民政府，逐层检查召开各种会议的情形，指导并帮助下级开好各种会议，总结并推广经验，认真搞好这一工作。

1951年6月4日

两年来的民族工作

——在中央人民政府民族事务委员会第二次（扩大）会议上的报告

刘格平

《西南民族工作参考文件》第五辑（民族政策学习专辑）

西南军政委员会民族事务委员会编

云南省人民政府民族事务委员会翻印

1952年11月

两年来的民族工作
——在中央人民政府民族事务委员会第二次（扩大）会议上的报告

各位委员、各位代表、各位同志：

我完全同意董副总理的政治报告。以后还有李主任委员关于民族政策问题的报告，乌副主任委员关于内蒙古自治区的工作报告，以及各地区负责同志的各种发言和报告。现在，我仅就两年来的民族工作情况，提出一个简单的报告。

中国是一个多民族的国家，除汉族外，据不完全的调查，少数民族在60个以上。全国少数民族的人口，约计4000万左右，很多分布在国防边境，地区辽阔，所占面积约占全国总面积的50%以上。

历代封建统治者，特别是国民党反动派，曾屠杀了无数的少数民族人民，掠夺了少数民族无数的财产。为了便于掠夺和榨取，他们更进行挑拨离间，使少数民族内部不团结。蒋介石并进一步公开否认国内少数民族的存在，说他们只是汉族的分支，以期达到他根本消灭各少数民族的目的。

由于历史上长期的反动统治的结果，各少数民族的经济和文化大都处在落后状态中，生活穷苦，疾病流行，性病与疟疾在许多少数民族地区异常猖獗。

近百年来，帝国主义侵入了中国，在少数民族地区进行了各种阴谋活动，欺骗少数民族人民，挑拨民族关系，实行压迫剥削，因而更加重了少数民族的痛苦。若干地区的少数民族与汉族人民，由于不能忍受国内反动统治和外来帝国主义的压迫侵略，曾经多次地联合起来，爆发了英勇的反抗斗争。

近三十年来，在中国共产党的组织与领导下，许多少数民族的人民，为了争取自己的解放，免于帝国主义和国民党反动统治的奴役，他们和汉族一道，共同参加了革命的大业。许多少数民族的优秀儿女，参加了无产阶级的先锋队——共产党，对革命事业有着重要的贡献。

中国各族人民在中国共产党和毛主席的领导下，终于获得了解放，废除了历史上的民族压迫制度，建立了中华人民共和国，从此各民族之间的关系起了根本的变化。

两年以来，由于中央人民政府和毛主席的正确领导，全国民族工作更有了很大的开展。

（一）中国各民族的空前大团结

中华人民共和国成立以来，出现了各民族之间空前未有的大团结。

进入少数民族地区的人民解放军认真地执行了民族政策，在民族团结的工作上树立了良好的榜样，从而改变了少数民族对汉人的观感，更进一步改善了民族关系。如进军西藏的部队，提倡"高原化、康藏化"，学习藏文、藏语，尊重藏族人民的风俗习惯和宗教信仰的自由，即使在雨里、雪里，也不住民房、不进喇嘛寺庙。在他们初到康北时，由于公路尚未修复，粮食供应困难，他们就挖"地老鼠"、采野菜来吃，"宁可饿死也不违犯政策"。藏族人民受了深切的感动，称他们为"嘉色巴"（新汉人），帮助他们购买粮食，并组织15万人、10万头牦牛，支援进军西藏，以加速西藏的和平解放。进入新疆的人民解放军，同样地严守纪律，尊重各族人民的风俗习惯，发扬艰苦奋斗的作风，帮助当地人民兴修水利，消灭股匪，和各族人民建立了良好的关系。

中央人民政府，为加强民族团结，密切与各族人民的联系，自去年7月以来，先后派出了3个民族访问团，赴西南、西北及中南各少数民族地区进行访问，传达中央人民政府和毛主席对他们的关怀和慰问。有些地方人民政府，如中南军政委员会、川西行署、贵州省人民政府等，也组织了民族访问团，到少数民族地区进行访问。另一方面，各地少数民族，在人民政府帮助之下，也组织了一些代表团和参观团，到北京来向毛主席和中央人民政府致敬，并到各地参观生产建设、文化建设及各种文物、古迹。两年以来，仅到北京来的各种民族团体即有18个，共计900余人，包括40多个民族。1950年举行国庆大典时，有40多个少数民族的代表来京观礼，同来的还有各地民族文工团。这次盛会表现了全国各民族空前的大团结，在增进互相了解、融洽民族感情、交流民族文化各方面，都起了很大的作用。

各级地方人民政府与人民解放军，为加强民族团结，积极帮助各民族调解冤家纠纷。据不完全统计，两年以来，西北地区共调解纠纷3000余件；西康省藏族自治区一年左右调解新旧纠纷2400余件；大凉山彝族地区，从去年10月至今年8月，即调解纠纷2200余件。例如西北临夏地区的回、汉纠纷，甘、青边界藏族的甘加、甲吾两部落的草山纠纷，以及大凉山彝族内部多年来的打冤家纠纷等，都在人民政府积极帮助调解下，得到了公平合理的解决。在人民政府民族团结的号召下,在各民族人民的觉悟基础上,各少数民族地区纷纷订立团结公约,大凉山彝族成立了调解委员会,云南普洱地区各民族树立了民族团结碑,广西的大瑶山上,也重新树起了石牌,石牌上写上了团结公约。

两年来,民族团结方面最突出的表现,便是西藏的和平解放。近百年来,帝国主义势力侵入西藏,挑拨离间、制造分裂,使西藏人民陷于异常痛苦的境地。在反动统治时代,西藏问题一直不能解决。但自中央人民政府成立以来,各级人民政府正确执行了共同纲领民族政策,西藏人民逐渐认清了谁是敌人、谁是自己人。今年4月,西藏地方政府派遣以阿沛为首的代表团来京,中央人民政府,以李维汉主任委员为谈判的首席代表,与西藏地方代表团进行谈判,达成了和平解放西藏办法的协议。现在,各路人民解放军,已越过千山万水,到达拉萨、江孜、日喀则等地,进驻国防边境,受到藏族僧俗人民的热烈欢迎。从此中国人民完成了统一中国大陆的大业,中国各民族已实现了历史上空前未有的大团结,这是毛主席民族政策的伟大胜利。

(二)少数民族地区的政权建设

民族民主政权建设是解决国内民族问题的重要关键。

过去,国民党的反动统治,根本不承认少数民族的地位,少数民族是没有参政权利的。只有中国共产党,一贯地主张民族平等,远在1929年,在广西省的壮族、瑶族地区,即建立了10多个县的苏维埃政权。红军长征时,在西康省的甘孜地区,曾给藏族人民建立了"博巴政府"。抗日战争期间,共产党领导的"陕甘宁边区",曾在关中地区建立了回民自治县;1941年又在定边县建立了回民自治乡。当时定边县回民只有37户,经建立自治乡后,宁夏一带的回民相继来归者300余户。到1947年内蒙古自治区的建立,更给国内少数民族实行民族的区域自治创立了一个良好的范例。

解放以来,中央人民政府根据共同纲领的民族政策,积极进行民族区域自治与民族民主联合政府的政权建设工作。今年2月,政务院发布的关于民族事务的6项决定中,第一项即提出,各级人民政府应"认真地推行民族区域自治及民族民主联合政府的政策和制度"。最近周总理在中国人民政协第一届全国委员会第三次会议上的报告中,更着重指出,在目前应当注意"依据民主集中制和人民代表会议制的基本原则,切实认真地普遍推行民族的区域自治和民族民主联合政府的方针"。

两年以来,一般少数民族地区,大部分都召开了各族各界人民代表会议,吸收各民族代表人士参加政府工作。据不完全统计,西北、西南、中南军政委员会及东北人民政府委员会中,共有少数民族委员26人;各省、市人民政府委员会中,共有少数民族委员100多人。许多少数民族地区在推行民族区域自治与民族民主联合政府方面,已获得不少的成绩:如西北地区,已建立了8个自治区;西南地区已建立85个自治区、163个民族民主联合政府;中南地区已建立了6个自治区、两个民族民主联合政府。总计全国各地,两年来已建立民族自治区113个,民族民主联合政府165个,大的相当于专区,小的相当于县、区和乡。

这些民族自治区与民族民主联合政府建立时，绝大部分都是按照民主集中制的原则，召开了人民代表会议，在人民代表会议上，与各民族各界代表人士共同协商，民主地解决各种问题。由于发扬了民主，所以启发了广大人民的积极性，加强了各民族间与民族内部的团结，推动了各项工作的开展。由于采用了各民族所喜闻乐见的民族形式，所以各族人民对人民政府便更加拥护和爱戴。有个别地区建立自治区时，未召开人民代表会议，原封不动，只换了一个名义，这是不合于民族民主建政要求的。

各民族自治区与民族民主联合政府建立时，一般的都注意到少数民族的生活疾苦，在可能条件下，尽可能解决少数民族当前迫切需要解决的问题。如西康省藏族自治区成立时，在藏族各阶层人民一致要求之下，取消了藏民最感痛苦的"乌拉制度"——这是一种剥削极为残酷的差役制度，藏族人民的生产热情更空前地高涨。西昌专区昭觉县彝族自治区成立时，解决了彝族内部多年来的打冤家问题，彝族的代表，便一齐将毛主席的相片顶在头上，表示爱戴。

各民族自治区在划定区域界线时，除参照民族分布、政治、历史等情况外，一般的都照顾到经济的发展。在每个自治区内，大部分都有一个或大或小的经济中心，这对于当地少数民族的发展是有利的。如西康省藏族自治区成立时，不但把汉、藏杂居的康定城作为自治区的政治中心（因为它是藏区仅次于拉萨的第二大城），而且把一个仅有少数彝人居住的汉族县份（泸定县），也划在自治区内（因为它在经济发展上对自治区有很大帮助）。但也有个别自治区的建立，对于经济条件注意不够，这会使该区今后的发展遇到困难。

各民族自治区内，都或多或少地包括了一部分汉族成分和汉族地区。这一方面是由于历史发展的结果，少数民族与汉族在经济上已形成了不可分离的联系；另方面这样做有利于自治区的工作开展，有利于少数民族的发展。事实证明，在目前少数民族政治、经济、文化水平较低的情况下，如果没有汉族人民的帮助，少数民族很难迅速发展。同时汉族人民，也有责任帮助少数民族的发展，少数民族发展起来，对汉族人民自然也是有利的。

经验证明，各民族自治区与民族民主联合政府，不管地区大小，人口多少，或是建立的方式与步骤有所不同，只要是按照民主集中制和人民代表大会制的基本原则，而且是切实认真地建立起来的，便都收到了良好的效果。

（三）少数民族地区的经济和文化教育工作

少数民族一般处于经济贫困和文化落后的状态，这是历史上造成的结果。解放以来，人民政府为帮助少数民族改善他们的经济生活和文化生活，做了不少的工作，并已获得相当大的成绩。

在经济工作方面，重点是发展贸易。两年来，人民政府采取公平合理的价格政策，在各少数民族地区收购土产，供给日用必需品，使各地土产价格提高了，日用品价格降低了，因而初步改善了少数民族的经济生活。土产价格一般的较解放前提高了1倍到4倍，有些提高10多倍。各地贸易部门，在少数民族地区已先后设置了750个企业机构，组织了大批的流动贸易小组，并吸收了1700多个少数民族干部参加贸易工作。由于贸易工作的开展，促进了物资交流，刺激了生产，使少数民族地区的农、牧、工、商各业都有了发展。

贸易工作以外，人民政府并从多方面帮助少数民族经济的发展，在农业区则帮助少数民族农民解决生产中的困难，发放农贷，救济灾民，组织劳动互助，介绍较进步的耕种方法，并着手兴修水利和开辟交通等。在牧业区则大力防治兽疫，保护牧场，改良水草，提倡储草打井，发放牧业贷款等。无论农、牧区，对于在少数民族的经济生活中占有重要地位的副业生产，人民政府也都注意帮助其发展。

少数民族地区的天然资源非常丰富，如内蒙古地区的木材、毛皮、食盐，新疆的石油和有色金属，西康的石棉、云母，大凉山的铜矿，云南的茶叶、樟脑等，都是取之不尽、用之不竭的。对这些富源，人民政府将逐步地帮助少数民族人民加以充分利用，以改善少数民族人民的生活，发展伟大祖国的经济建设。

少数民族的疾病很多，医药又十分缺乏，这种情况，竟使若干少数民族出现人口日益减少的严重状态。为改变这一状态，中央人民政府先后拨出专款，用于少数民族地区的卫生事业，并先后派出8个防疫大队和医疗大队（包括3个访问团的医疗组），到少数民族地区进行工作。各地方人民政府组织的防疫队，据不完全统计，西北有6个，西南有26个，中南11个，内蒙古有11个，绥远有2个；各少数民族地区的卫生机构，也在逐步建立：如卫生院（所），西北有8所，西南有161所，内蒙古有25所。两年来，少数民族疾病的防治工作，已有显著成绩，特别是在内蒙古自治区，危害人民最严重的鼠疫基本上已被扑灭，性病也已开始进行重点防治，在防治地区内，人口已开始增加。

在教育方面，重点是训练干部，其次是恢复、整顿学校教育，有条件地进行发展。据不完全统计，全国少数民族地区，已有小学9100所，学生866000余人；中学130多所，学生35600余人；大学1所，学员480余人。但各地发展极不平衡，内蒙古自治区，60%以上的学龄儿童已经入学，但也有些少数民族地区根本没有学校。这种现象的存在一时是不可避免的。在国民党反动统治时期，很多少数民族地区没有学校，有的地区则借办教育加重对少数民族的压迫剥削。现在不同了，办学校已成为少数民族人民的普遍要求，而且在人民政府的帮助下，已逐步地办起来了。

帮助少数民族发展语言文字，也是人民政府非常重视的工作。在少数民族文字的出版事业方面，中央民族事务委员会已翻译出版蒙、藏、维吾尔文图书共20余万册。内蒙古和新疆少数民族文字的出版事业，都树立了相当的规模。根据中央人民政府政务院的决定，中央文化教育委员会已成立了"民族语言文字研究指导委员会"，负责指导和组织关于少数民族语言文字的研究工作，帮助没有文字的民族创立文字，帮助文字不完备的民族逐渐充实发展其文字。大凉山的彝族地区已有中国科学院陈士林先生帮助试行拉丁化拼音文字，现已编出课本，当地彝、汉青年学会这种新文字的已有1000多人。

中央人民政府为进一步开展少数民族地区的贸易、卫生、文化工作，在今年八九月间，先后召开了全国民族贸易、卫生、教育3个专业会议。在这3个会议上，研究了各地贸易、卫生、教育工作情况，确定了今后工作方针与任务，对今后少数民族地区贸易、卫生、教育工作的开展，具有重大意义。

（四）少数民族干部的培养

大批地培养少数民族干部，是做好各项民族工作的重要环节。

历史上的反动统治造成了各民族人才极端缺乏的情况，这就要求我们今天必须大量而普遍地培养少数民族干部。两年来，各级人民政府都注意到少数民族干部的培养与提拔。据不完全统计，已脱离生产的少数民族干部，西北地区有27000多人，西南有18000多人，内蒙古有10000多人，东北有7000多人，绥远有1000多人。连其他地区，总计全国已脱离生产的民族干部，共有60000多人。

解放以来，少数民族干部生长是相当快的。但是，就实际的需要来说，这些干部的数量还很不够。为此，去年12月间，中央人民政府政务院颁发了培养少数民族干部和筹办中央民族学院两个试行方案，指出目前培养民族干部的方针："以开办政治学校与政治训练班、培养普通政治干部为主，迫切需要的专业与技术干部为辅。"在此方针下，中央及西北、西南、中南各地，已先后建立了8个民族学院，共有学员3700余人，包括50多个民族。同时，各地开办了各种民族干部训练班和民族干部学校，大批地培养民族干部和各种专业技术人员。特别是西北地区，收到了更多的成绩。如甘肃临夏的训练班，已开办了14期，共训练了740多名干部。西南各地，目前正在训练班学习的少数民族学员，共有2000多人。各地大、中学校，也都向少数民族开门，对少数民族学员予以特别照顾。

开办训练班所费的时间不多，少数民族学员受到了初步的民族政策与爱国主义的教育，有重点地解决了几个思想问题和工作问题之后，就可以参加工作，因而训练班是培养少数民族干部最为迅速和有效的方式。

各地除经过学校和训练班培养民族干部外，还注意到在工作中培养少数民族干部。许多地区通过民族民主建政、清剿土匪特务、抗美援朝，若干地区则在减租、土地改革等工作中，放手使用少数民族中的革命知识分子和工农积极分子，耐心地帮助他们，使他们得到锻炼，逐渐提高，成为新的干部。

通过各种方式培养出来的少数民族干部，在工作中发挥了他们的作用，表现了他们的长处。事实证明，不是等待产生了大批的少数民族干部才能开展民族工作，而是在民族工作的开展中生长起大批的少数民族干部。有了大批的少数民族干部，民族工作也就会有更进一步的开展。

（五）抗美援朝与巩固国防

美帝国主义在朝鲜发动的侵略战争，严重地威胁着祖国的安全，解放了的中国各民族人民，为了保卫自己伟大的祖国，就广泛地展开了抗美援朝的爱国主义运动。

自去年10月来，全国各少数民族地区，到处召开了各族各界人民代表会议，经过拥护缔结和平公约的签名、投票反对美帝武装日本、五一游行示威，特别是经过订立爱国公约、增产捐献以及听了赴朝慰问团和志愿军归国代表的报告，规模宏大的抗美援朝运动，即逐步展开和深入，许多少数民族人民都已经受到了爱国主义教育。

各地少数民族，热烈响应了慰问中朝战士、救济朝鲜居民和增产捐献运动。西北、西南、东北、中南、内蒙古等地少数民族，纷纷通过代表会议，订出增产捐献计划。如西南少数民族，捐献了19架飞机；西北区新疆伊犁、塔城、阿山等3区，不到70万人口，在捐献武器运动中，就认捐了人民币80亿元；内蒙古自治区认捐14架战斗机、3门大炮，缴款数目较原计划超过了62%。

抗美援朝运动在西南少数民族地区则与巩固国防的工作结合起来。西南区从西藏到云南、广西边境，约有5000公里的国防线上，居住着许多少数民族。过去，帝国主义在这些地区曾进行过长期的侵略活动。解放以来，各民族人民已经空前地团结起来，揭露了敌人的破坏阴谋，惩治了反革命。在帝国主义分子利用教会散布毒素的地区，例如云南的怒江区、贵州威宁的石门坎教区、西康的巴安等地的基督教和天主教爱国教徒，都展开了三自革新运动，对帝国主义的阴谋进行了控诉和揭发，并坚决表示割断与帝国主义的联系。12月间，西北区召开了西北各族人民抗美援朝代表会议。与会的少数民族代表纷纷表示坚决执行毛主席的指示，把爱国增产节约运动普遍地开展起来。

目前帝国主义者仍在推行他们的罪恶阴谋，他们在云南边境公开地利用国民党战犯李弥匪部；在邻近广西边境地方办有地主、恶霸、土匪、特务收容所，组织大批特务，潜入我国境内，进行破坏造谣、放毒等反革命活动。针对这些匪特的活动，我们在少数民族地区广泛进行了清匪肃特的工作。云南等地的各族人民在解放军帮助之下已纷纷组织民兵联防，到处掀起剿匪竞赛，出现了若干模范人物与模范事迹，因而严重地打击了美蒋特务的破坏活动，巩固了革命秩序与祖国国防。

两年以来的民族工作，虽然各地发展不够平衡，而且还存在着若干缺点，但总的来说，各方面都收到了很大成绩，取得了重要经验。这些成绩的获得，是由于有毛主席和中央人民政府正确的民族政策，和各地人民政府、人民解放军正确地贯彻了这个政策，以及全体民族工作干部的积极努力和各民族广大人民支持与援助的结果。有了这些成绩和经验，对今后民族工作的开展，便奠定了有利的基础，增加了胜利的条件。事实证明，中国各少数民族，如果没有共产党和毛主席的英明领导，没有先进民族的帮助，在今天便不可能得到解放，更谈不上各方面的发展。

根据以上情况，对今后的民族工作，提出几点意见：

第一，各地民族工作干部，首先应切实认真地学习民族政策，广泛进行宣传。因为民族政策是马克思列宁主义和毛泽东思想的一个组成部分，只有掌握了这个武器，才能真正克服大民族主义与狭隘民族主义的思想残余，使民族工作得到迅速的开展。

第二，在少数民族聚居地区，实行民族区域自治，在各民族杂居地区，建立民族民主联合政府，已是确定不移的方针，今后更应切实认真地普遍推行。各民族自治区与民族民主联合政府，应依据民主集中制和人民代表会议制的原则，按时召开各族各界人民代表会议，发扬民主，使民族形式与新民主主义内容具体地结合起来。

第三，根据全国民族贸易、卫生、教育等3个专业会议的决议，和所规定的各项任务与方针，进一步开展少数民族地区的贸易、卫生、文教工作，以改善少数民族的经济生活和文化生活。

第四，继续加强民族团结，通过各种形式，增进互相了解，融洽民族感情，消除各种纠纷，切实尊重少数民族的风俗习惯与宗教信仰的自由，反对大民族主义与狭隘民族主义的各种倾向，以达到各民族更进一步的友爱与合作。

第五，继续开展抗美援朝运动，普及和深入爱国主义教育，使少数民族的广大人民，认识美帝国主义是中国各族人民的共同敌人。进一步加强爱护祖国的观念，并通过抗美援朝运动推动各项工作。

第六，加强各地民族学院和民族干部学校的工作，继续开办各种业务的训练班，并通过各种工作，大批地培养少数民族的干部。对少数民族的干部，应善于认识他们的长处，耐心地培养帮助，并大胆地提拔使用他们，使他们在实际工作中得到锻炼与提高。在少数民族地区工作的汉族干部，在极端艰苦的环境中努力地为广大少数民族人民服务，但仍应注意克服做客思想和临时观念，坚定为少数民族广大人民服务的思想，更好地团结少数民族的干部和人民，进一步开展各项民族工作。各少数民族亦应尽量争取汉族干部的帮助。

第七，关于少数民族内部的改革问题，应依据各少数民族人民群众及与人民有联系的领袖人物的志愿，稳步进行，适当地解决问题。事实证明，少数民族地区，如不进行若干必要的改革，是很难得到迅速发展的。

今后民族工作的任务是光荣而艰巨的，需要大家更多的努力。我们坚信在毛主席和中央人民政府的正确领导下，一定能够取得更多的胜利！

以上报告与意见，难免有错误之处，希望批评与指正。

西南民族工作情况

——在中央人民政府民族事务委员会第二次（扩大）会议上的发言摘要

西南军政委员会民族事务委员会主任委员　王维舟

《云南民族工作参考资料》第二辑

云南省人民政府民族事务委员会编印

1952年

西南民族工作情况

——在中央人民政府民族事务委员会第二次（扩大）会议上的发言摘要

一、西南区的民族情况

西南是一个多民族的地区，主要有藏、彝、苗、回、傣、仲家、民家、纳喜、佧佤等民族。按照目前各族自己的名称，总数已超过100多种。各少数民族人口共约有2000万，占全区总人口20%左右。分布区域则占全区面积的大半。本区5000公里的国防线上，都是少数民族聚居区。这些地区邻接印度、缅甸、老挝、越南等国。

各少数民族的政治、经济和文化发展极不平衡，有的还停滞在奴隶制的社会经济生活。在各部落各支头之间，经常发生武装械斗。民族之间都有严重的历史隔阂和对立状态，也经常发生纠纷和武装冲突。

各少数民族这种落后的社会经济和复杂的民族关系，是历代反动统治集团，尤其是近二十多年来蒋匪帮的统治和帝国主义侵略势力的压迫所造成的。帝国主义对各民族在政治、经济、文化乃至军事各方面都进行过长期的侵略活动。他们挑拨民族关系，倾销洋货，收买雇佣军，特别是通过传教、设学校、办书院，以小恩小惠的方式进行特务活动，以达其奴役各民族的目的。其罪行严重到私设法庭，处理民刑案件。而蒋匪帮为推行其大民族主义的压迫政策，对少数民族一面进行大规模的镇压屠杀，另一方面则在民族地区发展特务组织，挑拨离间，制造是非。对帝国主义则又屈膝顺从出卖人民。因此，各民族人民长期处在受压迫、受蒙蔽，贫困到食不饱、穿不暖甚至连盐都吃不到的痛苦境地。

二、两年来西南民族工作的基本情况

两年来，西南区民族工作在毛主席和中央人民政府领导之下，在中央民族事务委员会具体指导之下，有了一定成绩。特别是西藏获得和平解放，粉碎了帝国主义侵略阴谋，打下了巩固西陲国防的基础，从而使整个中国大陆出现了历史上从未有过的统一。这是毛主席伟大民族政策的胜利，西南和全国各族人民无不感到非常欢欣和兴奋。

两年来，西南民族工作大体可分为两个阶段：第一阶段是从解放开始直到中央访问团到西康帮助建立藏族自治区为止；第二阶段则是从根据建立西康藏族自治区的经验在全区范围内试行建政工作直到现在。

由于西南区解放较迟，蒋匪残余大部窜入西南民族地区，土匪、特务数目曾一度达到100万人；土匪、特务名称有数百种。他们企图以民族地区为依托，利用地区辽阔、交通不便、民族隔阂等条件，阴谋建立所谓"陆上台湾"，进行长期顽抗。蒋匪帮并在各民族地区布置"应变计划"，唆使土匪、特务进行长期潜伏活动，散布谣言，挑拨人民解放军和各民族的关系，在各地组织暴乱。

因此，在我们人民解放军和地方干部开始进入民族地区时，曾遇到很多的困难。在这种情况下面，各省、区坚决执行了"慎重稳进"的方针。首先大力沟通民族间的感情，展开广泛的民族政策的宣传。人民解放军在民族地区执行了模范的群众纪律，发扬了传统的艰苦作风，以帮助劳动生产、救济灾荒等实际行动，大大消除了民族隔阂，密切了民族关系。同时，坚决争取团结了各民族中各方面和群众有联系的领袖人物，对之热情相待，遇事首先和他们协商，大量吸收少数民族中的领袖人物和青年参加当地政权的领导和工作。通过各种大小会议和近百次民族的参观访问，更加加强了民族团结，孤立了蒋匪特务。在各族人民要求和支持下，人民解放军和各地公安部队展开了大规模的清剿土匪、肃清特务的斗争，获得了很大的胜利。武装的土匪、特务，基本上已经被肃清了。加以调解了5000多件民族纠纷，使民族区长期存在的民族仇恨和打冤家也基本上停止了。民族区出现了历史上从未有过的安定、团结的新气象。这也可以说是西南民族工作的第一阶段。

从1950年7月，中央访问团到达西南，并协助建立了西康藏族自治区和各地民族民主联合政府之后，西南民族工作又在民族团结的基础上前进了一步。去年1月，西南民族事务委员会召开了扩大会议，决定在全区范围内开展民族民主建政工作。西南民族区各级人民政府都先后召开了各族各界人民代表会议或民族代表会议，并积极地在民族聚居区实行民族区域自治，在民族杂居区建立民族民主联合政府。到现在，已建立起来的民族自治区除西康藏族自治区外，还有21个县级自治区、15个区级自治区、49个乡级自治区，同时在11个专区、53个县、27个区和72个乡建立了民族民主联合政府。这项工作，现在仍在继续进行。

在西南民族民主建政过程中，我们曾对帝国主义的走狗蒋匪特务的破坏活动进行了坚决胜利的斗争。蒋匪特务打起少数民族的招牌，在帝国主义唆使下，煽惑少数民族中一部分坏分子和野心分子，以"民族自治""民族独立"等反动口号制造民族分裂和混乱。甚至在云南刚解放时，煽动组织"南诏联邦"，企图达到其破坏各族人民解放事业的恶毒阴谋。由于我们广泛地团结了各族人民和与群众有联系的领袖人物，坚决而适时地进行了民族民主建政工作，从而粉碎了敌人的一切破坏阴谋。

在我们的内部工作中也曾遇到许多困难。首先是各地有些干部对民族民主建政的重要意义认识不足，认为"无此必要""徒添麻烦"，顾虑"民族分裂""闹民族独立"，因而强调条件不够，消极拖延。我们对此曾进行了说服工作。在民族地区经过民族民主建政后，各种工作有了显著的发展。这些事实，更有效地使我们的干部逐步认识了民族民主建政确是解决民族问题的基本政策。其次，在各民族中也遇到一系列的新问题。民族内部各部落、各支头之间由于打冤家，长期处于不团结的状态，这就使得在处理自治区内民族组成关系，民族内部的团结和统一，以及有关区域界线、行政地位、民主制度、人事分配等问题方面，发生很大的困难和曲折。但是，由于我们掌握了民族政策和依据民族的实际情况，通过与群众有联系的领袖人物和各族人民的反复协商，这些问题已逐步得到解决。妇女和青年的政治地位也获得适当的提高。因此在自治区人民政府和民族民主联合政府建立后，各族人民都表现了无比的欢欣。他们感动地说："天下真有这样的事呀！""等了几十代，可有了今天。""从此我们少数民族有'家'了。"贵州苗族在选出自己的县长以后，兴奋地说："以前反动时期是'苞谷不上粮，苗家不当王'，如今苞谷能上粮，我们苗家也能当王（按：意指当县长）了。"

经过民族民主建政工作，各族人民更积极地要求加强民族团结，更积极地要求外来干部的帮助，他们对在民族区艰苦工作的汉族干部，更加爱护了。许多人甚至发生了这样的顾虑："成立区域自治是不是把事情都交给我们自己办，上级不管了呢？""如果外来干部真不帮助，我们就不实行区域自治了。"

经过民族民主建政工作，各族人民对于政府的大小事情，非常关心，看成是自己的事。某些人原来认为参加政府工作是给汉人做事，这种思想现在也改变了。人民的政治觉悟和工作积极性一般都大大地提高了。这可以从下面的事实看出来。

首先是各族人民对于伟大祖国和人民领袖毛主席表现了无限热爱和拥护，对帝国主义和蒋匪残余展开了激烈的斗争。云南、贵州、西康等地各民族人民纷纷组织民兵联防，到处掀起剿匪竞赛，男女老少自动搜山捉匪，出现了不少模范事迹和英雄人物。

西昌专区彝族罗正洪等在礼州、甘相等地捉回土匪连、排长37人，缴获报话机2部、枪170多支。彝族的李沙马在龙头山脚亲手击毙"西南反共救国军十一纵队司令"诸葛绍武。贵州苗族自动组织了游击队配合剿匪部队作战。普定县苗族张泽良领导百余人和土匪、特务作战，被包围好多天，虽和部队断绝联系，仍单独坚持战斗。

云南耿马区本人族杨姓老人在剿匪战斗中，一个人打死了12个土匪、特务。澜沧县倮黑族李光保领导人民在毫无外援的情况下，和从国界外窜入的蒋匪特务进行斗争，苦战8日，终于击败了10倍于己的敌人。有4名倮黑族青年民兵，赤手空拳，用木材打死5名土匪，缴获5支卡宾枪。佤族岩龙是1950年参加国庆大典的民族代表，回去后积极宣传，最近在和窜入的蒋匪特务作战中，虽陷重围，仍坚贞不屈，最后脱下毛主席送给他的礼服，高呼"保卫祖国""保卫我们毛主席"口号，英勇自杀。少数民族这种保卫祖国边疆的英勇事迹到处都有，他们给美蒋匪特的破坏活动以致命的打击，从而巩固了边疆的革命秩序和祖国国防。

在抗美援朝运动开展以后，各民族热烈响应，纷纷订立爱国公约，踊跃参军，增产捐献。许多青年因不得参军而痛哭流涕。西康藏族自治区和凉山彝族自治区都建立了本民族人民的武装——藏民团和彝民团。在各族人民订立爱国公约的运动中，康定的喇嘛寺的喇嘛也订立爱国公约，游行示威。青年喇嘛以打柴所得的收入，捐献购买飞机大炮。在支援入藏部队中，许多妇女参加了运输工作。此外，若干少数民族地区展开了三自革新运动，驱逐了假借传教士名义做间谍活动的帝国主义分子。事实证明，各族人民这种反帝爱国的高涨热情，是和民族民主建政工作分不开的。民族区域自治和民族民主联合政府，不仅是加强民族团结的最好组织形式，也是各族人民共同巩固国防、对帝国主义和蒋匪残余作斗争的有力武器。

民族民主建政工作，也给各族人民的经济、贸易、卫生、文教事业的发展创造了极为有利的条件。国营贸易公司在各民族地区已设置了180多个贸易分、支公司，组织了300多个流动贸易生产小组。仅在西康收购藏、彝两族地区的土特产，即值140多亿元。今年运往西康的茶叶，据估计将超过50万包，约当解放前每年输入的3倍。土产价格，一般的提高到1倍至4倍以上，有的甚至超过10倍；而税收比率，则一般的予以适当降低。此外，各地人民政府并发放大批救济粮和农业、牧业、副业的贷款，同时，兴修水利和交通，解决生产中的困难，大大提高了各族人民的生产积极性。西康省土特产，如羊毛和药材较解放前已增加100%到200%；而药材中的大黄则增加500%。群众的生活因之获得相当的改善。各地的少数民族人民中，出现了要求多纳税、多缴公粮等许许多多的爱国事迹。

此外，各区恢复和创设卫生院和卫生所160多个，并组织了29个巡回医疗队，减费甚至免费为群众治疗疾病。西康藏族自治区在中央人民政府支持下，迅速扑灭了传染达2000里地区的牛瘟，并医治检查预防牛马达2万多头。全区创立民族中学7所、民族师范1所和民族小学近700所。少数民族现在在大、中、小学校读书的学生已有135000多人。

为了宣传民族政策，西南民族事务委员会先后出版了藏汉文对照的西南民族画刊（已出版5期）及《西南民族通讯》（已出版4期），译印了藏、苗文的各种文件。为了宣传和平解放西藏办法的协议，每周特别举行藏语广播1次。此外并派电影、幻灯队等去民族区放映，效果良好。

人民政府所进行的这些工作，各族人民都表示热烈拥护，并积极参加。各族人民从实际的经验中，逐渐相信了自己的力量，也更加懂得汉族人民的援助对本民族解放事业和建设事业的决定作用。

最后，随着民族民主建政工作的推进，各民族的干部也大量涌现出来。据初步统计，参加区以上人民政府工作的少数民族干部已有8000多人,先后参加过政治学习的各民族青年不下万余人。今年在西南区创立了3个民族学院、两个民族学校和各种民族干部训练班,共已训练3000多干部。这些干部和学员,由于和各族人民有着密切的联系,并在学习和实际工作中得到了提高和锻炼,都成了推动西南区今后民族工作发展的重要力量。经验证明:民族民主建政,固然需要培养一部分干部,但随着建政工作的开展,在实际工作中自然就会涌现出大批的干部来。

在贵州和云南的民族杂居区,各民族人民都提出了实行土地改革的要求。这些地区,在民族团结的总方针下,根据本民族大多数群众的意志,并取得和群众有联系的领袖人物的同意,依靠本民族自己的干部,采取协商调处的方法,已有领导、有计划、有步骤地开展了土地改革运动。贵州全省400万少数民族人口的地区中,已有200万人口的地区实行了土地改革。云南、西昌等地减租退押运动的规模也很大。在斗争和分配果实中大大发扬了民族间尤其是汉族对各少数民族的团结互助精神,壮大了各族农民的声势。因而,各族雇农、贫农、中农的政治觉悟、生产情绪,空前提高。各族人民从土地改革的斗争中,深深体验到民族内部的这种适当改革,对本民族发展的前途有着极为重大的作用,这是少数民族发展进步、逐渐跻于先进民族水平所必须经历的过程。

总之,西南两年来的经验证明:当前民族工作的中心是民族民主建政。

三、对今后西南区民族工作的一些意见

西南区的民族工作虽已获得上述成就,但这仅是工作的开始。因为至今还有大部地区没有实现民族民主建政,没有满足各族人民迫切的政治要求;各种工作长期处于摸索阶段,盲目性很大;若干干部对民族民主建政的重要意义仍认识不足,存在着轻视、忽视和消极拖延的现象,甚至在建政后,仍有潦草从事、形式主义、不善于和各族中与群众有联系的领袖人物团结合作等错误倾向;加以领导干部缺乏经验,对各地及时的思想领导和经验指导十分不够,使工作走了不少弯路。今后我们必须以认真严肃的态度来大力纠正和克服这些缺点。

今后西南区的民族工作将继续遵循中央"慎重稳进"的方针,根据这次大会关于民族民主建政的各项正确指示,结合西南区的实际情况,做好如下工作:

(一)继续大力推行民族民主建政工作。已建立民族自治区及民族民主联合政府的地区应认真加以巩固和充实,使其能发挥更大的作用。未建立民族自治区及民族民主联合政府的地区则应积极推行,尤其民族的区域自治政策,更需要大力贯彻。

(二)根据实际情况,认真帮助各民族自治区发展生产、贸易、卫生、文教等事业。目前拟进一步开展贸易工作,并有重点地开发水利和建立农场等,逐步向民族区推行先进的生产经验。

(三)积极培育民族干部,加强对现有民族学院、民族学校和各种训练班工作的领

导。目前民族干部仍应大量培养。拟开办各种形式的短期的或临时性的、人数多少不等的训练班,大批培养男女青年干部,以应民族工作的急需。而在民族学院中,则须有计划地培养翻译、师资等人才。

与此同时,在汉族地区的学校中,应注意招收少数民族男女青年入校教育,并须对他们尽可能地加以照顾。根据工作需要也应培养和选派适当的汉族干部参加民族工作。

(四)继续加强民族团结工作,加强民族政策的宣传工作。继续出版和译印民族画刊和各种文件,充分运用幻灯、电影、广播等有效的宣传工具。组织民族参观、访问,以加强民族间的联系和相互学习。

(五)继续加强抗美援朝运动,加强爱国主义和国际主义相结合的教育,克服大民族主义和狭隘民族主义的倾向。这是我们工作中十分重要的一环。

当然,要做好以上工作,困难是很多的。但是,在毛主席和中央人民政府的正确领导下,在中央民族事务委员会具体指导下,依靠西南各兄弟民族坚固一致的团结,我们相信,我们的工作一定会获得新的成就和新的胜利。

中华人民共和国各民族团结万岁!

中国各民族人民的领袖毛主席万岁!

王维舟兼主任委员传达李维汉主任委员在中央人民政府民族事务委员会第二次（扩大）会议上《有关民族政策的若干问题》的报告及对西南区1952年民族工作任务的意见[①]

《云南民族工作参考资料》第二辑

云南省人民政府民族事务委员会编印

1952年

王维舟兼主任委员传达李维汉主任委员在中央人民政府民族事务委员会第二次（扩大）会议上《有关民族政策的若干问题》的报告及对西南区1952年民族工作任务的意见

各位委员，各位代表，各位同志：

我于去年12月会同西南各省区的代表，赴京参加了中央人民政府民族事务委员会第二次（扩大）会议。这次会议，集合了全国各地的民族代表和民族工作负责同志，讨论并总结了两年来民族工作的经验，制定了几个重要文件，俟中央人民政府政务院批准后公布施行。这次会议解决了两年来民族工作中许多未解决的问题，不但对今后的民族工作有了明确的指示，即对出席会议的代表们在民族政策的认识上也大大提高了一步，所以这次会议的收获是很大的。我现在就这次会议上李维汉主任委员《有关民族政策的若干问题》的报告作一传达，可能有遗漏和错误之处，希各位批评指正。

这个传达，共分七个问题：

[①] 关于本文中的西南区1952年民族工作任务部分，另有王维舟单篇文稿，题目为《西南民族事务委员会关于西南区1952年民族工作任务的意见》，并括注有"西南民族事务委员会第三次全体委员会议通过""西南军政委员会会秘（52）字第〇二四五号批复同意"字样，载西南军政委员会民族事务委员会编、云南省人民政府民族事务委员会翻印《民族政策学习专辑：〈西南民族工作参考文件〉第五辑》，1952年11月。——编者

王维舟兼主任委员传达李维汉主任委员在中央人民政府民族事务委员会第二次（扩大）会议上《有关民族政策的若干问题》的报告及对西南区1952年民族工作任务的意见

一、任务

中国是一个多民族的大国。国内各民族，包含汉族和各少数民族在内，用自己辛勤的劳动发展了生产，创造了各民族的历史和文化，对我们伟大祖国的缔造都有重要的贡献。

各民族经过长期的接触，发展了经济上的合作和文化上的交流，并多次共同抵抗外来的侵略。近百年间帝国主义势力的侵入中国，使各民族的命运密切不可分离地联系起来了，特别是近三十年来中国共产党领导的民族民主革命运动，更使各民族人民逐渐地结合起来了。

在我国各民族的长期发展中，汉族已成为主体，占全国人口百分之九十以上，军事、政治、经济和文化的发展都走在其他各兄弟民族的前面，在全国生活中起着领导的作用；对祖国的形成，尤其对中华人民共和国的创立，起了决定的和先进的作用，对于今后各兄弟民族的发展，将有重大的帮助。

但在很长的历史时期中，因为存在着民族压迫制度，各民族的地位是不平等的。民族压迫制度，主要是历史上各个时期居于统治地位的某几个民族中的反动统治集团（其中又主要是汉族反动统治集团）造成的，他们用这种制度去统治其他各民族，使他们日益陷入奴役的境地。历史上的这些反动统治集团，即是当时反动阶级的代表，他们不仅压迫异民族人民，同时也压迫其本民族人民，因此成了包含其本民族在内的各民族人民的共同敌人。以蒋介石为首的帝国主义走狗国民党反动派，即是我国历史上各民族人民最后的共同敌人。

在毛主席和中国共产党领导下，从汉民族人民发展和壮大起来的，并有许多少数民族人民参加了的人民大革命和人民解放战争，已在两年前打倒了这个历史上各民族人民最后的共同敌人，使大陆上的汉族和各少数民族都获得解放。

1949年10月1日宣告成立的中华人民共和国，成了我国各民族人民友好合作的大家庭。我国民族关系从此根本地改变了，从民族压迫时代改变为民族平等时代。民族问题的任务因此发生了根本的变化，即已不是要帮助各少数民族从民族压迫制度下争取解放，而是要帮助他们彻底实现民族平等，首先帮助他们提高到新民主主义的水平，提高物质生活和文化生活，这就要执行中国人民政治协商会议共同纲领的指示：保障各少数民族享受民族平等权利；实行民族的区域自治和民族民主联合政府政策；发展各民族的政治、经济和文化教育；巩固各民族间和各民族内部的团结；肃清帝国主义侵略势力的影响和国内反革命势力的残余；加强各民族的爱国主义与国际主义相结合的教育，反对大民族主义和狭隘民族主义。

二、民族的区域自治

民族的区域自治，是毛主席运用马克思列宁主义解决中国民族问题的基本政策，已受到各民族人民的热诚拥护。由民族自治区的经验证明，这是解决中国民族问题的钥匙。

民族的区域自治，是中华人民共和国领土之内的，遵循着中国人民政治协商会议共同纲领的总道路前进的，以少数民族聚居区为基础的区域自治。这是一个总原则和大前提。对这个总原则和大前提，不可有任何的动摇。

一切聚居的少数民族，依据这个总原则和大前提，都有权利实行民族的区域自治，建立自治区和自治机关，按照本民族大多数人民及与人民有联系的领袖人物的志愿，管理本民族的内部事务。这就是少数民族"当家做主"的权利，对少数民族的这种权利，必须帮助其实现，同样不可有任何的动摇。

民族自治区的建立，包含着民族组成、区域界线、行政地位、自治机关、自治权利、内部关系和上下关系等问题。

已建立的民族自治区，大体有3种类型：由一个少数民族聚居区为基础建立的自治区；由一个大的少数民族聚居区和人口很少的其他少数民族聚居区为基础建立的自治区；由几个或多个少数民族聚居区为基础建立的自治区。可能还有其他的类型。这种种不同的类型，是依据各少数民族聚居地区不同的民族关系、经济条件和历史关系等情况，在民族平等、自愿基础上产生的。第三种类型在民族杂居地区可以推行，它有利于民族间的合作互助，从而有利于各民族的发展；但同样要依据自愿和平等、互利的原则，不可加以强迫。

与汉族地区相连的民族自治区，因为经济和政治的需要，大多包含了一部分甚至很大部分汉族居民区。这既有利于民族团结，又有利于自治区的建设。在有关的少数民族愿意时，应当鼓励和说服有关的汉族人民参加自治区，并在自治区范围内，在汉人特别多的地区建立民族民主联合政府。

上述民族自治区的民族组成关系，是一个复杂而严肃的问题，需要依据当地的各种具体情况，经过各有关民族的上层协商和人民同意，加以适当处理，切不可轻率从事。

适当地解决了自治区的民族组成问题，即容易处理自治区的区域界线和行政地位两个问题。对区域界线，应允许先做临时处理，以免急躁或拖延；对行政地位，原则上可依自治区的地域大小和人口多少决定。

建立民族自治区的步骤和筹备方式，决定于当时当地的具体情况，不可能一律，也不需一律。是否先建立地方民族民主联合政府，然后建立民族自治区，也要看当地具体情况决定。

自治机关，是与自治区行政地位相当的一级地方政权，是自治区人民的政权机关，其建立和组织应该依民主集中制和人民代表大会制的基本原则；但其具体形式，可依照实行区域自治的民族大多数人民及与人民有联系的领袖人物的志愿，使能适应各少数民族当前发展阶段的面貌，成为实现区域自治的民族人民容易了解和乐于亲近的形式。聚居在自治区内的汉族人民，是全国汉族的组成部分，因此，不论他们在某一自治区内所占人口多少，均无须实行区域自治，但他们的政治制度应依照全国一般通行的制度，他们的政治权利和生活方式，应和自治区内其他民族一样受到尊重。

自治机关主要应由实行区域自治的民族人员组成，同时必须使自治区内的其他民族都有适当数量的人员参加。

自治区内，各民族都有使用和发展本民族语言文字并用以发展其文化和教育事业的权利。自治机关得采用一种通用的和统一的文字，作为行使职权的主要工具，但对不通用此种文字的民族行使职权时，须同时采用其本民族的文字。

各民族自治机关，在国家统一的制度和计划之下，都享有与其行政地位相称的关于经济、财政、文化、教育及地方人民武装等自治权利，并由中央人民政府或上级人民政府依据具体情况，分别加以规定。

各民族自治区自治机关在其自治权限内，得制定单行法规，层报高一级人民政府核准；遇有与中央人民政府法令抵触情况，应由核准机关层报中央人民政府政务院审核。

为便于中央人民政府了解和指导全国各民族自治区实行其自治权利，凡有关上级人民政府对所属自治区自治权利的规定及单行法规的核准，均须层报中央人民政府政务院备案，至少在一个相当的时间内，这样做是有利的。

自治权利的行使，自治机关的巩固和自治区建设事业的发展，有赖于自治区各民族间的友好合作，有赖于各民族人民觉悟性和组织性的不断提高，有赖于上级人民政府的领导和帮助。因此就有赖于各民族自治区自治机关能够保障自治区内各民族皆享有民族平等权利，禁止民族间的任何歧视；能够保障自治区内各民族人民不分性别皆享有人民自由权利及选举、被选举权，并以爱国主义和国际主义教育人民；能够尊重上级人民政府的领导，取得上级人民政府的帮助。

各上级人民政府对自治区的领导，则需要尊重其自治权利、经济和文化教育的建设事业，帮助其训练干部并依据必要派遣适当干部去参加工作。在领导方法上，各上级人民政府尤需要足够地估计各少数民族当前发展阶段的特点和具体情况，使自己的指示和命令既符合于共同纲领的基本精神，又适合各民族的特点和具体情况，防止和纠正简单地搬用其他地区的经验和办法。

三、地方民族民主联合政府

地方民族民主联合政府，皆为一级地方政权，是保障民族杂居区各民族在政权机关中享有平等权利，以利于各民族相互合作和发展的基本政策。地方民族民主联合政府经验已证明：这对于满足少数民族参加政权的要求，使少数民族人民积极起来参加管理国家的事务，加强民族团结，推行区域自治和推动当地各项工作，都起了良好的作用。

重要的问题是：人民代表会议的名额，应以人口比例为基础，对各民族作适当分配，对人口特少的民族更要加以适当的照顾。代表的产生，得由各民族分别选派，亦得由各民族联合选派。对有关某一少数民族的特殊问题，须与该少数民族的代表充分协商，取得同意，始做决定。

民族民主联合政府的政府机关及民族民主联合政府人民代表会议的协商机关的组织与工作方针，也要依据上述原则的精神。

什么地方需要建立民族民主联合政府？我们认为多民族杂居的省、专区和县，或虽非多民族杂居而民族关系显著、对行政发生多方影响的省、专区和县，都应建立民族民主联合政府。

四、散居的少数民族成分

由于各种历史上的原因，有许多少数民族成分长期地零星居住在汉族居民（主要在城市居民）之中，长期地受到汉族人民的影响，长期地忍受民族的压迫和歧视。因此他们固有的民族特征多已消失，也有故意遮掩其民族面貌的，但民族感情，则以不同的程度保持着。

解放后，中央人民政府民族政策的实施，影响和唤醒了这些被遗忘了的少数民族成分，他们开始起来要求享受民族平等权利，享有参加各种职业和人民团体的权利，但是他们虽然免除了民族压迫，在许多地方却仍然遭遇着民族歧视。

因此，需要在法律上给以保障。保障他们与汉族人民同样享有人民的自由权及选举、被选举权；享有自由保持或改革其生活方式、宗教信仰和风俗习惯的权利；享有参加各种职业和人民团体的权利，其有本民族语言文字者，并得在法庭上以本民族语言文字进行诉辩等等。

他们如遭遇到民族的歧视或侮辱，有向人民政府控诉的权利。人民政府对此种控诉，则要负责予以处理。

这些保障，也适用于散居在各少数民族自治区的其他民族成分或汉族成分。

五、发展各民族的政治、经济和文化

当民族区域自治和民族民主联合政府已经普遍推行，民族平等权利已在各方面实现，还不等于根本解决了民族问题。民族问题的根本解决，有待于改变历史上遗留下来的各少数民族在政治上、经济上和文化上的落后状态。这种落后状态，使各少数民族在享受民族平等权利时，不能不在事实上受到很大的限制。斯大林同志把这种情况叫作"事实上的不平等"。

中华人民共和国的民族政策，不仅在于保障各民族在政治、经济、文化以及社会生活各方面的平等权利，而且在于帮助各少数民族发展其政治、经济和文化教育的建设事业，使能逐步地改变其落后状态，逐步地达到事实上的平等。

从中华人民共和国成立的那一天起，中央人民政府及有关地方人民政府即关心各少数

民族的政治、经济和文化的生活。两年来，国家经济还在恢复过程中，国防建设还不能不成为国家事务的重点，但已在政治教育和政权建设、干部训练和干部派遣、贸易、卫生和其他经济、文化教育方面，对少数民族做了不少的工作。预计1952年还会有更多的进展。

关于改变民族间"事实上的不平等"状态，即改变各少数民族政治、经济和文化方面的落后状态，我们认为：

第一，这是一个需要长期努力才能解决的问题，只能逐步地前进，不可要求过高过速，因为那是做不到的。

第二，必须尽力解决各民族人民当前迫切需要解决的问题，一般地说，如政权建设、干部培养、贸易和卫生问题；具体地说，每一个民族自治区或民族聚居区又各有其不同的迫切需要。对于少数民族的物质生活和文化生活的迫切需要，必须依据当时当地的具体情况及其具备的可能的条件，认真加以解决。

第三，也需要从保卫国防和各民族发展前途着眼，依据国家财力情况，有重点地着手某些基本建设。

第四，这是一个需要各民族团结互助，首先需要汉族人民和人民解放军的帮助才能逐步解决的问题，汉族人民和人民解放军有帮助各少数民族的义务，各少数民族则应主动地争取汉族人民和人民解放军的帮助。

第五，这是一个需要把各少数民族人民的能力和智慧发挥起来才能逐步解决的问题，因此，各民族自治区内部各种固有制度的改革，是必要的和不可避免的。但是，这种改革需要依据各民族人民以及同人民有联系的领袖人物的志愿，并主要地经过他们自己去进行。

有一个迫切的问题，即帮助尚无文字而有独立语言的民族创造文字的问题。这是少数民族长期遭受压迫，和长期受到种种限制不能正当发展的结果，西南少数民族没有文字的占大多数，将来帮助他们创造文字，是帮助他们提高文化的重要步骤。

六、培养民族干部

普遍大量地培养同人民有联系的民族干部，是圆满地实行民族区域自治和民族民主联合政府政策，以及发展各民族政治、经济和文化教育建设事业的关键。

各级人民政府已经掌握这个关键，做了许多工作，获得相当成绩。但这还是一个严重的任务，还得我们有系统地去执行。

1. 注意团结一切爱国知识分子、群众中的积极分子及其他与人民有联系的领袖人物，使这3种干部结合起来，一致为少数民族人民服务，发挥他们的能力，并帮助他们进步。

2. 有计划地开办学校训练班，以提高民族干部的文化和政治水平。

3. 使地方训练班、各民族学院、中等学校、高等学校以及技术训练班之间，有适当的分工。地方训练班担任大量普遍的初级训练任务；民族学院担任培养较高级政治干部和翻译人才的任务；中等学校和高等学校担任培养知识分子、师资和专门人才的任务；技术训练班训练初级的技术人员。分别由各级人民政府（包括民族自治区人民政府）及其民族事务委员会、教育部门、业务部门分别主办。对于各类各级民族干部学校的政治和历史等科目的内容，应有适当的规定，并逐步加以具体解决。

4. 争取汉族干部参加工作。经验已经证明，汉族干部与当地民族干部的合作互助，是发展少数民族政治、经济和文化教育建设事业的重要因素之一。但汉族干部须以帮助培养民族干部为其重要职责。

七、巩固民族团结

由于驱逐了帝国主义侵略势力，打倒了国民党反动统治，结束了民族压迫制度，我国各民族不团结的时代已经永远地过去了。前面已经说过，从中华人民共和国成立之日起，我国各民族即根据平等原则开始建立新的友好合作的大家庭。两年来，各兄弟民族在此大家庭之内，已日益结成了血肉不可分离的关系，这是很值得我们大家庆贺的。

巩固民族团结，即是巩固伟大祖国的团结，免受帝国主义欺负。巩固民族团结，即能加强民族间的互助，利于发展各少数民族政治、经济和文化教育建设事业。

巩固民族团结，仍然是当前的重要任务，因为妨碍团结的因素并没有根除。

首先是从敌人方面来的破坏，即帝国主义及其走狗的挑拨离间。处在祖国西南边疆的兄弟民族，特别容易甚至经常遭到这种威胁，对付这种破坏的主要方法，就是揭露敌人，惩办反革命，加强人民中的爱国主义教育和国际主义教育（特别是抗美援朝教育）。

其次是各民族间的大民族主义和狭隘民族主义的残余。大民族主义残余，首先是大汉族主义残余（此外还有在一个地区内占有多数民族地位的某些少数民族中的大民族主义残余），其特点是：歧视或轻视少数民族，忽视或蔑视少数民族的民族特点和民族形式。由此产生政策上的急性病、冒险主义；作风上的强迫命令、包办代替。狭隘民族主义残余，也或多或少存在于各少数民族中。其特点：保守与排外，看不见祖国的伟大和进步事物，看不见本民族的前途，安于现状，故步自封，阻碍自己民族的前进。大民族主义与狭隘民族主义的关系，常常是互相影响，不可分离的。何者为主要倾向，要依当时当地具体情况加以区别。

在一切民族中加强爱国主义与国际主义相结合的教育，是克服大民族主义残余和狭隘民族主义残余的根本办法。同时要求大民族中首先是汉族中的先进分子负责批判本民族中的大民族主义倾向，特别要求汉族干部以身作则。一切在少数民族地区工作的汉族干部，除了诚心诚意为少数民族服务的决心，还要有遇事与少数民族干部商量，取得同意，并依靠他们，而不独断专行或包办代替的作风。另一方面，要求少数民族中的先进分子负责批判本民族中各种各式的狭隘民族主义倾向，教育本民族人员扩大眼界，欢迎进步，努力向王维舟兼主任委员传达李维汉主任委员在中央人民政府民族事务委员会第二次（扩大）会议上《有关民族政策的若干问题》的报告及对西南区1952年民族工作任务的意见

前。双方都能依靠和发扬这种自我教育和自我改造的方法，即可随时随地防止和纠正两种倾向的发生或滋长。

再次，某些少数民族的内部，仍然存在着不团结的现象。其原因有种种：历史的仇隙，反革命分子的挑拨，某些上层野心分子的利用，某些具体利益的矛盾等等。上级人民政府需要分别情况，加以调解，劝说双方以自我检讨和互相让步的方法，结束这类纠纷。

一年来的西南民族工作，在中央人民政府和中央民族事务委员会与西南军政委员会的正确领导下，暨西南各级人民政府及人民解放军正确地执行民族政策，与全国民族工作干部的积极努力，和各兄弟民族广大人民的合作与支持，获得了显著的成绩，但这仅是做了良好的开端。根据中央的指示和这次中央民族事务委员会第二次（扩大）会议所决定的方针，结合西南的具体情况，对1952年西南区民族工作任务，我提出如下几点意见：

1. 继续推行民族民主建政工作。依据民主集中制和人民代表会议制的基本原则，在民族聚居地区实行民族的区域自治，在各民族杂居地区建立民族民主联合政府。已建立的民族自治区政府和联合政府，应加巩固和充实，充分发挥民族政权的作用。建立各族各界人民代表会议的制度，发扬民主，保证各级政权机关中的少数民族干部有职、有权、有责，鼓励其工作的积极性，做好民族工作。

2. 逐步开展少数民族地区的经济、文化建设事业。应结合各地具体情况，贯彻执行全国民族贸易、卫生、教育3个专业会议的决议，并利用当地一切可能的条件，认真帮助少数民族人民发展生产事业，有重点地改进农业，兴修水利，改进牧畜场，试办模范农场，同时重点地建立国营贸易机构，沟通物资交流；消灭疟疾性病，加强妇婴卫生；及加强小学教育与成年教育。将一切先进的建设经验，逐步向少数民族地区介绍推行，使各兄弟民族的经济生活和文化生活，逐渐得到改善与提高。

3. 积极培育少数民族干部。应加强各民族学院及民族学校的工作，开办各种短期的或临时性的训练班，并通过各种会议、参观，从政治上、政策上、思想上提高他们的认识，大批地训练少数民族干部。除一般行政干部外，应有计划地举办各种专业干部训练。在实际工作中，尤需耐心地培养帮助少数民族干部，使其不断得到提高，能担任各项具体工作。

4. 继续加强民族团结工作。广泛宣传民族政策，积极调解民族间及民族内部的纠纷，组织访问及有教育意义的参观，增进民族间的互相了解与民族感情。各地民族工作干部应认真学习民族政策，建立为少数民族人民服务的思想，汉族干部应主动团结帮助少数民族干部，互相学习，互相尊重，加强爱国主义与国际主义相结合的教育，以克服各种各式的大民族主义与狭隘民族主义的倾向。

5. 普及和深入开展抗美援朝运动，厉行增产节约，扫除帝国主义特别是美帝国主义对少数民族人民的思想毒素。因此，必须结合宗教三自革新运动，彻底粉碎帝国主义以宗教为掩护，施用小恩小惠的欺骗手段，挑拨离间，制造民族分裂的恶毒阴谋，树立少数民族仇美、鄙美、蔑美的观念；在边疆地区，应发动各族人民加强对敌斗争，巩固国防。

6.少数民族内部的适当改革，已成为某些少数民族人民的迫切要求，在部分地区并获得了初步改革的成效，今后应仍本谨慎稳重的方针，根据其本民族大多数人民及与人民有联系的领袖人物的意愿，并依靠其本民族干部有计划有步骤地去进行。

西南军政委员会民族事务委员会关于开展西南少数民族地区抗美援朝运动的指示

1951年4月6日

《云南民族工作参考资料》第一辑

云南省人民政府民族事务委员会编印

1951年

西南军政委员会民族事务委员会
关于开展西南少数民族地区抗美援朝运动的指示

由于美帝国主义在朝鲜发动侵朝战争，强占我国的领土台湾，并积极阴谋与日本单独媾和，重新武装日本，日益严重地威胁着我国的安全，因而激起了全国各阶层人民的抗美援朝、保家卫国的爱国运动。西南各兄弟民族人民，长期处于帝国主义特别是美帝国主义的侵略势力之下，为了彻底根绝美帝国主义在西南各兄弟民族人民中侵略的影响和思想毒素，使各兄弟民族人民正确地认识美帝国主义的侵略阴谋和它的狰狞面目，从而提高各族人民的自尊和自信心理，激发各族人民的爱国精神，加强民族团结，搞好生产建设，以巩固西南的国防，因之，开展西南各兄弟民族地区的抗美援朝保家卫国运动，为现阶段对美帝国主义斗争最重要的一环。为此，本会特作如下指示：

一、各省署的民族事务机构与兄弟民族地区的各级人民政府，应直接来领导抗美援朝这一伟大的爱国运动在各兄弟民族地区广泛地展开，同时并结合各地区的具体情况，利用当地一切可能的机会和条件，采取各种各样的适合各地区各兄弟民族人民的方式，如座谈会、代表会、访问、群众大会（包括各族节日的群众集会）等，进行普遍而深入的宣传教育，由城市到乡村，由有组织的群众到无组织的群众中去，吸收各兄弟民族的先进分子加以组织学习，使他们回到本族中扩大宣传的作用，把这一运动的精神，贯彻到每一地区的兄弟民族人民中去，成为他们自觉自愿的群众运动。在进行宣传教育中，应尽量地利用当地一切具体的事例，指出美帝国主义对兄弟民族人民的侵略野心，特别是挑拨民族情感、制造分裂，以小恩小惠的医药救济作为手段，对我兄弟民族人民进行欺骗麻醉，灌输奴化思想，企图达到它宰割和奴役的目的，广泛展开控诉美帝国主义的罪行和暴行，务使各兄弟民族人民明确地认识美帝国主义是国内各民族的共同敌人，达到家喻户晓、同仇敌忾的目的。

二、开展这一运动,要与共同纲领的民族政策的宣传,和各地人民政府的具体工作任务结合进行,使各兄弟民族人民深切地了解抗美援朝的意义,并把他们的爱国热情正确地引导到实际工作中去,成为各项实际工作的推动力量。在这一运动中,除了加强爱国主义和国际主义的教育与推广仇视、鄙视、蔑视美帝国主义的观点而外,应强调民族团结,反对民族间或民族内部的相互仇视、摩擦和械斗等有害于民族团结的行为,号召各兄弟民族人民紧密地团结起来,保卫祖国、保卫世界和平,并以协助人民政府肃清匪特,安定社会秩序,积极恢复和发展生产等实际行动来增强这一爱国运动的力量。在各兄弟民族人民自觉自愿的基础上,并结合各地的具体情况,推广订立爱国公约、团结公约,深入宣传,达到共同遵守的目的,使这一爱国运动,在西南各兄弟民族地区,日益坚强地发展,获得最大的成就。各兄弟民族地区的各级政府及干部,要认真重视在兄弟民族地区开展抗美援朝的工作,并把它作为推动一切工作的中心环节。

三、美帝国主义对中国各族人民作为文化侵略工具的教育,应收回其主权,斩断与美帝国主义的关系。关于处理接受美国津贴的文化教育救济机关及宗教团体,应遵照政务院《关于处理接受美国津贴的文化教育救济机关及宗教团体的方针的决定》办理,但应注意的反对美帝不是反对宗教,这是容易混淆的两件事,必须清楚加以分开,对于兄弟民族人民的信教自由,应予尊重,凡由美帝国主义直接办理或津贴的宗教团体,应劝其立即停止接受津贴,并与美帝完全地永远地脱离关系,而要他实行自治、自传、自养的革新运动,以任何强制或命令的方式,或其他简单急躁的办法,去干涉或解决宗教问题,都是错误的。同时,由于帝国主义长期施行文化侵略的结果,在部分兄弟民族人民中,存留有相当深厚的印象,因之,一切应听取群众的意见和反映,采取慎重妥善的步骤和方法,耐心解释说服,并通过群众的自觉自愿来处理宗教和教育及其关联的医疗救济机关等一切有关问题。处理宗教教育等问题,各地文教部门负有专责,我们只是站在协助地位配合进行。

四、各省署的民族事务机构接到本指示后,应结合各该省区兄弟民族的具体情况,拟定开展这一运动的实施办法,与各地抗美援朝分会密切联系,有组织有领导地进行,并将工作情形随时汇报西南民族事务委员会。

1951年4月6日

云南省人民政府　中国人民解放军云南军区为加强民族团结巩固国防联合发布十项公告

府族秘字第23182号

1951年9月7日

《云南民族工作参考资料》第二辑

云南省人民政府民族事务委员会编印

1952年

云南省人民政府　中国人民解放军云南军区为加强民族团结巩固国防联合发布十项公告

　　自我省解放以来，由于我各级人民政府与人民解放军正确执行了共同纲领的民族政策，已获得各族人民包括许多土司、头人的热烈拥护，奠定了各族人民永久团结合作的基础。但由于过去长期大民族主义的反动统治与帝国主义、国民党特务的挑拨离间，以致各兄弟民族中尚有些人不能分清人民政府与反动政府的不同，加以各兄弟民族中存在着一些疑虑，故民族隔阂尚未完全消除，亦有个别工作干部执行民族政策不足，对各兄弟民族的疾苦与困难体贴不够，因此在个别兄弟民族中还有一部分人在帝国主义与参与蒋匪特务的挑拨诱骗下，尚未与我人民政府充分彻底地团结，甚至一部分尚采取错误的对抗的态度。人民政府与人民解放军坚持毛主席、中央人民政府的民族政策，为加强民族团结、肃清土匪特务、安定社会秩序、巩固国防、保护各民族各阶层人民生命财产与安居乐业，特发布十项规定，望本省各级人民政府、人民解放军指战员与各民族、各阶层人民共同遵守。

　　一、各民族、各阶层人民团结起来，反对帝国主义侵略及残余蒋匪扰乱破坏，积极帮助人民解放军和人民公安部队完成剿灭土匪，以安定社会秩序，保护各民族、各阶层人民财产和安居乐业，巩固祖国国防。

　　二、凡过去因受帝国主义、国民党欺骗而实行武装对抗者，只要停止武装对抗行为，与帝国主义、蒋匪特务坚决割断联系，回到祖国大家庭来，接受中央人民政府、毛主席的领导，人民政府一律不究既往，并保护其生命财产之安全。

　　三、因受骗而实行武装对抗之土司、头人，只要诚心悔过，回到祖国怀抱，人民政府可不收缴其武器，对于剿匪有功者并论功给奖；如坚决与各族人民为敌，不明大义，那是自绝于祖国与各族人民。

四、边疆各民族区在民族聚居区实行民族区域自治，在民族杂居区建立民族民主联合政府。

五、边疆各民族区现行政治制度及土司、头人之现有地位和职权，人民政府不予变更，凡爱祖国、爱人民之土司、头人可同时参加各级人民政府之工作。

六、边疆各兄弟民族区不实行一般汉人地区之社会改革，有关各兄弟民族内部改革事宜，完全根据各族人民的意志，由各族人民和各族人民的领导人员采取协商方式解决。减轻人民负担，办工厂、牛场、经营工商业者，上级人民政府当予以赞助。

七、实行宗教自由，尊重各族人民的宗教信仰及风俗习惯，并赞助各族内天主、耶稣教徒三自革新运动。

八、依据各兄弟民族的实际情况，逐步发展其语言、文字、学校、教育、卫生事业，大力培养民族干部，俾能为各民族人民服务。

九、依据各民族区实际情况，与各族人民代表协商决定，人民政府帮助各族人民逐步发展其农牧、生产、水利、贸易、运输等经济建设事业，改善各族人民生活。

十、进入民族地区之人民解放军、人民公安部队及工作干部，必须遵守上项政策，同时严格群众纪律，不妄取人民一针一线，全心全意为各民族人民解放事业服务。

主　　席　陈　赓
副主席　周保中
　　　　　张　冲
　　　　　龚自知
司令员　陈　赓
政治委员　宋任穷
副司令员　郭天民
　　　　　庄　田

筹办云南民族学院初步计划方案（草案）
《云南民族工作参考资料》第一辑
云南省人民政府民族事务委员会编印
1951年

筹办云南民族学院初步计划方案（草案）

一、云南为多民族省份，据初步了解，少数民族占全省人口60%左右，种类多而互相杂居，其聚居部分则跨缅、越、老3国边境，与各该国某一民族有家族或亲族关系，往来密切，帝国主义和匪特经常从事挑拨离间。为了正确地实现共同纲领的民族政策，使民族形式与新民主主义内容获得适当的结合，必须培养大量的民族干部，尤以边疆之民族干部要求最为迫切，训练各兄弟民族的优秀分子，经过他们进行启蒙运动，以便促进各民族广大人民的觉悟，同时必须注意培养一批志愿做兄弟民族地区工作的汉族干部，以便帮助各少数民族的解放事业和建设工作。为此目的，爰遵照中央和西南指示，在本省省会昆明，设立云南民族学院，由本省民族事务委员会和文教厅共同办理，受云南省人民政府领导，并受西南民族事务委员会及西南民族学院指导。

二、云南民族学院（以下简称本院）全年度（1951年7月至1952年6月）争取招收少数民族学生（包括15%汉族学生在内）总数定为若干名，分3期招收，第一期先招收若干名，男女兼收，女生比例至少占1/4。目前因受各种主客观条件限制，第一期以边疆国防线为重点，招收彝、傣、僰、山头、卡瓦、傈僳、沙族、苗族、阿卡、倮黑、窝尼等族为主，并酌收其他各族学生（藏族学生则集中送成都分院学习，本院酌量吸收在职干部及优秀青年），由各专区分别选送，占比例15%之汉族学生，则由本院直接招收。

（详见招生计划及第一期招生简章）

三、本院的任务是：

1. 培养本省各兄弟民族的政权工作及经济、文化、教育、建设的干部，并提高其政治觉悟和文化水平，使之成为执行民族政策的可靠干部。

2. 学习共同纲领民族政策和研究本省少数民族问题，以及各少数民族的语言文字、历史文化、社会经济，发扬并介绍各民族的优良历史文化。

3. 在学生中慎重地和适当地发展各种必要的群众组织。

四、根据本省的情况和需要，并照顾到将来的发展，拟建立3个教育部分：干部训练班、本科、语文专修班等，干部训练班专为训练民族区域管理政权干部，本科及语文专修班则为深造和专业之培养，视其发展情况，于可能范围内，并附设少数民族中小学校。

1. 目前因受各种条件限制，拟首先开办干部训练班，训练政权干部，招收各民族中相当于县级和区级以上干部，或在县以上范围内少数民族中有威望的爱国民主人士，或各地少数民族中有代表性的人士，时间暂定为6个月，学生中如有情况特殊的人物与工作需要，宜缩短其毕业期间，并应采取极灵活的教育方法，如请党、政、军各首长作几次报告，再加上座谈讲习数次，即可毕业。

2. 本科拟以两年时间（如普遍的水平较低，拟先办预科半年或1年）来培养各民族的革命骨干，招收各少数民族的知识分子和劳动青年，年在18岁以上，并具有下列条件之一者：

甲、经过上述短期训练后，志愿再学习而经选拔者。

乙、现已参加革命斗争和工作，由当地中共党委或县专区的政府机关负责保送，毕业后可以担任各民族中区长以上工作者。

丙、现在是中共党员或新民主主义青年团员的各级干部，经地方党委介绍者。

丁、在初中以上学校毕业或具有同等学力的各民族青年。

3. 语文专修班：拟招收高中毕业以上的志愿做少数民族工作的汉族学生及有相当学力的少数民族学生，专修各少数民族语文，两年毕业。

4. 附设中小学部分：由各地区选送少数民族军政人员和干部的优秀子弟入学，部分由各专区保送，用各民族语文授课，并须学习汉文。

五、本院设院长1人、副院长1人或2人、正副教育长各1人，下设教导、总务两处（下略）。

六、本院教学制度根据下列原则：

1. 为了使政治教育与文化教育、课外活动与课内教学相结合，达到理论与实践的一致，实行教导合一制度。

2. 学生按条件入学，分班分科，并尽量照顾各少数民族学生的风俗习惯及语文相近似者，分别授课，较高级以授课为主，自习、讨论、课外活动为辅，课外活动包括党日、团日、社会活动、实习、参观游览、文化娱乐等，并应列入教育计划。

3. 以学生为主体，实行民主管理，根据学生活动与学生各种组织，吸收全体教职员，分别参加与其教学科目或业务有关之指导组织，以便使其文化科学与政治思想的教学和实际活动结合起来。

七、建立研究室，以解决调查研究、编选教材、翻译三大问题，同时，可借此培养干部。研究室可以按民族或按几个较为接近的民族，分为若干研究组，吸收省内外各大学专门人才和精通民族语言文字之学生参加，其任务为：研究民族问题、各民族的历史与社会经济、各民族的语文和翻译及其他。

八、本院开办费及经常费均由西南财政部统一拨给，本院院址校舍经西南民委会指示，由南菁学校董事长龙云副主席将南菁学校全部校舍校产捐赠本院使用，现已会同文教厅接管，惟因年久失修及国民党反动统治时摧残，以致上漏下湿，倒塌破坏，门窗户页、水电设备、室内装置均损坏甚重，如不修理，不能居住，经云南中兴营造厂勘测结果，即在雨季前动工修理，赶上7月1日开学前修好。

九、本院学生一律是供给制，相当于中灶标准，在职干部调院学习，按原来待遇，原系薪金制者，在学习期间，其自愿领薪金者，可照发原薪，教职员因大量吸收专门人才，及各民族干部参加工作，一般以实行薪金制为宜。

应拨给特别费一项，以解决在经常费以外之特殊开支和各项补助费，此项特别费由院长或副院长掌握。

十、本院在筹备期间，设筹备委员会，由省人民政府民族事务委员会及文教厅提名（周保中为主任委员，张冲、王连芳为副主任委员，胡荣贵、赵钟奇、陈方、孙康、侯方岳、翟昌宗、张克诚、张子斋、寸树声、方国瑜、纳子彬、陆万美、赖卫民、李群杰、吴少默、马曜为委员），经于5月11日省人民政府第二十二次行政会议通过正式成立。

十一、本院有关教育行政管理等事项，应参照同级学校暂行规程。本方案呈请云南省人民政府委员会修正通过，并转呈西南军政委员会核准后施行。

边疆民族工作
——1951年10月4日宋政委对本院全体师生的报告
宋任穷
1951年10月4日
《学习参考资料》（四）
云南民族学院组教科编印

边疆民族工作
——1951年10月4日宋政委对本院全体师生的报告

这篇报告是由教学组根据三份书面记录对照录音后印出的，未经宋政委亲自校阅，仅供参考，特此声明。

同志们：

今天我所要讲的是边疆民族工作，首先我们须了解边疆少数民族的具体情况，现在将具体情况谈一谈。边疆少数民族情况有三种：

第一，边疆少数民族由于过去受帝国主义和国民党的压迫剥削、挑拨离间，以及大汉族主义的压迫，他们在政治上没有权利，经济生活上不能提高和发展，因此在他们的意识上存在着隔阂，这种民族间的隔阂是存在了很多年的，虽然解放后曾进行了两年的工作，还没有彻底地消除掉。我们应该如何去掉这种隔阂呢？应该根据共同纲领民族政策的规定："人民政府应帮助各少数民族的人民大众发展其政治、经济、文化教育的建设事业"，"使中华人民共和国成为各民族友爱合作的大家庭"。我们要加强宣传民族政策，一切的工作，一切的努力，首先就是消除掉民族间的隔阂，这是第一种情况。根据这一情况，我们的方针是加强各民族团结。

第二，由于帝国主义在少数民族地区，实行挑拨离间、欺骗利诱，很多帝国主义分子在少数民族地区办学校、传教。虽然我们并不反对耶稣教、天主教，但帝国主义分子利用宗教来进行政治、经济、文化侵略的阴谋，我们是坚决反对这种侵略阴谋的破坏活动。大家知道在少数民族地区，甚至姑娘出嫁，都被帝国主义分子传教士操纵，他们有无上权力，他们进行了十多年甚至百多年的侵略，是为了把少数民族统治起来，从中华民族里划分出去，他们加紧挑拨离间少数民族间的感情，使各族互相仇杀，互相猜忌，挑拨少数民族和汉民族间的感情。因此我们要在边疆少数民族地区加强宣传帝国主义为什么要来边疆做工作，说明帝国主义的侵略阴谋，分裂各民族、挑拨和汉族的关系等罪行，使各兄弟民族认识清楚。我们必须做好民族团结工作，做到各民族团结起来、组织起来，一致反对帝国主义，加强和扩大少数民族和帝国主义的矛盾，加强反对帝国主义的宣传，加强抗美援朝运动、三自革新运动，这是最重要的工作，也是第二种情况。

第三，各民族内部也有些矛盾，有些问题，这一些人同那一些人有矛盾，也就是民族内部的阶级矛盾，这个矛盾如何解决呢？这矛盾是原来存在的，我们的方针是不扩大它，也不缩小它，因为不可能缩小，就不勉强去缩小。

以上加强民族团结，消除民族间的隔阂，加强与扩大少数民族同帝国主义的矛盾，民族内部的阶级矛盾，不扩大也不缩小。同帝国主义间的矛盾加强了，扩大突出了，其他的矛盾就会缩小了。这三种情况是连在一起的，不可能分开来解决，在目前要加强民族团结，必须做到民族间的隔阂消除到一点也不存在才好。苏联现在各民族间的隔阂是完全没有了，俄罗斯民族和其他各民族团结得很好。在云南有一百多种民族，必须搞好汉民族和各少数民族的团结，在边疆地区搞好抗美援朝和三自革新运动，大家团结一致，对抗帝国主义的侵略。

民族工作的方针：是由民族团结出发达到民族团结。

做好民族工作，有两方面的意思，一方面是为了我们民族内部政治、经济、文化的发展提高；另一方面抗美援朝、镇压反革命，是为了反对帝国主义的侵略，中国革命成功了，世界革命还没有成功呢，我们应该这样做。

民族工作是不是群众工作？是群众工作，同样是要发动群众的。虽然不搞减租退押、土地改革，却要发动群众搞生产贸易、医药卫生等工作。我们要帮助少数民族，收购他们的土产麻布、山货销售出来，以棉花、盐、茶供应进去。如武定区的苗族，普洱区的山头、佤佤民族，由于交通不便，生活艰苦，我们必须改善他们的生活，在那里要办医院为他们诊病，妇女分娩要有助产士。要修通道路，将东西大量运进去，把土产运出来，为了使少数民族生活过好，县长、县书记须兼贸易公司经理。但搞贸易工作不是为了赚钱，而是为了改善边疆民族生活，以后对县长、县书记的检查工作，就是问你收购了多少山货，运销了多少布匹、盐巴？生活改善了没有？内地区搞减退土改，但边疆少数民族地区的工作是四个字："生产贸易！"同志们说：这算什么斗争呢？要知道解决了少数民族的生活困难，使各民族团结了，就是做好了民族团结，这和那些破坏民族团结的敌人就是一种斗争，就是加强了对帝国主义的斗争，帝国主义就是利用医药、收购山货来搞边疆。如果现在少数民族的许多困难不解决，不销出土货，进行医药卫生工作，民族团结是做不好的。我们一定要把民族团结搞好，使各民族团结在共产党、毛主席、人民政府的周围，把生产贸易工作做好，民族团结就自然而然地加强了。因此宣传反对帝国主义，进行抗美援朝爱国主义教育，宣传三自革新运动，做好这些工作，就是对帝国主义作斗争。同志们不要认为这些工作不是斗争，有的认为减退土改才是斗争，这些工作不过瘾。如丽江区的少数同志在少数民族地区扩大减租退押土改的范围，这是不对的。

根据以上三种情况，在边疆民族地区斗争的目标就是帝国主义和国民党匪帮残余，我们的刀锋，就是指向这些敌人，为了达到彻底打垮敌人的目的，一定要从搞好生产贸易着眼，达到民族团结，不这样做就不好。如丽江有一同志在少数民族地区搞减租退押，遭到群众反对，回头来向群众解释，自己擦屁股，那又何必呢？在少数民族中有共产党员、团员、先进分子，他们都是很可爱的，全心全意为人民服务。保山区有个少数民族的积极分子，是个女同志，工作同志劝她剪去头发，她因此不敢回去，也不敢外出工作，反而脱离了群众。有的剪短少数民族妇女的裙子，有的叫回民吃猪肉，这种强迫命令地去改革风俗习惯，简直是乱搞，这是不对的，即使是少数民族中的积极分子要改革风俗习惯，必须要说服劝止。在少数民族地区，我们应老老实实地搞生产贸易、医药卫生，不能急于社会改革。共同纲领第五十三条说"各少数民族均有发展其语言文字，保持或改革其风俗习惯及宗教信仰的自由"，就是说各少数民族愿保持风俗习惯或进行改革是他们的自由，不能强迫命令、包办代替。

我们民族工作的做法，是从民族团结出发达到团结各族人民的最大多数，一切工作是为了扩大加强各族人民对帝国主义和国民党残匪的斗争来保障和发展少数民族的生产贸易工作，来巩固我们的国防。因此必须真正照顾他们的觉悟程度，尊重他们的意见，决不能包办代替、命令主义。如佧佤族杀人头祭谷子的事情，必须由他们开会去决定，他们愿意取消才取消，不愿意的话就不取消。不能超过他们的觉悟水平，否则就脱离群众。同时要注意到当前利益与长远利益。什么时候实行社会主义？什么时候实行共产主义？是要根据少数民族的要求决定，不是由我们的县委说："人家都实行社会主义了，我们还落后。"不能像十月一日庆祝国庆节那样的下个命令就可以做。他们要求还不行，还要开代表会议，经会议通过决定才能做。同志们检查一下过去工作当中是否是根据少数民族的情况来进行，工作是否通过各族代表会议来决定，有没有包办代替的现象，如果有那就是犯了错误。我们执行政策，实行各族内部的社会改革，必须经过代表会议充分酝酿、讨论、研究，使政策变为他们的政策，他们乐意做才做，全是根据他们的要求和觉悟程度决定的，不是这样做就搞不好。

今后的任务和几项具体工作：

今后的任务是加强民族团结工作，努力推行抗美援朝、三自革新运动，实行区域自治和联合政府，在民族民主建政工作已经做好的地区，应立即做些急需做的而可能做的工作，要加强对上层分子的争取团结改造工作。要做好以上的事情，必须培养大批的少数民族干部。边区不搞土改和减退工作，而应做以下的几项具体工作：

第一，民族民主建政工作和民族代表会工作。这是边疆少数民族进行对敌斗争和内地土改首要采取的步骤，这步骤必须做好。有些地方要建立区域自治，有些地方要建立联合政府，凡做好这些工作的地方都好，因为有他们的人在政府里办事了，各少数民族在反动政府时代，常常吃亏，享受不到这种政治权利，不得参加政府。他们要参加政府工作，这是他们的政治要求，一定要在政治上满足他们。在区域自治和联合政府已经建立的地方，政府要做一些当前应该做的事，可能做的事，如生产贸易、医药卫生、学校教育等工作，否则联合政府虽然成立了，仍是空架子。但无论做什么事，必须先召开各族代表会议，大家商量讨论，使政策变为各族人民的政策以后，事情好办，群众也容易广泛地发动起来，这是边疆工作、民族工作主要的组织形式。我们交代政策、推进工作必须通过各民族代表会议，这种会议有的地区开过，有的还未开，有的嫌麻烦。同志们要明确认识这是发动群众、组织群众、教育群众的最好工作形式，回去应经常召开这种会议。

对边疆土司、头人、上层分子采取争取、团结、合作、改造的方针，有土司存在的地方一定要贯彻这个政策。有干部不愿意执行这个政策，只想发动群众把土司搞掉，这是不对的。我们为了反对帝国主义，孤立敌人，对土司、上层、头人，应争取团结改造他们，要把他们看作是统一战线的内部事情，只要他们拥护共同纲领，拥护毛主席、共产党及人民政府，必须当作朋友看待，不能当作敌人。有些同志对这点在思想上要打通，我们在土司地区工作要通过土司头人去团结下层群众，共同反对帝国主义，这对我们是有利的，有什么害吗？一点也没有。设若是反动土司勾结帝国主义和蒋介石残余匪帮的，我们还要争取他们回来，争取他们脱离帝国主义和国民党匪帮，坚决断绝关系，因为这些人在少数民族中，还有影响，要通过发动群众去争取，再一、再二、再三、再四、再五、再六地争取，要他们回来，一直到争取无效时，少数民族群众绝大部分要消灭他，我们才彻底消灭他。例如丽江区回族杨振华以武装反人民，争取过好多次，他都不觉悟，拒绝回来，部队开去也不打他，后来经过少数民族代表开会做成决议，如果他再不回来，要人民解放军去消灭他，结果争取回来了。

少数民族地区的土匪是带有政治性的，还是采取争取分化瓦解的办法，开代表会发动群众写信去争取，也是再三再四地争取，最后无效时才打他。还有一种是因为生活所逼而当土匪的，不能当作政治土匪看，必要须解决他们的生活问题和困难，总之我们要分别对待才行。

第二，是对敌斗争工作。帝国主义在少数民族地区实行侵略政策，因此在该地区必须宣传帝国主义的罪恶，展开控诉帝国主义运动，在这个基础上进一步发动群众，展开抗美援朝工作、三自革新运动。控诉是要控诉帝国主义、蒋介石匪帮，不要控诉到土司头人上去。应该使大家知道帝国主义是侵略我们的，是我们各民族的敌人。对帝国主义在边疆的阴谋罪行、私立法庭、强奸妇女、欺诈压迫的材料，多多搜集进行宣传揭发。要吸收土司头人参加这个斗争，一齐反帝，起带头作用，即使不起带头作用，也需要加入运动中去，不要放在外面。

第三，要做好生产贸易工作。帮助各民族做好以上两点后，要认真做好生产贸易，这是当前的中心工作。我们已建议中央给点钱来收购山货、麻布、药材，供应茶叶、布匹、针线，收购的价格可以高一些，卖出的可以低一些，使他们有盐巴吃、有衣服穿。过去国民党剥削少数民族，卖出价钱高，收购价钱低，造成少数民族生活艰苦。因此我们要做好生产贸易工作，也就是做好民族团结工作，和对敌斗争工作，这是关系少数民族穿衣吃饭的大事，如果他们无吃无穿，办了学校也不会有人进去的。这项工作要用很认真的态度去做，决不能马虎，如果不搞好生产贸易等工作，他们就只有依赖帝国主义了。生产贸易是经济生活，联合政府、抗美援朝、三自革新是政治生活，政治生活如果脱离了经济生活就要落空，二者必须密切结合，政治觉悟提高了，生活改善了，有衣穿有饭吃了，那么搞抗美援朝的劲头就大起来了。

第四，实行土地改革的内地区和边疆民族工作的配合问题。内地土改搞好了，是支援边疆对敌斗争工作的加强，边区的生产贸易搞好了，是支持内地土改的胜利，两者是密切联系的。但在边疆和内地区结合地带的阶级斗争可能太尖锐，要缓和一点，这叫缓冲地带。一种是不搞土改的边区有四十多县，另一种是缓一步进行土改，再一种即是进行土改的缓冲地带，政策上可以缓和些，如对少数民族中的富农，不征收其出租土地，对地主不赔不罚，不搞底财。其次是斗争方式要温和些，不采取群众大会斗争的方式，以开会协商的方式、向法院起诉方式，不搞紧张的斗争。在少数民族地区工作的同志，一律不许搞改革风俗习惯，破除迷信。如其内部少数人要改革必须要说服，多数要求改革，须召开代表会议决定。如同志们有违反的，那就是不遵守纪律。

第五，是培养少数民族工作干部。只有把少数民族工作干部培养起来了，才能做好民族工作。到少数民族区工作的同志，必须下决心在边疆干一辈子，要把全心全意为各族人民服务成为终身事业，要很好地了解各民族的经济生活、风俗习惯，体会他们的感情，和他们生活打成一片，真正要做一番事业，必须要到最艰苦的地方去，到边疆去，去创造社会主义社会、共产主义社会的实现。共产党员、青年团员、一个革命者，要发扬革命的新英雄主义，具有革命的新英雄主义气概。要做好工作，汉族干部要经常检查自己的思想有没有毛病，有没有大汉族主义思想？要培养兄弟民族干部，培养出来在将来领导你，职务比你高，你倒做助手，而要在思想上一点波动也没有，全心全意服务到底。

同志们：这就是我们到边疆的具体工作和方法，提出来供大家讨论研究，同志们实际经验比我还多，希望多多指教。

中共云南省委《目前边疆民族工作概况及1952年工作意见》
中共云南省委
1952年6月

中共云南省委
《目前边疆民族工作概况及 1952 年工作意见》

　　兹将省委民族工作党组关于《目前边疆民族工作概况及1952年工作意见》发各地。边疆民族工作，仍应贯彻去年8月省委扩大干部会议的方针，即是在强调民族团结、加强反对帝国主义的总的精神下，进行对敌斗争、民族区域自治、生产、贸易、卫生等工作。目前主要是迅速把这个方针具体化，各地必须从一两个地区、一两件具体的能给少数民族以实际好处的事，踏踏实实地做出一些成绩和创造出一些经验来，以为进一步推动全面的边疆民族工作的依据。

省　委
4月30日

一、工作概况

（一）工作情况

　　边疆民族区约有40个县市，长达2000公里，可分两类地区。一类是普洱、保山两区及丽江、蒙自之部分地区，地接缅、老等殖民地国家或未定界，蒋匪残余依靠美帝支持，直接向我窜扰破坏，对敌斗争紧张，民族关系复杂，我们困难很多。再一类是文山区及蒙自部分地区，虽系国防重地，和有土匪扰乱，但地邻民主越南，我有利条件较多；或如丽江之藏区，地虽与印、缅接壤，但系入藏要道，我军控制力较强，工作中发生之问题易于解决扭转。

　　上述地区，目前均存在着如下3种情况：一种是我们占优势的地区（包括边疆内的土改区），特别是有较好群众基础，有相当数量的人民武装，民族上层统治影响很弱或比较靠拢我们，社会大体安定，匪特较难活动；一种是匪特占优势的地区，特点是匪特活动严重，我们工作很差，民族上层多取两面态度，甚至公开投敌，群众遭害很大，变天思想很深，社会秩序混乱，形成敌我拉锯的形势；另一种是土司占优势地区，存在双重特权，社会秩序表面尚安定，特点是民族隔阂较深，群众盲目性很大，我们工作基础薄弱，民族上层对我们应付，对群众严厉控制，匪特暗中很活动。

从省委民族工作方针下达后，各地在上述不同地区，一般都进行了发动各族人民对敌斗争，筹备和建立区域自治及联合政府，点滴地进行了某些生产工作，并取得程度不同的收获和成绩。

在对敌斗争方面，除一般进行了抗美援朝、宗教三自革新宣传外，文山和蒙自曾结合剿匪，大力争取和瓦解附匪的反动民族上层，文山争取、瓦解和消灭匪众已达4000余名，蒙自江外区之附匪、土司已被大部争取回来。各地都组织整顿了各族民兵自卫队，开展了剿匪斗争，出现了许多模范动人的事迹。惟最近帝国主义指使下的李弥残匪对边疆的破坏扰乱较前更为猖狂，不断发生对少数民族人民烧杀抢掠、散布谣言、组织暴动、挑拨民族纠纷、械斗等事件，随着内地阶级关系紧张，地主和不法商人大量地逃向边疆，以及残匪的威胁利诱民族上层，尤其是已争取返回之附匪土司头人政治上仍十分动摇，有很大顾虑和戒备，对我多是貌合神离，暗留后门，并已发现个别的土司系敌人有计划地派来，企图从事破坏工作。各地民兵发展亦不平衡，自发性较大，有的基于一时需要仓促组织，流于形式，民兵领导成分很不纯，有的是旧头人，有的则有特务嫌疑，蒋匪进扰时，不少地区发现民兵叛变附匪的事件。

在民族民主建政方面，各地经过这一时期的筹备，现已开始行动，耿马、陇川、莲山、澜沧等县之联合政府及若干区乡区域自治已经建立，红河区域自治正在进行，凡实行此一政策的地区，在民族团结及群众政治情绪上都有显著的提高，解决了许多民族之间的问题。目前问题是边疆民族关系复杂，干部对区域自治顾虑较多，有的偏重于以汉族为主的联合政府，有的则至今犹未充分重视和认真执行，或推行后缺乏工作内容，流于形式主义，甚至引起民族代表对政治权利怀疑。

在生产、贸易、卫生、文教工作方面，虽较前提高一步，但一般仍是点滴进行，远赶不上最低要求，佧佤族的盐巴供给、车佛南之茶叶推销、保山群众负担之减轻等问题尚未得到解决，向来大半依靠由外输入的地区最近因"三反""五反"、打击非法走私，因而影响日用必需品来源减少，经济活动低落。目前存在的问题是下边叫苦，许多生产工作因无经费不能进行，上边则痛感下边无具体材料和具体计划不好批准拨款，干部普遍对生产工作的严重意义认识不足，缺乏经验，致至今我们还没有深入工作，切实解决群众的困难问题。各族群众由于灾荒、匪患和生活生产的许多困难不能解决，政治情绪并不高。

边疆民族工作干部，政策水平仍低，许多地区亦发现严重不纯，一种是作风不纯，工作强迫命令，甚至有时对群众吊打非刑，好几个县级负责干部有严重贪污行为；一种是政治不纯，很多人员与匪特、特务及国际间谍有勾结，其中有的是留用人员，有的则是共产党员。维西县前后两任县长（共产党员）都是暗藏的特务分子，丽江到现在才发现金江边大暴动是奸细分子潜入党内故意制造的，怒江各县亦已发现，加上少数民族之革命骨干尚未提拔出来，更加深了目前边疆工作的混乱状态。

总之，这一时期边疆工作是取得若干成绩和进步，群众对我确有良好印象，但整个说来，这一时期属于政治性的工作做得较多，而关系群众实利的具体工作做得很少，两者脱节。工作流于表面，群众基础仍十分薄弱，情况稍有变化，甚至一有谣言，工作就会垮台，加上上层动摇，干部不纯，致边疆多数地区现仅能维持现状，甚至连现状也维持不下去。

（二）领导情况

一年来证明：省委对少数民族工作，首先着重边疆的指导方针是明确的，民族工作党组在省委直接领导下，也做了若干工作。除抓紧了民族干部的训练及协助边区建政工作外，主要精力则是协助省委研究和解决了若干民族的具体问题，大都属于干部违反民族政策、边疆的和内地土改区的民族间的纠纷问题，并曾协同军区、财委、土改等部门研究制定了整顿边疆民族武装，及有关生产、土改等问题的方案。但因工作不深入，各地缺乏经常工作的联系（有也多偏重于反映一些工作的漏洞），致情况不明，主观成分较大，在民族工作上我们还没有较多的经验依据，和切合本省民族情况的工作方法。总之，"成绩倒有，但名堂很少"，因而工作的具体指导十分不够，被动成分很大。

今年全省集中力量于内地的土改与"三反""五反"紧迫任务，整个工作步骤是"先内后外"，全省干部状况是少而弱，省委虽对边疆工作十分重视，但很难抽调大批干部全力顾及边疆民族工作，估计在内地区土改没有大体结束、干部状况没有较大变化之前（中央已不再补充干部），边疆工作这种勉强支持和维持现状的情况，仍将持续一个相当长的时期。故今年边疆工作是十分"吃力"的，而又是必须不怕艰苦、强力支持，目前主要问题是在领导上如何在现有基础上更紧张地工作，力求减少被动和避免混乱，把边疆民族工作深入一步，以加强群众工作的基础。

二、1952年民族工作的意见

（一）指导思想和任务问题

1. 根据上述工作情况，证明1951年8月省委扩大会议对边疆民族工作所确定的方针和任务是正确的，今年仍应继续贯彻。我省当前新的任务，是坚决打退资产阶级的猖狂进攻，从各方面巩固工人阶级的领导权，边疆民族工作是这一伟大斗争的一个重要方面。为此就必须特别强调加强反对帝国主义、蒋匪残余的斗争，加强抗美援朝和三自革新的工作，以斩断资产阶级与帝国主义经济的、政治的千丝万缕的联系，有力地配合内地的"三反""五反"及土改运动，巩固边防和工人阶级领导权，以利边疆少数民族地区的生产建设、生活改善。为了更便利于对敌斗争，则必须抓紧推行区域自治和生产救灾、贸易、卫生、训练干部师资及编训基干民兵的工作。

2.为实行上述方针和任务，各地委除一般地照顾全面民族工作外，必须根据力量可能，抓住一二个重点区域把工作深入下去，真正做几件对群众有利益的工作，从中吸取较系统的经验，以丰富领导，为今后边疆民族工作的进一步发展准备条件。

（二）对敌斗争中的几项具体任务

1.坚决消灭土匪，安定社会秩序。目前边疆除一般地继续展开抗美援朝与三自革新运动外，应把坚决消灭土匪、安定社会秩序作为各边疆党委、政府和一切武装部队最重要的工作任务。这是边疆各族人民当前最大利益和一切工作的首要条件，因为今后边疆对敌斗争将是长期的和复杂的，并且是艰苦的，所以要做充分的思想准备，进行顽强坚韧的斗争，争取今年剿匪斗争得到基本解决。为此各地应坚决贯彻军事进剿、发动群众和政治攻势相结合的剿匪方针外，具体讲：

甲、加强剿匪斗争的统一领导，巩固与建立民族区的民兵自卫队。边疆剿匪斗争，必须以党为核心，集中军、政、民各方面的力量，统一领导，与残匪展开坚决持久和全面的斗争，对武装匪特要穷追猛打，坚决消灭；对确系潜伏破坏的特务奸细，一经查获，应根据环境条件坚决镇压，并充分发挥现有民兵和人民自卫队的作用，大力配合剿匪。至于对边疆少数民族的民兵自卫队工作的方针，则是在普遍进行抗美援朝、保家卫国、民族团结、消灭土匪的教育基础上，有重点地稳步地进行整顿和建立。

（1）在我党我军直接领导下，并经过对敌斗争考验的民族自卫队，目前应以巩固为主，加强政治工作，逐步整顿，巩固组织，确保党的领导，有意识地培养成民族自卫队中之基干。

（2）在剿匪斗争中，自发组织起来的民兵自卫队，当前主要是加强党的领导问题。应大力展开抗美援朝、剿匪保家的政治教育，提高觉悟，分清敌我，树立领导骨干，纯洁领导成分，如干部条件许可时，慎重地清洗个别坏分子。

（3）仍由民族上层控制的"民兵自卫队"，不论真是沿袭旧有制度，或上层乘机篡夺，处理时必须极为慎重，一般应采取帮助教育和改造的办法，有步骤有意识地培养起本民族的革命骨干，在取得土司头人的同意下，可调他们出外学习，加以提高，争取其逐步接受我党领导，一般不能采取硬性的清洗和消灭。

（4）根据对敌斗争和人民的需要，在干部较强、民族工作较有基础的条件下，民族自卫队仍可稳步建立，但必须注意成分纯洁，尤其领导权，一定掌握在我党和政治可靠的积极分子手中，否则宁可暂缓。

乙、建立少数民族公安武装（或基干自卫队）。

为了消灭边疆蒋匪残余，计划在4个边防区（保山、宁洱、蒙自、丽江）建立2400名完全脱产的少数民族自己的公安武装，其目的在于加强少数民族对敌斗争，结合生产学习，培养训练少数民族的民兵骨干和干部，从而适当解决少数民族对敌斗争中生活生产上的困难。

名额的具体分配为：保山1000名，宁洱800名，丽江450名，蒙自150名。其方式暂以轮训各族贫苦青年及知识分子的形式出现，在轮训中，根据其自愿，争取其脱离生产，轮训时间暂定半年或1年。轮训之干部由军区调配，经费由发给的边疆特别经费中调拨，以每人每年300万元计，共需70余亿元。领导由军区和边防公安总队及当地党委负责，教育内容应着重划清敌我界限（反帝国主义、爱祖国）、划清政策界限（民族团结政策）及适当分量的军事技术和生产技术教育。教材问题，可由民委会与军区协同解决。

丙、为了最大限度地孤立和分化敌人，必须坚决地进行民族上层工作，凡与本族群众有联系并接受我们原则的上层领袖人物，都应长期地和认真地做团结改造的工作，热诚相待，遇事协商，引导和教育他们替人民做事。我们工作如有错误应主动检讨，诚恳接受批评。他们有进步，我们就欢迎、鼓励；如他们犯了错误或确系野心分子，则须在政治上争取主动，指明是非，严肃地进行教育和批评，必须使之有所改进和转变。方式要讲究，原则必须坚持，然后根据条件，有意识地作必要让步，以真正达到团结与改造的目的。既要克服干部对他们那种急躁轻率、不讲方式、盲目蛮干的左倾倾向，同时也防止那种是非不明、无原则的迁就拉拢的右倾倾向。

对过去反动附匪、现已争取回来的土司头人，应根据十项公告①精神，坚决团结他们，首先安定其情绪，解除其顾虑和戒备，但必须主动地对他们讲清宽大政策的范围，明确他们必须履行的条件，即必须接受领导，不准闹独立，必须割断与帝国主义和蒋匪残余的联系，不得明暗勾结，进行破坏活动；必须争取为人民服务，不准扩兵，抢掠扰害群众；政府不收缴投诚人员的武器，但其武装必须接受政府的改造训练，甚至经过说服同意，资遣回家生产。只有在这样的条件下，政府方照顾其地位及供给。

对不肯履行上述条件怀有野心阴谋破坏的分子，则采取孤立方针，首先要对之进行耐心的诚恳的争取感召和有效的劝说工作，晓以利害，并通过各种会议形式，在群众中，尤其在争取回来的土司头人中，进行深入的宣传，批评其错误，揭发其阴谋，使之完全孤立和被动，然后根据群众及土司的觉悟和意见，根据破坏情节之不同，在有理、有利、有节的原则下，采取必要措施纠正其错误，直至打击或消灭之。

对于至今仍附匪之反动土司头人，仍应坚决争取，坚持十项公告及其必须履行之条件与之公开而又十分耐心地反复谈判，做到仁至义尽，争取多数。如确不肯接受上述原则者，则宁可采取"来者欢迎，去者欢送"，不可只讲政府宽大条件，而不谈土司必须履行的条件，含糊迁就的态度，以便于我们掌握主动，对其公开揭发与打击，使野心分子无法歪曲利用和混乱党的民族政策。倘有坚决顽抗并以武装叛乱一贯与人民为敌者，不论是否土司头人，都应坚决消灭之。

---

① 十项公告，即《云南省人民政府　中国人民解放军云南军区为加强民族团结巩固国防联合发布十项公告》，本卷有收录。——编者

2. 贯彻民族的区域自治政策。民族区域自治是解决民族问题的基本政策，是当前边疆对敌斗争和加速内地社会改革的有力武器。根据我省主观条件，1952年不论在内地民族区和边疆民族区，需首先根据中央指示原则，抓住几个重点区域，加以试行和吸取经验，然后争取逐步推广，全面贯彻。

甲、内地民族区实施区域自治问题。

（1）内地民族区经过土改后，估计工作基础好的地区，可能在基本上解决了民族间的团结问题，但绝不是解决了土改区民族问题，土改的下一步工作还必须进行民族的区域自治，补上"这一课"，任何忽略和轻视的观点都是错误的。

内地民族的区域自治，一般应结合当前土改运动进行，土改前和土改开始，即应结合运动宣传民族区域自治政策，甚至首先成立筹备机构，在土地分配后，和土改复查前，利用整顿乡村组织的时期，各民族区即可放手实行区域自治，其步骤可先从乡区着手。

（2）内地暂不进行土改的民族区，则应立即着手区域自治的筹备和建立工作，并首先与当地民族生产、贸易等工作紧密结合。至于接近边疆的土改即缓冲地区，需首先解决民族区域自治问题，并在土改的具体政策和方式上严格控制。

（3）在内地民族区（不论土改或非土改）今年确需建立几个相当于县以上的较大自治区，计划争取建立：①圭西山区——相当于县的彝族自治区（包括一部分汉族和城镇）；②寻甸回族苗族彝族联合自治区；③广南、文山、邱北、砚山等县沙族自治区或与侬族联合的自治区。区域自治最复杂的问题是民族组织关系和区域划分，在上述地区应把介于区与区、县与县、专区与专区之间的民族聚居区，作适当的调整。

乙、边疆民族区实施区域自治的问题。

（1）边疆区域自治的推行，应适应对敌斗争的利益需要和可能建立较大自治区的，必须克服困难，努力建立。如民族关系复杂，情况特殊，一时很难推行，即暂不推行，着重生产、贸易工作，或先建立区乡区域自治及试行某种过渡的政权形式（如办事处、行政委员会等）。

（2）我们考虑今年如下地区可分别建立县及县级以上的自治区：

①县级以上的区域自治：A.宁洱外8县的僰族自治区（相当于专区级）；B.怒江区傈僳族自治区（相当于专区级）；C.经过一定工作，争取建立保山僰族山头族联合自治区（相当于专区级）。

②县级及县级以下的自治区：A.蒙自江外地区的阿尼族彝族联合自治县；B.丽江藏族自治区。

③省委拟协助保山、宁洱两区重点试行，主观力量可能时，争取建立缅宁地委及该地之区域自治。在工作力量调配可能时，即转移加强宁洱地区。

3. 生产、贸易、文教、卫生工作。这是对敌斗争和争取群众的物质基础，经验证明我们在民族区哪怕只是做了一件对群众有利的事，群众都十分欢迎和靠拢我们。过去帝国主义国家对少数民族侵略影响所以很深，主要"一着"，就是派遣传教士间谍在民族区开办了几所医院和学校并输入贱价商品。我们要重视敌人这"一着",加以深入调查研究。我们必须根据群众迫切需要做几件群众看得见实际利益的工作,否则就不可能真正团结群众,巩固对敌斗争的胜利。过去把大量金钱花费在会议和参观的招待工作上面(有的是必要的,许多则是过分浪费的),今后则应转变为集中力量重点做好几件有利于群众生活生产的事情,要踏踏实实,能做好几件是几件,做好第一件再做第二件。我们认为在匪特占优势的地区如何争取进得去,在我占优势地区和土司地区如何能把工作深入下去,决定的关键是能否认真使用这一基本武器。为此:

甲、中央1952年的边疆民族特支经费200亿元,决定统一结合于各民族地区生产、贸易和卫生整个计划中,作为补助和机动之用,除建立民族公安武装需要专款外,拟将余款暂分配各专区掌握(只作生产,不得他用),数目如下:保山28亿元、普洱28亿元、蒙自12亿元、文山15亿元,共103亿元,省府掌握27亿元(此外并以23亿元民族事业费分配各专区)。

乙、根据上列的特支款额分配,加上各部门(卫生、文教、贸易、农村、交通、银行、民政等)用于民族区的各项经费,各专区(包括暂不土改的内地民族区)应分别提出自己民族区今年生产、贸易、卫生、交通的具体计划,切实做出几件具体成绩来。我们初步研究拟指定各地做好下列生产工作(如有不适之处,可提出具体意见,研究修正):

(1)保山专区山头族和僰族的生产、卫生问题,对山头族以帮助生产和下坝开荒为主,僰族以卫生、农业生产和减轻负担为主。

(2)耿马、澜沧、沧源佧佤族之盐巴问题(专署应直接领导当地盐场解决)。

(3)车佛南僰族地区之贸易、卫生和农贷问题(并争取帮助解决阿卡等族的生产困难),尤应克服困难,运用死角粮,解决交通的修建问题(哪怕先修条骡马路都好)。

(4)丽江专区着重解决凉山区彝族开荒及藏区之农业牧畜生产,并适当扶持指导驮运,帮助解决兽疫治疗问题,并根据力量可能开垦贡山第四区荒山(不可能时即暂缓,首先做好一件)。

(5)蒙自专区着重解决江外阿尼等族的生产棉花、贷款及安插争取回来的附匪土司头人及其属下之回乡生产问题。

(6)文山专区的救灾生产问题。

(7)内地区着重解决武定蛮得梁子彝族、宣威秃头梁子回族下山分地生产及协助宜良圭西山区彝族生产等问题。此外,保山、宁洱、蒙自各地应注意加强奖励特种种植的领导。

(8)关于有关重要工矿地区,各地党委亦应注意少数民族工作。不论国营、公营或私营企业,少数民族成分的工人,按阶级统一的原则参加该企业的统一工会组织,适当注意民族特殊要求。在私营企业中,注意和防止资本家的民族歧视与挑拨行为。

省委拟以协助保山专区山头、僰族生产工作,吸取经验。

4. 培养干部问题。为了迎接今后民族工作的更大展开,培养干部仍是今年民族工作的重点。

甲、加强民族学院工作，以短期训练初级政权和经济生产工作干部为基本任务（不开办长期班），为了配合当前边疆民族工作，和内地民族区土改工作的需要，决定附设：

（1）政策研究甲班。专门教育改造民族中与群众有联系人物（如土司头人）等，以爱国主义、民族政策教育和思想改造为主要内容。每班暂定150人，各专区每送5人至10人，均须配备一政治可靠的干部协助工作（经费由民族事务费开支）。

（2）民族区土改干部训练班。以各地土改中涌现出来的各族乡村干部为主要训练对象，时间暂定×月，并借此吸收和总结民族区土改经验（地方经费开支）。

乙、专区继续开办民族干部训练班，一般专区皆应尽可能地开办，要求各专区为训练提拔2000个少数民族干部（全省的）、轮训40%在职的民族干部而努力，其中特以保山、宁洱、文山、蒙自、丽江为重点。

为了在实际工作中培养少数民族干部，各地委可组织民族工作队，派赴民族区工作。

丙、重视边疆干部状况，坚持爱护、团结、教育、改造原则，一方面进行系统的政策教育，一方面对现有干部作适当的调整，尤其对作风恶劣、政治面貌不清的工作干部，应坚决调离，宁缺毋滥，即使少数民族出身之干部在之过分影响群众的条件下，亦得设法调离。

丁、今后派往边疆或现任边疆民族工作的干部，能力不要求过高，但必须政治纯洁，作风正派。我们拟定如下几条，作为边疆民族工作干部的守则：

（1）不贪污，不浪费，不打人，不骂人，不敲诈，不违犯民族的风俗习惯和宗教信仰。

（2）做生产工作，做贸易工作，做卫生工作，多做些事，做好一件是一件，不怕事小，不怕粗糙，但不准说空话。

（3）要与各族劳动群众交朋友，交得越多越好，要提拔各族劳动青年当干部，县区领导干部起码要带好两个徒弟（助手）。

（4）遇事要上下协商，反复协商，只要上下同意、多数同意的事就做，不同意的就不做，不怕麻烦，不准强迫。

（5）多请示多报告，多学习民族政策，多了解民族情况，不懂就问，不要装懂，不要鲁莽从事。

（三）今后领导问题

1.组织力量，深入重点，吸取经验。根据省委民族党组现有力量，准备以保山和宁洱两地区为工作重点，试行区域自治、生产、卫生和建立公安武装工作，争取今年能首先在生产和区域自治问题上获得一些经验。为此，拟配合有关部门（卫生、贸易、合作社、文教、民政、边防等部门）组成1个至2个工作队，并配备一批民院毕业的少数民族学员，派赴保山及车佛南两地区进行工作，时间暂定半年（先组织赴保山工作队）。

2.密切上下联系，加强研究。

甲、加强省委民族党组的领导，使之确能成为省委的在民族工作上的助手，民委、民院、统战部之民族科及省委政研室民族工作组，应建立经常联系，必要时组成一个政府机构，定期汇集材料、研究问题，供省委参考。

乙、建立省委与边疆各县的定期联系，各县每月之工作汇报除给地委一份外，应同时给省委一份，以便使省委更多了解各地情况，并按必要与军区党委和政治部保持民族情况的互相通报、通知与必要的商讨。

丙、定期将本省民族工作情况向西南局与中央汇报，请求指示。

关于1953年民族工作的意见（摘录）

省委1952年12月29日印

（保山）地委1953年2月15日翻印

关于1953年民族工作的意见（摘录）

一

1953年边疆民族工作的基本任务，应该是全力贯彻省委《关于边疆民族工作的基本方针和基本步骤的意见》及省委今冬明春工作部署总的指示精神，1953年的工作重点是认真普遍地推行民族区域自治和大力发展农业生产及贸易工作，并在这两项工作的基础上，普遍深入地进行爱国主义的教育。

在贯彻上述任务中，必须重申继续坚持中央"慎重稳进"的基本方针、全省中心工作任务与工作步骤的需要，并坚持团结上层、通过上层进行艰苦的民族工作和群众工作的基本原则，这点，当省委将于明年进一步加强边疆工作、而当前边疆工作又已有若干发展的情况下，反复说明这一方针的原则，就有其特殊重要的意义。

二

1953年边疆民族工作的几项具体任务：

（一）关于大力发展生产贸易工作和有关文教卫生事业的问题

发动群众发展生产、贸易及卫生等工作，给边疆各族人民以"看得见"的实际利益，是1953年边疆民族工作的最重要的任务。边疆民族区有着自己的特殊情况，与一般汉族区和土改的内地民族区有着不同的特点，因而在进行上述工作时，就有若干不同的问题。

1. 当前边疆民族区社会经济的特点：

（1）边疆社会秩序虽已基本安定，但美帝与残匪的破坏仍经常威胁和扰害各族人民的生产和生活，边疆政治环境尚未完全安定。

（2）边疆民族区尚未进行任何社会改革，社会经济状况虽已有若干改善，但并未起根本变化。

（3）各民族社会经济发展极不平衡，各民族区都有不同特点，且大多数生产落后，生产工具既缺且劣,自然灾害很多,农产收获少,加上交通不便,人民生活极苦,人民要求解决生活与生产困难。

2. 基本指导思想问题：大力发展边疆生产、贸易、卫生工作,有着两个意义和目的。一是经济的意义,即解决各族人民生产和生活的"迫切困难";一是政治意义,即通过各族人民生活的逐步改善达到发动群众和对敌斗争。根据边疆特点,其生产、贸易等工作不应也不能与内地作一般的要求和采取一般的办法,而对于各个民族地区也不能采取一样的要求和一样的办法,它必须从实际出发,因地制宜。

3. 关于发展农业生产问题：边疆当前应以发展农业生产为重点,并积极改进牧业、林业、手工业和各种土特产的生产。在改进农业生产方面,必须掌握"广大群众迫切需要、当地条件许可和易见实效"的原则,并以改造农具为重点。因此,在改进农具上,应大量推广低级的铁器农具,首先解决群众缺乏铁器农具的问题;在水利上,目前主要应兴修小型水利;在施肥上,应先提倡广大群众所能接受的肥料,然后重点试验其他肥料;要十分注意帮助无地少地的各族群众的开荒问题;在改进农业生产技术上,应首先发动群众与自然灾害作斗争。至于其本族内对生产有害的陋习,应坚持自愿和长期改进的原则。

4. 贸易工作必须从解决民族区生产困难和生活困难出发,不是为推销工业品赚钱为目的。建立初级市场,积极改善交通状况(多修人行路、马路),以利物资交流和供应。

5. 配合民族区生产、贸易工作的发展,还须适当解决群众卫生、文化的要求,尤其医疗卫生工作,应根据边疆不同地区的需要予以加强。

6. 正确处理民族内部的纠纷问题：边疆基本上是安定的,但也不断发生一些新的问题,对今后边疆生产妨害很大,概括起来可分三类：

一种是属于上下层的问题,例如债务问题、官租问题、群众对土司头人和自新匪首的反抗报复问题等。

二种是属于喇嘛寺政策问题。

三种是属于在贯彻生产、贸易政策中接触到上层利益的新的矛盾问题,如土司头人收过路税、保头税、土司支持银圆半开、山头魔头的杀牛祭鬼,以及各地的贷款、救济、贸易等引起上层的不满和不安等。

摘自地委档案卷84
中共云南省委办公厅印
1952年12月29日印
中共保山地委秘书处翻印
1953年2月15日翻印

关于边疆民族区今后工作方针和步骤的意见
《云南通讯》第42期
1953年2月20日

关于边疆民族区今后工作方针和步骤的意见

根据对边疆工作基本情况的认识，省委对今后边疆工作的基本方针是：继续贯彻中央"慎重稳进"的总方针，确定边疆工作以对敌斗争为基本指导思想，坚固地团结民族上层，并通过这种团结合作去艰苦地进行群众工作。发动各族群众，加强民族团结，认真帮助群众解决生活和生产的困难，给各族人民以"看得见"的实际利益，最后有步骤、有条件地解决少数民族区的社会改革问题，以真正地巩固国防。

据此，今后边疆工作大体可分为三个基本步骤：

第一步：在军事清匪肃特安定社会秩序的基础上，首先解决民族矛盾问题，实行民族区域自治，广泛开展社会统战和帮助各民族发展生产，以促进民族团结，加强对敌斗争，并为民族区的社会改革准备下十分成熟的条件。

第二步：在第一步工作胜利基础上，解决民族内部阶级关系问题，依靠本族干部，根据各族社会经济特点及其本族人民与领袖人物的志愿，采取适合其民族环境的方式，进行社会改革，以进一步解决民族关系和进一步加强对敌斗争——这一阶段特别注意打击面要小，在坚决发动群众的原则下，对民族上层更多地包下和养起来。

第三步：在解决民族关系与阶级关系的基础上，团结当地全体人民群众，全力发展各民族经济、文化及国防建设事业，共同建设新民主主义的新边疆。

摘自省委《关于边疆民族区今后工作方针和步骤的意见》
《云南通讯》第42期，第7—8页
1953年2月20日

云南省四年来民族工作概况

云南省人民政府民族事务委员会

1954年8月6日

云南省四年来民族工作概况

四年多来,我省的民族工作在中央的正确领导下,遵循着"慎重稳进"的方针,进行了许多工作,获得了显著的成绩:在内地民族区,由于社会经济结构和汉族地区基本相同,根据各族人民的意愿和要求,进行了以土地改革为中心的一系列的民主改革,各族农民正和汉族农民一起,在当地党和政府的直接领导下,积极地、自觉地走上互助合作的道路。在边疆,经过了疏通关系,肃清土匪和消灭帝国主义势力,在对敌斗争胜利和民族团结加强的基础上,推行了民族区域自治,培养了民族干部,并以发展生产为中心进行了各项经济工作和文教卫生工作,从而使各民族的政治、经济、文化获得了显著的发展。

这四年多来的民族工作,基本上是符合过渡时期国家在民族问题方面总任务的精神的。分述如下:

一、关于疏通民族关系,加强民族团结方面

1949年10月1日中华人民共和国成立,我国民族关系从此根本地改变了,从民族压迫时代改变为民族平等时代。云南解放后,首先进入少数民族地区的人民解放军,认真执行了民族政策,以自己的模范行动疏通了民族关系,改变了少数民族对汉人的观感,在民族团结的工作上树立了良好的榜样。接着毛主席和中央人民政府就派遣了访问团到我省各少数民族地区,进行殷切的慰问,传达民族政策,所到之处,各族人民莫不欢欣鼓舞,把毛主席比作"活菩萨""红太阳""各族人民的大救星"。去年,我省又组织了包括各方面代表人物的慰问团,分赴边疆慰问;今年,全国人民慰问人民解放军代表团再一次深入我省边疆地区。这不仅对驻守边疆的人民解放军是极大的鼓舞,对边疆少数民族也是极大的鼓舞。各族人民把慰问团的到来当作是"阿爹阿妈派来的人"。孟连附近的哈尼族人民带上干粮,在慰问团到达前四五天就在孟连等候;维西藏族人民赶了好几天路欢迎慰问团。代表们进入佤族地区,受到隆重的招待,佤族用他们最高贵的礼节,如撒谷花、奖蜡烛、献甘蔗等来迎接亲人。在各式各样的民族语言中,有一句共通的话,就是"毛主席";有

一支共同的歌，就是《东方红》。

各地少数民族在当地政府帮助下，也组织了代表团和参观团，去到北京向毛主席和中央人民政府致敬，并到昆明、重庆和各大城市参观生产建设和文化建设。四年多来，我省先后组织了45次包括各民族各阶层代表4170人。代表们从亲身体验中，认识了祖国的伟大，深切感到祖国大家庭的温暖，通过传达，对加强民族团结、密切中央与地方的联系，起了极大的作用。

继部队进驻以后，我们又不断地派出民族工作队、医疗队、防疫队、文艺工作团深入少数民族地区特别是边疆地区，直接从生产生活方面帮助少数民族解决了不少迫切问题，并通过形象教育介绍了许多新鲜事物，广泛宣传了民族政策。但工作队初到村寨也普遍碰到男人跑、女人躲、小孩哭的现象，遭到冷淡和怀疑，如帮助干活、免费治病、救济贷款等都受到拒绝。当时一般的思想顾虑是：现在不要钱，将来难免要算总账。由于历史上遗留下来的长期民族隔阂，各少数民族面对这些从来未有的事情发生怀疑是很自然的，但在各级党委政府的正确领导和广大干部的积极努力下，在工作中不断端正政策，终于克服了一切困难，逐步改善，以至根本改变了和各族人民的关系。当工作队初到村寨，各族人民不仅称干部为"汉人"，还称本民族干部为"半汉人"，因此，"敬而远之"。随着工作的开展，逐渐改称为"新汉人"，再变而为"汉人哥""汉人姐"，再变而为"阿哥""阿姐"了。如在景颇族地区，祭官庙时要送干部一份肉，把他们算作村寨中的成员；许多老人要为干部安家；最初是认定某一个干部，以后则把所有的干部——不管熟识或者是新到、路过的干部，都当作子女兄妹看待了，使各族人民深切地感到祖国大家庭的温暖，民族政策深入人心，因而更加热爱祖国，热爱共产党和人民政府，热爱毛主席。这种新的友爱的民族关系和贯穿着国际主义精神的爱国主义，正日益加强着，它已成为几年来我们各项工作顺利进展并获得成绩的巨大力量，这个力量将在建设伟大祖国的共同事业中，继续发挥巨大的作用。

二、关于加强对敌斗争，巩固边疆国防方面

云南是我国大陆上最后解放的省份之一，帝国主义、国民党残余匪帮曾经有计划地派遣特务打入农村，组织反动武装，企图复辟，尤其想利用边疆的地理条件和特殊情况，作为扰乱破坏的据点。但在英勇的人民解放军和边疆各族人民的共同努力下，敌人的反动阴谋已被彻底粉碎了。解放后我省一共消灭了土匪12万多人，其中有13000多人是在边疆消灭的，使边疆获得了从未有过的安定环境，保证了各族人民能够从事生产建设和边疆国防的进一步巩固。

英雄的人民解放军部队，在完成了解放战争的任务后，即在全省范围内展开了艰巨的剿匪工作，全体指战员在"不剿灭土匪不收兵"的口号下，发扬了人民解放军艰苦奋斗的光荣传统，克服了难以想象的困难，英勇顽强地对残匪展开军事进剿。并在各少数民

地区严格执行了民族政策，疏通了民族关系，因而取得了各族人民的密切配合与支援。由于反动统治的罪恶影响，过去少数民族普遍地仇视汉人，更害怕军队，他们中流传着"石头不能做枕头，汉人不能做朋友""没有不吃人的狼，没有不抢人的兵"这类话语。再加上匪特造谣欺骗，语言不通，最初他们见了部队，有的吓得跑掉，有的拒绝入寨子。某部队初进佤族地区时，就遭到这种拒绝。经三番五次前往解释仍受敌视时，指挥员命令部队分散坐开，即使他们打枪也不还枪，就有伤亡也要镇静。以这种忘我牺牲精神执行民族政策的结果，感动了佤族，送来一支甘蔗，表示两家和好，再通过无数艰苦工作，用一点一滴的行动来影响感动他们，逐步改变了他们的看法，粉碎了敌人的谣言，佤族人民主动邀请、热烈欢迎战士们进入寨子。又如部队刚到濮满山，濮满族和哈尼族的寨子里只剩下老人和小孩，其余都跑光了。战士们一面盖草房居住，一面把群众的房子和道路打扫干净，把留下的鸡、猪喂养起来，后方粮秣供应不上，自己到山上找菌子、苦笋、野菜掺上随身携带的一小点米煮稀饭充饥，丝毫不动老百姓的东西。同时，向留下的老人宣传民族政策，动员他们找回自己的亲属。战士们的这些实际行动，深深感动了濮满山上各族人民由山箐里跑回来争着邀请部队到自己的寨子里去住。战士们在和各族人民接近以后，积极展开做好事运动，每到一处，不管任务如何繁重，也要帮助群众挑水、背柴、理发、打扫村寨。许多战士以自己的津贴买黄烟、针线、糖、盐巴送给兄弟民族作为见面礼，他们见到群众的灾难，就像是自己的灾难一样，积极去援救和帮助。通过以上艰苦工作，兄弟民族对部队才由不信任到信任，由不敢接近到舍不得分开，建立了深厚的感情，取得他们的热爱与支援。

各族人民在支援我军中，先后自动地组织了民兵联防队、担架队、运输队等。民族联防队在"保家卫国"的总口号下，根据各地各时期的具体情况，提出口号，如"保卫春耕""保卫秋收""保卫交通""保卫渡口"等等。除配合解放军进剿大股匪外，并能主动清剿小股散匪。如红河区的民兵联防，1952年以前共歼灭匪首匪徒374人，俘匪264人，捉特务53人，争取367人投降。元阳县民兵联防队，1951年与匪作战70余次，击毙匪营长以下150余名，俘匪28名，缴机枪2挺、步枪百余支、手枪10支。保山区民兵武装，1952年以前捕捉土匪800余名、反动会道门头子34名、特务80名，缴获长短枪293支、土枪92支、机枪10挺、子弹6800余发。

各族人民在与美蒋残匪特务斗争中，涌现出许多民兵英雄和英勇壮烈的事迹。屏边县普拉族青年民兵张树扬，1951年7月一个人曾抵抗过40多个匪徒的围攻。哈尼族青年李万兴，一次被四五十个土匪围在房子里，他连续击毙3个土匪，房子被烧着了，他被烟雾和火苗呛得换不过气来，还继续坚持作战。匪徒以为他被烧死，探进来拖他的枪时，他一枪就把土匪击毙。他从拂晓抵抗到中午，最后部队赶来，全部歼灭了匪徒。彝族民兵队长、共产党员杨自林曾只身深入李自明匪部，向李自明义正词严地宣传人民政府的宽大政策，晓以利害，使李自明缴出机枪、小炮投降。白高义率领的彝汉族民兵中队学会了穷追猛打战术，一年内搜山达100多次。金平县哈尼族联防队，1952年在保卫秋收、迎击大股匪军中，击毙了匪支队副司令唐明光。耿马区本人族杨姓老人在剿匪斗争中，一个人打死了12个土匪、特务。澜沧永安区拉祜族民兵在李光保、李扎迫的领导下，曾9次击退残匪进攻。南卡区南扎村的扎民、扎法、扎帅、扎哈、扎妥5个民兵，用火钳、柴块打死残匪4人，缴获5支小卡宾枪、4个手榴弹。澜沧还涌现了李炳章、龙老三、张扎朵、李老二（拉祜族）、马云才（回族）等民兵英雄。1951年秋，美帝国主义唆使残余蒋匪进扰澜沧时，激起了各族人民无比的愤怒，积极支援解放军，仅孟连区运输弹药、粮草、牲口来往近千头次；组织了千余人的担架队，并给部队通情报、当向导，全力配合作战；拉祜族民兵李炳章带领着5个民兵打死了3个敌人，守住一座交通孔道的大木桥。佤族民兵勇敢机智地倾翻贼船淹死匪徒20多人。佤族岩魁两次砍断南卡河藤桥阻击了敌人。芒糯拉祜族自卫队击溃残匪30多名。孟连区长扎克带领民兵打死残匪5人，打伤11人，缴获驳壳枪1支，保护了全村的安全。80岁的老英雄布格弄在残匪窜扰时，也始终坚持与残匪斗争。通过这些反匪斗争，也培养出不少像许文安、张正富等这样优秀的民兵领导骨干。

各族老人、妇女、儿童也都动员起来，参加了清匪工作。金平县93岁的苗族李大妈，看见匪首黄老六经过茅草地，她就向解放军报信，自己带路去追，活捉了黄匪，缴获了机枪1挺、步枪2支。河口市区妇女联防中队长金美东，捉住了潜逃匪犯韦有才；联防中队的妇女生产模范刘玉芬，只要得了情报，不论深夜或阴雨，都立即背着娃娃向联防队报信。15岁的彝族儿童施福昌，被匪俘虏后，机智地把土匪的枪拖了回来。莲山曼允镇56岁的傣族龚大妈，协助人民解放军清剿土匪，她一面担任翻译工作，一面又向土匪家属宣传镇压与宽大相结合的剿匪政策，教育土匪家属，争取土匪悔过自新，一共争取了49个土匪投降，缴枪16支。

在对美蒋残匪斗争中，充分表现了各族人民的英雄气概：1950年参加国庆大典的佤族代表岩龙，在和窜入的蒋匪特务作战中，虽陷重围，仍坚贞不屈，最后脱下毛主席送给他的礼服，高呼"保卫祖国""保卫我们毛主席"的口号，英勇自杀。澜沧赴京观礼的代表70岁老人李保、宁江新营盘区李章大被匪捉住后，遭到酷刑拷打，他们都不投敌，最后高呼："永远跟着中国共产党走！""毛主席万岁！"从容就义。宁江民兵龚扎瓦在夜袭残匪时，用木棒与残匪肉搏，打伤匪徒3人，活捉1人，最后他在剿匪中壮烈牺牲。

由于各族人民热爱祖国，团结起来配合解放军英勇地对敌人进行斗争，不仅击溃了武装残匪，并使受残匪煽惑裹胁、误入迷途的人也纷纷回来自新，从而肃清了残匪，使边疆获得了从来未有的安定环境。各族人民反映："大军住在这里，我们吃饭是香的，睡觉是甜的。"因之，提高了劳动热情，积极从事生产建设。另方面，由于祖国国防日趋巩固，也保证了内地的各项民主改革胜利完成和经济建设的顺利进行。

三、关于推行民族区域自治和培养民族干部方面

四年来的民族民主建政工作，是在加强民族团结、对敌斗争取得重大胜利、各民族内部已有一定数量的民族干部和各族人民对管理自己本民族事务有初步要求的基础上积极慎重地进行的。为了适应初期民族工作的具体情况，曾广泛地采用民族民主联合政府的方式来体现各民族的政治平等权利，共建立了6个专一级的、22个县一级的、1个市一级的、23个区一级的、477个乡一级的民族民主联合政府。对消除民族隔阂、开展民族工作，起了一定作用，并为以后大力推行民族区域自治准备了条件。

1952年8月，中央颁布了《中华人民共和国民族区域自治实施纲要》，我省的民族民主建政工作进入一个新的阶段。截至目前，在全省范围内，先后共建立了427个自治区：计相当于专区级的3个——西双版纳傣族自治区、德宏傣族景颇族自治区、红河哈尼族自治区；相当于县一级的9个——峨山县彝族自治区，碧江、福贡、贡山3县傈僳族自治区，德钦县藏族自治区，弥勒县彝族自治区，澜沧拉祜族自治区，江城县哈尼族彝族自治区，孟连县傣族拉祜族佤族自治区；相当于区一级的有屏边县瑶山瑶族自治区等12个；相当于乡一级的有元阳县万漠乡傣族自治区、河西县纳家营回族自治区等403个。

目前筹备完竣，即将建立的有相当于专一级的怒睦挂傈僳族自治区（包括碧江、福贡、贡山、泸水4县）。

以上已经建立的专县两级自治区，共占面积79325平方公里，人口1394417人。

由于区域自治的建立，大大激发了各族人民的爱国主义觉悟，增强了各族人民"当家做主"的思想，发挥了各族人民积极性与主动精神。弥勒县彝族自治区成立时，县上提出了"交清公粮，庆贺自治区成立，迎接大生产"的号召，各区公粮在短短七八天内即基本交清。十区彝族农民抓回了逃亡的反革命恶霸张齐选说："这回建立我们的政府了，不打死他，我们的政府不长远。"在县城里并掀起了爱国卫生运动。昆阳县绿溪乡彝族人民以参军热潮迎接自治乡建立，全乡参军的有20人。曾出现了不少父母送儿子、妻子送丈夫的生动事例。江城县各族人民为了迎接建政，仅康平区在两月内即兴修了29条水沟，3月初就施了164000多斤肥料。有的村寨并订出了全年的生产计划。孟连傣族拉祜族佤族自治区人民表示：要决心把自治区建设成美满幸福的"勐力版"（傣语"快乐的世界"之意）。

自治区的建立，进一步加强了民族之间的团结，使历史上遗留下来的民族隔阂逐步消除，增强了少数民族与汉族间的友谊。如德宏傣族景颇族自治区的建立，使区内两个主要民族——傣族和景颇族间订立了"团结生产，停止拉事"的公约。陇川拢弄乡自治区建立后，傣族和崩龙族人民主动地解决了两族间三十年来没有解决的用水问题。元阳县麻栗寨自治乡，为了帮助抗旱，放了5天水给打碑寨灌田。又小新街遭受火灾，全村105户596人，房屋、家具、粮食被烧一空，得到附近大鲁沙、大拉卡、石岩脚等19个寨子各族人民以稻草、粮食、木料、人工等各方面的大力帮助，13天内，就新盖起草房95间；8天

以内，抢种下6斗9升稻谷种、1石8斗9升苞谷种。群众感动地说："国民党时候，我们烧过3回房子，到现在没有修好。今天毛主席领导成立自治区，团结互助，什么困难都解决了。"西双版纳傣族自治区建立后，积极帮助境内的哈尼族和瑶族建立了自治区。通过各种具体事实，各族人民对于汉族人民的先进作用和领导作用也更明确了。江城县哈尼族、彝族代表说"汉族样事朝前一步"，要把自治区建设好，"今天还要老大哥帮助"。

自治区的建立，加强了各民族内部的团结。根据各地情况，在自治机关内吸收了广大劳动人民的代表人物及与群众有联系的领袖人物，事情不分巨细，问题不论大小，始终贯彻着民族团结与民主协商的精神，这样民族内部更趋团结，也启发了各族人民的民主觉悟。

自治机关的民族化问题，已引起各地重视，并在逐步实现。西双版纳傣族自治区人民政府有计划地培养群众积极分子、爱国知识分子，并吸收各民族与群众有联系的领袖人物，参加政府工作，目前全区少数民族干部，已占全体干部总数的35%以上。自治机关中采用傣文和汉文为行使职权的工具。各种会议制度和办公制度，亦正在逐步建立，群众反映说："到自治区人民政府里，就像到了自己的家，讲话都听得懂了。"自治机关和各族人民的联系也更加紧密了。

随着民族区域自治的大力推行，遵照普遍大量培养民族干部的方针，四年来，我省少数民族干部不但数量不断增长，质量也是不断提高。根据不完全统计：各级党委、人民政府在四年来各项运动中，先后培养了少数民族干部共11342人。除送到中央、西南民族学院培养的245人外，在云南民族学院培养的有3400余人。各专区民族干训班轮训过的在职干部和初级政治工作人员有2502人，各专县民干班25期所训练的各种干部和积极分子，计6349人。

这些民族干部都与其本民族群众有着密切联系，一般积极热情，要求进步，在各级领导与汉族干部的热忱帮助下，都能完成任务，政策水平与业务能力不断提高。有的并已担任了各级政府的重要工作。

除了一般政权工作干部外，同时也注意各种专业干部的培养；而云南民族学院每一期毕业后，都有相当数量的学员转送到商业、卫生等部门，进行业务学习，各专业部门也在所办各种专业训练班中培养了一定数量的少数民族干部。

四、关于发展生产和各项经济工作方面

随着社会秩序安定，民族团结增强，边疆国防巩固，民族区域自治的开展，就有可能从经济、文化各方面，首先是从经济方面，积极帮助各少数民族，逐步改变由于反动派长期统治所造成的落后状态。

在内地少数民族区，互助合作运动正在蓬勃开展。如弥勒县彝族自治区的西山阿细族聚居区，生产互助合作组织面已达到43%。峨山县彝族自治区共组织了1542个常年互助

组，两个农业生产合作社，组织面达80%以上。这些旗帜的树立，更加强各族人民争取跻于先进民族的行列，共同过渡到社会主义的信心与决心。

边疆少数民族区，由于历史上受到更残酷的民族压迫和帝国主义的直接侵略，社会经济尤为落后。因此，解放以后，共产党和人民政府，一方面加强了民族团结和对敌斗争的工作；另方面，在发展生产和经济工作上，积极领导，大力扶持，也出现了一片新气象。

第一，在扶持发展生产方面，四年来曾采取了下面的一些措施：

首先，是用各种贷款及救济补助方式来解决少数民族的生产、生活上的困难，和解决其因各种灾害侵袭在生产生活上所受到的威胁。如在德宏傣族景颇族自治区，1952年内共发放了363845万元贷款，其中无利贷款179995万元，低利贷款118812万元，小春籽种贷款68038万元，加上救济补助等项，共952900万元，再加上各项行政补助，已超过200亿元，约为该地区自解放以来的公粮、税收总数116亿元的2倍。西双版纳傣族自治区1953年得到上级补助及各种贷款共1124170余万元，超过该地区全年公粮、税收总数135600余万元的9倍以上。潞西县在1953年内共发放了各种贷款84000余万元，计耕牛596条、小猪460口、大米83600斤、谷子57080斤，解决了708个村824户缺粮的困难。另外，还贷放了28个村124户的籽种贷款、205户的农具贷款。通过这些贷款的农民所受的牛租剥削计粮食13860箩（1箩约20市斤），减少高利贷剥削7950箩，开荒及受益田亩可增产29678箩，共计增加农民收入51488箩。以每年每人需35箩计，可解决1448人全年的口粮问题。怒江区1953年共发放了各种贷款5亿多元、救济款36000多万元、救济粮17万多斤、救济布12700匹。红河哈尼族自治区仅1954年1月至5月，共贷放了各种贷款130530余万元，发放了救济款66840余万元。孟连县傣族拉祜族佤族自治区四年来，共得到政府拨发生产贷款及各种救济款76360余万元。

丽江区丽江、鹤庆、剑川3县纳喜、民家等各族人民聚居地区，1951年12月震灾发生后，省府立即组成赈灾委员会，组织工作队前往慰问和急救，除省府拨发救济粮200万斤，医药、安置费27亿元外，中央复拨专款23亿元，并派飞机运来大批药品，解决了10余万灾民的困难，迅速恢复了重建家园的信心。

这些救济、贷款，都做到及时切实，由"抢救"开端，达到"自救"的积极目的。各族人民所得到的实际利益，是不能用数字来衡量的。就以数字论，也都超过各该地区、各族人民交给国家的税款若干倍。

其次，供给各族农民大量铁制农具，加强了山区生产改造工作。1953年山区生产改造补助费，全省170多亿元，其中1/3用在边疆。今年省人民政府又拨148亿元山区改造经费，其中有582900万元分配到边疆，着重继续帮助当地少数民族解决缺乏农具的问题。根据边疆不同地区不同民族的具体情况，确定以红河哈尼族、澜沧拉祜族、德宏自治区景颇族、怒江区傈僳族等聚居的14个县和3个区（盏西区、坝溜区、马鞍区）为重点，并在以上各县及西双版纳山区，丽江藏区、彝区选定100个乡为重点生产改造乡，以便吸取经验，逐步推广，用在这些地区的山区改造经费即有147800万元；其余435100万元，则用在照顾其他1616个乡的地区。

四年来先后送往边疆的农具约在百万件以上。其中：怒江区在1953年一年内，即供应了15000多件；红河哈尼族自治区的元阳、红河两县，今年1月至5月即供应了锄头、镰刀、犁铧、砍刀等主要农具331902件，钢铁60587斤；澜沧只几个月就供应了3万多件。今年春天，云南铁工厂、建云工厂，还特为西双版纳制造了1万多件。

再次，是扶持与领导各族农民普遍兴修水利。德宏区的盈江县人民得到政府拨款5亿元，帮助兴修了长达3538公尺的大盈江河堤及蓄水沟近400条、堵水坝36座、小型水利6个，使103个村寨、1万多人口、3万多亩田受到利益，1953年粮食较1952年增产500万斤以上。保山、大理等10个专区各族农民今年用农贷款共买了3700余架水车，兴修了3800多处小型水利。丽江区兴修的水利，使58328亩旱地变成水田，使2万亩田提前栽种。思茅区边疆各县，共修水沟684条、堵水坝15座，增加129774斤的播种面积，去年增产770多万斤。红河哈尼族自治区全区共兴修水沟、整修水沟933条，共挖水塘、水井、龙潭等1491处，其中工程较大的有红河县瓦璋哥厄水沟，可以灌溉25万斤稻谷产量的田，并可开垦5万斤稻谷产量的荒地为水田。缅宁专区各县兴修整修水沟、水塘4072个（条），修坝88座，可增加灌溉面积37800亩。

由于生产、生活上的迫切困难得到适当解决，生产工具逐步改变，生产技术逐步改进，又得到空前安定的生产环境，因而各族农民生产热情大大提高：表现在耕地面积不断扩大，单位面积产量不断增加。1953年德宏自治区人民政府供给一部分开荒费用，耕地面积增加7%，仅潞西即增菜地150箩种、旱地1950箩种、水田330箩种。该区景颇族600多户下坝生产，开了2850多箩种的荒地。梁河县山区开出梯田6940亩。孟连傣族拉祜族佤族自治区四年来新开荒地15000多斤种的播种面积。贡山县1953年水田面积比1952年扩大1/4。西双版纳车里仅据戛董、戛洒两行政村17个寨子的调查：耕地面积已由解放前5096亩增至9301亩，增加了54%。由于土地加工和部分地区逐渐使用畜粪、绿肥的结果，单位面积产量已有显著提高。如西双版纳1953年稻谷总产量较1952年增产33%；怒江区增产28%。泸水县全县施肥户从解放前的20%增至1953年的60%。碧江县由1952年92户施肥至1953年已增加为3598户，全县特等丰产模范拉吉乃，因施肥与多犁多锄，1952年只收3石的苞谷地1953年就收了10石，增产了2.3倍。

表现在已开始大量试种小春作物及经济作物。1951年碧江全县即有38%以上的农户种了小麦，播种面积达1298亩，平均每亩收获400斤左右，共收118000多斤，得以度过夏荒。泸水县1953年全县播种小春面积比1952年增加1倍，种小春户占全县人口80%以上。1952年澜沧全县试种小麦，产达200万斤。今年红河区金平猛拉一带试种两季水稻成功，上月底已经得到丰收。在有条件种植经济作物的地区，都已大量栽种。德宏自治区人民政府根据境内山区土质、气候等自然条件，发动各族人民开垦荒山荒地种茶，山区各族人民都踊跃响应这一号召。为推广种茶工作，瑞丽、梁河、盈江、陇川等县都先后开办了茶叶种植训练班及茶农训练班等。梁河县今年种下5410斤茶籽，估计可出土100万棵，并组织了12个种茶互助组。西双版纳1953年茶叶产量16654市担，较1950年增加4000担；今年各区茶农依然积极扩大栽种面积，并制订增产计划。

也表现在当地党和政府的领导下，向各种自然灾害进行了艰苦持续的斗争。特别是在1953年抗旱保苗、除虫保秋运动中，仅澜沧拉祜族自治区就消灭了害虫294000多斤。泸水县瓦姑等三乡打获野兽就有1167只。彝良县慈竹乡苗族农民张开华的打猎队，在"多打死一只野兽就等于多消灭一个美国鬼子，增加了生产就是支援了抗美援朝"的爱国主义精神鼓舞下，1953年一年打死了麂子、岩羊、野猪等189只，其中张开华一人就打死了34只。据估计打死这些野兽可保住105石粮食不受损失，因而在省第二届农业生产互助合作代表会议上被评为一等打兽模范。

同时，副业生产亦有发展。据车里戛董、戛洒两行政村17个寨子的统计，1953年副业收入总数（包括养猪、养鸡、养鸭、种菜、种草烟、种水果、烧酒等）折合稻谷199万斤，占农民总收入的39.76%，较解放前增加50%左右。南峤景真区曼海寨，解放前牛马耕畜全被国民党匪军抢光，解放后陆续添购，至1953年计新买牛60条，可耕47条；新买马43匹，可驮31匹；养猪162口；养鸡848只。又如碧江县的牲畜数字，今年比去年增加了耕牛596条，猪6222口，羊1354只。维西县第五区马利马沙族（纳西族）聚居的一个村子，143户人家，解放前只有100多只羊，现已增殖到4000多只。

过去少数民族地区缺粮的情况比较严重。由于生产的发展，缺粮户口也正逐渐降低：贡山县1953年缺粮3个月的有2800人，1954年平均缺1个月计只有1860人；福贡县1953年救济了8000人，1954年需要救济的只有1300人。

第二，关于各项经济工作方面，四年来采取了如下措施：

首先，是减免盐税，大量供应食盐，解除各族人民淡食的痛苦。解放前，由于盐税苛重，奸商从中牟利，少数民族经常淡食，买不起盐巴，从缅宁到景谷凤岗盐井的路上有一个吊钟坡，过去少数民族为背盐巴，不知在坡下死过多少人。提起少数民族吃盐巴的历史，是和血泪分不开的。解放后，人民政府在边疆民族地区设立销盐机构，并划出减免税区，仅1951年及1952年1月至8月，在普洱、文山、保山、丽江、蒙自减免税区共销盐212792担，共减免盐税618000多万元。供应范围也逐渐扩大，西双版纳自治区一年半来，仅车里、佛海、南峤3个地区，就供应了盐巴150多万斤；红河区之元阳、红河二县，今年1月至5月就供应了13万多斤；孟连拉祜族傣族佤族自治区半年内供应了98万多斤。澜沧过去要6斤米才换1斤盐巴，现在只要1斤半米就可换1斤；贡山县的傈族过去拿一个熊胆到西藏察瓦龙才换到6斤4两沙盐，现在当地就可换得70斤。该区群众逢人便说："盐巴不吃不得，共产党不有不得。不吃盐巴没有力气，没有共产党吃不上盐巴。"驻在缅宁区的解放军修通了吊钟坡下面的大路，背盐的人可以安全通过，使得该区的傣族、拉祜族、佤族等十几种民族满意地买到了廉价盐巴。他们将盐巴顶在头上，抱在怀里，愉快地走着唱着："盐巴是我们生命中的歌，没有歌声不能活。过去吃盐要拼命，如今亲人解放军，赶走了豺狼开了路，盐巴送到我们手。"

其次，在发展国营贸易方面：少数民族地区的贸易机构，仅在边疆1953年就增设至190个（贸易推销小组计）。至1953年，在少数民族地区收购土特产总值即达5494亿元，供应生产生活必需品6293亿元。且贸易额逐年扩大，如以1951年收购总值为100，则1952年为147，1953年已增至634。西双版纳国营贸易1953年的销售总额相当于1950年的38倍；今年第一季度即超过了1952年全年的2.7倍，等于去年同季度的2倍，其中：棉布销售量等于1953年全年的70%、食盐等于40%、锄头超过1倍。收购亦已超额完成计划18.7%。

由于收购总值及供求面的扩大，少数民族地区的土产不只有了销路，价格也提高了。丽江区的药材，秦归每斤解放前只换大米10斤，现可换到39斤，提高了290%；普洱区棉花每百斤解放前只换食盐20斤，现可换100斤，提高400%；春尖茶每百斤解放前只换大米100斤，现可换380斤，提高280%。土产品价格的提高，直接刺激着生产，如丽江区的木香解放前产1万斤，现产4万斤，增产300%；火腿解放前产86000斤，现产150000斤，增产78%。各族人民的购买力亦因之得到不断的提高，如泸水县国营贸易公司1951年全年只销出土布672件、棉布7匹，1953年仅1月至10月即销出土布5146件、棉布111匹；在旺月，只两街就卖了600多件土布。碧江、福贡两县，1951年国营贸易的销售总值是6219万元，1952年是41399万元，1953年即上升至20亿元以上，生产生活资料供不应求。盈江县户腊撒地区有127户铁工（阿昌族），过去打出锄头卖不掉，生活困难，自从国营贸易公司设组收购他们的铁器，并给予扶持后，1953年一年内共生产了41365件，除成本外，每户平均收入223万元，生活得到了显著的改善。同时，也使烧炭的景颇族、傈僳族人民在同一年内增加收入2800多万元，可买大米92000多斤。

国营经济的比重，在少数民族地区也不断增长：澜沧县1952年国营经济的比重只占25%，私营占75%，到1953年第一季度，国营占51.34%，第三季度即上升至63.47%。普洱县1951年国营经济比重占13.72%，合作社占1.94%，私营占83.85%；1952年国营占21%，合作社占1%，私营占77.2%；1953年国营占32.62%，私营占67.38%；1954年第一季度国营增长到62.4%，合作社占7.73%，私营降至29.87%。红河自治区的逅萨地区，本年上半年的国营经济比重为57%强，其他各县占50%左右。

第三，大力发展交通运输事业，逐渐改变着少数民族地区的交通闭塞状态。

要帮助我省少数民族发展政治、经济和文化，交通闭塞是一个很大的障碍。解放后，人民政府即已充分重视发展我省的交通运输事业，特别是边疆民族地区的交通运输事业，已先后着手于昆洛、个金、南大这3条主要边防公路的修建，昆洛路已通车至佛海，个金路已通车至金平，南大路估计年底可通车至双江。这些公路的修筑，受到各族人民的热烈欢迎和支持，当昆洛公路、南大公路举行开车典礼时，沿路的各族人民都穿着新衣裳，拥挤在公路的两旁，争迎着由昆明开到的第一辆汽车。缅宁农民董长生说："往后我们就能得到更多的新式农具了。"西双版纳傣族人民欢跃地围着汽车说："我们同昆明、北京、毛主席更加接近了。"随着公路的修通，过去昆明到西双版纳通常要三四十天才能运到的货物，现在至多1个星期就可运到了，而且降低了运价，各族人民所需要的日用品都能得到充分供应；过去因交通限制滞销的土特产品也能大量地销出，促进了边疆民族地区经济的繁荣和生活的改善。同时，并积极整修驿道、航道，加强了边疆地区电路、邮路的架设与开辟，现全省除泸水、福贡、碧江等少数县外，均已有线路联络；邮路在全省95%以上的区和70%的乡均已通邮。这些公路、驿道、电路、邮路的修筑、架设与开辟，在适应工农业生产需要，推动边疆民族地区政治、经济、文化的发展，以及巩固国防等方面起着重要作用。

五、关于文教卫生工作方面

各级人民政府对于少数民族地区的卫生工作是特别关怀的。几年来在提高各族人民的健康水平、促进生产的发展上，取得了很大成绩。在全国医务人员还很缺乏的情况下，中央、西南、省、专都抽调了大批卫生工作干部，组成防疫队或巡回医疗队，深入各少数民族地区帮助开展卫生工作。西南防疫队并已留驻我省，长期为各族人民服务，于1954年初分编为大小不等的队，分驻德宏、缅宁、西双版纳、文山、蒙自、昭通、丽江等专区及自治区。我省自行组织的，1950年有兄弟民族巡回医疗队2队，1951年增加到12队，1952年增加到13队，分赴丽江、保山、普洱、蒙自、文山、宜良等6个专区的兄弟民族聚居区进行工作。又组织妇幼卫生工作队1队、凉山医疗队1队、防疫队6队。机构方面：先后恢复和建立37个卫生院，25个卫生所，6个防疫站，5个疟疾、鼠疫防疫站，33个妇幼保健站，408个接生站；又重点于潞西、盈江、蒙自、砚山4县建立了4个民族医院。

上述各种组织、各个机构中，除今年新建的防疫队、接生站等单位外，已拥有病床872张、工作人员1503人。他们深入到向来被称为"烟瘴地区"，从劳动干活、交朋友做起，然后用"叩门问病""送药上门"等方式来主动为病人治病，初期还不免遭到冷淡和拒绝，通过艰苦的宣传和实例教育，工作逐步展开之后，"毛主席派来的医生"已经成为各族人民所热爱的人。如在德宏区，4年来治疗人数共20多万，将近全区人口的一半。

由于防治兼施的结果，已经大大扫除了"瘴气"，疫情已普遍降低。如耿马城区1953年夏季中患疟疾的人数已比1952年同期减少50%以上，芒市1952年8月至12月疟疾发病率为14.48%，到1953年同一时期已降为3.09%；一般疟区死亡率降到0.7%。威胁保山一带少数民族人民生命最大的鼠疫，也基本扑灭了。

由于健康得到保障，大大提高了生产；并因很多地区对垃圾和粪便有了合理的处理，也积蓄了肥料。文山专区93个民族杂居区519个乡都结合生产进行了爱国卫生运动，西畴哄哈村以前生病的人很多，经过爱国卫生运动后，1953年没有一个生病的人，因而增产24.5%，带头搞卫生运动的陆文彦互助组，增产50%。麻栗坡炭山寨苗族44户，长期遭受恶性疟疾的威胁，死亡率很高；开展爱国卫生运动后，已经保证了人畜的安全。

为使民族卫生工作能够生根、发芽，打下今后发展的基础，并大量培养各族卫生干部。除在省民族学院兼开卫生课外，云大医学院培养了各族高级卫生人员49人，卫生学校培养了各族中级卫生人员100人，各地卫生机构也都进行了训练培养工作；芒市设有中级卫生训练班，培养防疫、化验、妇幼保健等在职人员54名；潞西、盈江、梁河、陇川、瑞丽、龙陵等地，都办了初级民族卫生训练班，培养出脱产与不脱产的各族卫生员、接生员558人；西双版纳培养了初级民族卫生员31人，并对工作干部进行简易治疗的教育，在实践中已经取得良好的效果；文山区各县仅1953年就培养了各族接生员218人、卫生员184人、医药员873人、种痘员86人及在职干部71人；沧源、耿马、缅宁也培养了很多初级的各种卫生员，壮大了边疆卫生工作力量。各族人民也都因有自己的医生而感到兴奋。

四年来，政府在少数民族地区所拨发的以上所有卫生事业费共为7728604万元。

随着物质生活的逐渐提高，各族人民对文教方面的要求也日趋迫切。四年来随着民族工作的展开，在这方面也做了应有的努力。如省立民族小学由1951年的38校发展到1953年的94校，并将少数民族地区的地方小学接为公办，共有2299校，其中边疆占982校；充实和新建立的少数民族中学共8校，师范1校。各少数民族就学人数大为增加，全省1953年已有小学生256555人、中学生6878人、师范生为922人、中等技术学校学生为268人。

少数民族教育补助费，仅1953年就已拨发882800万元，计分配给小学部分作为人助金、服装费、书籍费、医药费、修建设备费及追加数等项共541674万元，分配中学部分的为307385万元，分配给师范和技术学校的共6335万元，其他开支共11944万元。

帮助各民族创造或发展文字，以及编译教本的工作，从中央到地方，都非常重视。中国科学院、中央民族学院都派有工作组前来我省，深入各地调研及实习，文字方案正在有重点、有步骤地进行草拟中，德宏区傣文方案并经中央批准。省、专及一些自治区，也先后建立了语文研究的机构，积极展开工作。中共瑞丽工委宣传部并在瑞丽县勐卯城建立了民族语言广播站，每逢5天1次的勐卯街天，就用傣语、景颇语向各族人民宣传党与人民政府的各项政策、法令、重要的国内外时事新闻，以及该县各族人民的生产生活情况，同时还有秩序地播唱傣族、景颇族人民的歌子，或邀请由北京、重庆、昆明等地参观回来的各民族代表及其领袖人物作传达报告。自宪法草案公布后，这一广播站更变成了用傣语、景颇语宣传宪法草案的有力工具。昆明人民广播电台也结合中心任务，经常邀请各少数民族代表及其领袖人物做各种少数民族语言的广播。对扩大政治影响，提高各族人民觉悟，促进各民族文化事业的发展，起了良好的作用。

省文化局派赴边疆少数民族地区巡回放映的电影队，1953年有7队，共放映433场，观众529268人次；1954年增至8队，由1月至4月份共放映436场，观众827517人次。影片内容都是介绍伟大祖国及宣传民族政策，为各族人民喜闻乐见的，因而取得很大效果。

通过这一系列的工作，少数民族地区的面貌正日益变化着；提高了各族人民的爱国主义热情与继续向前发展的要求，使巩固祖国的统一和各民族的团结，共同建设社会主义社会，获得一定的思想基础与物质基础。

四年来我省民族工作的成绩是很大的，这是和中国共产党、中央人民政府的正确领导分不开的,是和人民解放军、人民公安部队的艰苦奋斗分不开的,同时,也是和有关部门的密切配合、全体干部的共同努力与各族人民的积极支持分不开的。但在工作中也还有不少缺点,主要是省民族事务委员会的领导对政策精神和上级指示的体会钻研不够,并存在着官僚主义,对各个民族地区的情况缺乏系统了解,对工作缺少深入检查,对有关业务部门缺少紧密联系。在实行民族区域自治以后,没有认真帮助各族干部,充实、丰富民族内容;对部分干部所存在的包办代替的作风,未能及时加以纠正。派往民族地区的绝大多数干部,都是勤勤恳恳地为少数民族人民服务的,但个别干部的大汉族主义思想残余尚未完全克服,因而有些地区在某些工作上,不能正确地全面地贯彻政策,或是不根据当地历史条件需要和可能,急于求成;或是对某些可能而且需要办的事没有认真进行,缩手缩脚;甚至还有不关心少数民族疾苦,不愿意积极帮助少数民族的思想情绪。另一方面,有些少数民族干部,对于积极学习某些可行的先进经验存在着保守思想,有的则存在着忽视自己努力的单纯依赖思想,这些都是我们在前进中必须加以克服的。

1954年8月3日

培养少数民族干部试行方案

（经中央人民政府政务院第六十次政务会议批准）
《民族工作文件汇编（一）》
中央人民政府民族事务委员会编
1951年8月

培养少数民族干部试行方案

（经中央人民政府政务院第六十次政务会议批准）

一、为了国家建设、民族区域自治与实现共同纲领民族政策的需要，从中央至有关省县，应根据新民主主义的教育方针，普遍而大量地培养各少数民族干部。目前以开办政治学校与政治训练班，培养普通政治干部为主，迫切需要的专业与技术干部为辅，应尽量吸收知识分子，提高旧的，培养新的，并须培养适当数量志愿做少数民族工作的汉民干部，以便帮助各少数民族的解放事业与建设工作。各民族的军事干部，在初期一般也送政治学校或政治训练班学习，同时逐步准备在军事学校开设民族班的条件。

二、为此目的，在北京设立中央民族学院，并在西北、西南、中南各设中央民族学院分院一处，必要时还可增设。原新疆学院已改称民族学院，但隶属仍旧，各有关省份设立民族干部学校，各有关专员区或县根据实际需要和主观力量设立临时性质的民族干部训练班。有关各级人民政府并应有计划地逐步整理或设立少数民族的中小学，整理少数民族的高等学校。

三、各民族学院目前分长期、短期两种班次，后者短期训练区级及营连级以上的干部，前者拟以两年至三年培养知识分子，并培养相当数量兼通本民族语文和汉民语文的干部。各大行政区应计划争取在两三年内将区级及营连级以上干部送中央和在当地轮训一遍。

四、应以中国历史与中国现况（包括中国各民族的历史与各民族社会经济情况等）、共同纲领、民族问题与民族政策、毛泽东思想与马列主义理论为长期班政治课的基本内容。短期班依此方向，规定当前实际工作需要的具体课程，在一切民族学校内应发扬共同纲领精神，克服大民族主义倾向与狭隘民族主义倾向，培养民族间互相尊重、平等、团结、友爱合作的作风。

五、各少数民族学校应聘设适当的翻译人员帮助教学,并对必须用本民族语文授课的班次和课程,逐渐做到用各民族自己通用的语文授课。长期班的少数民族学生除学好本民族语文外,亦应学习汉语汉文。

六、中央民族学院及其分院均应设立关于少数民族问题的研究室,中央民族学院并应负责研究少数民族的语言文字、历史文化和社会经济等,组织和领导这方面的出版著作,以及用各民族文字翻译马列主义、毛泽东思想的各种文献与其他应用书籍。

七、中央民族学院及其分院经费统一由中央财政部拨给,有关省县的民族干部学校与民族干部训练班经费由中央规定的各级干部训练费中拨给。以上各校学生均按供给制待遇。

八、为了鼓励与帮助少数民族学生受各种高等教育,凡考入高级学校(包括少数民族高等学校)的少数民族学生一律公费待遇。除公费待遇的少数民族中学外,在若干指定的中学亦得设立少数民族学生的公费名额。为了适当照顾目前少数民族学生的文化水平,对投考高等学校与一般中学的学生应适当规定一个入学参加标准;入学后,又应给以适当补习条件。上项实施办法,由中央教育部与中央民族事务委员会共同提出,呈交中央人民政府政务院批准。

中共云南省委作出新规划改进培养少数民族干部的工作
《民族工作学习参考资料》第11辑
云南省民族事务委员会印
1956年9月15日

中共云南省委作出新规划
改进培养少数民族干部的工作

要求：各级党组织通过对民族政策执行情况的检查，批判和克服在培养民族干部工作方面的错误思想，以有效的办法加强对少数民族干部的帮助，大胆地提拔他们到领导岗位上来，积极和严肃地发展党的组织。

云南省在全面检查民族政策执行情况中，发现若干党的组织在培养少数民族干部方面还缺乏积极的态度。中共云南省委根据检查的情况作出了改进这一工作的新规划。

据省委组织部统计，几年来，全省已培养少数民族干部17000多人，特别是在云南内地合作化运动的大发展和边疆民主改革的胜利进行中，已有35000多个各民族优秀分子被吸收入党，干部党员也已有5000多人。但是，这些少数民族干部在各民族的比例和分布状况上还很不平衡，如民家、纳西、回族的干部已占本民族总人口的6‰至9‰，彝、傣、哈尼等族干部已占本族总人口的2‰至3‰，而苗、瑶、卡瓦、傈僳等族干部还只占本族总人口的1‰。在地区分布上悬殊也很大。西双版纳傣族自治州的民族干部已占全州干部总数的47.2%，德宏傣族景颇族自治州的民族干部已占全州干部总数的36.1%，但是在38000多苗族人民聚居的广南县，全县苗族干部还只有9人，高寒山区的少数民族干部则更少。在干部质量上，也反映了对民族干部缺乏以积极态度大胆提拔的缺点。全省少数民族的干部党员中，县委副书记以上的民族干部还只有22人，若干已被提拔到党和政府的县级领导岗位上的民族干部，又因为对他们日常的帮助不够，所以在工作中还不能更好地发挥积极作用。在对少数民族技术干部的培养方面，几年以来更没有足够重视。现在，西双版纳、德宏、红河、怒江等4个自治州（区）的农林水利专业系统中，本民族的技术人员还只有8人；内地各个专区的卫生干部中，少数民族的技术人员才26人。这种情况显然与多民族的云南省的民族工作要求不相适应。

　　检查的情况同时表明：在一部分县委领导机关和领导干部中，对培养民族干部工作很不重视，特别是对某些目前在经济、文化上处于落后状态的民族，培养他们自己的干部的工作，做得更少。还有一些汉族干部，低估少数民族干部的作用和能力，甚至和他们比资格、比文化，因此也限制了大胆地把民族干部提拔到领导岗位上来，或者错误地把提拔民族干部看作是安排位置，对他们缺乏耐心真诚的帮助。

　　在现有的少数民族干部中，由于接受马列主义教育比较少，也产生了一些缺点。他们或则是不注意反映本民族的真实要求，或则是过于急躁地埋怨本民族落后，企图一步赶上先进民族，因而脱离了本族的人民群众。

　　中共云南省委已向各级党的组织指出：必须通过对民族政策执行情况的检查，教育全体党员；批判和克服在培养民族干部工作方面的错误思想，以有效的办法积极加强对少数民族干部的帮助，把提高爱国主义和社会主义觉悟和联系群众的作风，作为教育民族干部主要的和经常的课题。大胆地提拔他们到领导岗位上来。新的规划要求在今明两年内，云南内地少数民族人口占总人口25%的县，民族干部至少占干部总数的20%，并应有少数民族的主要领导干部；在少数民族人口占60%以上的县，民族干部应达到干部总数的50%。在云南边疆已完成民主改革地区，明年当地民族的领导干部应达到同级干部的40%至50%，各专业系统也应立即加强对少数民族技术干部的培养。同时，积极和严肃地发展党的组织。到1960年，应在全省各种类型的少数民族地区，每一个乡都建立党的支部。

《云南日报》
1956年7月21日1版

云南省委关于民族政策执行情况的检查报告（草稿）
1957年2月11日

云南省委关于民族政策执行情况的检查报告（草稿）

一

省委根据中央指示，于1956年5月25日发出了"关于全面检查民族政策执行情况"的指示，并组织工作组分赴各地进行重点检查，各地（市）、县、省级各部门，云南军区都认真研究了中央和省委的指示，分别召开了干部会、民族代表会和民族座谈会，派干部深入若干区、乡进行检查。8月间，以肖华同志为首的边疆工作视察组全面系统地研究了边疆民族问题，并提出了边疆工作的方针和政策。省委于9月、11月先后召开了内地高寒贫瘠山区会议和边疆互助合作会议，对两类民族区的当前工作进行了较全面的检查和研究。特别是通过学习"八大"文件和"二中"全会决议，使全体干部对于民族问题有了更深刻的体会，把全省民族政策检查大大地向前推进了一步。目前看来，全省民族地区以及有关部门都已进行了检查，收到了各地、县和省级有关部门的总结报告和专题报告×份。各级党委领导和省级有关主要部门一般检查得较好，但也有些地区在检查后没有召开扩大干部会议向中下级干部进行教育，财经基层组织和一般干部检查得还不够，各地至今没有在广大群众中广泛开展民族政策的教育，还须继续认真进行。

通过这次检查，肯定了几年来民族工作的成绩，纠正了揭发出来的缺点和错误，而且进一步明确了内地一般地区和高寒贫瘠山区、边疆和平土改区和直接过渡区等不同民族地区今后的工作方针政策和步骤。全省干部特别是领导干部在民族政策水平上获得很大提高，工作方法和作风有了不小转变，基本上达到了检查的目的和预期的积极结果，证明中央的指示是正确和及时的。

二

这次检查的结果表明,自1953年全省进行了第一次民族政策执行情况检查以来,随着总路线的公布,省委更加明确了民族问题与阶级问题的正确关系。既肯定了民族问题的实质是阶级问题,为了民族发展,必须坚决进行民主改革和社会主义改造,同时又肯定在解决阶级问题时,必须充分注意民族特点,帮助各民族自己起来行动。根据这一基本原则,内地民族区于1953年结束土改后,和汉族人民一起开展了以互助合作为中心的农业增产运动。在边疆民族区,尽管各民族社会经济发展不平衡,内外关系十分复杂,但要领导已进入阶级社会各民族过渡到社会主义,必须经过民主改革这一革命阶段。省委在中央指示下,经过长期准备工作,首先推行民族区域自治政策,团结民族、宗教上层人物,培养民族内部新生的革命力量,采取和平协商方式进行民主改革。在已结束土改区紧跟着开展了互助合作运动。截至目前,内地近400万人口的民族区已基本完成了社会主义合作化,边疆除10万人口左右的藏、彝区外,近150万人口地区的土地改革已胜利结束,并建立1400个左右农业生产合作社。直接过渡地区在发展生产的基础上试办了200个农业生产合作社。民族区的财经、贸易、文教、卫生工作亦有相应的发展,各族人民的生产生活有了显著的发展和改善。

但是,省委在执行民族政策的指导思想上不是没有缺点和错误的,主要是土改后忽视了内地民族问题,尤其对高寒贫瘠山区少数民族中的少数(主要是苗、瑶等族)缺乏更多的帮助和照顾,对边疆民族区土改后生产关系变化而产生新的情况和问题,尤其是群众的生产生活困难估计不足,各方面的工作没有进行具体研究和全面安排。加上政策界限和组织控制不严,因而,各地区各有关部门在具体执行民族政策中的缺点和错误更多,甚至个别地区有些问题是十分严重的。在内地民族区,有一段时期不少同志认为"土改后没有民族问题了",在社会主义改造和各项社会主义措施中,一般化的倾向较为普遍。长期放松高寒贫瘠山区的工作,在全国社会主义高潮下,没有认真分析估计山区工作基础,合作化的速度快了一些,对他们的特殊问题处理不当。不少地区民族歧视和干部强迫命令作风较为严重,以致引起昭通、文山等地区苗族搬家和瑶族退社的骚动事件。边疆在土改后普遍发生不顾群众条件、各项工作齐头并进、搬套内地汉区经验的倾向。对于解决群众生产生活困难的工作做得太少,目前不应该做的事情(如统购统销等)做得快了一些,目前不应该限制的(如借贷、雇工等)限制过死,以致引起许多群众新的困难和不满,连续发生外逃事件。造成这些缺点和错误的原因,主要是我们许多同志不了解民族问题上最基本的群众路线——民族自己解放自己这一根本原理,不认真根据民族特点,帮助民族自己走社会主义的道路,在工作中包办代替、强加于人所引起的,同时也是和省委思想教育不够、组织控制不严分不开的。

通过这次民族政策执行情况的检查和一系列的民族工作会议,所有以上工作中存在的问题已经基本上得到解决,同时也是我们对于民族问题的艰苦性、复杂性和长期性有了进一步的体会和认识。内地民族区社会主义合作化的胜利，让我们在解决民族问题上大大地前进了一步。然而民族差别仍然存在，留下来的民族隔阂绝不是短时期可以消除的。我们工作上的错误会使旧的隔阂加深，甚至造成新的隔阂，爆发为敌对行动。尤其当前民族问题上最本质的问题是由民族间事实上不平等形成起来的先进与落后的矛盾，这一矛盾又由于人民对于经济文化迅速发展的需要同当前经济文化不能满足人民需要的状况之间的矛盾而更加突出起来。民族内部的地主富农作为阶级来讲已经消灭了，但不能忽视他们阶级本能产生的不满和抗拒仍然存在。只要民族间事实上的不平等存在一天，就给阶级敌人留下了制造民族摩擦和破坏活动的空隙。特别是在边疆民族区，我们还要着手去解决改变个体所有制为集体所有制。由于和平土改本身带来一定程度的不彻底性，加上帝国主义和反革命的破坏，更加深了这一革命的复杂性。这些情况表明，今后党在民族问题的任务不是减轻了，而是更加深入了。无论在社会主义改造和社会主义建设中，将更多地触及民族生活和心理状态的各个细小方面。由于我们各级领导干部多是汉族出身，对民族特点了解得十分肤浅，对民族的真实愿望体贴得不深不透，容易接受共同性的东西，常常忽视特殊性的东西，即使主观愿望很好，也难避免事与愿违。尤其一旦工作获得成绩，即滋长骄傲自满，必然重犯错误。这些教训是值得我们深刻记取的。

因此，为了进一步加强各民族的团结，调动各民族内部一切积极因素，逐步完成民族区的社会主义改造和社会主义建设，帮助各民族发展成为社会主义民族，不论内地或边疆，都必须坚持中央稳步前进的方针，慎重对待民族的每一个具体问题，认真克服各种形式的民族主义特别是大汉族主义的思想倾向，从各方面实现少数民族的平等权利，继续推行区域自治，认真培养民族干部，加强社会统战和宗教工作。明确肯定不同类型的民族区的当前任务和采取适合其特点的具体政策和措施。对内地民族区，必须善于运用已经实现社会主义合作化的优越性，通过民族自己的努力和国家帮助，大力发展生产，必须采取特殊措施和帮助进一步加强高寒贫瘠山区的工作，从各方面提高各族人民的物质文化生活，满足各民族的政治要求和特殊需要。在边疆民族区，当前主要是通过长期帮助和采取积极有效的措施，全力全面地发展生产，稳步地开展互助合作运动，进一步加强直接过渡区的工作。随着生产的发展，商业、贷款、交通运输等工作必须同时跟上，克服各项经济工作中忽视为生产服务和不问政治的倾向。在发展生产的基础上，加强文教卫生工作。

现在根据上述指导思想和方针任务，把几个主要问题作如下检查：

（一）关于合作化方面

内地民族区的合作化运动，已经取得了肯定的成绩，大部分地区已经实现了社会主义合作化，但在合作化过程中出现过忽视民族特点和山区特点的倾向。强求办大社和村寨及民族联合社，有的一个社好几个村寨好几个民族好几个山头，生产地区分散在几十里内，很难组织生产，生产差异及互相间矛盾甚大，引起许多纠纷。生产资料入社时对民族特殊用地（苗族的麻地、瑶族的兰靛地）、特殊用的牛羊牲畜（如祭天猪、接气羊、结婚牛），没有适当地照顾，少留或不留。折价一般偏低，几十只羊子折价数元，数百株八角树只折七八元，牲畜和经济林木处理不公，形成民族间的歧视和剥削。社干中少数民族中的少数占的比例甚少，分配的劳动报酬相差很大，引起这些民族很大不满，加以其他社会主义措施上的一些错误和缺点及干部作风上的强迫命令，曾引起一些群众性的搬家、退社等骚动。虽然已经获得了纠正和处理，但也使我们深深地体会到民族问题确是一个长期艰苦的问题，并不因为完成了合作化，民族问题就已经获得了解决，相反地由于民族差别与事实上不平等的存在，民族问题也仍然继续存在，不容稍加忽视。今后在民族工作中必须根据各民族的特点，合理地组织和安排生产，注意合理地进行分配，发挥各族人民的积极性和特长，合作化才能进一步巩固与提高。

边疆已结束土改的157万人口地区，试办了1400多个社，整个说来办得还是好的。但由于今年不少地区是在没有经验的情况下急于大量办社，因而存在问题较多。在社的规模、形式上，有些地区办了一些大社、村寨联合社、民族联合社，这些社由于民族间、地区间、村寨间生产水平和生产特点不同，劳动报酬和劳动协作差异很大，队与队间矛盾很难解决，普遍发生争吵和瞒产。在土地、耕牛入社上，有某些地区的干部认为边疆农民土地观念薄弱，过早取消土地分红，以致群众认为入社就是"土地归公"，顾虑很大，对面上土地加工和开荒也有影响。有少数地区耕牛过早折价入社，缺牛户认为负担很重。而耕牛折价又一般偏低，价款用来发展社的副业，没有按期偿付，卖牛户就想到"耕牛入社落得一场空，不如宰了还落得肉吃"，以致造成面上大批宰杀耕牛的现象。耕牛入社后，又饲养不善，有一个社不到一年竟死了25条牛。在劳动组织上突出的问题是片面强调增加劳动强度，去年有的社8个月出工达200天，以致社员叫苦叫累，感到在社内不自由。对民族风俗习惯尤其是经济生活特点照顾得不够，普遍的现象是干部不善于发挥民族特长而急于去改变对办社有妨害或者害处不大的风俗习惯，如采取限制社员赶街子、走亲戚、拜佛等来提高出勤率，引起群众的反感。会计问题很严重，不是成分不纯就是不会记账，工分混乱和贪污现象严重。另一方面，由于急于大量办社，去年各地普遍忽视领导面上单干户和互助组的生产。有些地区甚至一阵而起，全村入社，勉强把富裕中农拉到社里来，社内富裕中农占优势，贫农选不上社干，或者贫农虽然是社务主任，实际上受富裕中农操纵，合作社不好巩固，加上面上地主富农安排不够请不到工，阶级关系弄得很紧张，我们又无依靠，这种形势对我们很不利。

目前各地已经扭转上述偏向，并已着手检查和解决合作社存在的问题，但深深教训我们，基于社会主义改造是民族区又一场革命斗争，决定了我们决不能在毫无准备和尚无经验的情况下去贸然进行，必须十分慎重，确有把握，而且必须首先取得重点经验，才能开始分期分批地发展。因此，今后各地仍需：

1. 坚持合作社稳步前进的方针。边疆土改后突出问题是群众的生产生活仍然十分困难，民族问题仍然十分复杂，加上民族实际水平和干部办社经验的限制，土改后办社速度必须有意识放缓慢一些，以便大力领导各族人民全面发展生产，同时建立各种形式的互助组,解决群众当前的迫切要求。随着生产的发展,群众觉悟的提高,逐步实现农业合作化。特别是边疆和平土改中对地主富农有意识放宽了一步,尤其群众觉悟的提高较差,只有使合作化逐步前进,才能在群众中扎好根子,划清界限,提高觉悟,贯彻党的阶级路线,也只有使合作化逐步前进,逐步提高群众觉悟,逐步占领社会主义阵地,阶级关系才能缓和下来,有利于麻痹和改造地主富农。因此,建社中首先必须经过扎根串连,把贫农和下中农中的积极分子组织起来形成核心力量,然后分期分批根据自愿吸收贫农和下中农入社。富裕中农开始是不愿入社的,为了怕在社外受歧视和孤立,可能提出入社要求,这就必须结合算细账,告诉他们开始办社时勉强入社不会得到更多的利益,还会减少收入,说服他们暂时留在社外,对于出于自愿坚决要求入社的,也不能拒绝。在社内必须执行贫、中农互利政策,不能侵犯任何人的利益,对社外单干农民要搞好团结,既要帮助合作社,也要帮助单干农民。在没有基本上实现合作化以前,坚决不能吸收地主富农入社,为了稳定他们减少阻力,可向他们指明前途和方向,允许他们雇工、放债和出租小量土地,对于他们出于阶级本能的顾虑和抵触,应采取批评教育的办法,对于有严重现行违法活动的分子,可分情节依法制裁,对于现行反革命分子,应坚决予以打击。

2.边疆办社必须结合民族特点,内地基本经验可供参考,不得硬搬。社的规模以20户至30户为宜,一般不建立民族联合社和村寨联合社。开始一个阶段土地要坚持分红,以干二成至干三成为宜,耕牛农具不要折价入社。制定生产计划必须经过群众酝酿讨论,既反对保守也反对冒进。劳动组织应从合理组织劳动力和刺激劳动积极性达到提高效率,防止片面强调增加劳动强度,首先可实行临时包工制,逐步做到实行小段、季节包工制,不要急于实行"三包"。充分照顾少数民族的风俗习惯,尤其是经济生活的特点,对社员的家庭副业和个人活动应作适当的安排,会计问题除提高现有会计、培养新的力量外,需要创造一些好的办法,来解决当前的困难。社干问题的处理必须严肃慎重,富裕中农占优势的社,应调整组织成分,但不要一脚踢开;除坏分子外,一般采取帮助、教育和保护政策。

3.由于边疆整个农村没有转到全面发展生产和开展互助合作的轨道上来,边疆各级领导对自己的家底还摸得不够系统深入,对互助合作的基本政策和基本知识也不够熟悉,今后需要强调领导深入农村,摸清家底,学会领导生产,学会办社。此外,有些地区由于没有办社工作队,合作社建成后,没有人具体帮助,需要解决。据初步估计,边疆土改地区共需工作队××人,占总人口××%,时间××年。民族地区水平低,对合作社的具体领导和帮助十分重要,需要研究和采取一些具体办法,如组织巡回视察等,帮助合作社正常发展。

总之,当前我们对于如何根据边疆民族特点进行农业社会主义改造,还是十分生疏的,今后仍需继续认真摸索和研究。

（二）关于生产、财贸、文教、卫生等工作问题

几年来民族地区的生产发展一般说来是快的，尤其内地经过土改和合作化后生产的发展更为迅速，但高寒贫瘠山区则增产幅度不大，人民生活仍很贫困。这主要是因为：一方面对山区缺乏全面领导生产的观点，由于对山区的生产特点缺乏全面了解研究，不少地区只注意了发展粮食作物，忽视了其他作物和畜牧业副业的发展；另一方面则是土改后放松了高寒山区工作，对其特殊困难缺乏特殊的帮助和照顾。

在边疆土改以后，人民最迫切的要求是发展生产，改善人民生活，但对于在边疆如何领导生产不少地区也同样缺乏系统全面的钻研，对当地群众生产的经验缺乏总结。不少地区生搬内地经验，以致有的地区只注意了发展粮食，而忽视了发展经济作物；有的地区则又盲目地发展经济作物造成损失，如在温差较大的地方，大量种植木棉、咖啡，结果成活率很小，群众损失很大。

因此，今后在内地，尤其是在高寒山区必须坚决贯彻"因地制宜，多种经营和农林牧结合"的方针，在首先争取粮食自给的条件下，积极地发展各种经济作物和农副业生产和手工业，看各个地区发展什么最有利就发展什么；在生产工具和口粮等方面，应当给贫苦群众以更多的扶持。边疆，今后主要应该进行认真的调查研究，摸索增产的关键。根据民族的实际可能充分利用边疆优厚的自然条件，继续发展粮食作物，同时也须大量地发展各种经济作物。不论边疆和内地，均须通过生产，多方面增加群众收入。为此，各地应相应地制定有关发展生产的社会生产政策，鼓励全力全面地发展生产，启发合作社、互助组和广大单干农民以及其他阶层人士（包括地主、富农）的生产积极性。

财贸工作，在扶持各族人民生产、改善人民生活上起了很大的作用，但随着工作的发展，也出现了不少严重的问题，在商业工作上价格政策很不合理，地区差价大，土产收购价过低，而工业品价格偏高，压级压价情况较严重。如瑶族的八角，1950年100斤50元，1953年压为30元，1955年为20元，1956年为10元，致农民将多年才长成的八角树大批砍伐。有的地方收一张羊皮只给1角钱，因此，群众说"这是抢"；小额贸易赚利也过大，如火油、海盐利润都在1倍至3倍。在粮食工作上，有些地区评产过高，起征点则偏低。在实行统购统销时，有些地区定产较高，一般购得较多，而供应又卡得较紧，因而个别地方甚至出现大批人口非正常死亡的严重事例；对于少数民族的特殊用粮则一般没有给予适当的照顾。在边疆随着土改的结束，个别地方加重了公粮负担，或过早地实行统购统销。在税收方面，主要是税制混乱，税负不平衡，干部的单纯任务观点严重，为了完成任务，甚至任意增加税目或提高产品价格征收，如甘蔗既上农业税，又上货物税；对于民族风俗习惯和宗教信仰的用品征税时缺乏必要的照顾，甚至有个别群众因逼税而发生卖锅的现象，造成群众的极大不满，有的甚至说"党的税比国民党还多"。加之各财经系统的基层干部存在着较严重的强迫命令等脱离群众的作风，就使得党在群众中的威信受到了很大损失，最近一年来内地苗、瑶地区所发生的骚动和退社事件，多是和财贸工作上的这些缺点和措施有直接关系的。

通过民族政策的检查，省委已经做出决定，今后必须加强财贸工作为生产服务的观点，在商业上应该根据不同地区的民族情况，实行有赔有赚和不赔不赚的经营方针和合理的价格政策。

至于粮食税收等工作，应从发展当地生产和减轻人民负担出发，纠正过去那些不适当的措施。内地高寒山区公粮可减低××％，统购工作有意识放宽一些，各民族的特殊用粮（如宗教节日等）应予供应。边疆过去未开征地区，仍暂不开征，已开征者其征收平均数不得超过总产量的3％至7％，最高不得超过15％；不论内地、边疆，凡群众自养、自宰、自食和过节用之猪牛羊可一律免税。更重要的是，今后必须加强财经系统干部的政治思想教育，克服资本主义的经营作风和不问政治的倾向。

民族地区的文教卫生工作，是直接关系着民族区的生产发展和克服落后的大问题。文教方面当前主要问题是忽视民族化，不论在培养民族教师、应用民族文字以及根据民族的实际水平进行教学等根本问题上都做得不够，硬搬一般的学校的经验去办民族学校，不论在规定学生名额、公费以及学校设立等方面，也存在着不照顾民族的和地区的特殊需要。今后应继续加强文教卫生工作，文教上应根据重点办学逐步普及的方针，增设内地高寒山区和边疆直接过渡地区的公费学校，对于一般学校也需给予适当补助。在医疗方面当前主要是医疗力量不足，为加强民族区医疗卫生工作，今后仍应分地区在一定时期内，实行免费或减费医疗。尤其必须积极地培养民族的卫生干部，充分地发挥各民族的民间医药卫生力量。当然，文教卫生事业的发展，绝不能离开各民族经济发展的基础，目前在民族区生产还十分落后的情况下不能贪多贪快，防止片面观点。

（三）区域自治与培养民族干部

我省除已建立的5个自治州、13个自治县外，今明两年尚需建立4个自治州、6个自治县。已经建立的自治地方，不少地区存在着对自治权利的行使缺乏认真的帮助、对财政自治的权利尊重不够的现象，而较为普遍的是汉族干部包办代替、少数民族干部的有职无权，这些都严重地损害了党的民族区域自治政策，引起当地少数民族人民的不满。因此，今后的任务是进一步实现民族自治权利和民族化，而民族化最本质的问题是培养民族干部。我省民族干部有29591人，占干部总数20％左右，县科长以上干部中有民族干部2618人，占10％以上。目前民族干部在地区、部门以及民族中分布仍是不平衡的，而突出的是由于民族干部水平低，科学知识少，有些民族甚至没有文字，在工作中困难很多，他们说：做起工作比挑5箩谷子还重。加之任务重，而办法少，为此而感到苦恼，没有信心。因此，今后除了仍须适当地扩大数量，并继续提拔一批领导骨干，其中特别应注意对人口少和较为落后民族干部的生长外，应把提高民族干部的质量放到一个更加重要的位置上。

有些民族干部基于期望本民族早日赶上老大哥而产生急于求成和简单从事的做法，而特别值得我们注意的是一部分民族干部长时期不敢反映本民族真实意见，做的是内心不愿去做的事，说的不是真心话，他们说"如果接受领导意见，就要脱离群众；如果反映本族人民的要求，又要挨批评"，处于左右为难、长期矛盾中。甚至于由此促成了若干民族干部一种不正常的心理，认为"穿民族服装不光荣"，"对本民族讲汉话才算能干"。如××县××族副县长回家召开群众会，为讲汉话还专门带了一个翻译。由于这些情况就降低了民族干部的作用，损害了党与群众的关系，引起各族人民的误解和不满，认为少数民族参加工作就是"变汉人"，甚至引起民族的不信任和离心。问题产生的主要原因，是不少地区的汉族干部对民族干部缺乏认真的帮助和提高，对已经提拔起来的民族干部片面地认为"能力差"，不放手地使用他们，加之对民族干部缺乏谦虚平等的精神，应该让他们与闻的未能与闻，应该首先征得同意的事，不征求他们的意见，以上种种做法实际上限制了民族干部的提高。更为严重的是，有些汉族干部不喜欢听相反的意见，随便扣以"落后""民族情绪""民族主义"的帽子予以打击，对民族的风俗习惯和宗教信仰不仅不尊重，而妄加干涉。以上种种问题中有些问题是发展过程中难以避免的，但是造成民族干部不正常的发展现象是与部分汉族干部的大汉族主义思想分不开的。尽管多数汉族干部主观愿望是好的，但是对党在民族地区各项政策的实施只有通过民族干部去联系广大群众，并带领本民族群众前进，汉族干部帮助的目的是要使少数民族懂得自我解放，自己起来改变自己民族原来的面貌的道理体会不深，也就促成了一部分民族干部不正常的发展。为此，应继续对汉族干部进行深入的民族政策的教育，通过具体生动的事实让他们懂得培养民族干部的重要意义，懂得民族干部与本民族群众的天然联系不是汉族干部所能代替的，培养民族干部是汉族干部的崇高责任，是贯彻党在民族地区群众路线的根本措施，因此必须尊重他们的职权，遇事和他们商量，培养他们独立工作的能力，多鼓励，少批评，提高他们的自信心，经常关心民族干部的特殊困难，充分认识到他们生长和培养的不易，并且要在汉族干部中提倡互相学习、取长补短、共同进步的风气；其次是提高民族干部的社会主义觉悟和联系群众的作风，由于民族干部阶级觉悟低，不少民族干部不仅分不清民族感情与民族情绪，甚至于分不清民族问题与阶级问题，因此必须加强民族干部有计划的定期的政治轮训，提高其马列主义的理论水平，使他们认识民族利益与阶级利益的一致性，把民族情感与社会主义思想结合起来，提高社会主义觉悟，明确社会主义方向，进一步发展民族干部联系本民族群众的特点，教育他们深入地了解和反映本民族群众的要求和情绪，同时也要帮助民族干部正确分析群众的意见。当前对加强民族干部实际工作的锻炼，提高他们的工作能力也是不可忽视的。

（四）民族上层统战工作

由于几年来我们在边疆地区对民族上层进行了安排，并通过各项实际工作对他们进行了教育，因此，换取了和平协商改革过程中民族上层的基本稳定。

但是由于不少同志对土改后上层的变化没有进行全面的分析，以致只看到群众对他们不满的一面，看不到他们与群众仍有联系今后仍能起积极作用的一面；只看到他们落后的一面，忽视了他们进步的可能性。对土改后改造他们的有利条件认识不足，所以对已经安置的上层人物如何给予实际工作，在工作中进一步地改造他们，尚未引起各级领导应有的重视。不少民族上层由于无事可做而对我们不满，少数人则从挥霍消沉的没落生活中寻找安慰。固然，这些情绪，是由于其没落阶级本质的反应，但是我们要改变这种情况，就只有给以工作，在工作中教育他们，帮助他们向劳动人民靠拢，实现长期合作。事实也证明，只要这样做，是可以逐步地改造他们的。

此外，对中、小头人的政治上恰当的安排与经济上一定的补助有着重要的意义，这部分人的特点是面广、量大，而且掌有实权，对他们工作的好坏，将直接影响着我们各项工作的正常进行。因此，今后州、县两级人委和政协仍须扩大上层委员人数，对大部分不能安置职务的，亦需在生活上或生产上给予适当补助，鼓励和帮助他们从事劳动生产。

（五）关于正确处理民族区群众性的骚动和武装叛乱问题

去年以来，我省部分民族地区曾连续发生群众性的骚动和武装叛乱事件。它们的社会基础和直接原因不是完全相同的。尚未进行民主改革的边疆民族区发生的事件，一开始就带有鲜明的阶级性质（如小凉山彝族奴隶主反抗民主改革和耿马四排山事件）。值得我们严重注意的是，内地昭通、文山等地区经过土改和基本上实现半社会主义合作化，也竟然发生大规模的苗族搬家和苗族退社骚动，个别地区甚至引起武装冲突。对于这些事件的看法，在党内部分干部中认识上不是完全一致的。有些同志包括部分领导干部在内，往往把原因统统归之于反革命破坏，采取简单的逮捕和镇压来解决问题，反而引起事态扩大。固然，苗、瑶族地区过去土改遗留问题较多，镇反不彻底，认为这类地区已经没有对我心怀不满的阶级敌对分子（少数的地主和富农）和反革命分子，是没有阶级观点的。但是，这里的民族骚动事件毕竟是在和边疆不同的另外一个社会条件之下发生的。经过土改和镇反，反革命的阶级基础和社会基础已经消灭了，反革命不是增加而是减少了。有些事件经过长期侦察，尚未发现反革命破坏的真正线索，参加骚动和为首分子绝大多数是民族基本群众，说明造成苗、瑶族搬家退社骚动事件虽有着多方面的原因，但其中最根本的是我们对于民族间的历史隔阂和民族落后估计不足，在各项工作中忽视民族特点和干部强迫命令作风所引起的。苗、瑶族是被迫迁来我省最晚的民族，又是当地少数民族中的少数，长期受外族统治剥削，千百年的痛苦历史经验养成了他们对外族戒备和不敢轻信的心理。加上他们长期处于自然经济和边远分散的环境中，文化十分落后，受着极端迷信的思想统治，至今还有不少人相信"皇帝出世"和"盘古复活"。由于这里有历史隔阂和民族落后这一深刻历史根源和社会根源存在，只要我们执行政策和干部作风上稍有偏差，就造成少数民族的怀疑和不满，认为党的政策"变了"，给民族野心家和阶级敌人留下了可乘之隙，这是完全可以理解的。

尽管引起边疆民族武装叛乱和内地民族骚动的具体原因和社会条件不同，但它们都带有相当大的民族性和群众性这一共同基本特点，都应该一律当作民族问题来对待。对边疆未土改区的民族叛乱，由于民族内部剥削阶级力图利用民族旗帜把阶级问题转变成为民族问题,因此,不能把它当作一般的土匪或反革命叛乱去处理,而应坚持在有充分的军事准备条件下力争和平解决的方针,军事准备的目的是为了更有效地进行政治工作,力求备而不用;除非对方采取主动,迫使我不能不自卫外,一般都应坚持"不打第一枪",力争和平解决问题。对于边疆阶级分化不明显的民族区,由于反革命利用民族隔阂而挑起骚动事件,更应特别慎重和坚持和平解决。应当看到,由于轻易动武往往造成旧怨未解、新怨又结。蛮海事件后许多受伤的佧佤人拒绝我们医治,宁让枪伤溃烂,说明民族隔阂的确是易结不易解的。

在我省目前绝大部分民族地区都已完成土地改革和实现社会主义改造的条件下,特别值得重视的是由于群众对我具体政策措施的正当不满而引起的群众性骚动问题。对于这类问题,既要看到有被阶级敌人利用可能,又要和边疆过去发生武装暴动区别开来,但在处理上一般应该作为人民内部的矛盾来看待。过去大多数地区都坚持了和平的和民族团结的方针,通过访贫问苦,解决群众生产、生活上的困难,认真检查政策执行上的偏差。对所有参加骚动的群众、干部和党团员,一律实行"既往不咎";对为首的坏分子和阶级敌对分子,只要自首悔过,也给予宽大处理。有些为群众尚不能接受的政策措施,要善于等待或者缓办,耐心向群众解释我们的错误的性质和客观原因,使他们"顺顺气"和取得他们的谅解。事实证明,群众是拥护我党的,他们是忘不了党曾给过他们的好处的。富宁瑶族退社骚动中,群众提出"退社不退党""坚决不退毛主席";昭通苗族因为我们干部长期不上山而搬家。经过我加强工作之后,群众很快就重新回到党的周围,并且出现了进一步团结。当然,对于那些确系反革命挑起的骚动事件,或者是群众性的骚动已经为反革命所掌握的情况下,应当有一定武装作后盾。在基本群众已被我们争取过来,反革命已被群众识破而受到孤立时,及时给反革命以有力的打击是完全必要的。只有这样,才能防止事态扩大和避免群众损失,从而更有效地争取群众,不这样做是不对的。

民族地区的几次骚动事件深刻地告诉我们,对待民族问题必须保持十分耐心和十分谦虚谨慎的态度。只有从这些事件中吸取教训,端正政策和工作作风,彻底改正工作中的缺点和错误,关心群众疾苦,认真根据民族特点进行工作,以改善党和群众的关系,才能保证不再发生类似事件。

(六)关于宗教政策方面

我省民族地区,主要有佛教、伊斯兰教、天主教及基督教,有些少数民族仍保存原始的多神教。

内地经过土改、镇反及社会主义改造等运动,部分地区宗教影响有所冲淡,但更多是表面现象,实际上群众宗教感情是很深的,尤其某些地区(主要是苗、瑶及部分彝族区)人民和宗教人士对我在宗教工作上的偏差是很不满意的,一些残余反革命分子即常常利用群众这种不满情绪制造事件和混乱。

边疆地区的宗教,突出的问题是外倾,过去我们做了许多工作,团结了一部分宗教上层，特别是去年以来通过朝拜"佛牙"、成立佛协分会筹委会等，进一步体现党的宗教信仰自由政策，消除了各种疑虑，使边疆的佛教与内地建立联系。但整个说来，由于干部对边疆宗教的民族性、群众性及其国际意义认识不足，错误地认为宗教问题只是上层问题，对其厌恶，急于冲淡，鼓动进步上层及信教干部退教，向教徒宣传"无神论""劳动创造一切"，歧视虔诚教徒，排斥其入组、入社，不发或少发救济物资，故意在节日召开群众会或组织生产等来限制其宗教活动，占用教堂办学、在寺庙内喂猪、撤佛塔盖厕所，严重伤害了群众的宗教感情。帝国主义分子则借此大加挑拨煽动，以致两三年来引起贡山、福贡、耿马、沧源等县连续发生大批教徒外逃事件，约千人，虽然大部已争取回来，但这一严重后果是不能低估的。

基于以上情况，今后不论内地和边疆的宗教工作，如何正确贯彻党的宗教信仰自由和保护宗教的政策，首先是争取宗教内向，逐步靠拢我党的问题，绝不是冲淡宗教影响或是逐步消灭宗教的问题。因此，我们必须认真争取团结一切可能团结的宗教上层人物及其有联系的群众，注意培养宗教上层中的进步分子，生活有困难者给予适当补助，代表性较大的人物应在政治上加以安排；对某些内外影响大的寺庙、教堂应重点进行整修，特别在边疆应通过成立地区性的宗教组织，使其与内地建立联系，由相应的宗教组织出面加封长老、牧师；对群众的宗教信仰和正常的宗教活动，应做到切实尊重、不准干涉。为了进一步联系广大教徒群众，应说服原来出身于宗教职业的干部和广大民族干部，参加正常的宗教活动和团结宗教人士的工作，克服在宗教问题上任何脱离群众的倾向。

三

从组织上、思想上进一步加强党对民族工作的领导，是保证完成党在民族问题上的任务和各项具体措施的重要关键。内地边疆不同民族地区在今后工作发展中不断出现新的情况和面临新的任务，我们还是十分不熟悉的。要求各有关党委积极主动地根据自己地区的具体情况，因时因地制宜地布置自己的工作。必须加强民族地区的党委一元化领导，各系统有关民族工作的重要决定，必须经同级党委审核后才能下达，务使各项政策措施建立在有把握的可靠基础之上，并且稳步地去进行。

正确的方针政策和组织制度，要有好的干部才能保证得到完满执行。因此，必须不断加强党对民族工作的政治思想领导，把不同民族在不同时期的每一个具体问题都提高到高度的政治原则上，自始至终反对大汉族主义的每一细小表现。目前产生大汉族主义和地方民族主义的阶级基础已经正在消灭了，但是它们不仅还有着深远的历史根源和思想根源，而且还涉及广大群众的觉悟问题。千百年潜伏在人们意识中的这种思想遗毒，不是短短数十年内可以完全消除的。经过几年来的工作和教育，大汉族主义已经克服了许多，这次检查结果也表明，像过去用粗暴态度故意欺压和侮辱少数民族的行为是很少或者极个别的了。目前大汉族主义更多的表现形式是忽视民族特点，忽视少数民族在祖国社会主义建设中的作用，特别是不让少数民族自己走路，在工作中包办代替和强加于人的倾向，而这又和我们不少干部思想方法上的主观主义和行动上的急于求成有联系的。危险的是这种倾向在最近一年来在部分干部中有了新的滋长。由于内地合作化和边疆土改的胜利，群众情绪振奋，引起了不少干部包括部分领导同志的错觉，产生自满麻痹情绪，过高估计了群众基础，看不见社会主义改造中新的问题和各方面的复杂关系。加之，由于领导上爱护干部的积极性，这当然是对的，但也产生过多地从主观动机上去看待缺点错误，一定时期内放松了思想教育的倾向，因而，许多同志在实际工作中远不如土改时那样慎重地对待民族问题了，对于某些地区出现伤害民族感情的事件视若无睹，引起民族的不满和离心倾向。这种情况和某些领导机关对下边要求任务过多、具体帮助很少的官僚主义是分不开的。

因此，要求各级党委在干部中认真开展对"八大"文件和"二中"全会决议的学习，加强调查研究，认真钻研民族实际。在实际工作中要很好依靠群众，遇事和群众商量，依靠本民族干部去进行工作。特别强调各级领导带头亲自深入下去，随时体察群众的脉搏、愿望和要求，不断纠正工作中的缺点和错误。只有这样，才能使我们的政策更切合于民族的实际，才能有效地克服我们工作中的主观主义和官僚主义，并进一步从思想上逐步消除大汉族主义产生的根源。

政务院第二百一十七次政务会议通过决议帮助尚无文字的民族创立文字

《民族工作学习参考资料》第5辑（文教工作和培养民族干部专辑）

云南省民族事务委员会印

1955年

政务院第二百一十七次政务会议通过决议帮助尚无文字的民族创立文字

编辑说明

我委于1953年曾编印了《民族政策学习资料》一种，先后共印了两辑，主要收辑中央及我省有关民族政策文件，供各地民族工作同志参考。由于各地缺乏报刊，在学习文件时，很难找到其他有关资料作为必要的参考。兹为适应上述需要，将该编内容扩大，改编为《民族工作学习参考资料》，继续印发。

内容包括下列三个方面：

（一）中央及我省有关民族工作政策和指示文件；

（二）中央及各省党报的社论，各级负责同志及专家的论文，对于阐述民族政策，可资学习参考的，有重点地转载；

（三）重点转载各地民族工作经验介绍。

但由于各民族地区的特点不同，各省、各地的当时中心任务和工作重点也不完全一致。因之，本资料所辑录的论文和工作经验介绍部分，仅供内部学习上的参考。

云南省民族事务委员会研究室

1955年4月28日

中央人民政府政务院第二百一十七次政务会议在5月20日下午3时举行。会议听取了中央人民政府民族事务委员会刘格平副主任委员所作的《中央人民政府民族事务委员会1953年的几项主要工作和1954年要点报告》和中央人民政府政务院文化教育委员会民族语言文字研究指导委员会秘书长、中央人民政府民族事务委员会委员罗常培所作的《中央人民政府政务院文化教育委员会民族语言文字研究指导委员会及中央人民政府民族事务委员会关于帮助尚无文字的民族创立文字问题的报告》。

政务院文化教育委员会民族语言文字研究指导委员会和中央人民政府民族事务委员会，在关于帮助尚无文字的民族创立文字问题的报告中分析了中国少数民族语言文字的复杂情况，并提出了解决办法。报告指出，我国的少数民族，主要是西南和中南地区的少数民族，很多是有自己的语言而没有自己的文字。就已知的材料加以分析，没有文字的各少数民族语言，大致有以下七种情况。一、本民族比较聚居，方言虽有不同，但有占绝对优势的方言区的。二、同一民族分布在不同地区，方言差别较大的。三、民族名称相同，分布在不同地区，方言分歧、语言关系尚待研究的。四、民族名称不同，语言基本相同，可以采用同一文字的。五、与本民族语言相近的其他民族已有文字，可以使用的。六、本民族虽有自己的语言，但多数人已经熟悉一种与本民族语言不同的其他民族的语言的。七、本民族人口很少，虽然有自己的语言，但愿意使用一种与本民族语言不同的语言和文字的。

报告接着指出，由于几年来政治、经济、文化等各方面的发展，没有文字的或没有通用文字的民族，现在迫切要求解决文字问题。为满足各少数民族的要求，报告根据上述情况，就有关制订少数民族语言文字问题，提出了如下的基本原则，即对于有自己的语言而没有文字或没有通用文字的民族，根据他们的自愿自择，应在经过一定时期的调查研究之后，帮助他们逐步制订一种拼音文字，或帮助他们选择一种现有的适用的文字。在制订或择定一种文字推行之前，各该少数民族得依原有习惯沿用汉文或其他民族的文字。

报告最后指出：各少数民族均有发展其语言文字的自由，也均有学习和使用其民族语言文字的自由，同时不论已有文字或还没有文字的各民族人民，各级人民政府均应予保障和帮助，凡机关、学校、团体等亦均应尽可能予以帮助，并不得加以歧视。

会议经过讨论，批准了《中央人民政府民族事务委员会1953年的几项主要工作和1954年要点报告》和《中央人民政府政务院文化教育委员会民族语言文字研究指导委员会及中央人民政府民族事务委员会关于帮助尚无文字的民族创立文字问题的报告》，会议决定撤销政务院文化教育委员会民族语言文字研究指导委员会。今后关于帮助少数民族创立文字的工作（包括语言调查、文字设计工作等），由中国科学院语言研究所负责；少数民族文字方案的确定和工作中的其他问题，由中央人民政府民族事务委员会负责；对于已确定的文字在民族学校教育中加以实验和推行的工作，由中央人民政府教育部负责；各有关民族地区的人民政府对本区的文字的实验和推行的工作，应加以领导。会议并责成中国科学院语言研究所和中央人民政府民族事务委员会对报告中提出的关于帮助尚无文字的各民族创立文字的办法加以审慎研究，先行试办，并应继续了解情况，及时总结经验，以便在事实证明这些办法确实可行，而且其他条件也比较成熟时，逐渐地在别的民族中进行。

《云南日报》
1954年6月7日

云南少数民族语文的一般情况
傅懋勣
《民族工作学习参考资料》第5辑（文教工作和培养民族干部专辑）
云南省民族事务委员会印
1955年

云南少数民族语文的一般情况

1952年2月中国科学院语言研究所派我和另外3位同志到云南调查研究少数民族的语言文字。云南省民族事务委员会和云南民族学院也先后派少数民族干部和汉族干部参加了我们的工作。我们在党和民族事务委员会、民族学院的领导和协助下，已经工作了将近两年的时间。本文就是根据大家在工作中的收获写成的。现分以下3项叙述：

一、一般情况

云南全省约1600万人，少数民族人口约占全省人口60%。主要的少数民族语言可分属汉藏语系和南亚语系，属汉藏语系的又可分为藏缅、侗傣、苗瑶3个语族，属南亚语系的只有孟高棉语族。如果以人口分布广的程度来排列次序，第一是藏缅语族的彝语支，第二是侗傣语族的傣僮语支，第三是苗瑶语族的苗语支，第四是孟高棉语族的佤崩龙语支。彝语支包括彝、民家、哈尼、傈僳、拉祜、麽些等语言，其中彝语分布最广，几乎全省各县都有，并且是越南北部六大语言之一。傣语主要分布在滇西和滇南，泰国北部、缅甸东北部和寮国的主要语言也是傣语。苗语主要分布在昭通、文山、蒙自、楚雄4个专区。佧佤语主要分布在缅宁专区的沧源、双江、耿马和思茅专区的澜沧一带，在缅甸境内和沧源、澜沧毗连的地带也有许多佧佤族。

云南少数民族中有代表独立语言的文字的，有傣、景颇、傈僳、拉祜、佧佤、麽些、彝、藏、苗9个民族。傣族和傈僳族各有3种文字，麽些族和彝族各有两种文字，景颇族有1种文字，和景颇族关系最密切的载瓦也另有一种文字，再加上拉祜、佧佤、藏、苗，共有16种文字。但是有些文字限于宗教上使用，比较通用的文字，只有傣文3种，丽江、保山、缅宁3专区使用傈僳文1种，景颇、拉祜、佧佤、苗各1种，共8种文字。所有这些文字，按照文字结构的原则，可分为以下三大类：

（一）表意文字（主要是象形）——麽些的东巴文1种。

（二）音缀文字（每个字代表1个音缀，不能分析为字母）——麽些的哥巴文、彝族原有的文字和主要在维西第四区使用的傈傈文共3种。

（三）字母文字——又可分为两类：

1. 音缀字母文字——3种傣文和藏文共4种。

2. 音素字母文字——可再分为3类：

（1）拉丁字母文字——景颇、佧佤、拉祜共3种。

（2）拉丁大写字母文字——不用小写字母，只用大写字母和大写字母的反倒形式。即丽江、保山、缅宁3专区所用的傈傈文及载瓦文共两种。

（3）大写字母文字——以线条或曲笔组成大小字母，以大字母代表声母，以小字母代表韵母，并用小字母的位置表示声调。即苗文、禄劝的1种彝文和1种傈傈文共3种。

回族日常的交际工具是汉语汉文，他们宗教上所用的阿拉伯文代表的是阿拉伯语。有些自己有语言没有文字的民族借用别族文字，如民家族中有许多人使用汉文，怒族中有许多人使用傈傈文；也有自己有文字而使用别族文字的，如信佛教的佧佤族使用傣文。这些民族使用别族文字，并不是用别族文字代表自己的语言，而是代表别族的语言。这和许多民家族会说汉语、许多怒族会说傈傈语、许多信佛教的佧佤族会说傣语有连带的关系。

二、7个民族的语文情况和我们的工作概要

为了能尽早地配合巩固民族团结，我们选了密布在边疆上的傣、景颇、傈傈、拉祜、佧佤、哈尼6种民族语言，做我们调查研究的主要对象，又因为彝族是云南省少数民族中人口最多、分布最广、支派最繁的一种，所以也把彝语列为我们调查研究的主要对象。现在先分别简叙这7个民族的语文情况。

（一）傣族语文——傣族主要分布在滇南和滇西。这两个地区也就代表着两个大方言区。滇南方言可以车里为中心，滇西方言可以芒市为中心。傣族有民族形式的文字，但因地区不同而使用傣仂、傣哪、傣绷3种文字。傣仂文有56个字母，主要使用在西双版纳，在这一带的傣族，会认傣文的男子约占男子人口的70%，会认会写的约占30%，女子中会文字的很少。由于这种文字基本上能正确地代表语言，解放后要求改进的只有少数知识分子。自从西双版纳傣族自治区人民政府成立以后，傣文成了自治区行使职权的主要文字，因为有了这种需要，又感到书写不便，印刷困难，傣族上层领袖人物便提出了改进文字的要求。我们已帮助设计了一种改进方案，经过傣族人士在车里会商，已初步同意了这个方案。傣哪文有20个字母，使用在保山专区，由于文字本身不能正确地代表语言［如6个声调和许多开合口（长短）的元音在文字上没有分别］，所以会读会写的人很少。但本民族改进文字的要求是很迫切的。1951年6月保山专区民族民主联合政府成立后，傣族人士经过协商提出了一个改进方案。这个方案基本上已能代表保山专区的傣语方言，但是由于规

律性不够，比较难学，始终没展开教学。去年有同志到保山专区协助傣哪文的改进工作，成立了保山专区傣文改进委员会，初步通过了一个改进方案，后来征集各方面意见并参考刀京版先生的方案，又重订了这个草案。德宏傣族景颇族自治区人民政府成立以后，把原来机构改称"德宏傣族文字改进委员会"，又修订通过了文字改进方案。这两种文字已有相当长的历史，而且所代表的方言也不同，暂难统一，只好暂为分别改造。傣绷文有18个字母，主要使用在缅甸的掸州，但是在我国和缅甸接近的边境，也有较小的地区使用这种文字。其缺点和傣哪文差不多，不过略有分辨声调的办法。我们对这种文字所代表的方言，还没做深入的研究，根据初步的分析，觉得可以和使用傣哪文的共同使用一种文字。过去用这3种傣文写的书，大部分是佛经，少数是历史文献。

（二）景颇族语文——景颇族主要分布在云南西部陇川、盈江、潞西、梁河、瑞丽等县。景颇和载瓦都是自称。过去汉族称景颇为"大山"，称载瓦为"小山"。语言虽都属藏缅语族，但有相当大的差别。景颇有拉丁字母拼音文字，有40个字母。信基督教的大多数会这种文字，不信基督教的会文字的很少。载瓦也有一种文字，用31个大写拉丁字母及其反倒形式的字母拼写而成。我只见到一本基督教赞美诗的印本，文字未见通行。据云南民族事务委员会研究载瓦语的周文煜同志说，拿这种文字代表其语言有些不完备的地方。有不少会说景颇语的载瓦也懂景颇文。景颇语里有6个音调的分别，但文字上没表示，因而在语言里很多不同的词义在文字上混同起来。我们研究的是莲山和陇川的方言，两处方言差别很小，可合为一个方言区。用这种文字印刷的书，有新约全书和小学课本，都是在缅甸印的。

（三）傈僳族语文——傈僳族主要聚居区，在丽江专区的碧江、福贡、贡山、维西和保山专区的泸水、腾冲、莲山等县，缅宁、大理、楚雄、思茅4个专区也散布着不少的人口。文字有3种，最通用的一种是在丽江、保山、缅宁3专区使用的，有40个字母，是用拉丁大写字母和这些字母的反倒形式凑成的。用类似标点符号的"点""撇"来表示声调，但写起字来，这些符号常常省略。据我们研究的结果，这种文字的方言基础在腾冲、莲山一带，但吸收了碧江、福贡、贡山和泸水的一些词。不只信基督教的有许多人会读会写这种文字，不信基督教的也有一些人会。第二种是楚雄专区禄劝县傈僳族使用的，这种文字用苗文字母来拼写自己的语言，大都用在基督教的经典上。第三种不是字母文字，形象似汉字而不同。据调查，这种文字才有20年的历史，最初只在维西县的第四区使用，现在三区和六区也有两个村子使用。字数很少，不够用。在这3种文字中，以第一种比较能正确地代表语言，只是书写印刷有些不便。本民族对文字的改进有不同的意见：（1）不识字的有些人主张改，有些人无所谓；（2）认识字的人，有人主张改为小写字母，有人主张仍用大写字母，只改声调符号，有人主张不改。

（四）拉祜族语文——拉祜族主要聚居区在思茅专区的澜沧县和景东县。缅宁专区的双江、耿马、沧源、镇康和西双版纳傣族自治区也有一些。这些地区的方言分歧不大，可以互相了解。有一种拉丁字母的拼音文字。有表示声调的符号，但在印刷的基督教经书和传说故事中，很少使用这些符号。信基督教的多半会这种文字，不信基督教的，只有极少数的人会。这种文字在字母系统、拼写法式和声调符号上有一些缺点，最近拉祜族知识分子在云南民族事务委员会语文干部的协助下，已拟订了改进方案。

（五）佧佤族语文——佧佤族主要聚居区在思茅专区的澜沧和缅宁专区的沧源，双江、耿马、腾冲、佛海、南峤也有一些。佧佤族有一种拉丁字母的拼音文字。信基督教的多半会读会写，但各地写法不大统一，文字本身也有些地方不能正确地代表语言。这种文字的印刷品我们只看见过佧佤文的新约。

（六）哈尼族语言——哈尼族主要聚居区在蒙自专区的元阳县和红河县。元阳、红河是一个方言区，人口占全族人口的半数以上。在西双版纳和澜沧旧称"阿卡"的（自称"亚尼"）因语言接近，现在也并入哈尼。思茅专区墨江、景谷、普洱、镇沅的"布都"，按照语言和民族自称也应并入哈尼。哈尼族没有文字，本族知识分子很希望有一种代表自己语言的文字。

（七）彝族语文——彝族在滇东、滇北和滇西都有聚居区。因地区不同而有"诺苏"、"罗珞"、"腊鲁"、"他鲁"、"阿武"、"阿罗"、"阿哲"、"密撒"、"果濮"、"宽丝"（白衣）、"姆资"（姆僟）等自称，汉称名目更多，如"土家""蒙化""乡谈""梁山"等。方言差别很大，不只滇东、滇北和滇西的彝族不容易通话，昆明东乡和西乡的彝族也不容易通话。但滇北沿金沙江岸永善、巧家、武定的蛮得梁子和华坪、宁蒗、永胜一带的彝语和邻近的川康彝语可以通话。彝文有两种：一种是彝族原有的音缀文字，在蒙自、玉溪、昭通、楚雄、思茅、丽江、大理等专区的巫师还用这种文字写经书；一种是禄劝一部分信基督教的彝族所用苗文字母式的文字，这种文字的印刷品只有基督教经书。彝族会说汉语的人比较多，日常使用文字时，也多用汉文。

我们在过去一年半中所做的工作，可简括为以下6项：

（一）调查研究——对以上7种语言，各选出重点方言进行了研究。对于傣、景颇、傈僳3种语言和文字及哈尼语都做了比较深入的研究。由所搜集的词汇、语句和口头故事或文字记载中，归纳了音位系统，初步得到了一些语法的规律，对于文字的结构，也做了科学的分析。对于拉祜、佧佤、彝3族的语言文字，也进行了初步的研究。另外还调查了阿昌语和布孔语。

（二）文字的改进和创制——和傣族干部合作，对于傣仂文和傣哪文，分别拟订了改进方案。根据元阳、红河的哈尼方言，试拟了一套拼音字母，因为有些人口较少地区的方言还没调查，所以还没写成文字方案。

（三）编译——编了一本少数民族语言调查手册（词汇部分）和一些语文课本。用傣文、景颇文、傈僳文翻译了民族政策、3种宣传画册、1种连环图画和一些文件，并把一本傣文编年史《宣慰使司地方志》译为汉文。为适应翻译工作的需要，正进行试编傣文、傈僳文两种《新词汇编》。

（四）培养干部——培养干部以吸收少数民族干部参加研究和编译工作，在工作中以锻炼提高的方式为主。和我们共同工作时期较长的当地民族干部有傣族、景颇族、傈僳族共5人。另外我在云南大学社会系担任"语言学"和"少数民族语言"两课,和我们共同工作的少数民族干部大部分也前往听课。

(五)语文教学——在帮助汉族学习少数民族语文、帮助少数民族学习本族语文和汉语文方面,也稍做了一些工作。曾编了一本《速成汉语课本》,在云南民族学院不懂汉语的152个学员中实验过速成汉语教学,并已写出教学总结。

(六)云南少数民族名称和语言支系的初步识别——为配合民族成分的识别工作,我们曾利用一切机会,对民族的自称和他称以及语言的支系做过一些研究。发现云南140种左右的民族名称中,有许多异名同实的现象。如专就有独立语言这一个条件来看,这些民族名称可归并为25个左右。

三、存在的问题

在云南边疆民族语文工作中,现存着3个迫切需要解决的问题:

(一)边疆民族小学课本与一般用的民族语文课本问题——在云南省,民族的区域自治已逐渐推广,有些自治区人民政府已使用本族文字,而在小学中却专用汉文课本,有些教师不会民族语,利用翻译来进行教学,教学效果不容易提高。在教会办的景颇族的小学中,仍然使用缅甸景颇族所用不适合我们新民主主义内容的课本。所以,现在边疆上有文字的民族对于民族语文课本的要求非常迫切,我们如何有计划有步骤地帮助编译课本,是一个急需解决的问题。现在民族地区工作的干部,大多数在努力学习当地的民族语文,如何编写一些帮助这些干部学习民族语文的课本,也是一个急需解决的问题。

(二)边疆民族语文的翻译人才问题——边疆民族会说汉语的人很少,政策法令的传布和本族人民意见的反映,都依靠翻译人员。如何加紧翻译人才的培养,也是目前急需解决的一个问题。

(三)文字问题——在民族文字中,有几种还不完备,有许多民族没有代表自己语言的文字,如何根据本民族的自愿和语文的具体情况以帮助充实或改革其不完备的文字及如何帮助无文字的民族创立文字,也是一个非常重要的问题。

《新建设》1954年3月号

关于少数民族创立和改革文字工作的情况和规划
——在蒙古语族语言科学讨论会上的报告摘要
中国科学院少数民族语言研究所筹备处主任　尹育然
《民族工作学习参考资料》第11辑
云南省民族事务委员会印
1956年9月15日

关于少数民族创立和改革文字工作的情况和规划
——在蒙古语族语言科学讨论会上的报告摘要

帮助少数民族创立和改革文字是目前迫切需要解决的一项重要问题

我国有几十个少数民族，解放以前，他们在文化方面被剥夺了使用和发展他们自己的语言文字的权利。虽然几千年来各少数民族都是和汉族一起共同居住在我们祖国的疆土之上，并且共同缔造了我们的伟大祖国，但是各民族之间对于彼此在语言文字方面的情况并不十分了解。解放以前，我国的有些语言学者在这方面曾进行过一些研究工作，当时在蒋介石国民党的大汉族主义反动统治之下，这种研究工作是得不到重视和支持的，因此只可能是零星的、分散的、随个人的兴趣和条件而进行的，若干的外国语言学者们也曾经积累过一些资料，但是其中许多工作是随着帝国主义觊觎之心而进行的，这些材料也仍然不广泛和不深入，我们对于这些过去积累的资料和论著，是需要加以整理和研究的。

解放以来，由于党和人民政府民族政策的贯彻执行，有关的少数民族普遍都要求创立文字或改革文字。我国的语言学者这几年中在党和政府的领导下进行了不少的工作，不仅对全国少数民族的语言情况已经有了一个初步的了解，而且在创立文字和改革文字的工作上也都有了若干收获。但是，面对着全国几十个民族在语言工作上的迫切要求，我们对于各民族语言情况的了解仍然是十分不够的，我们对于各民族文字方案问题的研究也远远地落后于各少数民族的实际要求，至于各民族在语言规范问题上的深入研究，当然就更为不够了。

根据这几年来的了解，我国各少数民族所使用的文字，全国除回族、满族已经通用汉语汉文以外，已经比较通用的文字计有：蒙文、藏文、维吾尔文、哈萨克文、傣文、锡伯文和延边朝鲜族使用的朝鲜文等几种。其余不通用或不大通用的文字则还有二三十种，这些文字中有些是有相当长的历史了的，如彝族的旧彝文、纳西族的一种图画文字，一般就都认为已经有了几百年的历史了；也有的是用汉字拼合的，但大部分还是帝国主义侵入以后由帝国主义传教士所创制和传播的。在这些不通用或不大通用的文字中，大都不能够较充分地反映本民族的语言，不能成为本民族在发展社会主义文化建设中够用的工具，例如傈僳族的一种大写拉丁字母反倒形式的文字，本民族中也已经有了相当数目的能够认识的人，但是由于缺点很多，在作为交际工具时，常发生各种困难，因此本民族要求帮助他们另外创立一种适用的文字。甚至也还有这样的情况，在一个人口数目只有几万人的民族中，方言分歧也不是很大，然而帝国主义的传教士却给他们制出了两种甚至3种文字。在云南纳西族地区曾看到过一种拉丁字母印刷的基督教读物，可是当地语文工作者却没有找到过一个认识这种文字的人。因此，虽然看起来少数民族的文字已经有了这么多种，实际上大多数的民族还是没有文字的。

在全国的各少数民族中，有自己的语言并有通用文字的民族人口总计大约1000万。有自己的语言而没有文字或有文字而不通用的民族人口总计大约2000万。近几年来，各民族的建设事业都处在蓬勃发展之中，但是，由于许多民族还没有自己的文字或没有通用的文字，他们在发展本民族的政治、经济、文化建设事业中，遭遇到了很多困难。在文化建设上，许多民族目前的初等教育都采用汉语汉文，教员不懂少数民族语言，学生不懂汉话，学生在课堂上只是跟着老师念，下课后就用不上，回家就忘记了，以致有些学习模范认识了不少汉字，但不懂得它是什么意思，并有不少学生一直在学校中上一年级达三四年之久。拉祜族有一个在四五年内一直都很用功的学生要求退学，原因是觉得学了这样久，成绩仍然不好。在其他建设事业上，由于没有文字或没有通用的文字，也受到了很大的影响，有许多少数民族的农业地区在合作化高潮之中纷纷组织起了农业生产合作社，但是没有文字作为记账的工具，有的就不得不采用稻草秆来记分，用铁条烧红后在木板上捅窟窿之类的办法来记账，而这种办法当然不可能真正解决像农业生产合作社的账目记载这种问题。也有些地区政府的公文指示下到村里以后，却没有人能够认识，需要等到有认识汉字又能翻译的人来到村里才能得到说明。从这些事实中也就可以充分看出，没有本民族文字对少数民族的发展是阻碍很大的。

正因为没有文字或没有通用的文字，给少数民族人民生活和建设事业的发展带来了许多困难，所以少数民族要求创立文字和改革文字的呼声是很高的。仅据我所知道的，有关部门就时常收到这样一些要求创立文字的群众来信，到北京参观和开会的少数民族代表也纷纷反映要求给他们创立文字。由于解放几年以来，我们在这方面的工作还远没有赶上少数民族的实际需要，他们对于这一点是有意见的。

此外，在民族地区工作的汉族人员与其他民族的干部也都需要学习当地通用的语言。

关于少数民族创立和改革文字工作的情况和规划——在蒙古语族语言科学讨论会上的报告摘要

少数民族语文工作的方针和规划

帮助少数民族创立与改革文字，必须采取比过去更加积极，但是仍然要坚持慎重稳进的方针。

去年12月在北京举行的"民族语文科学讨论会"上和会议以后，曾经由各有关机构和各民族的同志们共同会商，拟出了一个关于少数民族语文工作规划的初步意见。

从过去几年的工作体会中，我们感到，要完成普遍调查各少数民族语言并且帮助少数民族创立和改革文字的任务，在全面安排调查研究的工作中，有必要按各民族语言关系组织若干个语文工作队分工进行。经过研究和领导上的批准以后，已经成立了7个工作队。

（一）第一工作队，队部设在南宁，任务是调查研究僮、布依、侬、侗、水家、黎等民族的语言及其他在语言关系上接近的语言。

广西僮族人口约有650万，有自己的语言，但是没有文字，1954年列为调查研究的重点，广西省桂西僮族自治州也成立了僮文研究指导委员会，经过了1年多的调查研究和本民族各方面人士的考虑之后，去年12月已经公布了僮文字母方案的草案，以征求群众意见，计划争取在今年秋季能够展开推行僮文的工作。云南省的侬语和僮语基本相同，他们打算采用僮文。贵州的布依族语言和僮语也是基本相同的，也可以考虑在经过和本民族协商研究以后，与僮族使用同一文字方案。从僮语的研究中，特别是从苏联专家对僮语研究的意见中，使我们在语言研究上的知识和经验都有了相当增长。

贵州、广西、湖南等省境内的侗族和水家族，广东省境内黎族的语言，都是和僮语较为接近的，由第一工作队进行调查，在比较和研究上有许多便利。该队已计划在今年进行方言调查，明年提出对基础方言、标准音和文字方案的初步意见。

（二）第二工作队，队部设在贵阳，调查研究苗、瑶及其他语言关系较为接近的语言。

苗族和瑶族居住都比较分散，分别在贵州、云南、湖南、广西、广东、四川、浙江等各省。对他们方言情况的了解，从1950年就开始了。苗语和瑶语的方言分歧都比较大，各地区的语言又常有接受周围其他民族语言影响的现象。语音、词汇甚至语法都各有不同特点。据语言学家们的初步意见，这两种语言在创立文字的工作上，目前立即采取推行1种苗族文字和1种瑶族文字的办法，效果可能是不好的，比较周到的办法是创立1种以上的文字，在不同的地区分别使用。文字统一的问题则从语文工作和文化发展的工作中去逐渐求得解决。这个问题当然必须由本民族的人民和其领袖人物来考虑。苗语准备在今年提出文字方案，瑶语准备在明年提出文字方案。

（三）第三工作队，队部设在昆明，调查研究傣、倮倮、景颇、拉祜、哈尼、卡瓦、民家、纳西等民族的语言和其他一些语言情况尚不清楚的语言。

云南全省的少数民族语言情况是十分复杂的，对他们的语言1952年即有专人进行研究，但是因为语言情况复杂，直到现在对有些语言也还不够了解。云南省已经成立了少数民族语文工作的指导机构，并且拟订了计划。属于苗、彝、侬等族语言的研究工作，在工作队的分工上都已经分给各相近的语文工作队去了。这里提出的一些民族，主要都是分布在云南边疆地区的。

傣族在语言关系上和广西的僮族是比较接近的，约有50万人，方言分歧不算很大，但是他们的文字情况却很复杂，通用和不大通用的文字共有5种，其中3种都已经有了数百年之久的历史，有两种也为国外相同民族和个别其他民族所使用。去年曾经确定了其中较为通用的两种文字改进方案，目前已经在试验推行。傈僳、景颇、拉祜、哈尼、卡瓦等语言，几年来都已经做过一些调查研究的工作。去年已经对他们的文字问题提出过一些初步意见。这些民族中，除哈尼族以外，帝国主义的传教士都曾经给创制过文字，而且常常是一个民族就有两三种之多。但是这些文字在使用上缺点很多，不能正确反映本民族的语言，书面语言写出的东西时常意义含混，因此，有些民族坚决主张给他们另外创立。但是，这些民族文字进行创立或改革工作，必须从多方面去研究。对于这些民族的文字方案的问题，云南省的少数民族语文工作指导委员会和第三工作队打算在今年以内提出初步意见。

民家和纳西几年来也进行过一些调查研究的工作，但是普遍调查还没有做过。他们的文字方案的问题打算在1957年提出。

（四）第四工作队，队部设在成都，调查研究彝族语言和一些情况尚不了解的语言。

四川省的大小凉山一带，是彝族的聚居区，人口约有120万，方言分歧不太复杂。1950年以来，中国科学院语言研究所的工作队在那里已经帮助创立了一种拼音文字，几年以来语文工作上也收到了一定的成绩，但是这种文字方案还有些缺点，要做进一步的研究和改进。

云南的彝族人口要更多些，但是方言分歧比较大，过去也还没有进行过比较普遍和深入的调查。贵州的彝族约有30万人口，语言情况也需要做进一步的调查。第四工作队计划在今年普遍调查彝语方言，争取早一些确定已经在大小凉山地区进行实验教学的新彝文方案，对于不适用这个方案的地区，将在1957年提出文字方案。

第四工作队还计划去湖南，对语言情况还不了解的有些地区进行调查。

（五）第五工作队，队部设在呼和浩特，调查内蒙古自治区、辽宁、新疆、青海、甘肃、吉林、黑龙江、河北等地区内的蒙古语和达呼尔、东乡、土族、保安等民族的语言。这些语言的调查研究工作，1955年曾经组织过一个规模较大的调查队去进行。

1955年7月，内蒙古自治区人民委员会曾经颁发了《关于推行新蒙文的决定》，这个决定中认为旧蒙文对蒙古民族的团结和发展曾经尽到并且正在尽着它的历史使命，但是它有许多缺点，应该采用蒙古人民共和国已经推行成功的新蒙文，并且要求在推行新蒙文中要结合内蒙古地区蒙语的实际情况。因此，关于蒙古语文工作中的一些政策问题，内蒙古自治区人民委员会的决定中在基本精神上已经作了解决，我们的科学研究工作应按照这个

关于少数民族创立和改革文字工作的情况和规划——在蒙古语族语言科学讨论会上的报告摘要

精神去进行。

达呼尔、东乡、土族等语言,去年进行过初步调查,今年准备继续进行调查工作。保安语也计划在今年进行调查。它们的文字问题打算今年和明年提出意见,并且在这次会议上,由各地到会代表先就字母形式的问题交换意见。

(六)第六工作队,队部设在乌鲁木齐,调查研究新疆维吾尔、哈萨克、柯尔克孜、乌孜别克、塔塔尔、塔吉克、锡伯和甘肃省的裕固、青海省的撒拉等语言。

去年所组织的新疆民族语言调查队,曾经对新疆的几种少数民族语言作了一次初步的调查和了解,今年还需进行补充调查。新疆已经成立了新疆维吾尔自治区语言文字研究委员会,并且拟订了本年的工作计划。新疆信仰伊斯兰教的各民族中,大都使用着阿拉伯字母的拼音文字,这种文字在他们民族的历史和现代生活中都有很大的作用。据本民族的有些人反映,这种文字也有缺点并且要求加以改革。同时新疆境内的许多民族在苏联境内也有,苏联境内的这些民族的阿拉伯字母已经改革过了。

此外,新疆境内的锡伯族,有14000多人口,使用满文,在新疆还有另一些人也使用满文,去年曾经对他们的语言了解过一下,今年准备继续调查;他们的文字问题,计划今年在新疆举行的会议上交换一些意见,乌孜别克、塔塔尔语的情况和文字情况今年也将要在新疆做一次了解。撒拉和裕固语,准备今年进行调查,作比较研究。

(七)第七工作队,负责进行藏语的研究,同时负责羌语和其他一些情况尚不清楚的语言的调查研究。

藏族分布在祖国从西北到西南的广大疆土上,在西藏外,并聚居在四川、甘肃、青海、云南等省的部分地区,人口大约300万,方言分歧比较大,但是都共同使用着一种拼音的藏文。藏语研究的问题,需要全面系统地进行,需要把分散进行的工作适当组织起来,也需要对各地方言进行调查研究工作。第七工作队计划在今年分为几个组,对藏语的几个方言区都做一次调查,并且在今年年底或明年春举行一次藏语科学讨论会,还需要积极地抓紧培养干部和组织力量的工作。

羌语和这个地区其他一些语言,情况还不够了解,据语言学者的一般意见,认为有进行独立研究的必要,经过调查研究,确定了语言关系等问题之后,再考虑文字方案问题,这项工作计划在一年内进行。

除了上面在7个工作队的计划中已经提到的以外,还有鄂伦春语、满语、吉林省延边的朝鲜语和台湾的高山语等语言,也需要组织力量进行研究。这要根据各工作队的工作发展情况来做具体布置,或另外组织力量进行。此外也还有些根本不知道,或情况还不了解的语言,目前都准备按各个工作队的所在地区分工,分别进行调查研究。

帮助少数民族创立、改进和改革文字工作的情况和问题[1]
中国科学院语言研究所　傅懋勣
《民族工作学习参考资料》第11辑
云南省民族事务委员会印
1956年9月15日

帮助少数民族创立、改进和改革文字工作的情况和问题

引　言

我国是一个多民族的国家。各民族人民正在共产党的领导下，积极地进行社会主义建设和社会主义改造。虽然各少数民族的发展目前还是很不平衡的，但是都要和汉族共同过渡到社会主义社会。现在我国经济建设的速度日益增长，而许多少数民族地区的文化教育事业还赶不上经济建设的需要。农业合作化运动的高潮已经来到了，可是有许多民族还没有文字或有文字而不完备，这种情况严重地阻碍了这些民族经济、政治和文化上的发展。

解放以来，党的民族政策很早就提出了帮助少数民族发展语言文字的问题，中华人民共和国宪法规定各民族都有使用和发展自己语言文字的自由。在发展国民经济的第一个五年计划中，也提出了"对于那些还没有文字的民族应该努力帮助他们创造自己的文字"和发展少数民族地区的文化教育事业等项任务。由此可见，帮助少数民族创立、改进和改革文字，是党在过渡时期民族工作方面急需解决的一个很重要的问题。

按照马克思主义的观点，一切事物都在运动着、变化着、产生着和消逝着。在我们建设社会主义社会的国家里，语言的发展必然地经历着由低级到高级、由分散到集中的过程。民族文化也一定会依赖使用本族语言的初等义务教育的普遍施行而以新的力量发展起来，只有在民族文化发展的条件下，才能使各民族更有效地参加社会主义建设的事业。因此，根据各民族的需要和意愿来进行创立、改进和改革民族文字的工作是非常必要的。通

---

[1] 这是作者于1955年12月6日在民族语文科学讨论会上代表中国科学院语言研究所少数民族语文研究组所做的报告。——编者

过这一工作,我国各民族的语言一定会更加互相丰富和发展起来,民族形式社会主义内容的文化一定会空前地繁荣起来,这样才能使文化教育建设和日以千里的经济建设相适应,使各民族迅速地发展成社会主义民族。这不只是一件细致的科学工作,也是一个严肃的政治任务。

一、少数民族语言文字的简要情况

我国少数民族语言,大体上可分属于汉藏、阿尔泰、南亚、印欧4个语系。属于汉藏语系的,藏、彝、傣、傈僳、景颇、纳西、拉祜和部分地区的苗语有文字。僮族和水家族原来曾用汉字和汉字变体形式或少数象形字记载经文和歌词,布依、侬、沙、侗、黎、瑶、民家、哈尼、羌和大部分苗语都一向没有文字。属于阿尔泰语系的,维吾尔、蒙古、满、哈萨克、锡伯、乌孜别克、塔塔尔有文字,部分地区的达呼尔有文字。柯尔克孜族曾有文字,东乡、土族(青海、甘肃)、保安、撒拉、裕固、索伦、鄂伦春等都没有文字。属于南亚语系的,卡瓦有文字,布朗、崩龙没有文字。属于印欧语系的只有塔吉克语,没有文字。朝鲜语和高山语的系属还没定论,朝鲜语有文字,高山语的情况尚待调查。

满族只有少数村落的部分人士还懂得原来的语言文字,绝大多数人已经采用了汉语文。其他各民族除个别地区的少数人有放弃本民族语言采用另一种语言的以外,都拿本族语言作交际工具。

由于不同的历史条件,有一个民族使用两种或更多种的文字的:傣文有5种,傈僳文、景颇文、纳西文、苗文各有3种,蒙文、彝文各有2种。因此,虽然仅只有20个左右的民族有文字,可是共有30多种文字。在这30多种文字中,有一种表意文字,就是纳西族的东巴文;有3种音节文字,就是纳西族的哥巴文、历史较长的一种彝文和维西县四区和六区的傈僳文;其他都是拼音文字。各种文字使用地区的广狭和人口多少也会相差很大,例如:使用傣仂文的有西双版纳自治州和孟连一带约15万人口的地区,会文字的约有3万人;使用金平傣文的只有金平县的第三区有3400多人口的地方,会文字的不过100人。在帝国主义传教士拟制的文字当中,有些只在教堂里经书上使用,不在一般人民群众的日常生活中使用,如纳西的拉丁字母形式的文字,我们虽然看到一本印出来的基督教赞美诗,但是还没有找到一个能认识的人;贵州东部注音字母的苗文,能认识的也很少,绝大多数苗人都不知道有这种文字。在原有文字中也有些文字是很不完备的,例如:帝国主义传教士根据布饶方言创造了卡瓦文,可是布饶方言的辅音元音系统是很复杂的,其中有12个辅音和9个元音在这种卡瓦文里完全混入其他辅音和元音,有2个辅音韵尾在文字上也完全没有表示,因此有大量的在语言里有严格分别的词在文字上完全没有分别。

对于原有文字或没有文字的语言,都需要组织人力,有计划地逐步调查研究方言分布和同异的情况,参考其他各项有关材料,选定和确定它的标准语的基础方言和标准音,逐步建立发展各民族书面的和口头的民族共同语。对没有文字的民族,应该根据语言使用的具体情况和本民族的自愿自择,帮助创立拼音文字或采用现有的适用的文字。对原有文字的民族,还要研究他们文字的结构原则、文字和语言的关系以及文字使用的情况,然后根据本民族的自愿自择,决定是否进行文字改进或改革的工作。满族的绝大多数人民虽然采用了汉语文,但是对于满族原有的语言文字也须进行调查研究,以便了解他们丰富的历史文献并进行通古斯语族语言的比较研究。

二、帮助少数民族创立、改进和改革文字工作的情况

中国科学院语言研究所遵照政务院1951年《关于民族事务的几项决定》[①]中"帮助尚无文字的民族创立文字,帮助文字不完备的民族逐渐充实其文字"的指示,已经派语文工作队分别到四川(包括原西康省)、广西、贵州、云南等省做重点的调查研究。一方面为帮助僮、彝、苗、布依、哈尼等族创造拼音文字准备条件,一方面帮助云南边疆上的傣、傈僳、景颇、拉祜、卡瓦等有拼音文字而不完备的民族充实改进文字。1954年政务院在对文化教育委员会民族语言文字研究指导委员会和中央人民政府民族事务委员会《关于帮助尚无文字的民族创立文字问题的报告》的批复中,指示了在创立文字工作中各机构分工的原则,并责成中国科学院语言研究所和中央人民政府民族事务委员会审慎研究,然后拟订计划和订出在一两个民族中创立文字的具体方案,开始先在这一两个民族中逐步试行。并应继续了解情况,及时总结经验,以便在事实证明这些办法确是可行,而且其他条件也比较成熟时,逐渐地在别的民族中进行。语言研究所和民族事务委员会遵照这个指示审慎研究后,决定首先在僮族中试行创立文字的工作。语言研究所于同年9月和桂西僮族自治区僮族文字研究指导委员会共同组织了僮语工作队,对于僮语方言做了全面的调查和比较研究,同时也搜集了有关决定僮族标准语基础方言和标准音的其他各项有关材料。在苏联顾问谢尔久琴柯教授的亲自指导下,已经确定了基础方言和标准音,拟订了初步的拼音文字方案。现在正在大力培养僮族语文干部,编辑教材、参考书和词典,准备1956年3月起进行试验,10月开始推行。在帮助僮族创立文字的同时,对于和僮语很接近的布依语、侬语、沙语也进行了调查研究并拿它们和僮语进行了初步的比较。根据现有材料看,说侬语和沙语的人有和僮族使用一种文字的可能。关于布依族能否和僮族使用一种文字的问题,正在研究。

在进行僮族文字工作以前,语言研究所的研究人员曾和彝族知识分子合作,在四川

[①] 中央人民政府政务院《关于民族事务的几项决定》,参见本《实录》第一卷。——编者

创立了一种用拉丁字母拼音的新彝文。除了在中央民族学院、西南民族学院、西康省立师范学校、西昌专区民族干部学校、乐山专区民族干部学校、民族干部训练班、乐山师范学校、凉山军分区彝民团进行了新彝文的实验教学外，已经在四川40所民族小学中使用新彝文各科教科书进行教学。编译了45种课本和读物，出版了一种新彝文双周报。培养了新彝文师资和研究编译干部176人，现在彝族成人和在校儿童已经学会新彝文的有7000多人。经过4年多的教学和试用的实践，我们认为帮助彝族创立一种拼音文字以提高人民大众的文化水平，这种做法是正确的。现在在进行了新彝文教学的地区，彝族人民在文化知识和政治生活的提高上，是比较显著的。但是在新彝文的工作中，也陆续发现了一些缺点。例如：过去在拟订文字方案以前，对各地彝语方言土语的情况了解得不够，个别字母形式和拼写规则还不够简便精密。我们对新彝文的工作，正在进行总结，并拟修改现有的文字方案。凉山彝族自治州也打算成立一个语文工作机构，我们认为这是必要的。

我国有些民族的拼音文字，虽然有悠久的历史，但是在反动统治时代得不到发展的机会。中华人民共和国成立以后，有些民族已经提出改进或改革旧文字的要求。内蒙古自治区、新疆维吾尔自治区、克孜勒苏柯尔克孜自治州，云南省德宏傣族景颇族自治区、西双版纳傣族自治州，都成立了语文研究、文字改革或改进的机构，西双版纳和德宏地区已经完成了两种傣文的改进方案，正在编译教材、参考书和词典，准备试验和推行。维吾尔族和哈萨克族对个别字母和拼写规则，都提出了改进的方案。云南省的傈僳族提出了初步的创立文字方案，景颇族、拉祜族设计了初步的文字改进方案。内蒙古自治区人民委员会已经在1955年7月公布了《关于推行新蒙文的决定》，在决定中规定1955年下半年到1958年上半年为准备阶段，1958年上半年进入重点推行新蒙文的阶段，从这时起到1961年为从使用旧蒙文过渡到使用新蒙文的阶段，1962年5月起完全施行新蒙文。

总计在最近5年的时期里，初步设计了僮文、新彝文、傈僳文3种拼音文字方案。对7种原有文字进行过充实改进的工作，计：傣文2种，景颇文2种，维吾尔文、哈萨克文、拉祜文各1种；但其中有一些仅仅是初步的草案。蒙文改革的工作才进入准备阶段。

现在谈谈调查研究的工作：语言研究所为了进行广泛深入的调查研究和帮助地方培养语文干部，派到我国南部和西南部的工作队，一般是长期性的。彝语工作队已经在四川（包括原西康省）工作了5年。这个工作队和西昌专署民族干部学校合作，先后调查研究了四川省18个县的彝语方言，研究了彝族音节文字的结构以及这种文字和语言的关系。语法和词典的编写工作已经完成了1/3。现在这个工作队的中心任务是帮助四川彝族修订现有文字方案和试验推行新彝文。我们准备吸收一批云南和贵州本民族的知识分子，普遍调查研究云南、贵州两省的彝语方言，以便全面地考虑彝族文字问题。

僮语工作队是从1952年就开始工作的。1954年和僮族自治区合作扩大了组织，分西、北、南三路普遍调查了广西省44县的僮语方言，现在除积极准备试验推行新创立的文字以外，正在编写一个全面的《僮语调查报告》。和僮语工作相配合，在1952年曾派了一个布依语调查组到贵州调查研究布依语方言，已经写好一部《布依语法研究》，即将出版。今后拟逐渐充实僮语工作队的力量，使它能担任和僮语同语族的布依、侬、沙、侗、水家、黎等语言的研究。这样就更容易进行比较研究，在创立文字的工作上也能够做到应有的联系。

云南工作队已经陆续在云南工作了4年。这个工作队和云南省民族事务委员会语文研究室合作，分成几个工作组到云南西部和南部的傣族地区，云南西部的景颇族、傈僳族地区，红河、元阳、墨江等县的哈尼族地区和一部分彝族聚居区进行方言和原有文字的调查研究。此外，还调查研究了拉祜语、卡瓦语、布朗语、阿昌语、侬语、沙语、西蕃语。对国防线上几个主要民族的语言，都进行了音位系统、词汇和语法的研究，对其他语言也归纳了音位系统，记录了常用词汇和一些短句。1955年9月中央民族事务委员会和语言研究所派人协同苏联顾问谢尔久琴柯教授到云南研究了各项语言材料和工作队帮助傣族、傈僳族、景颇族、拉祜族拟订的文字方案以及帮助哈尼族创立文字的工作步骤，对这些工作提出了建议，把工作大大地向前推进了一步。

苗语工作队自从1952年开始就是由语言研究所和中央民族学院的力量共同组成的。这个队首先调查研究了贵州东部和西北部的苗语方言，并初步研究了四川南部和湖南西部的苗语方言。1955年又到贵州中部、西部，云南东部和广西僮族自治区调查苗语方言，现在对全国苗语方言划分和各种方言的同异已经提出初步的材料和意见，这对于苗族文字问题的解决，是有很大的帮助的。

为了帮助我国北部、东北部、西北部的少数民族发展语言文字和了解各民族语言文字的情况及彼此间的关系，1955年语言研究所、中央民族学院和内蒙古、新疆语文研究机构合组了蒙古语族语言和方言调查队及新疆民族语言调查队，分别到内蒙古自治区、热河、吉林、黑龙江、甘肃、青海等省和新疆维吾尔自治区进行调查研究。苏联蒙古语专家托达叶娃同志亲自参加并指导蒙古语族语言和方言调查队的工作。这个调查队已经提出关于划分我国蒙古语方言的意见，并研究了达呼尔、土族、东乡3种语言以及它们和蒙古语的关系。对于我国蒙语和蒙古人民共和国蒙语的同异，也做了初步的比较。这不仅给我国蒙古语文字改革的工作提供了材料，也给达呼尔、土族、东乡等族的文字工作准备了条件。新疆民族语言调查队对维吾尔语、哈萨克语、柯尔克孜语做了重点调查研究，并拿这些语言和苏联的维吾尔语、哈萨克语、吉尔吉斯语做了初步的比较。对于锡伯语和塔吉克语也进行了初步的调查。这个调查队的工作对于今后帮助新疆各民族进行语言文字的研究，也提出了参考资料。

藏族有统一的书面语言和丰富的文化遗产，但是在现阶段，各地方言土语的差别还是相当大的。过去中央民族学院和语言研究所调查研究过拉萨、日喀则、昌都、安多的方言,并做过初步的比较研究。今后应组织力量逐步广泛深入地调查研究藏语方言,并继续比较研究的工作。对于藏语的文献资料和本民族关于藏语文的著作,也需要进行研究。

关于培养干部方面,中央民族学院语文系自1951年起,陆续开办了藏、蒙、维吾尔、哈萨克、彝、僮、布依、苗、瑶、侗、傣、纳西、傈僳、景颇、载瓦、卡瓦、拉祜等17种语言的班次。为了配合创立僮族和苗族文字的工作,又开设了专修科,招收僮族和苗族学生,培养为语文研究和推行文字的干部。为了进一步培养少数民族语言研究的专门人才,又开设了研究班,研究生中有汉族也有少数民族。语文系本科生都必须到民族地区实习一年,先后派到广西、贵州、四川、云南、新疆、湖南和西藏等处的实习组已达32个。培养干部的工作都是和调查研究的工作相结合的,中央民族学院语文系8个教研组对少数民族语言也进行了调查研究。在各地民族学院和一些高等学校中,也有开设一些少数民族语文课程,并进行了研究工作的。语言研究所各工作队都是一方面进行调查研究,一方面进行培养干部的工作,而且特别重视了培养本民族语文干部的工作。

上面所说各方面的调查研究工作、中央民族学院和其他学校培养干部的工作以及语言研究所各工作队在当地培养干部的工作,都给帮助少数民族发展语言文字的工作创造了必要的有利的条件。

三、工作中的问题和对这些问题的看法

根据过去的一些工作体会和苏联的先进经验,我们提出有关帮助少数民族发展语言文字方面的一些问题和我们对这些问题的初步看法:

(一)关于调查研究民族语言的方法问题

创立、改进和改革文字的工作,都需要首先对同一语言的方言土语进行调查研究,文字方案的质量主要决定于调查研究工作的质量,即使在文字方案拟订以后,也还需要继续做调查研究工作。因此,民族语文干部应该十分重视调查研究的工作,并应随时改进调查研究的方法,以提高工作效率。我们认为在这一方面,应该特别注意以下4个问题:

(甲)调查研究应该采取什么步骤?——关于这个问题,过去曾有两种不同的看法:(1)先普遍调查,然后选定一种可以做标准语基础方言的方言进行深入研究;(2)先任选一个地区的方言深入研究,然后进行普遍调查。这两种办法我们过去都试用过,实践告诉我们,这两种办法都有缺点。用前一种办法就不可能在普遍调查以前对这种语言的语音、词汇和语法等方面先有一种概括的认识,也不可能编出一种很合用的调查大纲,结果会遗漏了一些语言特点,在这一地区发现的问题在另一地区不一定有材料,比较起来很困难,也不容易得到正确的结论。用后一种办法,只是孤立地了解了一

个方言或土语，对于其他方言土语完全不知道，也不能编出一种很合用的调查大纲，也不容易事先了解哪些是这个语言的一般特点、哪些是各地区的特点，这样也就不能保证下一步普遍调查的效果。正确的做法是使重点调查和普遍调查适当地结合起来。这就是先在这个民族的聚居区选一个地点，就语音、词汇、语法各方面进行相当深入的调查研究。如果这个民族的分布很广，有几个大聚居区，也可同时进行几个点的重点调查。在决定选哪个地方进行重点调查的时候，可以向本民族访问一些语言分布的情况做参考。有了重点调查的材料以后，便可以编一种初步的调查大纲在中央和地方的民族学院、干部学校或短期训练班来自各处的本民族学员中进行调查，在这次初步调查里会发现一些方言或土语的特点，用这些特点编成比较完整的调查大纲以后，再用这种调查大纲进行普遍调查。在编制调查大纲的时候，还应该参考已有研究结果的亲属关系很密切的其他语言。过去我们对于编制调查大纲的工作没有给予足够的重视，经验证明：编制较好的调查大纲是做好普遍调查工作的必要条件。这样普遍调查以后，便可以根据调查的结果，划分方言和土语的区域，选定标准语的基础方言和标准音，对于这个基础方言和标准音进行深入研究，并和其他方言土语或有密切联系的语言进行深入的比较研究。在普遍调查的工作中，对于各个调查点并不是同等看待的，应该根据本族人口聚居散居和语言使用的情况选择重点和副点，分别订出对重点副点不同的要求。对于各个重点材料，都应该说明它们适用的范围，以便总结各个方言土语普遍性的大小。由于各个民族语言的具体情况和原有研究工作的基础不同，当然不一定对任何语言都呆板地采用这个步骤，不过我们认为在一般情况下，这是一个较好的办法。

（乙）怎样划分方言？——我们从前划分方言，过分地依靠语音，对于词汇和语法没有予以足够的重视。一种语言的各个方言的基本词汇和语法构造虽然大体一致，但是也常常各有一些特点，这些特点就是划分方言的主要依据。对于一种语言要从它的各方面进行研究。由于各种语言的具体情况不同，我们在划分方言的时候，主要依据哪些方面的特点也往往不同。例如：僮语北部方言和南部方言的差别主要表现在词汇和语音方面，语法的差别很少；傣语傣仂方言与傣哪方言的差别却表现在词汇、语法和语音3方面。在一般情况下，在不同的方言中间，词汇和语法方面的差别是主要的，但是也往往还有语音方面的差别。在同一个方言区内划分土语的时候，语音的差别一定是主要的，有些土语在词汇方面也会有些差别，语法差别几乎是没有或者是很小的。例如：僮语北部方言分5个土语，南部方言分3个土语，这主要是根据语音的差别，这些语音差别也是在音位数目的多少和词的发音方面，音节结构是基本一致的，但是其中也有较小的词汇上的差别。

方言土语都是历史范畴，在进行划分方言的工作的时候，还应该联系民族的历史。人文方面的情况和交通不大方便的民族地区的自然地理情况以及各地区居民的自称，也会有参考的价值。

（丙）怎样选择基础方言和标准音？——当没有文字的民族创立拼音文字的时候，选择基础方言和标准音的工作是一件关键性的工作。在我们建设社会主义社会的国家里，当一种民族共同语的建立和发展时期，凡是没有明确的口语做基础的拼音文字也必须在现代口语中确定基础方言和标准音，使民族的共同语在活的口语基础上发展起来。因此，选择基础方言和标准音的工作，不只对于原来没有文字的民族是必要的，对原来有文字而没有建立口头的标准语的民族也是必要的。这一项工作包括以下的内容：

（1）搜集有关选择基础方言和标准音的材料，包括方言土语的分布、同异和使用的情况以及各地区在经济上、政治上和文化上发展的情况。

（2）在各种方言中选择一种方言做基础方言，再在基础方言地区以内选定一个地点的语音做标准音。选择基础方言的标准主要有两个：一个是语音的普遍性，也就是人口的多少和地区的大小，一个是经济、政治和文化上的发展情况。这就是说，应当选择语言的普遍性较大的和经济、政治、文化上比较发达的地域方言做基础方言。标准音应该选择经济、政治集中和文化比较发达的地方的语音。如果一个地点的语音在人民群众中已经建立了威信，也应该作为一个主要考虑的条件。总起来说，基础方言和标准音不是凭空产生的，都是历史条件形成的，不能固执着一个死的标准来解决问题。例如：汉族的标准语以北方方言做基础方言，主要是根据语言的普遍性决定的。以北京语音做标准音主要是因为历史条件使北京话成为在我国人民群众中唯一最有威信的话，又加上北京是人民的首都，是我国政治、文化、经济生活的中心。僮族标准语选北部方言做基础方言，也主要是根据语言的普遍性决定的。选武鸣语音做标准音，主要是因为武鸣在说僮话的城市中是文化最发达的，在地点上是僮族中心区，靠近僮族的政治中心——南宁，在语言上也比较能照顾到南部方言。

基础方言是一个专门术语。在一般情况下，做基础方言的是一种方言。如果这个方言内部包括一些音位系统不同的土语，就要再选一个土语地点做标准音；但是如果这个方言区以内的音位系统是一致的，或一个民族的标准语是建立在一个土语的基础上的，基础方言和标准音的范围就是相同的，也就用不着另选标准音。例如：我国景颇语有恩昆、支丹、蒙支、高里4个土语，中间只有语音的差别，词汇除极个别的以外，完全一致，语法也完全一致。在这4个土语里，恩昆的普遍性最大，我们可以选恩昆话做基础方言，标准音也是恩昆语音，自然就不能另外提出标准音的问题来了。在基础方言和标准音分开提出的情况下，词汇和语法要拿整个基础方言做基础（当然标准音地点的词汇和语法也包括在内），但是要依据标准音的音位系统。在不另外提出标准音的情况下，那就不只词汇和语法，连语音也拿整个基础方言做依据了。

（丁）怎样进行下一步的工作？——选定了基础方言和标准音，就应该对于基础方言

和标准音的内部以及它们和主要方言的异同做深入研究,然后拟订文字方案。文字方案拟订以后,应该进行以下的研究工作:

(1)继续研究正字法、正音法(包括借词的正字法和正音法),编写正音词典,使文字的形体和读音有一定的规范。

(2)继续搜集词汇(特别是基础方言地区的词汇),深入研究构词法。比较各地词汇的异同,扩大标准语的词汇,编写标准语词典,确定词汇的规范。

(3)整理现有的新词,研究创立新词(包括借词)的原则,编写新词词典。

(4)深入研究语法,首先要编写一部语法纲要,使语法教学有一定的标准,逐渐确定语法的规范。

(5)全面研究基础方言和标准语的关系,指出标准语在这个口语基础上发展的具体道路。

(6)继续比较研究各主要方言,编写基础方言以外的各主要方言区教学标准语的参考书。

(7)除了编写民族语言教材以外,应该研究民族语言和汉语的同异,用比较的方法编写在民族学校中使用的汉语文教科书和汉族或其他民族学习这种民族语文的课本。

(8)研究这种语言的内部发展规律。这种研究应该联系亲属语言来进行。通过这种研究,找出正在生长着发育着的因素并促进它们的发展。这是一件长期的而且重要的工作。为了做好这一件工作,应该组织力量普遍调查方言。这一次调查和为选择基础方言进行调查的目的不同。这种调查越详细越好,不只要注意聚居地区,也要注意散居地区,不只要注意城市,也要注意乡村。

此外,应该及时检查并研究各方面实践中所发现的问题。对于用民族语文译写的政策文件、文艺作品、报纸期刊以及教学、广播、戏剧、电影中所用的语言,都应该加以研究,随时解决有关语言规范化的一切问题。这样才能促使书面的和口头的标准语迅速而正确地发展。

(二)关于拟订文字方案的问题

关于文字方案方面,我们应该明确以下4个问题:

(甲)是不是一定走拼音文字的道路?——毛主席在1940年指出:"文字必须在一定条件下加以改革,言语必须接近群众。"在1951年又指出:"文字必须改革,要走世界文字共同的拼音方向。"当时毛主席是指汉字说的。汉字的历史悠久,文献最多,还要走这个拼音方向,其他民族文字当然也要走这个方向。拼音文字在所有文字结构中是最进步的,它能运用几十个字正确地全面地代表语言,对教学、书写、印刷、打字、打电报也非常方便。不只新创立的文字必须是拼音文字,原有文字不是拼音文字的,在本民族自愿的原则下，也应该创造条件，逐渐地过渡到拼音文字。我国现在使用非拼音文字的，只有汉族、彝族、纳西族和一部分傈僳族。汉族正在积极准备把文字改为拼音文字，彝族也创立了一种拼音文字，傈僳族也要统用一种拼音文字，纳西族也已经有人提出拼音文字的要求。一切文字都必然地走向拼音的道路，在我们社会主义建设高潮的推动下，也必然会缩短这一过程。

（乙）创立文字的字母形式是否应该适当地求得一致？——为了便于各民族文化交流，便于互相学习，在帮助少数民族创立文字的时候，字母形式应该尽可能避免不必要的分歧，特别是语言亲属关系很密切的民族，更应该使用相同的字母形式，拼写规则也应该在可能范围内求得一致。我国现有的拼音文字有蒙、藏、朝鲜、满、傣、阿拉伯、拉丁、大写拉丁字母的傈僳文、柏格里苗文、注音字母等10种字母形式。同一种字母形式的文字在字母体势上和字母数目上又有一些差别。有一个民族使用完全不同的字母形式的，如傣族的5种文字中，有4种是民族形式的，一种是注音字母形式的。在4种民族形式的文字当中，不只字母的体势有差别，字母的数目也有相差很远的。傣哪文和傣绷文只有18个至20个字母，傣仂文多到56个字母。这种字母形式驳杂的现象，不只给民族语的发展和各民族互相学习带来了很大的困难，而且给国家统一计划出版、电报打字机等项设备，增加了很重的负担，也妨碍了民族文化教育事业的发展。今后在创立文字的工作中，应该在统一的规划下处理字母形式的问题。对于原有文字的字母形式，应该按照民族自己的需要和自愿以及和别的民族的联系，考虑沿用原来的字母或改用别的字母。

（丙）民族名称不同能否使用一种文字方案？民族名称相同能否拟订1种以上的文字方案？——文字是代表语言的，对于标准语的形成和发展也有很大的作用。民族名称不同只要语言相同，使用一种文字没有多大困难的，最好拟订一种文字方案，使用相同的文字。这在政治、经济和文化建设事业的发展上，好处是很多的。民族名称相同而方言差别很大，在目前还不能使用一种文字的，也可拟订1种以上的文字方案，使用不同的文字，但要使字母形式和拼写规则尽可能地一致，以便于互相学习。经过了一段几种文字并用的时期以后，再过渡到使用统一文字的阶段。例如：苏联的沃舍梯族过去创造了两种文字，现在已经使用一种统一的文字。科米族、马里族、马尔特娃族目前还各自使用着两种文字。我国傣族过去使用5种文字，现在准备归并为两种文字，再逐渐向一种文字过渡。这样做对于普遍提高人民大众的文化水平是必要的。在向社会主义民族发展的时期中，一个民族使用不同文字并不说明它要分裂成不同的民族。这些情况是历史条件造成的，如果人为地强调方言的差别或连方言情况也没考虑，不必要地为一个民族创立不同的文字，那便是一种严重的错误。例如：四川南部、贵州西北部和云南东北部的苗语属于同一个方言，帝国主义传教士却创造了两种文字。景颇族内部说景颇话的和说载瓦话的人是需要两种文字的，可是帝国主义传教士却在给说景颇话的拟订了一种拉丁字母形式的文字以外，又完全没有必要地给说载瓦话的人拟制了字母形式不同的两种文字，一种是拉丁字母形式，一种是大写拉丁字母的变体形式，而且分别印行了基督教经书。现在景颇族已经采用相同的拉丁字母形式和拼写规则，初步设计了景颇和载瓦的两种文字改进方案，准备取消一种载瓦文，我们认为这样做是完全正确的。

（丁）文字方案应该包括什么内容？——各个民族语言内部和它跟别的民族的联系情况都有一些特点，当然不一定各种文字方案都用一种写法，但是一般地说，制订一个创立拼音文字的方案，最好能包括以下的内容：

（1）民族的人口分布和语言使用的情况。

（2）方言和土语的分布和差异情况。

（3）基础方言和标准音的选定。

（4）标准音地点的音位系统应包括：①音位的描写和举例；②音节结构的规则（汉藏语系的语言应该说明声、韵、调中间的关系，并附一个声韵调配合的音节全表）；③标准音和主要方言、土语音位系统的比较。

（5）字母表（包括大小写字母、正体、草体）和字母跟标准音地点音位系统的关系（数码最好采用国际通用的形式——阿拉伯数字，如果本民族原有习用的数码，愿意使用的听其自愿）。

（6）多音节词的组成规律。

（7）拼写规则（移行的规则，大写字母使用规则和缩写规则也包括在内）。

（8）标点符号。

（9）成篇文章举例。

如果是文字改进方案，须在（2）项后加一项"原有文字的结构原则和使用情况"，（5）项改为"原有文字的缺点和充实改进的方法"，在这一项里应提出新的字母表。原来文字没有大小写字母的习惯，可考虑不分大小写，如傣文。如果彻底改革原有文字，换一套新字母，还应该说明改革的理由并提出旧文字过渡到新文字的办法。

如果方言差别虽然很大，但是还无须创立1种以上的文字，只须在初级教学中使用补充说明的办法解决学习的困难，也须说明使用这种补充办法的地区并提出具体的补充办法。

（三）汉语对少数民族语言的影响和少数民族、汉族互相学习语文的问题

在多民族的国家内，一般都有一种各民族中间共同使用的交际语。这种交际语往往是人口比较多、文化上比较先进的一个民族的语言，并不是人为的杂凑的语言。在向社会主义、共产主义过渡的国家里，各民族团结在一个统一的伟大的目标下共同地劳动着，一个全国性的各民族共同的交际语是必然要形成的。在苏联俄罗斯语言已经成为苏联各民族共

同的交际语，我国各民族也需要一种共同的交际语。从各方面的条件看，用汉语来做这种交际语是比较适当的。现在政府决定大力推广以北方话为基础方言、以北京语音为标准音的普通话，这对于各地汉族人民和各少数民族人民学习、掌握汉语，将要起很大的推动作用，各民族学习这种汉语普通话的要求也必然日益迫切，汉语对少数民族语言的影响也必然日益加多。同时，在少数民族地区工作的汉族干部和部队学习当地民族语言的要求，也非常迫切。我们需要明确下面两个问题：

（甲）在少数民族语言发展过程中应该怎样对待汉语的影响？——中华人民共和国成立以来，各民族语言中间呈现出互相丰富的现象，其中汉语对少数民族语言所起的良好影响是比较大的。这种影响特别表现在词汇方面。不管是直接借用汉语或根据汉语的词义翻译，都是丰富少数民族语言的一种重要手段。像"共产党""解放军"已经成为各少数民族语言里共有的词。这一类词数的增长，也就是祖国大家庭各民族语言的共同成分的增长，这对于各民族文化的沟通、政治上的团结和互相学习语文，都起着巨大的作用。应该指出，在目前汉语和少数民族语言的一部分翻译工作中，还存在着两种偏向：一种是认为吸收汉语的词就是没做好翻译的工作，即使在人民群众中已经通用了的汉语借词，也往往拒绝不用而另行创制一个对人民群众陌生的词；一种是不考虑本族语言里是不是有适合的词，也不考虑语言发展的内部规律，一味借用汉语的词。这都是不正确的。我们的意见是：只要本族语言没有合适的词表达的，应该考虑吸收别的语言特别是汉语的词，人民群众已经正确地吸收了的词，尤其不能在翻译工作中随意拒绝使用。这些汉语的词一经吸收到自己的语言里就变成了自己的，也就丰富了自己的语言；本族语言里有合适的词表达的，应该考虑用本族语言，但对于政治上有严肃意义的词，应该慎重考虑使不致引起误会。例如：过去有把"斗争"译成"打架"的、把"帝国主义"译成"洋人主意"的；如果在本族语言里找不到合适的词，就不如借用汉语或其他语言了。汉语对我国少数民族语言的影响也正如俄罗斯语对于苏联各少数民族语言的影响一样重要，民族语文工作者和翻译出版工作者对于怎样正确地发挥汉语（我国北部邻近苏联的民族还有俄语）对少数民族语言的影响这个问题，应该注意研究，慎重处理。这个问题和少数民族文字的一部分正字法也有密切的关系。

（乙）怎样把少数民族创立、改进和改革文字的工作和民族语文的互相学习结合起来？——在我们学习另外一种语言的时候，自然地会拿自己的语言和这种语言做一些对比。可是没有代表自己语言的文字的人们，除非是专门研究过自己语言的，对自己的语言结构是不容易有明确的认识的，不认识自己的语言结构，就不容易做出正确的对比，因而学习另外一种语言的效率就比较低。在有了代表自己语言的文字以后，可以编写大家通用的本族语言和汉语对照的词典，用本族语言和汉语比较的方法编写语音课本和语法纲要，这样就一定能给少数民族中的汉语文教学和汉族中的少数民族语文教学，都提供很有利的条件。可见，少数民族有了文字以后，更容易学习汉语，汉族也容易学习少数民族语言，少数民族语言和汉语也就更容易互相吸收自己语言中缺少的东西，这对于少数民族语言和汉语的发展都是有利的。苏联各少数民族在创立发展了文字以后，不只民族语言在迅速地丰富和发展，俄罗斯语在有民族文字的地区教学效率也大大地提高，少数民族学校的俄罗斯教师也很快地掌握了当地的民族语文。这充分说明了少数民族创立、改进或改革自己的文字是和他们学习汉语文以及汉族学习少数民族语文相结合的。政府早已从各方面鼓励少数民族地区的汉族干部和部队学习当地的民族语文。少数民族自愿学习汉语文的，政府也一定会大力帮助。民族语文工作者在帮助一个少数民族创立、改进或改革文字的时期，不能只编写民族语文的课本，还得运用两种语言比较的方法编写适合这个民族使用的汉语文课本和汉族学习这种民族语文的课本，以便提高汉语文在少数民族学校中的教学效率并给汉族学习当地民族语文创造更有利的条件。

结　语

在这个报告里，我们简要地叙述了我国少数民族文字的情况，少数民族创立、改进或改革文字工作的情况和调查研究工作的情况，又提出了一些问题和我们对这些问题的看法，希望同志们加以讨论并批评指正。语言研究所在过去5年中，在帮助少数民族发展语言文字方面做了一些工作，这些工作都是和有关机构及本民族的干部共同进行的。但是在工作中还存在着以下3个主要缺点：

（一）缺少全面的规划

1954年初，我们曾经做过一个帮助少数民族发展语言文字的八年计划，但是这个计划对于工作方式和步骤没有精密的规划，对于全国范围内可以组织的力量也估计不足。我们需要通过这次会议，进一步了解各方面的工作情况和意见。在会议以后，同有关方面详细研究，在充分地估计全国现有的力量和新生力量的基础上，拟定一个切实可行的长远的全面的计划。在这个计划中，对调查研究语言、拟订文字方案、试验推行文字、编辑翻译出版、组织现有人力和培养新生力量等项工作，都要考虑效率最高的办法并规定开始和完成的期限。

（二）和有关机构的联系合作还做得不够

过去虽然在许多调查研究工作中，和中央民族学院、其他有关机构及本民族的干部合作，并协助中央民族学院和地方进行培养语文干部的工作，但是，做得还很不够。例如：对中央民族学院的教学工作协助得就不够，在这次会议以前一直没和克孜勒苏柯尔克孜自治州柯族文字研究委员会联系过。今后我们一定尽力组织全国各方面民族语文工作的力量，促使并加强各有关机构的合作与联系。希望有关机构也主动地随时和我们联系并督促我们的工作，特别希望本民族多有一些同志参加民族语文工作。

（三）没能及时总结经验，提高理论水平

五年来，在各方面取得了一些经验，但是没能及时地邀请有关机构代表和专家进行全面的总结，也还没能及时提出民族语言研究工作中带有关键性的一些科学问题（如方言的调查和划分、基础方言的选择和作用、民族语言的形成和发展等），组织力量进行研究。对于苏联的先进经验和语言科学理论学习得也很不够。例如：在僮语方言的划分上最初分北部和南部两个方言是正确的，但是错误地又在北部和南部各分出几个方言，直到苏联顾问谢尔久琴柯教授指出以后，才改正过来。今后我们除了召开像今天这样包括各民族语言研究上一般问题的科学讨论会以外，还要有计划地召开一些各民族语言科学研究的专门会议，以便深入地讨论各民族语言研究工作中的问题。必须使专门语言的学术会议和带有关键性的科学问题讨论会结合起来，并积极地学习苏联，才能更好地总结经验，提高理论水平。

我们的缺点当然还很多，希望在这次会议中和会议后多多地随时得到同志们的批评。

同志们，再经过一段时期，我国就进入社会主义社会了。任何一个民族是不能带着大批的文盲进入社会主义社会的。我们在过渡时期以内，不只应该帮助没有文字的民族创立文字，帮助文字不完备的民族充实改进文字，帮助需要改革文字的民族改革文字，而且应该帮助各民族在文化教育事业上有一定的发展。我们应该铺开工作面，放大脚步，勇敢前进。我们有伟大的中国共产党和毛主席的领导，我们有苏联的先进经验和顾问专家的帮助，我们有各民族先进人物和广大人民群众的支持，我们有忠诚地为人民服务的决心；我们充分相信，全国民族语文工作者一定能更紧密地团结在一起，胜利地完成这个艰巨的、繁重的、光荣的任务！

《科学通报》
1956年2月号

蒙自地委关于民族工作的意见(草案)
1951年5月21日

蒙自地委关于民族工作的意见(草案)

一、情况——对红河、元阳几个地区的认识与分析

4种地区——根据土司头人的政治动向、群众觉悟和我之工作情况，在红河、元阳两县，目前大体上可分4种地区：

1. 依靠帝国主义和与匪特勾结的土司统治区。此类地区包括元阳县的猛弄、永乐，红河县的瓦渣、溪处、左能、落孔①、六村，以及金平县的者米等广大地区，约有人口76800人，占元阳、红河总人口（183500）的41.9%。其特点：

（1）土司已死（如猛弄白日新、溪处赵桂生），或被我逮捕（如永乐普坛辉），或逃跑（如瓦渣钱祯祥、罗孔陈顺民、左能吴济昌、六村孙中孔），其中有的为匪，有的为帝国主义、国民党特务所掌握，其里长、头人大部为匪，很少数的靠拢我们（如瓦渣的里长郭维明，溪处的里长徐维明，永乐的管庄龙永兴、陈老五，猛弄的团长李国林，管家白光明等）。

（2）民族隔阂较深：帝国主义、封建势力、国民党反动派为了维护反动统治，在民族中挑拨离间，制造民族矛盾，造成民族间的歧视、隔阂甚至发生械斗。如兄弟民族对汉族打交道时常怀戒心，认为汉人不怀好意，汉人商人、地主认为少数民族无知，打交道时总想欺骗。又如1954年普国泰与普家仁打，1947年龙健全与龙绍曾打，18土司联合打贺光荣，上半山打下半山，使人民生命财产遭受莫大损失。

（3）我们工作做得少，群众觉悟低，对土司头人有盲目印象，实际上为土司统治区。

2. 靠拢我们之土司区。此类地区包括红河的思陀（李呈祥）、下亏容（孙正南），元阳的崇瓦、瓦遮（普国良）等地区，约有人口15660人，占元阳、红河总人口的8.5%。

其特点：土司靠我，但可能暗中与匪特有某种联系；土司制度多未变动；我们没开展工作或做得少，群众对土司有很深印象，土司与群众之间虽有矛盾，但还没有显著的表露，群众盲目地跟着土司走。

---
① 落孔，本文又作"罗孔"。——编者

3. 土司制度基本上已垮，但土司头人在群众中有一定影响，并有小股武装（如稿吾的龙鹏程），里长、头人多为匪。搞垮土司的主要力量，是土司内部分化出来的头人和群众领袖在党的领导和帮助下搞垮的（如纳埂内部里长结合土匪赵少安打死龙健全，上亏容土司被其内部人杀死）。群众在剿匪保家的斗争中有了初步的发动，大部地区建立了基层政权，组织了联防。

此类地区包括元阳的纳埂、稿吾、太和、红河的上亏容。

4. 汉族地区恶霸统治下的民族杂居地区。此类地区包括元阳的敦厚、吉如、红河的迤萨。

其特点是：汉族地主恶霸统治；民族矛盾深；群众有了初步发动，大部分地区建立了基层政权，组织了联防。

形成以上4种地区的原因：

1. 元阳、红河两县与越南邻近，帝国主义通过传教、开办医院，与土司头人建立联系，培植爪牙。几十年前白占元阳县之中下猛地区，解放后又进一步供以弹药、枪支、药品，派遣特务，指挥掌握，制造叛乱。

国民党反动派为了维持其反动统治，则采取收买挑拨、利用矛盾、分而治之的大汉族主义政策，造成了民族间的歧视、隔阂，甚至发生械斗。滇南战役后，更派遣反动军官、特务潜伏活动，组织反动武装进行破坏，以图垂死挣扎。

土司采取欺骗、挑拨、愚昧、高压等手段，残酷统治各族人民。由于土司世袭年代久远，土司制度在各族人民中造成深刻的影响，而土司之间又通过亲族等关系，互相拉拢，形成派系，互相残杀。

2. 解放前我对土司制度在兄弟民族中的历史影响没有足够的认识，没认识到土司制度是有根的，是有几百年的历史；在阶级力量估计上把群众的自发斗争夸大为自觉斗争，强调土司是单纯的汉官制度，忽视了土司制度是少数民族中的一部分，因而盲目地组织农会、民兵，发动阶级斗争，对土司一般采取武装进攻消灭的方针。16个土司中就打过12个，使某些土司头人逃跑为匪，与匪勾结，与我为敌。

解放初期，红河南岸土司大部逃跑，少数靠拢我们，在胜利的形势下，一时表面上风平浪静，我们对此种情况缺乏分析研究，认为土司制度已土崩瓦解，进一步对土司采取打击接收的政策，收缴武器，接收土司衙门，建立区乡政权，继续组织农会、民兵，直到1950年2月下旬，刘政委对区民族工作虽有指示，但仍未引起重视。地委在3月份分配合理负担时，把少数民族地区和汉人地区不加分别，一样对待，在工作方法上，把汉区的一套硬性搬到兄弟民族地区去运用。如征粮中普遍不通过上层，不协商，个别地区混入我们内部的不纯分子、特务分子，胡作非为，乱杀人乱征粮，不仅使土司头人不安不满，而且激怒了群众。在此期间，土司与土匪特务、国民党残余匪军进一步勾结，大肆活动，煽动群众组织暴动、抢粮，攻打我区乡政府，残杀干部，造成江外局面的一度混乱，以致红河撤出，元阳告急。

土司动向：土司头人依靠帝国主义，勾结匪特，其目的是为了维护其统治，保护其生命财产。但过去由于我们对党的民族政策执行不够，再加上帝国主义阴谋策动，致使大部土司头人进一步勾结匪特，依靠帝国主义。因此，争取土司头人是一个艰苦、复杂、长期的过程，但只要我们能端正地耐心地贯彻执行民族政策，其中除少数死心塌地投靠帝国主义、国民党匪特者外（就是这部分人也可努力争取他们回头），大部分是可能争取的。

二、方针、任务与工作

1. 方针与任务。

根据省委"慎重稳进"的方针，结合当前红河、元阳的情况，我们的工作方针与任务是团结各民族各阶层展开肃清匪特、安定社会秩序、保护生产、促进民族团结，坚决争取团结上层，达到联系、团结、教育与组织群众的目的。

2. 几个具体政策。

（1）剿匪与争取土司问题：争取团结土司头人，这对我剿匪与展开群众工作是有直接关系的，同时，只有做好剿匪与群众工作，才能更有力地争取和团结土司。

土司与匪混合在一起的，我们要坚决剿匪，但剿匪之前，应先给土司写信，说明我们要坚决剿匪，劝他们脱离匪特，以免误会。

在剿匪中土司头人为我所俘，我应有分析地分别对待。若他们在群众中影响较大，群众不太痛恨，我们应采取改造方针（不缴枪，经教育后释放，必要时可承认其统治）；对个别的明目张胆屡争无效、群众十分痛恨者，采取长期管押。

在剿匪中土司头人若未经我所俘，应写信说明"对不起，因你和匪分不清"。在土司未争取回来的第一种地区，已经组织起来的联防不取消，而应巩固加强；联防未组织起来的地区，组织与否看情况决定，不应急于过早地组织联防。在土司已争取回来的地区，不组织联防。

为了使联防组织不流于形式，组织联防必须具备下列3个条件：该区广大群众（包括中上层）有防匪联防、保家护产的迫切要求；必须有一批骨干，即是能起实际作用的积极分子；我有力量能领导该区的清匪运动。

（2）争取土司的条件：争取团结土司是有原则的，必须在下列条件下进行。拥护共同纲领，服从人民政府领导；反对帝国主义及国民党土匪特务，并能帮助我剿匪肃特；改过自新，努力为人民服务。

为了争取、团结土司，我可对其既往不咎，保障其生命财产；在一、二两种地区可承认其土司制度，保持他原有的定额武装（不使其发展）与原有政治地位；经济上给他一定的供给，但在初期，当他要向其统治区的群众要东西时，一般不过问，但到一定时期、一定程度，争取用协商的方式有定额的包干。

（3）土司表面向我投降而无诚意者，我仍坚持争取、真诚帮助的态度。初期时土司对我害怕是必然的，他有试探的性质，我应争取其由不诚到诚，但应提高警惕。

（4）政权组织形式问题：在第三、四种地区，应行组织联合政府和区域自治，其组成应包括我干部和群众以及有一定作用的头人，一般可采用三三制的比例，我干部占1/3、群众占1/3、头人占1/3（一般不要汉族地主，若本人确实开明，如在少数民族中有一定影响，对争取头人起一定作用者，可以考虑个别地吸收）。

在第一种地区，也应组织联合政府与区域自治，其组成要包括所有头人及各族代表人物，以及我们的干部。政府委员应留一定名额，以利争取现还未靠我之土司头人。

第二种地区组织联合政府和区域自治，其组成以土司为主，但应包括我干部和各族代表人物在内。步骤应先酝酿，得到土司头人的赞成时再行组织，目前不急于组织。

3. 几个地区的具体工作问题。

第一种地区：坚决进行争取土司头人的工作；坚决清剿土匪；组织联合政府、筹备委员会或各族联合办事处或各界代表常务委员会；结合做好事运动，大力展开民族政策、抗美援朝、剿匪保家、揭发匪特罪行的宣传教育工作。

干部由于成分不纯，违反政策、群众影响不好者，应在群众中适当地进行自我批评，必要时可将干部调到别处工作，借以避免匪特钻空子，使群众感觉我们和过去不一样。

第二种地区：以稳定教育为基本方针，领导上应警惕并适当地注意控制，根据我之主观力量，组织临时工作队进行宣传、做好事等工作，并有条件地进行救济、贸易、卫生、文教等工作。我主观力量不足时，以不急于派干部到土司地区工作为好；我若有能力派土司区工作时，不硬性派，必须经过协商土司同意后再去，并向土司说明是在他的领导下协助他工作的。酝酿和组织联合政府与区域自治委员会，在土司头人同意下训练其干部。

第三种地区：组织联合政府和区域自治，加强民族团结，调整民族关系；继续大力巩固联防肃清匪特；有重点地试办建团，慎重地发展团员，训练干部，领导进行生产。

第四种地区：成立联合政府和区域自治，整理联防武装，清洗混入联防中的流氓、地主恶霸、匪特分子、政治面目不清者和汉族地主，务使联防武装掌握在基本群众手里；有重点地试办建团，慎重地发展团员；领导群众开展生产，适当地用协商方式解决农民与地主之间已经发生的租佃和债务关系（汉族地主夺佃，要给农民解决，方式上协商，但必须不影响我总的方针）。

4. 对贯彻这一方针政策及其前途的估计。

（1）如能坚决贯彻此政策方针，在我军事获得一定胜利的条件下，可能出现不少"思陀式"的前途，即全部或多数土司头人为我们争取，土匪被我消灭或赶出境外。应努力争取此种前途。

（2）在我坚决贯彻此方针政策下，土司头人消灭一部，一部分化靠我，一部分仍顽抗。

（3）这一方针如贯彻得不好，可能形成僵局，土司头人会向我报复和破坏，斗争将更激烈尖锐，甚至在某些地区我可能立不住脚。

三、如何贯彻

1.必须大力克服干部中存在着的几种不正确的思想。

（1）把争取土司与发动群众对立起来，对争取土司的政策发生怀疑、利用的思想和消极敷衍的情绪。有的说争取土司就不能发动群众，因为土司是发动群众的障碍；有的认为争取土司是暂时的，即今天争取，明天杀头；有的怕麻烦，"碍手碍脚，不好工作"；有的怕吃饭的人多，增加人民的负担；有的怕承认土司制度后，土司头人扩军进行捣乱；有的说过去打过现在又叫人回来，还要使用他、团结他，真是不耐烦。因此在争取土司头人的问题上，上级叫争取就争取，是一种勉强的情绪。

（2）急躁不安心，怕自己落后，认为江外地区工作平淡不过瘾，不如江内搞减退斗争轰轰烈烈。有的认为江外气候恶劣，环境不好，工作、生活艰苦，不容易看到报纸，与上级联系不易，因而调整江内。

（3）产生上述思想的原因，是由于把土司头人当作一般地主恶霸看待，特别是某些外来干部，因经过尖锐的阶级斗争的锻炼，而对民族问题缺乏认识，只看到土司头人比地主反动残酷，应坚决消灭和打倒。有些干部认为在土司区发动阶级斗争比其他地区容易（少数民族是反土司的，觉悟还高），加之过去武装进攻土司遭受挫折，更增强对土司的仇恨。

争取土司是从群众观点出发的，是从群众的长远利益出发的，只有争取团结了土司，才能使社会秩序安定，更好地接近群众。

2.组织力量问题。

（1）地委组织专人与专门机构领导江外地区工作，加强上下联系，及时推广经验。地委重点放在争取土司，县重点放在争取里长。

（2）各县统一领导（部队与地方），统一认识，统一步调，加强团结。

（3）健全请示报告制度、汇报会议制度（地委召集江外各县汇报，1月至2月1次，县召集区汇报1个月1次以上）。

3.工作方法问题。

（1）打破顾虑，接近群众，首先通过做好事运动，打破群众顾虑，建立感情，了解情况，宣传政策。

（2）召开各族各界代表会：各族各界代表会议已成为今后工作的一种工作方式和组织形式，必须加强县、乡两级各界代表大会，乡代表会议应由县委直接领导。通过各族各界代表会，扩大宣传，交代政策，进行组织联防（土司地区与土司协商）及各县联合政府。

（3）培养民族干部：开办民族干部训练班，首先选择在各种工作中表现好的，集中训练时间不必长（约5天至10天）、人数不多（30人左右）为好。每次交代1个至2个问题，采用较好的兄弟民族中的积极分子为助教，领导上事先与助教商量教授内容，然后又由助教或协助小组学习，收效较大。

蒙自地委关于1952年边疆民族工作的意见

蒙自地委

1952年12月29日

蒙自地委关于1952年边疆民族工作的意见

1952年在内地区将全面进行土地改革,边疆地区应在"慎重稳进"的方针指导下,以进一步"加强民族团结、对敌斗争"为中心,有计划有步骤地展开边疆民族工作。

根据我区具体情况,在边疆民族地区目前一般仍处在"第一阶段"。为了做好第一阶段的工作,打下步入第二阶段的基础,应做好下述几项具体工作:

1. 普及与深入抗美援朝运动:1952年要求由点推到面,目前已开展的地区,应继续深入以带动其他地区。要求在1952年基本上消灭"空白区",贯彻执行"增加生产,厉行节约,以支持中国人民志愿军"的中心任务。在边疆民族地区,国防线很长,面受帝国主义的直接威胁,继续开展和深入抗美援朝运动,具有特殊重要意义,并且是相当时期的斗争任务。在土司地区应创造条件逐步展开。普遍订立团结爱国公约,并结合每个时期的中心工作不断检查修订,使之成为推动工作的基本动力。

2. 积极做好民族民主建政工作:争取在1952年第一季成立红河县、金平县、河口市的县一级的民族政权,第二季后逐步建立非土司区的区一级民族政权。已组织的地区应定期召开会议,总结经验,勿使流为形式。

目前大部分土司头目均已被我吸收在一定的组织形式内,有不适宜者,应慎重调整,加强其在一定组织形式内的统一战线工作,做到有原则的"有职有权",发挥其一定的积极作用。

3. 做好争取稳定教育民族上层工作:在1951年内民族上层过去曾经为匪或从匪而被争取者,已达85%。做好对他们的教育团结工作,是较为长期而又艰苦的。目前未获解决的地区,多属数县交界之边远地区,我工作比较薄弱,困难较多。事实证明:只要我们坚决贯彻"争取团结的政策",未被我争取者相信仍有可能被我争取的。但问题的关键在于:打通干部思想,加强干部配备,正确执行党之民族政策。争取在1952年内基本上解决民族上层的争取工作(停止武装对抗,争取见面),尤其是红河县之洒马地区、元阳县之东区。

对于目前各民族间及本民族内部的纠纷，应按有利于民族团结的原则进行调处。只有这样，才能扩大和加深与帝国主义的矛盾，而加强民族团结。

4. 积极地而又稳进地展开群众工作：这是基本的工作，是争取团结民族上层的基础，在步骤上首先做好争取教育民族上层的工作，"通过上层联系下层"，两者的关系不是矛盾的，而是统一的。目前应该做好几件为群众迫切而又可能做到的工作，首先从生产、贸易、医药卫生等项工作着手，大力帮助农民搞好生产，解决在生产工作中的困难，如耕牛、种子、农具等，组织群众互助互济，进行生产。兴办小型水利，适当地改进生产技术，栽种适合的经济作物，提倡副业生产。

其他文教、贸易、卫生方面，应多组织贸易小组、收兑小组（每县争取组织两个以上），适时地合理地收购土产，推销日常用品，推行人民币下乡。组织当地中、西、草医生经过短期学习后，为少数民族服务治病。在1952年争取每个土司区兴办民族小学1所。

在已组织联防的地区，加强掌握武装、轮训干部、纯洁骨干，提高其觉悟，争取1952年普遍轮训一次联防干部。

财经、贸易等部门，必须根据计划拟出具体办法，逐步实施。

5. 加强培养干部工作：这是民族工作中具有决定意义的工作，要求在1952年内大量培养干部，以提高政治觉悟为主，并结合实际需要，培养一部分专业干部。培养方式从下列两方面进行：

（1）开办民族干部训练班：除选送昆明民族学院学习外，在专区拟经常保持一定名额之干部训练班，着重吸收在职区乡干部及一部非在职干部受训，全年办2期至3期。其他拟训练贸易干部200名、银行干部100名、医务干部200名，并培养一批少数民族地区小学教师。

各县经常保持50名干部训练名额，每期1个月，全年办5期至6期，每县可培养民族干部300名。

（2）在工作中采取流动训练班方式巡回训练，要求在1952年内全部基层干部都能轮训1次，以汇报工作、分别学习和批判好坏典型、端正观点、立场、作风。

6. 配合内地区的土改问题：边疆各县，必须加紧掌握因江内土改而对江外的一切影响，事前争取主动，予以密切重视。在红河、元江应加强对渡口的管制。对已潜入的逃亡地主恶霸，应在促其自觉的基础上加以清除。

为了做好上述工作，在1952年内应开下述几种会：

1. 在专区决定全年召开两次各族各界代表会议、1次清匪生产英模大会，在代表会议之后，召开两次着重包括边疆民族代表的扩大协商委员会。全年并组织两次少数民族参观团。

2. 在县市全年召开4次各族各界代表会（每季1次）、1次清匪生产英模大会，每月召开1次政府委员会或协商委员会，对其民族上层争取每月见面1次。

3. 全年召开两次县区扩大干部会议，以总结和布置民族工作。

4. 由贸易、银行、文教、卫生建设等部门在全年召开两次专业会议。

楚雄专区民族工作总结
文件来源：楚雄地委文件资料室
文件时间：1953年4月4日
抄写时间：1959年5月21日

楚雄专区民族工作总结

一

我区是一个汉、彝、回、傈僳、岱、民家、苗、车苏、罗武、阿尼、倮倮、拉乌、格斯、苦聪、土、阿车等16种兄弟民族的杂居区，全区16个县的678个乡中，大部乡都有两个或两个以上的民族杂居着。全区总人口为10351865人，少数民族人口为241151人，占总人口的23.4%。

少数民族中，彝族和回族分布较广，人口也较多。彝族人口为216487人，占总人口的20.9%，分布在全区各县的山区地带。回族人口为6695人，占总人口的0.64%，分布在除早定以外的城镇和平坝地区（其中有极少数人居住在半山地区）。其他各族人口最多的为傈僳族，有人口3660人；人口最少的为阿车族，有人口32人。他们或居住部分县的部分地区，或居住在个别县的个别山区，但均居住在山区地带。

解放前各族人民，尤其是少数民族人民，长期受到封建统治，特别是国民党反动派大民族主义在政治上的压迫和歧视，经济上的残酷压榨和剥削，造成各族严重的不团结、分裂、互相残杀和仇视，以及政治上、思想上、文化上各方面的落后状态。具体表现在政治上本民族之间除回族地主较多外，一般地主较少，但其中封建把头仍与汉族地主紧密结合，野蛮地任意吊打残杀人民，农民则只有缴纳重租重利、为人庄奴、任人宰割的地位。如大姚县中和乡夏土司家，私设牢，随便可以关人和杀人，并有千斤用来吊人；野蛮地强奸妇女，据调查统计被强奸的妇女达100余人，有时父母送女儿还婆家，路过他村而被强奸，出嫁的女儿要留住他家3天后才能出嫁。永仁那纳乡赭家私养娃子10余人，子孙世代皆为他家娃子，听其使唤、吊打和当作商品出售。楚雄钱粮乡马在成私养军队，随时可以抢人杀人，被他杀掉的计有三四十人；强奸妇女130多个，使女被强奸堕胎自杀的不计其数。其外苛捐杂派、各保路保山、人头等费及榨取和剥削行为举不胜举，仅永仁立溪乡类似苛费就达28种之多。大量奴役和剥削佃户现象更为普遍，据了解楚雄二区本东乡，仅李金斗、李少章、董成云3家地主，即占有全乡彝、苗人口的50%至60%作为他们的佃户，平时重租重利、四季水礼、抬滑竿、做奴仆，无不任他们压迫鱼肉。另外，永仁五区杞拉乡调查，额外剥削多到56种，使各族人民处在毫无政治权利和极端的贫困落后状态。加上我区自然环境多山，少数民族的生产还停留在刀耕火种的原始方式上，因之有20多岁的妇女还发现有穿不上裤子，99%以上的人不识字、不会说汉话，自己姓什么、什么叫地主剥削都理解不清的现象。

封建统治造成的民族分裂、仇视和隔阂过去也是严重存在的。民族内部主要是彝族内部，解放前仍存在着严重的不团结现象。永仁和盐边县黑彝与白彝之间，及永仁县黑彝和白彝之间，历史上是经常仇视对立。1932年至解放前为止，盐边县彝人曾数度过江到永仁来"打冤家"，抢劫和杀伤白彝，被抢的地方人财被掳掠一空，先后被黑彝捆去32人、羊500余只、黄牛50余头、骡马20余匹，打死五区陈子祥等3人。捆去了人后，还经常勒索财产。永仁黑彝和白彝之间不通婚，存在着私养白彝娃子的主奴制度，世代黑彝成为白彝的统治者。

二

三年来我区民族工作，在上级正确的领导下，各地党委的重视和干部的努力，各个运动中民族工作上是取得了显著成绩的。

社会改革运动中，各地均能在少数民族杂居区和聚居区大力宣传中央人民政府民族政策；在执行民族政策上是采取稳步前进的方针，主要是教育干部克服大民族主义思想和狭隘民族主义思想，在民族区加强民族团结工作，防止汉族中的大民族主义和少数民族中的狭隘民族主义。采取双方启发、双方提高的方法，逐步地打消了各民族之间由于反动统治所造成的不团结和隔阂，把民族隔阂的根源追到反动统治和地主阶级头上。如楚雄对待历史隔阂问题，即是用这样的方法进行的。做法是结合复查展开民族团结运动，反复交代政策，先在干部中清除大汉族主义思想，然后展开民族座谈会和会员会，通过诉苦回忆对比新旧社会和新旧政权，培养典型找出历史隔阂的根源；采取双方启发、双方提高的方法，通过典型事例的分析，把民族之间的隔阂根源，追到地主阶级头上，进而大力揭发控诉，向群众进行阶级教育；在双方提高的基础上召开各族人民团结大会，双方用事例检讨，使人人认识不团结的危害性而取得共同谅解，最后订出各族人民共同遵守的公约，达到团结。如该县钱粮乡回、汉、苗3族，将汉族骂回族、回族骂汉族、汉回两族骂苗族追到恶霸马在成头上，黑色乡把解放前的不团结追到反动党团骨干李兴高头上。洒树密乡订立了团结公约后，自觉要求取消彝族叫汉族"老爹"和两族禁止通婚的恶习。永仁白彝与黑彝之间互相仇视和不团结的纠纷问题，经过联系双方代表人物调解，采取双方提高互行握手礼之后，基本消除他们之间的纠纷发生。这样做了的地区都能达到团结的目的，而逐渐消除历史隔阂。解放后虽有民族上层企图挑拨民族关系，将民族间存在的阶级关系转化为民族关系，但由于我们坚持了稳步前进的方针，使挑拨者的阴谋不能得逞。如广通县干海资乡，土改中发现地主李绍白散布说"我们彝族很穷，没有地主，是汉族压迫的"，及盐丰、大姚土匪头子普光彩搞土匪时说"只杀汉族不杀彝族"，经发现后均经揭发和在群众中启发，揭穿未使他们达到目的。群众在启发了觉悟的情况下，划清了敌我界限，消除了隔阂。如大姚县小龙潭乡，少数民族说："过去我们认不得，以为凡是汉族就是压迫我们的，现在我们认识到了压迫我们的是地主恶霸。以后我们各族农民要团结起来，打倒地主恶霸，我们才得翻身。"

我们在培养民族干部和在民族区坚持以本民族为主的斗争和改革方针，同样是取得了一定成绩的。在全区群众运动中，尤其是少数民族的改革运动中，由于贯彻了大力发动群众、培养民族干部和积极分子，因而运动中涌现了一大批少数民族中的领袖人物和翻身农民积极分子。按统计各地培养提拔政权、财经、文教工作岗位上来的民族干部（乡一级未计算在内），共有510人，送到北京、西南和云南民族学院的则达15人，将送出的还有20余人。民族干部中有的是县级干部，如李史，还有一部分是区级干部。由于运动中有一批民族干部被培养提拔，参加了工作，因之扩大了与民族群众的联系，顺利推动了改革运动的前进。如大姚县五区，培养和提拔了民族干部李忠，各族农民都很拥护，有一次中和乡土改暴动，汉族干部突不开，他去了就突开了，并启发了群众觉悟；土改中黄家湾乡（民族聚居乡）汉族干部发动不起群众，把他请去就顺利展开了工作，而且做得比别的先进地区更好。

……………

全区经过了一系列的改革运动后，各族人民觉悟程度空前提高，运动中大大地发挥他们的政治积极性，树立了他们的主人翁思想，并涌现了大量的积极分子和领袖人物，为建设扩大了良好基础。截至目前，我区遵循中央人民政府公布的《中华人民共和国民族区域自治实施纲要》和中央政务院《关于地方民族民主联合政府实施办法的决定》，在试行建立、取得经验的基础上，先后共建立了一个相当于区的区域自治、两个区的民族民主联合政府，以及57个乡的区域自治和81个乡的民族民主联合政府。而县一级以各族各界人民代表会的名义召开人代会的，计有除禄丰、牟定以外的9县，未以各族各界代表会名义召开的已按民族比例，吸收了他们的代表参加。一般在处理少数民族之间的意见和要求时均较认真，因此培养了少数民族群众的民主习惯，实现了民族平等权利，各族人民的爱国热情大大提高，改变了他们在政治上被压迫歧视的地位。

少数民族地区的生产问题：全区少数民族群众除回族外，大多居住山区，山多田少，土地贫瘠，耕作方式原始。在耕作上，一般均采取刀耕火种的方法，轮歇种地，缺乏较先进的农业生产，加之靠天吃饭、不思改良，灾荒较多，因此生产上受比较落后的反动统治和地主阶级超经济剥削的后果，以致成年妇女还穿不上裤子，每逢天灾年成，历史上是经常大量饿死人的。但由于减租、退押、土改等一系列运动展开后，取消了他们的租、利、额外剥削，近23万少数民族农民和70万汉族农民分到了土地、生活生产资料，减退中各地坝区并调剂了大量胜利果实，帮助山区。据不完全统计，仅姚安、楚雄、牟定、永仁4县计达人民币

4亿元，还有大量衣物。而政府对各种贷款年有增加，收购土产工作和物资交流工作有了发展，征粮中执行了社会减免政策，因之少数民族生产积极性大大提高，抗灾能力也逐步加强了，但由于耕作方法上，保守思想的改进和克服不够，加强和领导山区生产，还是一个严重的政治任务。土改后，根据双柏县一个乡的调查，瓦中乡五大组都是雷响田，历史上一般是旧历年开始缺粮，找野菜可以吃到全年，如拔廷高（贫农）解放前能吃8个月，现已够吃全年。但也有的贫农差欠，生活还是困难。有个李春高，去年小秧晒死，有3工早田荒着，只有4工半田收到7斗，现在就缺口粮；他搞副业维持三、四两月，二、五、六等月缺粮。另一个贫农曾万开，劳动缺，女人懒，荒5工田，种了5工，缺牛、赔账、纳粮，缺5个月口粮。一般来说，由于山区局部性灾荒较多，加以耕作方法落后，贫瘠，底子又空，过去对森林以砍伐为主。如楚雄本东乡山林经济大约有40%至50%被破坏，所以生活上虽然有的已得到发展，但一般还是困难。为了加强民族区的生产领导，有计划地开展山区改进工作，紧接着土改后生产积极性的提高，我们布置了重点发动互助合作，领导改良技术，以逐步改变山区生产而求得提高。现少数民族互助合作运动，有的已发展，如永仁县入社的人达8700余人，盐兴4个乡统计有569人入社，占人口总数40%左右。互助组一般是季节性的多，也有较好的互助组，如双柏郭三郎乡李映珍互助组已为全县妇女互助组的模范。但还不够，今后应大力发展临时性、季节性的互助组，并使之逐步提高。

文教卫生工作方面：全区少数民族大部会汉字，也有不通汉语和仅懂汉话不知本族语言的。有独立语言文字的如回、苗两族，傈僳、彝族有文字，但绝大部分不会用，其他各族有语无文。在宗教信仰上，除回族外，彝、傈僳、苗部分信耶稣，其他多信巫教。山区少数民族酷爱歌舞，形式繁多，富有民族色彩。为了尊重民族习惯，广通土改中曾用汉、回、苗3种文字贴出布告。一般对民族习惯都能尊重，这是达到民族团结的因素之一。三年来的文教工作，有很大发展。现在全区有340所小学、104026名学生，即有民族学生23448名。各少数民族男女儿童念书，姚安现有民族学校59所，有兼收民族子弟的学校33所，民族儿童入学者3212人。一般较解放前增加6倍至7倍。楚雄本未乡紫溪山则更多，本东乡原有小学1所，解放前仅有5个学生，现已增为51个（全部是民族学生），增加了9倍以上，为发展民族文化创造了条件。

卫生工作的防治医疗工作已较前发展。三年来山区疾病不断发生，主要是天花、痧症、回归热等病症普遍，病发后最初由于民族区迷信鬼神，不懂医药，但经我们宣传的结果已逐步扭转。如去年盐丰、楚雄回归热流传较重，双柏痧症在部分地区发现，我区防疫工作在省防疫队的协助下，深入山区救治，即基本克服疫情发展；盐丰宣传防疫卫生知识103次，注射防疫针1650人，治疗疾病千余人，并替当地训练了33个民族男女种痘、接生人员，成立接生站6个。楚雄发现疫情后，即组织力量分批深入救治。双柏痧症经一个医生、8个医助人员两个月的疫区工作，治疗700人，防疫注射500余人。民族区群众反映良好，说"毛主席、共产党领导，把我们少数民族看得比亲人还亲，我们死都忘记不了毛主席、共产党的恩情"。

三

三年来我区民族工作，在上级的领导下，和各族人民的团结一致，虽然取得了成绩，顺利地在全区范围内完成了一系列的改革运动，改变了旧社会的面貌，各族人民已团结在党和人民政府的周围，但由于历史上反动统治遗留下来的民族关系和民族隔阂是复杂而严重的，要从各族人民中肃清他们的思想影响，是一个较长时期的艰苦工作，加之我们在干部和群众中教育不够，大汉族主义和狭隘民族主义还残留下来，未得到清除，因而工作上产生了一些缺点和损失：

1. 对少数民族上层统一战线工作做得不够，斗争中对少数民族地主执行政策有偏差。如广通县三区回族马回斋，1950年到专区开人代会，因疑及他是土匪，把他软禁了两天（查实不是，本人到过土耳其，是回族吾梭），而土改后他在群众中的威信仍很高，回民想请他当阿文教员，但我们一直没有给他处理。盐兴县斗争中，斗争了少数民族地主达23人，因怕斗争自杀的达8人。牟定县斗争少数民族地主，因犯刑吊打致发生搏杀的5人，还没收了少数民族地主的底财，征收了部分少数民族富农的出租土地。

2. 干部学习民族政策不够，斗争中违反了少数民族的风俗习惯。如广通县有开农会到清真寺开抽草烟，没收中没收了回族地主马玉龙的礼服，查封了回族的《古兰经》，使回民不愿地走开，打击了回民斗争的积极性。大姚中和乡没收中撬了少数民族地主的祖宗牌，老年人说："翻身、翻身，祖宗都不要了，鬼就要出来。"楚雄有的干部当着群众骂："你咯是听不来汉话？"使少数民族不满，把枪夺回去撵走骂人的干部。

3. 土改中，牟定、广通、楚雄的个别地区对山场争执未做处理，民族间还有不团结现象。牟定、广通、楚雄土改后有山场纠纷诉讼，但未做最后处理和必要处理，使各族农民发生纠纷问题。而不团结现象是汉族对少数民族的和少数民族对汉族的两方面，前者是楚雄吕合乡汉族未得到回族允许过量砍伐了回族坟山森林，新柳乡汉族农民打死了到坝子分田的彝族的猪，牟定有下坝子分田受到漠视而搬回去的现象；后者为双柏县土改说分给汉族农民的房被少数民族干部和群众收回，广通回族打死了汉族农民的猪等现象。

四

上述缺点和偏向的产生，主要是干部系统学习政策不够、教育群众不够、干部中存在着大民族主义思想和少数民族中的狭隘民族主义思想而产生的，这和全区缺乏专、县级民族事务机构、没系统检查和领导民族工作、民族工作为工作队所代替分不开的。

今后的民族工作，因我区方式是专区合并工作尚未做完，计划等合并后建立民族事务机构，再具体研究计划、布置工作。

楚雄州十年来民族工作总结

(供地委作报告及群众报社登报的参考)

1959年9月

楚雄州十年来民族工作总结

十年来,随着社会主义建设事业的飞跃发展,楚雄州的民族工作也取得了辉煌的成就。在党的正确领导下,在党的民族政策的光辉照耀下,各族人民的社会主义觉悟空前提高,生产、生活日益改善,民族关系起了根本变化,文教卫生事业更得到很大的发展,各族人民一改过去贫穷落后的面貌,跃上了社会主义的千里马,沿着总路线所指出的道路向前飞跃!

楚雄州是彝族聚居的地方,又是多民族的地方,全州有汉、彝、回、白、苗、傣、壮、瑶、哈尼、傈僳等10种民族,少数民族人口约有438184人,占全州总人口的26.1%;其中彝族有385589人,占全州总人口的23.04%,占全州少数民族总人口的88%。各民族形成一个大分散、小聚居的局面:彝、白、苗、瑶等族主要住山区和半山区,回族主要住交通沿线的平坝区和城镇,傣族多住金沙江沿岸及其附近河谷地带。

一

解放前,由于历代反动统治阶级对各族人民的残酷剥削压迫和血腥统治,使广大的少数民族人民过着极其痛苦的生活,正如流传在彝族人民中的一首歌谣一样:

穿的破麻布,

吃的年渣渣,

住的烂草房,

盖的树疙瘩。

披羊皮,蹲火塘,

卖完田地卖娃娃。

解放前,农村中的土地大部分为领主、奴隶主、地主所占有,无论领主、奴隶主、地主对于少数民族人民的剥削,都是非常残酷的。农民们每年除了交给统治阶级50%以上的产品收入外,还有高利贷、雇工、牛租等剥削,还得服劳役,逢年过节还要送礼。

除了这些剥削而外,还要受国民党统治者的迫害,他们抓兵派款无恶不作,苛捐杂税多如牛毛,什么保口费、乡公费、伙食款、屠宰税、烟酒供、耕地税、吃油费……数不胜数。在大姚平地公社迤计厂队,解放前仅就苛捐杂税一项就占去了贫雇农民一年总收入的29.03%。在这种残酷剥削的情况下,农民辛苦一年还是"放下连枷(打谷的农具)无早饭",粮食都进了地主的谷仓,因此农民生产兴趣低落。在很多高寒山区,都采用着刀耕火种的落后耕作方式,生产力受到了严重破坏,收获量极低。如大姚干树子村平均亩产仅100斤,最低的亩产只有30斤。农民们每年种出来的粮食只够吃两三个月,其他就全靠挖药材、卖工、找山茅野菜来维持生活。终年穿着麻布衣,有的甚至连破麻布衣都没有,如楚雄挖铜、盐丰小营潭有的妇女因无裤子不能出门生产。盖的棉被更是连见都没见过,不少人家连房子也没有,都住在岩洞中,如大姚上游人民公社的傈僳族人民有的竟在岩洞中住了七八十年!

在各少数民族中能识字的人寥寥无几,文化非常落后。如盐丰13500人的少数民族地区识字的只有130人,具有初中水平的只有5人。卫生医药条件更是恶劣,眼病、花柳病等疾病处处流行。得了病的农民哪里有钱来医治,只有坐着等死或求神驱鬼。婴儿更是死得多,有些地区10个能长大的只有一两个。

生产力低下,统治阶级的残酷剥削压迫,使农民生活极端贫困,再加连年灾荒,农民被迫饿死的饿死,逃荒的逃荒,如楚雄哨区在1949年6月就饿死了22人,大批的人逃荒到国外去。解放前夕,农村经济日益凋零。

二

解放了!各族人民获得了解放,结束了民族压迫的历史,从此在党的民族政策的光辉照耀下,掀开了历史的新的一页。

实行民族区域自治是党解决民族问题的基本政策,解放十年来,党非常重视这项工作。早在解放初期,根据《中华人民共和国民族区域自治实施纲要》的规定,就已建立了民族联合政府县级的2个、区一级的4个、乡一级的95个以及民族自治乡61个。在各项运动和建设事业中,正确贯彻执行了党的民族政策,消除了历史上遗留下来的民族隔阂、民族歧视,使各民族间历史上形成的亲密团结更加发展和巩固了,同时也培养了大批的民族干部。就在这个基础之上,1958年4月成立了楚雄彝族自治州。自治州的建立,是党的民族区域自治政策的光辉胜利,也是各族人民的大喜事,加强了党对各民族人民的领导,进一步实现了各民族当家做主的权利,进一步加强了各民族间的团结,更充分地发挥各民族建设社会主义祖国的积极性。

党也十分重视培养少数民族干部,选送了大批民族干部到中央、西南、云南等民族学院或训练班去学习,到北京和其他各地去参观。在各项运动中,党特别注意培养和提拔大批各民族的代表人物、骨干和积极分子参加工作。到1958年,全州共培养了民族干部1176

人，占全州干部总数的13%，其中党员干部约占46.4%。有许多民族干部担任了各项工作的领导职务，全州有区级以上的民族干部173人，县级以上的民族干部29人。

各级党委对培养和发展少数民族党团员也都很关心，到1958年，全州已有少数民族党员6205人，占全州党员总数的26.2%；团员12629人，占全州团员总数的30.6%。

这些民族干部、党员、团员，在党的教育与培养下成长起来，在贯彻执行民族政策、巩固与加强民族团结、参加社会主义建设事业上都起了积极作用，并参加了党和政府与各民族人民的联系，加强了党在各民族中的领导地位。

解放初期，为了更好地了解各民族的情况及要求，传达党的民族政策，1950年7月，中央访问团来到了楚雄州。他们带来了党和毛主席对各少数民族的深切关怀和慰问，使各族人民深深体会到党和毛主席的伟大，感到了祖国大家庭的温暖。各地党委也在省、地委的领导下，几度进行了民族调查研究工作，深入山区，掌握民族真实情况，制定了各项工作计划，使民族政策贯彻到各项任务中去。

历年来，为了加强民族团结，激发各民族的爱国热情，使各民族认识到祖国大家庭的温暖可爱，每年都大批地组织参观团到各地去参观。仅1957年至1959年就组织了107人到北京和昆明参加"五一"或国庆典礼，重点组织了回、彝、苗族97人到外地去参观学习。对各民族中的上层人士也进行了统战工作，党在各项改革和运动中坚持了"团结、教育、改造"的政策，并在政治上、生活上给予适当的安排和照顾，十年来各民族上层人士都有了不同程度的进步。

为了加强党和少数民族的密切联系，增进民族大团结，动员各少数民族人民的积极性，在1953年和1956年两度进行了民族政策执行情况检查的工作，为进一步做好民族工作打下基础。

在各项运动中，党坚持贯彻了民族政策，十分注意民族特点。在土改中根据民族杂居的情况强调了"从生产着眼，从民族团结出发，尊重各少数民族的风俗习惯"，强调各民族的利益统一于共同利益之下，以此达到进一步加强民族团结的目的。对少数民族的地主，在斗争方式上采取较宽的对待，斗争时以少数民族为主，在本民族要求之下，汉族农民参加；在分配过程中，始终在民族团结的气氛中进行，尽量满足少数民族农民的土地要求，从此结束了"老鸦无树桩，苗家无地方"的历史悲剧，土地回了老家！

土改结束后，随着全国社会主义高潮的到来，全州开展了互助合作运动，到1956年，全州实现了合作化，建立了民族联合社926个，单一民族社135个。在合作化中，党也充分照顾了各民族的特点，在有利于社会主义、有利于民族团结的前提下，处理土地、牲畜、森林入社时一般都照顾到各民族习惯的需要，如彝族、苗族自留了基地以及姑娘牛、羊、老人牛或羊子、风水林、寿材林不入社或不准砍伐。在办社中强调了大力培养民族干部，由各族自己的先进分子去领导办社；在民族联合社里坚持"多数照顾少数"和"互相尊重，共同进步"的原则，提倡"各民族共同发展"，凡事经过民族民主协商，广泛听取各族群众意见。这些措施都受到了各民族人民的热烈拥护。

解放初期，历史上遗留下来的民族隔阂是比较严重的，党一直坚持了民族团结的教育，在各项社会改革中对各少数民族的特点加以充分照顾，并着重批判了大汉族主义，使民族关系有了进一步的改善。现在社会主义经济改造获得胜利后，在少数民族中的地方民族主义有了新的滋长，全州各族人民在党的领导下，在全民整风、反右斗争获得伟大胜利的形势下，开展了以批判地方民族主义为中心的整风运动。通过这次运动，使各族人民受到了一次深刻的阶级教育，社会主义、共产主义觉悟大大提高，认清了民族问题上的大是大非。

解放初期，为了帮助各民族恢复和发展生产，改善生活，政府发放了大批救济款、农业贷款。仅据双柏1952年统计就发放了1万多元，在1953年至1957年仅发放给大姚上游人民公社小厂队（共57户，傈僳族）的救济款就达6000多元，平均每户105元以上。并供应了大批农具，只南华沙滩郎乡、盐丰昙华乡等6个乡，就先后扶持供应了锄头1298件、犁693个、耙298件、镰刀1314把、掼斗5个、钉耙107把、口袋256条，有力地支持了山区农民的生产。随着民主改革、社会主义改造的伟大胜利和人民公社化的实现，各民族人民在经济面貌上有了深刻的变化，生产、生活水平有了显著提高。以楚雄哨区彝族聚居村晒树米乡多衣树村为例，解放前全村有5户20人，饿死的5人，绝门的1户，在外讨饭的3人，没有一人盖过被盖、穿过棉布衣服，完全没有一点衣服穿的还有14人。全村只有10亩田、5亩地、1条耕牛和1张旧犁，每亩产量只有百斤左右，向地主交租后即无口粮的1户，够3个月口粮的3户。解放后翻了身，家家丰衣足食、人畜兴旺，1958年人口已增到8户33人，全村有耕牛21条、骡子1匹、羊14只；每亩产量达600斤，开垦荒地40多亩；盖新房4所，每人至少有新衣两套，垫盖齐全；适龄儿童都入了学，生活一天比一天富裕。又如武定洒普山（苗族聚居村）63户，解放前每年每户平均收入130元，每人平均收入24元；全村人穿的都是麻布衣服，全村63户连一床棉被都没有；每户每年平均都缺三四个月的粮食，其他的用品更不用说。解放后每年每户的收入增加到392元，每人平均收入增加到73元，比解放前增加了3倍以上。现在全村有棉布衣服1005套，每人平均3套以上；绒衣325件，平均每户8件；棉袄61件；家家有了棉被或棉毯，全村有棉被95床；全村有67支水笔，胶鞋、皮鞋320双，电筒31个，面盆65个。1956年已由缺粮村变为余粮村，共卖粮食10000斤。

生产上的发展和变化更是巨大，如大姚上游人民公社巴拉乡（傣族聚居地），解放前由于生产力被束缚，生产技术十分落后，一般种田都是1犁1耙，犁三四寸深，有50%以上的雨水田，其余50%的田每亩也只施肥两三百斤，不积人粪，全村没有一个厕所，平均亩产只有200多斤。到1958年，种田已为3犁3耙，深耕7寸，并使用了新式农具。在全村还掀起了积人粪盖厕所的高潮，现在大多数人家都修起了厕所，水田施肥每亩已达700多斤，使每亩平均产量猛增到900斤以上，比解放前增加了3倍多。

过去在少数民族聚居地区流行的刀耕火种已基本绝迹。

山区中的畜牧业也得到很大的发展，如大姚上游人民公社小厂队（傈僳族聚居村，57

户),解放前有羊200只,有牛15条,到1958年时就有羊1200只,比解放前增长了6倍;有牛163条,比解放前增长了将近11倍。

随着生产事业的发展和经济生活的巨大改善,各民族中的文教、卫生事业也空前发展。至1958年全州已有50152个少数民族小学生、1155名少数民族中学生。就以苗族聚居村洒普山民族小学的发展来看也是如此。洒普山民族小学解放前是私立的,设备极差,甚至可以说是没有,还要收学费,教师有1个至2个也是半工半农的,只有学生五六十人。解放后,1952年改为公立,情况就大变,教师由原来的1人至2人增加到现在的9人,学生也增加到280人。不但不收学生的学费,政府还拨给寒衣补助费、医药费、书籍费等。在设备上更是焕然一新,新建了校舍3幢,扩修了教室12间,新打了桌凳100套、办公桌8张,钟1架、黑板2块,书橱2个,滑梯、跷跷板各1套,腰鼓6对。全村63户解放前只有男孩上学,只占适龄儿童的50%,现在男女都能上学,适龄儿童已100%地入了学。解放前这里的文化受帝国主义分子的控制,不许苗族人民的子弟读中学,现在全村不但有初中生3人,而且还有高中生3人、中师1人、大学5人。

在卫生工作也有了极大的改变,过去各少数民族中一个医务人员也没有,现在全州已有了52人,而且党还经常派出巡回医疗队到山区去为各少数民族服务,并在这些地方普及了医疗预防网,过去处处流行的眼病、性病等等疾病发病率大大降低,有的疾病已基本消灭。

随着生产事业的大跃进,文教事业上的空前发展,社会主义觉悟的日益提高,各族人民对有碍于生产,有碍于民族繁荣、发展、进步的旧习俗来了一个大革命。在"大跃进"中各族妇女破除了"妇女犁田,天干三年"的迷信思想,握起了犁把子,如禄丰县就有130多个彝、苗族妇女学会了犁田,有的还超过了男人。如禄丰卫星人民公社彝族妇女犁田能手普万芬,在130多人的犁田比武大会上与11个男子犁田能手比武,获得了亚军。过去住在山区的少数民族不用人粪,不施肥,认为人粪又脏又臭,甚至连"浇过大粪的菜煮出来后还被认为是脏的,连尝都不尝一口",在"大跃进"中和今年的积肥运动中都改变了这个习惯,大挖厕所、买尿罐。如苗族聚居的禄丰和平公社尖山小队已做到了家家有尿罐,更动人的是他们还提出了尿罐跟人走的要求,每人每天积肥2斤。通过各项运动和事实的教育,使各族人民认识到了:

靠天靠地靠不着,
信神信鬼是胡说。
坚决跟着共产党,
幸福生活有着落。

各族人民在过去供神仙的地方贴上了毛主席的画像,再也不信神了。如过去傈僳族农民每年都要杀羊祭献的武定大雪坡旧卡村的神仙岩,在"大跃进"水利化时修起了水库。

三

几千年来，各民族人民由于长期以来的共同生活，历来都是友好的，在生产上彼此学习他族的特长，在生活上互通有无。但由于历代统治阶级为了达到他巩固统治地位，更残酷地剥削、压迫和奴役各族劳动人民的目的，不但对各族人民采取了残酷的镇压、血腥的屠杀的手段，而且还采取了"以夷制夷"、分而治之的反动政策，在各族间制造矛盾、隔阂，挑拨民族关系，因之使少数民族人民对汉族人民抱不信任的态度，认为"石头不能做枕头，汉人不能做朋友"，造成了民族间的隔阂，互不往来，甚至互相仇杀、械斗等。如大姚巴拉乡的傣族和傈僳族人民，在过去是友好的，傈僳族人民经常下山来向傣族人民学习种田的技术，并用自己种的大麻和傣族人换谷子等。但后来由于当地的傣族地主勾结了傈僳族的匪首，骗杀了16个傣族人，而且还反过来向其他傣族人说，傈僳族又杀了傣族人，要报仇，挑拨傣族人与傈僳族人械斗，年复一年，械斗不止，使傣族人民与傈僳族人民的隔阂越来越深。

统治阶级不但挑拨民族间的关系，而且还对民族内部的团结进行挑拨。巴拉乡的傣族地主造谣说："傣族住的埃皮罗村个个人都会变鬼来吃人。"而且为了证实这一谣言，一个地主家里的人病了，竟公开地在埃皮罗村杀死一个农民，吊打一个农民。这样一来就使其他村的人都相信了这个说法，生了病就认为是埃皮罗村的人在使鬼，见到埃皮罗村的人就骂"摆夷鬼"，造成了民族内部的不团结。由于各民族间和民族内部的不团结，使各民族的生产受到了很大的限制，给各民族的发展带来了很大的障碍，使各民族在解放前都处于气息奄奄的状态下。

解放后，由于党一直坚持了民族平等团结的政策，由于党的艰苦工作，民族关系发生了根本的变化，消除了历史上遗留下来的民族隔阂、歧视现象。随着社会主义革命胜利、"大跃进"、人民公社化等运动，建立了新的民族间平等、友爱、团结、互助、合作的兄弟般的关系，各族人民深刻地体会到了"独木不成林，独户不成村，各族人民是兄弟"。彼此间在生活上互相关心、互相照顾，在生产上互相帮助，如栋川人民公社是坝区，大多是汉族，田较多而耕牛较缺乏，三台人民公社的彝族人民知道这个情况后，就赶了400多条牛到栋川公社去，而栋川公社也将3万斤糯谷和良种的鹅、鸭、荷兰鸡等互相支援，并把三台公社送给的牛取名为"团结牛"，永远纪念两族人民的亲密团结。又如巴拉乡的傣族人民主动耐心地把种水稻的技术教给傈僳族人民，在"大跃进"中他们互相帮助、互相促进，傣族人民提出了"学习傈僳族人民的干劲"的口号。

四

　　十年来的民族工作使广大各族人民深刻地认识到"国内各民族的团结，这是我们的事业必定要胜利的基本保证"（毛主席），只有各民族团结起来，才能建成社会主义，也只有加强民族团结，在党和毛主席的领导下走社会主义道路，各民族才能真正得到繁荣、进步、发展；党的领导是各族人民走向社会主义和共产主义的根本保证，任何民族离开了党的领导，就永远不可能获得解放和发展！十年来各族人民通过事实的教育，早已认清了这样一条真理，他们坚决要跟党走，他们激动地唱出了：

　　大树要靠土来长，

　　小鱼要靠水来养。

　　人民要走幸福路，

　　只有跟着共产党！

　　十年来楚雄州的民族工作，在上级党委的正确领导和不断督促下，取得了很大的成绩。我们在十年来的实践中有以下几点体会：

　　1. 民族工作也和其他革命建设事业一样，党的领导是我们取得胜利的根本保证。

　　在短短的十年时间，我们楚雄州民族工作方面之所以能取得巨大成就，就是在党中央、毛主席和各级党委的正确领导下取得的。今后对民族工作方面的任务是伟大而艰巨的，因此，还必须进一步加强党对少数民族人民和对民族工作的领导。

　　2. 主动地与有关部门密切配合，取得有关部门的大力支持，是做好民族工作的重要环节。

　　楚雄州各少数民族分布面广，形成大分散、小聚居的特点，加之历代反动统治时期所造成的民族间事实上的不平等，他们的经济、文化一般都落后于汉族水平，要帮助少数民族尽快地赶上先进民族，就要做长期的许多艰苦复杂的工作。但仅靠民族事务部门去做是不行的，它联系面很广，与政法、财经、文教、卫生等各个部门都要做，所以我们必须与各部门配合进行，今后仍然这样做。

　　3. 在民族工作中必须坚持不懈地走群众路线。

　　群众路线是党的根本路线和光荣传统，解放以来我们在民族地区开展工作的时候，都采取召开代表会、座谈会、个别访问等方法，广泛充分听取各族群众的各方面意见，并进行反复认真的研究，然后向各族人民耐心地进行说服教育，使党的民族政策与民族实际结合起来，从而把党的政策变成群众的自觉要求和行为。我们深刻体会到，只要我们坚决相信群众、依靠群众、发动群众，就可以完成民族工作方面的一切光荣任务。

　　4. 必须积极地领导各少数民族大力发展生产。

　　发展生产是各民族农民最根本、最迫切的要求，是彻底解决民族问题的物质基础。经过十年来的工作，民族地区的生产已有很大发展，特别是经过1958年"大跃进"和实现人民公社化后，生产发展速度更快，改变了过去"糠菜半年粮"的落后面貌，许多地区由过去年年缺粮一跃为余粮地区。如武定县洒普山是苗族聚居的山区，由于县委特别注意加强领导发展生产，所以农村面貌变化很大，1956年以后就变成了余粮社（原来小社），1958年农副业产值比1949年增长了3.2倍，以每户平均收入增长3倍。由于农民生活的改善，从此，使苗族同胞安心生产、安定生活，不再搬家了。

中共楚雄地委统战部
1959年9月25日

武定专区民族工作报告
1951年6月20日

武定专区民族工作报告

一、武定区兄弟民族基本情况

（一）民族种类、人口与分布情况

本区各民族混居，详细分有23种民族，实际上主要的也就是汉、苗、彝、回、傣5族。全区人口530143人，其中兄弟民族有××人，占总人口数××%，其中以禄劝、武定两县较多，禄劝县占39.4%、武定县占60%，多数的分布在金沙江普渡河两岸与乌蒙山麓（各族人口分布情况见附表）。

（二）兄弟民族的社会政治情况

各族中除汉族外，即以黑彝势力最大，黑彝、红彝、甘彝、回族，有个别地主；傈僳、摆夷、苗族中则没有地主，绝大多数差不多全是贫佃农民。各族的居住大体上都是区域族居、村落聚居的状态。土司制度，经过了明朝的改土归流、大革命时代的农民起义（打击李洪英土司）、解放前游击时期的斗争清算（如对武定慕莲土司那安民、禄劝张土司的清算），以及争取到革命阵营来的个别上层分子（如禄劝土司金洪照，游击时任大队长，现为军分区科长），直到今年6月间，中访团到武定来，由金洪照带头将所有武、禄土司印信、凤冠在专区民族会议上缴出，土司制度已基本地算废除了。

（三）兄弟民族社会经济生产情况

一般的兄弟民族经济生活都很苦，多数以农耕生产为主，也有以农耕与畜牧并重的，如禄劝中屏、武定隆庆乡等；也有以畜牧业与副业生产烧炭、织布为生产方式的，甚至过去还有靠瓢瓢劫为生的，如蛮得梁子的蛮族。

（四）兄弟民族地区存在的矛盾

由于封建反动几千年的统治与大汉族主义的分裂政策的恶果，造成了如下几种矛盾。
（1）民族矛盾：这主要是对汉族的矛盾与黑彝对汉人看是"统治者"，黑彝为贵族。

（2）民族内部的矛盾：如武定蛮得梁子有上甲、下甲之分。

（3）阶级矛盾：由于土司、马头、地主三位一体的统治剥削，少数民族之间的阶级矛盾也很显著。如去年专区农代会议，谈到少数民族地区暂不进行减租退押，少数民族代表即提出："你们不能只解放少数民族中的少数（地主）呀！"又如在三四月减退、镇反展开之际，元谋彝族蒋万彬的母亲说："我们不请求政府减租退押，我们就不能翻身。"

（五）帝国主义教会在兄弟民族地区的情况

帝国主义利用教会在本区兄弟民族中活动，已有60年历史（其教会名称有基督教联合会；武定洒普山总堂，信徒多苗族；滔谷总会，信徒多彝族；禄劝撒拉坞总会，信徒多傈僳族；基督教复临安息日会；富民山乐泉教堂，信徒多苗族；还有元谋的西南基督教联合会），全区各教会信徒共有3万余人。禄劝撒拉坞总堂办有神学院，安宁基督教会办有三育研究社，多训练传教干部，帝国主义分子有17人；各分支堂还办了小学校。教权实际操纵于外国人手中，教会权力很大，能管行政的事（干涉婚姻自主）。他们还创造了傈僳、苗族的拉丁文。现在外国人已走完，但宗教的力量在兄弟民族社会中，仍还有一定的影响，如富民教会小学学生，至今还不相信劳动创造世界，而迷信于上帝创造一切。

二、一年来工作的情况

由于我们过去对民族工作陌生，思想上没有很好重视，初起时是大汉族主义化了。如（少数民族）占人口60%的武定县，开各代会民族代表仅20名（代表总数是159人），直到去年五六月征粮陷入僵局，匪乱猖獗，如武定×兄弟民族某地主叛乱，对少数民族号召"每人给五斗米跟我来"，结果打了我们3个乡公所、1个区公所。去年9月农代会后，兄弟民族地区枪换肩搞得很乱。一连串的事实教育，我们对兄弟民族工作更加重视，经过不断的调查研究，在摸索中尤其是经中访团的帮助后，我们的工作有如下情况：

（一）民族团结工作

当匪乱猖獗时，我们首先争取苗、彝、傈僳族的干部参加政权工作，配合原机关的少数民族干部，组织少数民族工作组配合部队，深入民族边远地区，宣传政策，瓦解匪特，收效很大，有的胁从分子说："早知如此，我们就不干了。"全区先后召开兄弟代表会、座谈会、民族团结会9次，参加5767人；欢迎中访团团结大会，各民族16000余人；各县各代会18次，共参加少数民族代表536人，代表的民族比重已较合理。禄劝第一次各代会代表147人中，少数民族仅15人，占10%；现在的一次代表会239人中，少数民族已有110人，占43.9%。尤其是中访团到来后，我们的民族工作与民族团结，开始建立了良好的基础，毛主席是红太阳，印照着每个民族的心头上。如张开治代表在专区代表会上说："过去反动派统治时代，为了分裂我们的力量，所以用各种方式使我们四分五裂，现在我们站起来了。我们各民族要互相开亲，我们要好好学习，永远跟着毛主席走！"罗次的兄弟民族在代表会上还发表了宗教三自革新运动的宣言；在春节前后利用寒假，还组织了师生宣传队到金沙江边访问贺年；武定县并派民政科长，携带礼品到蛮得梁子慰问拜年。在各级政权中，尽量地吸收提拔兄弟民族的干部，全区现在已有兄弟民族干部116名。在整理乡政权中，适当照顾了兄弟民族，奠定了民族联合政府与区域自治的基础。如武定一区苗族合作乡，他们说："今天乡公所是我们的了。"所以在征粮、剿匪、义务修筑公路时，均争先地完成了任务。

（二）民族地区的社会改革工作

本区许多民族地区民族矛盾虽然还存在，但阶级矛盾已很显著。当去年9月专区农代会决定兄弟民族地区减退暂不进行、枪换肩搞乱后，地委会决定"停止"，肯定"不搞减退"，致引起少数民族的不满，提出意见："你们解放少数民族不能只解放少数中的少数（地主）呀！"又说"只要你们说可以搞，我们自己搞，你们不用担心"等。经调查研究请示省府后，在6月民族专区代表会上，乃决定在少数民族广大的群众自觉自愿基础上决定"一般减租退押看情况、不提反霸"的方针，同时决定在进行中，必须加强领导，并得出一个简单的公式"团结—社会改革—更团结"。结果在减退的过程中，方式有好几种，有的是温和的说法，如参加专区代表会兄弟民族农民向地主说："在会上你怎么说的呀？"有的说："你们说了不做，我们农会也会斗的。"结果减了租。有的是联合农代会代表召集群众开诉苦大会，向地主说理说法地减了租。但也有过于激烈，拿着镰刀、斧头到地主家减租的，甚至有组织贫雇农翻身会，自动分了地主的田（禄劝三区芝麻乡三月间小土改的，发现后由县委纠正）。种种方式，虽然减了些租，但工作彻底性是很不够的。

镇反工作，罪大恶极、群众痛恨的镇压了，如武定的李洪英；也有群众联合控告，派代表到政府不镇压不回去的，如武定王殿元；也有少数民族自动的斗争，送给政府法办的，这种情况很好。武定面对回民斗争回族的恶霸马中周，该村53家回民，50家到场，参加斗争连阿訇（回族首领）也参加在内，也找来汉族人参加（但当时旁观），由回族同胞来斗的。在少数民族镇反工作中也个别发生斩草除根、剿灭满门的思想，甚至有要挖掘老祖坟的问题发生，皆由领导干部予以说服。

（三）贸易、文教、卫生工作

贸易、文教我们做了一些工作，过去武定东山区和金沙江一带兄弟民族地区，可说是贸易的空白区，土产麻布必须背到武定卖掉，换取一些盐巴、日用品，来返七八天里程，旅费很不合算。自贸易公司成立后，即开始收购兄弟民族土产，供应日用品。2月间又组织了4个贸易小组，有3个深入到民族地区。1950年收购麻布、锦鸡皮、羊皮、火硝、茯苓、土纸、麻线、花生米，价值63931万元，本年4、5两月即增至40620万元。1951年供给洋布、百货、土布、食盐价值18030万元，货物比价过去5寸宽20丈麻布能换两件小土布，现在已相当3件半小土布了。武定五区杂窝村的80多家兄弟民族平均买进3件土布。

在文化教育上，首先恢复了武定环州与禄劝撒营盘两所省立中学，全区各中小学兄弟民族师生普遍增加。如武定全县147所小学、7284名学生中即有3483名，占48%；教师253名，即有123名，占49.1%。武定中学上期兄弟民族仅22人，本期已增至为75人。

医药卫生上，虽有动员了中西医51人，训练了种痘99人，种了40402人的牛痘，占全区人口7.8%，附带治了一些病，取得了一些成绩，但由于人员少、医药少，工作不深入、不及时，致天花传染而有死了人，如武定水口死了20余人。对这方面以后是要注意加强的。

（四）武、禄两县联合政权的建立

根据西南民族工作的指示，与本年度民主建政工作双重之精神，武定、禄劝两县于5月7日、5月16日分别召开了各族各界人民代表会议，经省府批准，代行人民代表大会职权，选举了各族人民联合政府委员、正副县长（详情请阅两县总结报告）。根据这两县联合政权的建立经过，我们有如下的体会：

（1）各族人民要求参政当家做主，民主的精神是很强的。两县在进行政府委员候选人的提名，全体代表的情绪是最高潮的时候，先以各族来酝酿，又以各界来讨论，会里会外小组区域的讨论，提出"四比"：①比代表性；②比进步性；③比工作能力；④比与群众的关系。为了更好地提出候选人，两县会都往后延了几天，说明当家做主、参政负责的精神。武定县提名的一位士绅，许多代表不赞成，几经打通思想，多数代表同意了，但不同意的代表到投票选举时硬是不投赞成票，说明了人民民主的精神，同时教育了群众，不要误认政府能够包办的。选举出来后，许多代表谆谆告诫"要挑好人民的担子"，说明人民对自己政府负责的态度。

（2）通过联合政权的建立，各族的团结加强了，更树立了各民族干部平等的精神，如禄劝占39%的10种兄弟民族，即有8种民族参加了政权。有些民族少的罗缅与密岔、民郎与傈僳，自动地要求联合各选一人。武定某代表对选出的政府委员说："今天我们选出你们来，就不要分这个民族那个民族，要好好替大家办事。"

（3）会议的进行事先要酝酿准备成熟，对干部抓紧学习、打通思想。如禄劝为了慎重，代表有的乡选了四次，全县80%是进行选举，纠正了干部的农代会思想，与对代表及选出了的委员错误认识（我培养提拔的农民以后还要领导我）。经过学习明确认识了联合政权的精神，在会议进行中对外要大张旗鼓，造成人民群众的重视，同时在委员的提出中，要考虑到今后的实际工作问题。

（4）这是新的工作，缺乏经验，现在仅算是联合政权的组织搞起来，至于以后的工作展开，仍待以后的努力。

三、工作中的优缺点与一点体会

我们的少数民族工作，在各方面是取得不少的成绩，民族间的团结初步地奠定了基础，如某代表说："汉人是不好的，但今天毛主席的汉人都是好的了。"武定民族间仇视较重的蛮得梁子附近，今天也相居无事、和平共处了。对兄弟民族的贸易展开，获得了普遍的反映："我们要卖的东西不须背着走几百里路，要买的东西，站在家门口也要买到。"各学校中穿麻布衣的学生，不仅数量增加，也没有像过去受人歧视的现象了。各民族自己的干部不断地参加到政权中来，对美蒋匪帮、帝国主义分子利用教会侵略有的认识了，有的大胆控诉出来，如罗次杨秀林说："郭牧师（外国人）把马正义的母亲推到房里强奸。"张开秀说："老美轮奸张定邦的妻子，当时丧命，国民党不帮我们出气。"许多的教徒拥护了宗教革新，发表了宣言。但工作中也是存在缺点，起初是忽视民族工作，大汉族主义化了之后，在工作中由于干部政策水平低，工作不细心，有产生的偏差。如禄劝翠花乡汉佃斗争彝族地主未事先通过彝族同胞，引起不高兴，个别的民族间还有些小的纠纷。禄劝彝、汉两人，互争毛主席为他族的人而打起架来，这固然是毛主席得到各族的拥护爱戴，何尝又不是民族的狭隘思想？

在一年的工作中，我们有如下的体会：

（1）在民族杂居区的一切工作，皆应与民族工作结合进行，领导首先重视不断地教育干部，采取慎重方针，经常调查研究、了解情况（是工作的出发点），强调民族团结为主、慎重稳进的方针是绝对正确的。

（2）民族杂居区的社会改革工作，似乎有这样一个规律："团结—社会改革—更团结—彻底改革"。条件不够不进行改革，会造成混乱，影响团结，条件成熟不进行改革，又会脱离群众。

（3）大量吸收、培养各兄弟民族干部参加工作，是展开做好民族工作的关键。联合政权、区域自治的建立，是绝对必要的（如上述武定苗人自治乡），但在建立专区联合政权，目前最感困难者，是没有各族全区性的代表人物，即是培养，亦须一定时间。（另外，富、罗、安、元，少数民族很少，是否也要建立联合政权，需要研究一下）

（4）尊重少数民族风俗习惯，对工作是有很大帮助的。我们在各种会上与宣传的方式上常用少数民族的干部来做翻译，收获很大。

（5）对少数民族的工作同志，由于水平不够，帮助更好地搞工作、不断地抓紧教育外，强调纪律是必要的。我们提出"在汉人区群众路线走不好是要批评，在少数民族区群众路线走不好要打屁股！"

武定区各级民族代表会议代表人数统计表

级别	次数	日期	性别	夷族	干夷	黑夷	红夷	白夷	黄夷	花苗	白苗	汉族	白傈僳	山傈僳	土蛮黑	明朗	仲族	傈族	民家	密岔	罗免	回族	黎族	总计	备注
专区	第一次	1951.1.15	男	41	26	53	19	27	1	21	41	59	19	2	10	3	6	3	2	6	1	11	10	374	
			女	5	5	9	1	4		1	3	15	1											413	
武定县	第三次	1951.5.17			5	46	5	12		21		128	25	5		1	2	9	1	3	1	8		256	
专区	座谈会	1950.11.5		24																				67	专区族代表会后召开
武定县	座谈会	1950.10		4		6	2	3		8	7	2	2	1	3		1	1	2	3	1	1	2	48	农代会后召开
武定第五区	民族团结大会	1950.10																						1100	各族均得梁子开蛮（第一次会）
武定第五区	民族团结大会	1950.11																						2200	各族均参加在他贞开会（第二次会）
武定第五区	民族团结大会	1950.11																						2200	各族均参加在草溪开会
禄劝二、三、四、五各区	民族代表会	1950.8.10																						2200	民族包括汉、回、傈、彝族等
罗次县	民族代表会	1951.4		46						87															133（男112、女21）	

武定区各级人民代表会议兄弟民族代表人数比例表

级别	会议次数	日期	代表总数	兄弟民族代表		备注
				人数	占总数比例%	
安宁县	第一次	1950.4.20	110	5	5.5	
	第二次	1950.7.14	162	4	2.5	
	第三次	1950.11.10	274	9	3	全县总人口72222人，兄弟民族2309人
罗次县	第一次	1950.4.11	234	25	9.1	
	第二次	1950.10.10	230	25	9	
	第三次	1951.4.27	220	53	23	全县兄弟民族3278人，分夷、苗两种；全县总人口44348人
元谋县	第一次	1952.4.24	78	4	6	
	第二次	1950.7.2	90	5	5.5	
	第三次	1950.12.21	105	6	5	全县兄弟民族人口4888人，全县总人口52228人
武定县	第一次	1950.4.10	154	20	13	
	第二次	1950.7.3	153	22	13	全县总人口131370人，兄弟民族78822人
禄劝县	第一次	1950.4	149	15	10	
	第二次	1950.6	139	14	10	全县兄弟民族人口73241人，全县总人口185930人
	第三次	1950.10.11	154	18	12	
富民县	第一次	1950.11	88	4	55	全县兄弟民族人口3248人，全县总人口44045人
	第二次	1951.2.14	196	20	10	
武定县	第二届第一次	1951.5.5	264	122		
禄劝县	第二届第一次	1951.5.15	239	110	40.9	

武定专区各县兄弟民族统计表

民族	县别	分布情况	户数	人口 男	人口 女	人口 人数	人口 百分比	备注
花苗	罗次	位县城西、东两边大山	360	1002	945	1947		全是佃农
	禄劝					3630	1.9	
	共计					5577		
白彝	罗次	第三区近山坝子	69	109	109	218		都有田地
	元谋	以二区丙南乡最多	752	1876	2142	4018		
	共计		821	1985	2251	4236		
黑彝	罗次	第二区山脚坝子	18	35	42	77		
	禄劝					54260	30.8	
	共计					57337		
傈僳	罗次	住二区	63	164	182	346		
	禄劝					4458	2.4	
	共计					4804		
密岔	罗次	住一区	36	69	80	149		
	禄劝					875	0.47	
	共计					1024		
彝族	罗次	第三区昆石乡，第一区碧城镇	223	496	515	1011		
	富民	各区都有	572	1208	1167	2375		
	安宁					1141		
	共计					4527		
回族		住元马镇	100	246	265	511		
		住一、二区	33	95	110	205		
		住三、四区				301		
						266	0.14	
						1383		
红彝		住二区丙南乡	75	108	191	359		
						359		

续表

民族	县别	分布情况	户数	人口				备注
				男	女	人数	百分比	
苗族		各区都有，以二区为多	1178	339	329	668		
		住二区				867		
						1535		
甘彝						2900	1.59	
						3900		
明朗						817	0.5	
						817		
罗缅						471	0.25	
						471		
凉山						222	0.12	
						222		
仲家						967	0.58	
						967		
土俚	禄劝					1429	0.77	
	共计					1429		
各县共计	罗次		769	1875	1873	3348		
	元谋		927	2230	2598	4888		
	安宁					2309		
	富民		722	1642	1606	3248		
	禄劝					73241		
	武定							
全区合计						87434		
说明	表列数字缺武定一县，武定兄弟民族人口据参考数字约近100000，占全县总人口70%左右；全区兄弟民族加上武定约有18万							

双柏县民族工作概况

1956年12月

双柏县民族工作概况

我县民族工作几年来，在各级党委的正确指导和全体同志的积极努力下，通过各项运动，取得的工作成绩是大的。特别是近一年来，在全国社会主义高潮的影响下，民族工作有了大踏步的前进。全县办了104个农业社，内汉族社2个，彝族社1个，汉、彝两族联合社25个，两种民族以上联合社76个。有18862户，入社有16944户，占全县总户数89.83%。入高级社78个，15091户，占全县总户数80%；入初级社26个，有1853户，占总户数9.83%。全县各族已基本实现社会主义合作化。在民族干部、财经、贸易、文教、卫生、交通运输等各项工作上，随着社会主义的前进都有了重大的发展，全县民族关系已起了根本性的变化。

一、民族概况

双柏县共有81个乡，除9个半山区乡外，其余72个乡均是山区乡。人口共86331人，少数民族支系28种，35206人，占全县总人口40.9%；分布在全县80个乡，其中少数民族人口占全乡总人口50%以上的乡共有33个：妥甸区中山乡，大庄区起木塘、柏子村、洒利里、马街子、尹代阱、麻栗树、桃元、郭三郎、普妈等9个乡，鄂嘉区龙树、栗树等2个乡，法脿区双坝、法甸、麦地、折苴、红粟、龙格利、野牛、石头、邦三等9个乡，新街区安龙普、他宜龙、白永河、法念、底土、六纳、河口、新资、塔铺、鄂竹等10个乡，爱尼山区海资底乡、挖铜乡。各民族分布大体上是：彝族人口较多，分布亦广，主要分布在妥甸区妥甸、马脚塘、窝碑、马龙、罗绍、中山、雅口，大庄区马街子、麻栗树，鄂嘉区鄂嘉、平掌、义隆、旧丈、老厂、麻旺、茶叶、东风、栗树、阳太、龙树，法脿区龙格利、野牛，新街全区13乡，爱尼山区独田、旧哨、把租、海资底、挖铜等40个乡。倮倮、罗武两族民族特点比较接近，主要分布新惠、起木塘、柏子村、洒利里、干海资、木车郎、普妈、郭三郎、代莫古、桃元、麻栗树、尹代阱、马街子、法脿、铺司、双坝、雨龙、麦地、折苴、红粟、野牛等23个乡。窝尼族一般在新惠、起木塘、柏子村、桃元、铺司、法甸、红粟、邦三、龙格利、河口、白永河等11个乡，阿车族大部分在铺司、法甸、雨龙、石头、邦三等乡，扯苏族主要在新资、河口、和平等乡，黑、白、红、黄4彝族绝大多数在阱口、密架、新村、栗树7乡，苗族主要在旧关、中山、大阱3乡，其他白脚子、白族、白苗、旱苗、苗族、傣、苦村、拉乌、民家、三苏等15种民族，解放前因受国民党反动统治的残酷压迫自外地进入，一般都有几十年到200年左右的历史，因此人口较少。如50年前由鹤庆、丽江两县搬入的3户民家族，现分居雨龙街和鄂嘉两处；苗族是从楚雄紫金山、禄丰、广通等县搬来的，其中傈僳、满族、古衣、阿苏、黑倮倮等每族只有几人，因婚姻关系进入，主要是住边远地区。

在地区分布上：一般是汉族、回族、阿车族及彝族的一部分，住在平坝、街镇及交通线上，经济、文化较发达；住在大山头上的民族，村落分散，交通不便，如山苏、红彝、汉族一部分，因气候寒冷，农作物不易生长，生活较贫瘠；彝族、阿车族大部分、罗武、苗、山苏、黑彝、白族、红彝、白彝等一般住半山，气候较温和；窝尼、扯苏、傣、黑彝、黄彝、倮倮、白脚子等一般住阱边、河边、山谷气候较热地方。由于山形地势起伏，一般是一个乡有几种气候，各族也就杂居在一个乡内。全县有5种民族以上的32个乡，一般形成地广人稀、住地分散，大部分乡有50里左右直径。

从各族生产技术、生活、风俗习惯、宗教信仰上来看，各族农民耕作粗放，生产技术落后，生活相当贫困，迷信思想很深。兹将主要情况分述如下：

（一）生产情况

各族人民勤劳勇敢，少数民族苦干力强，劳动力都比汉族农民强。一般做活是全家出动，娃娃都有个娃娃篮，放在田边，早上一顿饭，太阳落收工。如红彝太阳晒、大雨淋都不怕，黑完黑尽才回家；罗武族是剩了一点活计要坚持干完才回家，妇女除一天劳动、带小孩外，还要扯磨、舂米、煮猪食等，无论背、挑都能干。但生产技术落后，耕作方法粗糙，普遍不习惯挖板田、追肥，有的薅一道秧，远田不薅，反映说："不栽不得吃，不薅得吃呢！"有的压底肥是门前田，而仅限于圈肥，都是干粪，"正月晒，三月排"。地普遍是刀耕火种，水利建设很差，大部靠天吃饭，因此，形成广种薄收，作物都很矮小瘦弱。野牛、底土、河口打谷子不用簸篮，挑在稻场上，在石头上打，解放前为了逃避交租只随便打一下，堆起来以后再打，解放后还沿袭下来，这样易于霉坏、雀吃、被偷，而且抛撒很大。如土底村1954年42堆谷子，下雨霉坏4石；谷子割一节，谷秆留有二三寸，踩平、盖豆，豆子点不稳，这样收种效率低，劳力浪费大。底土村扯苏族河边田谷子收割用手勒，李方村罗武族河边田因疫疾为害，没有人种。

由于山区草场好，养牛、羊、猪等牲畜成了普遍生产活动的一部分。如挖洞乡224户，有牛667条，平均每户3条；法脿区3842户，有牛9224条，平均每户2.5条；底土乡和鄂嘉区的红彝族有的户养牛二三十条，山羊、绵羊数百只。同时，罗武、扯苏、红彝、苗族种麻，以红彝、苗族种麻最多，每户种有1亩到3亩。一般都织麂子网；罗武、倮倮两族妇女擀火草、织麻布，罗武族还织麻布毯、织腰带，剩余的卖了换布穿；苗族妇女织麻布口袋卖了买盐、织麻布穿；红彝、拉苏织麻布穿，红彝还做棕衣；石宝村扯苏族会编笋叶帽，山苏族普遍会编簸篮、剡甑板，雨龙乡的阿车族普遍都打草席。在生产中，克服困难，抵抗灾害，养成历史性的换工习惯，特别是各族内，互相帮助，团结得好，如河口乡石宝村扯苏族无偿互助，杀牛、猪请全村人吃饭；哪家没有大家送，婚丧、修房建屋无偿帮忙；谁家受灾，全村出劳力、粮食、木材、牲畜等来援助。

（二）生活、风俗习惯、宗教信仰

解放前除阿车、回、彝族中有少数的地富和部分有自耕的农民外，其余都是佃户，生活很苦，传说"要吃白米饭，只有十月半""早晨出去无田地，晚上回家来无住处"。在收获后，交租还债，所剩无几，造成长期的靠瓜菜和找山野菜掺吃。现在生活改善了很多，罗武族至今粮食虽够吃，仍保留着找山野菜的习惯。由于地理气候、风俗习惯的不同，带来了生活习惯的差异。一般是俫俫、窝尼、扯苏、白脚子、白彝、黑彝族喜欢吃，逢年过节、祭龙祭神、做会都要杀猪、羊、鸡透吃，扯苏反映："我们是热地方的人，寿命短，要吃好些。"

苗族、罗武好穿，男女都有一二丈白红包头的，苗族妇女穿绣花裙子，罗武族妇女穿的衣裤和戴的帽子，均用本族花样绣织成。麻栗树乡罗武族妇女反映："衣、裤、帽要半月来才能做好。"男的用腰带，傣族的服装与其他族不同，前短后长；妇女现在不穿裙子，经常在河里洗澡的习惯也改变了。过去穿羊皮的红彝、罗武以及穿麻布的，随着生产的发展，生活的日益提高，有的是做田地活计时穿，其他是大多数都不穿了。各族内一般不穿鞋子，穿草鞋的仅是少数。

一般都爱吃酒，比较老的人差不多都有酒瘾，吃了酒不吃饭都可以。没有粮食，用大麦、高粱、洋芋、玉麦、骨头、石头果等煮酒。每年秋后做很长一段时间，都做白酒吃。俫俫、罗武、扯苏、傣族都爱吃糯米，逢年过节、做会都要吃。特别是罗武族需要量特别大，罗武妇女反映："不吃肉倒可以，不吃糯米不得。"妇女回娘家要吃，临走还要带二斤米的糯米团包肉带走。苗族爱吃盐巴蘸水，喜欢走亲串戚，每年正月一个月每户都有一半以上的人走亲戚。

实行粮食统购统销以来，一般自带口粮，山区野兽很多，危害最大，各少数民族酷好打猎，7天1次，多在1月3次，忌戊时，农闲男女上山一二百人。苗族过去一打三四个月，俫俫族是六七月经常打，打得是见者有份。现在是见到才打，庄稼成熟、危害很大时，组织专门小组来打，差不多每户都有一支火枪。罗武喜挂刀，有"十个罗武九把刀"之说。解放后将忌戊改为星期。

各少数民族均有自己的语言，一种与一种不同。接近交通线上、街镇和汉族地区的一般会说汉话，鄂嘉区、爱尼山区一般壮年以下，只会说汉话，而不会说本族话；而靠近边远地区、少数民族多的地区，一般不懂汉话，特别是妇女全都不来参加开会，做工作等都要翻译。现在大部分都懂得，并且还会说，只有新街区的妇女，特别是老年和经常在家的大部分或全部不懂汉话。

阿车跳花鼓；鄂嘉区彝族是弹三弦，都是对唱的"阿舍"调；苗族、扯苏、倮倮跳笙；罗武跳舞，唱"阿拉依"调，古历六月二十三日杀牛接火把，二十八日杀羊送火把，是过大年。解放后杀牛改为杀羊，出嫁的姑娘都要接回来，从二十四日跳到二十八日，这几天人人穿新衣、家家吃酒肉，小孩到老人都要跳、要唱，"不跳要生病"。

苗族死人，有几个儿子杀几条牛，现改为杀一条或几只羊。扯苏、山苏过去很不洗脸、不洗脚。各族迷信思想严重，死人、祭龙、做会等都要请道士，倮倮、阿车、白族请朵西、香通，罗武、彝族请香通，白彝、黑彝、白脚子请朵西，苗族请苗族道士，底土乡四大组扯苏、傣族请布马。较普遍的是生病请香通、送鬼、叫魂、打卦，底土乡的扯苏、傣族送鬼、讨亲等都是找布马看彝书，回族是请阿訇。做各种会，如正月初七祭天、正月十五中元会、二月二祭龙、二月天阳会、三月天宫会、四月大宫会、五月太平会、六月二十四日火把节祭水口、七月中接祖送祖、八月十五中秋节、朝南斗、九月朝北斗、十月招，还要祭天、祭地、祭龙、祭山、祭水、祭田、祭树、祭鬼、跳神、跳龙等。罗武、倮倮是六月二十三、二十四日接祖公，其他一般是七月十三四送祖公，十五这天无论如何都要放假，如窝尼反映：十五这天做活计，怕汉族老祖公捡去背包袱。各族信鬼神很深，都有所谓埋魂婆之说：据说是有病找香通，看不好病和同某人有仇即被利用而引起纠纷，一般是整着农民和渣筋一些的人。由于香通搞鬼和迷信毒素很深，解放后根据现有材料先后发生4起，活埋1人，烧死2人，吊死2人。如1955年3月起木塘乡上下阿伯龄，斗争张太英（习惯渣筋），说是"埋魂婆"，苦打成招，民政委员张平要求乡上枪毙张太英，乡干部解释不了，后公安局、卫生院干部去治好病，把张太英迁走，进行了教育，才安定下来。谷子害稻热病，说是"鬼害""埋魂"，下冰雹说是冒犯神"下白雨"。

各族性格上，为人直爽，在本民族内部团结比较强，一般接受政策慢些，自尊心比汉族强，在历史上的政治地位和经济基础不同。扯苏、山苏、红彝、黄彝等一般胆量较小，特别是山苏、扯苏过去不敢赶街，如野牛乡扯苏族解放前青年妇女赶街被强奸，年青小伙子赶街被拉丁，一说汉族来了，全跑掉，门关起来。山苏族赶街不敢同别族说话，1955年春天三定工作宣传错了，就吓得全跑到山上在了10多天才回来。黑彝性情豪爽，历史上曾被地霸利用肯抢人，打哪个三五十地去，因而小集团较严重。罗武、阿车、黑彝、白彝、窝尼、倮倮、扯苏、山苏等在本民族中有小领袖，如山苏族中小领袖李其本（贫农）很有威信，大家有问题、有困难，有知心话都找他说；土改时分田地，大家有顾虑，不敢要，李其本叫了一声，大家都跟着他下山分了田地。

二、各族关系问题

历史上由于受反动的国民党民族政策的统治与压迫，各民族政治、经济、文化地位的差异很大，各族农民都受统治阶级的压迫与剥削，而主要是受汉族地主阶级的压迫与剥削。民族问题实质上是阶级问题，但也不能单纯地简化为阶级问题。民族有共同的经济、文化生活、共同心理情感，因此各族统治阶级便利用此制造民族间的不团结。民族关系从历史上看，阶级矛盾经常地以民族矛盾的形式表现出来，具体表现在政治、经济、文化、婚姻、称呼上的歧视和压迫。地主阶级为了巩固自己的统治地位，进行极其阴险狠毒的民族挑拨，制造隔阂，使民族关系极端恶化。如爱尼山区独田乡黑蛇村64户彝族佃户，全佃本乡地霸段光宇、董重贤、董重尧，全是汉族的田地。公元1945年，贫农段光林讨婆娘，只准备小讨，段光宇知道了，叫去质问：为什么小讨，不坐轿、不使夫，丢我段家的脸。段光林回答：大讨开支不起。段光宇说：要使我给，黑蛇村每户两个，吃的不有我拿，不使夫不准讨，并压迫农民段光育等提棍棒去喊。亲讨后，贫农欠债，仅有4工水田被霸去，并结下了彝、汉之间的仇恨。

残酷的封建剥削，使各族劳动人民生活极端贫困，地主使佃户的轻工夫后，嫁讨婆娘要抬轿、滑竿等，抬东西，请客端菜饭、打杂等。佃户送鸡、酒小礼，一般是一年几只公鸡、阉鸡、酒、草烟、马料、豆等。到收租时，准备好饭菜招地主来，办不好将桌子掀掉重办。上租有田地租、山租、水租、山药租、水芋租、大雀租、斑鸠租、破布租、干租等20多种。汉族还有公山、庄子，是某村某支人都有份。统治阶级仅利用此来挑拨和少数民族的关系，使各族劳动人民对立，如安甸乡河尾村50户（汉），地主6户、富农2户、中农15户、贫农27户，全村有公山，农民有收租一二斗的，有的租子已卖。龙打坝16户彝族均上租、摊酒、小礼3斤，婚丧等每户去夫两个、柴一挑、守山夫一个，还是收租的都受夫礼。

地主集团各霸一方，特别是边远地方，还规定了一些"条律"，如少数民族不得穿衣服，不得穿对襟衣裳，妇女不得穿短衣裳，不得披长头发，不得吃长烟锅，不得上桌等；不分男女老幼，都要喊汉族老小为"老爷""阿爷""阿奶""大妈"等。各集团为了自己的利益，经常互相钩心斗角、争权夺利、互相打仗，各族劳动人民都成了地主集团战争的牺牲品。如新街区新平乡方士荣和底土李家生出外，常带人到处打家劫舍时，压迫所有佃户参加，常有伤亡。该区这样的地主、匪首有8人，惯匪白豪英（即小漂）、邱宽等到处活动，农民常被杀害。鄂嘉区龙树王家增同义隆速培道、维应贵等集团经常打仗，败者搬兵请将，农民出人、出粮、出款等，被迫为匪抢人，而地主坐地分赃。农民有逃租、债、罪跑到峨山、新平、景东等县，帮工或给李润之当兵为匪。1949年，地主张德全等人，曾压迫各乡出壮年当盾牌组织1000余人的队伍，到过楚雄，奸淫掳掠，无所不为。汉族中的游民、狗脚无故敲磕少数民族，因此，在少数民族中，除居民集中地区和交通线上街镇的彝族、阿车的一部分和回族等地主阶级外，一般都是佃户，受着深重的阶级压迫，共同和汉族对立，隔阂很深。

解放以后，由于历史上受汉族地主阶级的压迫与剥削，在土地改革运动中，阶级的矛盾亦转化为民族矛盾表现出来。如底土村汉族农民占有族山，少数民族去砍柴，要请工夫役，送鸡、酒、小礼、收租等，减租或划阶级时，凡见汉族都划为地富，要求退押斗争。

土改后乡长（彝族）把汉族祠堂的祖宗牌烧了，汉族反映"死人有哪样罪？"通过诉苦追根，才将民族觉悟提为民主觉悟，各族人民在党的民族政策的光辉照耀下，通过了一系列的民主运动，在共同斗争中，建立起了团结互助友爱的新关系。如山苏族在历史上从来没有栽过田，土改时分得田，阿车族帮山苏族种田栽秧，山苏族帮阿车族种地，互教互学，因此使山苏族学会了犁田、栽秧、薅秧等生产技术。婚丧喜事，也能互相帮助，如雨龙乡丫干田、雨龙寨二村的汉族，过去使用罗武的白工，现在讨亲嫁娶都互相帮助了。由于婚姻法的逐步宣传，在婚姻上的不良风气，有了显著改变，各族之间通婚的逐渐增多。

1953年结束土改后，随即开展互助合作运动……根据各族风俗习惯，除每月休息几天外，过年过节都放假，如罗武族六月二十四日火把节是过大年，各族十月十五不做活计等。对办婚丧事时杀牛、羊、鸡等，在牲畜折价入社时留了自留羊，如雨龙乡李芳村罗武族每户都留二三个，回族留了菜牛，大节气八月十五、小节气都给牛羊。因此到1955年秋天发展至23.4%，在中央提出反对右倾保守之后，去年春天在全县范围内掀起了农业、私营商业、手工业的全面的社会主义改造运动，入农业社农户达89.94%，其中入高级社农民达80%。经过今秋转社、扩社之后，全县将100%高级合作化了。

在合作化基础上各族人民的生产发展很快，各县由5%的点播，推广至1956年，据3个区的统计，玉麦点播占72.34%，新街区点播占64.58%。在薅秧方面普遍是3薅，部分做到了4薅。水利田1953年占20%，经过兴修、整修扩大，到1956年已达40%。如法胲乡光明社，水利田由2.38%扩大至88%，今年全部3铲3薅，4薅占了30%。积肥由不习惯到习惯，现在普遍积，远田田房已增多，但还不普遍，挖田头塘、高温堆肥、挖粪塘、铲草皮、打叶子、拾粪、勤垫圈、勤出粪等积肥办法，一般的肥源被广泛地应用起来。盖厕所在全县特别是少数民族地区很难推开，经过几年来的宣传教育、事实介绍、带头等，逐步推开，由盖厕所不屙屎、克服怕脏怕羞的思想，自愿进厕所解手。如新资乡220户，土改前只地主有4个粪塘，现1户1个厕所。由于肥源逐渐被用起来，全县由1954年30%的白水秧，到1956年初步统计4个区（一、二、四、六区）压底肥占栽秧面积已达97.49%，每工平均16.6挑，追肥占29.49%。

1956年全县基本上高级合作化了，人力、物力、财力集中，在国家计划指导下，不减少粮食耕种面积，增加单位面积和复种面积的基础上，扩大了经济作物面积，增加了社会财富，增加了人民收入。据统计，甘蔗比1955年扩大219.52%，烤烟比1955年扩大557.69%，棉花扩大17.01%，花生扩大13.76%，芝麻扩大44.24%，麻类扩大1.62%，因此肥料的需用量更大了。由于农、副、畜牧等业的发展，发生了劳动力不足，在加强经营管理、劳动组织、政治思想教育的同时，相适应地推广新式农具，提高耕作技术。全县今年推广薅秧耙2174把，用起来2049把；推广打谷机100个（5个区数字）、双铧犁153部、步犁51部；打谷机在使用起来的地方效率比人工掼谷子高，特别是某些少数民族较原始的打谷子方法，直接用打谷机效率更高。如河口乡过去用石头打谷子，割、抬、打12人，一天打两石，今年用打谷机割、抬、打，12人一天打6石，效率提高了2倍。同时大大地减少了抛洒浪费，在挑到石头上打，比一般每工多抛洒3升。在推广使用人力车、畜力车上，半山区和挨近公路、马路的地方，逐渐用起来，使用驮牛的也逐渐越来越多了。但在推广新式农具上，带有盲目性，如步犁特别是双铧犁虽推广出去一些，使用起来的不多，技术虽是个问题，主要是梯田多、田小，这种地方事实上是不能用的。同时，推广了泥水选种、温烫浸种、稀株密植、选种、调换良种、防止灾害等等，几年来年年增产。如栗树乡栗树村黄彝刘正祥（贫农）土改前不够两个月口粮，土改后分得中等生产资料组织起来生产，已多压肥、薅秧，年年增产。1953年剩余粮食300多斤，1954年卖余粮1000多斤。全县每人平均的粮食产量1951年才404.5斤，1956年已增至712.5斤。

在发展生产中政府亦从经济上大力扶持，1952年少数民族无息贷款1万元，1952年、1953年贷款12290.688元，占全部贷款数的72%。仅1956年的救济是28500元，其中少数民族救济占63%。全县贫农合作基金贷款133702元，还有山区改造费、信用社贷款等，以及供销社、贸易公司等供应生产资料、收购土特产等，减少私人资本主义从中剥削，仅供销社成立到1955年，就减少剥削350645.1元，其中推销土特产主要的是花生、红糖、木耳、核桃、菜籽、皮革、席网等减少压价等剥削89703元，因此，对各族人民在生产、生活上的支持很大。

几年来各民族之间关系是团结的，并在团结的基础上使生产得到了迅速的发展，各族人民的生活有了显著的改善，但并不是说就没有民族问题。目前干部中有的认为"阶级消灭了，民族问题就不存在了"的看法是不对的，近两年来干部中也很不学习民族政策。由于农业将各族人民的经济利益更密切地联系在一起，而各民族之间因经济、文化、生活、生产技术、宗教信仰、风俗习惯不同，而事实上存在的民族差异，加之历史上遗留下来的民族隔阂至今仍未完全消除，如果不注意就会造成民族之间的不团结。现在在干部中忽视民族的特殊要求，不尊重民族风俗习惯的大汉族主义思想作风较普遍地存在。据了解目前民族之间易发生不团结的因素有如下几个：

1. 因为解放前各族人民经济发展不平衡，在社会改造结束后而形成起来的先进与落后的矛盾，在我县也表现得比较突出。如杂居在交通方便的法脿乡光明村30户彝族（中农5户、贫农25户），1951年够吃的3户，1955年户户够吃；1951年有10户杀年猪10头，1955年户户杀了年猪。从经济收入上来看，农副业全部收入（年猪未计在内）据反映，每人平均收入1951年是32.46元，1953年是40.19元，1955年是45.17元。挖铜乡是一般山区，竹林村、挖铜村、力左色、小里䭵等4个村，离街子15里至20里，据调查共32户，汉族3户、倮倮29户，平均每人收入（年猪未计算在内）1953年28.68元，1954年31.84元，1955年33.74元。大阱乡是村落分散，交通闭塞，据了解郭家河、大坡脚、土墼房、山头村、半撇山等5村，白苗族10户（中农5户、贫农5户），每人平均收入1951年14.95元，1953年16.8元，1955年23.53元。由此可见，交通闭塞地区，因为我们没有帮助他们开展多种经营，生产当然落后了，使人民生活仍然贫困，特别是小民族。

2. 在农业社的政策处理上，因各民族经济生活不同而产生的生活上的特殊需要注意安排不够。合作化后，由于片面强调集体过多，对社员的家庭副业放松了领导。首先是自留地，有的地区留的很少或不留，社干部认为才不会影响社的生产。如雨龙乡高级社，全社各族除菜地、宅地外，其他一律不准留。在宣传时小队长刘永福说："挖掉资本主义墙脚跟，要消灭自留地。"因此绝大部分社员未留，以致家庭副业减少，甚至吃老苦菜、牛皮菜都在街上买。有的将祖上留下来的晒场挖了种玉麦和草烟，有的将母猪圈了。由于事事集体，家庭副业减少，如雨龙乡必庄村（阿车）社管委员，农业逐年增加，而副业却逐年减少，由1952年的副业（主要是打草席、卖小猪）占总收入的56.24%，到1955年只占总收入的15.8%。拿打草席来说，由1952年的250床，到1955年只有40床，而1956年是一床不有。从必庄村第二生产小队一小组23户几年来副业生产情况的调查，也说明了这个情况。这个组同该村其他农户一样，副业生产是以养猪、打草席为主，解放以来仍旧继续着，1951年、1952年还有发展，1952年以后逐渐下降。1952年养母猪18头、出卖小猪147头，打草席900床，养鸡144只；到1956年8月，养母猪7头、卖小猪26头，打草席85床，养鸡105只，减少很大。

从整个情况来看，农业逐年增加，副业逐年减少，总收入还是减少。如必庄村13户75人，阿车，1954年农业收入2075.75元，副业收入965.65元，共计3041.41元，平均每人40.55元；1955年农业收入2265.51元，副业收入747.48元，共计3012.99元，平均每人40.17元。逐年减少的原因是粮食统购之初，一般的对养猪饲料未留，1955年互助组争取办社抓得紧，并乱戴"自发""走资本主义道路"的帽子。办社后，强调集体，对社员时间抓得太紧，农忙时几个月不休息。这是副业收入多的地方是这样，但其他副业收入不多的地方来看，情况是一样的。以毛猪上市量来说，是逐年减少，如雨龙街是五县牲畜交易最大的市场，据调查，1953年每街上市量400个，最高2000个；1954年200个；1955年100个左右；1956年1月至6月60个至80个，最少30个左右，也是强调集体、乱说"自发"等等。家庭副业是开展得不够好，不过从每户总收入来说，一般是年年增加的。因此很明显，对少数民族的特点也是照顾不够，一般化对待，有的是麻地留的少或没有留，有的牛羊全部折价入社、自留羊未留等，引起某些民族不满。如麻栗树乡，罗武、倮倮两族麻地未留，逢年过节杀羊而未留自留羊；私方羊折价入社，本人有意见，六七月男人攀山，女人找火草，擀火草布，而今年只是放牛的找点。旧关乡苗族也是牛、羊等全部折价入社，四社苗族李开贵讨媳妇，向社借钱，不有，反映："过去还讨得，现在连婆娘也讨不得。"（讨婆娘习惯40元、布、肉、酒、鸡等，给媒人钱）社为了发展生产，卖牛4条、羊6只，李开贵将入社牛、羊拉回不给卖，说"钱未给我，就拉去卖，不得"，反映："过去乡政府没我们的人，现在社管会无我们的人，经济上翻了身，政治上未翻身。"该族风俗习惯，死人做斋用牛，牛也未留，加之管制分子王文发的挑拨，四社5户苗族要退社，搬到楚雄哨地去。发现上述问题，采取了有效措施，一般都解决了，自留地照社留，社员个人活动时间是男4天、女5天。如麻栗树倮倮、罗武族留麻地，全家一两个妇女留二分地，四五个妇女留三分地，按需要可超过此数。自留羊按人口留，由社员退还，私方羊适当给本人一部分。牲畜折抵公有化基金有余,由社退给本人一部分,不够由家庭给本人一部分。旧关乡苗族是召开了民族座谈会,经过宣传教育讨论,全乡19户苗族选出一副社长、一副小队长。由信用社借给李开贵家40元讨媳妇,死人做斋用的牛每户留1条。对坏分子的打击是不够和不及时的,现正收集材料上报,这样大家满意,搬家退社的说法也没有了。

在发展生产上,以粮食为主,由于对增产指标的确定带有盲目性,出现很多千斤乡,因此,各社在讨论增产时,为了实现千斤乡,在粮食品种上,种植产量较高的,这样做是对的,但对少数民族的生活特点却照顾不够。如麻栗树乡罗武、倮倮两族喜吃糯米,可是该社今年糯谷种得不够,分配中搭配不过来,有意见,这是一个问题。

另外,在牲畜折价入社上也存在着些偏高偏低的现象。如浪泥乡皮想鲊汉族与罗武族杂居,汉族折的高,罗武族折的低。如罗武族李子安的一条牛原价为33元,在折价时牛瘦了一点,还可犁,只评15元;汉族苏头禄的一条牛还犁不得,又折了20元。李子安说:"当时我的折低了,不想入社,但苏头禄宣传牛不折价的不得入社,为了要入社,也只得咬紧牙关归社了。"

3. 由于历史上民族隔阂及民族压迫所产生的互相歧视的心理还存在。如雨龙乡雨龙寨9户(汉族5户、罗武4户)1953年组织互助组,汉族嫌罗武族脏,不愿在一起吃饭,而分为两个组,解决了3次,合并又分开。在婚姻上、生活言行等琐碎事情上亦常表现出来。雨龙乡李家才(罗武)去王立英(汉)家上门,一年多无人称呼他,如他家有个小孩应喊他姑爹,可是李桂兰(王之妻,汉族)教小孩叫他的名字。甚至青年男女双方愿意结婚而受老人干涉未成,如雨龙寨王立龙弟弟(汉)想同张洪成(罗武)的女儿结婚,全都同意,仅只王立龙(党员,信用社主任)不同意,说:同罗武族结婚不好喊,就不结了。益都田村李如召(罗武)同普得才(阿车)的姑娘谈恋爱,双方同意,可是吴姜兰(阿车)说:那是倮倮族,哪里够得上与我们结婚?

4. 因为语言不同,在开会、评分上亦常引起些误会。挖铜乡汉族参加开会时,因彝族都讲本民族话,就不愿参加开会,后经过民族团结教育,开会时彝族会讲汉话,而汉族不会讲彝话,叫彝族讲了汉话,汉族才参加开会。雨龙乡亦曾发生评分时罗武族说本族话,汉族有意见(汉族会说罗武话)。另外窝碑乡洗澡堂生产队,有汉族4户、彝族5户,汉族未入社前常挖白土烧炭,早上很不出早工,彝族起早贪黑地干,就不愿和汉族编在一个生产队内。麻栗树乡汉族女人何小脚,不会背粪,但会栽秧,在生产时少数民族分活计叫汉族妇女同她们背粪,汉族妇女得的工分就少,引起汉族有意见。

5. 封建迷信思想亦常作怪。挖铜乡稀米康朗村中耕夏锄时,该村小孩害百日咳,群众即说罗家祥是埋鬼婆,要将他赶出村子。到他家烧香磕头,经请医生去把病治好,才逐渐平静下来。死了人还是请道士送鬼,在雨龙乡群众死人请道士送,但道士不敢公开活动,即避着干部偷偷地活动。

6. 干部对各民族的风俗习惯往往采取一种简单化态度去对待。如罗武族在六月二十四日至二十八日是民族节日,到这天连老人都要跳跳唱唱,不唱要生病,要跳笙3天,并杀羊、蒸白酒吃。这本是正当活动,但干部曾宣传过,跳神的不准入社,而罗武族说:到社会主义都要跳。当然在节日中大吃大喝应该进行教育,改白天黑夜都跳为晚上跳也是可以的,但目前情况是牲畜入社后,社在这方面有的照顾不够,浪泥乡壁珠鲊村罗武族今年过节时因羊入社就没杀羊吃了,跳神也是不敢公开搞。

三、培养民族干部方面

解放以来,在党中央民族政策的光辉照耀下,经过一系列的民主改革和社会主义改造运动,各族人民中具有社会主义觉悟的干部逐步地成长起来。全县有干部733人,其中县级干部13人、区级63人、一般482人;少数民族175人,占干部总数23.9%,当中县级干部5人、区级31人、一般139人。机关党员217人,少数民族党员88人,占总数40.6%;农村党员915人,少数民族党员424人,占总数的46.4%。乡干部××人,少数民族干部××人,占乡干部总数××%。

解放初,独田乡彝族干部普天成当乡长,这是历史上从来没有过的事情,少数民族大为兴奋,全乡彝族为他贺礼送对,跳笙庆祝。土改后成立民族自治区1个,民族自治乡××个,联合政府××个。1953年普选基层人民代表1451人中,少数民族代表747人,占总数51.4%;县人民代表140人,少数民族代表62人,占代表总数47.2%;县人民委员9人,其中少数民族3人。有少数民族代表1人到北京观礼、1人到西南观礼,到昆明观礼的更多些。民族学院学习8人,以及去省委党校、团校和党训练班文化学校、各种会议训练培养教育的更多。通过各项运动的锻炼,培养出很多劳动出身的民族干部,各级党政领导中都占有适当的人数,如县委委员中有彝族2人、阿车2人、回族1人。特别是最近一年中,在社会主义高潮中,实行3个改造,在合作化高潮中,全县成立手工业生产社16个,计有社员340人,初步了解妥甸、大庄、法腺、新街4个铁业社,1个木业社,计有社员160人,其中少数民族社员87人,占社员总数54.4%。在农业社的主要领导(正、副社主任)成员中,少数民族也占有相当比例,据初步统计,4个区(大庄、鄂嘉、法腺、新街)45个乡52个社,有156个干部,其中汉族42人,彝族63人,阿车12人,窝尼8人,罗武13人,倮倮15人,扯苏3人。他们都是在各项运动中锻炼培养出来的,在各族群众中有一定的威信,接受政策快,思想一通,一边宣传政策,一边带头干,各族群众纷纷行动。如新资乡山苏族土改时动员下山分田,群众思想有顾虑,李其本边宣传边带头行动,大家就纷纷响应。甫司乡甫司甸下村窝尼族在卖余粮入供销社、信用社股金入农业社、搞小包工、包麦、打塘、点种等时,思想顾虑,有的抵触,傅贵庭边宣传政策边带头干,群众也就行动起来,成为本族群众爱戴和拥护的人物,起到了民族干部在民族地区领导社会主义改造的重要作用。有了民族干部的宣传带头,才有民族群众的积极行动,只有他们自己积极行动走社会主义的道路,才有可能过渡到社会主义社会。

培养民族干部必须从有利于联系本民族、带领本民族群众走向社会主义社会出发，防止汉族干部中认为民族干部觉悟低、工作能力差、文化水平低的观点，要根据民族干部的特点，进行耐心的教育、具体的帮助，工作要大胆放手，使他们在运动中逐步锻炼提高。如法脿乡支书张正举（彝族）过去思想狭隘自私，专为家庭打算，不安心工作，经过来县学习教育，认识了社会主义前途，回乡后工作积极起来。铺司乡富裕社社长傅贵庭（窝尼），初当社长事事靠干部，各种会上不说话，工作是积极带头干。根据此情况，事前帮助他研究，报告什么，解决什么问题，使他懂得会议的目的要求，会后帮助总结提高，在社上乡上开会都要他作报告，社内工作要他处理，全盘由他掌握。经常如此，提高很快，反映"我过去话都说不成，现在也能作报告啦！领导也摸出一些门路啦！"

在发展党的组织上，各县是乡乡有党支部，大多数是族族有党员，总的情况发展不平衡，特别是少数民族的少数和某些落后地区的民族是没有党员，如苗族、白族、黑族等至今没有党员。有的也没有社干，如雨龙乡有342户，其中汉族171户、阿车91户、罗武48户、倮倮30户、民家1户、山苏1户，党员是汉族9人，阿车4人，罗武、倮倮两族没有党员；社管委员，汉族4人、罗武族1人、阿车族4人、倮倮族没有。在民族地区有了党的组织，就有了依靠力量；但是某些民族没有党员，也没有社干，在贯彻执行党的政策，反映本民族的意见和要求，是困难些，是难以及时的，加强党同群众的联系也是有困难的。在这些地区工作吃力被动，甚至造成反革命分子有机可乘，挑拨离间我党同民族关系，像旧光乡四社已发生苗族要求退社搬家的情况，就是一例。

四、文化卫生方面

解放以来，在文化卫生方面，由于党和人民政府的正确领导和大力扶持，有了显著的发展。少数民族在文化卫生方面同汉族一样发展是很快的。1947年全县学生70人，其中少数民族只有3人，还受欺压，给汉族地主读书子女抬洗脸水、洗脚水，现在全县中学1所，有学生131人，其中少数民族学生有21人；小学89所，有学生6044人，其中少数民族小学38所，少数民族学生2326人。如法脿乡光明村134人，彝族，土改前读小学3人，现读小学10人、读中学1人。在经济上的照顾，双柏中学少数民族人民助学金，从1951年至1955年共计1986.41元，补助费314.85元；小学少数民族补助费从1953年至1955年共计3787元，其中医药费250元，书籍文具费450元，有700元做了棉被15床，发给安龙堡中心小学家庭困难的民族学生用；做了衣服64套，发给新街区家庭困难的民族学生用。这样，有64人穿上新衣，有50多人盖上新棉盖，仅新街区就有120多个学生用书籍文具补助费买了书、纸、笔、墨等，反映"旧社会，学堂门口不敢望，毛主席的恩情说不完"。

在卫生方面，全乡解放初，旧社会遗留下来仅有残缺的卫生院1所、医生1人，几年来，发展迅速，目前有人民医院1所、卫生所4所、卫生小组2个；干部34人，其中彝族2人、阿车2人、回族1人。全县防疫站1个，妇幼保健站1个；中草医生403人，其中少数民族133人。组织了中草医生联合诊所17个，参加人员88人；保健室30个，其中少数民族地区接生站3个，农业社的接生站13个，医防小组42个；全县共训练了卫生员72人，接生员70人，其中阿车1人，倮倮6人，罗武3人，彝族56人，汉族76人。

由于崇山峻岭、地势起伏，气候差异很大，解放前国民党反动派的血腥统治、残酷剥削，人民生活极端贫困，吃穿都成问题，更谈不上卫生。历史上留下来的病情分布，鄂嘉区是疟疾、伤寒、性病，新街区、爱尼山区和法脿区的一部分是疟疾、痢疾，其次是天花、麻疹等。解放以来，病情继续发生，影响生产，如1953年前妥甸、法脿、鄂嘉区还经常发生天花，在党和人民政府的关怀下，全县已没有天花发生了。疟疾、伤寒、痢疾、麻疹、性病等在积极预防和医治下逐渐减少。自1953年以来，每年都进行了伤寒疫苗注射，从目前来看，虽然还有散在性的发生，但比以前减少了好几倍①。特别是群众懂得了预防疾病的重要性，自然地开展了经常性的清洁卫生工作，疾病大为减少。如新街区他资埂村，过去每年痢疾、疟疾不断发生，1953年夏季发生痢疾100多人，从1955年以来，在该村中草医生积极动员下，卫生工作开展得很好，洗衣、打扫、捞沟、掏水井等个人和环境卫生，能经常坚持下去，因此，疾病大大减少了。在迷信较深的地方，生病求神送魂葬送了无数生命，在卫生人员的宣传教育和医好病的实际教育下，现在生病普遍地都请医生了。如他资埂、底土等村生麻疹，挖铜乡发生百日咳，都是求神送魂，结果无效，在卫生人员的积极动员下把病医好，通过实际教育，迷信思想逐渐消除，现有病请医生治疗。

在培养民族自己的教师和医生上，还是不够的。在巡回医疗上，也是做得差的。特别是在照顾少数民族的少数使用减免费用医疗上更是不够，反映减免费500元，到今年8月16号只用了30多元。在扫盲工作方面，虽取得一定成绩，如法脿乡光明村30%识字，最低的也认得自己的名字，但是不够持久。特别是少数民族的少数仍有90%以上是文盲，如大阱乡白苗族65人，仅有陶开才一人读了二三个月的书外，其余都是文盲。在文艺活动上、文化生活上的适当开展和满足群众要求是不够的。

五、商业工作

全县在商业网的发展上，分销店73个（包括合作商店5个）、基层社7个、贸易小组3个、专卖转运站3个、专卖小组2个，各区都有采购站、食品经营处。全县11个财经部门计有正式干部367人，其中少数民族干部70人。全县历年来收购和供应数字，仅供销社一个单位，1953年零售3457784元，采购243048元，批发23307元；1955年零售910868元，采购243029元；1956年1月至6月零售613427元，采购118190元，批发156521元。从上述数字来看，人民的购买力是逐年提高。

财经贸易等工作，随着社会主义前进，有了重大发展。但在前进中也存在一些问题，

---

① "减少了好几倍"的表述有误。原文如此。——编者

对少数民族风俗习惯不但注意照顾不够，有的还尊重不够，引起少数民族的反感。如罗武族六月二十四日火把节是过大年、跳大锣，1956年雨龙乡分销店在这时菜油、酒脱销，而法脿（离雨龙乡30多里）多得很，因此罗武族有意见，反映："我们过大年，供销社连香油、酒都不准备好。"麻栗树乡分销店干部在收购废铜废铁时，而去动员罗武族卖大锣，在动员时，左是国家利益，右是迷信思想，因此卖了4对。今年火把节时，该乡罗武族有3个队，有两个队因没有锣而没有跳，反映很坏，特别是引起老人不满，反映："生强迫地动员我们卖。"鄂嘉街回族反映："莫谈吃牛肉，连核桃油也吃不上。"在粮食统购统销之初，宣传节约，批判蒸白酒浪费，引起普遍不满，有的是避起干部吃。

各族群众普遍要求，供应白酒药，供应猪饲料，酒和茶叶太贵了，而有的地方酒不够供应。罗武族妇女反映："我们全身帽、衣、裤3件要做15天，要农业社放假或供销社供应。"雨龙乡必庄阿车族要求秋收后放假半月，以便到河口乡割席草，平时建立星期制度和精简会议，这样才有时间打席子、找猪菜等副业活动。

双柏县各区民族分布情况表

区别	妥甸	大庄	鄂嘉	法脿	新街	爱尼山	雨龙三乡	合计
总人口	15428	15533	12054	17413	11032	9742	5089	86331
少数民族人口	3852	7469	3118	8814	8586	2773	694	35306（40.9%）
彝族	2270	415	2438	743	7856	1399	661	15782
白彝	16		311	47		115		489
罗武	352	1178	74	1465	4	55	1	3129
回	10		62	51	2	1	23	149
倮倮	152	5241	52	2343		281	1	8070
窝尼	109	629	35	925	381	51		2130
白族	297					211		508
苗族	144		1			17		162
黑族	162					21		183
红彝	241		23					264
阿车	7	5	2	2701	29	23	2	2769
黑彝	92		11			177	1	281
扯苏		1		538	276	201		1016
民家			3			3		6
黑倮倮			1					1

续表

区别	妥甸	大庄	鄂嘉	法脿	新街	爱尼山	雨龙三乡	合计
白倮倮			1			32		33
拉乌			12					12
满族							1	1
青彝						1		1
栗苏							1	1
黄彝			80					80
苦聪			12					12
阿鲁				1	1			2
白脚子						138		138
白苗						46		46
罗苗						4		4
山苏					37			37
汉族	11576	8104	8936	8599	2446	6969	4395	51025

附记：以上数字主要是根据普选数字。傣族住底土乡铺龙，户数、人口不知。

玉溪专区民族情况及九年来民族工作的伟大成就
玉溪地委统战部
1959年3月2日

玉溪专区民族情况及九年来民族工作的伟大成就

一、全区各民族种类、人口分布情况

玉溪专区全区人口1169571人，其中汉族881333人，占总人口75.36%；少数民族288238人，占总人口24.64%。少数民族中彝族最多，180386人，占全区总人口15%；其次是哈尼族，44067人，占全区总人口3.8%；再次是傣族，35592人，占全区总人口2.5%；回族19905人，占全区总人口1.7%；以下还有白族3879人，占全区总人口0.33%；蒙古族3328人，占全区总人口0.28%；苗族1886人，占全区总人口0.16%。全区总共是7个少数民族。

全区少数民族原来的称谓很多，有27种民族，经过民族识别，把支系归并，彝族合并了山苏、腊鲁、阿车、密岔、蒙化、车苏、罗武、咪哩8个支系，哈尼族合并了卡堕、苦聪、糯比、拉乌、梭比等5个支系，傣族合并了黑浦一个支系。实际上这些都不能单独成为一个民族，经过云南省民族识别研究组的调查总结，我们把它进行理论归并，全区基本上是彝、哈尼、傣、回、白、蒙古、苗等7种少数民族。其中主要是彝族、哈尼、傣、回等4种民族，占少数民族总人口的90%以上。

在民族的分布上，彝族主要是集中在新平、峨山、元江、通海、易门5县，新平有49033人、峨山39763人、通海24355人、易门1344人。哈尼族主要集中在元江，有28663人，其次新平有9917人，峨山、易门有少部分。傣族主要是集中在新平、元江两县热坝地区，元江有11593人、新平有16530人。回族集中在通海、峨山、玉溪、澄江4个县，通海最多，有8306人；其次玉溪有4808人、峨山1900人、澄江2795人、晋宁1370人。

二、解放九年来民族地区工作的伟大成就

解放前我区少数民族的生活是非常痛苦的，受地主阶级的压迫很深，经济上、文化上非常落后。解放后，经过减退、土改等民主改革运动，特别是经过了合作化运动以来，去年生产大跃进及人民公社化运动的高潮，民族地区起了根本的变化，生产有了很大发展，生活有了很大的改善，贫穷落后的面貌焕然一新。如以全区受苦最深的山苏族为例，解放前地主阶级对山苏族的压迫、剥削是非常残酷的，对山苏族规定了"六不准"：不准有名字，不准学文化，不准穿鞋子，衣服不准有领，不准穿对襟衣裳，不准和别的民族通婚。又有"三要"：地主来去走亲串戚要山苏族抬滑竿，接姑娘要山苏族抬滑竿，男的抬滑竿，女的还要背柜子和东西，牛马做不了的事，都要山苏族去做，所以山苏族里流传一句话说："蚂蚁不上树，山苏不唤人。"山苏族种的完全是地，没有一分田，连锄头也没有一把，这就是解放前山苏族的悲惨生活。解放后，在党的领导下，这样悲伤的生活一去不复返了。压迫剥削山苏族的"六不准"打破了，山苏民族历史上第一次进了学校，学到了文化；第一次穿上了鞋子；第一次学会了耕田栽秧；在政治上第一次当家做主，以前连乡政府也不敢进的山苏族，有了自己本民族的乡长、社长和党员了；在生产上，过去连犁耙、锄头都没有一样的山苏族，现在使用了双轮双铧犁、山地犁、喷雾器、六六六粉、硫酸亚；过去从来没有施肥的习惯，现在第一次挖盖了厕所。峨山美党的山苏族，为了不忘共产党给的这些好处，把他们的村子取名叫翻家村（翻身的人家）。

以上是仅就山苏族举的一个例子。我区少数民族中许多解放前历年来的缺粮乡，现在随着生产的增加，都变成了余粮乡。如元江小羊街乡三家寨，是一个32户哈尼民族聚居的村子，解放前每人每年平均才分得原粮192斤，仅够5个月的口粮。全村32户中仅有7户有7床被单，其余都是睡火塘、盖蓑衣，有27户人家每人1套衣服都轮不到。1956年合作化后，该村亩产稻谷656斤，比土改前每亩增加347.4斤，连小杂粮在内，平均每人已分得原粮717斤，比土改前增加了525斤，从根本上改变了历史上的缺粮村为余粮村，1956年还卖了余粮7450斤给国家。1954年调查，全村已有被子40床，比土改前增加了33床，有27户平均每人已有两套至3套衣服，有4户每人有1套衣服。

去年我区生产大跃进及公社化运动高潮，全区工农业获得了空前的全面大丰收，全区粮食比1957年增产50%。在少数民族地区，也获得了空前的大丰收，有的民族地区工农业生产翻了1倍以上。如峨山文明乡1957年粮食总产量124万斤，1958年收入粮食245万斤，1958年比1957年翻了1倍，工业总产值比1957年增加了132%。全区少数民族100%地加入了公社。以上所以取得这样伟大的战果，是由于有了党的领导，全区少数民族在总路线光辉的照耀下，和汉族一道，发挥了冲天干劲，积极进行社会主义建设的结果。

当然，民族地区工作的缺点也不少，主要是少数民族在文化上、经济上，由于长期受到封建统治压迫剥削的结果，造成了比汉民族落后的状态，这是事实上的不平等。今后我们还要大力加强党对民族工作的领导，根据中央的指示精神，争取在15年，使少数民族地

区的经济和文化面貌，赶上或接近于当时汉民族的水平。

玉溪地委统战部
1959年3月2日
峨山民族调查组抄

附

玉溪专区各民族人口统计表（1958年8月普选时）

	人口	比重（%）
总计	1169571	100
汉族	881333	75.36
少数民族	288238	24.64
其中：		
彝族	157409	13.46
哈尼	36474	3.12
傣族	29199	2.5
回族	19905	1.7
山苏（彝）	8103	0.69
腊鲁（彝）	7042	0.6
白族	3879	0.33
蒙古族	3328	0.28
卡堕（哈尼）	3327	0.28
阿车（彝）	5462	0.47
卜拉	3039	0.26
苦聪（哈尼）	2612	0.22
密岔（彝）	429	0.04
苗族	1886	0.16
花腰	769	0.07
麦义	720	0.06
糯比（哈尼）	694	0.06

续表

	人口	比重（%）
蒙化（彝）	691	0.06
拉乌（哈尼）	622	0.05
车苏（彝）	367	0.03
梭比（哈尼）	338	0.03
罗武（彝）	325	0.03
毕约	121	0.01
黑浦（傣）	118	0.01
阿西	67	
咪哩（彝）	563	0.05
阿陆	699	0.06

抄自玉溪地委统战部
1959年3月20日

（这些数字是1958年7月至9月普选时的数字，这是对的，而前文所引用的数字是过去的，以此补充。）

新平县一年来的民族工作情况报告

中国共产党新平县委员会

1953年12月17日

新平县一年来的民族工作情况报告

我县民族复杂，县境毗连8县，因而各民族在生产日常往来以及边界问题上，常常发生纠纷。本省委"各民族互助合作，发展生产，共同尊重，共同专政"的指示，一年来在各民族中积极宣传教育，坚持贯彻，不断地解决问题，因而在各民族团结生产、提高思想及民族干部的培养方面，都取得了一定的成绩。兹分述如后：

（一）全县于今年4月土改复查结束，因之各民族间的历史隔阂问题，已随着进一步地得到基本解决。但在边界问题及生产中，仍不断发生纠纷，全年共计发生民族问题349件，按其性质大体分类，有关水利纠纷的153件，山界林木纠纷的43件，牛马侵害庄稼侵犯私有的54件，土改时将山界划到别县或划得不适当引起问题的22件，其余因调戏妇女、或民族风俗上、或借贷不还、或争经济作物（如争竹子等）等共有78件，当中36件，尚要彻底地解决。此外，由于各族农民耕作技术各有差别，也常引起不满情绪的发生。如第一区他拉乡山苏族今年初学耕田，在秋收割谷子时，见田中有鱼则打伙去追鱼，踩乱了谷棵，夷族农民见了则说："我们一丘田才收得这几颗谷子，真是气都要气死掉的。"

在已发生的问题中，一般多是通过召开民族代表座谈会，交代政策，并以解放三年多来各族人民团结生产的典型事例进行教育，采取协商方式解决，以及坚持培养骨干，通过骨干搞好团结，共同发展生产，解决问题。如第六区戛洒摆夷民族与镇沅县平寨农民为争山场山界问题，情况较为严重，虽经几度解决，一直未能彻底，因之戛洒农民对干部也有意见，说："你们总在这里不给我们解决，工作同志天天来压迫我们，不给我们去砍柴。""县长说给我们解决，叫他来给我们想办法。"双方仇恨互骂土匪恶霸，甚至企图械斗，后经双方酝酿，反复在乡干部积极分子中进行省委"各民族互助合作，发展生产，共同尊重，共同专政"的指示教育，以及在党和人民政府的领导下三年多来各族团结生产的成绩进行教育，经在群众中贯彻政策，打通思想，因而将山界照1/2平分，结果没有意见。又如二区为争竹子即发生纠纷16件，经在争竹子的8个乡中，每乡选民族代表3人到区上开会，通过交代政策，乡与乡的问题得以全部解决；村与村的问题，各乡保证下去解决，从而加强了各族农民的团结。七区猛珍乡二、三大组有苦葱族和汉族农民杂居，解放前三大组的田被二大组的地霸侵占，至土地改革时，又为二大组山少划山给他们，三大组更为不满，当二大组的农民来挖田时，便抬了他们的锄头，引起了纠纷。后来双方选出代表开座谈会，通过交代政策，找历史根源，明确了以前的事是恶霸王兴周搞出来的，大家说"我们只会恨地主阶级"，于是送还了二大组的锄头，进一步密切了团结。

  第二区他拉乡表现最突出的是山苏民族与彝、汉民族间的关系。全乡有63户山苏民族，均聚居在边远的白沙迭、河头等寨，其他为彝、汉、回3个民族，土改时山苏族均到施哥迭、小白山等寨分得了田地，有的还搬到彝、汉民族杂居的寨中居住。但由于他们过去只习惯于刀耕火种，不会栽田，同时在生产、生活上存在着许多困难，如农民祝寿祥，全家3口人，只有1把锄头和1把斧子，土改前靠开懒火地种荞子和玉麦、烧炭维持生活，土改时分得了稻田14工半，耕牛、农具、口粮、籽种和耕作技术均感到困难，土改中又由于执行民族政策上存在着"尊重山苏民族，抑制彝、汉民族"的偏向，彝、汉民族干部处理问题时，对山苏民族抱迁就态度，一方面助长了山苏民族的狭隘性，一方面使彝、汉民族心中对政策不满。如彝族农民反映说："山苏族是共产党的'独儿子'，得罪不得。"因此民族之间关系不够正常，彝、汉民族不够主动帮助山苏民族，山苏民族埋怨彝、汉民族不照顾他们，大家互相有意见，愈更增加山苏民族的生产困难。针对上述情况，在栽种工作中，通过召开党团支部会、干部会、代表会，结合贯彻民族政策，又在彝、汉干部中指出山苏民族生产中存在许多实际困难，需要大力扶持，但不应该随事无原则地迁就，在山苏民族中讲清"大家互不吃亏"才能团结搞好生产的道理。各族农民思想提高后，山苏族农民说："毛主席领导，各民族平等，你们帮助我们栽秧，我们也要开工钱才合。"彝、汉族农民也愿帮助山苏族搞生产了。

  但在大体工作中，还是不断发生问题，互相有些意见。如白沙迭村到施哥迭村栽田的16户山苏民族，因放不到水泡田，大家又吵着要回白沙迭村，副乡长邱朝安（党支部书记，彝族）和党员王家旺（汉族）在党的教育培养下，认识了民族团结的道理后，在互助商量解决放水问题，安定了山苏民族的情绪。王家旺见山苏民族农民抬着木耙来整田，便主动将自己的铁耙齿借给山苏民族用；于栽中山苏民族不会分工，缺少栽秧技术，他又耐心地帮助分了工和教会了山苏农民栽秧的方法。山苏民族为了感激王家旺帮助他们栽种，主动地在王家旺的山地上撒了两升荞种，准备给王家旺度夏荒。他们见王家旺的脚被耙齿打破，便抓派了专人连夜打着火把上山找药来给他敷伤口。山苏农民祝寿祥见王家旺的锄头把坏了，便到山上去砍了一根最好的来给他。但因彝族农民杨朝武偷水引起山苏族农民不满。山苏族积极分子祝小二晚上放水时被刺戳了脚，说"栽田不好吃，黑果刺害怕得很。彝族又不团结，不会栽吃了，还是回去栽荞吃好"。而节令已到夏至，该村山苏族3/4的稻田还没有栽下秧，该乡工作组根据山苏民族的特点和存在的实际困难，分析研究上述情况，首先通过王家旺找山苏族中较有威信的祝小二、扎礼肖博进行教育培养，用算账的方法打通思想，然后再通过向本民族宣传解释，对彝族农民杨朝武也开小组会进行批评。施哥迭村代表主任王家旺并向他们各族合理用水做了保证，逐层扭转了思想，才和彝、汉族农民互相商议，荞熟后给工钱或分期付给工资问题。在山苏族祝小二带头请了7个工后，带动了其他山苏族普遍请工抢栽，夷都簸村的彝、汉族农民在邱朝安带动下，两天中发动了牛工21架、人工58个，帮助栽下了35工秧苗。青年团支部书记（乡农协主席，汉族）发动了他的互助组，在3天中出牛工9架、人工37个帮助栽秧，乡文书李祥（彝族）也发动他拉莫村的3架牛工和11个人工去帮助栽秧。此外彝、汉两族并设法将山苏族农民剩余不能再栽秧的28工稻田改种了北风豆，从而加强了民族团结。

又如第四区坝子今年严重的干旱问题，经两度召开山脚、江边、山头的各族农民代表会，通过进行民族团结、互助合作、发展生产的爱国主义的教育，破除成见隔阂，取消封建水规，山脚农民（正栽秧）节省4天4夜的水放给江边使用，山头农民也将全部水源5天5夜放下，结果救活了800多亩的稻谷，战胜干旱，坝子田普遍获得了增产丰收。第二区磨刀乡（坝子）农民在5天内与山头农民合力修了一条沟，与山头农民协商输水，救活了3个村的稻田。又该区山头、坝子农民互助栽秧，双方仍是坝子帮山头栽秧，山头帮坝子保护水源。如发启、纸厂两乡共保护了43条沟，并在水源地区种下2000多棵核桃树、100多棵竹子，反映说："毛主席领导这样做，山头、坝子都好了。"有的下坝子栽田缺牛，又不会使牛，坝子摆彝农民租借耕牛教会使用，这样使山头79户新分田户栽完了秧。其次如第五区召开座谈会，互相协商解决水利纠纷6件，推动了栽秧工作。但事实说明：土改后民族关系虽已基本改变，但民族间的成见与隔阂尚未完全消除，兄弟民族在经济上还处于十分落后的状态，生活还极端贫苦，要认真做到民族平等与民族团结，仍需进行艰苦长期的工作。

（二）各族人民经过各项社会改革，思想觉悟空前提高，其主要表现在生产、生活以及医病几方面，如过去每逢初一、十五，戛洒街（10天一街）己亥日都要忌日子，不做生产，男人上山打野兽，女人在家做家务，反映说："若在忌日子中如种苞麦不会打苞，只会出花秆。"如此一个月将要耽搁7天，大大地影响了生产。现在由于思想的提高，大家认识了这是封建迷信思想，影响生产，就改变了不忌日子。又过去一遇生病，就要打卦送鬼，现认识了生病的根源主要是因为环境卫生不注意，不是鬼害的，因此一生病极大多数都积极吃药治疗，并明确了病从口入的道理，所以积极打扫环境卫生，实行喝开水，病人与死亡率大为减少。

（三）到目前为止，全县共计培养了各族乡干部181人，如第四区为全县民族复杂之冠，现有26个乡干中，汉族只占2个，余外均为各族中良好干部。

景东县民族情况报告

中共景东县委会

1953年4月15日

民族社会历史调查组抄

1959年6月4日

景东县民族情况报告

一、基本情况

景东县位于普洱区之北面,北与蒙化、弥渡、镇南相连,东与双柏、楚雄、镇沅接界,南与景谷为邻,西是与有名的澜沧江和云县、缅宁隔江相望,川河穿插中央。民族情况很复杂,是以汉族为主的民族杂居县。全县有24种民族,汉族33357户152138人,蒙化族3873户20244人,倮族3533户17176人,傣族866户4072人,回族194户804人,那乌85户386人,窝尼族131户614人,彝族3323户16526人,倮黑族74户389人,瑶族392户1907人,卡堕1479户941人,咪哩436户2082人,苦聪族170户770人,细丫1户3人,蜜蜂族2户4人,倮伍族12户60人,车里族5户18人,白脚族6户19人,阿车族1户3人,苗族38户156人,香堂族149户740人,民家族18户75人,阿卡1户8人,濮满368户1677人,其他1176户4872人。

蒙化族多居于无量山脉与哀牢山脉上的安定、文龙、保甸、太忠、景福一带,傣族居于民乐坝,回族居于保甸河流域麟街、德胜、安乐3个乡,汉族最集中的是川河、猛统河、景谷河、者干河流域,其他少数民族则多分散居住于山头。

二、社会经济情况

汉、傣族多居于平坝种田,其他少数民族居于山头,生产方式极为落后,均以刀耕火种,以懒火地、轮歇地种杂粮,生活很苦,占有极不完整的生产工具。加上各族封建统治阶级压迫、掠夺的结果,丧失了生产信心,种山地不上肥,广种薄收。安定区有的种下去连籽种都收不回来,时常闹粮荒,去找山茅野菜如山药、马尾根、树花、核桃花等充饥。

多穿着羊皮，披蓑衣。

封建统治阶级的超经济剥削、掠夺异常厉害。安定区3个大王中，东山大王李成堂、西山大王罗庆云，均是蒙化族地主恶霸，解放前与鼠街顺江大王江尚文（汉族地主）互相勾结，勾通拉拢官吏，压迫各族农民种大烟，农民小春（蚕豆、豌豆、小麦）还在打苞，强迫农民滴着眼泪拔掉小春种大烟。大烟上市，这些大王领着狗腿跑遍了西山、东山各村寨，闹得天翻地覆，能产100两的要订抽100多两，农民出不起，他们拉耕牛、赶牛羊、吊打逼烟账，还强奸妇女，有的搞得家破人亡、闹饥荒，故对本族地霸也是恨之入骨的，他们叫"大恶霸"；保甸区蒙化族地霸何兴清，农民欠他债，逼农民去抢别人来还他的债，共抢娶老婆12人。

蒙化、倮族喜好歌舞，这是优秀的民族遗产。好跳歌、吹芦笙，百跳不厌，歌词中有"一听芦笙脚就痒，跳起山歌心凉爽"，这充分反映了其爱好程度。男女青年跳中谈情说爱。歌词中也有富于阶级性的伤感、仇恨，如"跳歌跳到半夜过，想吃冷饭一两颗。理起罗锅去煮饭，眼泪更比雨点多"。这说明在封建统治阶级统治下的农民及一切劳动人民过着极贫困的生活。

蒙化族没有宗教信仰，只信神，主要的是"祭龙""打门"。每年二月初八，不管男女老少，家家都去祭"龙神"，要杀猪宰羊办大伙食。去到山上，先用稻草把龙树从头到脚地包扎起来，用一个人去树根上坐着（每户每年轮一次），要有群众威望的，披上蓑衣，戴上草帽，不能动。蒙化族香通念祭词，每户都去烧香磕头，祝福"龙王爷"保佑五谷丰登、人畜平安。据老人说，祭龙后来也成为各族人民的习惯了。"打门"也是祭神，目的同祭龙神一样，找好一棵大树，在大树上树立3个叉子，祭的和祭龙神一样热闹。蒙化、倮族并于每年二月十四日"朝山"，东山有两处，西山有两处，有的有庙子，有的无庙子。"朝山"也成了各族的共同习惯，到这天各族人民成群结队地集会，多拿着吃食去卖，拿香、纸去烧；晚上有的赌钱，有的跳歌，青年男女谈情说爱。东山的庙子解放后被乡干部拆去盖学堂，他们今年跑到弥渡去朝山。安定区在60年前外地大匪首王彦山带着千多人来抢，青云乡倮族大士发领导各族人民来抵抗，大士发被土匪杀了。地方平息以后，倮族在青云乡立了大士发的碑，盖起房子来纪念。蒙化、倮族等每年均要来祭，牛羊打失了也要杀鸡献饭，说大士发是他们的保卫者。

三、解放后民族关系的变化与现存问题

解放后，在共产党和毛主席的领导下，经过清匪反霸、减租退押、镇压反革命，特别是土改等反封建斗争及抗美援朝的教育后，各族农民的阶级觉悟大大提高，各民族的关系有了改善。已土改区经深入诉苦、挖根，基本上消除了民族隔阂，各族农民均认识了共同的敌人是地主阶级，各族农民是一家，且各族农民均从政治、经济上翻了身，乡政权、农

协会领导中均有各族劳动人民的干部,从此不再受统治阶级的压迫。

现土改区正步步解决民族问题。土改开始重视了在各族农民中分头扎根、互相串连,进行了"各族农民是一家,各族地主是敌人"的阶级教育。在省委"从民族团结出发达到民族团结"的方针下,土改队下乡后,深入了解与尊重各族风俗习惯,如麟街乡土改队不吃猪肉猪油,回族农民经常与他们接近。有一工作队员,在一回族家吃饭,回族农民女人用灰擦碗,她丈夫说:"人家好久没有吃大菜,合拢我们的洗得啰。"在开会时工作队注意了给回族农民坐一处,其他族坐一处;注意民族形式,麟街乡枪决地霸马正兴时,召开了族代会,揭露其罪行,让本族代表讨论,提出处理意见,200多名代表一致通过枪决,签名盖章,积极要求公审;枪决后根据他们的习俗,给念经给埋,各族农民均一致欢呼"毛主席、共产党真是我们的救星"。各族农民纷纷拿出小菜来送土改队,不收硬不行。马正兴杀后,很多农民说:"认得要杀,早早专门组织斗他几天。"同时斗争中均坚持了先斗狠斗汉族地主,斗少数民族地霸时,以本族农民为主为先的斗争。保甸区回族农民并请其他族农民同他们斗,说我们回族地主同样压迫各族农民,其他族农民才参加斗争。

保甸区德胜乡整顿组织中暴露了民族问题。汉族占全乡人口一半,而乡长、主席、主要干部都是卜族,只财经是汉族,各族都不满干部全是卜族当。农代会上分族开会讨论提意见,然后合拢大会发言,汉族代表说:"卜族要消灭大汉族,我们不得当干部。"卜族代表说:"三把刀我们掌握,你们只掌握刀叶子。你们汉族不消跳。"汉族代表又说:"我们一个干部都不得当。"回族代表说:"过去选干部我们不得说话,乡长领导老卜族到回营去吹芦笙跳歌,破坏我们的风俗习惯,减退时乡干部拿猪肉到回族地主家煮吃,房子分给我们,我们不要。"卜族代表又说:"地主阶级压迫我们,我们民族当干部不同意?过去便是汉族压迫我们。过去汉族当干部不给我们减退。"又一个说:"选干部是大家选的,不同意就不要举手。"经领导挖根后,认识了民族不团结的根源。有个代表说:"我们不团结是由于封建社会蒋介石统治的结果,不是我们各族农民喜欢闹。"订立了民族团结决议。接着交代整顿组织的政策后,一个50多岁的卜族代表说:"我想还是这好,人家汉族多,第二是我们卜族,乡长汉族当啰!主席我们当,委员各族都要选,这哈解决怕才说得上团结。"代表一致通过,这样选了干部。未选当干部的蒙化族说:"只要他们好好为人民做事,不论哪个民族都好,我们也就喜欢了。"

目前存在的问题,主要是:

1.民族问题虽得到一些解决,但未彻底解决。各少数民族中的狭隘民族主义思想仍严重存在,也就是阶级觉悟尚未提高,表现在部分少数民族未正确体会各民族一律平等的政策,说汉族压迫他们,今天要消灭大汉族。

2.土改队中大民族主义思想残余尚未彻底清除,表现在有的同志认为民族问题不大,没有隔阂,对民族工作抱消极态度,不敢大胆让其暴露,怕"犯错误","等待土改后期又去解决"。这便阻碍了在土改期中求得逐步深入彻底解决民族问题的工作。

为此，必须认真教育土改队，清除大民族主义思想及对民族工作的消极态度，加强培养各民族的干部。在省委"从民族团结出发达到民族团结"的方针下，慎重地在土改中求得民族问题的根本解决。

中共景东县工委
1953年4月14日

景东县崇明区民族工作总结报告

崇明区土改办公小组

1953年6月20日

景东县崇明区民族工作总结报告

一、基本情况

崇明是一个民族杂居区，共4935户22733人。其中：汉族2665户11678人，倮族1241户6431人，卡堕族559户2396人，花族119户553人，傣族104户495人，咪哩族70户258人，拉乌族48户224人，倮黑族26户152人，瑶族35户208人，窝尼3户14人，蜜蜂族4户22人，细腰族2户4人，蒙化族10户43人，阿车族5户23人，苗族6户69人，白脚族1户3人，民家族4户17人，回族1户5人，共18种民族（外有夷族，不知属哪一族，36户178人），汉族占55.1%，兄弟民族占48.6%。除极少的几个自然村外，均系各族杂居，少至塘房乡有4种，多至淇海乡有10种民族。除水塘乡以倮族为主外，其余各乡以汉族为主。兄弟民族大部居于山区，自然条件差，土地瘦瘠，生产技术落后，刀耕火种，不易发展生产，生活极为贫困。汉族多数居于者干河两岸，且占有大量较肥沃土地，生产、生活上一般比兄弟民族较好。

各族风俗习惯、宗教信仰大体相似，信奉神教，兴祭龙、送鬼跳神、叫魂、占卜，供神、龙树、土主树等，迷信香通多系兄弟民族。兄弟民族青年男女喜欢跳歌、唱山歌等娱乐，尤以倮族为胜。从阶级关系上看，113户地主中，倮族仅有1户，其余均为汉族地主统治各族农民。如大街的田仲时、酸枣树的王子章，既是恶霸地主，又是当权派，有雄厚的封建势力，对各族农民进行血腥残酷的统治、压迫、剥削。农民一年生产所得剩余，仅能维持3个月的生活，有的镰刀把一放就要找野菜度日，生活极为贫苦，尤以山区最为突出。

在复杂交错的民族关系与阶级关系下，民族历史隔阂异常突出，主要是汉族与兄弟民族间的隔阂。解放前，由于地主阶级大汉族主义的统治压迫，兄弟民族被轻视被侮辱，出口就是"死倮倮""死苗子""卡堕屎"，兄弟民族也骂汉族"臭裹脚"。汉族不与兄弟民族通婚，通了婚就要受鄙视。汉族罗老忠与卡族妇女结婚后，被排斥，不承认他是一族，不准他参加祭祖。1948年，以田仲时、杨瑞光、王成尧、王子章、王进元为首组织古帮反动武装，搞"汉灭夷"，使兄弟民族不得安居乐业，跑到山林躲了几个月，造成汉族与兄弟民族之间极尖锐的矛盾，因此民族矛盾实质上就是阶级矛盾。倮族内部的矛盾也存在着，倮族地主郭建昌，掠夺本族农民田地，打死本族农民，由于仇恨集中到汉族地主身上，本族内部阶级矛盾表现不突出。

解放后，由于执行民族政策的结果，民族关系起了一个新的变化，兄弟民族站起来，积极转入反封建斗争，各乡提拔了大批兄弟民族干部。但执行民族政策也有某些偏差，主要是没有把民族政策的基本精神深入地贯彻到群众中去，没有把民族隔阂提高到阶级仇恨，兄弟民族农民诉苦只诉"多数"的苦。另一方面，在兄弟民族农民中，滋长了狭隘的民族主义与报复主义。如倮族罗××说："过去汉族压迫兄弟民族，今天要把汉族搞光掉。"兄弟民族农民开会、扭秧歌，不与汉族在一起。排斥汉族干部，各乡领导集团中，没有汉族干部，或只有非主要的汉族干部。如蛮峨乡乡级领导干部中只有一个是汉族，主席傅兆方还说："别的乡都是少数民族当干部，为什么我们乡还要一个汉族当干部？"用非刑吊打汉族农民，如淇海乡汉族农民参加民兵、农协被清洗，甚至有的"要不分阶级的斗争汉族人"。土改开始前，汉族农民思想顾虑大，怕说"压迫兄弟民族，不敢大胆行动起来"。有的说："土改只改给少数民族。"蛮峨乡兄弟民族反映说："斗争地主只是我们少数民族斗，你们为什么不斗？"这说明了民族问题没有根本解决，仍严重地存在着。

二、土改中民族工作情况

在民族情况异常复杂的情况下，在土改中领导思想一般是重视解决民族问题。根据党的民族政策，"从民族团结出发，达到民族团结"，及民族工作必须是十分"慎重""稳进"的指导方针，在土改每个步骤中有意识地宣传民族政策，解决民族问题。总的说来，在民族工作上是做得有成绩的，没有出现大的偏差。根据领导思想的明确与否、工作情况、解决的问题与存在的问题，全区可分为3种情况：

一种是问题复杂，但领导思想明确，在运动的每个过程中，重视解决民族问题，成绩较好，如淇海乡。一种是问题不很突出，领导思想较麻痹，认为"民族问题没有什么，各族都很团结了"，因而没有重视从根本上解决民族问题，如塘房、大山、大街、水塘、邦河乡。再一种是问题复杂，领导思想不重视解决民族问题，或缺乏解决经验，甚至引起了一点小意见，这类乡有蛮峨、酸枣树两个乡。总的说来成绩有，尤以淇海乡搞的较深较好，较系统、全面。一般的问题没有深入得到解决，这是运动中一直没有弥补起来的一大缺陷。

（一）在各族中分头扎下民族团结的根子、阶级依靠的根子，初步解决民族隔阂

土改中开始，工作队在各种会议上大力宣传民族政策，进行"天下农民是一家，地主阶级是敌人"的阶级教育与民族团结教育。土改队尊重了各民族的风俗习惯，与各族农民一起生活、生产、跳山歌，打拢感情，分别在各族中扎下阶级依靠的根子、民族团结的根子。对各族根子进行阶级教育，共同诉苦，提高觉悟，把民族不团结的根子追到地主阶级头上，进行人多力量大的组织教育，动员各族根子互相串连。如淇海乡在扎根串连开始时首先碰到的问题，是兄弟民族诉苦不提受地主的压迫剥削，一诉就是受"多数家的压迫"；兄弟民族对本族地主不痛恨，如倮族王树林说："倮族地主郭建昌良心好。"有的说："少数民族地主不会压迫人，压迫最厉害的是多数家。"兄弟民族根子不串连汉族，如傣族陶仕昌串连五六个都是兄弟民族，动员他去串连汉族，他说："不要串连了吧！""很款不拢。"问他汉族农民受苦的有没有，他说："很找不到，少有。"拉乌族聚居的一个小组"要斗争汉族"。根据这种情况，如不首先在根子中解决民族问题，即不可使根子到各族中去团结群众，没有依靠今后要深入地解决民族问题不可能，即召开了根子会，共同诉苦，以汉族农民受倮族地主压迫剥削及倮族农民受倮族地主压迫剥削的具体事实教育了各族根子，提高了各族根子的觉悟，认识了天下农民是一家、穷根都在地主家、各族地主是敌人的道理。倮族鲁恒章说："以前我想只有汉族地主会压迫人，今天认识了地主阶级都会压迫人，地主阶级是我们各族农民的敌人。"兄弟民族农民并主动要求斗争倮族地主郭建昌，并在根子中初步解决了民族隔阂，出现了民族团结的空气，各族才互相串连起来。

全区在各族中共扎下根子男409人、女135人，汉族193人、倮族205人、瑶族6人、倮黑族6人、卡堕族64人、咪哩族16人、藏族16人、拉乌族7人、窝尼族1人、蜜蜂族2人、傣族17人、车里族1人、苗族2人、白脚族2人，有4种人数极少的民族没有扎根；培养了包括15种民族的积极分子663人，形成了反封建的中坚力量，保证了民族团结的骨干。

（二）在斗争中加强了民族团结

在各族农民觉悟有了提高的基础上，斗争中采取了民族形式。斗争倮族地主郭建昌，首先通过本族同意，倮族农民说："不斗争他，苦水往哪里倒？"斗争时以本族为主为先，斗争后倮族农民说："单我们斗不垮，要请汉族来参加斗才斗得垮。"自动组织了联合斗争。划阶级中，由本民族去划本族地主，由本民族没收本族地主的五大财产，由本族分配，田地多尽先分给本族农民外，再分给其他民族。在调剂斗争果实时，根据从民族团结出发，提出了照顾山区、帮助山区农民发展生产、加强民族团结的口号，各族农民都很喜欢。部分乡动员平坝汉族农民，欢迎山区农民下坝分田；分好了田地、房屋，布置了家具，欢迎山区农民下山分田，出现了民族团结的气氛。在斗争中地主阶级供出了"汉灭夷"的实质，实质上就是镇压农民，给各族农民中解决了一个大疙瘩，认识了地主阶级才是各族农民的敌人。斗争中加强了团结。

（三）培养各族干部，民族民主建政巩固民族团结

解决民族问题，加强民族团结，基本问题除对各族农民进行充分的阶级教育、提高觉

悟外，其次就是培养各族干部问题。是否在群众中培养各族群众所信任的干部，培养是否坚强，这是是否能达到民族团结的决定性关键。为此，各乡在扎正各族根子后，即注意在各族中物色对象进行培养，一般是领导学习，加强阶级教育、民族团结教育，提高觉悟，研究布置工作，总结提高是做得好的，有成绩的。如水塘乡，每个工作前，乡干部都能主动与工作队研究商量；工作布置好了，能主动去执行；经常检查工作，能主动检查自己工作中的缺点，土改中政治思想水平、工作能力有了很大提高。

  全区共培养了大组长以上干部699人，包括13种民族，其中汉族269人、卡堕族102人、瑶族8人、倮黑族14人、咪哩族16人、藏族28人、拉乌族14人、窝尼族1人、傣族39人、阿车族2人、苗族1人、白脚族1人、夷族4人（夷族不是单独一种民族）。淇海乡做得较好，按民族比例培养民族干部。该乡是以汉族为主，乡长是汉族；其次是倮族，主席是倮族。进入分配前后，结合解决民族隔阂，将各族间的成见提出来，共同追根认识，提高觉悟，检讨、表态、下决心。如淇海乡在运动各阶段中先后召开了3次族代会，逐步解决民族隔阂、揭发陈见，如汉族代表说："你们天天说我们汉族压迫你们，你们兄弟民族也还是压迫我们。倮族李芳廷当保长抓兵派款，逼得我们家都不敢在，李芳廷右手提着包包，装着索子，拿不出钱来就要挨拴。"倮族代表提出："你们汉族王子章干反动，压迫我们当土匪。"汉族代表说："我们汉族农民中很多都戴过背时帽子，这些帽子都是你们倮族老弯匪头给戴上的。你们也是压迫我们当土匪。"倮族代表说："你们汉族压迫我们，开口就骂……汉族还组织古帮，要消灭我们兄弟民族。"傣族代表说："你们汉族在坝子上房屋成寨、牛马成群，把我们少数民族追到大山旮旯里在。我们结婚不准吹号，只给吹芦笙。你们还说：麻布衣裳只是倮倮穿。"汉族代表说："你们兄弟民族当干部，保管果实，罗有章女人穿一套、换一套，我们汉族贫雇农见都不得见。"倮族代表说："你们汉族压迫我们兄弟民族，妇女当丫头、洗裹脚。"汉族代表说："你们要想想是不是汉族贫雇农叫你们洗？你们抬轿给是帮贫雇农抬？过来这些时候，我们贫雇农硬是不敢说，今天才认识到一点。你们要好好地想想，汉族贫雇农会不会压迫人？你们不要头发胡子一把抓。"

  意见提了后，共同追根认识，把民族隔阂的根根追到地主阶级头上，各族代表表态下决心。如倮族代表说："过去搞'汉灭夷'的都是地主阶级，是挑拨我们各族间的团结。解放后都是我们兄弟民族当干部，我心里想着汉族总比兄弟民族好了，所以这种思想要不得，轻视汉族农民同胞。今后要好好地解除，好好地团结起来。"汉族代表说："反革命分子钟孝周他造谣说'毛主席是兄弟民族，只爱兄弟民族'，还说叫我们汉族不要跳，要把我们消灭掉。我心里总想不通，他说的怕是真的了，干部也是兄弟民族。后来把他抓起来，到现在才认识到这是反革命分子的挑拨。我们要报仇，要找地主恶霸，找反革命分子，不是找农民。我们各族农民，要紧密团结起来，消灭共同的敌人。"该乡先后在族代会上、根子会上解决民族成见，各民族农民逐渐出现了团结气氛。在分配前解决的一次，并订出了民族团结公约。各乡在出现了民族团结的情况下，选出了各族中优秀的贫雇农，建立了民族民主联合政府，把民族团结从组织上巩固下来。

　　部分乡在这一工作上是做得有缺点的。如蛮峨乡在一系列的运动中没有注意培养汉族干部，后虽强调培养，但无具体行动，直到分配结束，建立民族民主联合政府时，由组长提出两个叫大家选：汉族雷启勇当乡长，卡族罗正荣当副乡长，卡族农民却支持罗正荣当乡长。工作组长提出说：这是原则问题。上级的指示主要民族担任主要干部，要大家考虑。代表不敢再提意见，结果勉强地照组长意见选出了。卡族罗正荣不满意，说：工作组长看不起少数民族。工作消极不愿干，要换班，又说卡族过去不敢当干部，被打击，他不敢干。因此，该乡建立民族民主联合政府，不是在各民族中先解决民族问题、出现民族团结空气的情况下建立起来的，因此引起了一点小意见。在土改队将离开前，又召开了民族代表会，解决民族隔阂，各族农民说出了心头话，问题才算解决，但仍不深入，对新任乡长缺乏教育培养，能力较弱。部分乡也有类似情况。

崇明区土改办公小组
1953年6月20日

景东县安定区民族工作总结报告

安定土改分队　赵崇武、何文旺
1953年6月5日
中共景东县委会1958年1月7日抄
民族历史调查组抄1953年6月20日原文

景东县安定区民族工作总结报告

县工委：

　　鉴于我区是民族杂居的纯山区，有汉族15%、蒙化族76%、倮族7.3%、咪哩族3.8%、夷族8%、民家族3.2%、回族1户1人等7个民族杂居，而且是以蒙化族为主的交错杂居。而蒙化族2480户11543人，占全人口76%，为我区主要民族，其中地主29户、富农98户。该族占有全区耕地面积80%以上，经济上除汉族外较之其他民族优越，有封建统治当权派西山大王罗庆云、山东大王李承堂。次为汉族，占全人口15%，有地主20户、富农9户。人口不多，杂居鼠街，以大花族自居，上层统治以江尚文为代表，住在全区物资交流的中心鼠街。解放前，汉族、蒙化族统治者即三大王互相勾结（也有矛盾），对山区各族农民进行了残酷的封建反革命统治，挑拨与制造各族人民的团结与分裂，从中进行掠夺瓜分，造成了各民族间历史隔阂、互相仇视。解放后，经过一系列的阶级斗争，发展到表面对立民族矛盾已冲淡，转入内部各族人民心底深处的矛盾。总之，各民族之间的矛盾，特别是以汉族为主的矛盾，未获得彻底解决。

　　为此，我区土改开始，即重视了民族问题，体会到山区土改就是从根本上解决各民族之间的土地问题，必须从民族团结出发达到民族团结，必须充分发动各族人民，从政治上、经济上消灭各族共同的敌人地主阶级，才能使山区各族人民从政治思想上与物质基础上消除矛盾，求得真正的团结。为了达到上述目的，在整个运动中采取了以下步骤与措施：

　　一、在访贫问苦、扎根串连阶段，即有意识地在各族中"分头扎根，互相串连，大家诉苦，共同提高"，扎下根子257人，当中汉族29人、蒙化族211人、倮族21人、咪哩族6人、民家族×人，而着重地扎主要民族的根子。并通过各项斗争积极培育各族骨干，教育他们克服大民族主义和狭隘民族主义的思想观点，通过斗争实践提高他们的阶级觉悟，创造了彻底解决民族问题的先决条件。

二、教育工作：说明山区土改队与深入彻底解决民族问题的重大关系，指出任何狭隘的阶级观点与大民族主义的眼光用来对待民族问题都是错误的，必须深入了解分析民族情况，发现矛盾所在。

三、每步运动都重视民族问题的暴露和解决，在分配前后集中力量解决民族间的隔阂。

在党的政策指导下，据此步骤开展工作，紧密结合各项斗争的进行，发动和组织各族劳动人民组成了反封建队伍，不断地进行阶级教育，各族农民都在阶级觉悟提高的情况下揭发、控诉了地主阶级的剥削、霸占，和敌人展开斗争，迫切要求拿回自己的土地。在激烈控诉、揭发地主阶级罪恶的斗争中，各族农民获得了从所未有的具体的阶级教育，尤其是各族干部获得了锻炼，政治思想上和领导方法上有了提高，各族广大群众较为充分地被发动起来，打倒了地主阶级，没收了地主阶级的五大财产，顺利完成了民族分配，基本上解决了各族历史上的隔阂，从实际工作中教育了工作队民族工作的重大意义。总括起来有如下几点体会：

（一）山区土改必须重视民族形式，领导才能与各族广大劳动人民相结合。在土改队下乡访贫问苦的工作中，大多数的兄弟民族农民很不会说汉话，有苦不便诉，用汉话就不能全部表达意思。工作队应用了民族形式，让本族代表充分起作用，自由地用本族话诉苦，群众很满意，苦诉得很主动，农民也喜欢接近工作队，因此工作队与各族人民迅速地取得了密切联系，进而领导了各族群众开展斗争。但也有个别的土改队员思想认识较差，如中余乡土改队员开口就说"肚毕波"，不管人家老小在不在，群众为此很不满意。保卫乡土改队员李开全帮蒙化族农民犁地，牛不会听话，他就骂说"倮倮牛汉话不会听"，蒙化族农民非常不高兴，与群众打不拢。

（二）深入了解民族情况与深入民族问题，丝毫不能急躁及强迫命令。因为矛盾不到极其尖锐的时候，是不易暴露的，民族矛盾正是这样，除了因具体事情矛盾发展到表面以外是不能很快了解出来。当工作队深入访贫问苦，以至从土改开始就继续了解各族之间的隔阂，仍不能全部了解出来，原因是各族长期杂居相处，除非闹起问题才说，否则就一律闭口不款，怕自己先说他族的不好，闹出问题负不了责任，给别的民族说"那是某某民族挑起来的事情"，因而受到他族的排斥，生活长远地过不下去。有的老大爹说："不算了，多少日子都过来了，现在毛主席领导比从前好了，说不说都算了。"必须要反复地教育启发，通过款民族不团结的坏处与对今后发展生产的阻碍、解决民族疙瘩的好处后，各族农民才能暴露民族问题的实际，否则任何急躁操作中都不能了解到民族隔阂，相反地势必形成强迫命令，脱离广大群众。

（三）解决民族问题，必须做好准备工作，要抓住主要矛盾来解决。为此在掌握民族矛盾时应细致分析，做出正确结论，不能盲目瓦解，形成失误，结果还是没有彻底解决问题。我区这次深刻地体会到了这一点,首先各乡都召开过族代会,代表开会开得不起劲,最后据各乡反映的情况,鼠街乡汉族与各兄弟民族的矛盾是我区民族之间的主要矛盾。针对于此,召开了区族代会,解决了以鼠街乡汉族为主的矛盾,较为彻底,会后农民的反映是:"从前赶街,要口凉水吃都不给。自开了族代会去赶街,他们(汉族)叫我们老大妈了。"联乡族代会也是解决主要矛盾的较好的具体形式,这次亦被我区所应用,效果很大。

(四)做好挖根工作才能从思想上建立各民族的真正团结,若不通过具体生动的事例来找出根源,代表对苦根在地主头上、"是地主阶级制造的分裂""不是民族压迫民族,而是阶级压迫阶级"等等的认识仍然是抽象的,特别是农民"现实主义"很强,开会回去仍然会模糊,为此必须通过具体人、具体事、现实而生动地找出民族不团结的原因。这样各族农民在思想上、内心中才会取得各族互相的谅解,达到政治思想上的一致团结。

(五)必须帮助各族干部克服大民族主义与狭隘民族主义思想,讲清楚民族矛盾的实质就是阶级矛盾的道理,天下农民是一家,大民族主义是地主阶级对待各兄弟民族的眼光,狭隘民族主义要不得,对民族团结是有害的。特别要指出,兄弟民族要获得彻底翻身,必须要有汉族的帮助。这样做,消灭了干部及群众中存在着的轻视兄弟民族,认为"他们落后,话都不会听"与"解放后,毛主席重视兄弟民族,撑握兄弟民族的腰杆,要彻底消灭大汉族"的两种错误认识,必须指出各族团结才能联合向敌人专政,各族要相互帮助,共同发展生产,创立各族的美满幸福生活,并教育各族干部必须紧密地联系本民族群众,也要联系其他民族群众,才能领导各族群众发展生产、搞好团结。

(六)在斗争中采取先狠斗汉族地主后斗兄弟民族地主、以本民族为主为先的原则完全是正确的。对兄弟民族中的当权派、恶霸、匪首、不法地主,以至全部地主阶级,采取了"政治从严、经济从宽",古德乡在这次斗争中执行较好。关于不追赃挖底,各族农民最初在思想上是非常抵触的,古德乡蒙化族农民代表坚决要挖,但经过耐心的教育以后,还是贯彻了政策,对兄弟民族富农、半地主式的富农出租土地及小土地出租者,超过当地每人平均200%者也未征收,保存不动,各族群众反映很好。

(七)坚决彻底执行民族政策,必须清除工作中存在着的大民族主义思想与狭隘民族主义思想,特别是片面的阶级观点,不认识兄弟民族的阶级矛盾必须通过民族形式来解决。哩同乡在没收征收斗争中,业务上当户交出地主金戒指1枚,由于该乡组长对民族问题认识模糊,存在着严重的片面阶级观点,上级领导通知数次应退还物主,坚决执行政策,但该乡组长不按照执行。由于存在单纯片面的阶级观点,工作队业务上当户交出来的浮财有"舍不得交还"的现象。大部工作队对此思想非常抵触。

总的看来,我区民族工作,从土改开始到结束,经过艰苦深入地了解情况与毫不动摇执行党的民族政策,工作上取得了很大成绩,在目前的具体情况下,民族问题算得到基本解决，建立了民族民主联合政府，民族团结在思想上、组织上逐步得到巩固。

今后，必须继续加强民族团结与巩固工作，不断地教育干部紧密联系各族群众，共同向敌人长期专政，发展生产，从物质上改善各族人民生活，从政治、经济、文化上达到各族一律平等，过幸福美满生活。

安定土改分队

赵崇武、何文旺

1953年6月5日

景东县景福区民族工作总结报告

景福区土改办公小组

1953年6月22日

民族调查组抄

1959年1月7日

景东县景福区民族工作总结报告

一、一般情况

我区地区辽阔，人口分散，民族分散杂居。由于地处山区，封建势力浓厚，各民族生活长期贫困，兄弟民族多半居住山头，无饭可吃、无衣可穿，一年四季吃杂粮野菜，穿的是山羊皮。从经济上说是自给自足，很少有交易发生；文化上除有各种不同语言外，并无其他文字；政治上兄弟民族完全没有一点地位，过去说的"穷走夷方、富走云南"，就是说穷到夷方，去剥削兄弟民族，就会有穿有吃；也有的说"汉到夷走"，原因也是汉族到来剥削他们，使得兄弟民族无法生活。以上这些话都是国民党反动派封建势力造下的恶果，使得民族与民族之间不团结，互相残杀、互相歧视。……

风俗习惯：兄弟民族结婚及丧事，最喜欢跳歌、奉季节祭龙等。由于以上情况，兄弟民族在政治、经济、文化上都是受压迫、统治、歧视。有大部分兄弟民族，都改变了民族，不愿承认本民族，把本民族的语言都不教给儿女、风俗习惯逐渐改为汉族一样，服装也是同样，为了避免其他民族歧视。直到共产党、毛主席领导后，我们兄弟民族得到了翻身，得到了民族平等。过去由于不认识民族政策，思想上有顾虑，不愿承认本民族，土改队到后，大力宣传民族政策之后，才逐渐有人敢承认本民族，并说出怕承认的原因，是过去地主阶级开口就骂兄弟民族难听的话，并没有合法权利，都是被地主恶霸当作牛马、奴隶看待。

根据了解，全区共有13种民族，即汉、蒙化、彝、香堂、仆、傣、倮、民家、卡堕、咪哩、蛮、瑶、回等族，其中以汉族为主为多，其他香堂、倮倮、蒙化次之。全区有汉族3617户18535人，蒙化族583户2830人，倮族412户2134人，香堂219户1181人，仆族63户247人，咪哩族5户18人，彝族6户42人，傣族25户154人，卡堕族4户19人，民家族4户20人，回族2户8人，蛮族1户13人，瑶族1户3人。全区合计4942户25235人，男12469人、女

12766人。

二、如何发现民族问题及解决民族疙瘩

3月5日，土改队下乡后，在访贫问苦、扎根串连中，一直到结束，领导重视了这一工作。在扎根串连中，有意识地在各民族中扎根，全区共有各民族根子323人，蒙化族32人、香堂族10人、倮倮族21人、夷族1人、傣族1人、仆妈族8人、咪哩族2人、汉族248人。

由于在各民族中分头扎根，通过本民族去发现民族问题，土改队思想重视，尊重了各民族风俗习惯、语言，同兄弟民族打成一片，向兄弟民族学习语言，宣传民族政策，兄弟民族对我们反映很好，说"毛主席的土改队，真关心我们兄弟民族的生活，我们有病还给我们发药"。从土改开始，各乡根据各族的比例，在各族中培养了主要民族干部，斗争果实特别照顾山区兄弟民族。全区共培养民族干部740人，乡级干部：汉族82人、香堂族10人、倮族6人、蒙化族13人、傣族2人、夷族3人，共116人；大组长级干部：傣族2人、香堂族14人、倮族2人、蒙化族11人、仆族2人、汉族99人，合计139人；小组长级干部：蒙化族59人、倮族27人、香堂族27人、仆族4人、傣族2人、汉族366人，合计485人。全区小组、乡一级干部740人。

在各民族中建立了新民主主义青年团，兄弟民族青年在土改中不断提高，政治上积极要求参加新民主主义青年团，全区共吸收入团105人，男76人、女29人，其中汉族78人、蒙化族4人、香堂族14人、傣族3人、倮族6人。

通过根子、积极分子、干部去了解各族间隔阂，隔阂比较深的是汉族与其他兄弟民族，也有各兄弟民族之间的，从表面上看是看不出什么来，但通过款过去，就发现了民族隔阂。各乡召开了族代会，解决民族之间的疙瘩，做好民族团结，为分配打下基础。永胜乡有2户蒙化族地主，在斗争中是做到本民族为先为主，在本民族邀请下，其他族也去支援他们斗争地主。在没收中，只没收兄弟民族地主五大财产，不挖底、不追浮财；没收兄弟民族地主的田地、房屋，尽可能是先分给本民族，在本民族同意下才分给其他民族。对兄弟民族的富农一律不动。曾召开了二次族代会，首先交代了民族政策，启发他们发言，分民族小组讨论、大会发言。汉族代表说：安定蒙化族地主剥削我们、敲磕我们，把我们栽出的谷子、苞谷全部拿去。蒙化族代表说：我们到新街去赶街，汉族老老小小都骂我们。五福乡也是同样在开族代会上倮倮族代表发言说：过去汉族地主恶霸，男男女女、老老小小都欺压我们。他们结婚时，男的要帮他们抬东西，女的要帮他们煮饭、洗碗。平时要帮他们砍柴、砍明子，吃饭不给在一起，要叫到厨房去吃。香堂族代表李忠华说："过去我们在云县种钟家地主的田地，因租子交不清，老爹就被敲死了，田地被霸占去，所以才搬到景东来。又被刘家汉族统治压迫，帮他抬屎尿。做生产要先把他们的做完，才得做自己的，不去帮就说要把脚敲断。有一年盖横房砍木头，只是没有向刘世福说，就被他把

柱子砍断。我们小时候一见刘丁氏,就要叫给她磕头。李东儒和他们在一起坐,还说'你们这些傈僳,不准一处坐'。"傣族张阮氏说:1952年汉族骂他们"摆夷骨头",吃水不给同在一处。又去杨武俊家帮工,杨的父亲向她说,有几个工他就招几个"摆夷骨头"。傣族阮正龙说:1952年向汉族地主周福安借牛使,周福安说要借给别人,不借给"摆夷骨头"。傣族刘二说:过去不敢承认摆夷,怕说出来就被压迫统治。香堂族罗彭氏老大妈说:从土改队下来领导后,我们敢诉地主的苦。过去猪到刘世兴家门前,他家小孩就骂傈僳猪。出兵只拿兄弟民族。汉族赵白兴大女人和摆夷族万成贵的姐做姐妹,他就骂他女人说:你眼睛瞎了,为什么和不穿鞋子的做姐妹?汉族杨元新说:过去仆族说我们汉族是汉在屎塘上。

经过广泛发言,大家说出了心里话。全部说完,会议转入挖根,香堂族代表李东国说:我们过去不团结,互相隔阂,主要原因是蒋匪帮撑着地主阶级的腰杆,地主利用农民内部各族不团结,使得我们互相隔阂仇恨。追根后各族农民做检讨,汉族代表董昌义说:过去汉族也是轻视汉族,地主阶级骂我们农民是土条,并不是我们贫雇农看不起兄弟民族,而是地主阶级。我们农民内部,在今天话气散,大家团结起来,消灭地主阶级——共同的敌人。罗段氏说:我过去对汉族死都不满意,现在经过上级报告,我才知道有隔阂要提出来,互相认识,话明气散,才能团结。大家一致发言:压迫我们的是地主阶级恶霸。从解决民族疙瘩到团结,经过学习讨论,大家在思想上都有提高。起先发言时,大家都在气头上,说话态度不够好,但后来大家认识了,大家都检讨了缺点,各族代表互相握手,表示和好、互敬互爱,认识了各族农民是兄弟。张阮氏说:"今天开这个会,把我们过去的隔阂去掉了。回去要发动各族的广大群众,彻底消灭地主阶级,做好土改分配工作。"

经过各民族代表研究后,订出各族农民团结公约:

1. 大力宣传教育各族人民,做好各族团结,不欺压,要做到互相敬爱、团结互让。

2. 不侮辱各族族籍,不骂不吵,坚决遵守各民族风俗习惯,在共产党领导下,团结一心,打垮地主阶级,搞好土地改革。

3. 我们得到了共产党和毛主席的关心、领导,我们要互相尊重,消除过去的一切隔阂。

4. 在生产战线上,团结完成任务,听毛主席、共产党的话,不闹分裂,拿出当家做主的态度,做好翻身大事。

5. 各族农民之间,利益要互相保障,不损坏,不侵犯。

最后成立了民族民主联合政府。

景福区土改办公室
1953年6月22日

景东县保甸区民族工作总结报告

保甸区土改分队

1953年5月26日

景东县保甸区民族工作总结报告

保甸区自土改开始以来,每一步骤都结合着展开了民族工作,至土改结束,基本上符合了"从民族团结到民族团结"的原则精神,取得了一定成绩。兹将工作情况及民族情况总结报告如下:

一、民族基本情况

保甸区位于无量山与澜沧江之间,北接蒙化县境,南接景福区,成为"南北长、东西短、东边无量山高、西边澜沧江低"的狭长倾斜山地。因此,在气候上,从东边的无量山到西边的澜沧江虽不到百里,但变化很大,山上是冬冷夏凉,山下靠近江边是炎热。

分布在这块土地上的民族主要的共有8种,其中汉族最多,共1439户7059人;蒙化族共714户2530人,仆族289户1219人,倮族226户944人,彝族212户884人,傈僳族3户24人,咪哩族3户19人,民家族2户6人。汉族分布全区各乡,而以安乐乡为最多;蒙化族各乡都有,但以北面的五里、安乐两乡为最多;仆族则主要分布于沿澜沧江沿岸各乡、组;倮族、彝族、傈僳族、咪哩族等主要分布于沿无量山麓一带的高山上。汉族有一句俗语说:倮倮不离一条山,濮满不离一条江,虽然带有民族歧视的意味,但都算真实地描写了民族分布的特点和轮廓。

总的说来,保甸区是一个多民族的杂居区,而其中以汉族最多,占全区人口的49.5%,兄弟民族全部占全区人口的50.5%;兄弟民族中以民家族最少,只2户6人。

在居住情况上,除少数的组和自然村是汉族与其他少数民族杂居外,多数的自然村都是民族聚居。特别是回族[①]与仆族,甚至有不在同一自然村中与别族聚居的情形,如德胜乡一、五组全为仆族,四组全为汉族;林街乡一、二、四组全为回族,六组全为倮族,十一组全为仆族。如以乡为单位看,则都是民族聚居。

[①] 该文中所列的8种民族中未包括回族。原文如此。——编者

二、社会经济情况

在宗教信仰上，回族信仰回教，崇拜真主，奉行"任"（信仰其主，独一无二）、礼（礼拜）、斋（把斋）、课（出钱救济）、朝（朝西方土耳其）等五大礼节，有吾梭、摩依、阿訇、义摸、哈里佛等有系统的组织，掌握全盘宗教事务，领导全体回民进行礼拜、把斋、讲经、教阿文等，回族人民则对其宗教头人至为尊敬。全区回族设有清真寺3所（林街、德胜、安乐各一），每个男童到一定年龄、4岁零4个月都要到清真寺学回文、学念经，受宗教教育；妇女则在家礼拜，也有人专门给妇女讲经。……

在生活形式上，回族最突出的是不吃猪肉、不抽烟、不喝酒，洗脸不用盆而用壶，这些是回族与其他民族间生活形式上的最大差异。这种生活形式上的差异，也就形成了与其他民族在生活上的一定距离。

倮族、彝族、蒙化族等则不论在宗教上、生活习惯上都大致相同，语言也有很多相同的地方。他们都信仰多神，每年二月八日要祭龙，倮族并于每年二月十四日"朝山"，是祭山神的意思。此外，倮族、彝族、蒙化族都热爱"跳歌"，这种民族舞蹈成为他们极重要的生活艺术的活动。舞蹈形式上有三反歌，三反歌和直歌极有力地刻画了他们朴实、粗犷和自由的民族风俗；歌曲的内容极为丰富，从歌唱历史、歌唱英雄人物到歌唱生活与爱情无不齐备。解放以来，他们很自然地创作了歌唱毛主席和共产党的新内容，是美丽而且丰富的民族文学遗产。这种"跳歌"成为他们庆祝喜事及过年过节、敬祭等重大事件上的生活仪式。

仆族的跳歌更具有隆重的宗教意味，婚丧事情，请人来跳歌，要煮猪头待客。仆族的语言自成一种，与各族的语言有很大的差别。仆族也崇拜多神，但不祭龙，家内供人头神。解放前，仆族每一氏族（同姓的家族）3年集会1次，有氏族头人，管理氏族祠堂，称为"诧孟"。本氏族人民3年集会1次，设宴共餐，商量氏族内部的事情，普通称为"认亲戚"。

仆族在解放前几十年的女子服装是穿短衣、短裙，少数人直到现在还保留着这种裙子。后来受大汉族封建统治者及地主阶级的歧视而渐渐地改穿现在的汉服，现在看起来，服装上与汉族及其他民族已经没有什么区别；其他各民族的服装和一些风俗习惯等，现在看来与本地汉族已没有什么显著的区别，但从历史来看，都是经被压迫、被歧视，受到了封建统治者的摧残，才改变成今天的形式。蒙化族习惯上要顶一块头帕，枕头上要供白虎神，这是他们的主要特点。

在经济上，大部分良好的平坝田地都为汉族、回族及蒙化族地主阶级所有。汉、回、蒙化3族的地主阶级人口只占全区人口的2%，但他们所占有的土地面积就占全区土地面积的18%，各族地主阶级依靠占有的土地进行收租剥削，依靠剥削得来而积累的资金进行高利剥削，农村经济权完全掌握在各族地主阶级的手里。各族地主阶级还在政治上紧密联系一起，进行各种各样的超经济剥削，如派兵、派款、门户钱、霸占、挂黑账、派白工，甚至直接组织匪徒抢劫等。如何焕清,欠他的债赔不清,就拿枪给欠债人,叫欠债人去抢来还他。各族农民,特别是分布在山上的傈僳族、彝族、仆族、蒙化族等,只占有少数的山地、轮歇地、懒火山地,缺乏生产工具,生产技术落后,生产量很低,又受到地主阶级的残酷剥削,因而生活上十分痛苦,大多失去了生产信心。在解放前,这原因直接地造成农村贫困、破产,间接地造成了社会不安、土匪多、以做土匪为光荣,成为保甸区经济和社会的一大特色。

在解放前,回族地主多数经营商业和畜牧业,回族农民则多数兼营手工业(织布、染布、纺纱等),因而生活比较其他民族优裕。汉族农民除少数经营及手工业外,多数农民的生活情况与山上各少数民族无异,生活非常穷苦,严重缺乏口粮,无衣服穿,受疾病侵害,就无力医治而造成死亡,人口增加缓慢。如1953年3月1日起,共死亡168人,但出生的只有59人。

三、民族间的历史隔阂

保甸区各民族间的历史隔阂,最突出的是汉族与回族间的隔阂。由于历史上封建统治阶级制造民族压迫的结果,造成了回族与汉族的仇视。由于汉族是这里的主要统治民族,汉族与回族以外的其他民族间,也存在很深的民族隔阂。仆族在族代会上说:"汉族是敲磕剥削我们吃,开口三声就骂我们弯勒巴、黑骨头。"又说:"我们原在昔掌,被汉族统治压迫,才撑到江边高山上去。不准我们读书,说是养着我们当轿夫。"彝族说:"汉族把我们的财产房屋霸去,叫我们'离地族',人死了不准埋,要烧成灰,装在小罐罐里,叫离地三尺。供神不准供在堂屋。"蒙化族和傈僳族也同样地提出了汉族与他们之间的历史隔阂,这些隔阂主要是各少数民族受到汉族的封建统治阶级的经济压迫和政治、文化压迫及其歧视。

各少数民族之间,也存在着一定的隔阂,主要表现为互相歧视,互不通婚,或因风俗习惯不同而引起的一些歧视或纠纷,表现不很突出。

四、解放后民族关系的变化和土改前存在的问题

解放后,在毛主席和共产党的领导下,进行了抗美援朝、清匪反霸、减租退押、镇反等运动,各族农民的阶级觉悟大大提高,民族关系有了显著的改变。民族压迫和封建统治已不存在了,但是由于历史上民族压迫所造成的影响,没有完全消除,民族间的歧视和隔阂也不可能完全消除,而且有了新的变化。

首先是少数人把党的民族平等政策错误地体会为优待少数民族政策,因而在少数民族中产生了报复思想。德胜乡一组仆族代表杨国李1950年回来后,公开在大会上说:"我们兄弟民族要站起来,压制汉族。汉族要客气些,不然就要完全消灭。"在选代表时,仆族

说："兄弟民族多选些，汉族不要。"（族代会汉族代表的发言）对于回族，仆族也采取了同样的态度。回族选了代表，仆族说："不要就回来了。"（马新廷说）那时德胜乡的各级干部都是仆族，只财经一人是汉族，这样，就结上了新的民族疙瘩，汉族和回族都产生了新的顾虑。一个汉族代表罗友昌说："他们左也说要消灭我们汉族，整得我们五心不做主，有几个鸡也拿去卖啰。"回族说："不是土改队下来，我们还不敢说哩！"

在林街、岩头乡，情况也大致相同。这些情况，虽然是尖锐的阶级矛盾的表现，但因各族农民的阶级觉悟不够高，反而裹挟成为复杂的民族隔阂，直到土改队下乡的初期，民族隔阂仍然存在，但已有所不同。回族、汉族是较处于被动和忍让的一面，而其他人数较少的少数民族，因为长期被压迫的结果，尚存有自卑感，或尚有一些思想顾虑，不敢正面公开提出问题。

五、重视民族工作，严肃执行民族政策进行工作

我区土改，工作队经过整训教育，思想上对民族工作的重要性有了进一步认识，在领导思想上，对民族工作也是重视的。土改队下乡后，首先便开始了解情况，了解不尊重各族的风俗习惯，进行访贫问苦，与各族打拢感情。如德胜乡二组，了解了回族忌讳"猪""杀"等语言，到二组回营访问时，就警惕着不说出这些字眼来。林街工作中主动地不吃猪肉猪油，回族农民经常与他们接近。有一个工作队员在回族家吃饭，回族农民女人要用灰擦碗，丈夫说："人家好久没有吃大菜，合拢我们的洗得啰！"

在扎根串连工作中，我们重视了在各族中分头扎根、互相串连、共同诉苦、共同提高的方针。如德胜乡二组首先扎下了回、仆、汉三族根子各一，然后经过他们小组诉苦，共同提高，他们自己决定固长弟（回族）去串连李朝龙（汉族）、周老信（仆族）去串连张耀福（回族）、李朝相（汉族）去串连自桂珍（汉族）。又如林街乡所扎的38个根子中，汉族10人、回族9人、仆族7人、倮族7人、彝族5人。全区202个根子中，汉族有75人、回族有15人、仆族28人、蒙化族46人、彝族18人、倮族19人、咪哩族1人，做到了各族根子互相串连，共同诉苦，共同提高。

结合土改运动每一阶段的工作，我们尽量地运用了民族形式，听取了本民族农民大多数人的意见，严格遵照各民族的风俗习惯。如德胜乡在起初开会时，给回族农民坐一起，其他民族坐一处；德胜乡二组召开诉苦会，汉、回农民不发言，只仆族发言，出现这种情况后，便各族分别开，大家才说出了心里话。又给女人、男人分开诉苦，很多怕羞的妇女也才诉得哭了起来。

又如林街七组，倮族等要求祭龙，土改队同志便利用他们祭龙的时机和集会的形式进行工作，订生产计划，讨论政策，晚上参加他们打歌娱乐。倮族农民都喜欢地说："这真是毛主席的土改队。"

在斗争少数民族地主时，我们执行了以本民族为主为先的原则，并先斗汉族地主，后

斗少数民族地主。德胜乡二组在轰开后，先狠斗了汉族地主王家禄妻之后，回族农民自觉地签名盖章，请求斗争本族地主马品异之妻，然后由他们本族先斗。第二天向工作队说："同志，我们人少，斗不垮，请别族农民同志来帮斗些可以吗？"马新廷又说："我们回族地主，同样压迫各族农民。"之后其他民族农民才参加了斗争。

在划阶级阶段，我们根据上级党的指示和宗教及风俗所造成的实际情况，对回族劳动人民采取了适当放宽的原则。由于回族不吃猪肉的习惯，就不可能到别族家去卖口；由于回族妇女过去受了"不准出门，裤脚不准卷上膝"的封建压迫，就减少了他们从事野外农业劳动的机会，这是形成回族家庭手工业和商业发达的一些间接原因。划阶级后，他们普遍地想沾个"农"字，我们针对他们的这种思想，进行了对小手工业工人、手工业者的政策教育，进行劳动是光荣的教育，并把赶马人及出卖其他劳动力者按实际情况划为贫雇农民，结果他们都非常满意，贫农、手工业者及手工业工人，都明确了他们的政治待遇而喜欢了。

在没收和征收阶段，我们严格执行了不动少数民族地主的底浮财，不征收少数民族富农及小土地出租者土地的政策，并听取本民族大多数农民的意见，该收的收，不该收的不收。德胜乡在没收前召开了贫雇中农座谈会，会上回族要求在没收回族吾梭家（过去的）时，别族群众不要进去，只是土改队及干部领导他们没收就行了，在没收时，便尊重了他们的意见，采取了以本民族为主为先的做法。

林街乡也同样开过回族座谈会，讨论了清真寺田问题。他们一致说："清真寺田是用于四大节令、回文老师薪水及学生津贴，不能征收。"群众就没有征收。对于回族上层头人，我们执行了其同情土改的做法。德胜乡二组与回族吾梭座谈过五六次，结果老吾梭（贫农）也参加了斗争地主。林街乡召开过3次回族头人座谈会，结果小吾梭也参加斗争了地主，并介绍了许多民族宗教情况。

此外，从土改开始，我们在分头扎根、树立贫雇农骨干的基础上，也注意培养了各族农民干部。土改队新吸收的一个回族通讯员，准备培养成为区干部；德胜乡过去乡至组的主要干部都是仆族，只一个财经是汉族，经过整顿组织后，现在各族都有了。现全区乡一级干部90名中，计有汉族31名、回族8名、仆族17名、蒙化族24名、倮族5名、彝族4名、其他1名。培养起干部，在思想上、政策上都有了进一步的提高，在土改中也起了很大作用。

六、解决民族疙瘩

土改开始以来，经过一系列的教育和斗争锻炼，各族农民的阶级觉悟普遍有了提高，因而存在着的一些民族疙瘩就会被群众自觉地或不自觉地提出来要求解决。我区的土改计划上，原拟在划阶级后分配前，才来一次解决民族疙瘩的运动，但问题的提出和出现已经超于我们计划前面，在上级的指导下，我们才纠正了等待时机解决的想法，而采取了遇着就解决、先干部后群众、从个别到大家的做法。

德胜乡在整顿组织、准备轰开时就出现了民族疙瘩，原因是德胜乡汉族人口占全乡人口的一半，但乡一级干部除财经外，全是仆族，各族都互相有意见。在代表会上，汉族黄秀廷说："仆族要消灭大汉族，我们不得当干部。"仆族董国才说："三把刀子都是我们掌握，你们只掌握刀叶子，你们汉族不要跳。"回族马忠贵说："过去选干部，我们不得说话，乡长领导老卜族到回营去吹芦笙跳歌，破坏我们的风俗习惯。"

在这次农代会上，经过诉苦挖根，初步知道了民族不团结是地主阶级制造压迫的结果，并订了民族团结公约，初步解决了民族疙瘩，而主要的是解决了"各族农民打伙当家做主，打倒共同敌人——地主阶级"的问题。一个50多岁的仆族代表说："我想还是这样好，人是汉族多，第二是我们仆族，乡长汉族当啰，主席我们当，委员各族都要选，这哈解决怕才说得上团结。"成为各族一致同意的具体意见。

随着划阶级的结束，和征收没收的开始，林街乡召开了民族代表会（4月23日），初步解决了疙瘩，重点解决了征收没收的一些分歧意见，如对清真寺田的征收问题。岩头乡也召开了民族代表会，初步解决了民族疙瘩，并教育了干部，消除了关于山上各民族间没有问题、只是与回族有问题的错误思想。各乡所单独召开的族代会，基本取得了很大成绩，解决了一些民族疙瘩和重点问题，但事实上是不可能彻底的，因为保甸民族问题的存在，事实上是牵连到乡与乡的各民族之间，如德胜、文帽二乡各民族之间，林街、岩头二乡各民族之间，安乐、五里二乡各民族之间，都存在问题。根据这些实际情况，我们便于5月13日扩大工作组长会议上研究决定，在分配以前召开3个联乡族代会，彻底解决民族疙瘩。文帽、德胜二乡于5月18日至19日联乡召开，安乐、五里二乡于5月19日召开，林街、岩头二乡于5月21日至22日联乡召开。各联乡族代会都经过充分的动员酝酿，尽量发泄心中的话，然后挖根认识，最后进行个别检讨，表态下决心，订出决议公约，贯彻到每组、每户、每个人中去执行。文帽、德胜联乡族代会总结专题报告，这里只举岩头、林街联乡族代会的情况做例子：

林街、岩头联乡族代会，共计到会代表61人，其中汉族18人、回族8人、倮族9人、仆族12人、蒙化族5人、彝族7人。经过酝酿动员后，各族开始互提意见。……意见越提越多，从古到今，从解放前到解放后，从政治、经济、文化各方面都提了，大家心也凉了。一个仆族说："今天我肚子里的热气都得说了。"另一个说："今天我们也得出出气。"出完气之后，大家就来挖根，结合认识，我们的民族疙瘩是谁？结下的我们的共同敌人是谁？我们今后要如何办？经过追根，大家才找出了结下民族疙瘩的封建地主统治阶级，汉族中欺压各族的是狄茂志、汪德昌、黄万发等等，回族是马正国、马学国等等大地主，其他互相歧视、看不起、互骂等是地主阶级制造下，大家受了地主阶级的大民族主义思想影响的结果。回族马文清说："因为有过去的县长、乡长、保长拉联着压迫我们各族人民，我们就不会团结，你仇恨我，我仇恨你，一小点口舌也闹成打乱，这些都是地主阶级挑拨离间搞出来的。现在有了共产党、毛主席的领导，给我们所有的疙瘩都解开了。我们代表回去，要告诉广大群众，决意不再犯以前的错误，大伙团结，打垮封建地主，地主才是我们各族的敌人。"最后汉族代表说："我们昨天理头，今天理根，疙瘩夹中间，理来理去在地主阶级头上。疙瘩解了，以后我们是大家一条心，回去开家庭会，要传达民族团结。"回族代表说："各民族的农民都同样受苦，我们回族有地主恶霸，他压迫别民族，也压迫本民族。回去要向各户宣传我们农民要互相认识，搞好团结，不团结就不能称兄弟民族。"汉族代表说："如果我们团结不好，地主阶级会把我们的土地证拿回去了。土地证是我们的一条吃饭路。"倮族代表说："以后我们不能再有隔阂，隔阂是蒋匪首一层一层学下来的。人家说'跟着好人学好人，跟着师娘跳假神'，我们以前就是跟着地主恶霸跑路。这次开会下去，我们要坚决打垮地主阶级，消灭封建。冷饭都要捏成饭团，见了小的就是兄弟姊妹，见了老的就是大爷大妈，各族都是一家人，不要再受地主利用。"汉族代表叶之贵说："我对不起仆族，骂过我嫂'黑濮满'。以后回去，各族的贫雇中农弟兄要团结，不管哪族的地主都是我们的死对头。"回族代表说："我们今天心是一个，嘴是一张，在毛主席领导下，打伙走一条路线，没有另一条。"会议最后根据大家的一致要求，作出了关于民族团结公约的决议。大家一致表示，要贯彻传达每组每户，使人人晓得，保证执行。

会议后，林街、岩头二乡继续开会，解决两乡插花田地、清真寺田及耕牛、山林等问题。这些问题在未开族代会前，闹了很久，各有各的要求，各有各的意见，大家都感到很棘手，但经过族代会解决疙瘩，思想上、阶级觉悟上都有了提高，因而也就很容易解决，大家都愿意团结互让，照政策办事，从民族团结出发，不再争吵了。会议就在大家温热的笑声中结束。

两乡族代会后，代表们回去便开始在小组上传达会议进行情况，和会议决议及团结公约。如林街乡三组，22日晚上就在小组上传达，23日晚上又在小组上讨论解决，做到了从乡到组，到每家、每户，都来解决，认识提高，可以说基本上解决了民族问题，消除了民族隔阂，做到了省委从民族团结出发达到民族团结的指示方针，为成立民族民主联合政府及农村的长期对敌专政打下了一定的基础。

七、几点体会和意见

我区经过这一次土改和民族工作的锻炼，大家深深体会到要搞好民族工作，首先，应该学习党的民族政策，学习上级机关关于民族工作的各项指示，肃清大民族主义思想残余。如岩头乡和安乐、五里等乡，起初有大汉族主义思想残余，认为山上各民族间没有民族隔阂，等到开族代会各族间互提了很多意见，才觉得自己的估计是错误的，明确了在任何民族杂居区，认为没有民族问题的思想都是错误的。

其次，我们也体会到在进行民族工作的时候，必须有明确的阶级观点，去了解复杂的民族关系。如初到德胜乡时，该乡的干部（都是仆族）介绍回营情况说："回营都与地主勾连，不会发动得起来。如你们发动得起来，真是佩服了。"还举例说："唐区长去发动不起来，临走还说下'你们翻身就翻身，不翻身就算'。"有不发动的思想，连土改工作队也认为没有办法，说"回营二组，包给你们办公小组好了"。但是，经过细致深入地研究了回营贫雇农名单，终于找到了对象，扎下根子。这就使我们明确了在任何矛盾中，阶级矛盾是主要的。

再其次，我们也体会到，要搞好民族工作，要严格执行党的民族政策，尊重他们的风俗习惯，与他们搞好感情，特别是回族，如不与他们搞好真实感情，就不易消除他们的思想顾虑，不易相信政策。而且各兄弟民族都是极求实际地说到要做到，交代了政策就要严格地执行政策，这样才能够更好地树立党的政策，获得各族人民的真诚拥护。如岩头、麟街两乡起初对田地及耕牛都有些争执，但后来他们自己提出来说"按政策办事"，就没有什么争执了。

现在我区的民族问题已经获得基本上的解决，但大部分乡还只是在乡的代表会上解决，没有认真地贯彻到每家、每组、每人之间，特别是个人与个人之间的问题，没有彻底解决。这就是说，代表、干部、骨干等的阶级觉悟是提高了，民族问题已经在他们的思想上解决了，但深入广泛地解决民族问题，家喻户晓地清除大民族主义思想和狭隘民族主义思想还没有做到。正如回族代表说的"就是街坊上那些小毛病难改，要注意啰！"因此，我们认为，搞好民族团结，反对大民族主义思想和狭隘民族主义思想，是一个长期的艰苦的过程，但必须坚决贯彻下去。

保甸区土改分队

附
林街、岩头联乡族代会关于团结公约的决议

我们林街、岩头两乡汉族、回族、仆族、倮族、蒙化族、彝族代表共61人，开了各民族人民代表会议。会上我们代表各民族人民说出了解放前后闷在心里的话，吐出了民族压迫、民族歧视的苦水，揭发了民族隔阂与民族矛盾疙瘩的存在，并一致认识了这些民族隔阂与民族疙瘩的存在是蒋匪帮及封建地主阶级统治压迫所造成的结果。我们一致表示，只有在毛主席和共产党的领导下，各民族农民紧密地团结起来，彻底消灭封建地主阶级，才能顺利完成土改、巩固胜利，才能组织起来、发展生产、改善生活，才能建设好各民族的伟大祖国。因此，订出民族团结公约如下，保证传达到各组各户，做到家喻户晓、人人遵守。

1. 以前的民族隔阂、民族疙瘩是封建地主阶级造下的祸根，我们要从乡到组、到每户每人都做到话明气散，解掉疙瘩，不再记以前的仇恨和隔阂。
2. 我们要在共产党、毛主席的领导下，紧密团结，如弟如兄，共同消灭封建地主阶级。

3. 我们以后要互相尊重风俗习惯，不再用轻视的口语互相侮辱或谩骂。

4. 天下乌鸦一般黑，地主阶级一娘生，各民族中的地主阶级都是我们的死对头。

5. 从民族团结出发，从有利于生产出发，坚决满足贫雇农的要求，团结互让，公平合理，不争不吵，搞好分配。

6. 团结起来，组织互助组、合作社，互助互爱，发展生产，迎接祖国大规模的经济建设。

7. 翻身不忘毛主席、共产党、解放军，各族农民团结到底，永远跟着共产党、毛主席走。

岩头、林街联乡族代会谨订
1953年5月21日

景东县太忠区帮庆乡民族工作总结报告

太忠公社党委
1953年9月17日
民族调查组抄
1959年1月15日

景东县太忠区帮庆乡民族工作总结报告

分队长：

我乡16日农代会"族代会"，进行情况是这样的：此次会议主要以解决民族问题为主，到会代表共40余人，其中汉、倮、瑶、蒙化4种民族均有。这次会议首先动员打破顾虑，结合总结工作、肯定成绩、发挥优点、检查缺点、安定思想后，具体地交代第二步的做法与政策、认识目的，进一步深入具体地交代民族政策，针对具体情况结合进行教育，组织小组讨论、大会发言。发言中的具体情况是，如鲁宗高（倮）说："几千年来我们民族是不平等的，由于地主阶级的压迫、统治、挑拨，弄得我们各族农民不团结、有疙瘩，而结下了冤仇，使我们互相看不起，这是地主阶级所造下的结果。今天共产党、毛主席领导，提高了各民族的地位，民族得到平等。我们也晓得了各民族农民是一家，何若我们不平等，坏分子就会钻空子，生产就发展不起来，翻身就不积极，所以各族农民，要团结翻身才牢靠。"杨开得说："过去民族压迫，是地主阶级压迫的。一些人仗着地主的势力来压迫剥削各族农民。现在追下根来，罪是在地主头上。"发言中启发他们大胆揭露民族隔阂，成见很多。代表发表了意见，如李风良说："过去我们倮族穿羊皮，汉族骂我们'老蓖羊''羊皮客'，做活计不要我们同他们在拢。他们这样挖苦我们。"罗恒达（汉）说："解放后那年我们选举一个民兵中队长，选着汉族，这回他们彝族李风高就说'我们彝族多得很，为什么要汉族当'，他们也是看不起我们汉族。"瑶族代表竺发秀（女）说："过去他们汉族李荣品女人骂我们瑶人是蓖羊，汉人是山羊，山羊不走蓖羊路，不想在拢我们。"汉族代表吕顺芳说："过去他们彝族骂我们'烂苞谷秆''大竹筒''退壳'，但是我们汉族也会说他们'大脚倮倮'，双方都有错。"杨开德（汉）说："过去他们倮族李正养当甲长，还骂汉族妇女说'你们这些棕包驴子脚杆臭臭的'"。倮族代表李子英说："过去地主姑娘官有荣挖苦我们，不准我们在拢他们。她还问我们'你们穿麻布裤子，擦疼不擦疼？'"马康文说："土改时他们彝族说我们汉族少，他们彝族多。

过去他们压迫我们，今天毛主席领导，我们兄弟民族得提高权利，我们今天要压迫你们了。"李朝荣还说："田地要少分给汉族些。"

经过这样，摆出了许多民族隔阂，发现了许多民族疙瘩和问题。后来启发他们追根，马康元说："我们民族有疙瘩、不团结，是地主阶级搞出来的。他抓兵逼款，压迫我们各族农民，用狗腿来挑拨我们厮打。说来说去，不是民族压迫而是地主阶级压迫各族农民。今天毛主席、共产党领导我们各族农民平等，我们找出了根源。我们各族农民要话明气散，把我们的民族仇恨推到地主阶级身上，变为阶级仇恨，坚决团结起来打倒地主阶级。"经过层层追根，大家一致认识是地主阶级压迫各族农民，解开心头的疙瘩。在大家一致同意下，还订出了民族团结公约（共4条）。很多代表在会上还提出，要把这次族代会的精神带回去宣传，要把民族政策交代给群众，帮解疙瘩，搞好团结。现在解决民族隔阂已由乡展开推到了大小组中，正不断进行。

帮庆工作组
1953年9月17日

景东县培养少数民族干部的工作总结报告

景东县委组织部

1953年9月17日

景东县培养少数民族干部的工作总结报告

景东县是以汉族为主的民族杂居区，有24种民族，即汉族、蒙化、倮族、傣族、回族、那乌、窝尼、彝族、倮黑、瑶族、卡堕、咪哩、苦聪、细丫、蜜蜂、罗武、车里、白脚、阿车、苗族、香堂、民家、阿卡、濮满等族，15780户69194人，占全县户口32%、人口29.6%。分布于15个区，其中以民乐、保甸区的民族关系较为复杂，蒙化族多居于无量山脉与哀牢山脉上的安定、文龙、保甸、太忠、景福一带，傣族居于民乐区坝子，回族居于保甸河流域麟街、德胜、安乐3个乡，汉族最集中是川河、勐统河、景谷河、者干河流域，其他少数民族则多分散居住于山头。

一、少数民族干部的基本情况

解放后，在共产党和毛主席的领导下，经过清匪反霸、减租退押、镇压反革命，特别是土地改革等反封建斗争及抗美援朝的教育下，各族农民阶级觉悟大大提高，各族的关系有了改善，基本上消除了民族间的隔阂，在各种群众运动中各族农民涌现了大批的积极分子，成为运动中的核心，提拔、培养干部的同时提拔了少数民族干部。以目前干部情况看，县、区、乡都有少数民族干部，共124人。其中：男114人、女8人；僰族9人、夷族11人、蒙化族40人、咪哩族1人、香堂族6人、傣族8人、瑶族6人、卡堕族17人、布都族3人、倮族23人；政治质量：党员15人、团员26人、群众82人；区级干部1人、一般干部123人，分布于党务系统13人、政法系统72人、群团系统39人。这些干部全是少数民族中的基本群众，没有头人。他们绝大多数是表现工作积极、负责吃苦好，政治思想要求进步，有的争取入党入团，极少数的贪污腐化，乱搞男女关系。如民乐区财经助理员刀正智和本区妇联干事杨静珍（汉族）腐化有小孩，群众不满，反映不好，刀本身思想包袱也严重，主要是怕受处分。

二、培养、提拔少数民族干部的情况

自1952年10月到现在，提拔了少数民族干部33人，其中傈族8人、蒙化族16人、卡堕族6人、僰族2人、傣族1人；政治质量：党员1人、团员11人、群众21人，分布于党务系统1人，群团系统20人，政法系统1人，企业部门11人；级别区级无，一般干部33人。

我们对少数民族干部的培养、提拔、教育工作，去年10月土改运动以来，对培养各族干部是解决民族团结的关键问题，县委思想已明确重视了培养、提拔少数民族干部的工作，从各族农民中扎根串连培养民族根子、积极分子、民族干部，特别是民族关系较复杂的地区。民乐、保甸区由乡到区各级领导重视，在乡上培养乡干，区上培养区干。以民乐区看，在职干部15人中，有少数民族干部10人，其中傣族7人、傈族2人、夷族1人，占所有干部66%强。在培养、提拔少数民族干部遇到困难较多的是回族、傣族干部，他们因过去受统治阶级的压迫、歧视较深，思想顾虑较多，不愿脱产生产、离开家乡，只喜欢在本乡本区工作。土改开始，我们选拔了傣族基本群众中的积极分子脱产参加土改，对他们和家属主要是采取动员教育，并尽可能帮助解决切身和家庭困难，打破其思想顾虑，在自愿原则下，参加工作（回族则不愿意）。经过土改的锻炼考验、实际斗争，更进一步懂得党的民族政策，拥护共产党，热爱毛主席，大多数表现工作积极负责，政治思想上要求进步，有的争取入党入团，有的提拔当工作组长。以保甸区德胜乡土改中整顿乡政权暴露了民族问题，经过土改，该乡重视解决民族问题，培养民族干部，目前德胜乡培养出了副乡长（回族）、临街乡长马标（回族），本族反映很好，各族也团结了。

有的汉族干部和领导有歧视少数民族干部的思想残余。首先表现在对培养、提拔少数民族干部的工作不重视，如民乐区委书记陈富锁，检查自己对少数民族干部不愿大胆提拔使用，思想压力很重，认为本区多是傣族干部，就是提不起来；不相信少数民族干部，想这个不识字、那个又怕不会说话，提拔不起来。这种思想目前初步得到一些解决，其原因是土改运动中，县委强调地重视了解决民族团结问题，随着进而重视培养、提拔少数民族干部，在乡区都认真地选拔、培养积极分子、乡区干。但该区委书记的信心仍然是不足，后经两批土改，这些傣族积极分子、土改队员、干部在斗争中表现了工作积极负责，觉悟随着运动的发展大大提高了，有的入团，有的选拔担任土改队组长。区政府傣族刀有摸、青年干事陶士乡（团员）除工作方法、业务能力弱一点以外，其工作积极负责，对党忠诚老实，是本区的好干部。在乡上，有的傣族被选上了乡干，他们在土改斗争、生产生活中起了作用，成为民族团结中的骨干，效果好，对领导上教育启发很大。陈富锁说："回忆过去比现在受教育了，我们过去所选拔的干部只是感觉不好，怕不能工作，目前看参加土改队的大部分都当组长、加入青年团，我相信了新生力量在生长着！"

事实证明：我们认为少数民族干部并不是不可以培养、教育、提拔，或者是提拔了不能担任工作，要将少数民族干部提拔起来的关键在于解决各级领导和汉族干部思想问题，只有思想明确重视，从党的民族政策去认识培养、提拔少数民族干部的重要意义，认真地培养，慎重地大胆地提拔使用，他们也和汉族干部一样有"德才"，能完成党交给的任务，更重要的是对民族地区的工作、民族团结更容易顺利推进。但是民乐区委的思想问题，对党的民族政策认识模糊，有的是大汉族主义思想残余未彻底清除，甚至存在着歧视少数民族干部的思想。

三、存在问题

（一）有的汉族干部、土改队歧视少数民族干部，表现在对少数民族干部有轻视思想。他们不识字，如崇明区柏云林，少数民族文化低，请他帮助阅读文件和帮助工作，不高兴时就不帮助，使他们感到很苦闷。

（二）对少数民族干部的培养教育差，缺少思想领导和具体的帮助，解决其困难。民乐区长刀克良（是本族中较有威望的），自1951年来就有意识地选拔他当区长，为了有利推进民族地区的民族工作，他表现对党基本上是拥护的，工作负责，调省民族学院学习。土改斗争中，群众发动起来后，阶级觉悟提高了，对他在解放前的某些剥削表示不满。目前刀学习结业返回县，其政治思想有了提高，对党的政策进而有明确的认识，县委动员征求他本人意见到县工作，他不愿，要求回区，同时照顾家庭的生活及生产问题。现他在家养病，加上群众对他的不满意见，本人多少有些思想顾虑，但未引起我们的重视，帮助解决思想问题和家庭的具体困难，对刀克良的情况不是全面深入的了解。

（三）对少数民族干部的使用不照顾民族特性，随意分配到汉族或其他民族地区工作，这样使本民族脱离了本地区的民族联系，同时对民族团结效果不大，民族干部思想工作不安心。如县合作社将傣族妇女干部婼玉兰分配到景福山区工作，本区山坡大，区乡干部都是汉族和其他民族，傣族妇女穿的是本族衣服，因怕汉族笑包起来不敢穿；工作业务不熟，领导上又忙于中心工作，缺乏耐心的帮助、培养、教育，有的汉族干部有轻视思想，看不上她的工作。

（四）在一些少数民族干部中存在着狭隘的民族主义思想。如民乐区政府财经助理员刀正智（傣族）土改中听到了本民族对土改队反映缺点，他不愿向领导反映。

四、培养民族干部的几点体会

（一）培养民族干部要取得成绩，重要问题是县委领导上明确，培养民族干部是彻底解决民族团结问题的关键，能重视培养民族干部工作，并打通乡领导或工作队的思想，在实际工作中具体执行，并对此工作应有布置、有检查。我们县这方面是做得差的，工作成一般化。

（二）对民族干部的培养，主要是培养民族基本群众，因而做法上应从各族扎根串连、逐级提拔做起，这工作是长期的，不是一时可以收效。对民族干部的培养，主要是提高其阶级觉悟，并逐渐帮助其消除狭隘民族主义思想，并应重视在民族干部中进行建党建团，这样民族干部的培养才巩固。

（三）在民族干部的使用上，应大胆放手，随时加强具体帮助。民族干部即使在工作上能力稍差于汉族干部，也应提拔使用，在工作中要加强具体帮助，督促汉族干部进行团结互助，加强各族干部的团结。在调配民族干部中，应照顾其特点与要求。

景东县委组织部
1953年9月17日

元阳县委1954年民族工作总结报告（摘录）

1955年1月10日

元阳县委1954年民族工作总结报告（摘录）

一年来，在地委、红河边委的直接领导和督促下，继续贯彻了"慎重稳进"的方针，以及以"对敌斗争为前提、团结生产为中心"的基本原则，根据边疆的实际与可能，进行了生产、贸易、卫生等工作，进一步联系各族人民，因此在加强对敌斗争、团结民族上层人物、团结生产等几项主要工作方面都取得了一定成绩。……现就一年工作情况作如下报告。

第一部分　关于对敌斗争及团结教育民族上层

（一）加强对敌政治攻势及分化瓦解残匪工作

进入1954年以来，越盟在越北解放了莱州和奠边府，并取得了印度支那停战协议达成的辉煌胜利之后，结束了法帝对民主越南八年来的罪恶侵略。这一胜利形势，迫使长期活动于中越边境的美蒋残匪，失去了政治上、物质上的依靠，陷于分化瓦解、动摇孤立的境地，给我们开展政治攻势创造了有利的条件。

一年来，在地委、分区敌政的统一领导下，进一步组织了以公安武装为主的对敌斗争力量，具体贯彻了滇南卫司"抓紧越北胜利形势，加强边沿政治攻势"的指示，分四、八两个阶段布置了两次较大规模的政治攻势，散发了大量宣传品，并交错地进行了管教自新匪及组织军事围剿扫荡残匪等工作，着重从政治上、政策上及国境内外的胜利形势几个方面向各族人民、残匪家属、民族上层进行了系统的宣传教育，提高了群众对胜利形势的认识，改变了变天思想，加强了对匪特活动的监视，指出了残匪的穷途末路，同时也交代了投诚自新、靠拢人民的光明前途。根据有关部门的报告，在对敌政攻、争取瓦解工作方面，一年来共争取残匪投诚自新66名，共俘获27名，打死打伤各10名，缴获机枪1挺、长短枪支96支、弹药4000多发及其他军用品1部。

突出的工作是东瓜林跳神闹鬼事件的平定，以及李小四匪部11人的全部瓦解。其次，在对自新匪的管教摸底方面，本年4月共抽调了有关单位干部10人，组织了一个训匪工作队，以三区为重点开展训练工作。根据三、四区一个总联防的调查，共有自新匪396人，经摸底查明，假自新分子就有24名，有的以混入联防组织进行破坏活动，如十四联防主席陶荣端（原保长，自新匪）勾结自新匪贩卖大烟……三区自新匪中，武器未登记交出者有大小枪支49支、机枪4挺。从上述情况看，在我第一类型地区，自新匪虽大部尚能安分守己，但其政治情况仍十分复杂，基层组织仍为上层以假自新分子所把持，这是敌特向我扰乱和破坏的社会基础，应引起重视。关于训匪工作，由4月至7月以三、四区为重点，先后两次进行了对自新匪的管教工作，共训练了100多名自新匪，集训对象均系在我形势所迫及假自新表现不好的分子。两期集训中包括匪团长1人、参谋长1人、连长19人、排长6人、班长15人，其他为匪众，共交出武器12支、弹药一部。经训练后，多数能低头认罪，遵守政府各项政策法令，从事劳动生产。虽然有少数仍怙恶不悛……但自新匪的情况已较前稳定和清楚，有助于对境内社会秩序的稳定和巩固。

……………

（二）与此同时，相应加强了对民族上层人物的团结教育

一年来，随着胜利形势的发展，民族上层人物的政治动态随之发生了新的变化。越盟的节节胜利，割断了民族上层"依靠帝国主义的幻想"，同时由于民族上层阶级本质所决定，对于边疆前进一步均发生不同程度的疑惑，怕土改、怕斗争、怕杀头的顾虑又在大部上层中重新抬头。但从总的情况看，经过了一年工作，对民族上层讲解了我之政策，教育他们爱国守法，并在若干重大问题上都做了商议讨论，如大烟、武装、减租、征购等，指出了他们的前途，因此减少了阻力，保证了中心任务的完成和群众的发动。下面是几件具体工作：

1. 全年共召开各种形式上层会议20次，全年总计911人次受到党的政策的教育，这些会议对于解除顾虑、稳定他们、争取向我靠拢起到了很大作用。根据1954年上层政治动态排队结果，在全县89个主要的民族上层中，基本靠我的45人，占50.6%；中间的33人，占36.9%；反我11人，占12.5%；两头小中间大的情况也有了改变，反我变为观望、中间变为靠我的也有发展。根据公安部门的报告，反我的近年来与敌特及国外的联系也少有发现，而中间落后变为靠我的有11人。

在第二、三类型地区，上层工作比较突出。一年来，三猛、猛弄、永乐地区贯彻对民族上层的团结教育的政策比较细致。如三猛马规折、李居候、卢志清等（三猛的几个主要上层人物），由于对他们进行了工作，在接近国境沿线地区，超额95%完成了今年的粮食任务。通过他们将党的政策初步扩大到穷乡僻壤，改变了三猛过去大部空白的情况。在猛弄外3里的一些地带，民族上层经过几次会议教育，较前更为稳定，段国安（里长）、李万祥（队长）（均系土司、实力派）向我缴出大小枪支30余支，大部上层对粮食工作表示赞助，并超额完成了其地区的任务。在第一类型地区，根据各区的汇报，对上层的教育，多根据工作的实际进行采取小型和重点的教育方式，一般能收实效。突出的一例是对白继光的教育。在粮食工作中，他拒绝评收入、评负担，压制群众，经教育后，报实了过去欠

元阳县委1954年民族工作总结报告（摘录）

报一半的收入，自报负担由10%增加到40%，符合了我的要求。

从整个工作的进展来看，秋收前莱州的解放、印度支那的停火，秋收后粮食征购的斗争，是一年统战工作的尖锐时期，民族上层对形势的变化，对我中心工作的开展，都引起了他们不同程度的震动和反映。特别是陶正芳父子投诚自新并低头认罪之后，集中说明了残匪的穷途末路，胜利形势更为突出，民族上层过去"一遇风吹草动就涌向越南"动荡不安的局面已经起了基本转变。

2. 1954年，组织学习仍然是统战工作的重要一环。元阳民族上层被安置在县、区机关中就占21人，土司地区还大半是供给干部，因此做好这批上层的教育工作就很重要，计送省民族学院学习的13人（大部为主要上层），主要是在职统战干部的整训，6、9两月共两次计30人，用总路线教育了他们。在9月边县委召开的统战干部座谈会上，他们对前进一步，如大烟、武装与上层联系密切的问题，都表示了拥护，思想有所准备，有的已经交出了一部武器，示其进步，当然仍不大放心，不是彻底解决问题，但是在大势所趋之下，表现靠拢我党，仍是主要的一面。

3. 进行了全面的排队工作，对于民族上层人物的政治情况和历史情况，经结合各项工作的调查，有了进一步的熟悉和了解。……

根据上述一年来，我们对民族上层人物的团结改造做了一定工作，争取团结了大多数，在对敌斗争、民族团结、发展生产等方面起了不少积极作用。……

第二部分　生产经济工作

一年来，党加强了生产及经济工作的领导，较为认真地贯彻了"从民族团结出发扶持生产"的方针，县委就春秋两大生产季节召开了扩大干部会议，就保证完成农业生产任务及若干经济工作的开展做了专门讨论，并加强了县、区生产办公室及强调加强农村政治工作，重视对自然灾害的抵抗。因此，从全年生产情况看，农业灾害情况虽比往年为大，但我们仍在1953年生产胜利的基础上，继续团结和发动了边疆各族人民完成了今年的生产任务。

农业工作方面，比较明确地贯彻了团结生产，并以春耕生产、秋收秋种为农村压倒一切的中心任务。在县委的统一领导下，县、区生产办公室大力开展了防旱抗旱、抢种度荒、秋收秋种的工作，并广泛地发动各族人民、教育组织干部投入生产，与交相侵袭的自然灾害做斗争。根据生产部门的统计，今年新开水沟47条，整修702条，修挖水塘271个，保证原有用水，抢救已干稻田。全年计捕捉各种害虫141石，抢救稻谷1688亩，及广大旱地作物少受损失，共捕杀各种害兽害鸟3426只，包括了对庄稼伤害最大的熊、豹、野猪数百只。由于能及时召开了县、区的生产代表会议及各族各界代表会议，较系统地进行了发动群众的工作，在春耕生产和秋收秋种中，各地都出现了热烈的抢耕、抢种、抢收、抢藏。今年的耕作，在历年生产技术逐步改进的基础上，继续有所提高，如稻田过去三犁三耙极少，一般只是一犁一耙，今年四犁三耙的已占5%，三犁三耙的占35%，三犁二耙或二犁二耙的占×%。全县施肥稻田已达70%，90%的农户已进行选种，土地加工有了显著提高。同时，由于贯彻了团结生产的原则，加强了各族人民爱国主义的政治教育及民族政策教育，解除了某些民族间的隔阂。在紧张的抗旱抢种以及防洪护堤等斗争中，各地都反映了各族间团结互助的加强，如合理用水、调剂使用耕牛和秧苗、互助抢种抢收等。这样的实例很多，如永乐龙街与阿路戛两寨之间历史隔阂很深，在党团结生产政策的感召下，龙街人民出动全寨耕牛21条、人工102个，帮助阿路戛群众抢种。由于启发了群众团结生产的热情，解决了各族人民生产上的一定困难，战胜了各种自然灾害，推动了生产。

财经工作，执行了为生产服务的方针。为了保证生产、生活物资的供应，贸易部门全年销售总值为1092538万元，比1953年销售总值479463万元增加了227.8%，充分反映了国营贸易供应的扩大，说明了社会主义经济在边疆的发展。仅生产资料的供应，截至11月底，即为66204万元，占总流动额的60.5%，计供应锄头13211又3/10斤、镰刀1169斤、土钢28944斤、犁铧831斤、砍刀1105斤、板铁54779斤，基本上满足了各族人民生产上的需要。全县21个初级市场，国营贸易已占据8个据点，还有10个市场组织了流动赶街，其他市场也受国营贸易的影响，因而保持了主要商品在价格上基本稳定。并有计划地收购了主要土特产及副业产品，如棉花、苹果，并扩大收购品种，如藤篾、紫梗，全年购进总值为1101309万元，调剂解决了农民生产的困难。

其次，民政部门为帮助群众度荒，维护群众劳动力，及时地发放了各种救济款685074千元，还发放了火灾救济款138727千元，帮助了受灾的206户重建家园，并发放了救济棉衣2317套。为了帮助贫苦农民改善生产条件，使之固定耕地，改进技术，增加生产，解脱贫困，今年无偿发放了改造山区生产款35700万元。银行发放了各种贷款118282万元，其中发放了长期贷款59184万元，修理大小水沟22条，购买耕牛、马337条；短期放款63039万元，分别购买了生活、生产资料。银行在货币斗争上也取得了胜利，半开在算入牌价上9月份已先后降低两次，由54元降到34元，提高了人民币的信誉，降低了半开的作用，为进一步全国禁银打下了基础。粮局共销售大米4636117斤，并调193501斤支援边沿三猛、猛弄的缺粮群众；收购大米为104102585斤，超额1470864斤，完成全年收购任务，共投放款5986784962元，基本上解决了农民生产上的缺粮问题，并保证了粮价的基本稳定。由于财经工作比较明确地贯彻了为生产服务的方针，保证了必要的物资供应，并在农民困难的时候，发放了各种救济款和贷款，这就大大地支持了农业生产，充分地体现了党对边疆各族人民的无限关怀，鼓舞了群众的生产积极性，加强了各族人民抵抗自然灾害的信心，进一步密切了党和各族人民不可分的血肉关系。……因而获得了在1953年粮食总产量72617000斤的基础上，与歉收地区相抵外，增产2%的生产任务……

元阳县委1954年民族工作总结报告（摘录）

第三部分　关于干部及党的建设工作

干部工作，在上级党委的正确领导下，基本上执行了中央"德才兼备"的干部政策，加强了干部工作，培养和提拔了一批必需的干部，重视了对少数民族干部的挑选和培养，同时结合党在每一时期的中心，进行了对在职干部的整训，并在机关中进行了建党，在个别基础较好的农村开展了建团。

自党中央提出并公布党在过渡时期的总路线之后，一年来，我们以总路线及党在过渡时期民族问题方面的总任务，以及中共七届四中全会决议的精神，采取从检查工作入手、学习政策、检查思想、交代任务的办法，分为2、6、8月3个阶段，集中整训了全县干部，并在党团员中传达了高、饶问题，在县、区主要干部中进一步学习了四中全会决议。由于总路线所具有的无比威力，中央对四中全会决议的英明正确，全县两百余干部都从学习中接受了较为深刻的政治教育，批判了不符合总路线的思想、作风及工作，集中打击了不安心于边疆工作的享乐堕落，以及资产阶级的个人主义……因而提高了干部的政治觉悟，干部方向较前明确，发扬了干部的积极因素，这正是完成党在每一阶段政治任务的重要保证。

6、10月地组工会议后，干部工作的保守思想受到一定批判，逐步加强了组织部门对干部的管理工作，贯彻了"大胆大量"提拔干部的政策方针……一年来，共提拔干部17人，分任县长，县委正副区、科长。从干部的提拔看，区、科级比重大，17人中有11人；民族干部占9人；所提拔的干部基本上坚持了中央的"德才兼备"的干部政策，提拔后充实了部门的领导。

关于基层少数民族干部的培养工作，全年共选拔各族的青年积极分子329人，紧密结合粮食工作的开展，加以集中训练，其中计哈尼族145人、彝族84人……这一批积极分子的训练，对于粮食任务的完成起到了积极推动的作用。他们经过学习和工作锻炼之后，提高了政治觉悟和加强了对党的信任，为进一步培养当地出身的少数民族干部打下良好的基础。目前各区正整理材料，按照规定送审吸收，全年吸收参加工作的基层积极分子共10人，其中彝族3人，一定程度地适应了民族工作需要。

…………

党的建设工作，是在地委的直接督促下进行的。……曾系统地在机关干部中进行党员标准八项条件的学习教育，并在今年3次整训学习中，紧密结合建党，在提高干部社会主义觉悟的基础上，今年在机关干部中共吸收了14人参加了党的组织（其中民族干部7人）。……关于农村建团，在群众基础较好的芭蕉岭乡，结合生产进行了试点工作，以青训班的形式，先后共教育吸收了当地各族劳动青年16人，并建立了一个农村支部，工作一般健康，共产主义的种子已开始在边疆生根。

…………

第四部分 关于文教卫生工作

这是直接联系各族人民主要的纽带之一。为了适应各族人民日益增长的要求，工作在1953年基础上继续有所开展。在文教方面，继续执行"重点发展、稳步前进"的方针，全年增办及民办改公立共24校，增加学生2006人，教师10人，比1952年增加了1.2倍，使边疆少数民族儿童受到了文化教育。今年秋季开办了初级中学，现有学生62人。群众对中学的开办反映很好。

卫生工作方面，结合中心工作，进行了预防和治疗，对防止和逐步消灭各族人民危害最大的流行性和传染性的疾病做了若干工作，起到一定作用。全县共治疗病人48430人，免费治疗者26375人；春秋进行牛痘接种9598人，伤寒预防注射1549人次，共训练了不脱产的卫生人员180人；召开163人的中草医座谈会，成立卫生协会，并到群众中展开了爱国卫生运动，减少四区历年都要发生的痢疾。上述工作有效地制止了疾病的流行，保证了各族人民的健康，保护了劳动力，各族人民反映良好，扩大了党的政治影响。

…………

此总结报地委边委审示
元阳县委
1955年1月10日

(元阳)关于几年来培养民族干部工作总结报告

中共元阳县委组织部

1956年11月9日

(元阳)关于几年来培养民族干部工作总结报告

几年来,在上级党委的领导下,干部工作围绕着党的对敌斗争、团结、生产的工作中心,我们采取县的短期民族训练班、调送省民族学院以及其他学校学习,和送省其他地方参观等,经学习和实际斗争中的培养锻炼,在党的各项工作中成长和锻炼了大批的民族干部,他们的政治思想觉悟和工作积极性已大大提高了。由于培养了一批民族干部,密切了党与各族人民的联系,保证了党的民族政策的贯彻,同时也进一步地疏通了各民族之间的关系,增强了民族团结,为边疆的前进创造了有利条件。

根据我县现有7个系统计21个单位,干部总数583人,男448人、女135人;民族干部243人,占干部总数41.3%强。当地民族干部184人,占干部总数31.6%弱。详细情况是:

一、当地

汉族、傣族、土佬、苗族、瑶族、沙族(略)。

哈尼族70人:男60人、女10人;党员10人、团员22人;县级1人、区级7人、一般63人;时间:1956年5人、1955年46人、1954年8人、1953年5人、1952年2人、1951年3人、1949年1人。

彝族71人:男60人、女11人;党员12人、团员14人、群众45人;县级2人、区级16人;时间:1956年5人、1955年25人、1954年8人、1953年8人、1952年6人、1951年13人、1950年2人、1949年1人、1948年3人。

卜拉族9人:男6人、女3人;党员3人、团员3人、群众3人;区级1人;时间:1956年1人、1955年5人、1951年3人。

乌族男3人:党员2人、群众1人;时间:1955年2人、1954年1人。

二、内地

汉族、土佬、回族、白族、苗族、沙族、侬族、傣族（略）。

彝族39人：男37人、女2人；党员10人、团员8人、群众21人；县级1人、区级7人、一般31人；时间：1956年10人、1955年8人、1954年1人、1953年3人、1952年6人、1951年5人、1949年4人、1948年2人。

阿细族男1人，党员；时间：1956年。

这些当地民族干部，属于基本群众出身173人，民族干部党员44人、占民族干部18.1%强；团员56人，占民族干部总数23%强。区级以上骨干（统战干部7人）占民族干部的11.5%。这些干部经过党几年来的培养教育，已树立当家做主思想，他们积极热情地工作，贯彻和执行了党的民族政策，在各个工作岗位上都能担负起党所交给的工作。已参加工作的民族上层统战干部，经过几年来长期对他们进行团结、教育、改造，大部分表现靠拢我们，并也起到了一定的作用。这些民族干部都是党和各族人民极宝贵的财富。几年来，党依靠他们去联系广大群众，把各族人民团结在党的周围，启发和提高了各族人民的政治觉悟，把党的民族政策变成了少数民族自己的志愿和行动。因此，党的各项工作得以顺利进行。

外来干部，经几年来的实际工作锻炼，进一步地熟悉了当地各民族的特点，与各族人民建立了较深厚的感情和密切联系，在与当地民族干部的关系上是诚恳合作和亲密团结的。现在极大部分是安心于边疆工作的，在实际工作中逐步地明确了培养民族干部的重要，在工作中互相学习，取长补短。外来干部向民族干部学习语言，现在有一些基本上会听一部分，少数的已学会了民族语言；民族干部向外来干部学文化等，共同提高；同时他们认识到帮助边疆少数民族建立社会主义是自己的光荣职责任务，政治思想觉悟有了进一步的提高。

几年来，我们培养民族干部的认识是：

1.几年来，正确地贯彻民族政策，在实际工作中不断地批判大民族主义思想残余"主观、急躁或不同程度地歧视少数民族、嫌少数民族落后"等不良倾向，在反对大汉族主义思想过程中进行了严肃的批判，同时经过几年的民族政策教育学习，这种思想均有不断的克服和纠正。……另外，在培养民族干部中，在反对大汉族主义思想的同时，也注意了对民族干部中狭隘地方民族主义思想的教育。在学习民族政策中，在汉族干部的带头检查大民族主义思想下，启发引导少数民族干部用自我批评的方式，检查认识地方民族主义的危害。如李成学同志（彝族），1954年初与外来干部很处不好，不能认识自己狭隘的一面，只强调别人的不对，后经地委党校学习后，在提高觉悟的基础上，自觉地做了一些检查认识，后来工作很好。

…………

2. 认真做好挑选干部和培养提拔干部

············

如李庭贵同志（彝族），1951年参加工作，分到贸易小组当售货员。由于该小组组长重视培养民族干部，除从政治思想帮助教育提高外，在业务上耐心地指导，经常注意帮助解决工作中的困难，有问题能充分地发扬民主，征求民族干部发表意见，提出改进办法，具体分工，互相合作，组长在业务上亲自动手做出榜样，大家学习。如遇该区大坪街，组长亲自带货深入赶街销售，而带动小组干部；此外，还帮助民族干部学习文化。李庭贵同志（过去读过半年书）由于同志们从各方面帮助，本人积极努力学习，1954年就学会了会计工作，经过实际工作的锻炼，政策思想和业务水平有了提高，已能领导一个小组工作（小组销售部门相当于其门市部），领导分给任务都能积极发动去完成。年终评奖时，还集体评过模范，个人也评过3次模范。经过一年多来在领导工作岗位上的锻炼，仍是兢兢业业、踏踏实实地为党工作，虚心地努力学习，有了很大的提高，也光荣加入了党的组织，于1956年三季度又将该同志由小组长提为贸易公司经理。

中共巧家县委民族工作报告

巧家县委会

1953年5月16日

中共巧家县委民族工作报告

　　我县民族主要是汉、苗、彝、仲等5族分居内地各地，又与凉山接壤，由于巧家过去长期受封建统治，反动军队及统治集团常率武装过江抢劫，少数也随时过江报仇，加上大汉族主义造成沿江人民对少数民族（凉山）的仇视。内地统治阶级的当权派，又多属彝族地主，农民称"四大黑彝当权"。从历史上存在民族隔阂，互不尊重风俗习惯。由于上述情况存在，解放初镇反时敌人乘机造谣破坏，说"鸡毛夹火炭，杀彝不杀汉"，引起了少数民族思想恐慌。

　　加之干部存在大汉族主义思想，如王用一（区书）说："我以前认为巧家过去是受彝族统治，解放后是汉族翻身了。"昭通调来的干部说："巧家彝族比昭通彝族坏"，认为"苗族好，彝族坏"的思想是很普遍的，因此对执行民族政策的思想不够明确，形式主义，不深入了解情况、解决问题，甚至认为凉山划给西康不由我们的事，或认为少数民族少，问题不大，就不管。对团结少数民族上层尤为不明确，如谭渊同志说："四区大地主龙树林（彝族统治人物）自由自在地在县上养着，不但我闹不通，连群众也闹不通，硬是有点不同。"

　　由于思想问题未能很好解决，因此在执行民族政策时偏差较大，例如：土改中征收了少数民族富农的出租土地，缓冲区搞了少数民族地主的财产。水河乡没收了两户少数民族的"篾箩箩"（彝族的灵牌子），没收后分给农民，农民不要，在没收时地主要求不要收，反被说"这是剥削农民来的"。又如车坪乡在减退时不要彝族农民入会。陈炳珍饿了3天到乡上向乡长借粮，乡长夏昌文说："这些粮食是汉族吃的，不是拿给你们这些彝族吃的。"

　　县上4月8日在六区大寨集中二批复查区干部，学习民族政策。会上根据土改中偏向很大，一般进行了思想检查，如罗卯祥检查，他当乡长时，凡收三斗的彝族农民都划为地主，好打垮他们。陈学选在救灾时不发救济粮给少数民族，车坪土改时将少数民族80余人绑了斗争。有的少数民族不敢承认自己是少数民族，干部知道了反说"我巴不得他不承认，免得麻烦"。同时，一般少数民族管制的很多，甚至有全家被管制的。在缓冲地区干部违背了上级决定，非刑吊打少数民族，将彝族地主的手打断。类此现象在会上以暴露思想、总结工作，找出执行的偏向，并结合贯彻地委关于开辟凉山工作的要点为重点分析，一般在思想上是提高了一步，察觉到了民族工作的重要性，认识到狭隘片面的民族观点是不对的，并找出了今后的做法来。

通过各种干部会议，在干部思想上是重视了些。会后争取了4个逃亡返乡，做法是在各种会上交代贯彻民族政策，打破少数民族的思想顾虑，通过会议对比，依靠少数民族干部，打通少数民族思想，提高阶级觉悟，达到认识共同的敌人，这样做受到良好的收获。少数民族徐德才说："我们少数民族也好，多数民族也好，还不是受地主的苦。"

对争取团结凉山头人工作上，在4月6日召开了马头会议，交代贯彻民族政策，打破少数民族的思想顾虑，使凉山工作出现了新面貌。4月8日，陆阿莫来函邀乔万林同志到他家玩，乔万林来时主要谈了逃亡恶霸、土匪问题（前已报告），并在凉山争取了武汉章下山先到宁南，后随于9日到巧家，这对团结争取凉山头人创造了良好的条件。

宣威县委关于一年来的民族工作总结（摘录）
1954年1月16日

宣威县委关于一年来的民族工作总结（摘录）

一、一年来民族工作取得的成绩

一年以来，我县民族工作在上级党委的正确领导下，坚持了生产中发动群众，贯彻了民族政策，主要成绩是：

（一）培养与提拔了大批民族干部，顺利地进行了民族工作。

全县提拔为区长的51人、区干31人、乡干92人，组织到北京、重庆、昆明参观的18人。如一区新华乡，在区委的领导下，有意识地培养和提拔了乡委员5人、小组长9人。回族农民王兴斗说："过去反动统治时，猪毛不能擀毡，回族不能当官，现在毛主席领导，各族人民都能当家做主了。"

（二）认真执行民族政策，积极领导兄弟民族开展生产，加强了工农联盟，热情地拥护毛主席、共产党。

兄弟民族在爱国增产教育下，积极领导兄弟民族开展生产，因为团结了阿訇，回民积极参加剿匪。十一区永安乡苗民说："现在汉族农民还搭棚子给我们看戏，亲如一家人。"九区没落乡苗族马明成从贵州到宣威往返搬了4次家。他回忆起过去刀耕火种守森林，别族农民讽刺说"老鸦无树桩，苗族无地方"。他积极响应增产号召，苞谷全部种单株密植，增产20%，反映说："毛主席领导，今后再不用搬家了。"八区梨山乡回族军属王兴惠，在汉族帮助代耕后说："从来汉族都没有给我们干过活，不是毛主席领导哪能这样团结？"九区苗族反映："毛主席像太阳，照到哪里哪里亮，各族人民得解放。"

（三）帮助兄弟民族开展了文化、卫生事业。

全县设立了民族小学7个，学龄儿童60%入了学。举办了兄弟民族接生站7个，医药等作了适当照顾，减少了疾病蔓延。此外银行贷款76316万元，发放救济11000余万元。贸易公司、合作社大力收购兽皮等土产，并供应需要的盐、布、油、茶、农具等东西，解决了少数民族人民的迫切困难，生活得到显著的改善。帮助大力发展了生产，今年兄弟民族普遍增产了五成到一倍。

（四）解决民族纠纷，加强各民族间和各民族内部的团结。

十二区火戛乡，汉族农民杨四犁了彝族的坟，区干部带领该乡干部到彝族农民处作了检讨，经调解修复了被犁坏的坟后，都表示"要团结生产"。十一区回、苗两族历来不团结，经交代了从团结生产出发的政策，控诉了旧社会的苦，大家都做了检讨，解除了矛盾，于是苗族帮回族打猎，回族帮苗族生产。回、苗两族喜欢地说："毛主席领导，团结好，种出的庄稼也好。"

（五）消灭土匪，团结专政。

主要是团结教育了民族上层，争取了王法贵、孔小双等三股土匪投降，回家生产。全县消灭了土匪94人，进一步安定了社会秩序，巩固了农村人民民主专政。

二、一年内民族工作中的主要经验

（一）培养与提拔民族干部。

一年来的经验证明，哪里培养与提拔了民族的优秀干部，哪里的工作就很顺利，否则工作就很被动。

（二）工作中通过解决实际问题，不断转变干部的大汉族主义思想。

一年中，在民族工作中不断地暴露了大汉族主义思想，如拿彝族的菩萨（竹筒）装虫等违背少数民族风俗习惯的现象。县委以生产为中心，经常检查和讨论民族工作，如捕灭害虫时发现扯着乡小学教师用彝族的菩萨装虫等事件，便以此事实教育了干部，将此问题处理经验做了介绍，因而干部对民族工作发生的问题均能及时向县委反映，在民族工作上没有出乱子。

兄弟民族普遍增产，如十一区永安、永平两乡增产60%。因粮食收得多，家里无处藏粮，在政府帮助下，全县共有124户盖了新房子306间。摩戛乡的彝族同胞反映："毛主席领导我们增产，而且还怕我们粮食没处藏，还帮助我们盖了房子。"

（三）尊重民族风俗习惯，认真处理民族纠纷、民族间的团结。

十一区扯格乡汉族教师吴子龙严重地犯了大汉族主义的错误，在捉虫保苗中领导学生拿彝族的菩萨（竹筒）装虫引起彝族不满，说汉族要灭他们的礼教，要斗争教师，要求杀猪宰羊，请毕摩祭祖先，保证人畜太平。县委发觉后即派干部前往处理，从慰问中了解肇事情况，培养彝族中觉悟和威信较高的积极分子高金升和李小二两人，干部代表政府做了检讨，说明对教师教育不够；小学教师在会上也做了沉痛的检讨，并表示今后要好好教好大家子女，以实际行动回答大家。这样，消除了彝族的不满情绪，说："政府真是关心我们，百忙中派干部来安慰。教师也检讨了，又帮助安了祖先牌位。毛主席的领导是太好了！今后我们也要好好遵守政府政策法令。"

（四）政府贷款扶持和救济，领导兄弟民族发展生产，逐步提高兄弟民族的文化和生活水平。

部分习惯于刀耕火种，一般是广种薄收，无积肥的习惯。土改后，1953年春耕生产中，在少数民族中也采用了活人活事方法反复进行教育，生产情绪一般很高。因为他们的家底薄、困难多，在1953年共贷放了76316万元，帮助解决生产、生活上的困难，并发了各种救济款2亿多元。

加强了民族地区的财贸工作。如三区合作社的干部为了适应少数民族生产、生活需要，组织了山区小型物资交流会，和组织货郎担到戛立等偏僻的乡去卖油、盐、土布等，以及收购了兄弟民族的麻布、兽皮等土特产。龙文满之妻说："30年未穿过一件棉布衣，今天毛主席领导也穿上了。"由于政府大力解决了枪药困难，还收买了大批兽皮，并在县区打猎代表会上表扬了苗族打猎能手王国佐等10多名，互相介绍了打兽从不告人的好方法，鼓舞了打猎情绪。

政府帮助缺房子户修盖了房子、粮食堆不下等困难，加深了兄弟民族对毛主席的热爱。

文化方面，还办了民族学校7所。九区迤那乡彝族张八美说："解放前我们村32户，没有一个上学，现在有17个读书的了。没有毛主席的领导，哪会有今天！"

在卫生方面，办了民族接生站14个，在兄弟民族地区均普遍进行了爱国卫生运动和加强医疗疾病的工作。如八区梨山乡11户回族中有9户14人生病，政府派了医生去医好后，少数民族反映："今天共产党的领导与过去国民党真是不同啦！旧政府时有了病死了，哪里有人来问你？现在我们由漂漂不定的浮萍草转变为稳根，今后要好好搞生产，来报答毛主席的恩情。"十二区哈戛乡浦小帮家生孩子时，接生站的给他（老婆）接生，他反映说："我的小孩又白又胖，共产党的恩情说不完，生个孩子都照顾到。"待办喜酒时，抓起接生员同志要到他家去吃饭。

（五）发动群众，团结上层，消灭土匪，巩固专政。

土改后，残余土匪系兄弟民族，剿匪问题基本上是宣传与执行民族政策的问题。因此，在剿匪中除坚持发动群众外，特别加强了团结民族上层的工作，化阻力为助力。一年来，我们是在发动群众的前提下，团结了民族上层，各族人民的生产积极性和政治热情空前高涨，提到毛主席的政策，十分拥护。

三、存在问题

（略）

1959年2月5日抄于宣威县委会

榕峰县几年来民族工作总结及今后意见

县人委报告

1956年7月20日

榕峰县几年来民族工作总结及今后意见

一、基本情况与取得的成绩[①]

我县地处边沿县，多是山区和半山区，气候变化频繁，纵横数百里，有将近50万人，彝、回、苗、仲、萨拉族、汉族等兄弟民族杂居地方。全县共有101257户483666人，其中汉族455004人，占总人口的94.91%；彝族20848人，占总人口的4.32%；回族4713人，占总人口的0.97%；苗族898人，占总人口的0.19%；仲族499人，占总人口的0.11%；萨拉族1人。从分布情况上看，分布在全县157个乡。苗族同胞多数住在八、九、十、十一区，仲族住在十二、十三等区，其他彝族、回族同胞除少数屯居外，绝大多数乡村都是各族同胞杂居。从有史以来都可以看到，各民族平等友爱、团结和睦、勤劳勇敢地劳动着。

解放前，在封建社会长期统治下，特别是国民党反动派的残酷统治下，各民族多数居住在山区和高寒山区，深受封建地主的压迫剥削。封建地主统治集团掌握了政权、武装、土地、耕畜、农具，直接收租放债、敲诈勒索、强租夺租，设立监狱法庭，斩杀自由、侮辱妇女……制造民族内部纠纷，挑拨民族之间的团结，使其互相冲突残杀、互相歧视，弄得各族农民陷于水深火热之中，吃不在口、穿不暖身、流离失所、家破人亡。二区团结乡大恶霸地主陆大才统治几个乡的人民（都给他当佃户），规定了各种租押，私定法律束缚在人民头上。各族人民逼不得已，要求活路，起来反佃，但被土司官陆大才（已伏法）用武装血腥镇压，杀死农民几十人，其中有9户人全家灭亡。宝山乡恶霸陈道存、陈道伦（已伏法）穷凶极恶，侮辱我彝族女同胞不下几百人，十三四岁被侮辱死的四五人，甚至用狗腿强逼父母将自己的女孩儿交出去即为没事，否则连父母亲都要被毒打和迫害。由此可见，不论是哪一个民族的地主阶级，都是"鸭子巴掌是连手"，共同勾结起来，压迫剥削我们各族的农民。各民族农民同样是"干鱼同串"，过着黑暗天日的生活。

自从有了共产党和毛主席的领导，各族农民共同一致的愿望是要求翻身，跟着共产党走，团结了各民族农民起来武装斗争，从游击战争到解放，又经过土地改革、镇压反革命

---

① 本文本级标题为编者所加。——编者

分子的斗争，都是各族农民团结起来、同生死共患难英勇的流血奋斗，夺取敌人武装，推翻反动政权，收回自己的土地，进行生产。如我们各族人民团结起来，配合解放大军消灭了十区小安四、十一区的李元秉、一区老母三、四区黄子车等反动武装，摧毁和消灭了封建地主阶级，建立了人民民主专政的政权，人民当家做主。从军事上建立了人民武装，掌握武器，对阶级敌人实行专政；从经济上改变了封建土地所有制，把土地分给无地和少地的农民，解放了生产力。在土地改革中，诉苦追根，认识了共同的敌人，在全县内出现了历史未有的民族大团结。如土成区各族被压迫农民将斗争果实拨出十多亿，分给远居边沿高寒山区受苦受难的少数民族同胞安家立业、打家底子。如三区宝山乡的地主陈道本压迫戛立乡的人民，而戛立乡的地主高小才又挑拨本乡农民封山堵水，不让宝山乡的农民放牛割草，随时发生殴打杀害。恶霸们的阴谋，是再从中各个剥削，弄得三家村40多户都当了陈家恶霸的佃户，造成历史上的隔阂。

  土改时，农民觉悟起来，认清了地主的本质，共同起来斗倒了地主，没收了财产。宝山乡的农民发挥了阶级友爱的精神，想到长期居住于高寒山区的各族同胞生活贫困，因而将本乡的斗争果实1000元及一些衣物、财产，自动地组织群众选派代表、青年团、少先队，敲锣打鼓，怀着无限的阶级感情送到戛立乡政府。两乡人民举行了一个历来未有的团结联欢大会，个个脸上浮着无限的兴奋，内心憎恨地主的丑恶及惦记之死在地主压榨下的各族同胞，共同宣誓着团结、永远地团结。只有共产党领导才有今天，决心永远地坚定不移地跟着共产党、毛主席走，共同建设社会主义。从根本上改变了封建统治压迫、民族不平等的历史老根。

  在新民主主义革命胜利的基础上，党和政府继续领导我们各族农民完成社会主义改造。自从1953年党和毛主席提出过渡时期的总路线、总任务，总路线的光辉照耀着全国各族人民，在平等互利、互相尊重风俗习惯、互相帮助、互相学习、取长补短、共同提高的前提下，为动员一切可以动员的力量，在各个战线上，在一定的时间内，把我国建设成为一个伟大的社会主义国家，达到消灭阶级、消灭剥削、摆脱贫困、走向共同富裕。同时还规定了国家民族政策，在宪法上明确规定了保障各民族一律平等，互相尊重风俗习惯，宗教信仰自由；在政权建设上，够条件的就建民族乡，一般杂居乡人民代表大会的代表名额，按各民族人数比例选举参加各级人民代表大会。大力培养一定数量的民族干部，参加到各级党委、政府担负领导工作，正确执行党的民族政策。几年来，不论在政治上、经济上、文教卫生、生产合作各方面，都在日新月异、突飞猛进地前进着。成绩是大的，表现在以下几方面：

（一）合作化运动方面

  自从中央政治局公布了《农业发展纲要》四十条以后，指引了全国5亿农民的方向。经过大张旗鼓、广泛深入宣传了合作化的方针政策，特别是少数民族地区采取自愿互利、积极稳步、由小到大、由少到多、由低级到高级，坚持政策说服教育、典型示范，共同认识组织起来发展生产的重要意义，因此各族农民是欢欣鼓舞、生气蓬勃，积极踊跃迎接社会主义改造，全县90%以上的少数民族申请参加半社会主义性质的合作社。全县共有少数民族纯办和各民族合办的社486个，其中纯民族社12个，回、汉、彝、仲等民族合办的社474个。

由于生产关系这一巨大变革，在合作社内纷纷大修水利，改良耕作技术，增施肥料，发挥了地尽其力、物尽其用、人尽其才，解放了生产力，大大刺激了生产的发展。各族人民的生活也得到相应的改善，如松木乡解放前全乡土地3812亩（未全部种上），现在由于办了6个生产合作社，90%的农民参加了，面积增加到5228亩，超过解放前1416亩。生产技术也相应地随着改变，改变了刀耕火种和广种薄收的原始方式（如过去种洋芋是过撒，现在开始改为放肥点种），加之政府用贷款和救济粮大力扶持民族地区，因此单位面积产量大大提高。如燕麦每亩产量只56斤，现在提高到150斤。水稻原来一亩未有，今年地变田和荒地改田255.5亩，1953年获得了大丰收，转变了过去"半年粗糠半年粮"的贫困面貌。全乡农民不但够吃，还卖了余粮45000斤，1954年卖了52800斤，1955年则卖了96000斤。该乡307户，解放前90%的缺粮户，现在升为35%的自足户，65%的农民卖了余粮。这些活的事实教育了广大少数民族，少数民族群众更加相信党和毛主席，坚定了走互助合作道路，激发了空前未有的生产热情。全乡规划今年在去年的基础上完成103.4%的增产指标，全乡每人平均将达到860斤粮。

又如三区（宝山区）普立乡色卡村16户彝族同胞，在1953年即组织常年性互助组，接受先进经验，带头种单株密植，种梅花苞谷，大力开展积肥，把大箐里几十年来不要的烂粪土积作肥料，自己在本乡挖土煤烧石灰，不但解决了本村施肥自给，还送了3000多斤给厂房乡农民兴修水利用。

积极抵抗自然灾害，打兽除"四害"。彝族农民浦由中用药闹死豹子两只，全乡人民团结起来打死野猪4只，其他野兽数十只；抵抗冰雹灾和旱灾，因此获得丰收，增产60%以上，出卖余粮16000多斤，成了全乡的典型互助组，其他各族农民都去参观访问，交流生产经验，毕小九还在全区区乡干部会上、农代会上及去宝山街上介绍了1升苞谷地（3亩）丰产3.1石的经验。由于卖了余粮，收入增加了，并积极发展信贷、供销社，报名入股，如彝族毕老八就积极入了信用社1.5股，全村共入了3108股，1954年就要求县委办合作社。

在办社中，注意解决民族落后、先进和落后的矛盾。一般民族社都照顾了民族特点、风俗习惯、各民族之间的团结，采取真正自愿的原则。如十区大水乡第×社是个民族合办社，牛、羊入社照顾民族习惯，划生产队也照顾各民族的特长。

（二）培养民族干部方面

由于贯彻了各民族一律平等的政策，加强民族内部团结，在总路线的照耀下，加强了社会主义前途教育，明确了方向道路，提高了社会主义积极性，共同向往社会主义幸福道路、前途、美景。经过社会主义各项措施,涌现出大批社会主义建设积极分子,培养了大批民族干部。

从干部来看,参加县委领导的有3人(其中回族1人、彝族2人)、区级干部17人、一般干部68人;县区两级干部共88人,其中回族14人、彝族64人、苗族6人、仲族4人。在乡干部方面,全县共有乡干部543人,其中少数民族干部55人:回族乡长9人、文书1人;彝族乡长21人、支书9人、文书11人;仲族乡长2人、支书1人;苗族乡长2人。全县少数民族社管委员共485人。

从代表名额来看,省人民代表1人、县人民代表21人,其中彝族14人、回族4人、苗族2人、仲族1人。

从党的组织来看,在少数民族干部群众中发展党员295人,其中彝族234人、回族46人、苗族9人、仲族6人。

从团的组织来看,全县共发展了少数民族团员467人,其中回族105人、彝族330人、苗族23人、仲族9人。

(三)国防建设方面

自从国家颁布《兵役法》以后,各民族农民积极拥护《兵役法》,踊跃报名入伍,担负保卫祖国、保卫世界和平和解放台湾的神圣任务,出现了许多父母送儿子、妻子送丈夫的事迹。如龙华回族女青年丁美苏,鼓动未婚夫参加中国人民解放军,为了使他去部队安心为民服务,不挂念家庭,她未结婚就打破封建旧规,到丈夫家去照料维持家务,并经常写信鼓励丈夫,因而在学习、营建中立了3次功,她本人就被评为省烈军属荣誉军人社会主义建设积极分子。全县兄弟民族,类似这一情况是不少的。仅以1955年征集中的统计,各民族青年报名者达90%以上,检验合格者有36人,其中彝族23人、回族13人。全县复员军人2462人,其中有回族6人、彝族51人。

(四)贷款、救济、优抚方面

政府本着大力救济扶持高寒山区民族地区,几年来在拨发救济款、优抚费都当为重点。特别是1953年,在全县放3万民族款,解决了2000多户民族兴家立业,资助生产。加上每年大批贷款投放在民族杂居地区,解决少数民族生产、生活、生产救灾、救济、治病、读书、盖房、制农具、家具什物,特别贫困的孤、老、残、幼还评定给予定期定量的补助,其中无依无靠者合作社给予"五保":保吃、保穿、保烧、保教、保葬。城市失业的给予就业安置,使其各得其所、安居乐业。1953年共贷了76516万元,发了救济款2亿多元,单单松林乡无息贷款就有1800元。有的少数民族群众说:"毛主席领导比爹娘还亲,今后只有搞好生产,报答毛主席的恩情。"七八十岁的老人常说:"毛主席,不是你来领导,我们早就下土去了。"

（五）文教工作方面

解放后，各民族的文教事业有了飞跃的发展。全县各地民族杂居乡都有小学一到两所（数字不全），各族学生共有1754人，占全县各少数民族少年儿童20%左右。如十一区松林乡，解放前当地无人读书，解放后由于政府的关怀，办了一个省小。其他各地，如戛立、厂房等乡的学校，民族学生占全校学生一半以上（均系彝族）。另外，各地也建立了不少夜校，使各民族青年、壮年得到入学的机会。有的地方还发给人民助学金，单松林小学（回族学生占多数）历年来补助款每年1180元，解决了食、穿、书籍等费。由于党的大力培养教育，现有毕业生很多，有的继续升学，有的当了干部，有的当了合作社的会计等。

（六）医药卫生方面

几年来，党和政府关心全县人民生命财产，特别是关心住在高寒山区生产技术落后、生活条件较差的少数民族同胞，一旦有病无法就医，连生活都难维持，哪里说得上来城治病，只有求神烧香，迷信靠天保佑。所以党和政府责成卫生部门，大力在边远少数民族地区设立卫生所、联合诊所、医疗站、妇幼保健站和民族接生站。全县共成立联合诊所24个、民族妇幼保健站1个、民族接生站14个，培养少数民族接生员25人、卫生员14人，大大便利了各民族人民治病及妇女生育医疗，并以预防为主、治疗为补的方针，组织中西医在各民族地区采取各项措施，从正面宣传病菌来源的科学道理、防治方法，从反面消除神鬼、命运、八字等迷信落后思想，发动群众搞好清洁卫生、灭虱烫被、洗衣服、打扫住宅环境卫生、与病人隔离、注射预防针等措施，几年来大大减少了病菌传染与人畜死亡的事故。

（七）财经工作方面

认真贯彻财经工作为中心服务的方针，强调面向农村、面向边沿山区、面向少数民族地区，不论是商业、百货、合作、贸易、食堂、粮食、税收，都是为全县人民服务，特别是为少数民族地区服务的。一方面大力供应适合各地的生产资料如农具等，及适合各少数民族形式、风俗习惯的生活用品；另一方面是大力收购少数民族地区的土特产品，注意在各地增设了供销店、粮食收购供应、副食品收购。

供销社除少数民族乡增设24个分销店、81个粮食分销店，还扩大商业网，大力供应少数民族生产资料、生活资料。宝山供销社为满足少数民族的需要，特在戛立、摩布、格学定期街场，方便交易，及召开小型物资交流会。

税收工作，各少数民族同胞都积极拥护国家税收政策，增加国家收入，发展建设事业。如四区龙泉乡的彝族屠户张亮清对国家税收有正确的认识，善于联系群众，宣传税收政策。在去年该村完成年屠宰税中，及时缴清，没有偷漏情况。又如清水永西营，也有类似的例子。在完成任务的同时，每年适当照顾民族困难，在三大节日免税54头牛约210元、羊63只的税，有力地支持了少数民族的生产。

（八）镇反方面

几年来，正确执行党中央的镇反政策、"坦白从宽、抗拒从严，立小功将功折罪、立大功受奖"的方针，分化瓦解、争取与坚决镇压相结合，敢于破坏的敌人给予严厉打击、镇压。在改革时，打击了浮在表面的敌人；土改后，打击了公开和对抗、破坏社会主义建设的敌人，在全县各乡巩固了人民政权，保卫了各项建设，各民族人民积极踊跃一致起来镇压反革命。如松林农民背着口粮到几十天路远地区追捕反革命分子，用党的政策争取瓦解愿意忏悔罪恶、回头是岸、低头认罪的匪首王发贵、孔小双，得到政府和人民群众的宽大处理，不咎既往，劳动改造，重新做人。对坚持反动立场、屡教不改、继续杀人放火的匪首撒七斤，群众愤恨，配合我公安部门追缴，当场歼灭打死。各族人民闻知拍手欢呼，大快人心，给十一、十二两区清除一大害，使行商各安心行走，放心无顾虑，都纷纷反映，感谢共产党、解放军是人民群众的撑腰人。司法机关也本着保障各民族平等权利、人民财产利益，处理了不少破坏少数民族生产、婚姻、生命、财产等违法案件，逮捕法办。

二、取得成绩的原因和存在问题

从以上事实可以看出，党和政府在解放6年来的时间，是遵照中央民族政策指示精神，结合本县各民族思想、特征、觉悟水平、风俗习惯大力宣传政策，用政策的威力来发动群众。不论在各个运动、各个部门，教育全体干部，认真慎重、坚定不移地执行民族政策；不论政治、经济、军事、文化、生产等方面，按照党的方针政策，大力支持和照顾兄弟民族，发展生产，增加收入，不断提高各民族物质生活水平。因此大大地密切了党群关系，民族和睦团结在毛主席、共产党的周围，提高了各民族的政治地位。不断选拔少数民族模范先进人物到北京、重庆、昆明、县城等地参观，6年来共到北京、重庆参观的6人，到昆明参观的25人，到县城参观的就数不清了。通过参观、访问，开阔眼界，接受新鲜事物，学习先进经验，回来后组织向全县各民族农民传达、讲体会，认识目前形势和各民族人民建设社会主义的任务。号召克服右倾保守思想，克服大汉族主义及狭隘民族主义思想，从政治上教育、团结、感化，从经济上救济、贷款扶持、物资供应，收购土特产品，大大地解决了农民的困难。政法部门不断打击敌人，基本上保障各民族人民平等互利和生命财产的安全。特别是培养大批干部和涌现了一部分积极分子，形成了核心力量。

少数民族的人民积极、勤劳、勇敢的劳动，不论在各方面都涌现出了不少的模范人物，响应党的号召，执行政策法令，勇往直前向社会主义进军。几年来的民族工作成绩是不小的，这主要是：

（一）有共产党的领导

我们从很多事实证明，只有共产党、毛主席才是我们的领导人。过去我们各族人民也曾起来革命，如团结乡人民的反佃斗争、太和乡人民起来告发二官家、格学乡人民与陆小三、安文光土司官的斗争，但是没有好的领导，虽然流了血还是失败的，地霸反而变本加厉剥削统治人民，办法更加毒辣了。其结果只有搬家，逃亡到高寒山区、山箐老林，开荒、打野兽维持生活，吃掉多少山茅野菜，受了多少苦难日子。共产党来了，给我们各民族指引正确翻身的道路，领导我们打游击、土改、镇反、三反五反、搞合作化运动、发展生产，教育我们多少翻身道理，学习很多建设社会主义的技能，有多少共产党员为我们流了血，贡献了自己宝贵的生命，他们是为了什么呢？完全是为了我们，领导我们打天下，打败美帝国主义、蒋介石统治集团，领导我们建设社会主义。现在正进入了紧张的建设阶段，还没有实现社会主义，而我们的生产比解放前发展了多少倍，生活提高了不少。我们由不团结到团结，由不敢斗争到敢斗争，由不会建设到会建设，由落后变成先进，要把落后的国家建设成为一个社会主义先进国家。这些天翻地覆的大事，除有了共产党、毛主席的领导，又有谁人、哪党哪派能够领导我们各族过幸福生活呢？通过这些事实证明，通过大家的亲身体会，只有共产党才是我们的好领导，只有毛主席才是我们的救命恩人，因为他是为全体人民利益着想，各项政策的制定是符合我们各民族切身利益的，如合作化、粮食工作、征兵、镇反都是为了人类的彻底解放，消灭阶级、消灭剥削、共同走富裕道路，是我们各族人民的利益；若不搞，资本主义占了优势，少数人发财致富，多数人穷困、受剥削。我们各族人民要的是社会主义，不要资本主义；我们各族人民要劳动富裕，不要剥削，有了私有制就有剥削，所以要通过合作化的道路来改变私有制，达到彻底消灭阶级、消灭剥削、共同劳动、按劳取酬、照顾老弱的原则。

……

三、今后工作的意见

（一）在现在的基础上，继续深入贯彻党的民族政策

全县干部加强学习，提高政治思想和政策水平，认真克服大民族主义和狭隘民族主义思想，真心诚意热情地团结、教育、提高兄弟民族的社会主义觉悟和爱国主义思想。从政治上，各民族一律平等，互相尊重，互相学习；从经济上，自愿互利，不侵犯各民族之间的个人利益和集体利益；从生产上，团结和睦生产，互相学习技术，开展先进生产者运动；从文化上，开展扫盲，积极学习文化，向科学进军，共同努力建设社会主义。

（二）积极提高群众觉悟，办好现有的合作社

1. 边远地区部分薄弱社，在建社中思想教育和政策教育粗糙，有的民族、群众虽然入了社，但对合作社的好处，并不那么认识清楚，有部分是凭《纲要》四十条的威力带进来的。这是非常好的，但政策学习不够细致透彻，社的具体问题和好处领会不够，加上私有观念不能一下子转变，因此有的对牛羊入社尚有顾虑，对集体生产没有养成习惯，感到计

划生产不自由,有的要求退社。因此,必须加强政治思想和政策的教育,组织参观进行直观教育,启发其觉悟,在认识组织起来集体生产的优越性的基础上,再做一次处理。……

2.加强培养社干、教育社干,发扬民主作风,树立集体领导原则,密切联系社员。若属多民族合作办社,少数民族社干部要按一定比例参加。……积极慎重地在合作社内发展少数民族的党团员,扩大骨干层,对工作是完全有益无害的。通过整社,纯洁领导骨干,提高群众关心社、爱护社的思想,加强经营管理,健全财会制度和各种奖励制度,重新审查和修订生产计划。……

1959年2月22日

云南省西双版纳三年来的民族工作报告
——1953年1月17日在首届族代会上的报告
召存信

云南省西双版纳三年来的民族工作报告
——1953年1月17日在首届族代会上的报告

各位代表、各位来宾、各位同志：

西双版纳地处祖国的极南边疆，与缅甸、老挝、越南等3个国家接壤，国防线长达千余里。全区包括车里、佛海、南峤、镇越4个整县和江城的整董、思茅的普文和象明、六顺的振糯、宁江的勐往和安康等地区，这些地区都属原十二版纳所辖地区。全区共有47种民族，将近20万人口，其中傣族有101784人，占全区人口50%。

西双版纳地区由于过去长期的封建统治和帝国主义阴谋侵略，在各民族间进行挑拨离间及破坏，特别是国民党匪帮残酷的统治压迫剥削，使得我们各民族间彼此隔阂歧视，在经济和文化上，长期处于停滞与落后状态，各族人民生活痛苦异常，疟疾、天花、肺炎、麻疹、痢疾、梅毒、麻风等各种疾病到处流行，以致造成死亡率很高、人口减少的严重现象。

我西双版纳各族人民，曾为反对帝国主义的侵略势力及蒋匪帮的反动统治，于1949年在共产党的领导下，各族人民就积极起来进行解放斗争，支援我游击武装。1950年更积极配合中国人民解放军阻击企图逃窜国外的蒋残匪，全面解放了思普区，建立了人民政权。三年来在毛主席及上级人民政府的领导下，各级干部及人民解放军正确地执行了毛主席的民族政策，使各族人民的关系起了根本的变化，各族人民团结一致进行了胜利的对敌斗争，安定了社会秩序，保卫了祖国边疆。同时各县在云南省人民政府及普洱区各族人民政府的直接领导下，发展了生产、贸易、文教、卫生等事业，各族人民的生活有了显著的变化，并培养了各民族的干部，为今后的各种建设工作打下了良好的基础。三年来在这些方面获得的成就是显著的。

一、民族团结，对敌斗争

三年来，由于正确地执行了中央的民族政策，全区各县广泛地召开了一系列的各种代表会，人民觉悟提高了，空前地更加紧密地团结起来了。过去帝国主义及蒋匪帮统治所造成的民族间隔阂、歧视以及械斗等现象已经大大改变，或者已经没有了，各民族间的关系是友爱互助、团结合作。如去年和今年征收公粮，坝子里的傣族自动地照顾山头生产粮食较少的僾尼族、濮满族、攸乐族等其他兄弟民族，只让他们负担1/3，这使山头上的兄弟民族大为感动，说他们要多负担运粮及组织担架等工作。镇越勐腊区的傣族，对边境上及人口特别少而产粮食也少的兄弟民族，主动地要照顾苦聪族，只给他们（负担）1/10。

在开荒砍林山头或坝子发生纠纷争执时，双方都本着互助互让、友爱合作的协商方式来解决，或请人民政府调解。佛海打洛区打丙寨僾尼族砍树开地和傣族发生纠纷，在代表会上，僾尼族自动提出以后不乱砍树了，开地要和傣族商量。在有的地区，傣族自动让出荒田或多余的田来给山头上的兄弟民族耕种。勐养区有两个寨子的空格族到攸乐山去开了25亩地耕种，攸乐族不仅不加反对，而且表示欢迎。这种民族间真诚实意的友谊团结，在国民党反动统治时期，是绝不可能有的事，这是毛主席伟大的民族政策在我区实施的必然结果。

但是，美蒋敌人对我们各族人民已经获得的解放是极端仇视的，他们曾想尽千方百计组织土匪特务，潜伏到我境内进行杀人、放火、勒索、绑人、强奸妇女、散布谣言等无耻的活动，但三年来全区经过了控诉美蒋罪恶、镇压反革命、抗美援朝、备战支前、爱国增产等运动，各族人民觉悟了，认识了我们祖国的伟大可爱，同时也认识了美帝国主义蒋匪帮是我各族人民共同的死敌，如像全区受到抗美援朝教育的人，达78519人之多。在和平签名运动中，有的寨子80%以上的人签了名，并由此展开了爱国增产、捐献飞机大炮的群众性运动，单车里就有597个寨子订了爱国增产计划。在控诉美蒋敌人的罪恶时，仅车里乡景洪区蛮尹等6个寨子358户，解放前两年内国民党匪帮就强迫摊派了猪肉4900斤、米10778斤及20多种苛杂9862.2元，加上反革命分子徐子和、鲁文聪等8人的勒索敲诈，平均每户负担就达半开210块之多。这样，我们各族人民的生活，哪还有不痛苦的事，而使这个富饶的西双版纳地区造成饥荒及极端混乱的现象。而现在人民则只有公粮一项负担，这负担还不到国民党统治时代的1/10。因此，美蒋敌人的阴谋破坏的结果，只会激起了各族人民敌忾同仇的决心和勇气，组织了联防自卫武装，与美蒋敌人进行坚决的斗争。当去年5月残匪窜入时，车、佛、南3个县就组织了920副担架、5000多人、3197只牛马的运输队，设立了24个供应联络站。各族人民除了积极起来备战支前外，还纷纷自动地拿起各种武器和敌人进行了英勇的斗争。如勐混的濮满族康朗甩等8个民兵，去年2月间自动带了干粮上山去搜捕残匪，经两天两夜终于击毙了潜藏的九十三师的残匪、反革命分子苏国保。南峤蛮别缅寺的和尚抓了3个特务送交人民政府。宁江倮黑族配合解放军歼灭了土匪，倮黑族人民并帮助傣族保护了村寨。在各族人民团结起来、保家卫国、一致对敌的斗争中，全区已出现了许多英雄模范，如南峤倮黑的姜士保就是著名的民兵英雄。今后必须继续加强各族人民抗美援朝的爱国教育，警惕美蒋敌人的阴谋破坏，巩固祖国国防。

二、民族民主建政

为了进一步贯彻中央的民族政策，实现民族平等，加强民族团结，西双版纳各级人民政府自解放后即积极地开展了民族民主建政工作。三年来各县都曾系统地召集各族人民代表会议、头人会等各种会议600余次。特别是1951年3月中央访问团到达后，帮助成立了车、佛、南3县的区域自治筹备会，各县已分别成立了筹备机构，准备实施民族区域自治。一年多来，全区曾进行了广泛的宣传工作，使各族人民受到了民族政策的教育，去年并在车里的戛洒、佛海的芒真、南峤的曼养坎3个村成立了傣族自治区人民政府，这些都为这次建立西双版纳傣族自治区打下了良好的基础。

车、佛、南3个县的县长全是傣族，全区共24个区的区长、副区长，就有23个是傣族、濮满、攸乐等民族，政府各机关部门，也有大批的民族干部参加工作，这一切使各族人民深深地体会到，只有在毛主席的领导下，才能实现民族平等，各族人民才能真正地当家做主。因此，今后继续努力推行民族区域自治的政策，帮助各族人民建立自治区和联合自治区是我们重要的工作之一。

三、发展生产贸易，逐步改善了各族人民的生活

由于历史上造成西双版纳地区人民经济的贫困、生产技术的落后，一部分地区至今尚停留在刀耕火种的原始生产方式。但三年来在各级人民政府的领导及大力帮助下，在发展生产、改善人民生活方面已获得了显著的成就，打破了一向靠天吃饭的保守思想。仅1952年上半年，全区就开了246条沟（整董区未统计在内）、挡坝19座，动员了8万左右的人民，车里乡勐养区就打了36座水井，使这些地区估计将增产5404375斤米，车、佛、南3县棉花增产可达259978斤，镇越的增产约为15%，这使得各族人民的生活初步得到了改善，过去有饿死和冻死的，现在都没有了。例如过去把损害庄稼的害虫认为是"虫是天生的，越捉越多，捉不得""只需祭鬼神，虫就不在"，不敢除害虫的迷信观念，现在却打破了。去年景洪区巴蛮可松寨，在干部领导下，3天内就捉了201302只蝗虫，许多地区破例地积肥、施肥、薅草、选种，生产热情空前提高。在专区劳模会上，傣族代表就说："共产党、人民政府教我们盘好庄稼，这是开天辟地以来也没有过，娘父母也不会做这样的事。"人民政府除了在生产上动员组织各族人民兴修水利、抗旱防洪增产外，还及时地贷放了各种生产和救济的款与粮。南峤、佛海去年共贷了158290斤米，车里县农业贷款及茶叶贷款共92147800元，3个县的耕牛贷款共134头。由于人民政府这样大力地领导及帮助各族人民发展生产，群众反映说："像爹娘爱儿女一样，要努力生产才对得住毛主席。"虽然去年三四月间发生较严重的旱灾，但全区各地却出现了前所未有的丰收年成。

贸易方面，人民政府在各县都成立了贸易公司，还在车、佛、南组织了5个贸易流动小组，在普文及整糯组织了7个合作社，供应给各族人民盐及日用必需品。去年1月至10月，贸易公司供给车、佛、南3个县及宁江的勐往、安康的盐巴就不下50万斤，南峤各族人民组织骡马去驮的有12万斤。这些盐巴的价格，政府是免税或减税的，在车里也只卖1400元1斤，较之解放前便宜了3倍到4倍①。由于贸易公司还不能深入到山区，山区贸易组织缺乏，因而山区群众还没有切实享受到人民政府免税或减税的实惠，仍为中间商人所窃取了，这是工作中的一大缺点。由于本区交通不便，供应还是困难，尤其山区，各县虽曾组织过3457头牛马的运输队，但不是经常地组织，随时组织随时散掉，今后还必须进一步发动各族人民组织更多的牛马运输队及合作社贸易小组，促进物资交流，改善人民生活。此外，贸易公司还在车、佛、南3县供应了锄头3641把，在南峤、佛海、镇越3县及普文区供应了834个犁头，并大量收购了茶叶及棉花等土特产，使过去许多滞销的土特产已逐渐打开了销路。中茶公司还在佛海设立了7个红茶初制所，培养了1376名制茶技术人员。

四、加强文教卫生工作②

人民政府很重视本区的教育，先后拨了经费来开展学校教育，并派来教员，现在西双版纳区有初级师范1所、小学40余所（中有省小12个），学生在2500人以上。各族人民要求提高文化，迫切要求设立学校，派给教员，有的地区群众自动盖好了学校及设备，请政府派教员去。许多青年男女要求进民族学院学习，如傻尼族请求政府替他们创造文字、开办学校，勐竜区的傻尼族从不下山，现在却是大批儿童到勐竜来读书。这也说明了在毛泽东的时代，各族人民才有发展自己的政治、经济、文化教育等建设事业的权利。如边疆初级师范，傣文是主要的课程，当国民党反动统治时候，学校里是不许用傣文的，甚至连本民族的学生也不许说自己的话。

医药卫生方面：本区现有两个卫生院，一个省巡回医疗队，使各族人民广泛地受到了免费的治疗及注重卫生、预防疾病等的教育，仅车里县去年1月至9月就医了9352个病人，还有人民解放军给各族人民医治的不算。由于反动政府时代，从没有给人民的疾苦做过什么，所以三年来人民政府虽然在卫生方面做了些工作，但这还不能满足各族人民的要求，各种疾病如疟疾、麻疹、麻风、肺炎、天花、梅毒仍在流行着，这是需要今后继续努力解决的，进一步有重点地充实卫生机构，培养各民族的卫生人员，在群众中普遍开展爱国卫生运动，以逐步减少疾病的死亡率。

---

① "便宜了3倍到4倍"的表述有误。原文如此。——编者
② 本标题为编者所加。——编者

五、培养民族干部

这方面也有很大的成绩。自1950年起，专署就重视了培养各种民族干部，动员了大批各族人民优秀的青年到普洱民族干训班、云南民族学院、西南民族学院以及中央民族学院去学习，去年还在车、佛、南3个县分别办了短期训练班。据车、佛、南及宁江的勐往、安康、思茅的普文、象明等地的统计材料，共有傣族、傿尼、濮满、本仁、攸乐等其他兄弟民族干部221人，其中傣族达172人。今后应该进一步多多培养各民族自己的干部，随着形势的发展，需要的干部还很多，自治区人民政府成立后，必须立即着手创办干部学校或各种短期训练班，大量培养政治、经济、业务、技术等方面的民族干部，以便为准备将来开展本区的建设事业打下基础。

各位代表、各位来宾，三年来西双版纳在共产党、毛主席及上级人民政府的领导下，各方面的进步是很大的。自治区人民政府成立之后，各族的团结和各方面的发展，将会在毛主席光辉的民族政策下，随着祖国已经开展的伟大的经济建设有进一步的发展和变化，望我们各族人民坚决地团结在共产党、毛主席的领导下努力前进！

版纳勐遮工委两年来民族工作总结报告（摘要）
1955年
案卷号：417

版纳勐遮工委两年来民族工作总结报告（摘要）

版纳勐遮两年来的民族工作，在上级党委的正确领导下，我勐遮工委和全体同志的努力，在两年来的民族工作是不动摇地执行了我党"慎重稳进"的政策方针，使工作推进发展。经验如下：

一、关于执行民族区域自治政策

（一）版纳勐遮原来是6个封建领主所统治地区（勐遮土司、景真土司、勐满土司、曼勐养大叭、勐翁大叭、勐安大叭），勐遮人民政府的成立，是坚决坚持了我党民族团结的政策、进行了复杂的斗争所取得的成就。自版纳勐遮人民政府成立以来，统一了人民的政权，有力地团结、教育、改造了上层，削弱了封建统治势力。两年来，除景真的封建统治势力尚未削弱外，其他如勐遮、曼燕、勐满等地区的封建势力都已分化，人民的负担一年一年地减少了，如官租、劳役等大部分不存在了。特别是通过建政后，解除了傣族之封建统治者对其他民族的统治和剥削，在劳动人民中树立了我党和政府的威信，如傣族贫农康郎相说："没有共产党、毛主席的领导，我们有眼没手，有眼看到别人吃好、穿好，我们吃不上、穿不上；没手就是我们没有牛来给自己生产，一辈子靠帮工过日子。今天有眼也有手了，有眼看到国家为我们兄弟民族修了公路，别人得吃，我也得吃了；别人有牛，我也有了一条牛。我这牛是人民政府给我安上的手，我要保护它、依靠它，才会得过社会主义。"

又如拉祜族农民说："山区改造一大笔，我们农民有了困难要找毛主席。"又说："听话要听毛主席，团结生产是第一。"上面的两个例子都说明了，经过几年来的工作，特别是建政以来，在劳动人民中划清了人民政府和旧制度的界限。

（二）自民族自治政府成立以来，工委在执行民族自治权利的政策上头脑是清醒的。

除了在开始建政后一时的混乱期间,党委在工作中产生了包办现象,但及时就纠正了。两年来在执行自治权利的工作中,通过各种会议来贯彻党的政策。建政以来,共召开了政府委员会议和扩大会议9次,平均两月1次;召开了人民代表会4次,同时经常召开主席、副主席及股长联席会议,树立民主领导、民主办事的人民政权,通过这些会议保证贯彻党的政策和工作任务。

稳,就是执行了民族自治权利,例如每次代表会之前,首先召开政府委员会议,研究通过代表会的各项内容;每次代表会之后,都召开政府常务委员会扩大会议,主要扩大民族头人,检查代表会之各项工作决议,交代政策,稳定头人思想,这是教育、团结、改造头人的关键,既保证了代表会议的权利,又扩大了统战工作,是两手并进的工作方法。

在执行民族自治权利方面,党委对全党和外来机关干部进行了许多教育,坚持了各机关向政府请示报告制度。由于党委执行坚决,克服了机关对政府的轻视态度。这个工作是个艰苦的工作,做好此事,对克服大民族主义有利。

(三)自从建政以来,统战工作执行了党的长期团结、教育、改造民族上层的政策。我版纳头人共655人、叭一级80人、鲊253人、先322人,主要的头人在建政中都安了位置。两年来,在统战工作上,培养树立头人中的进步榜样,争取中间,耐心地团结教育落后的顽固分子。两年来,进步力量不断扩大,中间的向先进看齐,落后者也不反对。

1. 较进步的有刀子刚、刀炳良、刀一心、刀文华、岩炳、叭曼扫、鲊木泥晚、叭曼东、鲊曼寨、叭曼根、曼光腾、鲊曼识,共12人。这部分头人,经教育后是靠我的,他们在群众中有一定的威信,在贯彻合理负担的工作中比较积极,能帮助别的头人打通思想。对他们改造教育的方法:

(1)政治上安了位置,通过了有责有权加强对他们的政治教育、政策教育,大胆放手给他们帮助提高,并树立批评与自我批评,哪些做得好,哪些做得不好,好坏的原因何在,按党的政策办事就做得好,按头人的制度办事就做不好。

(2)用个别教育帮助他们,使他们懂得党的政策;大会上给他们发言,批判自己,批判旧制度。

(3)生活上给予适当照顾,使他们放弃剥削,使他们懂得不跟共产党走没有出路。

2. 中间分子:对他们经常教育,安定思想,在其中争取了几个重要人物。如刀正国、刀一德、叭贯、叭曼燕、叭曼门、叭曼勐养、叭勐安、刀明良、刀永兴、刀家福、鲊勐翁、叭曼光、鲊曼岛、鲊曼别、鲊凤凰、叭弯勒等16人,合理负担中态度较好,主动报产。

对他们的教育方法,主要是通过各种会议教育、个别联系的方法。中间分子向我靠拢约在60%,由合理负担中看出了大部分头人对我党政策是拥护的。

有个头人名叫叭贯,以前对党的政策不满,在代表会上破坏,可是经过了两年来的教育,现已逐渐转变,在贯彻合理负担工作中,他带了头,这样也教育了别的头人。

3. 对落后的民族头人的工作,我们坚决地坚持了团结教育,耐心地说服改造。如以刀庭荣为首的刀正勇、叭戛切、叭曼洪、叭曼甩,他们对党的政策是敌视的,做好这工作是艰苦的,但我们仍坚持了坚决不动摇的团结、教育、改造工作。对他们采取个别教育、个别协商的工作方法,他们工作中只要有一点成绩就帮以总结,有缺点都必须在找出成绩的基础上适当指出,不伤感情。也不能使他们找到我们工作中的缺点,这样有利于团结上层,也有利于逐步开展群众工作。

二、两年来的群众工作、生产工作

(一)对群众的政治教育工作。

1. 在建政前后,广泛地进行了民族团结和党的民族区域自治政策的教育工作,通过新旧制度的对比教育,在各族劳动人民中划清了政权界限,提高了民族团结平等的觉悟,在广大人民中树立了党的政策威信。目前所表现出来的成就有如下几点:

(1)自从成立了民族自治政府后,在我党民族平等的政策教育下,几年来,80%的地区都取消了傣族封建统治对劳动人民的剥削和压迫,这点是我们党民族政策的胜利。勐遮、勐满、曼燕土司已取消了负担,只有景真仍存在着一部分不合理的负担。

(2)民族团结的思想在群众中树立起来了。例如,历来在坝子的田,山区的人民不能种,但现在,经民族团结的教育后,山区已有180户下坝子来生产。

勐满傣族的茶林也送给山区的拉祜族了,这样民族间的械斗事件减少了。

(3)对群众广泛地进行了社会主义前途教育和爱国主义教育,这工作从1954年、1955年贯彻负担开始,有90%以上的人口都受到教育。

目前,群众的爱国主义觉悟有所提高,表现在今年秋征工作中,所有群众都说话了,在交粮工作上,群众积极拥护。

2. 群众工作方面,以民族工作队为主的,进行了3个点的工作(即曼扫、曼根、远龙):

(1)做了团结、教育、改造头人的工作。如对叭曼扫的教育,他原来对群众剥削最厉害,经过耐心教育后,他进步了:

①放弃了剥削;

②自己劳动生产,收入比过去还多;

③工作积极,表现在今年合理负担中自己带头,并到别的村子帮助其他头人;

④对党的政策目前尚无顾虑,经常向政府汇报工作和群众反映,并自动地把他的工作做了总结报告政府。

另外,还有叭曼根、叭远龙,过去对我党的政策怀疑,可是经过几年来的教育,现已放弃剥削,带头出粮。

(2)培养了一批积极分子,如曼扫的岩苏、曼根的岩养、康郎杏、岩五等共26人。他们执行了党的政策,团结头人,联系群众,使群众信任积极分子。

（二）在生产工作中，我们是抓得紧的，变化很大。具体工作如下：

1. 水利工作：

（1）新修的水利16条，长86华里；新开田种子118挑，收2100挑。

（2）恢复旧水利46条。

（3）筑水坝19个。

（4）做了水车9个。

（5）修补大小鱼塘64个。

（6）挖防洪水沟4条；解决了缺水的村子4个（曼满、曼牛、曼岛、享勒）等。

2. 改进生产耕作技术方面：

（1）纠秧的共156户。在1952年以前，纠秧的只有勐满、大曼炳几户，现在勐满坝、勐遮、曼扫、曼哦、曼燕、曼练、曼根等村子，共1800多担籽种，纠秧户比不纠秧户增产三成。

（2）二犁三耙的共50户，二犁二耙的6户，一犁二耙的有21户；锄一遍草的160户。

（3）施肥：曼宰龙103户，施肥64000斤；曼扫33户，施肥14000多斤；曼根33户，施肥19000多斤，共施肥约10000斤①。整个农业户平均施肥300斤左右，对增产起了很大作用。

3. 山区改造工作：变地为田的共123户，籽种86挑，收入1630挑。1955年种茶种子5000斤；55个村子中已有6个变地为田。

两年来，国家对人民的各种贷放：

（1）耕牛162头，共贷162户1146人口。

（2）贷锄头1109把，共贷964户。

（3）贷籽种：1954年贷出46700斤，共贷458户。

（4）贷口粮：1954年贷出307218斤，共贷2255户。两年来农贷工作，共贷出人民币627162500元（老币）。

经过了几年来的生产教育工作，帮助群众解决了生产中的各项困难，生产提高了，人民的生活也改善了。例子如下：

（1）大米产量：在1951年产14300000斤，1952年产16400000斤，1953年产19630000斤，1954年产251162667斤。

（2）茶叶产量：在1951年产量不明，1952年产50000斤，1953年产200000斤，1954年产350000斤。

（3）我们从群众的生活上来看，变化是很大的，如下面几个例子：

①坝子的傣族：

A. 曼宰令寨子，解放前是66户、人口306人，解放后77户、人口328人；解放前水牛只

---

① 10000斤，疑为"100000斤"之误。——编者

有52头、马32匹，解放后牛有135头、马56匹；解放前黄牛48头，解放后216头。

B.曼宰龙寨子，解放前人口400人，解放后554人；解放前水牛96头、马131匹、黄牛60头，解放后水牛172头、马241匹、黄牛145头。

C.曼龙卖，解放前水牛5头、黄牛19头，解放后水牛25头、黄牛56头。

从粮食的平均产量来看，曼宰龙总产1297280斤，共计554人，平均每人产量2341斤。

②山区僾尼族：

A.老畔村，共12户65人，解放前全靠帮工，1954年总收入49869斤，平均每人收入769斤。

B.新火曾，共38户209人，总产124770斤，平均每人597斤。

C.曼岛，26户133人，总产55993斤，平均每人421斤。

除了这几点外，从整个人民生活看来，比1953年前是有了变化。1953年3月份，就有老百姓到政府说没饭吃，到1954年就没有了，这是生产上的成就。由于人民生产、生活上的提高，党的威信也一天天提高，老百姓经常说"没有共产党就没有今天"。

三、两年来培养民族干部工作

我版纳共有民族干部75人（傣族58人、拉祜族4人、回族2人、汉族3人、布朗族5人、佤族1人）。按质量看，有党员3人，（候补）团员9人，培养对象16人，民族头人18人。

版纳政府干部26人，其中民族干部20人，占76%。工委会共有干部9人，其中民族干部1人，占11.1%。公安局共有干部23人，其中民族干部6人，占24%。贸易公司共有干部34人，其中民族干部8人，占23.5%。人民银行共有干部16人，其中民族干部7人，占43.5%。百货小组共有干部16人，其中民族干部1人，占6.25%。税所共有干部5人，其中民族干部1人，占20%。邮电局共有干部20人，其中民族干部2人，占10%。小学校共有干部11人，其中民族干部2人，占18%。武装部共有干部2人，其中民族干部1人，占50%。民族工作队共有干部18人，其中民族干部13人，占72.2%。卫生院共有干部13人，其中民族干部2人，占15.3%。盐业组共有干部3人。中茶收购组共有干部13人。共计干部234人，其中民族干部75人，占总数的32%。

两年来培养民族干部工作，做出了一定的成绩，对民族干部进行了政治教育、政策教育工作，在各项工作中进行了耐心培养，因此好的民族干部巩固了。在稳步地开展群众工作中培养了一批干部，除了头人外的基本群众，在政治上是可靠的，工作是积极的。

在培养干部方面有几点：

1.搞一段工作后，总结一次，肯定成绩，指出缺点。

2.民族干部帮助他们提高文化。

3.对他们的家庭生活给予适当照顾。

4.民族干部中要培养树立进步的榜样，对他们必须全面照顾，解决他们工作上、生活上的困难，否则有的学习回来后不愿当干部回家生产了，特别是傣族。

四、两年来民族工作中的几点体会

勐遮工委两年来的民族工作，在党"慎重稳进"的政策方针指导下，逐步地摸索，做了工作，取得了一定的成绩，也出了一些偏向，有一些体会：

1. 在民族工作中要以党的"慎重稳进"的政策方针为指导，并坚决贯彻执行这个方针，对干部经常教育、布置工作，党委随时掌握情况的变化，加强检查，不论大小问题即时解决。

2. 正确地执行党的民族区域自治政策，充分地应用民族自治权利，经常召开政府委员会议和人民代表会议，每个阶段、每个中心工作，都召开人民代表会。

3. 做好统战工作，执行团结、教育、改造头人的政策。勐遮两年来培养了刀正刚、岩炳、刀一心、刀文华、刀炳良、叭曼根、叭曼冻、叭曼扫，在工作中起了一定的作用。

4. 在生产工作上必须抓紧季节，不能放松。

5. 做好巩固和培养民族干部的工作，除了克服大民族主义思想外，要耐心地帮助民族干部解决工作中的困难。

五、工作中的缺点

1. 统战工作上存在着右的偏向，只注意团结教育，忘记了改造，很多严重问题不批评，如刀庭荣放任自流。

2. 对政府工作中，把基层干部干得过空，都是头人，无基本骨干干部，因此政权充实不起来，形成党委在一定程度上的包办。

3. 在群众工作上，点面未配合好，因此落后面较大，点受到包围，工作点的作用不大。

4. 在培养民族干部中，存在着严重的大民族主义思想，因此培养民族干部跟不上发展的需要。

总之，两年来的工作有一定成绩，也有缺点，望批评。

1958年10月18日抄

盈江县几年来民族工作总结（摘要）
中共盈江工委
1955年5月24日

盈江县几年来民族工作总结（摘要）

盈江县有8种民族，1950年解放。匪特到处抢劫，造谣"共产党是共妻、共家产""鸡蛋要上税"等；土司出言恐吓："来这几个人，不够切了做盐巴辣子。"小土司刀威伯逃亡缅甸，与李弥残匪勾结一起进行武装破坏，人心不安，社会秩序混乱，群众不敢接近我们。

解放初期，以民族团结、对敌斗争为中心进行工作，执行中央"慎重稳进"的方针，接收设治局、公安局、卫生院等统治机构后，6月1日成立了各民族行政委员会，将土司上层、旧有人员做了适当安插，从而解除了"共产党来了不要我们办事、饭碗破了"的思想顾虑，团结和稳定了上层。随后曾先后召开代表会、各种群众会，选派代表到保山、腾冲开会，使他们受到更多的教育。他们开口闭口不离"共产党好、毛主席好、解放军好"，他们把共产党、毛主席比作"红太阳""亲爹娘"。这些开会回来的代表逐渐形成了农村各项工作的动力。还先后发动兄弟民族学员307人到北京、重庆、昆明、保山等地学习，作为培养民族干部的对象，同时开办了小教训练班和税收人员训练班。还发动了公安队员80人，组成民兵500多人，团结了土司下乡剿匪。经两年多时间，共剿灭股匪201人、匪首15人，镇压了匪首李之机等10名，缴获八二迫击炮1门、英造重机枪2挺、美造半重式机枪3挺、轻机枪10挺、步枪107支、短枪17支。剿匪中展开了政治攻势，争取自新匪175人，社会秩序基本安定。并注意改善民族关系，解决了大小民族纠纷20件。如过去认为历史上不能解决好40多年的梁河西山与盈江东山的民族纠纷，终于解决了。景颇族的拉事纠纷大大减少，民族关系逐渐亲密。

在发动山区民族下坝生产时，坝区傣族帮找房、让荒田、借农具等，使343户（景颇族224户、汉族65户、傈僳族38户、阿昌族5户、崩龙族1户）下坝子，开得荒田1182箩（种）。

1951年12月，正式成立各民族民主联合政府，党委机关也正式宣布成立。并经过宣传、酝酿、具体筹备后，建立了模恒乡的自治政权。通过区域自治的实现，各族人民的觉悟大大提高，群众反映："只有在毛主席、共产党领导下，才得当家做主。""自己成立政府是几千年没有的事。""人民政府领导,人民政府的委员就要管头人。"从而人民民主政权逐渐代替了土司政权,寨子有事都去找委员代表,并在该乡试行了减租清债工作。群众觉悟提高,有反官租的要求,如群众说:"官租、地租、高利贷像3根绳子,捆着脖子、手和脚。"他们又比喻说"大铁锅里有3个洞,共产党、人民政府帮我们挑水,挑了几年都挑不满",要求什么都不上了。

莲山县几年来民族工作的总结报告（摘要）

1955年5月18日印

案卷号：100

1960年10月摘

莲山县几年来民族工作的总结报告（摘要）

我县是多民族地区，全县共有傣族12439人、汉族13508人、景颇族12312人、傈僳族2360人（包括部分阿昌族），其中以汉族和傣族为最多。在解放前，由于国民党反动派长期的剥削压迫，造成了多年民族内部械斗和民族之间的械斗。如设治局刘常义、李新和与昔马地区的老百姓的械斗，后来发展成与傣族的械斗，争了一年零两个月（解放军到时，才将斗争解围）。本民族内部的械斗纠纷，如铜壁关景颇族木梳与早章械斗8年之多（到解放后在铜壁关自治区政府成立后，才以协商的方式来解决了）。其他小的纠纷就更多了。由于各民族间的械斗仇杀，这就造成了各民族长期贫困落后。

解放后，我们本着民族团结和民族平等的原则，建立了县的联合政府和各民族区域自治政府，通过建政都加强了民族团结和民族平等的教育，在此基础上，用协商的方式解决了各种不同的民族纠纷。几年来，全县共解决大的纠纷（偷牛、马等小纠纷不计在内）200多件。到目前为止，除偷牛、马等小纠纷外，大的民族纠纷已基本消除，各民族间团结亦日益巩固。

由于我县是多民族地区，加之解放前国民党反动派的长期压迫和剥削及民族械斗，故生产落后、土地荒芜。……铜壁关8年的民族械斗中，打死了200多人，荒芜了1400箩种的田，无人耕种。坝区也同样，如莲花山抗日战争初期是近800户的街子，经过民族械斗、打死、搬走，现在只剩180多户。加之连年灾害，疾病死亡，人口减少，田地荒芜，耕作粗糙，群众生活大部分不够吃。

瑞丽县五年来（1950.4—1955.4）民族工作总结[1]

中共瑞丽县委秘书处

1955年5月27日

报保山地委

民调组1960年10月重抄

瑞丽县五年来（1950.4—1955.4）民族工作总结

一、概况

瑞丽地居祖国滇西最边沿，在北纬33°[2]至25°之间，海拔3350英尺。全境为一长形带状，东西长130华里，南北宽40华里，山区占3/10，余为平坝及丘陵地带。三面与缅甸紧相毗连，形象似以瑞丽江为界，而实际两国国界犬牙交错或一寨两国。

全境为5100平方华里，耕地面积为74976亩，其中水田67744亩、旱地4432亩、园地2800亩，耕地占总面积的7.49%；估计村寨、河流、圹坝占总面积的42.54%，而山区及丘陵地带占50%。全县划为3个区、1个镇、18个乡，计傣族乡镇14个，景颇族乡5个。

全境205寨，7000户35000人。傣族分布坝区，计117寨，5233户28000人，为全县户口的74.75%、人口的80%；景颇族分布于山区，极少部分居于山麓，计88寨，1500户6000人，为全县户口的21.42%、人口的17.54%；崩龙族多居于山腰，106户400人，为全县户口的1.51%、人口的1.14%；傈僳族与景颇族杂居，25户56人，为全县户口的0.34%、人口的0.16%；汉族部分与傣族杂居坝区，绝大部分与景颇族杂居山区，136户544人，为全县户口的1.94%、人口的1.55%。

瑞丽位于亚热带，全年最高温度在40℃至43℃、最低在10℃左右，无四季之分。每年5月至8月雨量充沛，称雨季，余为干季。冬多风，但势平和，土壤肥沃，多为矿质，极适宜农作物之生长。

农产品以稻谷为大宗，每年产稻谷约29452140市斤，足供全县人口食两年。解放前及

---

[1] 本文页下注除编者所加的以外，均为原注。——编者

[2] 33℃疑为"23℃"之误。——编者

解放初期，年外流稻谷11000000余市斤，1953年及1954年虽各收购6000000市斤左右，但两年仍各外流稻谷5000000市斤左右，自由市场尚有2000000市斤以上。次为豆类，单豌豆一项种植面积即达5400亩，产豆550000市斤左右。余黄豆、花生、草烟、棉花皆能自给。境内盛产竹，几遍地丛生；果木则多为亚热带物产，如波罗蜜、菠萝、木瓜及红木、楠树等。其他孔雀、虎、豹皆有，煤、硫黄等矿产亦有所发现，唯矿藏不详。境内耕牛特多，估计有10500头，一般农户均有二三头；黄牛亦不下于4000头。

横贯全境有垒畹公路，系唯一交通要道，全长75公里，为滇缅公路之一段，可直达南坎，路基已年久失修，多已倒塌；瑞丽江亦未架桥。除此全县有15公尺及15座12公尺左右的桥梁，需修理方能畅通汽车，目前运输主要是马帮、牛车。解放前驮马仅1匹、牛车仅8辆，现已发展牛车121辆、驮马250匹（包括内地来之汉族马帮），可勉强解决目前运输困难，唯值雨季道路泥泞、交通工具差，对物资调运影响极大。另有驿道通陇川，溯瑞丽江可通潞西、遮放。

1953年前，我县仅有一邮政代办所，与保山通邮往返需月余，直至1953年6月始成立县邮电局。现全境有电话机22座，电路长153华里。同年底并开展乡邮，全程邮路计265华里。

二、民族关系

（一）汉族与各少数民族的关系

远在东汉光武帝时（公元25—57年），伏波将军马援即"平蛮"至哀牢（今保山）即现德宏地区。①三国鼎立时，诸葛亮于蜀建兴三年（公元225年）曾亲率兵往征云贵高原之"蛮族"，先至永昌郡（今保山），而后深入德宏地区②，史上诸葛亮七擒孟获即发生于此。至今保山城南附近有命名诸葛营之村镇，潞西、芒市有诸葛亮札行营立寨之遗迹。明朝洪武十五年（公元1382年），麓川勾结缅甸叛乱、进窥永昌时，明朝廷命尚书王骥统军征讨③。到明正统年间（公元1436—1449年），南京人街专是随征的有功将吏，遂封为勐卯安抚使司以"治理边民"。现德宏十大土司都是汉傣族，主要节日、祭鬼、礼仪都大同于汉族，宗庙、家谱都书汉文，正堂仍悬有天地君亲师牌位，连唱戏都有"五虎平西""打城隍"等。清朝继续施行土司制度，到清末才在滇设都督，在腾冲设督办，不定期到边沿巡察。到民国成立，先仍设督办，次改委员制，与土司联合办公以监视土司。后又改县治，设设治局，实际与土司"分而治之"。

以上说明，历史上对边疆的统治造成了汉族与兄弟民族的隔阂，如过去傣族中流传着"亮岱秧哩来麦谢"（最聪明的傣族也比不上最笨的汉族，即傣族没有汉族狡猾之意）的

---

① 尚钺主编：《中国历史纲要》，人民出版社1954年版，第53页。
②《中国历史纲要》，第68页。
③ 根据我县土司及有关人员所谈及伪大代表方克胜所著《建设腾龙边区各土司地亲书》（为反动书刊，仅作参考）。

说法，而景颇族上层对多因逃兵役、避赋税之山居汉族群众的剥削远超于其他族，一般对山官负担为收入的5%—8%，最高达10%。

（二）各兄弟民族之相互关系

山居之景颇族、傈僳族、崩龙族与坝区的傣族在经济关系上是密切的、合作的。首先是气候略有不同，生产季节差异，利于劳动力的调剂，其次是生产上的分工，因此，经济上是相依相存的，这是各兄弟民族团结的物质基础。加之封建王朝及国民党统治时，同样受到大汉族主义的剥削压迫，故在保护本民族生存上更是团结一致。如1946年底、1947年初以景颇族为主的暴动，2000多群众击退国民党军一个营，打死30多名士兵，将所有保公所、乡镇政权及设治局皆烧毁，其时，傣族从人力、物力、武力上都给予帮助。因此说，各族之间的关系，基本上是友好的。

不可否认，各族之间仍然存在一定矛盾，主要表现在大民族对小民族的压迫上。崩龙族为境中土著民族，麓川之役前后，景颇族自康藏高原迁入，[①]部分崩龙族则迁往他处。至今在猛修乡猛修寨有崩龙族神庙遗址，畹栏乡班养寨有崩龙族居住遗迹。他们大多住山腰，分别受山官或土司的管辖或剥削。为求得本族的延续，至今仍有隐瞒原有民族而改称傣族者，现在姐勒乡蛮亮全寨皆是如此。

傈僳族全部杂居于景颇族村寨，其受山官剥削更甚，较景颇族群众对山官负担多，占总收入的60%左右。

景颇族是境内大民族之一，傣族上层对其统治有高压亦有怀柔。如60年前，景颇族因不堪土司压迫起而反抗，双方相持两年，土司无法镇压，遂差兵往保山求援，清政府派马武尚率兵300携步枪来镇压，将景颇族赶至山区，并于高地设防以监视。另一方面，土司又召大小山官分封"侯爵"之类，如"召温""召华"等官称，每5月轮替至土司办事，除供给较高之薪俸外，并划分一部分靠山麓之傣族寨归其管辖，允许收"傣头税"等。全山区还设有一傣族管爷，管理山区行政事务，以加强其统治。

综上看来，民族之间是有矛盾的，关系是复杂的，而民族矛盾又以各民族与汉族之间为主要矛盾，几年来的工作虽有所好转和改善，但历史性的隔阂及思想意识中所残存之大汉族主义、狭隘民族主义的消除，尚有待于长期努力。

（三）景颇族内部关系

景颇族至今尚未发展为非常完备的政治制度，每一寨或数寨设一山官。山官对内分配土地、调解纠纷，对外抵御外侮、保护百姓，为了保持本民族的生存与发展，多少年来与人民相依相存，反抗压迫。因此，山官不仅在民族感情上、生产上与人民都有联系，山官在人民群众中威信很高，经我培养了二三年的骨干积极分子，对山官的态度仍是唯命是

---

① 《边疆工作通报》第10期，中共云南省委边疆工作委员会编印，1954年7月5日。

听，所以说，山官的统治，基本上是家长式的，依靠道德的、习惯的约束力来维持对人民群众的统治。山官大部分相当于贫雇中农，富农的极少（以生活水平论），当然山官与人民群众也存在一定矛盾，如山官对群众的剥削，但山官在经济上的剥削还没有造成发展生产力的阻碍，因此，山官与群众的矛盾并不是显著突出的。

山官下设"波猛"，政治地位从属山官，协助山官处理日常行政事务，也有些"波猛"与山官互相隶属。"魔头"是景颇族社会中的神权人物。"拉事头"为景颇族社会中的特殊人物，无政治地位。这3种人物是与山官剥削制度相勾结的统治工具。这4种类型人物（山官、波猛、魔头、拉事头）是极端落后经济和长期被压迫民族相适应的产物。景颇族内部山官辖区划分严格，两寨之间或不同管辖区之间过去时有械斗，解放后亦闻发生。

我县景颇族与缅甸景颇族跨境而居，直接受毗邻的阶级社会影响，阶级分化逐渐明显，阶级矛盾仅是萌芽。

（四）解放后的民族关系

瑞丽自1950年5月解放，迄今已5年。由于端正地执行了党的民族政策，艰苦地进行了一系列的工作，旧有的民族关系已起了根本变化。首先表现在统治农民多少年的官租制度于1954年6月被废除，进行了民族民主建政，全县已建立1个区、1个镇、13个乡，建政地区人口占总人口的79%。其次是联防武装的建设，发展了联防共444人，占总人口的1.2%；培养了骨干积极分子570人，占总人口的1.6%。并于1954年底成立一农村党支部，有农村党员3人。随着新的民族觉悟提高，民族隔阂是日趋消除，而民族团结在不断加强。自1951年到1955年2月，由法院调解的民族纠纷共95件，其中内部纠纷71件。又如1952年由政府动员下坝生产的54户景颇族，不但与傣族能和平相处，而且在生产、生活上团结互助。

五年来，我们尽了最大努力。毛主席、共产党和人民政府在人民群众中确立了很高的威信，但不可忽视的，几百年来甚至千余年来的民族隔阂，不是短期工作可以根除的，特别当美帝国主义叫嚣战争、蒋贼残匪妄图西进而我工作前进时，民族上层统治者亦不甘心本阶级的灭亡，企图制造新的民族纠纷，分裂民族团结。如1955年1月30日，景颇族13人荷枪实弹至傣族寨拉走耕牛10头，引起部分地区之混乱，实际是封建领主与景颇族上层相勾结所发生。又如近月流传"傣族祖先住泰国，傣族要留种，只有走缅甸回泰国""世道太乱，景颇族要留命，只有逃缅甸"，这说明潜伏性的危机仍然存在，必须引起我高度政治警惕性。

三、傣族社会的社会阶级关系

（一）傣族的来源

（略）

(二）土司制度之形成、发展与现状

南京人衍未是随明朝尚书王骥征麓川的有功之臣，于明正统年间（公元1436—1449年）被封为三品官勐卯安抚使司，现在土司衍景泰为衍未十八世孙。清朝雍正四年（公元1726年），云贵总督鄂尔泰奏请"改土归流"，以废除世袭土司。自雍正四年到九年（公元1726—1731年）用兵镇压，当时势力未及德宏区，故傣族免受如苗族受反动统治杀戮之苦。清朝继之在腾冲设督办专管德宏区，当时土司实力大，又有滇西土司联盟，清朝势力不敢侵入，这时为土司较盛时期。到清末，土司内部有矛盾，勐卯土司十七世（衍景泰之父）无后嗣，与民妇姘居生子，衍景泰父亲同胞兄弟借此夺土司位，先后内部械斗8年，从此土司实力受损。国民党军阀混战后（1925年），势力慢慢侵入边境，设委员制联合办公来监视土司。1927年又改设县治，而瑞丽略小于县，故设设治局，企图代土司而治之，而实际变成了"分而治之"。设治局址在姐向一带及以西地区，为土司统治薄弱区。土司司署在勐卯镇。勐卯四周及姐东以东地区为土司统治雄厚区，设治局无法插足，甚至常被暗杀，但设治局的设立起了削弱土司统治力的作用。1928年土司十七世逝世，衍景泰仅2岁，以年未及冠不能办事，请盈江土司刀京版代办共12年（刀京版现任德宏区副主席），接着由潞西芒市属官方克胜代办2年（曾任国大代表，解放后逃居缅甸、泰国一带）。1942年日本侵入，设治局推进到芒市，自此土司政权日益衰落。

日军侵据瑞丽3年，土司政权又与日军勾结。衍景泰曾担任日军小队长，而司署实权为衍景泰、方贵之妾执政。日军攻陷及撤走时都大肆抢劫，国民党匪军及自印度撤回之青年军也无所不为，各族人民遭受了惨重兵害，而勐卯司署也从此一蹶不振了。抗战胜利后，分三级地方政权于瑞丽，至1949年底方撤走外逃缅甸。

1950年9月，瑞丽解放，土司制度仍受保护，1951年12月曾免交管爷租、减交门户捐。1954年6月，土司在我党团结教育和群众要求下，被宣布废除官租，并于同月表面上撤销司署自卫队。零散司署人员，实则不甘心本阶级灭亡，尽力作挣扎，但在新的民族觉悟的普遍提高下，封建领主的总崩溃已为期不远。

（三）土司统治系统

1. "土司"为一般通称，尚有一定的封建官阶，分别为：宣慰使司，二品官，如滇南车里土司；宣抚使司，三品官，如陇川、盈江、梁河；副宣抚使司，如遮放、莲山；安抚使司，三品官，如芒市、潞江、勐卯；长官司，如户撒、腊撒；土千总，如猛板土司。

2. 土司政权系统组织严密，像封建王朝小朝廷，身份如同君主。衍景泰为现任土司，年28岁，曾去缅甸及云南腾冲中学读书，识汉文、缅文、英文、日文，汉文程度相当于高中。幼习武功，枪法好，天上飞鸟都能用枪击中。解放前曾参加保山行政专员公署剿"共匪"指挥部，解放后，1950年2月22日被李弥残匪委任为第十八纵队副司令员兼第六支队司令员职务。他曾将李弥托人带来之信在我党、政、军首长面前撕毁，表示坚决靠拢我党。衍景泰曾两次去北京参观，表现较一般土司开明，但性狡猾，怀疑多虑。

代办：遇正印土司出缺或年幼不能理事时，由亲属中一人代为掌握政权，像封建王朝的摄政王。过去衎景泰年幼由刀京版、方克胜代办，现由衎国斌、龚扶猛、衎国安、思汉章4人掌管，但以衎国斌为主。

护印：土司同胞长弟称护印，位尊无实权，如封建王朝之亲王。衎景泰有二弟，衎景柱在缅经商，衎景三在外为匪，曾谋杀其兄以夺位未果。兄弟三不和，所以现无护印。

属官：土司亲属由土司任命为属官，或称族官，职权如朝廷之大小诸侯，得分掌着若干寨，或被任为署中高级职务如财政、军事等权。属官分为三级，即"猛"为一级属官，"准"为二级属官，"印"为三级属官。统治集团为了加强对人民群众的统治，对忠于统治阶级的老百姓亦加封，第一级为"崩猛"，第二级为"些掌"。

3. 土司设有土司署，也称土司衙门。土司下设秘书长（衎国斌），下又分自卫队，由曹润海负责，财政由思平猛、思汉章、刀秀庵负责，民政由衎国安负责，法庭由衎国斌、法箭准负责。财政下又分征收、总务、出纳、事务、仓管等。

4. 以寨为行政单位，每寨10多户至80余户不等，一寨设布幸（寨头）、文书、通讯员各1人。全县坝区有117寨，有布幸125人，多由土司指派，间或由群众选举有德望人充任。寨管辖于甽，每甽7寨至14寨不等，设一布甽（甽头），或增设一副布甽为辅。布甽征集租、杂派，调解裁判人民纠纷，传达土司命令等。勐卯共10甽，共有布甽10人、副布甽2人，由土司指派。

山官88寨，有景颇族山官28人、波猛44人、汉族头人2人、崩龙头人（布幸）4人，各管理所辖地区。土司在山区又设一管爷，协助土司。历年来往山区管爷为傣族曹润海充任。

5. 土司武装称自卫队。队长曹润海为土司亲信，下分3中队。解放初期，第一中队长为衎景三、衎猛祯，第二中队长为衎孟录、满印，第三中队长为曹润海、梯准，正职年薪谷150箩、副职年薪谷120箩。每中队下设3分队，每分队16人至18人，分队长年薪谷60箩。士兵由各寨摊派1人至2人，由领田内拨3箩种水田的薪谷。除供伙食外，并年发制服2套。为轮换制，每15天轮换一中队当职。

解放前司署共有270人，解放初期缩编为180人，1953年上半年又缩编为60人，1954年6月以后武装机构撤销，分散于农村。初步了解，武器有小炮1门、重机枪2挺、轻机枪3挺、冲锋枪10支、卡宾枪8支、步枪150支、属官大小枪支100余支。1954年12月28日及1955年1月，土司曾两次交枪，计重机枪1挺、轻机枪2挺、步枪67支、冲锋枪8支、手枪2支，共80支，余皆分散、隐藏于属官或农村中。

（四）土司与各方面的关系

土司为了加强对劳动人民的统治，土司之间有极密切的联系。首先表现在政务上的互相执管，如刀京版、方克胜之代办于勐卯。其次当外来民族侵入时，他们又联合一致抵抗外侮，如清朝末滇西12土司的联盟。他们更通过联婚来促进他们的关系，如衎景泰的小祖母（方贵）是芒市代办方克光的亲姐姐，衎景泰的母亲为盈江土司刀京版的亲侄女，衎景泰的结发妻子是梁河土司龚绶的女儿，衎景泰与陇川土司多永安、遮放土司多英培又互为连襟。外国土司也有所联系，如姐南土司于1952年两次来访衎景泰，匪情紧张时，衎景泰也还派人暗地与之联系。但不可否认，统治集团之间与内部争权夺利，是有矛盾的，像衎景三谋杀其兄。

布畖、布幸除3箩种水田作为薪俸外，就赖征粮、杂派好从中渔利，由此对人民剥削上与土司是一致的。头人仍然是老百姓，与官家始终有分别，没有婚姻关系，等级界限严格，头人可由土司任意撤换，所以，土司与头人之间有矛盾，而头人一般参加劳动，与人民群众又有联系。如1953年以来，土司派人以查黑田方式增加负担，因直接涉及头人利益，平时与土司关系密切的姐东、邓峰老畖起而支持群众的反抗，曾集合群众300余人至司署请愿，土司不敢再坚持。

"普天之下，莫非王土""君叫臣死，不得不死"，这刻画了封建领主与人民群众的关系，特别是政治、经济、军事与宗教相结合的统治，加以民族传统的习惯、旧的道德观念束缚了各族人民，将土司尊之为神。如反官租斗争胜利后，工作薄弱区的群众有顾虑，个别的还哭起来："官租不收，谷子也会变成扁的了！"

但是，民族问题的本质是阶级斗争，5年来的工作，人民群众有了新的民族觉悟，表现在反官租斗争、组织联防、要求土地调查等方面。目前尚处于启蒙阶段，旧制度的彻底推翻，还需要全党同志做艰苦努力的工作。

四、干部工作

（一）干部总情况

1. 由于上级党委的正确领导，5年来，干部工作有了很大发展，特别是近年来更为显著。从数量上讲，1950年4月工作开展时有干部4人，而现在（1955年3月）已经达458人，为原有人数的114.5倍。从级别（质量）上看，当时有县级干部1人、一般干部3人，现有县级干部7人，为原有人数的6倍；区级53人，为原有人数的53倍；一般干部398人，为原有人数的133倍。从政治上看（质量），1950年初只有党员1人、团员无，而现有党员69人，为原有人数的68倍强；团员120人，为原有人数的120倍[①]。

2. 在1953年以前，除少部分傣族、景颇族干部及部队转业干部从内地调来，当时疾病特多、物质条件差、工作环境很艰苦而未建党，团方开始建立，加之对边疆工作认识不够，因此外来干部在思想上有以下表现：

（1）害怕病死。一方面，在未来之先，对兄弟民族地区有各种封建流传："要来夷方坝，先把老婆嫁"（意即永不归来）、"着了露水就得哑瘴""夏季青蛙都住在树

---

① 此说有误，因原有人数为零。——编者

上";另一方面,干部由温带到亚热带气候转化,而卫生情况极端恶劣也容易生病,病情常严重如哑巴摆子、脑疟疾(病了神经错乱),加之毫无医药设备,病了躺在床上,没有什么药吃,一病就得月余才能恢复健康。

(2)在边疆工作津贴少,等级低,工作太苦。不论机关,特别在乡下工作,干部要自己挑水、煮饭、开荒生产、站岗放哨,有时还要对付匪情,大部分考虑回内地,觉得"给我死在内地也甘心些","分明可以活5年的,到边疆只能活1年了"。像在部队任连长的杨永堂同志,到地方当个工作组长,发牢骚说:"我在地方还不如在部队当战士扛支大枪痛快得多。我现在的待遇还不如部队的正班级,如果调我回部队当战士,我一定背起背包就跑。"

(3)在边疆工作较久的同志,大都安心边疆工作,但感到边疆落后,在边疆工作无前途,来边疆这么久,也入不了党入不了团,连建党建团都很不听说过,等到回到内地都是落后分子。有的则感到边疆工作就是天天劳动、天天苦,没有正规的文化学习,文化生活也缺乏,连书报往返保山都需月余;又没有机会去内地学习或开会,等几年后我们没办法追上内地干部了。但这一部分干部总的是安心工作而又积极要求进步的。

(4)除以上3种思想情况外,还有极少部分干部因事先未慎重审查即调边疆,因政治问题(家庭是官僚地主,直系亲属在李弥匪部任团长,有的在保山"三反"时揭露有政治问题)先后外逃缅甸有4人,先后清除了一批特务、反革命分子和作风极端恶劣、思想落后的19人。目前尚有13人本身历史有问题交代不清、4人社会关系复杂交代不清,皆准备做严格审查后坚决处理。

干部、党团员变化统计表

时间	党员情况		团员情况		非党团群众		合计	备注
	人数	占比(%)	人数	占比(%)	人数	占比(%)	(总人数)	
1950	2	0.0488	1	0.0244	38	0.926	41	
1951	3	0.0461	1	0.015	61	0.938	65	
1952	12	0.0655	20	0.109	151	0.28	138	
1953	2	0.0699	56	0.1885	220	0.7407	297	党员调走3人
1954	63	0.1409	120	0.286	264	0.5906	447	团员内有党员保持团籍16人。党员调走1人
1955.3	69	0.15	120	0.262	269	0.587	488	团员内有党员保持团籍13人

几年来,经过一系列的运动学习,从各方面提高了干部的政治思想水平,特别是经过总路线和四中全会的学习后,社会主义觉悟有了显著提高,基本树立了长期为边疆各族人民服务的思想,因而工作上表现刻苦朴实,积极学习民族语言、钻研业务等。这是干部情况基本的一面。当然,这与上级党和政府部门的配合、适当地解决了工作中医药设备、文

化生活、物质条件等也是有关联的。1954年以来，普遍认识到边疆工作的光荣，政治空气也普遍高涨，在这一基础上，根据党的干部政策，大胆大量提拔了一批干部，这更鼓舞了同志们的积极上进，也保证了党在各个时期的中心工作和业务的完成。

3. 我县干部福利工作，于1952年初即展开，并成立了县干部福利委员会领导。自工作开始到现在（1955年4月），干部体弱补助共用去46127000元（旧人民币），以老干部为主，补助面为干部数的19.96%。干部家属补助以兄弟民族干部为主，用去63470000元（旧币），补助面为干部数的51.08%。边疆干部补助津贴共用去605510400元（旧币），其他病号补助、家属招待、文娱品购置等用去旧币25912170元。调整级别95人，供给改薪给制120人。上级党委发下衬衣裤、雨鞋、雨伞、油布、蚊帐、水壶共有1826件。通过以上一系列工作，从各方面解决了干部本人及家属存在的困难。

在没有展开干部福利工作以前，干部中的确是存在不少困难。1953年上半年物价高、等级低、工资分低，而又夹杂外汇问题，如1951年初参军的知识分子，到1953年仍然普遍是28级，月约薪金旧币193950元，而一月伙食费（吃粗茶两个）高到旧币190000元，干部除伙食费外所剩无几。部分干部穿得破破烂烂，零用钱不多，谈不上补助家庭，因而也有因此不安心边疆工作的。

经过一系列的福利工作，对广大干部进行了教育，解决了干部不同程度的困难，因而鼓舞了干部的工作积极性，有力地推动了各项工作，使干部们更进一步地体会到党的关怀体贴。从目前来看，干部的物质生活水平一般是好的，发病率由99%下降到40%；文化生活虽仍感不够，但较之过去是有了很大的提高。当然，这些是随着国家经济建设的发展来逐步解决的。

（二）民族干部的培养

1. 脱产干部情况：

我县虽于1950年4月解放，但一直到1950年11月才开始吸收上层子弟3人参加工作，继之成立县的行政委员会，主要上层分子都得到了安置。是年年底共有民族干部15人，而上层分子及上层子弟即占73.3%，基本群众仅占6.6%，中层占21.1%。在工作初期（1950年至1952年），民族干部中的上层或上层子弟占干部半数，或超过半数，这由于当时客观条件不同，我们和上层接触多，基本群众对我认识不够，还没有和我建立深厚的感情，而边疆工作又是在统战工作的基础上进行的。工作有了进展以后（1952年下半年），吸收的民族干部属于基本群众的比重日益增加。截至目前，共有在职本地民族干部90人。

从质量上讲，共产党员傣族已有3人，青年团员傣族3人、景颇族6人（外来的兄弟民族未计在内）；从级别上看，县级干部傣族1人，区级傣族8人，景颇族3人。而被提拔的民族干部绝大部分是称职的，通过他们加强了党与群众的联系，更鼓舞了兄弟民族当家做主的积极性。

干部、党团员变化统计表

时间	党员情况				团员情况				非党团人数	总人数	备注
	傣	景	其他	合计	傣	景	其他	合计			
1950							1	1	10	11	原15人，退2人，调走2人
1951							1	1	19	20	
1952							1	3	4	53	57
1953			2	2	3	2	5	10	59	71	原97人，垮10人，调走2人
1954	3		4	7	3	6	7	10	81	104	原107人，垮3人
1955.3	3		5	8	3	6	7	16	91	115	

2.农村乡干部（未脱产干部）情况：我县于1952年8月开始建立农村政权，截至目前，共建立1个区、1个镇、12个乡政府。农村区乡干部共184人，其中傣族158人、景颇族26人（将区、镇、乡的委员也计算在内）；上层53名占28.8%，基本群众66名占35.8%，中层65名占35.4%。单以政权的未脱产干部计算，共有41名，其中傣族34名、景颇族7名；上层占32.1%，中层占17%，基本群众占51%。各级区、镇、乡的区长、镇长、乡长，一般都是安置农村头人，由布旸担任，而文书和副乡长多为我骨干、积极分子和积极靠我有代表性的中层担任。三年来，各区、镇、乡政权在县人民政府的领导下，是起了不少的作用。如蛮令乡干部带领群众抵抗土匪夜袭，各级乡政府在秋征工作、生产工作上都带领群众积极响应政府号召，使党的工作进一步贯彻到群众中去。

3.农村骨干、积极分子情况：我县工作，由一般工作转入到深入农村，在各村寨设点，还在1952年6月以后，农村骨干、积极分子的培养也才于是时开始。截至1955年3月，全县共有骨干、积极分子570人，其中骨干分子153人、积极分子427人；先进乡的骨干、积极分子已占到人口的4.5%，一般乡占到人口的2%，薄弱乡占到人口的1%。在1954年底，并在第一区姐东乡骨干分子中发展了党的组织，成立了党支部，有农村党员3人。骨干、积极分子是我们在农村中的工作依靠，我们在农村中拥有这一大批骨干、积极分子，确为今后工作打下坚实的基础，对各项工作起了推动和保证作用。从工作中涌现了不少的工作模范、防匪英雄、劳动模范等。如1952年、1953年匪情较紧，李弥残匪妄图"反攻"，而我骨干、积极分子或其家属，借赶街去缅甸木姐、南坎、姐兰等地了解匪情等。

（三）培养民族干部的经验和存在的问题

1.5年来，我们在培养民族干部（脱产）、培养农村半脱产干部及农村骨干、积极分子上，成绩是大的和主要的。在培养、使用和教育的过程中，总的有以下经验可作参考：

（1）必须以民族平等的政策思想，从民族的特点出发来对待民族干部。历史上遗留下来的民族隔阂，使我们兄弟民族之间不可能一二个月的工作就消除这一鸿沟，正因为这样，民族干部都有较强的自尊心，相对的也有一定的自卑感，这就要求外来干部对他们忠诚、热情，建立起民族感情。其次，对民族干部不能像对汉族干部一样要求高，汉族是先进的民族，而傣族、景颇族社会远落后于汉族，这自然带来民族干部某方面或某种程度的落后性，特别是生活上的表现，我们必须予以耐心帮助，多讲道理，带头检查自己来教育他们，而民族干部又必须将傣族与景颇族分别对待，傣族一般要比景颇族要求高。当然，除了对他们的优点，哪怕是极微的优点予以表扬，但适当的批评是应该有的。另外，民族干部一般家庭观念比较深，常请假回家劳动生产，而他的家庭对党认识不够，加之受些谣言所煽动，更容易拉后腿，因而经常地召开家属座谈会，以提高干部家属的认识和巩固民族干部，也是有效的办法之一。像1953年我们曾召开干部家属座谈会两次，共到家属149人，通过座谈会，使家属认识到我儿子、女儿在共产党里是为自己民族服务的。因此，有一次景颇族女干部麻果，因为一汉族干部讲话不注意，说了她几句，就冲回家里，结果第二天清早她父亲送来说："我麻果不懂事，不好好为人民服务，却跑回家来！"景颇族干部拉节的父亲向工作组说："开了座谈会，我才知道儿子做的事这么光荣。我拉节常常回家，回家来就乱串，请工作组好好管教他，以后我也不准他没有事就乱回家来。"因此，我们要以民族平等的政策思想，从民族的特点出发来对待民族干部，就必须经常与大汉族主义思想做不屈的斗争。

（2）必须从民族问题解决的核心问题出发，以长期培养民族干部。应有意识地吸收他们参加一些有关会议，以提高他们对问题的认识和分析能力，学会对一些问题的处理方法，并有意识地加重他们的责任，或采取临时代理方法培养独立工作能力。这样，一旦被提拔是可以称职的。其次，还必须层层分工负责，正职培养副职，这样就更为直接和具体。以经常进行个别谈话，并定期召开座谈会或民族干部扩大会，谈思想、提问题，从而掌握其思想，针对某一问题进行学习。另外，通过评模树立民族干部的旗帜，以鼓舞他们不断前进。帮助学习文化，以提高他们的政治认识，帮助在政治上进步也很重要，后者在方法上可采取开办短期训练班的形式，或对民族干部进行有计划系统的教育，就是县里也同样可以从各机关、区、组抽调民族干部集中学习，采取轮回方式。

（3）必须认识边疆民族工作的特殊重要性，以树立与民族上层长期共事的观点。我县民族皆跨境而居，对缅关系密切，而民族上层与本族人民有着历史的民族的联系，因此，对民族干部出身于上层分子和上层子弟的团结，可直接关系到各族人民和国外对党的认识、信任问题。对他们在职权上应该尊重，可以适当地吸收参加一些与其工作有关的会议。缺点的提出应多在个别谈话时，指出前途和经常进行爱国主义教育。

（4）农村骨干、积极分子是脱产民族干部的主要源泉，应大力培养骨干、积极分子，吸收他们参加政权工作和联防武装工作，使其在工作中得到锻炼，待正式吸收工作都是比较强、有群众威信的民族干部。在培养过程中，可采取集中进行系统的政策及各方面的教育，我县共举办了骨干、积极分子训练班5期6班共588人。通过这种学习，显示了用群众教育群众是很好的教育方法，一方面检阅了自己的力量，增强了工作信心，一方面从共同的讨论中得到教育和提高。对新的积极分子从政策上进行教育是非常需要的，这样一方面提高了他们的政治思想、新的民族觉悟，另一方面更能积极考虑党和人民政府，在工作中发挥更大的力量。其次是采取骨干、积极分子为核心，运用串连方法来扩大队伍，增强力量。例如蛮令乡，在秋收中在群众原有的基础上即三五人结伴盖一稻草房保卫和进行秋收，骨干、积极分子就有意识地插入一二人作为串连对象，通过生产与非骨干、积极分子建立感情，进行政策、阶级等教育。如全县在4个月中，骨干、积极分子串连成为积极分子的即有100余人。在培养中仍然要注意成分，贯彻我党在干部工作中的阶级路线。

2. 在培养民族干部中，我们还存在不少缺点：

（1）机关干部在机关接触的大都是汉文公文，生活工作也较为制度化，这更不容易看到民族干部与群众的天然联系和所起的作用一面，衡量的标准是汉族程度、理论水平、按时作息之遵守等，因此：

民族干部没有自己倒，汉族干部倒把他推倒。公安局傣族干部帅相，于1953年参加工作，汉话懂得不多，常想家，工作表现一般，公安局领导竟指示人事干部动员帅相写辞职申请，怕组织部批不准，又于申请尾批"该同志一贯不安心工作，政治落后"等语，而终被退职回家生产。又如税务局拟吸收一在实习的傣族青年好干部，但该局领导认为"以前吃草烟，又吸纸烟，还问我会不会骑单车，这样腐化还了得！以后怎么能工作！"竟自辞去。

对民族干部不信任甚至轻视。海关干部认为兄弟民族实在难培养，"手把手教"也学不会；贸易公司搞业务的汉族干部拿报表给副经理（民族干部）盖章，却用手按住报表数字内容，恐怕民族干部看了泄密；个别的对培养民族干部有抵触，进出口公司赵自重说："几年来我们没有民族干部，还不是完成了任务！"贸易公司的仓库管理员说："仓库管理不消要翻译，也就不必要我们再培养民族干部了！"

（2）工作队干部处于农村，对民族干部略有所感触，但思想仍十分不明确，因此：

工作队成为区乡政府的上级领导，甚至个别的不承认政权的存在，乡政府的大小事都必须经过工作组而后付诸实行。滇弄乡长处理了一寨内民族纠纷，工作队大为不满，认为"为什么不请示'政府'"？一区副区长帅喊真（我骨干分子）每次群众会发言终了时，总要说"请政府的人指正"。至于侵犯乡政府职权、工作包办代替更是在所难免的了。

外来干部对民族干部人格上的不尊重，有特权思想。城子工作组赵月文（民家族）和小福（傣族）同是工作组员，赵却要小福向他汇报工作，不然不满意；组长许焕章晚上起来解大便，每次都叫傣族干部小三扛个大枪在竹林外为他站岗。

（3）在吸收脱产干部对象上从实际出发不够。1954年吸收的民族干部虽多属于基本群众，但绝大部分是年青小娃娃，在观念上认为年轻人（20岁以下）单纯，政治上纯洁，培养前途大，而忽视了青年、中年（二三十岁左右）稳重、踏实，在群众中较有威信，容易启发新的民族觉悟的一面（应该指出培养年轻人仍是需要的，特别从今后工作考虑，但从目前讲应该以吸收骨干、积极分子为主），没有看到民族特殊情况，因此年青娃娃吸收了在群众中树立不了威信，不适合目前工作的需要，吸收了闹男女问题多，且不容易巩固，像1954年吸收了民族干部24人，而由干部积极分子中生长的仅有3人。这现象的产生，一方面对骨干、积极分子所起的作用估计不足，或者片面地认为有培养前途的就是青年人；另一面则由于个别的工作组硬将组内骨干、积极分子送内地学习，怕影响组内工作，或参加工作了就要调到别处去。

（4）骨干、积极分子以贫雇农为主，根子一般是扎对的，但大多从经济着手的部分地区政治教育不够，特别是缺乏经常的系统教育（1954年下半年已有改变），因此有少部分骨干、积极分子经不了考验，甚至不交公粮或借不到贷款而渐次疏远，或不满政府。

以上问题的存在，特别是（1）（2）两问题存在大汉族主义残余思想的严重包办代替和歧视兄弟民族干部，这使兄弟民族的生长受到了一定程度的阻碍。由于我们从政治生活上关心不够，先后就有14个民族干部因家庭困难或因结婚等问题脱离革命。

1955年4月中旬，我县曾遵循地委会议精神，召开了县的扩大干部会议，较深入细致地学习了民族政策，抓住了民族问题的本质问题进行认真的讨论，批判了大汉族主义思想残余，并向严重的包办代替做了揭发和斗争，在提高思想认识和政策水平的基础上研究了培养民族干部工作。通过这次学习，从上而下地初步明确了培养民族干部的重要性。

（四）今后的干部工作（包括培养民族干部）

1.我县干部基本是纯洁的，但尚有19人历史交代不清或社会关系复杂，这些都必须结合审干工作进行严格的审查工作，坚决处理。与此同时，并计划在6月调回不适于边疆工作的干部43人，以纯洁边疆干部阵营，提高干部质量。

2.计划今年发展党员45人，其中本地民族干部25人；发展团员68人，其中本地民族干部37人；提拔县级干部4人，其中本地民族干部2人；提拔区级干部35人，其中本地民族干部13人；吸收脱产干部75人。

3.要求各项工作逐步民族化。全县到1955年底，民族干部占干部总数的35%以上，即共需有民族干部165人以上；乡政权100%的民族化，区政权80%的民族化，县政权50%，其他党委财经等部门有25%以上的民族干部，而共产党员需占民族干部的25%。

五、生产工作

（一）生产工作情况

我县1950年工作主要是在和上层的接触，以稳定他们。由于当时武装力量、工作人员的限制，社会安顿不安定，工作尚不能转向群众。1951年开始采取巡回工作方法与各地区各民族及其上层见面,除交代政策外,在生产上仅作一般号召。1952年6月干部力量加强,群众对我有了初步认识,社会治安也初步安定,因此工作的重点转至面向群众。干部通过做好事、交朋友、反帝爱国教育来发动群众开荒生产、兴修水利,并发放了一部分救济款、政府无息贷款等。当时全县一半地区已转入爱国生产热潮中,到1953年,在1952年的思想基础上进一步从思想上、组织上发动了群众,并从物资上予以大力支援。县里成立生产委员会以领导生产,而各组地区组织了爱国生产委员会、爱国生产小组,以团结各阶层投入生产,工作既有点又有面;既有典型示范,又有一般号召,全县从领导到一般干部,都深入到一系列的生产过程,或集中于耕作技术中,全县从民族上层到人民群众都卷入了生产高潮,因此说生产高潮在当时已形成一个运动。由于全力以赴地搞生产,我们重点地解决了贫雇农户的生产生活困难,教育团结了民族上层,解决了群众各时期的不同思想顾虑,因而提高了各族人民新的民族觉悟,从生产上涌现了一批骨干、积极分子,使毛主席、共产党、人民政府在人民群众中树立了极高的威信,也有效地克服了当时存在的严重干旱和虫灾。

1954年虽仍然搞生产,生产中也有一定成绩,但从上而下地考虑土地调整,起到了对生产的副作用,干部未集中精力搞生产,群众对生产有顾虑,等待土地调整而不安心生产,由于对生产工作的重视不够,使得群众在思想上、组织上跟不上整个发展的要求。1955年4月中旬,遵循地委会议的精神,召开了县的扩大干部会议。除了学习民族政策、批判大汉族主义思想残余外,还对生产工作进行了研究,强调生产工作是一切工作的中心,今年必须从思想到行动全力投入生产。但在研究时普遍感到钻不进去,有的认为要搞生产就搞,何必动员,这一方面由于干部过去(1954年)在生产工作作风上不深入,掌握材料不全,另一方面说明干部思想未彻底扭转。因此,1955年的生产工作,从思想上对干部对群众的教育仍是一项艰苦的工作,必须不断地、长期地通过各种不同的教育方式使干部从思想上重视、钻下去,从群众、从反帝爱国、为过渡到社会主义而努力的觉悟转入到生产热潮中。

(二)生产成绩

1. 生产方面:

(1)开荒生产。全县开出荒田、荒地2600.2箩(种),不同程度地解决了1601户(占全县总户数的22.8%)无田少地户生产上的困难。分别为:

荒田1001.1箩,折4004.8亩;

荒地1276箩,折5104亩;

荒园323箩,折1292亩。

瑞丽县5年来开荒统计表（以箩为单位）

时间	开荒户		开荒面积			积面积	
	水田	旱地	水田	旱地	园地	水田	旱地
1952	231	486	206	405.2		587	356.7
1953	145	510	254.3	547.3	323	208.3	311.8
1954	74	118.5	114.9	266.3		114.9	186.5
1955.4	37		30	57			
合计	487	114.1	1001.2	1276	323	910.2	855

（2）兴修水利。全县共开沟252条，打坝10座，共灌溉15534.1箩面积（各年总数），使1409户（占全县总户数的20.1%）受益。分别为：

新开引水沟170条；

新开排水沟2条；

整修引水沟72条；

整修排水沟8条；

新修堵坝10座。

（3）增产情况。由于开荒生产、兴修水利及提高农业生产技术，各年度稻谷产量不断增加。解放初期，年产稻谷25000000市斤左右，至1954年产稻谷29452140市斤，增产计4452140市斤，增长数为原有数量的17.8%。增产情况分别为：

1950年产25000000市斤左右；

1951年产26495503市斤；

1952年产27427983市斤；

1953年产27979533市斤；

1954年产29452140市斤。

（4）经济作物及副业生产

豌豆在1953年以前种植面积仅1800亩，产量仅180000市斤；1954年已扩大到5400亩，产量已达550000市斤。

苞谷在1953年以前每亩平均产量不过100市斤左右，现已提高到150市斤至200市斤，个别最高产量达900市斤，接近1952年西南奖励标准（1000斤）。

茶种共贷出48.5箩种，共组织××户种茶。现已出茶苗共有××株，集体种植茶苗的有××箩种，个体种植茶苗的有××箩种。

2.经济帮助方面（以新人民币计算）：

（1）5年来共发放救济款479039775元，其中有土布3240件、棉毯1000床、寒衣

8000件。

（2）山区改造费共发放17267.0272元，水利补助费用去12035.96元。

（3）发放政府无息贷款23825.24元。分别为：

耕牛贷款2463.64元；

生活贷款4764.4元；

农具贷款2828.2元；

种子贷款2064元；

副业贷款1478元；

其他贷款10227元。

（4）银行有息贷款共发放127713元，现收回17397元。发放款分别为：

口粮贷款69485元；

种子贷款22224元；

副业贷款5715元；

农具贷款1232元；

耕牛贷款24857元。

3.灾害及救灾：

（1）牛疫：5年来，水牛、黄牛患病者有3649头，已死349头；先后由干部及发动群众医治2500头，注射牛疫血清6497头。

（2）虫灾：受灾面积共达41935箩种，有1687户受重灾，先后捕虫达10866市斤。

（3）水灾：受灾面积381箩种，单1954年参加蛮河坝防洪人数就有4054人。

（三）各阶层对生产社会改革的态度

土司在我党团结教育和群众压力下，于1954年6月被迫宣布不交官租，而当时土改之风又越吹越紧，因此对取消官租是表面接受、思想抵触，曾怨天尤人，向我工作同志说："我取消门户捐是工委书记和我谈的，说群众有要求，所以我减了。官租书记没有谈，所以我只减两成，谁知道乡下工作组就向头人说开了，还责备头人为什么还替土司收官租，这样，我只有取消官租了！"对群众却说："你们过河了，要将拐棍扔了！"并曾采用送手枪、手表给参加工作之上层子弟刀正安、刀成林、方克孝、蔡有寿等，布置其定期汇报农村工作；又分别送卢比三四百盾给旧有被遣散之汉族警卫员李祖荣、陈智先以作为挣扎爪牙。其年12月，德宏自治区召开了土司、属官及头人会议，酝酿了和平改革方案，从政治上安置了上层，从经济上对其生活做了适当解决，土司又转为思想消极抵触，表面上什么都说好，一天光为骂游荡，实际对供给不满，暗地仍进行活动，其势虽不及前猖狂，但活动方式、手段较前毒辣——挑拨民族关系。总之，统治集团既不甘心本阶级的灭亡而被动、抵触、破坏，又看到自己阶级的必然没落和表现某方面的进步。

属官在反官租之后，表现消极恐慌：官租不收就拿不到薪俸，因而集中地考虑今后生活及政治出路问题。参加了政治工作的上层分子衍汉章表示："我们是顺风划船，大权在人家（指共产党）手里。"衍国斌则威胁拉拢我骨干分子，对我勐卯镇副镇长金元说："你母亲姓衍，我们是一家人，无事不可说。你要明白共产党是汉人，死跟着走没好处。你要留心，老百姓对你是不满的。"并扬言："台湾解放不了！""私田是自己拿钱买的，就是自己愿意拿出来分，谁也不会要！"芒市会议后，属官思想有所解除，对政府意见也不大，但多数思想是想在土地调整前多抓一把钱和分散土地。如衍国安（上层分子）拟将水田3.5箩种以456盾卢比卖给景颇族，上层分子衍益禄32箩就分散16箩给亲友。自上层供给得到解决和"五停"贯彻后，一般无甚抵触，已基本转入安定，抱着停就停、收就收的态度，较反动的属官衍国斌不但破坏活动匿迹，在会议上还表示愿意进步。他们知道现在是大势所趋了，他们对土地调整普遍的态度是"政策是好，就是评地主难听"，要土地调整，农村里也一样地按政策办事就好了。

农村头人在官租取消后，表现消极观望，靠土司靠不上了，但与属官态度有别，属官首先"吃了亏"（拿不到薪），而头人本身利益无所损，因此，部分头人对政府有希望，部分害怕斗争，不少头人对我工作同志表示："我从前当布畹、布幸还不是为老百姓办事吗？要是现在政府再叫我帮老百姓办事，我是要好好地做。"官租刚免交时，姐东老畹布乃喊相约登贷、贷哈、丙本布幸连续开会商量对策，贺弄布幸则准备跑缅甸。芒市会议及先后3次组织上层去昆明参观后，土地调整的和平方案除个别外已基本能接受，思想已转向安定，加之"五停"的贯彻，因此一般的态度是"照政策办事就好了"。也有极个别的如丙午布幸则趁机扬言"以后土地不调整了"（将上半年土地不调整解释成永不土地调整）以制造混乱。但不可讳言的，农村头人在农村中看到了群众的力量，又受了一系列的教育，感受大势所趋、势在必行比较深，因此大部分是愿意靠我们。

官租取消后，特别是我们围绕土地调整做了各项准备工作，训练骨干、积极分子468人、夺取农村政权、建立武装等，基本群众普遍有了土地调整的要求，提出："我们穷人有'三奔'：那奔、解本、毫奔（意即我们穷人有3样东西是别人的，即土地、耕牛和口粮），这怎么能过社会主义呢？"因此，一方面自己展开了贫雇农的串连活动，1954年8月至11月，就串连了骨干、积极分子186人，而1954年8月以前全县不过204个骨干、积极分子，4个月发展的数字就占原来总数的91.9%；另一方面则组织联防要求掌握武器，表示"土地调整可以慢一点，枪最要命，非要不可！"个别地区甚至搞起自发性的武装组织，或以联防队名义直接写信给头人要土地。"五停"贯彻后，基本群众大部分能接受，觉得共产党做事就是周到，有的还检查自己乡、寨团结不够等缺点，因此，情绪仍是正常的。但个别对政策认识不够，口里不讲而实际仍积极发动群众搞调整，对工作同志说："土地不调整我倒没意见，就是怕没有田地的人想不通。"有的基本群众或积极分子则深感大失所望，甚至有不满情绪，发牢骚："不改还不是有钱人喜欢？"联防队动员冬训也不愿意去，回答是"土地不改革了，还冬训干什么？"总之，几年来的工作，基本群众对我有较深刻的认识，他们积极拥护共产党和人民政府、党的具体政策和措施，只要说明经过教育后，一般是容易为他们所接受的。

（四）生产工作中的体会

1. 必须深入群众，及时发现问题与分析问题，及时解除群众顾虑，必要时需制定有关保护生产和发展生产的政策。我们1952年搞生产，坝区傣族普遍顾虑增产了要加官租、抽土地或增加公粮负担，开荒户则顾虑所开荒地头年收不了多少倒要上公粮和规定的官租吃不消，个别景颇族则担心我们增产了就要给政府上公粮，因此群众生产劲头不大。根据情况，我们及时地提出了保证：多打粮食是自己的，政府不收公粮，开生荒5年不上公粮，开熟荒3年不上公粮。我们表示了态度，而群众普遍又有了增产不增负担的要求，进而与土司协商，傣族上层也同意以上措施。继之，通过县人代会、姐东乡代表会交代并做明文规定：生荒5年不上租、熟荒3年不上租、无故不得随便抽佃等，使群众顾虑解除，生产情绪普遍提高。

2. 必须明确坚决牢固地团结上层，发挥上层及一切社会力量来共同搞好生产工作。我们团结上层搞生产有两重意义，一是经济的，一是政治的。以山区生产讲，如要改进技术，提倡早犁早种，就必须团结说服上层提前祭鬼，否则山官不祭鬼，一般群众就不能犁田种地；我们要组织贫雇农户开荒生产，必要时就必须说服上层，打破旧有辖区限制；其他像严重阻碍山区生产发展的乱放耕牛问题，也必须通过上层和发动社会力量来有效制止。以坝区讲，像阻碍生产的抽佃问题、增产增加负担问题，都必须在坚决发动群众的同时来团结上层，与上层进行协商解决，通过团结上层搞好生产以达到经济上的目的。其次，我们通过了生产具体帮助了群众，从切身的生活问题上进一步体会到党的关心，使毛主席、共产党和人民政府在群众中建立了极高的威望，干部与群众也建立了极密切的联系，而民族上层从生产工作中也得到了教育。其教育不论从党对他们的关怀（提高生产于他们也有利，如搞水利）或从群众方面得到的教育，因而通过生产也达到了政治目的，为我党在边疆民族地区工作打下了物质基础。

我们在通过生产团结上层的方式上也是多样的。搞小型水利使各阶层都能受益（过去在多受益、多出力上做得不够），上层最赞成搞水利。其次是搞爱国生产小组或爱国生产委员会（工作初期特别合适），和上层共同研究生产，通过这一组织经常进行反帝爱国、团结生产等教育。另外，采取汇报工作、研究工作的方式提出群众在生产中的顾虑、意见来磋商解决等。从1953年的生产工作来看，上层与群众的关系是正常的，部分上层对生产还起了积极的配合作用。像横板老帕瑞板自动拿出100多箩谷子免息借给群众生产；种豌豆季节群众急需种子，而政府因洪水上涨暂时无法将种子运到横板工作组，横板老帕就将自己的豌豆种18箩暂借给群众。又像隔老寨山官隔老早纳经常跑来工作组汇报生产工作和群众缺粮情况，要求工作组帮助解决；他自己也缺口粮却不说，"我是山官，又是主任（爱国生产委员会主任），我虽然有困难，但应该让别人先解决，然后才解决我的"。因此说，通过生产团结上层，既达到了经济目的，又达到了政治目的。

3. 生产工作必须有点有面，以点来带动面，以面来推广点，这是主要的方法之一。特别是在民族地区，各项工作都非常生疏，缺乏成熟的经验，这就更需要我们做点的工作，选择重点分寨、户，必须从工作基础发展好的地方，有一定骨干、积极分子，大部分群众靠我，上层一般抵触不大，或愿意接近我的地区入手，这样才容易被群众接受，方利于工作的开展。像种水稻、旱稻、洋芋、苞谷等，都分别重点寨、重点户，而各方又分别重点种苞谷或水稻，或施肥、或稀株密植等经验，例如在施肥问题上，群众思想特别保守，提到施肥就说："你们说得好，就是我们傣族、景颇族没这个习惯。"对施肥能增产这一点也感到茫然，因此强调在技术工作重点指导，强调边做边讲，专门在猛修乡隔老寨选择张英腊家具体帮助施肥，干部帮着捡牛粪、松土、压牛粪，一窝栽了十几棵苞谷秧的，用通俗道理说清，拔到一窝二三棵秧苗。结果施肥的秧苗长得绿油油的，非重点户也学着做了，并且开始挖粪坑积肥，原来牛马粪满地的隔老寨在那段时期却天一亮粪就被捡完了，个别户还开始用烂树叶压肥，结果一斜苞谷种产五六箩苞谷提高到产15箩。事实生动地教育了干部和群众，初步打破了群众不愿施肥的习惯，也说明了党的政策、具体措施能否贯彻到群众中去，关键在于教育群众——党的政策、具体措施是出自群众、为了群众利益而贯彻到群众中去的。

4. 生产工作是一件细致的工作，不能停留在一般宣传上，而应钻进去和群众共同劳动，从劳动中向群众学习——在这民族地区和对青年知识分子特别需要——这样，才能使我们的生产工作从实际出发，才能将群众的点滴经验综合起来贯彻下去，领导群众生产。譬如工作开始时，我们按照内地生产的经验公开硬搬"深耕细作"，但深耕始终不能为群众所接受。经过实地了解，才知坝区有两种土地，一种是深犁后地里有砂，一种是深犁后地里有泥浆，要是犁深了，植物的根生长不进去，不容易生长。而山区的旱地绝大部分是刀耕火种，砍完一片地的树木，种三四年就丢荒，又开一块，这样地就坚硬，树根多，犁深了犁头碰着树根就断掉，也无法深犁，因此，我们根据实际情况，将"深犁"改为"多犁"。其次是生产工作必须通盘考虑，以便整个生产和农闲进行有计划的农业和副业生产。譬如南京里工作点在生产上的考虑是：（1955年4月）全点原耕种的水田132箩面积，只能收入稻谷4125箩；山地90箩面积，只能收入1238箩；其他黄豆收入25箩、豌豆收入30箩，二者折合稻谷167箩，以上3项，全年农业收入计稻谷5530箩。而全点有77户301人，每人以每年需谷子25箩计，则按现收入每人每年只有18箩3斜口粮，每人每年缺6箩8斜强，全点共缺口粮2031箩谷子。该点认为，目前必须是以农、林、牧相结合来支持经济作物的发展，除政府帮助解决一部分外，更主要的是发动群众的人力物力，发动群众进行生产自救，实行开荒生产，解决群众困难，并逐步支持经济作物的发展，故计划：

（1）开荒田8箩种，估计产稻谷240箩；

（2）开小型水利6条，估计能提高单位面积产量稻谷80箩；

（3）扩种豌豆种5箩，估计产量15箩，折合稻谷45箩；

（4）秋收时注意教育群众减少抛撒，可节约稻谷53箩；

（5）种茶苗30000株、咖啡3000株，开荒地25箩（今年不能下种）；

（6）提高生产技术，可增产265箩谷子。

以上计划可增产728箩谷子，尚差1303箩，不敷部分可趁群众农闲期间，按照本民族历史，发动种蔬菜、编粪箕，采山菜、野果、芭蕉、木料、草等，注意多种多样，有计划有时间性地想办法增加群众副业收入。

从南京里对生产工作的考虑是比较细致的，这样能使我们工作有计划有目的地进行。这计划原来是来自群众的，再交给群众讨论，群众心里有了底，大家更会积极地有信心地进行生产。

5.采取多种多样的会议形式来推动生产：

（1）劳动模范形式最能推动生产，掀起生产热潮，特别加上物质奖励，在方式上是从下而上的评比（评比中要照顾到傣族、景颇族群众的面子问题，评选不上的就宣布为寨、区、乡模范），这在群众中的震动较大，使群众热衷于生产。我县共召开两次劳模会，到会代表365人，先后选出劳动模范51人（为缓和阶级矛盾，可选出一二剥削较轻、劳动较好的富农或上层分子）、特等劳动模范3人，各奖牛1头。

（2）善于发挥群众智慧，交流生产经验，分析和总结生产经验及教训。像南京里点工作组，在1953年工作中，每一种作物的开始和收获都和群众（包括上层）共同讨论。种豌豆之前，我们和群众提出应如何种的方法大家讨论，认识一致后大家积极栽种，收获了又将全点共种多少豌豆、收多少豌豆、谁家产量最高、谁家产量最低、为什么高、为什么低等经验教训在群众大会上分析，使群众通过具体事例来提高生产技术，达到增产目的和提高生产积极性。

（3）为了提高生产技术和提高生产，可召开各种会议，如水利代表会、水利训练班、茶叶训练班等。我县曾开茶叶训练班两次，受训63人；水利训练班1次，受训38人；召开水利代表会两次，到会54人。

（五）生产中存在的问题

1.干部对全力以赴搞生产的思想不明确，以致妨碍了生产发展。我县自1954年以来，从上到下地考虑土地调整，因而对生产起了不应有的副作用。1955年4月虽集中干部学习，强调一切工作必须以生产为中心，围绕生产工作进行，但干部思想并未彻底扭转，认为搞生产没有土地怎么行？不马上搞土地调整，生产真没办法搞下去，"我们以前向骨干、积极分子说过的话不实现，这怎么好交代呢？"由于干部思想存在着搞名堂，全力搞生产不明确，因而部分骨干、积极分子因不马上土地调整而不满，有的表示："现在不土地调整，还不是有钱人喜欢？是不是不要我们穷人了？""现在不土地调整我们倒没意见，就是没田的人不答应。""政府光叫我们好好生产，光拿把锄头没田他怎么生产？"这一思想不纠正，发展生产是受到阻碍的，而这一思想的彻底扭转，需要相当一段时间的教育。

2. 干部在工作作风上不够深入。几年来我们在生产工作中成绩是大的，也取得了一些经验，但是不乏干部，特别是1954年以来，在生产工作作风上不够深入和踏实，表现在工作有头无尾，缺乏总结工作、交流经验，个别地区有关生产情况不了解。像1953年我们在蛮沙寨、姐东寨选择了重点户搞稀株密植，在开始汇报了如何进行思想动员工作，干部如何亲自动手做，一个多月后，又汇报秧苗长得油绿可爱，如何较一般秧苗好，但以后薅草了没有提到，以后收获了也没提到，到底后来好或坏，组里不做汇报，区里没有做检查，县里也听之任之，至于稀株密植后为什么长得好、为什么长得坏，更是无人总结了。其他像在丙午寨，群众自发地组织起互助组，曾经互助了一段，但由于干部不深入，在分果实后就垮了。

3. 荒田、荒地缺乏。根据我县坝区初步调查，荒田仅有371箩，荒地有999.5箩，但实际可以开的荒田只有250箩、荒地680箩左右，余皆为牧场等。这900箩可解决350户左右无田少地户的困难，即使全县土地调整，可调整之土地（抽出领主、地主的土地）亦不过开荒生产、土地调整解决外，其余的800户难以从农业着手来解决，势必从搞副业生产或工业等方面考虑。

（六）今后工作

1. 1955年内计划：修水利80条，打坝6座，灌溉5300箩种面积；开荒田176.7箩、荒地310箩；扩种甘蔗150亩、草烟50亩、棉花100亩；种茶苗100000株、咖啡种11000株。

2. 根据我县情况（稻谷多，年向外流而目前内调难）及国家需要（多种油料和经济作物），因此在1957年以内计划开荒250箩、荒地600箩以上，稻谷产量由现在的29452140市斤提高到（荒田、荒地在内）34000000市斤左右。

计划改种水稻田11342亩（283505箩种）面积，扩种棉花200亩、咖啡600亩、甘蔗250亩、草烟800亩、花生1650亩、葵花籽100亩、苏子800亩。

六、统战工作

（一）5年来民族上层统战工作情况

1. 1950年5月，我部队和部分地方工作人员进入潞西芒市，芒市代办方克胜即出走勐卯，四处散布谣言，煽动群众。时土司衎景泰正疑虑不定，遂率土司全部武装及主要属官集中于户育山区一带，拟观动静，或逃缅甸击退我军。

同年4月，部队进驻瑞丽。驻瑞丽121团某教导营曾3次致函土司，一再阐明我党态度及我党政策，始陆续下山。4月底5月初，保山专署始派14人组成之代表团来瑞丽，直接由代表团与土司联系。

当时社会秩序不稳定，司署人员复杂，土司、属官、山官等对我疑虑重重，匪特潜伏司署内部活动尤烈,而我党在边疆民族地区无党的地下力量,加之历史性的民族隔阂深,上层内部情况难于了解,为初步安定上层、联系情感,曾于是年11月中旬召开第一届第一次人代会,而实际全为山官、属官、头人会议,终即成立县行政委员会,使司署主要人员、头人等得到安置。

2.行政委员会成立、上层初步有所安置后,即大力普遍地至各村寨与农村头人、群众见面,广泛地宣传交代党的政策。如1951年初,景颇族地区自东至西都进行了宣传,采取送盐巴、针线等方式召开会议,坝区组织一巡回性的工作组至各村宣传,从当时说,确起了扩大党的影响和建立了与民族上层及群众的联系。但由于潜伏匪特自司署内所起的挑拨破坏日炽和民族上层平生的两面性,因之连续发生土司衎景泰被李弥残匪委任为第五支队队长、十八纵队司令、三支队司令等职,其弟衎景三外逃缅甸投李弥部下,内部潜伏匪特分子马岗峰、李兴诚等人与民族上层衎国斌、龚算印等勾结,计划与木姐残匪里应外合,袭击我驻瑞丽工作人员及部队。直至我突击检查,逮捕了潜伏敌特人员,反动民族上层分子始暂为隐身,不敢如前猖狂。

1951年12月25日,正式成立县人民政府,县政府委员会、县协商委员会又进一步安置了一部分(23人)农村头人及属官等民族上层分子。至此,外来干部亦逐步安插至县府,对留用人员中的反革命分子等进行了有计划的清洗,民族上层的反动社会关系也自弱了。

3.1952年6月以后,除上级党政机关派来一部分外来干部外,并由部队转业一部分,先后组成8个工作组,铺开到山区、坝区的农村工作,统战面也随着农村工作的铺开由土司主要属官扩大到农村头人。当时的各项工作步骤,如做好事、交朋友、反帝爱国教育、团结生产、民族民主建政等,都坚持了艰苦地发动群众和贯穿了巩固的团结上层的工作方针,并强调在原有的政治基础上进行团结生产,通过团结生产进一步提高加强政治工作。正由于我们既团结了上层,又以生产作为各个时期的工作中心而发动了群众,教育了上层,所以上层分子过去反动企图破坏袭击我的大部分或基本隐声匿迹,过去摇摆不定的基本安定,对人民政府有了初步认识,过去观望怀疑的对毛主席、共产党和人民政府有了一定的信任,并表示愿意靠拢我们。

1954年以来,群众工作有了较大的进展。农村中涌现了成批的骨干、积极分子,组织了联防武装,继废除官租之后又有了土地调整的要求。加之部分地区控制不严,发生自发性的武装组织,要求清算头人及联防队,写信向头人索回土地等,上层分子又开始有所骚扰。土司衎景泰夜里偷运枪支出国,加强与国外亲属等联系;反动属官衎国斌、衎国安等拉拢、威胁和打击我骨干、积极分子;个别农村头人拟逃缅甸,这些显然说明统战工作跟不上整个工作发展和工作要求。

随着政策的前进和工作的发展,统战工作对我们又有了新的要求,扩大统战面,从各方面安置和教育他们,以适应工作的发展,而干部则由对党的统战工作的重要性有所认识到思想初步明确,进而初步树立统战思想。首先表现在统战面的扩大,如召开属官会、属官头人家属会、土司主要属官座谈会、县乡政府协商会，联防武装委员会组成之后3次去昆明参观等，并定期召开会议。其次是统一排队，分别给予政治上的安置和经济上的补助，如1955年考虑安置到县人民委员会、协商委员会及德宏自治区委员会共30人，经济补助24人；与此同时对上层进行摸底工作，建立主要上层档案17人，一般调查74人，特别到1954年5月底统战部成立，工作已有专人负责，工作较前有计划有系统地进行。自经济予以补助及"五停"贯彻后，上层除个别对供给不满外，大部又转向安定，加之几年来的教育，不论其教育是来自群众、具体生动事例和党的政策，使上层对我党又有进一步的认识，一般愿意靠拢我党，表示拥护党的政策、政府法令，少部分还要求进步。

（二）华侨统战工作

1952年底，缅甸木姐一带受李弥残匪骚扰，及1953年春缅甸九谷被火烧，因此，两地华侨先后迁入我县30余户。当时对一般外省籍华侨或历史特别复杂、政治嫌疑重者，多经说服送返原籍，现留居瑞丽者尚有24户，分别予以经商、组织开荒生产、赶马等安置，并从生产生活上予以适当照顾。自1954年以来归国探亲或出国经商等过往华侨日益增多，单1954年6月到1955年4月过往华侨就有304人。侨汇亦日增，1953年10月到1955年4月，即共收侨汇达13221421盾卢比，其中一段还没有正式开放外省侨汇。所有过往华侨，我们都采取争取团结政策，从生活上予以关怀照顾，从政治上耐心进行爱国主义教育，对国内外华侨都起了很大作用。

华侨工作开始系由县民政科兼做，1954年6月正式由县工委统战部领导，由县民政科、海关、进出口公司贸易组、城区工作组等共同担负。对留居瑞丽华侨已组织学习，计一周一次，收听广播一周一次。除政治上的关心外，对生产生活有困难的或由银行救济款内视情况予以解决，如戒鸦片大烟的商人，组织7户开荒生产小组，贷耕牛2条、口粮贷款等。其次，对侨居缅甸来瑞丽经商的也经常予以教育。现在经商的华侨全部与国营公司发生成交关系，1953年小额贸易由国营公司掌握的只有60%，而现在已掌握至90%（指勐卯镇），并基本已争取能到履行合同，按时交货。

我们在华侨工作上是本着"团结争取、提高警惕"的政策方针进行，在华侨的管理上的主要措施是：经常进行调查研究，对特嫌或坏分子必要时限令内迁，以隔绝国外联系；华侨留居只限于畹町、瑞丽之间，并须严格遵守居留条例；加强我县第三区姐相（与缅紧邻，匪特活动较多地区）的侦察工作；每周各有关单位，如银行、进出口公司、海关、贸易公司、公安局、检查站、统战部等集体汇报一次，并研究分析情况，适当处理有关华侨工作的管理问题。从目前来看，一般归国或出国华侨是热爱祖国、积极赞扬祖国社会主义建设，但少部分由于长期侨居国外，受反动言论影响深，对共产党仍有所顾虑，个别的则政治历史极其复杂，生活习惯不良，或为敌人利用分子，或为敌人派进分子。如华侨黄联杰曾主动前来要求参加工作，后被拒绝，往公安机关调查方获悉，黄联杰曾受李弥残匪之特务训练。再如华侨杨秀，其妻服务于美国新闻处，本人常跑美国驻缅大使馆，曾至我统战部表面装进步，为获取信任曾拉拢仰光华侨学校的学生，欲利用他们与国内外的双重关系进行破坏。这说明我们的统战工作之一部分的华侨工作是极其艰苦和尖锐的斗争，既要争取团结，注意对外影响，又要提高警惕，以防敌人的破坏。

（三）政府机关的统战工作（民族上层对废除官租、调整土地的态度已述前，故略）

1. 县、区、乡建立前后及人员组成情况：解放初期，于1950年11月成立县行政委员会，当时组成人员极为复杂，参加行政委员会的共23人，其中民族上层分子14人，为总数的60.8%；有匪特嫌疑并经证实的汉族留用人员6人，为总数的26.1%；基本群众（民族干部）1人，占4.3%；留用人员无政治问题的汉族1人，占4.3%；共产党员1人，占4.3%。1951年12月25日县人民政府成立，特嫌分子逐步得到清洗。到现在为止（1955年4月底），政府机关共有工作人员36人（政府直属机关皆不计入内），其中外来干部30人，占总人数的83.3%；本民族干部6人，占16.7%。民族干部中，上层分子及上层子弟5人，占总数的14%。36人中有党员7人，占19.4%。自县行政委员会及县人民政府成立以来，先后召开县人代会11次，到会1928人；召开县政府协商委员会联席会议共12次。

区政府一所，于1954年6月成立。现在干部13人，其中汉族干部2人占总数的15.4%，本民族干部11人占总数的84.6%；民族上层分子及其子弟5人，占总数的38.4%。党员无。

乡政府于1952年8月即开始成立姐东乡政府，至今乡、镇政府共13所，乡一级政府干部全为本民族，共计41人，上层分子及其子弟占总数的32.1%。党员无。

从上述政权人员的组成及有关会议之召开，说明离民族化要求远，统战面也不够广泛、全面。

2. 县、区、乡政府的工作关系，在县政府内部的统战工作极差。如建设科长、副科长是民族干部，科员是汉族干部，工作上表现是汉族科员总揽全科，科员向群众讲话，科长担任翻译；科室与科室的分工则是外来干部的科长领导民族上层出身的科长。区政府与县政府几无联系，工作直接由区工委分配，乡政府的工作则直接向工作组汇报，变成由工作组领导乡政府，乡既不向区政府汇报，也不向县政府请示汇报。县政府的工作也是直接与区工委工作组发生关系。像这些工作表现，一方面是大汉族主义思想残余作祟，另一方面是干部统战思想不明确，总不放心上层，怕上层捣鬼，站不稳阶级立场，没有看到上层的代表性和民族的国际性。

（四）工作体会及存在的问题

1. 统战思想未很好建立。我们从工作开始到现在，各项工作都贯穿了民族上层统战工作，我们的工作也是在上层统战工作的基础上进行的，但是从工作检查回顾来看，全体干部并未建立很好的统战思想。首先表现在工作指导思想的急躁冒进。1952年12月的县人代会上即提出废除管爷租、减交门户捐和司法统一等，并做明文规定发至各寨，试图以行政命令来废除封建领主制。又如1953年较普遍地认为团结上层与发动群众二者是矛盾的，只有发动了群众，才能团结上层，想在土司、头人、属官、山官中做文章。其次是有讨厌上层的情绪。越落后的越不屑接近，看不惯、嫌麻烦，甚至连统战工作者本身亦如此。部分同志则具有较偏激的阶级观点，如上层分子或上层子弟出身的干部，怕他们没有阶级立场，不懂政策，农村头人出身的干部表现较好的又怕树立了他们的威信，因此分给的工作就是调解纠纷等吃力不容易讨好的工作给他们做。另外就是缺乏以民族平等的思想来对待上层分子或其子弟出身的干部，在工作上表现了严重的包办代替，上层仅徒有职而无权，职位成了空架子。

这种统战思想仍未很好建立，表现出上述问题的现象，是不符合党的总路线、不符合我们国家的经济基础和历史条件的。这种现象的产生，是忽视了民族上层与本民族人民血肉不可分的关系，因此，团结上层问题不能从全局出发，而单从自己狭窄的工作小圈子考虑，也不能从长远利益、巩固国防方面看待或处理工作。这种主观主义的倾向，妨碍了我们统战思想的很好建立。正因为统战思想明确不够，给我们的工作增加了不少可以避免的麻烦，甚至使工作受到不应有的损失。

2."从某种意义上讲，神是群众的领袖"，尚处在原始氏族社会中的景颇族、封建社会的傣族更不例外，而匪特和帝国主义就通过宗教来进行有计划的阴谋破坏，1955年以来曾先后两次策动17户62人（景颇族）集体外逃去缅甸，造成我政治上的严重损失。过去我们对宗教问题认识不够，忽视了宗教问题的国际性和民族性，不但没有较有计划地进行工作，就是与宗教上层人物的一般接触进行调查了解也非常差。

3.景颇族上层（山官）是依靠其习惯的、道德的约束形成为家长式的统治，他们曾领导过本民族人民为本民族的生存进行过英勇的斗争。他们同样劳动，与本族劳动农民有着不可分割的联系。景颇族上层与傣族上层从剥削阶级关系上都有差异，因此景颇族上层的统战工作在内容上应有所区别，而这一点我们从思想上是不够明确的。像1955年初，封建领主对我抵触，曾纵容景颇族"拉事"（拉傣族的牛），而景颇族上层曾为了达到一时的经济目的与封建领主相勾结，制造民族纠纷。至今民族纠纷的发生仍成为我们工作的危机之一，这与加强景颇族上层的统战工作是密不可分的。

七、武装工作

（一）联防武装工作

1.建政前后，远在1951年9月，在召开的第一次县人民代表会上，曾提出防匪防特、站岗放哨，会后并由县行政委员会勐卯司署通知各甿各寨执行。通过这次行政命令，曾时起时落的轮流站岗。1952年4月，各工作地区普遍进行反帝爱国教育，在群众思想认识提高的基础上，当时匪情紧急，故在政府号召、群众有所要求下，又开始站岗放哨，初步做到有匪情和可疑的人即报工作组和乡、县政府，个别积极分子竟去缅甸木姐、南坎一带了解匪情。1953年春，就在以上工作的基础上，选择已建乡地区为重点，先与乡长、委员、各寨头人协商，提出组织联防武装。当时的口号是"肃清土匪特务、维持地方治安、保护家乡、保卫生产"，而当时的目的也在于反帝爱国、防匪防特、团结生产，因此各阶级起而积极参加，上层也表示赞助。单横板乡7寨223户1255人就有队员99名，占全乡人口的7.88%，成分分别为地富4名（包括政治上是上层分子），占4.04%；中农43名，占43.43%；贫雇农52名，占53.65%。这种数多质弱现象，在当时却起了反帝爱国、保护生产的作用，但也使以后整顿、巩固增加了不少麻烦。在横板乡摸索总结工作以后，继之又在蛮令乡推行，到1954年8月会议，在积极慎重地为土地调整创造条件的号召下，在基本群众的要求下，又继之发展，在发展中整顿联防武装工作。到目前为止，全县坝区现有9个联防分队，分队长9人，正副小队长57人，队员378人，共444人，为全县人口的1.26%、坝区傣族人口的1.56%。其中28.4%为我农村骨干、积极分子，有3%为富裕中农以上阶层（级）、过去曾任土司兵、吸大烟或与上层有可疑联系者。联防队共掌握步枪124支、钢炮枪129支。

2. 工作体会：

（1）联防武装是我边疆各族人民（目前是傣族人民）自己组织起来维护自己乡寨财产、社会秩序的稳定和保障人民民主专政的革命武装。这种武装除了保证我各项工作、土地调整的顺利进行而防止坏分子等重大作用外，还有其特殊意义：我边疆武装有敌人、朋友和自己的武装，封建领主的武装是用来维护其统治的有力基础和有力工具，地富的武装是封建性的，用以自卫或压迫人民，与人民利益有时是结合的，而人民武装过去毫无基础，今天我们则要以各种不同的方式解除敌人和朋友的武装以壮大人民的武装，因此联防武装工作既要壮大自己的队伍，又要善于团结上层，与敌人和朋友的武装做斗争，以达到解除对方、壮大自己的目的。其次，人民武装的壮大、健全的成长，意味着我祖国边疆的日益巩固和各族人民觉悟的相对提高。我们认为在边疆民族地区搞地方武装工作，对人民武装的重要性和特殊意义，必须从思想上有较进一步的明确，才不至于硬搬内地一套，或产生单纯的军事观点或偏激的阶级观点，而需有高度的策略原则性。

（2）几年来，联防队发挥的作用是大的，无论是在反封建（废除官租）、生产建设和防匪防特上都起了带头推动和保证任务完成的作用。如蛮令乡联防队1954年曾与土匪作战两次，一次是1954年12月12日晚，残匪约一二十人越境偷袭我蛮令工作组和乡政府，时县正开扩大干部会议，工作组仅留1人，与乡长及联防队长共3人，还击包围乡政府的匪特，双方相持约10分钟，联防队即已集合围攻残匪，匪见势众，被击伤4名后而慌忙逃窜。联防队能发挥如此大的作用，与多样的教育是分不开的，在培养过程中，可采取集中进行系统的政策等各方面的教育。如我县举办的骨干、积极分子训练班，第五期就是以联防队员为主和即将吸收入队的对象进行教育，共有学员172人。除进行爱国主义教育、阶级教育和政策教育外，还有联防武装工作教育，并曾先后两次利用农闲以一乡或半个乡为单位进行冬训，这使他们看到了自己的力量增强工作信心。他们提高以后，又可通过他们串连来扩大队伍。但在教育对象的选择上，必须根据民族特点灵活掌握，不能机械受年龄限制，一般以23岁至33岁为宜，因23岁以下青年在傣族社会中无甚地位和群众威信，正当他们串小姑娘的年龄，问题体会较慢，觉悟不容易启发。阶级成分当然必须十分注意，这涉及到党的政策的阶级路线贯彻问题。

（3）人民武装的建设与团结上层有极密切的关系，对上层震动也特别大，因此必须非常慎重与稳进。我们在工作中初步摸索的是：组织统战性的联防委员会，目的在于向上层说明联防队的组织是为了本民族、保护本族人民生命财产、防匪防特等，有关问题如枪换肩等可与之协商，以达到稳定上层、解除上层顾虑和减少阻力。如姐东老皖布乃罕对联防队的看法是"联防队政策不懂就乱干"，"就是怕联防队不按政策办事"。自从组织联防委员会宣布布乃罕担任副主任以后，不但到处为联防队解释，宣扬联防队的好处，同时将自己的私枪4支主动拿出交联防队使用。其次，在联防队的发展上，在内部做好一切组织工作后，可召开群众会议当众宣誓，当众发给所换枪支，由乡长（上层）主持，这样使人民群众普遍知道联防队的任务对本族的好处、做联防队的光荣和亲眼看到枪支仍然回到自己（本族）手里，这样可以扩大影响并稳定上层。另外，在枪换肩上可先一般而后头人（主要是指参加工作的头人），对司署武装则采取借用等方式，这比较缓和，对上层震动就不大。

3.存在问题：

（1）最初，由于我们联防武装是在一般号召防匪防特、团结生产下组织起来的，因此形成量多质弱，个别则成分不好、历史复杂、吹大烟，影响了武装力量的纯洁，特别是斗争日益尖锐的今天，掌握不力极易为坏分子钻空子，是我目前整顿巩固武装工作中亟待解决又须注意方式的问题。

（2）山区景颇族是一强悍之民族，由于民族性格、历史条件和地理环境等关系，形成景颇族出门一般男子都携带长刀和枪，将武器视为财产，因此景颇族武装多，而根据景颇族工作条件和民族性格，尚不能组织联防武装等，即或组织亦不容易为我所掌握，容易为敌人所利用，特别是敌人通过宗教来煽惑，这确是当前武装工作中存在的重要问题之一。

（二）民族基干连工作

1.建设概况：我县民兵连于1952年10月开始筹备组织工作，当时各民族连干部主要是结合中心工作进行了解培养，至1953年夏秋季才个别吸收。到现在为止，民兵连共有干战25人，即汉族干部10人，分别担任连长、指导员、班长职务；战士15人，其中1人为傣族，余为景颇族。15个民族战士中，13人家庭相当于贫农成分，现正报请提拔正班长2人、副班长8人；现已入团者1人。从战士水平看，一般对祖国伟大可爱及民族战士的任务有初步认识，军事上的基本操作略懂，大部分识汉文一二百字，多到五六百字以上。今年并计划发展战士70名。（云南军区通知不发展——阅者注）

2.存在问题：民族基干连工作是一尖锐的对敌斗争工作，过去以到缅甸充当克钦兵为生活出路之一。1954年12月在18寨近700户的青年内统计，外出当兵的有67人，估计现全县外出当兵的有100人左右，当1955年三四月份，外出的即有13人。而参加民族连的景颇族战士一般多慕缅兵，如拉干曾组织小集团跑缅甸，班长（汉族干部）不在时偷戴缅兵帽子。另民族连战士待遇确远不及缅兵，我战士一月津贴7元，有衣服和球鞋，而缅兵过去一月津贴60盾卢比（折人民币24元），现提为90盾（折人民币36元），穿的咔叽布衣、黄皮鞋。由于待遇问题和政治教育缺乏，曾先后借请假回家未归队的即有7人，其中1人已去当缅兵，被清洗的有3人，所以民族连战士的巩固和对外影响的问题，必须考虑待遇问题的提高。

八、财经工作

（一）我县解放前及解放初期的经济特点

内疏外密，对外依赖性大。从市场上看，既有我国营贸易公司的社会主义经济、进出口商的资本主义经济，也有傣族落后的封建经济、景颇族原始的以物易物的交易方式，加之近5年来帝国主义的侵略，使社会经济日益殖民地化。

全境共有14个街子，为群众日常交易场所。街子以姐向、勐卯、弄岛、姐勒4街最大，姐向赶街1900人左右，勐卯1500人左右，弄岛1000人左右，姐勒700人左右。根据1953年1月调查，四大街场总交易额为21874盾卢比，以当时外汇牌价折旧币109370000元，其中工业品占31%、农业品占69%，工业品有85%的外国商品。在地理上除与缅犬牙交错、一寨两国外，并有正式渡口8个，属缅之渡口12个。地理环境和民族关系造成走私漏税者极大方便，单1952年，我县及陇川章凤一带走私手表即达800只左右。从货币市场讲，原都使用卢比，至1953年1月全县人民币不过占市场10%，勐卯镇为机关中心地，人民币市场扩大到17%。除以上情况外，我国货源少，运输困难，而国货与外货剪刀差价大，群众工作政治基础薄弱，加之缅甸政府对物资的封锁和蒋贼匪军的骚扰，更使我经济陷于困难被动境地。我们在经济上既要发展国营经济、改造私营经济，与帝国主义侵略进行多样的斗争，又要与群众工作相适应地对封建经济的逐步改造。

（二）5年来财经部门在党的统一领导下，在强调财经工作的政治性和为生产服务下，我们的工作成绩是大的

1.贸易：于1951年5月成立县贸易公司，当时除土产外，主要是供应驻军及干部日常生活用品，故全年投放数不过新币300元，回笼数3000元。1952年小额贸易试行，投放数增到5000元，回笼数97340元。1953年在山区、坝区各增设一贸易组，小额贸易开展，国货逐步扩大市场，投放数增至240750元，回笼数为438879元。1954年投放数为814597元（因我县小额贸易货物内调任务大，故投放数亦大），回笼476485元。到现

在为止，除县贸易公司外，并有贸易所1所、贸易组3个。以机关中心地勐卯论，1951年国货销售量仅占市场总销售量（一年计）的2%至4%左右，1952年则占10%，1953年占40%，1954年国货销售已占总销售量的64%，而小额贸易已掌握到总销售量的90%以上（勐卯镇）。

2. 银行：于1951年6月成立县人民银行，当时工作仅限于与各机关驻军的一支一付上，1952年第三季度亦随着民族工作的发展开始贷款。1952年贷出1000元，1953年贷出52589元，1954年贷出69915元，1955年4月贷出4200元，共贷出新币127713元，现已收回17397元。如1954年贷谷子17001箩（612054市斤）、大米150箩（11350市斤），即可减少高利贷8725箩谷子的剥削（314118市斤），使农村高利贷重点由100%减少到70%至80%左右。其次，进行了反假和打击卢比，使本币占领市场。几年来查获假币1790元，打击卢比使其补币驱于市场之外，本币由1953年底勐卯占30%、姐向占20%、姐勒占15%、弄岛占5%改变为现在勐卯占80%、姐向占60%、姐勒占60%、弄岛占40%至50%。另外，还开放了侨汇，共汇出卢比达4370880盾。

3. 粮食：于1953年1月成立县粮食局，当时仅在于对机关驻军的粮食供应上，甚至在1952年底，瑞丽虽为产稻谷区，但征收或收购不起，而由保山调运粮食供应驻军及干部粮食。1953年秋在大力收购下，业务才回到逐步发展。1953年收购大米448600市斤、稻谷6254465市斤、黄豆446482市斤、豌豆270927市斤，保证了全县的军需民用，完成了相当数额的外调任务。而更重要的是与敌人在粮食问题上进行了正面的尖锐斗争。1952年至1953年，李弥残匪盘踞于缅甸九谷、木姐、105码、南坎一带，但我有力收购致缺粮。我每78斤收购价为卢比13盾，而蒋匪提高到16盾甚至20盾；我以黄金收购，而蒋匪则假借我政府名义以假黄金收购；我经过全力发动群众、组织堵口、不准粮食外运等一系列的政治教育工作，而终于使蒋匪不得不自瓦城、密支那一带运粮供应。这一在粮食工作上的对敌工作是尖锐而又成功的。

4. 海关：勐卯支关于1951年6月成立，当时工作着重在了解情况，提出今后如何结合当地情况开展工作决策的意见。1952年7月，新的小额贸易办法宣布；1953年春，缅甸九谷焚烧，缅方对畹町口岸进行封锁，正常贸易即转来勐卯口岸。口岸贸易是急遽活跃，业务骤增，工作亦转入紧张阶段，但1951年6月到1955年4月，在支关申报的正常进出口贸易有2311112元，共查获进出口走私146件，总价值为34624.8元。

5. 进出口公司：1953年夏成立进出口贸易组，因当时缅甸九谷被焚烧，对缅口岸由畹町转向我县。其经营出发点：加强对敌斗争，有利于国家经济建设，因此进出口物资以国内需要的汽车及零件为主，出口以燃料、棉织品、土杂产为主。1954年进口货值为215425元，其中汽车进口20余辆；出口货值为54309元。而进口国营占78%，出口占69%，余为私营，与缅资本主义进行了斗争。

6. 税收：1953年1月税务所成立，在1953年曾按照旧习惯采取包税方式征收屠宰、酒税等。税务所正式成立后，方根据"边区税收政策要发展社会主义、限制资本主义而又不能妨碍民族团结"的精神，并随着整个民族工作的前进而逐步纠正旧有不合理的征税习惯，并扩大了税源。在机构上除设所外，并在姐岗增设1个组。从税收收入数看是有很大变化的，如1952年收入10047.3元，1953年收入51973.4元，1954年收入67987.6元，而1955年4月止就收入30442.4元，总共收入160444.8元，使国营社会主义经济和私营资本主义经济得到与工作相适应的发展与限制，也有力地打击了敌人。

7. 邮电工作：我县邮电局于1953年6月成立，9年来完成生产任务达44488.1元。现已设乡邮，全县长265里。有电机房22座，电路153里。

8. 财政收支：我县农业税为随着工作的前进，逐步地改变了由平均摊派到多有多出、少有少出，到累进计，继而初步贯彻了党的阶级路线。历年来征收公粮数为：1950年收大米23607市斤，1951年收大米281500市斤，1952年收大米321000市斤，1953年收大米256017市斤，1954年收大米333124市斤，1955年收大米988377市斤，总共收入3416096市斤大米。其次，财政开支上亦是巨额的，单1954年各行政事业部门的支出即达3363726303元（旧币），其中行政管理支出占1507704997元，卫生支出占707344521元，救济支出占283051620元。这意味着我们在为边疆发展生产、卫生、文化等事业上做了一定的贡献，而使得党和人民政府的政治影响扩大和政治基础的日益巩固。

（三）工作体会

1. 边疆经济工作是政治工作的物质基础和保证，没有以物质为基础的政治工作，不论在生产上、对敌斗争上都会受到很大影响，经受不起一次经济波动，民族关系也不能进一步巩固。而我县的经济特点是：内疏外密，对外依附性大，经济工作就应从这一点考虑，强调经济工作的政治性，必须为生产服务，为政治服务，为对敌斗争服务。从这一点出发，党委必须加强对各个财经业务部门的领导，使财经工作能适应整个工作的发展，而起到党委的闸门作用。

回忆过去，我们在1953年以前对财经工作的认识和重视是不够的，经济工作追不上政治工作。瑞丽是产粮区，但我们在1952年驻军和干部的粮食却由保山调运来供应，除人力物力的浪费外，所购粮食较本地粮食价格高出1倍以上。其次，在统一领导上掌握亦不够。像1953年，海关强调西瓜为非正常进口贸易，机械执行上关税，而西瓜又为广大群众自缅甸购入的普通水果，结果引起各阶层群众、驻军、干部的不满，产生个别驻军在零食摊上购一片西瓜送来海关上税的事情。1954年，财经工作又前进太快，不能与民族工作相适应，造成我在某些工作上的被动。如税务所不经请示擅自征收市场上小摊贩的食品税，卖米线、卖粑粑的也征收，而贸易则企图将外国商人挤出去，通过行政命令搞市管会，搞专行专业，海关关税的进一步登记管制，致使1954年第四季度市场冷落，外来布匹商断绝往来，国内小贩部分停业转业，交易情况萧条。因此，我县财经工作必须服从于对敌斗争、必须为政治服务来完成各部门的工作，而各项工作又必须在党的统一领导下进行。

2.财经工作必须防止单纯的业务观点,加强财经工作的政治性。从1953年以前讲,我们的财经工作较为普遍地存在单纯业务观点,为各自的业务指标数努力,而缺乏应有的政治意义。如贸易公司的销售量,虽超额完成任务数,但销售情况却是:物资一到被私商抢购一空,我们成了私商的运输员,起不了国营贸易的应有作用。又1954年粮食局每10箩谷子的收购价为24.84元,较市场价格略高,当时银行贷款即按每10箩24.84元贷款,贷放的款强调必须去粮食局购买,单纯考虑群众如将款投到市场将引起市场粮价与货币的混乱,粮食无出路等。至归还时,粮食局粮价降低到15元左右,结果群众归还贷款原价10箩谷子须卖15箩谷子,群众反映政府放高利贷。为了弥补工作缺陷,凡向粮食局以24.84元购粮的,就由银行赔偿差额数9元多,银行因此赔款达10000余元,使国家财产因财经工作的政治性极差而蒙受损失。

3.边疆财经工作必须善于结合民族地区的民族特点进行。如牛奶、饼干、糖果为海关高税物品,在内地一般属生活水平较高者享受,而瑞丽为各族广大人民的主要购买品,各族人民不论在宗教上、各项礼仪的交往上,都以此为必需品,因而对此项食品的征收率涉及面广,国内暂无代用品,又涉及宗教问题,因此,必须灵活掌握(现已有勐卯支关提请昆明总关作为日常用品、宗教礼仪品等免税)。其次,在贸易上的定员定额、税务上的专行专业,根据目前边疆情况,是不可能硬性执行的。

(四)存在问题

1.我县气候属亚热带,较炎热,粮食性又软,一般粮食只能保存两年左右,否则变成黄色,慢慢碎成小块,而我为产粮区,每年征购的粮食都积压起来。根据1954年底统计,库存大米有273800市斤、稻谷有465500市斤、黄豆184500市斤、豌豆36300市斤,其中有1953年的陈粮,现正收购的尚不计算在内。我县年产粮食剩余1000万市斤以上,而目前内调困难,外出又无市场,虽目前开设一酒厂,但仍不能彻底解决问题。

2.财经部门的政治性仍不够强,除表现在财经工作各埋头完成各部门的任务等上述情况外,对财经工作民族化认识不足,特别表现在民族干部的培养上。全县共有财经干部186人,而景颇族、傣族干部仅有37人,占总人数的19.8%;共产党员19人,兄弟民族无;团员37人,兄弟民族1人,为团员总数的2.7%。从这样的数字上看出,财经部门民族化的工作远不能符合工作要求,也反映了某些财经干部强调财经工作的特殊性和大汉族主义思想的作祟。

九、文教卫生工作

(一)文教工作

1.解放初期,我县仅有省立小学1所,学生30名,但经常上学的不过一二十人。教员仅刘光灿1人,系国民党特务分子,借教书名义进行反革命活动,到1951年8月被逮捕入狱。继之由我派干部3人担任教员，学生由30人至40人到1953年增至78人，并有景颇族学生。但经常上学的不过三四十人，学校变为小孩子的游戏场所，教室内抽香烟、赌钱、打架，甚至景颇族与傣族学生闹不团结，学生携带刀棍相互殴打。而学校设备又极为简陋，连篮球也没有；学校临街子，街天人来人往，周围连竹篱笆也没有，甚至有时牛马会跑到教室拉屎。在教学上则由于语言不通，教师是汉族，学生是傣族和景颇族，语言互不通，进度也就非常慢。到1953年下半年以来才逐步正规，设备较前要好，教师又经过"三反"、总路线和四中全会的学习，思想认识得到一定提高，学生质量也得到相应提高。现全县有教师21人，本地民族教师1人，占总数的4.7%。省立小学2所、县立小学3所，其中有学生529人，傣族403人，占74.3%；景颇族64人，占12.3%；汉族59人，占11.2%；其他崩龙族2人、阿昌族1人。

我县原有代办景颇族教会学校2所，自1951年4月补助各校卢比100盾，于1952年4月又增设户育乡允上小学1所，各校改用人民币补助，月补助新币50元。3校共有学生85人。1954年12月户育乡允上小学已停办，除允上外，对昄栏、董戛2校仍继续补助。

1953年，全县普遍进行反帝爱国教育，如坝区、山区工作组都普遍设立夜校，作为集中进行爱国主义教育的场所，当时曾发展到11所、学生330人。为适应当地情况和工作需要，曾由县文教科编用汉、傣文合译之临时课本，即发300余册。但由于爱国主义教育工作告一段落，干部调动，师资缺乏及有关文教用具不能得到解决，遂先后停办，到现在仅有2所，学生40人。

2. 从省立、县立小学看，目前已逐步纳入正规，但较为严重地存在着教学民族化的问题。民族教师仅占教师总数的4.7%，学生用的课本、说的话全是汉文汉话，只是个别学校有民族教师才教一点傣文，这与党的发展兄弟民族的文化的民族政策是不符的，文教部门必须积极培养逐步解决师资问题。其次是民办教会学校问题。目前我文教部与民办学校的关系，仅停顿在一支一付上，甚至是我们出钱，敌人通过宗教文化来进行活动。如3个学校6个传教士，有5个就是缅甸景颇族传教士，经常与缅方联系或出席宗教性的会议。像户育传教士仅半年就发展教徒14名，并动员学生5名去缅甸学习，学的课程有英文、缅文、景颇文，在景颇文第二册书中即有"英皇是我们的母亲"的内容，英文课程中则宣扬英美的物质文明、污蔑中国的落后等。这在文教工作中反映出来的既是宗教问题，又是民族问题，必须非常细致地逐步改变教学法，召开群众会议来抵垮教会学校是错误的，只会引起不良的后果。户育乡由于抵垮教会学校，传教士策动景颇族12户45人集体外逃，就是极为沉痛的教训。

（二）卫生工作

解放初期，我们卫生条件极差，干部得病唯一的办法就是睡倒，无甚药品，也无卫生人员，特别疟疾普遍，患病者得一项恶性病后，常一两月才恢复健康。有一个10人工作组出外工作，病了9人，剩下1人站岗放哨、挑水煮饭，最后也得带病看护病人。但几年来已由99%的发病率降到85%，目前又降到40%左右（全年计算）。群众卫生条件更差，1951年曾流行鼠疫、百日咳，死10余人，其他疟疾更为普遍，快到雨季时因病死亡的多。

我县1951年5月由保山调来卫生人员3人，主要工作在为干部治疗，逢勐卯街期则摆一小摊于街子应诊，但医者极少。1951年6月始成立县卫生院，计15人，现已发展到××人，其中医士5人、助产士1人，余为化验员、卫生员等。在治疗上，1951年有3220人，1952年6602人，1953年21376人，1954年21570人，共治疗52768人。

1953年5月，成立县卫生防疫站。在防疫注射工作上，1951年注射各种疫苗7960人（全为鼠疫疫苗），种痘接种4360人；1952年各项注射2327人，牛痘接种646人；1953年注射6618人（其中鼠疫5790人），牛痘接种6132人；1954年注射8737人（鼠疫4473人），牛痘接种6132人。共进行防疫注射25842人，接种牛痘13282人。并于1953年5月全县进行爱国卫生运动，又选择勐卯镇汗啥寨为重点向群众进行了卫生教育。

我们的卫生工作几年来成绩是大的。我们通过卫生工作，建立了与群众的联系，通过卫生工作扩大了党和人民政府的政治影响，特别是工作初期作用更为显著。但从工作开展到现在，卫生工作上的政治意义强调不够，至今仍程度不同地存在，有单纯地完成业务、完成数字的倾向，因为这样，我们的工作是做了，病也看了，从数字上看成绩也是大的，但忽视了对群众的政治教育，而使得我们卫生工作上软弱无力。

十、尾语

我们在边疆民族地区工作已经整5年了，回忆解放初期的情况到现在，成绩的确是显著的。从政治上讲，上层已基本靠我，衷心感激拥护毛主席、共产党和人民政府，成为各族人民的信仰。我们不但培养了本民族干部115名，骨干、积极分子520人，青年团员9人，而且从本民族中成长了共产党员6名。我们在城镇、农村建立了政权，人民成为政权的主人，而封建领主的组织、武装在日益崩溃。从经济上讲，内疏外密的经济关系在不断转化，本币占领了市场，而社会主义经济也得到相应的发展。傣族人民摆脱了各项苛捐杂税，废除了几百年的官租剥削制度而能恢复生产、发展生产，使各族人民生活日益改善。总之，我们既团结了上层，也发动了群众，我们既有了政治阵地，也有了经济阵地，因此说，成绩是主要的。

几年来的工作成绩，体现了党的领导英明正确，我们在工作的实践中，更使我们深深地认识到党的民族政策的正确性和党在过渡时期指示的英明，因此说，我们今天的工作成绩是因为有党的领导和同志们的努力所获得的。我们的民族工作的确存在不少缺点和错误，像户育教会学校抵垮所产生的后果、财经工作的急躁冒进等，使党的工作受到影响，我们应引此为沉痛的教训。其次，我们对整个形势认识不够，使得我们的工作在思想上、组织上都跟不上工作发展的需要，这些需要我们从思想上明确、提高认识而不断检查总结工作以提高工作。事实清楚地告诉我们：我们的兄弟民族仍然是落后的，我们要在将消灭的不合理的制度、将被消灭的统治阶级的废墟上，在社会主义建设过程中，产生社会主义的各民族。5年的工作仅仅是万里长征的第一步，今后的民族工作仍然是艰苦的，需要我党全体同志长期的工作。

盏西区第四期民族干部训练班总结

中国共产党盏西工作委员会

1954年11月10日

盏西区第四期民族干部训练班总结

一、情况

在上级党的领导下,正确地执行了党的民族政策,1954年边疆的工作情况,也随着前进了一大步。为了在这一步的基础上,给工作能继续迅速发展前进,特别是工作前进中的阶级的认识,即将成为边疆工作的主要环节,因长期的团结生产的工作,即需转入土地调整工作的准备,即是由团结生产的基础上,转入反封建的斗争,在这一个过程中,即需要干部的思想转过弯子来,充分地发动群众,提高阶级觉悟,提高对剥削阶级的认识,明确封建领主、地主的专制剥削、压迫统治,而巩固地广泛地动员组织起来,进入土地调整、反封建斗争的运动中来。

为迅速地开展这一工作,而且能胜利地完成,就要在这复杂的地区,长期被封建制度统治之下发动群众、组织群众,进行反封建斗争——阶级斗争是一项艰巨的工作,同时为赶上土地调整工作,上级对这一工作的要求是很快。在这样的情况下,必须开办民族干部训练班,训练现有的骨干及积极分子,提高他们的阶级认识。

根据工作的需要,确定了学习的内容:①阶级教育;②社会主义的前途教育;③政策时事教育;④工作方法与民主作风的教育。以4个内容来教育现有农村基层干部与骨干、积极分子,来开展工作。

二、学员的产生

根据情况确定了训练班的学习内容,按照学习的内容需要一批成分好、有能力的民族干部,而决定了学员的条件:①成分好,历史清楚;②工作积极,能联系群众;③不带嗜好;④不是狗腿、流氓;⑤年龄18岁以上的男女骨干与积极分子,以这5个条件来产生学员。

同时根据工作的需要和工作的内容与目的,需要广泛地发动群众,扩大统一战线,就决定了学员成分的比例与性别的比例,是贫雇农占总人数的2/3,中农占1/3;妇女占总人数的1/3,男的占2/3的比例来选出。

为加速工作,大胆地发动群众,决定了这期学员的人数是150人(超出4人),时间从报到至结束是14天(10月26日到11月8日)。

训练学员的范围,主要是坝区傣族区,山区仅是将来要改革的汉族区;联合乡(神护关的猛戛)学员的分配是傣族坝区140人、汉族区10人(现正进行改革的猛蚌乡、猛兴乡不计入内)。

这些学员都由工作队亲自掌握条件,经过串连会的提出、大会决定而产生的。一般地来说,都能按照条件做到,只有个别的认识、觉悟还较差。[学员情况是乡干5人、乡委员26人、民兵队(骨干)38人、大小组长(积极分子)48人、一般群众36人,共154人]

三、学习的经过

1. 由于这次学习的重要,召开了各机关单位的负责同志会议,传达研究了学习的重要性,而决定由各单位抽调干部参加学习领导,同时为做到干部事先心中有底,学习中能很好地领导学习与讨论,因此在开始的前两天,即集中了参加学习的干部,进行了内容、目的的传达和讨论,做好准备工作,因此在学习中没有感到忙乱的现象。

2. 学员是通过工作队审查一起带领前来,都能按照时间报到,超出了原定的计划4人(154人),但由于秋收的忙碌,学员的思想有些不安。针对此情况,首先作动员安定思想的报告,经讨论后,都明确了这次学习与别次的不同和学习内容的重要,都表示一定要安心学习,回去好发动群众,做好翻身工作。

3. 收获:通过学习,根据内容和目的,有了如下的认识和体会。

(1)阶级教育:在明确了旧制度的不合理、谁养活谁,在讨论中展开了诉苦,首先顾虑大,不敢把自己的痛苦说出来,在说的时候也只是说到一些内地汉族地主的剥削,而不敢说当地的地主压迫,特别是对本民族的上层地主,是不敢提出,更不敢说出他们的姓名。他们的顾虑是这些人都在,并且有些是在政府里工作,有些还是寨子里的头人。根据这些情况,在小组讨论里找重点、培养典型大会发言,并给以撑腰,一般的都大胆起来,纷纷流泪哭泣,说出过去压迫的痛苦。如岳品英(女,傣族),她说:"地主害人的手段是说不完的,用各种威吓、欺骗、暗害、强迫的办法来害人。我家本来是可以生产过活的,因种了地主孟守相的田,交不清租子,被他把我哥哥拿去关押,把我家的猪也杀吃。随后用欺骗强迫的办法把我哥哥哄去缅甸做生意,在路上就被他与土匪勾结,把我哥强迫拉到土匪里被打死了。现在弄得我们姐弟没有父母、哥哥,他还随时地威吓:如果我们乱说,他还用枪打死我们。他家里还有小枪1支、大枪1支,他藏起不借。"当她这样说她的经过,很多的人哭了,特别是妇女,都完全被感动得哭了。又如,蛮尖寨的板小平说:"国民党、地主就是一样的害人。我家种了衙门的田,产量不够交租,他们就派兵来抓我父亲,用铁链子来捆,后没法逃往缅甸。租谷一箩不让,差一点就要受骂,经常威胁抽佃。今年差5箩，明年翻1倍。养个猪也被杀吃。另外经常地替他做零工、长工，帮他家薅秧及做各种工作。以前我们寨子有30多户，因为出不起给孟区长租，逼迫逃到缅甸去一半，现只剩下10多户。孟区长对我们的剥削，不但收租，并派多种杂款，过年过节要宰猪给他。对他如有一点不好，就要受各种侮辱。我们劳动人民挖出的水沟，又变成他的水沟，农民要放水就要交租。"

通过学习，认识了领主、地主的剥削手段。他们剥削了人，还要说八字命好，是官家，应该的，使劳动人民安于被剥削的地位。又经过算细账，明确了劳动人民每年交给地主的粮食，加起来已经是一个很大的数目了。他们说若果不交租，我们也不会穷，我们辛辛苦苦种的田，都给他们拿去了，这样他们富裕我们穷。大家都表示一定要团结起来，消灭封建统治，消灭封建领主、地主的剥削，解除了过去认为地主是养活劳动人民的思想，改变了开始时少发言、发言不敢大胆地说出自己的苦、说到头人的名字就小声的现象，从而体会认识到只要广大的各族劳动人民团结起来，就可消灭封建统治制度，因此从不敢说到敢说，从敢说得少到大胆地提出封建统治者的姓名和各种阴谋手段，说他们不是人民的"祖爷"而是人民的儿子（因为他们是人民养活的）。通过回忆对比，认识了几代以来的穷苦根源是因为有封建阶级的压迫。

（2）社会主义的前途教育：经过了阶级教育，认识了旧制度的不合理，要推翻旧社会的制度，建立一个没有剥削的新的社会，在这样的基础上进行社会主义的前途教育，以苏联的生活、内地的生活来教育，同时要有这样的社会，只有在共产党的领导下，才能走到这样的社会。

经过讨论，认识到过去不得读书，不知国家、社会的大事，更不知道我们劳动人民的前途。过去还听到有些人误认为共产党领导人民过的日子将是盖大铺盖、吃大锅饭、不分你我的社会，现在听了报告，并且有我们的人曾经到过昆明、西南参观和学习回来，看到了工厂，看到了内地的建设、小孩子的托儿所等设施，我们也要努力学习，也要过到这样的社会。

认识到社会主义社会已经是没有阶级、没有剥削、没有人压迫人的事情了。劳动是光荣的，每一个人都要劳动，大家团结起来，发展生产，建设工业。我们边疆的农民，也要发展农业生产，把余粮卖给国家，支持工业建设。

同时还体会到工业发展的重要，工业与农民的关系。如帕廷良说："过去1根针换1个鸡蛋，两斤盐换1箩谷子，现在呢？工业发展了，1个鸡蛋可换20根针，1箩谷子换六七斤盐。"又如去过昆明参观的代表屈绍昌说："纺织厂里1个人可以开动24台机器，而且非常快，只要努力劳动、大家生产、个个就会有饭吃、有衣穿。"好几个傣族小姑娘都下定决心，努力学习，回家搞好工作，以后要求学习和参加工作。

（3）时事教育：首先对祖国5年来的伟大成就做了学习，认识了一些祖国5年来在共产党、毛主席的领导下，祖国各项建设都有了伟大的成就，特别是通过到昆明参观学习后的发言，从他们亲眼看到及其体会，明确了不仅是宣传的一套，而是实际的，同时也明确了只有在共产党、毛主席的领导下，边疆各民族的劳动人民才能团结，生活才能改善，劳动人民才能翻身。

认识到今天我们自己的国家,已经不是像过去被人欺侮的国家,而是在国际的威望上已经大大地提高了。周总理在日内瓦会议的发言,与中印、中缅建立了"歹果"(朋友)关系,发表了联合声明,其他英国等70多个国家到中国访问,中国也到别的国家去访问,这说明祖国今天已经是强大了,有很多的朋友和兄弟国家,以后在保卫世界和平是完全可以的、有力量的。

同时并明确了台湾是中国的领土。孔定邦说:"从我一听到都说台湾是中国的地方,现在我们的国家已经完全解放了,就台湾还被蒋介石统治着、美帝国主义占领着,台湾的老百姓过着牛马的生活,像我们过去一样受派款、拉夫、多种剥削的生活。我们不能看着他们过那样的苦痛生活,许多女孩子去当奴隶,过妓女生活。"

也认识到解放台湾是我们各民族的任务,要完成这个任务,就要我们加强团结,努力生产,支持人民解放军解放台湾。如帕廷富说:"台湾是我们的土地,我们一定要解放它。我们不是为了它是富裕肥美的地方而去解放,好坏是我们的,我们一定要解放。"一般地都认识到:我们盏西还只有3万多人,二·二八事件蒋介石屠杀了3万多的台湾人民,以我们盏西来说,是被杀光了。又如帕廷良说:"我们的地方被美国人来占领、欺侮我们是很'哀奔'(害羞的意思)的。"一般地都认识到,过去解放军能消灭美国武装国民党的800万军队,今天有新式的武器(部队新的自动枪),我们一定解放台湾。

(4) 政策教育:经过阶级教育,学员的思想上掀起了对封建领主与地主的仇恨,都要回去组织起来,坚决与地主搞一下。通过政策教育,认识到封建剥削统治阶级一定是要消灭的,但是要慢慢地来。明确了边疆土地调整与内地的改革不同,边疆土地调整是温和的、和平的,不是打、杀、斗、关的做法,而是消灭封建,调整土地,不挖底财,不分浮财,不分耕牛,不进行面对面的斗争。

土地调整的对象是领主、地主,对他们是实行团结、教育、改造,以发展生产为总目的。

在讨论中说:"我们回想起他们过去压迫我们的情况,我们想着回去非要揍他们不可。现在政策是这样,我们也就回去好好地照政策办事,不能把他们搞跑了。"

同时也明确了土地调整是要有步骤,而不是乱来。我们回去后,一定要串连好,巩固政权,加强武装,做好反官租的工作,组织起爱国生产团结委员会,按步骤、有计划地来。要慎重稳进,充分做好准备工作,才能搞好调整工作。刀把子在敌人手中是不可能调整的,印把子也要由我们自己来拿着,才能管理好那些人。

(5) 工作方法与工作态度:在学习了上述内容以后,学员们即要回去工作了,特别是乡干与骨干应该抓紧锻炼和提高,因此工作方法、工作态度的教育是主要的。经报告讨论后,都说我们要当家做主、搞好翻身工作,我们的任务是重大的,回去以后一定要安心地很好地工作,发动群众、领导群众,就要靠我们学员了。回去后不能再像过去爱串、不关心工作的态度了,以后是要作风正派、态度好,不能再勾勾搭搭的,要虚心学习,接受群众的意见,大公无私,不能有亲戚本位思想。

听政府的话，按政策办事，把政策带给群众，保证回去后广泛地宣传，做好工作。

（6）今后工作。根据学习的内容及目前工作情况，对学员提出今后工作：

A. 秋收：①开展组织变工互助组，发动群众，把一切力量集中到秋收中来；②做到两快、三净、四好；③准备交爱国公粮；④秋耕：使用耕牛、深犁、挖田、开沟；⑤秋种：扩大面积，扩大籽种数量，做好积肥、施肥、保护小春等工作。

B. 做好土地调整的准备工作：①坚决贯彻反官租；②巩固政权；③加强武装联防队的任务；④组织爱国生产团结委员会。

C. 宣传工作中应注意的问题：①听政府的话，按政策办事；②在反封建里不斗争，更不能自发斗争；③不能擅自调整土地；④借枪说服动员，不能强迫威吓；⑤对景颇族、傣族、汉族劳动人民的租一定要交；⑥对广大劳动人民都可以宣传，还要启发他们积极组织起来；⑦对地主、富农不宣传，但要教育他们。

总的来说，通过了这次的学习，特别是这次的内容与过去学习的不一样，更引起了对学习的重视。在阶级认识与剥削的观点上已有所提高和认识，对土地调整工作已经有了进一步的明确和要求，对政策上也有了进一步的认识和工作中的办法和步骤。

四、学习中的几点体会

1. 干部要深入了解掌握，听报告、小组讨论、休息，干部都应和学员们在一起，个别帮助、访问，了解思想，有问题及时解释。

2. 帮助小组长，让小组长体会报告的精神和实质，而能向学员们解释政策，借此可以培养干部。

3. 报告要翻译（汉、傣都说），名词要多解释，以便深入体会，及做好休息时的补课。

4. 讨论中抓住问题的关键、中心内容的目的进行启发诱导，培养典型，大会发言。

5. 学员的产生要认真，不能随便，做到真正地了解和审查，使成分纯洁，特别是在乡下产生时即重视这一工作，以免报到时使其回去不满。

6. 学习前干部应做好充分准备，首先明确体会学习材料的内容和目的，以便在学习中领导掌握。

中共盏西工委会
11月10日

德宏边六县地区工作发展的几个阶段

摘自《德宏傣族景颇族自治州边六县基本情况》

地委办公室

1957年1月12日

德宏边六县地区工作发展的几个阶段

第一阶段：自1950年至1952年6月，这一阶段主要是军事占领、剿匪和团结上层、疏通民族关系。

1950年我军进入德宏地区，肃清了残匪，全区获得解放。1950年底，中央访问团深入该区进行访问，疏通了民族关系，加强了民族团结，稳定了上层心理，除个别土司（方克胜、刀威伯、线光天等小土司）外逃附匪外，其余八大土司都被争取向我靠拢。当时提出的口号是：加强民族团结，加强对敌斗争。在革命秩序逐渐安定、民族团结有了进展的情况下，进行了群众工作，组织联防武装，并结合以政治攻势为主的对敌斗争，争取外逃人员回来。各县相继成立了过渡形式的民族民主联合政府，初步给上层安排地位，为进一步开展工作打下了基础。

第二阶段：自1952年6月至1954年1月，主要是团结生产、对敌斗争，并在发动群众的情况下进行了一些调查研究工作，实行了区域自治。

1952年8月，省委为了加强民族工作，组织民族工作队300余人，到德宏所属芒市、陇川等地开展工作。1953年5月，又派去第二批民族工作队500余人，于盈江、梁河、莲山等县展开工作。根据"团结生产"的方针，对群众进行反帝、爱国主义等教育，通过做好事、交朋友，发放救济款，开展贸易及文教卫生工作，深入领导群众搞生产，并不断组织民族上层到北京、重庆、昆明等地参观学习，争取更多的上层靠我。1953年7月，在群众工作有了基础、上层基本靠我的情况下，报经省委及中央批准，召开首届各族人民代表会议，以边六县为主，成立了德宏傣族景颇族自治区人民政府（州级），选出刀京版、龚绶等为自治区正副主席。在大会上制定15项生产政策，稳定了上层，鼓舞了群众。与此同时，民族工作队对傣族、景颇族的社会经济情况做了较为全面的调查研究工作。

第三阶段：群众觉悟提高、抗交官租及进行和平协商土地改革。

1953年以后在群众中广泛地进行了（过渡时期）总路线的宣传工作，大大地启发了群众觉悟，又结合征粮、购粮等群众性运动，广大人民群众已感到15项生产政策不能够满足要求，对土司的杂派虽没有了，但官租负担还在，于是开始酝酿抗交官租（由次要改革到主要改革阶段），群众认为总路线是"走大路"，交官租是"走小路"走不通的。1954年1月份，芒市坝约有80%的农民自发地起来抗官租（芒市坝区人口为36000人）。例如：1953年12月份，芒市土司署派3个属官到轩岗坝催收官租，因催不起官租，便假借该乡副主席李二谢之名，令各寨速交官租，致激起群众的更大不满。群众自发集合百余人，对山官属官进行了一次斗争。群众在会上质问说："你们白吃了几千年，犁过一早上的田没有？以后再来我们就要干了！"（保山地委《关于芒市坝群众自发性抗交官租的初步总结》）

由于芒市坝全区性的抗交官租，土司代办方化龙慑于群众的威势，只好宣布完全放弃官租，劳动农民获得完全的胜利。抗交官租胜利后，联防武装迅速发展。1954年全坝区只有联防武装300名，不到两个月就扩大了两倍多，有914名，群众的威势也树立起来了。当地农民流行这样一句话："菜甜了，穷人的话值钱了。"这样声势浩大的抗租运动，引起中小头人的惶恐不安，部分头人外逃，阶级关系异常紧张，领导思想产生了急躁冒进，经省委指示"稳下来、搞生产"之后，才扭转了方向。

随着官租和苛捐杂派的废除以及土地的个别调整，农村中的阶级关系起了剧烈变化，解放前的雇农已有70%至100%上升为贫农或中农，中农的绝对数字较解放前增加30%至50%，然而由于广大群众无田少田户还占相当大的比例，领主的土地所有制还没有根本废除。为了彻底废除封建的土地所有制，1954年底便开始酝酿和平协商土地改革。

酝酿期间，各地不断发生群众对头人的自发斗争，有些甚至超出政策界限，造成了新的紧张局面。主要上层对我恐惧不满，陇川及遮放土司多永安、多英培等准备逃跑。为了避免改革前的混乱，省委发出了"四停"的指示，即在改革前停止建党、建团、建政、夺取武装，稳定了局面，同时积极准备土改试点和进一步修改方案，提出26条和平协商土改方案，并经德宏区人民代表会议通过，报经省委批准执行。

1955年5月，先在潞西县的法帕等10个乡进行试点，取得经验后接着铺开第二批、第三批坝区傣族地区的土改工作。至1956年初为止，已完成117个乡、总人口26万人地区的和平协商土改工作，其中计傣族、阿昌族区共89个乡16万傣族人口地区，山区汉族地区26个乡10万人口。此外尚有12个汉族乡未完成改革（整个景颇、傈僳、崩龙及部分汉族聚居的约有14万人口的山区不进行土改，采取逐步过渡的方式，建立生产文化站）。

经过土改的地区，共废除3320多万市斤的官租及农民欠领主、地主折合约2250万市斤稻谷的各种债务。据89个傣族乡16万人口地区的统计，共没收领主、地主的土地14万多亩，产量6197万多斤，使15000多户64270人的贫雇农民每人平均分得2亩多土地，每人平均有800市斤的产量，基本上能够满足贫雇农民的要求。

傣族农民说："土改是小翻身，办合作社、过社会主义才是大翻身。"因此，土改后的地区于今年（1956年）春先后转入互助合作运动。根据省委"重点办社、大量发展互助组、大力发展生产"的方针，经过半年来的工作，到目前为止，已经发展农业社397个

（其中景颇族社71个），坝区有12%、山区有6%的农民都入了社。

经过土改及办社，傣族封建领主制实质上已被摧毁，土司已经没有了作为剥削农民的物质基础——土地；加以各种特权、杂派一律取消，从乡到县都建立了人民自己的政权，各族劳动人民中具有共产主义觉悟的干部正在成长中，这样就使得长期统治和剥削人民的领主制度丧失了它的物质依据，不得不永远结束其封建统治特权。

> （保山）三年来民族工作的成就
>
> 摘自中共保山地委书记郑刚同志在自治区首届各族各界代表会议上的总结报告：《三年来的民族工作和今后大力发展生产任务，特别要努力完成当前生产救灾的紧急任务》
>
> 1953年1月23日

（保山）三年来民族工作的成就

解放三年来，边疆地区的民族工作，在中央毛主席和上级党委、上级人民政府的正确领导下，获得了很大的成就。

一、对敌斗争的胜利

自我边防部队进驻边疆以后，和边疆各族人民团结一致，剿灭了较大股匪19股（据不完全统计），已歼敌5446人（死888人、伤306人、俘1234人、自首2918人，其中大队长以上骨干30人、以下408人）。缴获枪械弹药，计重迫击炮及六〇炮6门、掷弹筒2个、重机枪11挺、轻机枪73挺、轻重（即两用）机枪8挺、自动步枪19支、冲锋枪73支、坦木式9支、手提式17支、卡宾133支，各种步枪、马枪2421支和短枪279支、土枪和杂牌枪506支、刺刀24把，各种炮弹1111发、子弹74489发、枪榴弹22个、手榴弹621个。缴获军用品，计电台1部、电话机4部、收音机2部、望远镜7架、指北针1个、炸药10斤，及其他物资1部。并破获反革命案件240件，捕获主谋278人，缴获电台9部、六〇炮2门、轻重机枪6挺、长短枪731支、子弹28189发，其他军用物资400件，安定了边疆的社会秩序，保卫了祖国的国防和边疆各族人民的安全。并在这样的基础上开展了政治攻势，争取瓦解了敌人4495人（其中大队长以上骨干10人、以下41人），争取了外逃人员1497人来归，加强了民族团结，扩大和巩固了反帝爱国统一战线（计调解了拉事、仇杀、田土、债利、婚姻等民族纠纷500多件）。

二、推行了民族民主建政工作和人民代表会议制度

三年来,各县都先后召开过多次县、区、乡的人民代表会议,其中县人民代表会共开过26次。通过这些会议,宣传和解释了民族政策,讨论了各个时期的中心工作,并建立了6个县、3个区、12个乡的民族民主联合政府、1个区21个乡的自治区人民政府,调解了民族纠纷500多件,这使边疆各族人民的政治觉悟和政治积极性大大提高了,奠定了实行大的民族区域自治的基础。

三、进行了生产救灾工作

边疆共有400798人,按每人每年需要860斤稻谷(或苞谷)计算,共需34400万斤,而由于解放前帝国主义、国民党长期残酷的压榨、破坏,边疆生产力极端低下,各族人民生活贫困不堪,常年收成只有18000万斤,平均每人450斤,只够半年吃用,且要交苛捐杂派(据芒市调查共有72种),边疆各族人民每天过着吃不饱、穿不暖的生活。解放后,由于共产党、人民政府的大力扶持,边疆生产已有逐渐恢复、发展。据不完全统计,三年来共发放贷款3638459920元(其中无利贷款1799950000元、银行低利贷款1188120000元、小春籽种等贷款680589500元),今年计划发放农贷28亿元,第一季度已经贷出一半,单潞西就买耕牛156头,莲山买了53头,两县共已增添农具1837件。山区生产改造补助款已拨下了58000万元,还将再拨2亿元。

同时,兴修了小型水利,对今后的增产起着很大的作用。其中较大的工程是修筑盈江大堤,省人民政府拨了5亿元,现已基本完工,可保证1万多亩田地不受水淹。上游的南甸河大堤,已修筑一部,将来附近1万多亩的空坝子都可开为田亩。并新修了水沟89条,整修旧沟286条;新修堵水坝15座,整修了21座、小型水塘6个,可增灌水田17063亩,并可使65112亩田得以饱满的灌溉。由于重视提高单位面积产量,改变刀耕火种和广种薄收,开荒、扩大耕地面积和种植小春,各地都已有增产,其中仅景颇族下坝生产601户,所开2825箩种荒地,即可增产121105箩,合400多万斤。据估计去年粮食产量是21000多万斤,比解放前普遍增产一成半以上,使我边疆各族人民的生活得到了一些改善。

此外,发了救灾粮和寒衣救济,进行了防灾、救灾等工作。在防洪方面,仅陇川、盈江、莲山3县即疏水筑堤34处,对今后的防洪工作起了很大的作用。单陇川就有4020亩水田可免于洪灾。

四、开展了贸易工作

解放前,由于交通阻塞,或受中间人压价收买的剥削,各族人民的粮食和土特产[如红糖、兽皮、香果(丝)、药品等]销不出去,日常生活必需品的供应非常困难,或需高

价才能买到。有些地方，群众半年吃不上油盐，出入口的政策也不合理，外汇牌价不适当，不能保护土特产的出口及生产。三年来努力开展了边疆的经济工作，在边缘各地建立了贸易机构，加强了出入口，调整了牌价，因而保证了必需品之供应（特别是粮食、油盐和布匹）和合理地收购土特产，开始打通了边疆民族地区土特产的销路，并设法调整了过去的不等价交换的情况。现全边区已建立起3个贸易支公司、1个营业处、14个购销小组（据不完全统计），三年来共供应的物资折合人民币13819940000元，收购了土特产折合人民币3272740000元，同时扶植了私商，增设了市场，大大地支持了农业生产。

五、开展了卫生文教工作

卫生工作方面：解放时各县卫生院都有名无实，陇川只有1把换药的镊子；人员更是缺乏，卫生员只有11个、医生5个，平均一个县还分不到1人。因而首先是建立和充实各县的卫生机构，并立即着手训练基层卫生人员，计新建了县卫生院两所，充实和加强了5所，并在不同地区根据不同需要，设立了疟疾防治所、鼠疫防疫站、妇幼卫生保健站和卫生防疫站等机构。训练了初级卫生人员208人，达解放前的19倍；配备了医生26人，达解放前的5倍。特别是上级派了大批的医务人员来边疆进行卫生防疫工作，组织了防疫大队、巡回医疗队等，到各地进行防疫和治疗。截至1952年底，共种痘79899人，注射鼠疫防疫针69164人，免费治疗了170287人。又重点地开展了爱国卫生运动，大大地控制并缩小了疫区范围，发病率从1951年的331人减少到1952年的165人，减少了一半；发病数的死亡率从1951年的34.8%减少到1952年的26.6%，提高了各族人民的健康水平，减少了疾病死亡，保证了生产。

在文教方面：1950年以前，边疆只有15所小学，有学生707人，现在已增至115所，增加了7倍半；已有学生6706人，增加了9倍半。并办了两所民族中学，已有学生78人；选送保山和昆明中学读书的有20多人。为了解决师资困难的问题，举办了3期民族教师训练班，训练了民族教师172人。边疆各族人民的文化生活，较解放前已有很大的提高，有的地方，电影队已去过几次，幻灯机和收音机则各县都有。为了发展各族的语言文字，各县已出版傣文油印报，还成立了"傣族文字改进委员会"，改进和发展了傣文，现拟成立景颇文研究委员会。中央民族学院文工团和云南省文工团并将来这里研究各族人民的歌舞。

六、培养了民族干部

直到1952年底止，计到过北京和内地参观的有92人，送往中央、西南和云南民族学院学习的有265人。保山专区也办了7期民族干部训练班，毕业了1442人，不算第七期刚毕业的学员250人，其中参加了工作的有665人，占6期学员1152人的57%强。加上工作中吸收的干部，现在边疆已有脱产的少数民族干部869人，这是今后建立和建设自治区，发展民族政治、经济、卫生、文教等事业的重要依靠。

以财政收支的情况看，三年内共收入公粮（盏西未计入）9万多斤，折合人民币56亿元；税收60亿，总共收入116亿元，而投到边疆的救济、贷款和各项补助款，仅1952年一年即达95.29亿元的支出，已接近3年的收入，若再加上其他行政、对敌斗争等开支，即已达200亿元。

由于这些工作的结果，特别是对敌斗争的胜利，和各族在共产党、毛主席领导下的坚强团结，各族人民的疾苦和困难有了一定程度的解决，生活有了一些改善，就使我们能在今年的基础上继续前进，走向新的胜利。

(保山)三年来民族工作的报告(摘录)
保山地委民委会印
1952年12月7日
摘自地委档案馆卷42

(保山)三年来民族工作的报告(摘录)

一、在推行民族区域自治和民族民主联合政府方面

现除专区成立了民族民主联合政府外,已有9县7区建立了这样的政府。在民族聚居区建立了1区9乡的自治政府,民族杂居区建立了7区8乡的民族民主联合政府,使各民族在政治上得到平等,更靠拢了我们。如有群众说:"这是历史上空前未有过的一件大喜事。"

在建政时,一般都与上中层协商,向群众宣传区域自治与联合政府的性质,并召开了各族各界人代会,共同协商、民主决议。由于发扬了民主,提高了各族人民的政治积极性,现已建立乡政权的地区,群众更接近我。

二、民族团结问题

从目前看基本上是团结的,各民族之间与各民族内部互相残杀、械斗、"拉事"事件逐渐减少,甚至有的地区基本没有调解纠纷,本着双方满意、合情合理、就事论事、不涉过远的原则。三年来,据3县1区的不完全统计,解决273件大小纠纷,取得群众的拥护、上层佩服。如莲山县铜壁关两山官仇杀几十年,今年3月又发生,经过工作队调查情况、分析研究,采取算账对比教育(一家死了60余人、一家死了120余人,都是农民),同时找出根源、启发自觉,双方检讨了,两山官抱头相哭,并提出保证,今后互相尊重,再不发生类似事件。通过解决纠纷,而对各阶层的教育意义是很大的。

三、对少数民族的生产与生活困难的帮助和解决

特别是动员发动山头族的下坝生产,是做了大力解决。截至目前4个县的材料,已搬下有601户,共开荒2825箩种。

三年来，发放各种低利、无利贷、粮，4个县1个区统计，米176995斤，人民币29270434元，农具贷款5个县21329220元。潞西、梁河两县贷棉籽3661斤。口粮3个县1个区484111斤米，救济仅潞西一县即达62186斤。耕牛4个县400条，计币185240000元。小型水利也有修复，5县共修水沟150条、塘6口、坝4个，较大的水渠如盈江渠整修了。总共可灌溉面积计约18153亩又3273箩种，对人民生活的改善和生产是进一步提高了。

四、培养干部

一般说各级领导是重视的。三年来除送中央、西南、省民族学院4个县265人外，地委民干班6期共训练1192人，其中有45%参加工作，各县也曾短期训练了村级与民兵等基层干部。在工作中通过各种会议与参观，尤其是在生产、建政、组织民兵与工作队等组织形式，以带徒弟方式，参加实际工作培养锻炼了一批，在贸易、银行、卫生等企业部门也吸收一部。目前全区脱产的少数民族干部867名，但远赶不上工作的需要。对他们的使用，工作中给出主意、想办法，在群众中树立威信，多鼓励适当表扬，以我们的检讨会教育、影响、启发他们，但必须顾其生产与生活困难和做好家庭工作，不拖后腿，这样做的地区收效好。但有少数干部，对其要求高，或认为落后，表现急躁，不够耐心，采取消极态度，但也有使用多而教育少的偏向，致使培养干部受到影响。

五、文教卫生工作

三年来也有初步的发展。现5个县1个区材料，有小学115所，学生6706名；中学1所，学生28名。其次，各县放电影、幻灯群众看的也很多，对群众教育作用大。

(保山)兄弟民族区几项工作简略汇报

1952年3月

摘自地委档案卷42

(保山)兄弟民族区几项工作简略汇报

一、抗美援朝[1]

抗美援朝保家卫国运动,在兄弟民族区亦不落后于其他地区。如山头族和傈僳族中的宗教,在这场运动中开展了"三自革新"运动,割断宗教与帝国主义的联系,把信教与爱祖国结合起来。耿马县代表会上有35人发言,控诉美帝和日本,陇川人民控诉美帝烧毁了18个寨子。通过控诉教育了群众,他们的政治觉悟逐步提高,普遍订立了爱国公约,广泛展开了优抚工作和热烈捐献等。对"缔结和平""反对重新武装日本"投票签名的人数全专区将近两万(全保山专区),保山县参加"五一"游行的有100037人;全专区捐献购买飞机、大炮。对交纳公粮方面,亦表现得很踊跃,如盈江一县,10天之内就完成了80万斤的公粮任务。又如昌宁县傣族农民余二(雇农)在交公粮时,把自己吃的1斗粮食亲自送进仓去,收粮的工作员知道他的生活情况,不要他交,但他硬要把粮亲自倒进仓里,并说:"志愿军替我们在朝鲜打美国鬼子,我们才得在后方过好日子的。"这些表现充分说明各族人民在抗美援朝的运动中,发挥出爱国主义和国际主义的热情。又,许多民族地区都成立了抗美援朝分会。

二、民族民主建政工作

我区在解放以后,先后召开了两次专区各族人民代表会议。第一次是毛主席关怀兄弟民族特派了中央访问团来访问我们的兄弟民族而召开的,时间是在1950年12月间,参加的民族有10余种,代表有1300人,在闭幕前并成立了我区的民族事务委员会,选出了民族委员30多人。

第二次的各族人民代表会议是在1951年6月召开的,参加的民族有13种,出席1298人,列席286人,共计1584人。这个会议是在我省周保中副主席亲临指导下进行的,建立了专区联合政府,选出了傣族副主席2人,兄弟民族的政府委员24人,并成立了各族各界

---

[1] 本文标题序号为编者所加。——编者

人民协商委员会，选出傣族的副主任委员2人、山头族1人，协商委员13人。

兄弟民族把参政视为解放的标志，因此各县先后亦召开了县的代表会议。现已有7个县建立了联合政府，共选出傣族县长、副县长5人，民家族副县长1人、山头族副县长1人、傈僳族副县长1人、阿昌族副县长1人。

并成立了协商委员会，选出傣族主任委员3人、山头族2人；傣族副主任委员2人、山头族1人、彝族1人、傈僳族1人、阿昌族1人、卡瓦族1人。

经选举参政的县长、委员等外，我们还专门训练、培养和吸收了干部858人，包括了18个民族。现在尚有送往北京学习的4人、西南学习的22人、昆明学习的109人，在我区干训班学习的300人。以上不仅是培养了一般的干部，且系财经、医卫、师资、电气技术等各方面的建设人才，使今后兄弟民族地区工作的开展更加顺利。

三、剿匪工作

我区解放以后，内地曾有股匪不断抢劫，尤其是散布在边疆的国民党残余匪帮……两年以来，在人民解放军英勇奋斗、民兵的积极努力、广大群众的支持下，歼灭土匪，涌现了剿匪英雄。

莲山的傣族老大妈龚宝莲，在1951年的3月解放军清剿残匪期间，她一面担任翻译，一面向土匪家属宣传镇压与宽大相结合的剿匪政策，进行争取土匪改过自新。在她的努力之下，匪首邵银鸿交出了3支枪向人民政府登记，各族中胁从的反革命分子也相继回来悔过自新，到5月初，一共争取了49个土匪登记自新，共缴获16支枪。当解放大军深入荒山丛林清剿残匪时，她又发动了妇联会员协助民兵工作，不分日夜为民兵们蒸饭送饭，为大军做好运输弹药和给养的工作。在我区首届二次各族人民代表会上，她被选为大会主席的一员，并获得了"剿匪模范"的光荣称号。

又如陇川傣族杨小保（剿匪模范）与土匪作战数次，由几个人发展到几个村的联防。梁河小陇川傣族模范民兵联防队，曾与数倍于己的土匪作战10多次，并配合汉族民兵消灭土匪1个队。龙陵龙江乡包括6个民族的赵国旺民兵队，与数百土匪苦战1年余，保卫了当地各族人民的生命财产。耿马马艾抗保小组集中70人，赤手空拳与土匪苦战一夜，打死1人、俘虏1人，并先后抓匪首2人、土匪2人，缴获步枪2支。盈江、莲山等县也普遍成立了各族民兵联防组织。

四、民族团结问题

解放以来两年多的时间，本区各级人民政府与人民解放军在民族地区认真地、正确地执行了民族政策，为加强民族团结，积极调解了各族的许多打冤家纠纷（包括民族间和民族内部的财物纠纷、水利、家庭、男女等纠纷）。据不完全统计，全区共调解纠纷1000多件，促进了各族人民在历史上空前未有的大团结。

例如：盈江东山、梁河萝卜坝西山交界地，居住的山头、傈僳、崩龙等族过去经常互相残杀，但经过人民政府工作干部的说理教育，大家认识到是谁留给我们的仇恨，找出根子后就不再仇视了，并成立了大古脑联防委员会。大家提出一个号召叫"推倒旧桩、建立新桩"，并表示各族要好好团结，加强对敌斗争。又如陇川傣族欢迎山头族下坝生产，傣族自愿送荒地，帮助山头族盖房子，请政府多给山头族帮助，有的山头族保证不再盗窃，要肃清土匪来回报毛主席、共产党的好处和傣族的帮助。

加强边疆民族工作诸问题

——郑刚同志于1952年11月2日在保山边疆民族工作会议上的总结报告

中共保山地委

1952年11月

原报告存德宏地委档案室，案卷号42

加强边疆民族工作诸问题

——郑刚同志于1952年11月2日在保山边疆民族工作会议上的总结报告

一、我区情况与边疆民族工作方针

（一）全区基本情况

1. 内地社会改革取得很大胜利，正在大规模进行；文教改革做了一些，司法等改革尚未着手。在已土改区重点组织的合作社也有成绩，但国营经济在农村尚未完全占领阵地。

2. 边疆民族工作与对敌斗争亟待加强：这段时期，由于省委及王副院长的直接指导帮助，及省民族工作队的努力，已取得很大成绩，但由于国外帝国主义和蒋匪残余的激烈破坏，对敌斗争与民族工作均亟须加强，全国形势的发展亦要求我们的工作在现有基础上提高一步。

3. 三项较大的建设任务：林场、公路和营房，亦需立即开始。

（二）边疆民族区域的基本情况

1. 国外匪特尚有相当残余势力，对国内上下层都有一定影响：群众存在着不同程度的变天思想，越近边缘则越厉害，在我剿匪斗争有缺点的地区，增加了群众的顾虑，但群众与匪特的矛盾也在逐步发展加深。上层和匪特的矛盾日趋尖锐，但也有不同程度的幻想。整个说来，各族上下层基本靠拢我们，但对匪特顾虑还很大。最近匪特企图建立基地，进行长期破坏，将更加深我边疆各族人民与匪特的矛盾。这仍是当前边疆社会诸矛盾中的主要矛盾。

2. 由于历史上长期的民族压迫，各族人民的政治、经济、文化仍十分落后贫困，民族隔阂还很深。虽经两年多的工作，局面有了改变，各民族基本上是团结的，但各族社会情况还不是基本的改变。

3. 各兄弟民族均已进入封建社会，因此，在社会秩序安定、我工作较有基础、民族关系有了改善的地方，已开始暴露出各族农民与领主、地主不少的阶级关系问题。

4. 各兄弟民族跨境而居，其原有社会制度，内外基本相同，民族问题联系紧密，故我一切政策工作，对外影响极大；国外形势的发展变化，对我境内各族人民的影响也极大。

5. 边疆民族区域巩固与否，关系着国家的和平建设，对外政治影响极大。

（三）今后边疆工作的基本方针和步骤

1. 方针：按省委指示："继续贯彻中央'慎重稳进'的方针，确定边疆工作以对敌斗争为基本指导思想，巩固地团结各地区的上层……认真发动群众，解决群众生活及生产上的困难，给各族群众以看得见的实际利益，最后有步骤有条件地解决少数民族地区的社会改革问题，以真正巩固国防。"

这方针完全符合我区情况，应坚决贯彻，并着重掌握：第一，坚决"慎重稳进"，反对盲目冒进。第二，一切从对敌斗争出发，即从加强各民族及民族上下层之间的团结，以扩大各族人民与帝国主义、蒋匪残余的矛盾、孤立敌人出发。第三，坚决团结上层与坚决发动群众并重，不能有所偏废。团结上层是坚决的、长期的，而群众是更基本的依靠，二者并无矛盾。

2. 步骤：目前要做好剿匪工作，安定社会秩序，解决民族矛盾，加强民族团结，这是群众普遍而迫切的要求，是社会改革的准备工作，然后才能稳步进入社会改革和各种建设。

二、当前群众的迫切要求和三项基本任务

（一）群众要求

1. 搞好对敌斗争，安定社会秩序，这是边缘各族人民的普遍要求。斗争越尖锐、匪特势力越大的地区，这种要求就越迫切。如江东区（汉族区）我们三进两出，工作未能扎根，群众就一直怕我们走。少数民族区则更如是，群众恐惧土匪，认为"大军虽大，不能长住我处"。

2. 区域自治：是各族人民日渐迫切的要求，是民族要求，也是民主要求。除工作较差地区，群众对此尚持怀疑态度外，一般要求参政，感到是自己的权利和荣誉，因而越是下层就越积极，工作越先进的地区就越积极。

3. 生产、贸易、卫生和解决当地的困难，如发放农贷、推销土特产和医药、日用品的供应等。

（二）三项任务

1. 加强对敌斗争：

（1）近来敌情变化（略）。

（2）对今后形势的估计（略）。

（3）我们的对策。

①按军区指示，坚决肃清股匪，为群众撑腰。

②大力开展政治攻势。

③加强情报……

④在发动群众的基础上，建立少数民族武装和民兵联防，这是战胜敌人的基本关键，是边疆的基本建设。

建立脱离生产武装的方式，可通过联防组织提拔积极分子，组织民兵基干队，或在对比控诉反帝爱国教育的基础上直接提拔，但应力求稳慎，不要重复过去草率发动、组织后又变质的错误。

联防民兵的建立，则可在群众发动的基础上改造旧的组织（包括傣族区的原始自卫组织"赕"等在内），把领导权和武器掌握在可靠骨干和积极分子手中，原有领导成分予以改造提高，并作适当安置，做到不伤感情。或在个别串连的基础上重新建立，逐步采取枪换肩的办法取得武器，个别上层不愿放弃枪支而要求子弟参加联防者可酌情应允，但不能掌握领导。

⑤动员安置边疆某些上中层人物（包括某些地主）及流散人员内遣，并解决其生产生活问题。

⑥加强对敌斗争的一元化领导。

2. 建立区域自治：

（1）必须首先明确区域自治的性质和意义。

（2）我们的初步计划。

（3）具体做法。

3. 进行群众工作，尤须做好生产、贸易、卫生来发动群众。

三、发动群众，解决群众的困难和要求，完成上述任务

（一）坚决团结上层、中层与坚决发动群众的一致性问题

边疆民族区域既属封建社会，在政治上、经济上就必然存在阶级矛盾。但由于"边疆"及"民族"两个特点，这矛盾需采取特殊办法解决，目前是以区域自治、联合政府方式解决政治问题，以国家投资、贷款救济、发展生产来解决经济问题。潞西县轩岗坝的经验证明：善于团结上层、中层，对发动群众只有好处，通过他们进行工作，既发动了群众，又改造了他们自己，结果是上下层更加团结。这是发动群众的新的基本规律，其关键在于：

1.首先要有坚决团结上层、中层，教育、改造他们，和他们长期合作、共同进步的思想，要明确中央民委所提"进步就欢迎，不好就批评"的原则，任何暂时利用或与内地地主同看的想法、做法都是错误的。

2.其次在于坚决发动群众，不能因怕得罪上层、中层而不敢发动群众，问题是发动前首先通过上层，取得上层的赞助，和他们讲清道理，让他们摸清底，知道我们的方针政策和做法，不再怀疑顾虑，然后坚决发动群众，也让群众明白我们对上层的方针原则，以减少群众对上层的顾虑，相信党，相信自己的力量。

3.发动群众时要紧紧掌握工作内容、方向和政策，使运动约束在一定范围内进行。

（二）当前运动的主要内容、要求和一个乡工作的大体步骤

1.当前运动的主要内容：对敌斗争、区域自治、生产、贸易、卫生、文教等，而卫生工作则已成为一切工作的开始、接近群众的桥梁。切忌提出其他属于社会改革性的问题，如减租、清债，以免被动；已成纠纷者，采取调解协商办法，个别解决。

2.要求达到的程度：初步发动组织群众至人口的30%至35%，巩固地团结上层、中层，培养了一批骨干及区、乡干部（一般要求每畹有骨干二三十人，其中二三人成为有威望、有一定能力的群众领袖），建立约占人口2%的联防武装、不同程度而又有广泛统战性的区、乡政权。

3.一个乡工作的大体步骤：

（1）通过上层，接近群众，召开代表会，宣传政策、表明来意、打破顾虑（约需半月）。

（2）做好事、交朋友、扎根串连，再开代表会、协商会及各种座谈会，建立乡政筹委会，以加强民族团结，密切上下层和我们的关系（约两个月）。

（3）开展"反帝爱国"控诉运动，结合重点解决问题，如贷款、贸易、解决纠纷。通过这些工作，把群众初步组织起来，或叫"爱国生产团结会"，通过组织培养骨

干、干部。

控诉运动是发动与组织群众的重要方式,目的在划清敌我界限,消除民族隔阂,加强民族自信,达到组织起来对敌斗争的目的。芒市的经验证明:在形势教育的基础上开展对美帝国主义和匪特的控诉运动,并以回忆对比共产党、国民党两个时代等方法,对提高群众作用很大,但需准备成熟,说明对象和目的,发动上下层共同参加。内容仅限于对帝、蒋、匪、特,涉及上下层时,应将锋芒转移,若头人因有污点而不愿参加者可使之回避,并说明过去有错乃属被迫,群众可以原谅,以兹安定。要掌握在提高群众的基础上即时提出适当的行动口号,如组织联防、组织爱国生产会等,使运动提高与深入一步(约需1个月)。

(4)建立政权和联防,这时又当召开代表会(约半月)。

(5)生产、卫生:进行生产、卫生、对敌斗争等工作,以巩固成绩,等待面的开展。

(三)点面结合问题
(略)

(四)群众的组织形式问题

1.代表会、代表委员会和代表小组,这是一种较好的组织形式。系统运用代表会,是团结各族、各阶层、发动群众的良好的工作方法。代表委员会在建政前起着政权的作用,为处理日常工作的机构。代表小组为加强代表会的组织和力量。

2.联防队和联防委员会,是群众已熟悉并需要的武装组织形式。

3.爱国生产团结会,是广泛的群众性组织。

其他如青年会、妇女会等,群众有此要求也可以组织。

(五)县委的领导方法

1.要善于运用县的各族人民代表会,通过它把政策直接交给群众。原来规定两月至多三月召开一次的制度仍应坚持,全县重要工作都通过代表会讨论决定。

2.组织各部门、各系统的综合性工作队,由县委直接领导,建立基点乡逐一推开。这在边疆高度分散及未实行社会改革的情况下,是主要的工作方法。

3.各系统要加强自己的部门工作,适当建立与充实机构,特别是经济建设部门,县委则应加强对部门工作的领导。

德宏傣族景颇族自治区基层建政情况统计表

1954年10月20日

	潞西	瑞丽	陇川	梁河	盈江	莲山	盏西	合计	备注
全县共有傣族乡	19	14	9	6	16	8	5	77	
1954年7月前建立	18	8	3	3	6	4	3	45	
1954年7月后建立	0	2	2	2	2	1	2	11	（1）全自治区共有区乡数，包括其他少数民族及汉族区乡在内。（2）尚余傣族乡除盈江外，1955年春均可建完
尚未建	1	4	4	1	8	3	0	20	
至年底可再建	1	2	5	1	7	2	0	17	
尚余乡数	0	2	0	0	1	1	0	4	
景颇族乡总数	9	5	35	5	6	12	8	70	
已建立	5	1	10	1	2	4	1	24	
尚未建	4	4	15	4	4	8	7	46	
至年底可再建	2	1	5	2	1	2	1	15	
尚余乡数	2	3	10	2	3	6	5	31	
区总数	4	3	3	4	3	3	1	21	（1）全自治区共有区乡数，包括其他少数民族及汉族区乡在内。（2）尚余傣族乡除盈江外，1955年春均可建完
7月前建	2	1	2	4	3	3	1	16	
10月份建			3						
乡总数	60	19	36	37	30	21	17	220	
7月前建立	30	10	12	24	9	8	8	102	
10月份建									
尚余									

（六）发动群众的工作方法问题

（略）

（七）提高策略思想和几项具体政策

1. 基于"边疆"与"民族"两个基本特点，提高策略思想，运用策略，是团结自己、孤立敌人的有力武器，因而必须明确：第一，一切由团结绝大多数出发，即团结除人民公敌、帝国主义分子以外的各族人民、与人民有联系的领袖人物，无论其进步还是落后，都在团结之中。潞西西山区开展医疗工作中，给"魔头"以生活上的照顾而争取了"魔头"，芒市动员佛爷带头注射预防针等都做得很好。第二，一切由对敌斗争出发。就是当人民公敌尚未为群众所认识的时候，我们也不能仓促进入斗争，而是提高群众的觉悟，进行必要的等待，首先做到使敌人在群众中孤立。

2. 几项具体政策：

（1）债务问题：这是一个普遍性问题。农民欠债户达70%以上，年利均在50%至100%。目前先进地区群众虽已要求解决，但全面尚未成熟，必须掌握在未进行社会改革以前，一般不提债务问题，不搞清债运动，也不宣传反对高利贷，而以低利或无利借贷代替。

（2）官租问题：目前仍不启发减租，过去宣传过者，暂且不理也不说错误，土司自动减者可表欢迎。……如有纠纷，仍本双方满意原则调解。特殊受灾区可说服土司头人少要、缓要或不要。

（3）一贯道问题。

（4）少数民族中的惯匪问题。

（5）边疆流散人员。

（6）对国外回来的"洋兵"。

（7）户腊撒及泸水土司土地问题。

（8）宗教问题（均略）。

四、加强边疆经济工作

（一）边疆经济基本情况

因历史、交通及民族等关系，边疆经济基本上是对外依附性大于对内的联系，群众出卖劳动力都向国外，许多生活必需品也靠外货解决，特别是潞西、瑞丽、陇川、盈江、莲山、盏西，实际上还是半封建半殖民地的经济。

（二）我们的方针

以发展当地生产、加强和内地的联系、逐步达到摆脱对外的依附性为方针，如搞小型纺织厂，搞副业、手工业以代替外货。当前则采取小额贸易、自购自销政策，推动多组织土产外销，换取外汇外货，供给少数民族需要。由成品入口逐步改变为原料入口，再加工制造。在扩大土产外销中，主要是换取生产工具及生活必需品，以发展自己的经济，并需力防外货打入内地。

（三）当前的做法

1. 掌握外销物资，扩大出口，采取外货外汇，解决边疆各族群众当前需要，并逐渐控制外货外汇。

2. 加强内地支援，扩大与内地联系。

3. 发展当地农业、手工业，搞小型工厂，逐渐代替外货，主要是棉、麻、茶和纱布。

目前应以发展棉麻业为主，今年本区棉花增产百余万斤，超出地委预定计划150%，明年再加努力，即将自给。加上纺织，就可基本上解决穿的问题，因此应大力发展纺织。茶可以组织出口，其他如制肥皂、皮革、粉丝、皮鞋等手工业生产，均应大力发展。

4.货币问题，原则是以政治、经济、财政各方面结合的力量，支持人民币，进行有准备、有步骤的货币斗争。首先打击半开，逐步驱逐卢比。要打击半开，首先依靠当地财政、税收、物资支持本币，其他靠内地物资支持，如运销食盐。再次是以小额贸易扩大外销，换取外货，并以适当方式收购掌握当地物资，一定时机又以相当价格收兑半开，以减少群众损失和团结上层。这问题解决得越快越好，越晚群众损失就越大。

（四）经济工作的组织领导问题

（略）

五、关于林场、公路及营房建设问题

（略）

六、加强边疆工作的一元化领导和提高组织性、纪律性问题

（略）

关于边疆地区生产问题的几点意见
张钧同志在第二次民族工作会议上的发言记录
摘录于地委档案卷84
中共云南省委边疆工作委员会
1953年9月16日

关于边疆地区生产问题的几点意见

第一，边疆生产问题的提出：

（一）从根本上讲，我们在边疆民族地区各方面的工作，其总的目的是为了发展兄弟民族的政治、经济、文化建设事业，改善各族人民的物质生活与提高其文化生活，以求得民族问题的根本解决，我们革命的终极目的就是解放发展生产力，以推动社会的物质生活向前发展。据此，要根本解决民族问题，最基本的任务就在于大力领导各族人民发展生产。

在边疆民族地区发展生产，在当前时期有3个障碍：一是敌人的侵扰破坏，二是民族间的历史隔阂压迫以及时常引起的械斗纠纷，三是民族内部的阶级矛盾、压迫和剥削。因此，根据党的政策和当地实际情况，正确地处理解决这3个障碍，是群众安心顺利发展生产的重要前提条件。为此，首先是取得对敌斗争的胜利，保障边防的安全巩固，其次是努力改善各民族间旧有关系，基本上实现民族的权利平等，以及使民族内部的阶级关系趋向于正常，以达社会生活秩序的安定，为大力发展生产创造基本良好条件。反转来说，也只有发展了生产，各族人民的生活有了较大的改善，才能使我党与各族人民的联系更加巩固，也才更加有利于民族间的团结和强化对敌斗争及国防的进一步巩固。因此，大力领导各族人民发展副业、手工业生产，是今后边疆工作必须掌握的中心一环。

（二）我们已有条件有可能提出发展生产。

从目前情况看：

1. ……边疆社会秩序业已基本上趋于安定。

2. 今年民族上层及广大群众在兴修水利、播种面积、多犁多耙、积肥施肥、铲草除虫等方面都表现了极大的积极性，尤其经区域自治成立后，大批民族上层及民族干部参加政府工作，不仅更加团结稳定了上层，也为通过团结上层、联系发动群众、大力发展生产创造了有利条件。

3. 由于边疆各族人民生活的极端痛苦，发展生产，解决吃穿问题，是当前群众的迫切要求。

因此，若目前停止在空喊民族团结、对敌斗争的口号上，不抓紧领导生产，不但使民族团结、对敌斗争失去了新的内容，减弱了新生力量的增长，而且定会使我们脱离群众，并落群众之后。

4. 通过发展生产，定会给我们带来这4个方面的好处：（1）对敌斗争更加有群众基础。我们发展了生产，群众生活提高了，使各族群众真实地体验到了党的好处，使敌人失去挑拨离间民族团结、制造纠纷的资本，而更加强了各族群众反帝爱国的观念；（2）通过领导群众发展生产，使稳定团结上层更具有坚实的群众力量做基础；（3）通过发展生产给各族人民以看得见的实际利益，使更加巩固了党、政府与群众的联系；（4）通过生产，发动群众，培养出大批的积极分子和干部，这样为边疆民族地区的社会改革创造了可靠条件。

据以上所述，我们可总括为如下这样一个结语，即在现有对敌斗争、民族团结胜利的基础上，并为着有利于加强对敌斗争及民族工作，今后应以大力领导群众发展农副业、手工业生产为边疆工作的中心环节，以便通过发展生产，逐步地改善群众生活，提高各族群众的觉悟，大批培养民族干部，以达到进一步联系、团结、领导各族群众顺利完成社会改革、从事经济建设、根本解决民族问题、巩固国防之目的。

(耿马）七个月来民族工作开展的概况

中共耿马县委会

1954年10月16日

（耿马）七个月来民族工作开展的概况

全县5个区56个乡的范围（多数尚未建立）计66000多人口，在上级党正确的领导下，确定了"以区域自治为中心，以生产抗灾为具体内容，掀起生产热潮"，自今年3月份以来，从党内到党外进行了动员报告，从头人到群众召开了各族人民代表大会，成立了民族区域自治筹备委员会，至今已7个多月。共开了3次人民代表会议，333人受到教育；四次筹备委员会会议，研究了区域自治的组成——以傣族、布勒族为基础的11种民族的自治区，名称——勐盛耿马傣族布勒族自治县，并研究了傣族和布勒族的历史等，使他们感到筹备各族人民大喜事的光荣。在中心思想的指导下，全体干部艰苦努力，由点到面，由浅到深（大张旗鼓地进行了民族区域自治的宣传，使我党的民族政策和广大群众见了面，密切了党和各民族的关系，使各族群众由模糊到逐渐明确，从明确到逐渐积极行动起来，要求当家做主，要求自己的政权；提高了爱国主义的觉悟，进一步地改善了民族关系；有力地抵抗了各种灾害对农业生产的侵袭，例如牛瘟疾病、洪水、兽虫灾等；扩大了耕地面积，重点地改进了技术，提高了单位产量，保证今年生产丰收有了希望。采取的方式是报告动员、放电影，用留声机、扩大器在集市街头宣传，还采取了召开小型的座谈会，如宗教、老年、头人、妇女、青年，培养典型，进行自我教育，互相启发)，七个月来在全县范围内除极少数的深山偏僻的村寨连风也未能刮到外，一般地说都刮了一阵风，但只是宣传深入的程度不同，可分为以下3种类型来谈：

第一种类型是民族工作开展较好的地区，共计14个乡，其中包括傣族乡8、卡瓦族4、浦满族1、汉族1，约计人口有13677人。在这类地区区域自治的宣传已达家喻户晓，成年群众受教育接触的面已达90%，发动的面占成年人口的55%；积极分子和可靠朋友计555人，占总人口的4%强。有的村寨已形成积极分子的领导核心，目前已经扎了根，或扎得尚不够稳，群众力量已占优势或相对优势。各族人民爱国主义的觉悟有了比较显著的提高，民族关系也得到进一步的改善。干部和群众建立了比较深厚的感情，由不信任到信任，到不舍得离开；开始时向我们同志叫"昆楷"（汉官、汉人），向女同志叫"味楷"（汉婆)，并说"人心人肝各自带，猪心猪肝街上卖，哪个知道你们的心？"到现在建立了感情,说我们的干部是"毛主席派来的新人",叫同志、叫哥哥,把女同志称为自己的姑娘;有了病关心照顾,离开时依依难舍。

在这类地区,阶级矛盾比较突出,敌我界限划得较清,认识到救命恩人是共产党,挨冻受饿、派款派粮、糟蹋百姓的是土匪、国民党,认识到土司头人与人民政府的界限,拥护共产党,热爱毛主席,对土司头人表示不满,甚至公开提出废官租和土改要求,说头顶毛主席的天,脚踏毛主席的地,我们交爱国公粮就够了,哪个敢来要租就和哪个干。不少的群众控诉国民党匪帮的残酷压迫,甚至诉得哭。傣族老大妈反映,活了80岁也没有见过毛主席派来的干部这样好、爱百姓,向我们同志说:"我死了,我的鬼还要告诉毛主席好吃好在,有了你才得过好日子。"有的反映:"我们过去是无娘的小鸡,成立区域自治就有娘了。"有的说:"毛主席是救命恩人,说爹好娘好没有毛主席好。毛主席是冬天的太阳,夏天的雨,比太阳照得宽。"83岁的傣族老大爹,由于进行了区域自治的宣传,感动地说:"我活了83岁,没有见过毛主席这样好,30年的沟修通了。我老了,不能见毛主席,请你们给一张毛主席的像。"有的反映:解放前佛教比国民党好,现在共产党的政策比佛还好。

在这类型地区,头人开始是表面支持、欢迎,暗地里控制群众,封群众的嘴,但政策一旦和群众见面,行动起来,这时一面怕政府不相信,失掉自己的政治地位,另一面又害怕群众,因此在经济上不得不让步(减牛租、高利贷),在政治上更加向政府靠拢,从不下田劳动到参加劳动,进行抗灾防洪,支持开会(马也不骑了),要求工作同志多讲政策、帮助他。这说明群众有了发动,上层的头人改造也就得到推动,现在在这类地区头人公开破坏的市场已经很难了。下坝圈官老布省说:工作队是把斧子,学员(民族训练班实习的)是把锉子,头人是块木头,斧子敲锉木头不动也得动。一般说他们有事都立刻找工作同志、积极分子商量办。

在这类地区,由于民族政策宣传的深入,在爱国主义觉悟的基础上,群众的劳动热情也有了提高,扩大的耕地面积,重点地改进了技术,提高了单位的产量。过去顶多薅一道秧,现在普遍薅一道,部分薅二道,个别薅三道秧;过去犁田一般二犁二耙,今年是三犁三耙;过去是女的栽秧薅秧,今年蛮抗寨男的也栽秧也薅秧。有的进行施肥选种,自制打谷子掼槽。这些先进技术的改进在耿马来说是破天荒的第一次。

抵抗了各种自然灾害的侵袭。全县8月份统计,共打各种大野兽达1113个。孟定在防洪上动员了23020人进行防洪,用掉木桩1030棵、竹子490棵,52个寨子出沙包1214袋、草6500斤、树枝250余捆,挖土249立方、石头45万斤左右。损失了159担,受益494担,使大水减灾、小水免灾,有的六打五垮,有的三打两垮,终于战胜了洪水,保证在这一类型地区估计能够增产10%。

在这类地区,随着民族工作的开展,县委成立了民族短期训练班,共训二期,合计178人。其中傣族88人,占××%;卡瓦族36人,占××%;拉祜族22人,占××%;汉族13人,占××%;景颇族1人,占××%;土族1人,占××%;傈僳族3人,占××%;咪哩族1

人，占××%；濮满族9人，占××%；回族1人，占××%；崩龙族2人，占××%；本人族1人，占××%。培养和提拔了其中一部分经过实际锻炼的爱国青年，第一期提拔37人。

第二类型地区是基础差的薄弱区。目前正在开展的计有18个乡，约有2万以上人口。这些地区的工作基础薄弱，新生的力量少而弱，头人表面支持，但顾虑很多，怕群众起来斗争、分田分牛，因此积极控制群众，封群众的嘴巴，不准群众接近。如洛阳寨头人说："宁给羊打失，莫给地名烂。"罕仁头目吓唬群众说："山地是我管，树是我砍，豹子（指积极分子）在哪里我知道。你们要当头目，我给你来。"敌人在这类地区也积极活动，造谣说："区域自治就是土改，就是分牛，你分一条，我分一条。"目前这类地区仍然通过做好事交朋友，交代政策，团结头人，发动群众。

第三类型是空白区或薄弱区，有24个乡。这类地区有的是紧靠边界，有的是民族宗教（耶稣教）长期活动的地区，情况极为复杂。有的乡没有武装配合，目前仍很难立足开展工作，如福音山；有的乡因主观力量限制不能达到。在这类地区敌人活动非常嚣张，特别是耶稣教，在福音山买枪，开大会外国人派代表参加，今年则挂国民党党旗，甚至利用宪法所规定宗教信仰自由来和我们进行公开的斗争，来掩盖他们的反革命活动（已有专题报告）。因此在这类地区，还在重点摸底、侦察、了解中。

从以上3种类型来看，虽然取得了一些成绩，但是存在的问题仍很多，表现在：

1. 干部对团结头人政策思想上还有急躁情绪，发动群众不大胆，培养干部不耐心。民族关系仍不能忽视。

2. 在第一类型地区还有薄弱村，先进村还有后进层，干部的生长还很少，根子扎得还不牢靠，头人还必须教育和改造，这就必须继续努力。

3. 第二、第三类型的比重仍很大，工作还十分复杂艰巨，民族关系比较突出，对敌斗争任务非常尖锐。

这些仍需要我们今后努力。

耿马县半年来民族工作总结
——1954年11月14日王道傅同志在全县干部大会上的发言
中共耿马县委
1954年12月×日
报送：中共临沧地委会
发往：区委会、县府党组

耿马县半年来民族工作总结
——1954年11月14日王道傅同志在全县干部大会上的发言

第一，耿马面貌在变化着，民族工作在稳步前进中

今年3月，在秋粮收购总结和党在过渡时期总路线学习的基础上，我们遵循着中央"慎重稳进"的方针和党的民族政策指导下，"以民族区域自治为中心，以区域自治推动生产，以生产抗灾的实际行动来迎接区域自治，掀起爱国生产热潮"，并以团结、教育、稳定与各族人民有联系的领袖人物，启发各族人民的政治觉悟，以加强统一战线、加强对敌斗争为指导思想开展了民族工作。首先成立了我县区域自治筹委会，经过8个多月的反复研究和协商，达成了区域自治有关民族组成、名称、区划、代表条件及名额等协议，并对几个主要民族（傣、佧）和社会经济发展做了初步调查。同时全县干部又经中共中央四中全会公报和民族政策学习，在思想觉悟和政策水平提高的基础上，全县范围内大张旗鼓地展开民族区域自治政策的宣传，基本达到家喻户晓、深入人心的基础上，本着民主协商的精神先后推选了成立区域自治代表会的代表，因而进一步提高了各民族广大群众的爱国主义觉悟和民族觉悟，提高了团结生产的积极性，掀起了生产抗灾热潮，扩大了耕地面积和增加了单位面积产量，获得我县今年增产约14.1%。并通过一系列的工作，培养和涌现了一批民族干部，并对干部大民族主义思想残余的改造和社会主义觉悟有显著提高。这些成绩无疑是巨大的，民族区域自治的实施，政治上对外影响是良好的。这充分显示了党和毛主席民族政策的威力，事实证明了民族区域自治政策是解决民族问题的钥匙。现将半年来民族工作的变化分几方面来说：

（一）对民族上层头人的团结、教育、改造方面

1. 在运动初期上层头人的基本情况：一部分上层头人（如耿城俸保林、勐撒罕富明等）由于经过收购运动的实际教育、社会主义前途和民族问题总任务的宣传，逐步对其政治前途有了认识。有的说"只要好好为人民服务，就不顾虑了……"，在政治上愿意进步，要求学习和帮助，并减低牛租，帮助群众生产上的一些困难，经济上做些让步，实际上表现爱国爱民。

相当一部分头人，对我党各项工作一般尚能拥护支持，但思想上对党的政策有很大疑虑，采取半信半疑的态度，存在怕土改分田分牛、怕斗争、怕失掉政治地位的三怕思想。对区域自治表现冷淡或怀疑，又说"司官不在，要求宽大二年才成立""老人不成，青年来办"，又有"区域自治成立后工作队、机关干部回内地"的地方民族主义思想，甚至有的认为"自己整自己""成立后就土改"而思想顾虑大。

另一部分上层头人是对党的政策有抵触，表面敷衍应付，实质上利用民族关系和其统治影响来控制或恐吓群众，甚至造谣破坏，有的嘱群众"不要和工作队同志说实话，谁说谁就当伙头"，"当家做主是头人，你们懒人怎能当家做主？"以及"宁给羊打失，莫给地名烂""山是我管，树是我砍，豹子在哪里我晓得"，甚至造谣惑众说："嗅会主义，饿肚时期""只服国民党，不服共产党""共产党先甜后苦，要斗争，有家不得在，有衣不得穿，有饭不得吃。子不认父，父不认子"等，增加阻力和困难。

但全县干部经过一系列的学习，通过半年的工作，对上层头人进行了形势教育，反复交代，不断解决其顾虑，随着运动的开展，群众觉悟的提高，因此使上层头人有不同程度的转变。

2. 党和民族上层关系的日益改善：通过反复交代党对民族上层长期团结合作的政策教育，又以当地生动教材对比教育，解除了一些思想顾虑，提高了爱国主义觉悟，从而认识到自己的前途，对成立民族区域自治表示拥护，政治上积极靠我，经济上也放弃了部分利益。他们一致控诉国民党时所遭受的压迫侮辱，说"把头人当成狗一样，要时喂一点，不要时丢开一边"，"国民党压迫土司，土司压迫头人，头人又压迫群众"，并控诉了国民党苛捐杂派（单册外就有120多种）、破坏风俗习惯、住缅寺捆绑长老、打死佛爷、糯峨为拉夫打死8人等罪恶，认为"毛主席给我们的道路是成立区域自治、当家做主，要和帝国主义割断联系，民族权利还有一份。过去不懂为人民服务，现在要好好为人民服务，不然现在人办事将来会事办人"，"像走路一样，群众已向前，我们要追赶，不然越隔越远，人家不会等了"。大从对群众说："国民党时，我啥都干，谈不上为人民服务，以后要从新做人，好好学习，改心换肠"，征求群众意见。布胜乡长亲领群众冒雨防洪。贺派村乡长被积极分子批评："你津贴增加，钱是人民的，可是看你的工作可没进步一点。人家生产，你在家睡觉？"从此工作较积极负责地宣传政策，检查秋收。很多上层要求学习政策，愿意进步，主动与我商量工作，经济上并有所让步，积极自动当代表，愿将自己的子女送去学习，准备当干部，表现进步靠我，但当时他们

是从个人利益出发来缓和阶级矛盾的。

上层和群众的关系并有所改变。上层在爱国主义觉悟提高的基础上、群众发动的推动下，缩小了公开活动市场，很多表示愿意替群众解决困难。有的主动放弃特权，自动减低牛租，在一区4个重点乡多达36条，每条600斤以下。有的拿出积谷和余粮借给群众，在两个区达64800斤，年息由50%至100%降到20%。群众反映："过去所以困难，就因利上加利，借3还10，都到了土司那里。"干东伙头威胁群众"伙头我不当，你们来干"，积极分子以"你不当算了，把田交出，我们当得来"回答。又说："我们受国民党时的压迫，是你们亲自做的，我们亲身受的。"妇女花13年做好的花鞋，今年拿出来穿了。头人说："村里有事，大家商量，群众过河我们也得脱鞋。"这证明中央对团结上层的政策是正确的，头人也是可以改造的。

上层和敌人的关系上，由于民族工作的开展，群众觉悟的推动，以及解放台湾形势的教育，提高了头人的爱国主义觉悟和民族觉悟，看到大势所趋、人心所向，外倾思想有所改变，认为"幸好没有跟土司跑，幸好早回来，不然解放台湾，只有死路一条，生命难保"。感到听毛主席的话，靠党和政府才有光明温暖。南天富表示："活在毛主席的地处，死也死在毛主席的地处。"杨选芝说："给土司当40年老豺狗，为人民才有4年历史。解放台湾，铲草要除根，不然还会发芽。"头人自动向工作队登记或暴露枪支，以一区4个点统计，步枪186支、自动步枪2支、子弹5万多发。公开揭露谣言，以及从1951年残匪进犯耿马，解放军以少胜多，击溃了李（弥）匪进攻，又看到营房建设和到内地参观，因而较深信我党力量，扭转了外倾思想。

从上述几方面看来，我们在执行团结各民族有联系的领袖人物的政策是向前推进了一步。过去我们党的政策尚未和群众见面，团结上层工作只限于革命胜利形势下大势所趋和军事压力的影响，而民族内部的阶级斗争是较温和的。现在随着民族工作的开展，群众有所发动，而团结上层工作也就向前推进了一步，正如有的头人说："工作队像火，群众像水，头人是锅盖，火烧水涨，锅盖不动不行。"以全县第一类型14个乡统计，头人（伙头以上）253人，其中：①反帝爱国、拥护党的政策、联系群众、经济上放弃部分利益的29人，占总人数的31%；②能反帝爱国、对我党政策仍有较大顾虑，但在①类的带动下，经济能稍有让步的125人，占总人数的33%；③进步较慢，而其中大部都是以宗教为职业或经商的45人，占总人数的17%，这证明上层中大部是拥护靠我的。

（二）在群众工作方面

党和群众的关系有改善。工作队初下乡接近群众时，群众对我是误解的，受到冷淡和不信任，吓得小孩哭、妇女躲藏，叫"汉官""叫花子""皮婆"，说"做官是你们，做叫花子也是你们。傣族怕死不怕穷，汉人怕穷不怕死"，"人心人肝各自带，猪心猪肝街上卖，谁知你们的心？"及"石头做不得枕头，汉人做不得朋友"，对区域自治反映"当家做主，小人不会当，司官还没有回来"及"社会主义你们过，我们不会过",误解民族关系是较突出,对我是不够信任的。随着民族工作的开展,党和群众的关系起了很大变化,由冷淡到热情、不信任到舍不得使工作队同志离开,开始称同志、老李、弟妹,甚至称自己的姑娘,有些问题能向我反映或商量办理。认清了毛主席领导下的汉人和过去的汉人不同,如说"过去的汉人越看越害怕,今天的汉人越看越喜欢,是毛主席领导的新人……"通过区域自治的宣传,领导和扶持生产,以带动干活、交朋友,当地的事教育当地人,培养典型,发动群众,提高了思想觉悟,兄弟民族广大群众进一步认识到谁是敌人,谁是恩人。干东房明阿库说:"国民党时压迫,一辈子帮工度日,共产党、毛主席领导,救济贷款盘了田,立了家,毛主席比阿爹阿妈还要好,叫我们团结、当家做主,各民族要走毛主席的光明道路。过去睁着眼睛像瞎子,今天睁开眼睛见青天。"一个老大妈说:"你们不嫌我屋小,不嫌脏和臭,有病医生来送药,生产困难有救济有贷款。"而感动得流出眼泪。有的把毛主席当活菩萨,一天献3次饭。有的说:"太阳照不到背阴处,而毛主席的太阳能照到我们的家里背阴处。"50多岁的老汉用了8年的锄头,今天换了新锄,说"毛主席比太阳还大,比树还高"。老年人过去盼早死,少受罪,现在想多活几岁,有一人问卫生院要年轻药吃。青壮年要求政治权利,要求学习当干部,儿童、妇女要求学文化。歌舞、清洁工作也开展了,农村出现了一片新气象。在区域自治选代表中,群众并竞选,并说"不选嘴甜心毒的人",以及向候选人提出热情帮助的意见,头人、群众都受到教育提高,有的已组织起来抗租。××已还5担谷子(约合40元),他对债主来田里要债时说:"算算账,到底是你赔我,还是我赔你。宪法是国家大法,规定不得剥削。"而拉到乡长身旁,乡长以"既超过本了,不能再要"而完事。有的说:"头顶毛主席的天,脚踩毛主席的地,今年不交租而交爱国公粮,建设社会主义。"有的雇工要求算工资,有的反映:"成立区域自治,不搞改革还算哪样平等?高利贷不打垮,穷人咋个翻身?"又说:"新爷下乡,猪鸡遭殃。郎爷出门,百姓心疼。"目前全县的第一类型乡人口13677人,区域自治的宣传已达家喻户晓、人人皆知,接触面已达90%,发动面占成年人的70%,有50%是能划清敌我界限,群众的优势已树立或是相对,有的村寨则已扎下根子。

　　从民族之间的关系来看,由于长期的反动统治压迫、分而治之的政策,挑拨民族关系,造成民族间的械斗、互相歧视,解放几年来,尤其是今年随着民族工作的开展,各族人民爱国主义觉悟的提高,民族之间的关系也随之改善,民族之间是团结进步、互助互让、尊重协商的关系,流行的旧称呼日益自绝。有的说:"过去见面是冤家,现在见面是弟兄,平等团结。"在生产中,傣族主动减低地租、牛租,及欢迎山区开垦荒田,如贺派傣族俸保感到"佧佤同胞生产困难,交租一点就好了",减低了地租;布勒族租耕牛,他们反映说:"毛主席领导,各民族真像一家人。而过去不但不租,还怕我们偷、怕我们捞。"播种时,政府贷籽种款,傣族认为"布勒族无种子,和我们缺种子一样",而以粮局牌价自动卖给佧佤族籽种。今春芒亢傣、佧两族又合修10里长的遮曼大沟,原计千工,实际600工就完成了。刀开印说:"过去要租是剥削,现在分给你们要好好种,不然就对不起毛主席。"不要租让佧佤族来耕种，表现了团结互助的关系。

群众对敌人关系上，一般人都认识到"是中国人，要热爱祖国，爱毛主席"，"死活都要跟着共产党，敌人要来就要和他拼"。公开揭发谣言，如"共产党比国民党恼火，增产两天征20%的公粮"。自动站岗巡查，这就缩小了敌人公开活动的市场，密切了我党和群众的联系。

（三）在团结生产工作方面

生产抗灾工作的变化是巨大的——而团结生产为主的财经工作，在去年秋征收购的基础上，通过广泛深入的民族区域自治宣传、宪法和形势的教育，提高了群众的爱国主义觉悟和生产积极性，政治上有力地推动了农业生产。加上党对生产的领导，财经工作的大力支持，国营贸易的加强、收购面扩大，土特产的销路3年来达10亿元。单以茶叶收购额来说，若以1950年为100，则1953年增为566%，到1954年达4000%。物资销售额，若以1951年为100，1952年即达658%，1953年为3540%，到1954年10月竟达5250%。由于大量供应了生产生活必需品，收购了土特产，减少了中间剥削，提高了人民购买力，稳定了市场。今年各种贷款达165928万元，救济大米×××斤、谷411272斤，有力地扶持了农业生产。

卫生工作加强。今年培养基层卫生人员达102人，卫生支出8900多万元，疾病大为减少。其比例为，如1950年为100，1951年减少为36.46%，1952年减少为73.81%，1953年减少为60.51%，1954年则减少为26.4%，约比1950年减少314%。出生死亡率渐减，生长率渐增，如信多寨1953年死27人、没有生，而今年死9人、生3人，其比例约为解放前死2人、生1人，解放后则未死而生2人，提高了群众的健康水平，支持了生产（如弄坑乡九村280户1152人，解放前主要是帮工或卖柴度日，以山茅野菜充饥，穿不上衣，无耕牛，解放后政府大力救济贷款，共贷耕牛143条、口粮米9390斤、农具224件、谷27520斤、籽种13902斤，因而耕地面积每年扩大约13.5%，现在该乡不只够吃，而且有余粮可卖。又耿城贺坦片，每年当雇工，今年在政府的帮助下，开荒16亩，今年不只够吃，还有余粮8000斤出卖）。同时进行了一系列的生产抗灾工作——防旱栽种保苗、防洪保秋、治虫防牛瘟、抗兽保秋、兴修水利及适当解决了牛租、口粮、土地等斗争，取得了显著成绩，从而群众体会到党普遍发展、重点扶持的方针。不断改善了民族关系，民族内部的阶级矛盾逐渐突出，政治上积极要求成立区域自治，经济上要求废租（官租）废债，在生产上也出现了新的面貌。

在去年秋粮收购的教育下刺激了生产，今年全县耕地面积扩大了9%，产量约增加14.1%；4个重点乡增产约15.1%；贺派乡耕地面积扩大75%，增产约10%。

改进了耕作技术，开始挖掘土地的潜在力，提高单位面积产量。过去一般是两犁两耙、薅一道草，今年基本群众一般都有增加，也有开始施肥，合理调整土地，往年20工，今年只需10工。男的也下地薅草，及改进了播种不施肥的传统，创造了显著的增产经验。

如贺派乡贺尚今年因多犁多耙、按时栽种,产量增加1倍。在耿城这样的例子也很多。

战胜了各种自然灾害,争取了今年的增产。为保证按时栽种、满栽满种,争取粮食增产,在夏天全县掀起了抗旱热潮,共修复大小水沟480条、挖水塘7个、打坝45道、修木质水塘①10个,增灌面积3825亩。新开田2700亩,改变雷响田为水田1125亩,新挖的遮曼大沟现为一片良田。抗旱之后,接着又下了比往年更多的雨水,山洪暴发,孟定4水3次上涨,因而在全县提出抗灾保苗的号召,终于战胜了洪水,达到了大水减灾、小水免灾。全县共打埂931道,修复40条沟,挖沙塘20个、排水沟2022条,打桩10080棵、木马1030架、木料250根、竹子3313棵、稻草6500斤、树叶7302捆、篾笆52张、席笆1214个,编竹笼25个,用牛马38条,费工9430个,挖土方158721立方尺,共减少洪患保苗7570亩的面积。同时在山区开展了抗兽保秋运动,以民兵为主,联合乡村,群众创造了许多打兽的办法。全县共组织了打兽队伍78队,共1089人,其中民兵205人,猎人75人,余为群众。打得马鹿109只、豹子22只、野猪249头、山狸54只、麂子542只、猴子165只、豪猪378头……共大兽1601只(头),其他还有兔、鼠、蛇、鸦等共37635只。其他又进行了捕虫防疫工作。这样,党领导了各族人民全力抵抗自然灾害,争取了今年的粮食增产。

重点进行水利建设,修理了历年为患、傣族失望的孟定南河的响水口,动用4747工,爆破石头52676立方尺,降低河床长50公尺、宽25公尺、深13公尺,消除了2700亩田受洪灾的威胁,使65亩荒地可逐渐开垦,减少16寨受洪水的威胁,因而傣族群众歌颂"毛主席是冬天的太阳、夏天的雨",并表示"毛主席领导修的响水带来的好日子,要世代传下去"。群众对党和政府提高了信任。

我们透过区域自治宣传,推动生产,以"生产为一切工作中的出发点和落脚点"的原则,解决了群众的很多困难,发动了群众,树立了群众抗灾的信心,争取了今年粮食增产,密切了党和政府与群众的联系,并从群众切身体验中证明了团结力量大、什么灾难也不怕、"人能胜天"的真理。"党和毛主席是自己的救星,是自己的靠背恩人",而更加相信和拥护。

(四)对干部的教育改造方面

全县干部在过渡时期总路线学习后,又通过党的七届四中全会公报学习,向每个同志敲起了警钟,进行严肃认真的批评与自我批评,认识到党的团结是党的生命,是党的最高利益,从而自觉检查了个人主义、骄傲自满情绪对党的团结的危害,开始认识到骄傲自满是资产阶级个人主义的温床,个人主义是百病之源、百错之根。有的较沉痛地检查了一些腐化堕落、违法乱纪的行为,有的表示决心在实际工作中改造自己,而绝大部分同志受到一次深刻的爱国主义教育,划清了资产阶级个人主义与工人阶级集体主义的思想界限,使资产阶级思想受到抵制和打击,使工人阶级思想得到发扬和树立,提高了革命警惕性,

---

① 木质水塘,疑为"木质水槽"之误。——编者

因而也就保证了党的方针政策的贯彻，使民族工作向前迈进了一大步。发展了26个优秀团员，提拔了一批民族干部（民族干部占全县干部总数的25%），涌现了一批忠于祖国、热爱边疆、关心兄弟民族劳动人民疾苦、积极建设边疆的优秀干部和事迹。如海有华同志在孟定防洪中克服困难，越过河水完成架桥任务，使爆炸响水（口）得以顺利进行，表现了共产党员忘我的高贵品质。其他如毕美珍、李文继、赵国才、何国珍等，都安心边疆工作，积极钻研业务，关心群众痛苦，在工作中发挥优秀的模范作用，以及其他尚不了解的好同志、好事迹，是与党培养教育、集体努力分不开的。他们是党和人民的财富，是党的光荣，也是应该发扬、全体同志应该学习的榜样。

由以上所述，半年来各方面的变化是显著的，成绩是肯定的。这些成绩的取得，是由于党中央方针政策的正确和上级党委的及时指示，全体同志的艰苦努力，各部门的协同一致，以及兄弟民族领袖人物和广大人民群众的拥护支持而取得了成绩。

第二，通过半年民族工作的几点体会

1. 坚决执行中央"慎重稳进"的方针，一切工作从有利于民族团结和对敌斗争的指导思想出发，明确目的性，形成反美爱国统一战线，这样工作上就能避免弯路而顺利开展。

2. 经常进行各民族团结、平等的民族政策宣传，和爱国主义的现实教育，这是推动一切工作的动力。宣传教育上必须采取当地活人活事教材，及回忆对比的方法，以群众的实际来教育群众，才能生动并有很大的说服力。

3. 不断对干部进行政策（民族政策、民族方面的总任务）和思想（四中全会公报）教育，提高干部的思想水平，才能保持头脑清醒，有效地改造资产阶级大民族主义思想残余，树立无产阶级的共产主义思想，否则就会自流，相应地，大民族主义思想就会抬头。

4. 有关外事、民族问题，总之事无大小，必须请示报告，这样从组织上保证，因而我县总的说来没有出过大的偏差和乱子。

第三，存在的缺点

1. 首先在县委领导上对民族政策，尤其是过渡时期党在民族问题方面的总任务学习很差，认识不足，因而对边疆工作以民族团结、对敌斗争的基本指导思想体会不深，尚不能强烈地具体贯彻在一切工作中去。干部对敌斗争思想麻痹，对潜伏隐蔽的敌人对我各项工作的破坏不够清楚，虽经扭转，但仍对敌情的变化、活动规律和花样掌握不住。其次，对于开展民族工作，建立民族区域自治，是为了各民族团结起来、当家做主，总的说来目的是为了改善民族关系认识不足，对我县工作基础、运动发展变化情况缺乏认真分析、研究，造成运动发展极不平衡。第一类型乡有紧有松，第二类型乡有的放松了领导，对干部管理教育上的目的性不够明确，因而解决问题不透，个别突出的大民族主义思想没有受到有力批判，有的甚至发展违法乱纪的行为而又缺乏及时严肃处理。这说明县委缺乏强烈的组织性和纪律性。

2. 对执行中央"慎重稳进"的方针和坚持长期团结与各族人民有联系的人物、团结合作的政策认识有偏差，左右摇摆不定，而工作上不从实际出发，盲目性大。运动初期尚能耐心教育，与头人关系较好，但群众有所发动或开始起来，这时对团结上层有些怀疑动摇，看不到其可教育改造的一面，认为不可改造救药，要求极高和快，放松了对头人的团结改造，缺乏耐心教育和合作共事，或是既不耐心教育头人，又不艰苦发动群众。这说明我们在接受党的方针政策只限于感性认识而缺乏理性知识，对团结改造头人的长期性、艰苦性、复杂性认识不足，既要看到其阶级本质的反动、落后、保守的一面，也要看到其与群众联系，随着社会的改变人们的思想意识也在改变，他们可以改造的一面，应认识党这一政策本身是表现了强烈的阶级性和思想性，要深刻体会和具体贯彻，不能急躁，以团结一切可以团结的人，形成反美爱国的统一战线。

3. 依靠谁来做好民族工作呢？这并不是所有同志都认识清楚了。做好民族工作，主要是依靠党的方针政策，而政策的体现者是党的干部。目前我县民族工作虽有些开展，群众有所发动，但只是开始，是处在启蒙阶段，而有的干部对现象迷惑，盲目自满，把个别代替一般，一面代替全面，以积极分子的一时热情当作群众的基本要求的主观主义的思想方法。有的点工作铺不开，说头人不支持，埋怨群众不觉悟；有的点一两年不离人，而群众运动软弱无力；有的点虽做了不少工作，而各阶层思想掌握不住。必须明确我们离开了群众就像鱼离开水一样，团结头人的目的也是为了团结兄弟民族广大群众，为了发动群众搞好民族团结，更好地团结改造头人。发动群众的目的是为了搞好民族团结，进一步改善民族关系。团结头人，发动群众，这是统一的。

4. 在大民族主义思想的改造上，一部分同志思想上还存在着不严肃和犹豫，道理会说，而实际行不通，头人思想必须改造而实际执行又行不通，这是由于对所处的斗争形势和历史遗留下深沉的民族隔阂认识不足，对民族情感和民族特点体会不深，认为改善民族关系是轻而易举的，工作上既不认真研究党的方针政策，又不认真调查研究，工作上单纯从主观愿望出发，难免是些主观主义的东西。又工作方法上老一套，效果不大。又与诚恳对待、开诚布公、合作共事、协商研究、解决问题、减少怀疑和阻力相反，个别同志则认为对头人是"对牛弹琴"，要"消灭上层"以及"把××头人丢在河里，让我去带领和处分"。叫汉族群众诉傣族头人的苦，甚至违法乱纪地盲目支持自发斗争、算老账，干部带头诉苦。这虽是个别的现象，但不做正确认识和有效克服，其发展是危险的、混乱的。某些民族干部的地方主义情绪，不接受批评和帮助，不主动反映情况，怀疑、猜测，这也是影响团结进步的。

党内思想仍较混乱复杂，主要是：（1）堕落腐化、贪污浪费，有的则不择手段、不负责任地乱搞男女关系，已有老婆的要改组，有的光为老婆服务。（2）政治上安于现状，不求进步，这是资产阶级向我腐蚀进攻的主要方面。存在着比任何时期都突出的权位思想、待遇等级,新参加工作的知识分子自己安排了提拔日程表,以及小团体习气,这些在政治上是很危险的。

半年来各方面取得的成绩是基本的、主要的,但也不容忽视上述缺点的存在。必须深刻认识缺点,有效地及时克服,才能巩固以往成绩,并使今后各项工作顺利前进。

耿马县一年来民族工作中几个问题的总结发言

县委秘书科印

1955年11月7日

民族调查组耿马傣族分组抄

1958年11月17日

耿马县一年来民族工作中几个问题的总结发言

同志们：

我受县委的委托向大家作一年来民族工作中几个问题的总结发言，望同志们讨论修正充实。现分作两个部分来说：（一）对一年来工作情况的认识，（二）几点体会。

（一）对一年来工作情况的认识

自去年11月17日召开全县干部会议总结民族工作、布置粮食征购，至今已经一年了。一年来我们贯彻执行了中央"慎重稳进"的方针及省委"和平协商改革"方针的精神，在党在过渡时期的总路线及四中全会决议的鼓舞与推动下，在上级党的领导以及全体干部积极努力与广大群众的支持下，各部门协同配合顺利地完成或即将完成了以秋粮征购、区域自治、团结生产为中心的各项工作，在每一项工作中均取得了一定的成绩。这是我们耿马民族工作前进的基础，这是基本的一面，表现在下面几方面：

1. 由内而外地、自上而下地贯彻了和平协商的精神，从总结民族工作入手，深入细致地宣传了粮食政策，提高其民族觉悟与爱国主义觉悟，层层发动群众，团结与民族有联系的公众领袖，扩大统一战线，在广大群众的拥护及与人民有联系的公众领袖的支持下，超额完成了征购任务，从而给我们带来的好处是重大的。我县的粮食工作，几年来均是紧张的，过去粮食掌握在投机奸商及民族上层与地富的手中，投机倒把、抬价杀价、高利盘剥、外流资敌，群众则吃山茅野菜甚至饿死，我们需要粮食还得向内地求援。自1953年收购粮食后，改变了这种情况，给我们带来了下列的好处：

（1）直接起了巩固国防的作用。过去我军一面剿匪，一面还要去找粮食，我们吃不到粮食，有的部队吃稀饭，相反地敌人又吃到了粮食。我们征购了粮食，就巩固了国防，消灭了粮食资敌。

（2）改变了民族关系。谁都承认几年来党与各族人民的关系起了很大的变化，现在在群众中随时可以听得到赞颂共产党、毛主席,这是各项工作的结果。但我们必须认识到粮食是各项工作的物质基础,更主要的是我们掌握了粮食,饿死人的现象消除了,群众生活改善了,因而密切了党与群众的关系。正像有的群众所说"粮食局是我们的奶仓",就充分地反映了这个问题。

(3)促进了生产。我们收购了粮食,改变了过去"谷贱伤农"打击生产的情况,刺激了生产的发展,同时又通过救济贷款、粮食重点供应、组织调剂,扶持了生产,发展了生产。几年来我县粮食连年增产,这均是主要原因之一。

(4)促进了私商的改造,限制了私商的投机倒把,稳定了市场。粮价是物价的基础,1953年前物价直线上升,1953年以来物价是逐步下降。

(5)限制了高利盘剥。同时粮食工作的进程,既是一个提高群众的爱国主义与民族觉悟的过程、锻炼提高干部的过程,也是团结、教育、改造头人的过程。

一年来的工作完成可以证明这一问题,但我们也应该认识到,粮食工作中由于县委对和平协商的精神领会得不深不透,贯彻不坚决,致使某些干部中"挤产量"、"翻囤箩"、威吓群众等强迫命令较普遍而严重的现象产生,造成了农村情况不应有的紧张。中央指示缓和农村紧张情况后,由于我们社会主义原则坚定性不强,片面地领会了上级指示,企图以后退达到缓和,因而在粮食重点供应上发生了早供、多供、错供等偏差,以致后来被迫停销了一段时间。当然应该肯定,当时决定停销是完全正确的,也保证了国家计划不被突破,扭转了奸商套购国家粮食进行投机从中危害国家、剥削人民的情况,保证了国家粮食真为缺粮户吃上,并促使干部深入下去组织调剂,既保证了缺粮的吃上粮食,又打击了投机。但也给敌人破坏造下空子,给抵触粮食工作这一社会主义措施者造下了借口,加之我们有的同志当时思想也不通,不敢领导群众调剂,屁股坐在奸商及余粮户那边跟着叫喊,造成积极分子受到打击报复,给今后购粮带来了一些困难。

2.农业生产方面:一年来,本着"重点扶持、普遍发展"的方针,以培养典型取得经验与不断检查改进工作的指导方法,抓节令、抓思想、抓增产节约,并采取:

(1)逐步提高耕作技术,发掘生产潜力;
(2)大力兴修群众性的小型水利,防旱防涝保证灌溉;
(3)持续与各种自然灾害作斗争,保护庄稼;
(4)必要的开荒,扩大耕地;
(5)政府从各方面给予必要的扶持等措施。

一年来农业增产运动的发展概况是这样的,紧接着秋粮征购运动的结束,干部通过总结,尤其是经过中央财经会议精神的贯彻,提高了思想,重视了农村情况,认清了农村紧张的本质问题,从而树立了"增产一分,缓和一分"的努力增产观念,并不断转变工作作风,深入实际,钻研生产。在这一基础上,在农村通过缓和农村紧张的措施,进行粮食工作补课,处理遗留问题,并反复进行增产对国家建设和对农民利益的教育,从总结交流以往增产经验或减产教训入手,以活人活事、对比算账的方法,提高了群众的爱国增产热情，然后具体规划了今年的生产，从而扭转了头人"少种一点、够吃就算"的消极情绪，以及农民"时间还早，忙什么"的落伍保守思想，并结合解决了生产困难，顺利开展了紧张的春耕热潮。如犁板田、多犁多耙（以前很少犁的勐撒城，今年犁了85%）、兴修水利（勐永户东大沟，发动了6392工，受益6村146户，保证原灌溉700余亩外，还增灌荒田900余亩）、积肥施肥（四排山没有积肥习惯，今年168户施肥达55400斤）、开荒（据不完全统计，新开荒6498亩、旱地6996亩，共13494亩，比1954年扩大耕地13.2%）、推行稀秧壮苗（贺派寨稀秧壮苗占农户的84%、占籽种面积的10%），抗旱保苗并保证及时满栽满种，推动了稀株密植（贺派寨稀株密植占农户的76%，占籽种面积的16%），为今年增产打下了可靠基础。

当栽下去而转入紧张的中耕夏锄中，又面临较严重的洪患、普遍的灾害和历史性的兽灾等严重威胁。透过民族区域自治改革的深入宣传，以实际行动来迎接区域自治的成立的推动下，又总结交流抗灾经验，算得失账，从而扭转了干部的麻痹松劲及束手无策消极情绪，及群众中"该休息了""灾害嘛，连年有"的思想障碍，坚定了"人能胜天"的信念，与各种自然灾害进行了持续坚强的斗争，和争取多薅多铲工作。耿马城罕允寨原26户不想薅二道，经动员后有21户新薅了田；贺派乡普遍薅完头道，薅二道达60%，薅三道达15%；没有薅秧习惯的孟定今年也有七八户开始薅田。

全县动员了民力2500个工，捕虫4000余斤，并基本扑灭了较严重的虫灾。在防洪上，各地本着防洪重于抢险的方针，大大缩小了洪患，就是孟定也发动了2388个民力，抢渡过两次洪水袭击。全县在防洪和水利上，总计新修沟152条，整修1233件，建塘20个，打坝779道，挖防洪沟4726条，木马158架，打桩4726棵，出工达251216个，受益面积达79195亩，使雷响田变成水田1299亩，旱地改水田1315亩，因而抵抗旱涝的威胁。尤其是各地依靠民兵、团结猎户，开展了群众性的抗兽活动，如勐永组织打兽队17个205人。据不完全统计，全县到9月止，共打大小野兽、鼠类、害鸟达20289只（但由于组织不周，教育不够，抗灾中造成了伤6人死4人的不应有损失）。由于持续抵抗了各种自然灾害，保证了及时栽种，并保护了秧苗，但在中耕抗灾中，由于干部对坚决整顿粮食问题的措施缺乏正确的认识，又没有在领导生产中深入帮助解决部分贫困户的困难，放松了生产领导，致有的夏锄计划落空。

从自治县建立后，就全面转入了秋收秋种热潮，着重进行减少抛撒的教育，扭转了群众"吃利去本"的说法，尽量争取颗粒还家，目前看来丰收在望。如能顺利做好秋收，估计全县可增产粮食400万斤以上（灾害已折除），在1954年增产的基础上增产8%以上，耿马城乡约增产50%，弄抗乡约增产35%；山区旱谷一般是丰收的。这就是我们搞好民族工作、巩固国防、支援国家社会主义建设的物质基础。在秋收方面，荞已超计划10%以上，豆和小麦则尚未完成计划，尚待努力，争取完成。但在秋收中，由于部分干部对秋收的重要意义认识不足，单纯考虑征购任务，对秋收贯彻不力，加之连日阴雨，对做好秋收也有一定影响，应速抓紧。

3. 民族工作方面：在去年区域自治宣传的基础上，又组织了进一步深入广泛的宣传。原来的空白村普遍进行一次流动宣传，原来已经有一些基础的进一步解除了许多误解和疑虑，尤其是讨论了几个组织条例、施政纲要（现改为两年任务）后，群众比较形象化地认识了区域自治，进一步启发了广大群众当家做主、实现区域自治的要求，民族觉悟又有了不同程度的提高，主要反映在对生产是一个很大的推动，掀起了生产热潮。再如代表会上带来了很多群众性的提案，大部分均反映了群众当家做主的要求。在广大群众与民族的公众领袖的热烈拥护下，经上级批准，于10月8日召开代表会议，听取并讨论通过了《五年来政府工作报告》《两年工作任务意见》《自治条例》《治安条例》等报告，选举了自治县县长、副县长及人民委员，并在10月16日的11000多人亲自参加的成立大会上正式成立了自治县，同时也协商推选了协商委员会主席、副主席及委员，主要头人已得到安插，各安其位，比较稳定。广大群众经过了参观展览、参加庆祝与代表会议决议的传达，无不欢欣鼓舞、喜气洋洋，民族觉悟有了显著的提高，进一步启发了其当家做主的要求与信念，使区域自治宣传得更广更深。区域自治的成立，即是从这样一个在党领导下的优越的政权形式，代替封建的土司制度，这是党的伟大的民族政策又一次的胜利，这将进一步改善党与各族人民的关系，给我县民族工作的开展创造极有利的条件。但自治县的成立，只是区域自治实施的开始，今后还必须逐步地解决自治机关的民族化与民主化问题。

4. 对敌斗争方面：对敌斗争是我们边疆长期的指导思想，一年来我们进行了一系列的工作，较及时地打击了危害社会治安的刑事犯罪分子，不断地揭破敌人的谣言，打击了一批反革命分子，保卫了中心工作的进行，维护了社会治安，保卫了国防。尤其是近半年以来，逐步克服了极端危险的太平麻痹思想，结合中心进行了镇反宣传、摸底等准备工作后，搜捕了一批反革命分子及刑事犯罪分子，捕后又召开了各种会议，进行了镇反政策宣传，揭露了反革命的罪恶活动。尤其是于自治县成立的代表会议上通过了肃特治安条例，并组织了公安展览，打破了干部与群众的太平麻痹思想，擦亮了眼睛，提高了革命警惕性，打击了反革命气焰，支持了秋收秋种，保卫了区域自治的成立。通过宣传群众觉悟提高后，表现为欢欣鼓舞、大快人心，纷纷检举反革命，要求严厉镇压，仅代表会上要求镇反的提案即达30件，口头与书面检举反革命的材料达32件。群众中不分亲戚朋友，检举反革命的也很多，甚至有妻子检举丈夫的。有的群众反映说："这些人早就应镇压了。"

由于镇反中事前与头人酝酿，根据与上层关系的亲疏，分别进行了先协商后逮捕、先逮捕后协商或边协商边逮捕，得到了大多数头人的同情与支持。宣传中我们注意了划清政策界限，并宣传了镇压与宽大相结合的政策，基本上做到了"发动群众、稳定上层、分化麻痹敌人"的要求。但是，我们必须认识到，由于我们宣传得不够深入，尤其对政策界限宽大与镇压的政策宣传不够，造成了部分头人紧张、历史上有些问题者恐慌。经过打击后，对敌人气焰有所镇压，但敌人并未放下武器，相反地更加处心积虑与人民为敌到底，破坏我镇反工作，突出的是破坏镇反政策，挑拨民族关系，制造紧张空气煽惑人心，破坏中心工作，甚至企图进行暗杀等更阴险的罪恶活动，班必乡才杀我积极分子后不几日，一个民兵小队长又失踪，就足以说明了这一点。但我们干部中和平麻痹思想仍未克服，甚至又滋长了新的麻痹思想，摸不着敌人，仍看不见敌人的破坏，尤其是对敌人隐蔽的活动看不见，也有的政策界限不清，必须认真克服，提高革命警惕，结合在今后的中心工作中宣传肃特治安条例，继续给敌人打击，以保卫党的各项工作的贯彻。其他财贸、文教、卫生等部门，一般地来说，均在保证完成中心工作中完成了本部门的任务。

总之，一年来以区域自治为中心、团结生产为内容的工作取得了一定的成绩。成立了自治县，增加了生产，改善了生活，加之搜捕了一批反革命分子，提高了各民族的爱国主义觉悟与当家做主的观念，鼓舞了群众的爱国主义热情，群众发动比过去较为普遍，头人亦各安其位，进一步靠我，给今后工作的前进奠定了基础，但由于工作开展的时间早迟不同，进度亦有快慢，发展仍不平衡。为了便于指导今后工作，大体可分为下面4种类型：

第一类型乡：

（1）经过比较系统而扎实的群众工作，大部分群众有较高的爱国主义觉悟与民族觉悟，阶级觉悟日渐明显，加深了与党的关系，与封建制度逐渐疏远，有当家做主的自信心，生产情绪高，技术改进比较显著；（2）在大势所趋与党的民族政策感召及群众发动的影响下，采取靠我的进步头人占多数，并能放弃部分经济利益；（3）敌人受到一定的打击，基本上掌握了敌情。

第二类型乡：

（1）群众有一定的爱国主义觉悟与民族觉悟，政治上要求当家做主，生产情绪较好，党与各民族的关系得到改善，并生长了一批积极分子，有个别的骨干；（2）头人基本靠我，但有较多顾虑；（3）对敌人活动有所控制；（4）但空白村较多。

第三类型乡：

（1）已经开展工作，党的政策开始与群众见面，群众有初步的爱国主义觉悟与民族觉悟，在点村上开始交了一批朋友，扎了几个根子，联系了一些群众；（2）头人一般不是靠我，但对我疑虑大，对群众控制较严；（3）敌人破坏突出（有的还摸不着敌情）；（4）第四类型是空白面，即使有干部时或进去做些工作，但不经常（具体如何划清，同志们在讨论中归类）。

（二）几点体会

1. 必须要有强烈的社会主义原则坚定性，同时亦必须从边疆民族区的特点出发，坚决贯彻中央及省委指示的"慎重稳进"及"和平协商"的方针。党在民族方面的总任务明确肯定：不论各少数民族当前处在什么发展阶段，党必须坚定不移地领导和帮助各少数民族人民逐步过渡到社会主义。我们耿马也不例外，必须过渡到社会主义。但是我们有的同志却不是这样想，他认为四排山双牛耕田也会滚下山，还开什么拖拉机？他说认为发展政治、经济、文化，叫他去读书，他要去放牛，社会主义还不知道是哪一天？我县地处边沿，各民族社会经济发展落后且不平衡，走向社会主义道路上的困难是很多的，但这只说明了我们在帮助少数民族实现社会主义的艰苦性和长期性，只是说明我们更需要克服困难和必须克服困难来帮助少数民族获得彻底解放，必须明确没有社会主义就不可能消灭阶级，民族团结和祖国统一也没有真正的基础，归根到底，没有社会主义就不能彻底解决民族问题。

但我们又必须认识，我们地处边沿，直接与国外毗连，面临着帝国主义及蒋李残匪，民族复杂，且又是民族统治的地方，民族隔阂很深，稍一不慎，其影响甚大，因此，我们必须贯彻中央、省委"慎重稳进""和平协商"的方针。我县工作生产"左""右"摇摆，回想起来，均是在这个问题上掌握不够所致。粮食征购工作中，由于对边疆民族地区特点认识不足，高估了工作中的成绩，对自上而下和平协商的高度策略性与灵活性的斗争方式的实质领会不深刻，贯彻不坚决，粗糙地展开后，某些地方产生以急躁冒进、强迫命令代替"思想发动与政策教育"，因而造成可以避免而未能避免的人为的紧张。省委、地委缓和农村紧张指示后，正确地对待和解决这些问题是必要的，但我们由于社会主义原则坚定性不强，未能清醒地分析情况，认真研究上级指示，思想上发生了动摇、苦闷、焦躁，片面地领会了省委、地委指示，以后退早销多销来达到缓和，结果造成不应销的销了，该少销的多销了，甚至错误地连奸商投机也供应了，因而被迫停销。我们认为停销是为了社会主义，是正确的、必须的，但是我们有的干部也在叫"不得了"，甚至骂县委是官僚主义。那这个问题究竟是什么问题呢？这是对粮食紧张的本质没有抓住。粮食紧张的本质是敌人的煽动挑拨、奸商投机及部分头人抵触不满造成！以致你叫我叫，缺粮的不一定叫，越有粮的叫得越凶。

但是我们工作中也确有一些缺点，收购中个别户收的稍多了一些，尤其是我们没有认识我们去年的收购还不到余粮的6%，我们农村是有余粮而不是缺粮的情况，不敢组织调剂，以致脱离了基本群众。这时也确实看到有困难户，但不能辨别是非，结果无形中站到了奸商囤粮者那边去跟着叫喊，却忘了还要社会主义。像这样心中想社会主义而实际行动中不要社会主义甚至抵触的还有，譬如：机关粮食定销中有的抵触不满，有的还站到犯人的那一边来反对粮食定销。其他在团结生产、财经贸易、卫生工作中均有政治目的不明确，虽做了一些工作，但未有意识地通过这些工作提高群众的政治觉悟，譬如说：有的贷了款，但群众觉悟提不高、不卖粮，便想不通，这不正是单纯为贷款而贷款、缺乏政治觉悟提高显而易见的道理吗？正由于此，以致影响了工作前进，那就直接影响了社会主义的早日到来。

再从改革这一问题来说，不论目前和过去，均有人在议论着改革，我们应该认识到，随着民族工作的发展，经济生活上的改变，就必须反映到政治上统治阶级的动摇，统治者感到统治的危险，极力设法保护其经济来源和政治上的统治，如抢租、夺佃、逼债、回避和抵触改革、瞒产，甚至想以合法权位来继续维持其统治，或者是对其失去经济与政治利益而不满说怪话，这些非本质的反应是必然的。而农民则由于内地改革和社会主义改造的影响及本身生活的变化，对党的根本政策的拥护而产生了解放自己的要求，这也是完全可以理解的、应该的。问题就在于我们在这种情况下，如何清醒头脑，正确贯彻"慎重稳进"与"和平协商"的方针。我们说在阶级分化明显的地区，进行以土地改革为中心的民主改革，是过渡到社会主义不可逾越的革命阶段，这是原则，不能有任何动摇。我们县也是在自治县代表会上，在两年任务中做了明确规定。另一方面，由于边疆内外关系复杂，民族隔阂很深，民族上层统治和宗教在群众中有深刻的影响，群众觉悟很低，民族干部不易生长等情况，要进行土地改革，就必须进行长期艰苦的准备工作，这同样是不可动摇的原则，而我们却往往忽视了这一点，从主观愿望出发，企图超越群众的觉悟程度、民族上层的改造程度，盲目发动群众，烧底火，急躁冒进，企图把明天的日程搬到今天来，造成了不应有的紧张，造成了工作的被动。

在贯彻自上而下和平协商方针中必须坚持"先上层后群众"的自上而下的做法，必须随着群众的发动而加强上层的教育改造工作，群众越发动，越要专做上层的统战工作，务使头人的觉悟与群众的觉悟相适应。这一点我们在购粮中也有体会，凡是贯彻了自上而下先上层后群众做法的地区，工作中即顺利一些，相反地，一开始即发动群众或头人还未觉悟认购前，由积极分子先认购了，则使头人抵触，影响了工作的进展。

2. 坚决贯彻对与人民有联系的公众领袖的长期团结、教育、改造的政策，做好民族上层统战工作，是深入工作、引导边疆各族人民逐步过渡到社会主义的重要关键之一。我们团结了他们，就有利于民族团结，有利于对敌斗争，有利于发动群众，变工作中的阻力为助力，从而有利于稳步地解决民族问题和社会问题，同时也就团结了更多的人来参加祖国社会主义建设和社会主义改造事业。几年来，我们能站住脚，并能使工作向前推展，就可以说明这个问题。但是我们对这个问题在实际工作中缺乏本质的理解，执行得不够坚决，不时发生动摇，主观片面，要不是看成进步的像我们一样，没有从阶级本质上来看，就是只看到其腐朽落后的一面而厌恶嫌弃，忽视了可以教育改造的一面。一般的规律是工作开始，一般还是注意这个问题，但工作开展了就会忽视这一点，工作顺利就会忽视这个问题，工作碰到阻碍又觉得需要团结，缺乏系统的长期的教育改造，不善于根据党的统一战线政策诚恳地帮助、耐心地教育，引导他们进步。目前区域自治的成立是统战工作的加强而不是削弱，尤其当前中小头人比较紧张，应加强对他们的工作，否则将障碍着工作的进展。存在上述问题，跟我们仍存在着大民族主义思想是分不开的，这是资产阶级思想在民族问题上的反映，我们必须注意克服和改造。

在民族头人的团结、教育、改造中，我们认为首先是进行强烈的爱国主义教育及形势教育，同时必须反复地交代党的民族政策，尤其是经常地讲党长期团结头人的政策，不断地解除其思想顾虑。从几年来民族团结、平等及生产发展、卫生改善、社会秩序安定、物价稳定等实际事例讲，并将其与社会主义联系起来，指出社会主义是少数民族发展的前途，将边疆的发展与祖国的建设联系起来，让其认识到民族团结、平等与发展，只有在毛主席、共产党领导下，只有统一在祖国的大家庭内才会实现，提高其爱国主义觉悟与民族觉悟。在进行教育中必须首先酝酿培养进步力量，再通过他们现身说法进行教育收效最大，同时亦必须进行会议教育，还组织其专门学习均有必要。在协商中必须注意，事前酝酿，开诚布公，合作共事，充分协商，并注意会后教育。其次是群众发动的带动，正确地贯彻通过头人发动群众，发动群众推动头人，这当中必须让群众懂得，为了有利于民族团结、对敌斗争，必须坚决团结上层，这是对民族有利而不是凭空的道理。再次是政治上做适当的安排，与经济上作适当的照顾，促使其进一步靠我。

3. 我们认识"民族问题的阶级本质"，就在于确立以前强大民族的无产阶级与早先被压迫农民之间的正确关系问题，这就说明我们必须坚定不移地依靠群众、发动群众。事实证明：和平协商是可能发动群众而且是必须发动群众的，只要是我们各方面做了安排，坚决贯彻自上而下的和平协商的原则，尽可能地多做群众工作，群众是民族的主体，也是边疆每一项工作的依靠力量，群众路线是党的政治路线，依靠群众、发动了群众，才能使民族工作向前发展，才能更好地团结头人，才能使国防的巩固建立在可靠的基础之上。反之不依靠群众，未将群众发动起来，则将一事无成，不仅目前工作搞不下去，就包办代替地搞下去了，还要造成群众顾虑、头人不满，下一步工作来了还要另起炉灶，甚至直接推迟民主改革，影响逐步地进行社会主义改造。去年大寨工作就是一个例子，且去信批判，但至目前为止还没有为我们所有的干部所接受，仍是不相信群众力量，包办代替、强迫命令，结果将一些好事也办成了坏事。有的干部不与群众商量，自己主观定下方案，强迫群众去做，群众不同意，他不依靠群众、发动群众，甚至说你们不干，我自己来干，但我们这个能干也并没有单干起来。另外有的不敢发动群众，怕群众起来后掌握不住，这仍是不相信群众的反映，只要我们贯彻了和平协商，对群众讲清政策，群众是会听党的话的。

群众的发动必须坚持从政治上着眼，正面进行政治教育与思想发动及政策教育。启发其回忆对比，将目前的既得利益、生产的发展、生活的改善与祖国社会主义建设的伟大事业联系起来，也就是将其长远利益与目前利益联系起来，从认识党和毛主席领导各族人民翻身的目前事例与发展前途，启发其对旧制度的对比而分清是非，逐步地提高其爱国主义觉悟与民族觉悟。同时必须进行政策策略的教育，只有群众懂得了党的政策策略，才会有健康的群众运动。我们有的同志对群众不是进行思想发动，而是强迫命令，结果将发动群众薅秧这样一件符合群众利益与群众要求的事，也搞得群众生火。购粮中有的甚至逼哭群众，也有的是不敢领导群众而当群众的尾巴。

发动群众的方法步骤上，必须是在和平协商的原则下进行，应先与上层协商后稳定深入下去，从普遍交朋友、反复比较考察后重点扎正根子，然后采取串连与会议结合的方式发动群众。工作已经有基础的地区，先给骨干教育成熟，再召集积极分子会议，并先教育好积极分子，再通过积极分子发动群众，这样一批一批地层层发动，并一批一批地将他巩固下来，工作即可步步深入。这当中尤其应该注意积极分子的培养教育问题，从我县工作来看，只要是不断地注意积极分子的培养教育的地方，积极分子形成工作的核心，工作即较顺利进行，培养干部有了后备力量，相反地则是每一个工作都很乏力，群众即使发动了，也由于缺乏骨干，难以形成队伍，干部在时包办代替，干部走了工作也就跟着走了。

目前在某些地方由于干部存在着对积极分子只使用不教育，找到了一两个积极分子，也不愿扩大他们的队伍，教育他们联系群众，结果是干部、积极分子脱离群众，以致敌人乘机打击甚至暗杀，工作中政治损失很大。必须坚决转变存在的上述问题，是以我们某些干部中群众观点模糊，不相信群众，甚至是缺乏与劳动人民的感情，愿摆架子而不愿深入群众所致。有的公安干部，群众检举反革命材料，他将枪持在手中登记材料，还说是提高警惕，这叫作敌我不分，根本不相信群众，今后我们必须大家努力克服。

4. 必须克服包办代替、看不起、比资格的各种思想障碍，认真地培养民族干部，这是我们的重要任务，是民族工作向前推进的必不可少的重要一环，"归根到底，培养共产主义的民族干部，是孤立民族反动派"，彻底解决民族问题的根本问题。事实证明：我们的民族干部已经在各项工作中发挥了他们的作用，有一些是汉族干部不可能发挥的作用。但是我们这方面的工作仍做得很差，适应不了工作的发展，甚至障碍了工作的前进。培养民族干部，关键在于认真地逐步提高民族干部的阶级觉悟和政策水平。经验证明：提高的重要方法，首先，是实际工作的锻炼与帮助，认真地帮助他们系统地检查工作，总结经验，克服放任自流、长期不提高的情况。其次，加强民族干部的定期轮训，并以总结经验和提高其思想觉悟作为训练的重点，同时适当地加强文化学习。县委的两次民族干部大会收效均很好，民族训练班训练的积极分子并收到了一定的效果，要求各区对他们管理起来，并将可以提拔的提拔到工作岗位上来。再次，经常关心民族干部的特殊困难，充分认识到他们成长和培养的不易。一般地都遇到敌人的破坏和上层的威胁，遇到民族隔阂、不懂汉文汉语的困难，遇到家庭的、婚姻的、生活习惯的问题与不会工作等等困难，我们必须熟悉他们的心里要求，体贴他们的疾苦，耐心地帮助他们解决具体问题。但是我们某些干部，不但在这方面缺乏认识，仍存在着大民族主义思想，他对民族干部不但不帮助，有的甚至打击，较普遍的仍是缺乏热情的耐心的肯诚的帮助，今后必须努力解决。抱着跌倒了扶起来、再跌倒再扶起来的精神，大力培养民族干部，只有这样，才能解决自治机关的民族化与民主化的问题。

5. 必须经常提高干部的社会主义觉悟，开展社会主义劳动竞赛，发挥社会主义劳动积极性，不断地反对资产阶级个人主义、骄傲自满的资产阶级唯心观点，才能保证各项工作的胜利。自贯彻总路线及四中全会精神以来，不断地反对了资产阶级个人主义、骄傲自满及资产阶级唯心观点，加强了大多数同志自我改造的自觉性，从而提高了思想，改进了工作，社会主义劳动积极性与创造性日渐增长，组织性与纪律性有了增强，涌现了一批社会主义积极分子，骄傲自满、违法乱纪、强迫命令等不良现象有了不同程度的克服。尤其是传达了中央与省党代会精神及毛主席《关于农业合作化问题》的指示后，对全体同志是个很大的鼓舞，尤其农场转变较突出。这是我们各项工作取得战绩的重要保证。但是我们仍不能忽视的，是在我们某些干部中，存在不同程度的资产阶级个人主义与资产阶级观点：

（1）组织纪律性不强，缺乏应有的守法观念，有的干部接到上级指示，不认真研究、坚决执行，而是接到指示首先抵触起来，说什么县委指示不符合实际情况。对的，县委指示也可能有的的确不符合实际情况，甚至是错误的。我们也欢迎同志们提出意见，但必须是反复研究、领会精神后正面提出，那种不认真研究上级指示就抵触上级指示的现象，只有用组织观念薄弱来说明。另外宪法公布后，由于县委对全体干部守法教育不够，因而某些干部中法律观念薄弱，但也有的虽经教育仍未能模范地遵守。有的同志不经请示去捕人，跑了就下通缉令，要公安局捉拿。有的甚至是身为公安干部，仍不经请示而捕人，捕后还强迫公安局长批准。

（2）主观主义、强迫命令仍很严重。有的同志，群众要防兽，他不是从如何领导群众防兽、从防兽等生产活动中去进行区域自治的宣传，而是强迫群众听他宣传区域自治，结果群众思想抵触。秋收中不是积极领导群众秋收，而是一天强迫积极分子去摸产量，造成比较普遍的发生改动产量，将群众折腾哭了，干部还说是群众、头人都愿意。甚至连去年购粮中的强迫命令办法"宪法明文规定公民有交纳公粮的义务，不交粮不是中国人，你就滚出去，没有你我们国家也要建设社会主义"也未被批判，还想拿在今年购粮中来用。

（3）骄傲自满、和平麻痹的思想仍然存在，譬如说，盲目地认为今年粮食工作没有问题；公安干部押送土匪可以不捆，连犯人的担子也不让挑而让其逃跑。

（4）不深入群众的官僚主义作风及个别违法乱纪现象仍然存在。

我们全体同志均必须正视这些问题，努力加强自我改造，认真地克服，才不致使今后的工作带来不应有的损失。

同志们！一年来我们在各项工作中取得的成绩是基本的，我们从中获得了一些经验与教训，我们必须认真地加以总结，贯彻到下一步工作中去，让我们在下一步工作中取得更大的成绩。

民族调查组耿马傣族分组抄
1958年11月17日

陇川县工委几年来民族工作的初步总结
（1952—1954年）

第一部分：几年来工作的成绩和变化

（一）几年来的工作显著的变化大体可以划为两个时期：总路线[①]宣传前和总路线宣传后

在总路线宣传前，虽然我们在1952年的元月就开始了农村工作，也正确地执行了党的指示，但工作地区只是在几个乡的范围，政策也只限在局部地区和群众见了面。在这些地区由于历史上国民党的统治，造成了深刻的民族隔阂，同时处在初解放的混乱时期，群众对我的政策一下不能相信，存在各种顾虑，加之敌人之造谣破坏，社会秩序不安，群众还存在变天思想。我们呢，民族干部少，质量也弱，外来干部民族化又不够，缺乏民族工作经验，思想不安定，在广大的农村还未开展工作。

总的说，群众觉悟低而对我不了解，到1953年底，全县展开了20%地区的民族工作。这些地区经过我们的实际行动，正确地执行了民族政策，群众对党有了一定的认识，我和群众初步建立了联系和感情。但有一大片空白区拉着后腿，影响这些地区的工作进一步前进，所以工作虽有变化，但不大，虽取得成绩也是一般的，群众的觉悟很低，真正的话还不敢说，上层的压力还重。

总路线宣传后，我们明确了要使边疆各族人民和全国人民一道过渡到社会主义，必须提高广大群众的觉悟，所以在1954年2月又抽补了一批力量，开辟了拉线、章凤、户兰、碘外、碘怕、瓦幕等地区的工作，这时全县农村工作已占62%，使农村广大群众受到总路线的教育，看清了社会主义的远景，各族人民只有逐步地过渡到社会主义，才能摆脱贫困落后的地位。要过渡到社会主义，山区景颇族就必须组织起来走互助合作的道路，傣族地区就必须改革，因而在先进乡先进寨的积极分子出现了要求废除官租、杂派，广大群众对不合理的剥削也有了认识。

[①] 本文的总路线指过渡时期总路线。——编者

1954年10月份以后,根据地委"消灭空白区、加强薄弱区"的指示,我们又开辟了城子、景坎、广等、再贯、叠撒的地区的工作,基本消灭了坝区空白区,加强了薄弱地区的工作。这时全县占80%的农村有了工作,上层(土司)在党的教育下,安置政治地位并在群众的压力下,没奈何放弃了官租杂派,农村反抗运动胜利了,这是封建统治者的崩溃。群众第一步的翻身,在农村是一个重要时期,但随着群众觉悟的提高,已不满足于官租杂派的胜利,进一步要求解决社会主义的障碍——调整土地、枪换肩工作,特别是一部分缺田少田的农民更为迫切。这是农村中一个极大的变化。

贯彻省委"五项停止"后,宣传了上半年不调整土地、以后调整土地以和平协商方式,同时又确定了生活补助问题,打消了对生活出路的顾虑,相当程度地缓和了农村紧张空气,减少了上层的抵触情况。这是基本上转入稳定阶段,干部也借此清醒了一下头脑。

山区的变化:

坝区反官租杂派运动还波及到山区,在开始由于景颇族上层对坝区反官租杂派政策不懂,对景颇族地区过渡到社会主义也不十分明确,加之敌人破坏,有很多山官认为共产党的政策是一样,先搞坝区后搞山区,因此怕"保头"、官工、官烟收不到,怕当不成官,被我安置的怕不要。如山官早睹曾经说:"共产党的政策到处是一样,怕我这个县长也当不成了,保头、官工、官烟又收不着,以后吃的怎么办?"有的地区还发现坝区上层企图挑拨山官与坝区群众的关系,叫群众反保头,因而有一段时期山区的情况也是紧张的。但经我大力地开展宣传山区与坝区分别不同的政策和过渡的道路,同时说服群众对保头从民族团结出发,照旧交纳。实际的事实胜于雄辩,戳穿了敌人的破坏,打破了坝区上层的挑拨阴谋,所以山区情况基本上是稳定的,没有出大的乱子。但有的小山官过去本来收的不多,这样一来就放弃不收了,并说:"我收的不多,背个剥削名不好听。"

(二)几年来工作的几点主要成绩

1. 在坝区傣族地区的工作

(1)废除了官租,这是农村的一个伟大的胜利、阶级力量的斗争、农村形势的转变,也是群众觉悟的表现。

(2)消灭了空白区,建立了政权,实行各民族政治上的平等,推翻了土司在农村的基层统治机构。

(3)组织发展了联防,掌握了武装,加强了对敌斗争力量,巩固了取得斗争的胜利。

(4)随着几年来的做好事、交朋友、建政、反官租、枪换肩、征收公粮、工作面的铺宽,涌现培养了大批的骨干、积极分子,特别是1954年以来,由于群众运动的逐步深入,我们干部对积极分子的加强培养,经过学习参观、县积极分子训练班的训练,普遍的积极分子形成集团,显示出了自己的力量,成为群众运动的核心。全傣族区有骨干97人,每乡平均9.7人;积极分子289人,每乡平均28.9人。共计386人,占傣族区总人口的

3.02%。

（5）在上级党的不断指示和督促下，培养生长了一批有觉悟、有一定工作能力的民族干部……使党在少数民族地区开始生下了根，打下了今后工作发展的基础。

（6）执行了统战政策，加强了统战工作，基本上稳定了上层。……重大的问题都采取和上层协商解决。在政治上安排了地位，土司当了县长，在建区、乡政权安置了主要的上层人物（区长3人、乡长5人、乡委员31人）。

（7）外来干部的努力，在民族化方面也有很大的成绩。现能精通民族语言的38人，半通的48人，占外在傣族区干部的百分之×。

2. 景颇地区的工作

（1）组织了13个常年互助组，试办了邦瓦一个初级农业生产合作社。互助合作在1953年就以"爱国生产团结会"出现，由群众原有"烧"的组织习惯换成合理的"换工互助"。另一种是总路线以后，经过总路线教育，受到社会主义前途鼓舞，为了听毛主席的话，响应政府号召而组织起来。这些经过一年多的团结生产、反帝爱国教育、到内地参观、政府帮助，在换工形式上及思想上都有了不同程度的提高，并初步有了"互助"的习惯。培养了一批积极分子，又经过了建政，团结了上层，在群众自愿和上层同意的基础上，在1953年底至1954年初即开始由爱国生产团结小组提高为互助组。在互助组取得了成绩、显示了比单干的优越性、群众进一步要求的基础上，试办了邦瓦农业生产合作社。

几年来的工作，对景颇族地区的情况，我们有了进一步的认识，特别是一年来的互助合作运动，使我们对景颇族过渡问题有了一个比较正确的认识，不像初搞那样的盲目，也不是像想象那样的容易，实践证明："在无产阶级基于领导地位的国家政权的领导下，在先进民族的帮助下，景颇族是可以直接向社会主义过渡的。但由于他们存在着氏族的残余和已经分化出了一些剥削分子，这就使得该区的互助合作是在与氏族残余（绝对平均主义原始伙干习惯）和剥削分子作斗争才能成长起来，而这种斗争又是通过团结教育来实现的，这就是景颇族直接过渡的困难性和复杂性的所在。该区互助合作不但有一定的阶级矛盾，而且有更为突出的先进与落后的矛盾，这个矛盾又互相纠缠着，顽固地阻碍着互助合作的发展。"（地委、边工委《一年来边疆民族工作的初步总结》第6页）

从邦瓦合作社看过渡的条件是：

①自然条件较好，即有就地发展的土地面积。邦瓦寨虽周围是山，但土质很厚，可以开坡地梯田。民族内部土地不太集中，阶级分化和矛盾不十分突出，统治者没有一套完整的机构。在生产上除农业外，还可以发展经济作物和畜牧业。只要我们注意加强领导，并从民族的生产技术及经济特点出发，是能够通过互助合作走向共同富裕的。

②有人民自己的政权。政权是保证政策顺利执行的工具，要建立合作社也必须是在人民掌握了政权的情况下才有可能。邦瓦在党和上级政府的领导下建立了乡政府，并把主要上层做了适当的安排，早睄当副县长，夏腊当乡长，还有的安置了乡委员，这就使党的政策通过政权贯彻到群众中去，并能解除上层的顾虑，减少了阻力，并变阻力为助力，这对

合作社的成长极为有利。

③有本民族的干部或外来民族化的汉族干部驻社帮助工作。由于景颇族过去处在长期受压迫中，生产水平和文化水平都很落后，而办合作社又是一项复杂的科学工作，没有文化科学，道理不易接受，很难传达进去，特别是马列主义，所以必须要有干部帮助他们，并培养他们的人才。今年合作社已有专人负责。

④要有坚强的骨干。领导合作社除了驻社干部帮助外，必须有自己的较强的骨干。因为他们熟悉生产，和群众有天然的联系，了解群众的思想，体会生产上的困难，他们接受党的政策快，是我们党联系群众的桥梁。邦瓦在建社时有4个骨干，因而社能坚持巩固。

⑤有互助的基础。合作社必须是在互助组的基础上建立，否则由于不习惯而影响生产。

⑥政府适当的帮助和扶持。景颇人民长期处在贫困落后状态，生产技术、农具简单，要发展生产必须要有生产资料，所以必须要政府帮助扶持，特别是生产工具和技术要很好帮助解决，否则生产即不能很大地发展。

过渡的困难条件是：

①氏族制度的残余，严重地阻碍着互助合作的发展。杀牲畜祭鬼对生产的影响也很大，如不祭鬼就不能撒秧，这不仅因宰杀牲畜浪费财物，更严重的是对生产的发展起了很大的阻力。群婚制的残余串姑娘不仅影响生产，更严重的是影响身体健康，由于性的关系的混乱，造成了早婚、劳动力的死亡。其次是抢婚和买卖婚姻制度，长期地影响着民族内部的团结。上述这些问题是严重的，直接或间接地影响到合作社的问题上。

②民族关系复杂，受着国民党反动派分裂民族团结的统治，加上帝国主义的挑拨，造下了民族之间的不团结，互不相信。解放后，这种历史关系虽有很大的改变，但民族之间的隔阂仍没有彻底根除，对汉人道理、规矩和景颇族道理、规矩，在思想上还有很大区分，影响着群众对互助合作的接受。如有的人反映："合作社入不得，入了就变成汉人的规矩，早早地就下田，猪鸡不能畜，山货不能找，景颇族的道理也不能讲了。"

另外，该民族与国外的关系也很密切，境外也同样有景颇族居住，而两边的制度有根本性的区别，所以往返串亲戚很容易受帝国主义的挑拨和敌特的诱惑。

③景颇族地区的互助合作，在目前还没有明确的政策方针，干部也是摸索着搞，缺乏经验，群众也不习惯，在遇到一些具体问题时，到底什么是合理的、什么是对的，没有一个衡量的准则，又加上民族的习惯和特点，所以有许多问题往往难得到解决。

从以上看出，景颇族在今天是可以直接过渡的，但直接过渡的困难很多，所以过渡的速度是十分缓慢的。

…………

江城解放初期的民族工作

1952年县委组织民族工作队下乡,开展交朋友、做好事运动。当时各地闹粮荒,工作队下乡后,与群众一块生产,发现问题及时解决,在府门寨、普家村、河边寨、麻力树等地区,帮助他们订出生产防荒计划,初期人们认为不能实行,后来执行了计划。罗小有得到4万元的救济款后,砍得来价值3万元的柴,他一方面搞生产,一方面卖柴度过了粮荒。动员了415个工,修好了年久失修的荒沟和新沟15条,使得163石种的干田变成了水田,原产104石而增加到141石,增加了37石,并且还可以开荒0.28石籽种的田,能产24石的粮食。老百寨打破迷信思想,拿了6斤黑虫,挖菜地52块,钐出83块。

民族工作队下乡治病门诊176人次,一部分民族干部学员学会了种牛痘,开展了爱国卫生运动,消除了粪草垃圾2879挑,捉了老鼠866只,有的寨子每星期都能打扫卫生。由于做了以上工作,群众反映:你们在了,我们空了。

(注:江城于1952年11月25日集中学习,12月15日共48人分3个点开展工作,这样既开展了民族工作,又培养了民族干部,为今后的工作打下了基础。)

工作队初到各乡、村时,均遇到冷淡,召开会议没人来,连买菜吃都很困难。大家反映多、叫得厉害的是说今年粮食不够吃,负担比去年重。三家村干部说:"宣传灾情减免,从这个头上减了加在那个头上,减什么?"莫等周玉明说:"宣传新开荒的田不上粮,但都上了,哪个干?没有干场了。"当时工作队一部分队员和干部思想上也极混乱起来,认为工作难搞,信心较低,加上工作队员多系农村新来的,从没做过工作,不愿出去主动找群众访问,因此在内部提出了帮助群众做好事,帮群众的忙,并加强了思想教育,于是队员出去帮群众舂米、抬米、挖沟、看病吃药等工作。于是群众态度有了转变,能和我工作队谈事了,开会的人也增多了,队员的信心有了提高。在这个基础上开了一系列的会议,算细账,开干部会、生产代表会、老人会,组织征粮入库,交代争取逃亡工作,宣传成立联合政府,交流生产经验,及开沟积肥,组织打猎队,做了恢复茶叶生产的宣传,因此出现了如下情况:

1.现在一般的还是由上层把持会议发言，贫雇农很少发言，乃至不来开会。选举生产代表时，上层把持选举，有时上层对我怀疑，有时在县上开了筹备会回去后仍然怀疑，怀疑我宗教政策，有的表面不信教，暗中祷告求神，信教比信政府还深。

2.对成立联合政府的问题，上层顾虑、恐惧，问工作队成立联合政府后搞不搞土改？群众说：成立联合政府就得搞土改。

丽江区少数民族工作的几点经验（摘录）
民族工作文件汇编
云南省委办公厅印
1951年8月

丽江区少数民族工作的几点经验（摘录）

丽江区解放后，驻军和地方党委在执行中央民族政策上，是比较稳妥的，他们严格了群众纪律，并坚决贯彻各民族团结的方针，获得了各族人民的广泛称赞，民族关系逐渐改善，兹综合其经验如下：

（一）对上层统战工作的几个主要经验：

甲、坚决贯彻对各土官"一个不漏地都要争取团结起来"的方针，这是丽江区目前能够稳定所有重要关节之一，事实证明土官之间关系复杂，失掉一个会影响全局。

乙、在工作与政策宣传中切实做到上下言语一致和言行一致，这是各地都已证明的经验，而在丽江也同样得到证明，更体会这一问题的重要性。在这次丽江民族代表会议上，一位土司说："在本县，县长对我说的，在丽江，专员对我说的，和这次中央访问团说的话，都是一模一样，这可真是毛主席的政策了，不会变化了。"各土司代表在回县后都有如此反映，大部分对我政策因此而深信不疑。个别地方干部在援藏的运粮公费上执行时略有不同，他们便纷纷反映疑虑丛生。

丙、在与上层的团结工作中，要掌握"适当地依其社会地位一律热忱照顾，不偏不倚，以促进其团结与和平相处"。土官之间矛盾复杂，许多人靠近我们常企图借我军压倒其对头，因而我们对他的态度如有亲疏，最易引起他们互相猜疑和纠纷（当然我们在他们之中培养一些人更加靠近我们还是十分必要的），如××驻军买犁牛，委托给一个与我们较好的×××，未照顾其对头××千总，致引起××不满，公开限制其属下百姓卖犁牛，来打击××影响我们的任务，后即加以调整始解决。

丁、联络感情与有步骤的教育提高要适当结合起来。联络感情在对上层统战工作中是极端重要，但在感情进一步融洽之后，则应根据其具体思想觉悟与顾虑，逐步地予以教育和提高，经常把我们的政策有计划地向他说明，告诉他哪些可以做、哪些不应该做，这是一个艰苦的工作，但却是必须和可能进行的工作。如我们对×××发现他顾虑我们不相信他，我们即诚恳地告诉他"为长期打算，要爱护群众，不要打人，办事多用商量的方法",并具体指出哪些做对了、哪些做得还有缺陷,他深受感动,确认我们是说真实的话、相信他,故连声称是,拱手道谢,在与我们感情的接近上大进一步。

戊、在对待土官互相之间历史上未解决的纠纷,基本上要掌握"既往不咎""宜解不宜结"的原则,但亦须根据实际情况及其双方的自愿,解决其相互的具体症结和问题。如××土司解放前曾依势大抢过××,使××百姓损失极重,解放后××靠近我们,试图报复,××土司亦有戒备,我们初期采取"不咎既往"的态度,力求他们的团结,但总是貌合神离,×家百姓仍发生抢×家的事件,经过这次民族代表会议中了解:×家因损失太重确不甘心,而×家自知理屈,有意赔偿一部,以和平共居。现在根据双方这种自愿,正确调处,双方都很满意,觉得"这才是真团结了"。

（二）关于加强民族团结增加相互间的了解与情感方面的经验,这是丽江区领导上在民族工作中最下功夫之第二个大课题,这方面主要是抓住了3个工作。

甲、召开各民族代表会,使我们的政策与各族人民见面。新解放了的少数民族人民对我们的怀疑和不安,是更甚于新解放的汉区,常常是谣言很多,人民不敢相信我们,经过很长时间,丽江区针对这种情况,在各县以及专署都曾召开过1次至3次的各族人民代表会,收到很大效果,其经验是:

1. 会议的内容,明确规定当前以宣传民族平等团结政策为主要议题,而重点放在上层的团结工作上。根据各族的具体要求,解决有关团结方面的问题,都收到稳定上层、稳定人心、稳定社会秩序的作用,各族代表思想在会前会后,都有很大的变化,有的初来还怕我们留他当兵,作"人质",而会后则喜出望外,成为我们政策积极的宣传者,有的人甚至因怀疑不来而深感后悔。

2. 各族代表成分的吸收,初期多以上层为主,逐步增加群众代表,在代表中既要照顾到各个民族,还要照顾到民族内部的各头目,尤其要有意识地吸收各个对立的头目,通过会议中的疏通和教育工作,争取他们团结。几次的代表会我们采取的方法是说服比较靠近我们的头目,主动地去团结对方,并找与双方有关系且向我们靠近的各头目去疏通,加上我们干部的诚恳相待,说明利害,都得到圆满的结果。

3. 大会的领导要掌握发扬民主与谨慎的作风。根据他们的经验,代表初来,处处观察我们的动静,只有在实际中了解了我们,才放下戒备,真诚地对我们说出他们的问题,会议中有事要和代表商量,尊重他们（尤其上层）的意见。我们的干部对各代表要照顾周到,察言观色,体贴其思想情绪和生活要求,在选主席团、编组、任用翻译等,都要照顾各代表的互相关系和意见,以达到他们的满意。

4. 会议进行要掌握群众教育群众的方法和疏通联络工作。根据经验,代表会议中是个紧张的思想斗争,上下与内外的关系或多或少地会接触新的看法。大会发言,常是这种思想变化斗争的最主要场合,各代表常常在听到我们政策报告之后,以他自己的亲身经历和事实来发表他的感想和意见,情绪最热烈,尤其我们在会中的联系疏通工作进行得深入,一些具体问题,都会在会议中得到解决。

乙、组织各族参观团，增加各兄弟民族对我们的互相了解。边疆各少数民族因多处高山深谷，生活条件很低，与外界很少来往，文化闭塞，互相隔膜，对我们的一些宣传因未亲眼看见，多不置信。丽江区用了组织各族参观团的形式，对各族进行实际教育，也收到良好的效果。由于他们到处受到我们军政干部和各界人民热情招待和欢迎，又看到内地的景物，使他们在参观后思想有两大变化：

1. 真正感到民族平等和友爱，都反映"出人意料"，表示感激和欢喜，从而加强其民族自尊心。

2. 开阔了眼界，鼓励少数民族的进取心。他们看到内地房子又高又大，交通方便，人又多，表示无限羡慕，都说"内地的一所房子，顶得起我们一条江所有的房子"，"我们也要这样做"，"咱们要想好，非要搞生产办教育不可"。希望自己民族进步，增加了各少数民族倾向祖国和学习的情绪。

回去的代表绝大部分也都成了我们政策积极的宣传者，在疏通关系、增加了解上作用很大。碧江第一次组织参观大理时，只有10来个人勉强同意，第二次参观昆明就增加30余人，而这次来丽江参观，都争着要来，结果只允许了50个人参加，许多人从未定界赶来开会。

丙、热情帮助给少数民族以实际利益。丽江区的驻军和各级人民政府，用相当的精力，使少数民族得到实际好处。人民政府先后在中甸、维西等地发动无息农贷，减轻他们的负担，对维西灾民进行救济，驻军在各地帮助秋收、兴修水利，更加以驻军纪律严明，而领导又经常提起大家时时警惕，检查群众纪律，不使流于麻痹。这是少数民族欢迎和称赞的。有一个老人受到救济后说："自盘古开天地以来，只有我们下山给官家服役、缴粮，哪有官家给我们劳动，往山上送东西，世道真变好了。"虽然这些工作仅仅是一个开始，未来得及大规模进行，但从反应看，这应该成为今后民族工作最基本和尽先进行的工作。

（三）关于处理目前民族间纠纷方面的经验：

丽江区在解放后，在各民族间和民族内部以及各民族与我军政干部之间曾发生一些纠纷（当然比过去大大减少了），其中尤以藏族、彝族与各族间问题最多。在所有纠纷中，除了个别的问题（特别如奴娃问题）我们目前还必须采取耐心等待的方针外，一般都经过干部的谨慎摸索，得到初步处理，他们明确当前民族间以安定与和平相处为最高利益，并获得如下经验：

1. 在各民族内部关系上特别是少数民族的下层群众遭受其上层的压迫和虐待时，我们干部一般都是采用调解方式。原则上是从民族实际情况出发，来稳妥地提高，既达到"上层得到教育，下层也得到适当扶植"。如中甸归化寺之藏族喇嘛，为追还欠债，曾把一个欠债的藏族农民用刀打伤（很重），农民向县人民政府告发，我们即首先找到该寺负责人——带领打人的喇嘛到县府，指明其错误，并与其负责人协商，赔偿农民一部医药费，对该喇嘛进行教育后，则尊重其负责人的意见取保释放。这样处理的结果，喇嘛感觉"政府宽大",而农民则感觉"过去他们打人无事,这次政府做主是从来未有的大公平事"。又如在彝区奴娃逃跑,向我军参谋求救,黑彝坚主退还,干部则深感不平,后来还是双方让步,决定了不虐待奴娃的条件,而将奴娃送回。

2.在各民族间发生的纠纷,我们干部一般掌握了"互相协商,双方让步,并且首先是汉族让步"的原则。人民政府在各族之间,则多做疏通联络工作,甚至因此而花必要的费用,这是化除纠纷增加团结的重要方法,特别在彝区收效最为明显。如彝家黑彝娘子骑马下山赶街子,被两个汉人拦住向公安局控告说马是他们失掉的,山上黑彝闻信即要来打冤家。当时我们即说服汉人,并照顾了黑彝娘子回山。又如黑彝下山赶街失掉两匹马,报告人民公安局,该局立即追查,结果都已破案,但其中一马已卖(偷马者逃),该局干部随即凑钱赎马,还给黑彝,获得各方好评。诸如此类事件,使黑彝对我政府的认识有很大的转变。

3.各族与我们政府和军队也曾发生过小的误会,我们都是立即向各族去解释、说服与赔礼。因为争取了主动和认真及时的处理,结果双方关系还因此更加密切起来。如××公安局夜间查哨,打死和打伤两个下山的黑彝,我们立即去吊祭,送抚恤费,彝民因知事出误会,而政府如此认真,表示很感激。

(下略)

宁蒗几年来民族工作概况（1950—1955）

宁蒗几年来民族工作概况（1950—1955）

肆、几年来的民族工作概况

1950年3月我人民解放军进驻宁蒗后，全县各族农民和全中国人民一样，从此结束了被压迫受剥削因而贫、困、难、落后的命运而获得了解放。几年来，在党和毛主席英明伟大的民族政策的光辉照耀下，在党和上级政府的正确领导下，根据实际情况，在可能与可行的条件下，从完成军事占领起进行了一系列的以民族团结为中心的各项工作。在一、二区（第二类型地区）主要是建政、恢复旧秩序、疏通民族关系、进行救灾救荒，扩大我党我军的政治影响，基本安定了社会秩序，而在三、四区（即第一类型地区）进行了建政、调解民族纠纷、反霸、减租、合理负担、救灾救荒等工作，基本上加强了民族团结，安定了社会秩序。同时废除了国民党保甲制度和各种苛捐杂税，重点地打击和削弱了封建地主在政治上和经济上的特权势力，解决了农民无田少地的困难，有力地启发了各族群众的政治觉悟和生产积极性，扩大了政治影响。在这一基础上，从1953年起，全县进行了压倒一切的以团结生产进步为中心的民族团结、培养民族干部和兴修水利、发展生产、救济贷款、贸易、文教、卫生及三、四区的人民武装等工作。现简述于下：

一、团结生产工作

（一）从1950年到1952年的工作情况

1.建政工作：1950年3月我军进驻宁蒗后，根据党的民族政策，在上级党的正确领导下，结合我县实际情况，进行建政和整顿三、四区政权工作，成立了包括各民族各阶层在内的民族民主联合政府和4个区19个行政村，计县级1人（摩梭族）、区级12人（摩梭族3人，西番族2人，汉族4人，彝族3人），其中上层人物9人、留用1人、把司2人、村长34人（摩梭族12人、西番族9人、汉族10人、傈僳族3人）、地主20人、贫农10人、中农4人，其中保长、中队长4人，保长1人，中队长3人，喇嘛1人，管司8人，可疑分子1人。

政府委员计24人（摩梭族5人、西番族3人、彝族12人、汉族1人、傈僳族1人、仲教1人、摩西1人），其中民族上层20人、留用人员1人，为下一步工作创造了良好的开端。

我们根据实际情况，分不同类型地区的不同情况，在一、二区主要着重于完成军事占领、恢复旧秩序、大力宣传民族政策、疏通民族关系，并根据坚持团结上层进行群众工作的原则，争取团结和安置了乡村上层，基本上安定了社会秩序。在这一基础上进行了救灾救荒，扩大了我党我军的政治影响，从而给进一步进行群众工作创造了必要条件。

在三、四区（即第一类型的汉族地区），由于在党的领导、我部队的帮助之下，废除了国民党保甲制度，整顿原来为反革命分子所掌握的乡政权，取消了地主把持的妇女会等群众组织，重新建立了区、村政权。当然，从本质上看，这种政权不是也不可能是真正贫雇农当家做主的政权，由于尚未进行根本改革，所以这种政权还被操纵在地富手中，和地主资产阶级有一定的联系，他们披着人民政权的外衣，暗地庇护地主阶级。但由于党的工作和内地改革的影响，大部分自然村及小组基本群众已经占了很大优势，因此它已经不是也不可能成为统治农民的工具，而是在党的领导和群众的监督下，被迫的多数也能为人民办点事情的政权，基本上改变了地主阶级在农村横行霸道的局面了。当然，地主阶级在政治上、经济上，特别是思想上还有一定的活动余地，这是不奇怪的。

2. 民族团结工作：在党的正确领导和部队的帮助下，根据我党民族政策，结合实际需要，全县成立了调解委员会和调解队，本着团结、协商、互助互让、大事化小、小事化了的精神，调解了各民族间和各民族内部的冤家纠纷，基本上消除了各民族之间的民族隔阂，根本改变了由于国民党反动统治阶级实行民族压迫政策所遗留下来的各民族间的仇杀关系，加强了各民族之间的团结，出现了各民族团结、友爱、亲善、和睦的新关系。目前打冤家的事情已是个别现象，基本上安定了社会秩序，达到了缩小民族矛盾的目的。

3. 一、二区的让租工作：根据党的民族政策，本着团结、协商、互助互让为群众办事的原则，通过和上层协商，进行死租二八相让、活租四六抽分的工作，进而减轻了各民族人民的部分负担，使党的政策进一步和各族群众见了面，从而扩大了我党的政治影响。

4. 三、四区的反霸、减租、合理负担工作：1951年，由于党的领导和内地改革的影响，三、四区掀起了反霸、减租斗争，重点地打击了全区较大的堡垒、官僚、恶霸邵××等地主阶级，没收了农民称快的"胜利田"和其他财产，分给各族农民耕种和使用。虽然还没有从根本上彻底消灭地主阶级在农村中的统治基础，但地主阶级受到了打击后，不论在政治上、经济上都有很大的削弱，也适当地解决了各族农民无田少地的困难，局部地改变了农村的生产关系，并根据"依率计征、依法减免、增产不增税"的农业税政策，实行合理负担，消灭了剥削各族农民的苛捐杂税，解除了各族农民的痛苦，因而大大地启发了各族农民的生产积极性，进一步密切了党与群众的关系。

（二）从1953年起的工作情况

在民族团结、社会秩序日趋安定的基础上和生产自救的原则下，根据上级党的指示，结合我县实际情况与可能条件，为了进一步贯彻团结、生产、进步政策，从1953年起领导各族农民进行了压倒一切的团结生产工作，主要是兴修水利、增加生产、改良技术、提高单位面积产量、救济贷款等工作，以及治安保卫工作，一、二区青生变死租和三、四区人民武装等各项工作。

1. 水利工作：全县各族人民在党和政府的大力扶持和帮助下，从1953年冬至1956年春，共整修和兴修水沟198条、河堤12道、桥3座，补助口粮、工具、炸药、慰问、奖励等计币22723元（包括今年的9000元在内）。其中，一区开基、二区天生桥、三区大板、四区干坝子、白杨村水利工程较大，受益较广，尤其是一区开基桥大河河坝改成为坝后，保证了沿河两岸1800多亩稻田的灌溉；四区干坝子、白杨村河沟可使2000亩雷响田变为保水田，3800亩旱地可改为肥美的水田，今年已改100多亩，为扩大耕地面积、增加生产、多打粮食、改善和提高各族人民的生活创造了有利条件。

2. 精耕细作、土地加工：我县各族农民由于历史发展极不一致，所以生产技术也各有差异，但由于在党的领导和帮助下，进行了改造自然环境，改良农具、品种及耕作技术，各族人民生产水平有很大的提高，基本上改变了"刀耕火种、广种薄收"的落后状态，就是耕作较落后的永宁，在政府的扶持和各民族团结互助的精神下，普遍做到两耙、两锄、两薅，特别是三、四区的各族农民，在各个时期胜利的基础上做到了精耕细作，普遍做到四犁四耙、三锄三薅、施肥15背到20背以上。因此全县主要农作物产量连年增加，为改善和提高各族农民的生活提供了可靠的物质基础。

3. 各种贷款：为了发展少数民族地区的经济，扶持农业生产，改善和提高人民的生活，从1953年到1955年，由人民银行发放了各种贷款共币45333元，受贷户8074户（次），计买耕牛446头、骡马34匹、农具2251件、籽种134727斤、猪113口、羊子424只、口粮各种品种104042斤、铁锅2口、小磨1副（一、二区效果情况不全，故数字较小），大大地扶持了农业生产，打击了统治阶级的高利剥削。

4. 救济工作：全县发放了社会救济和灾情救济共大米163800斤、币53920元（包括凉山），使各族人民在春夏荒时期适当地解决了生活上的困难，安定了社会秩序。

5. 治安保卫工作：我县保卫工作解放几年来，在上级党委的正确领导下，依据党的民族政策和中央"慎重稳进"的方针，在团结上层、深入发动群众和依靠群众的原则下，紧密结合各个时期的中心工作，有计划、有步骤、有重点地展开了镇反摸底工作，本着零敲碎打的方针，几年来共抓捕5方面反革命分子41人（其中反动党团骨干3人、恶霸5人、反动会道门3人、土匪10人、反革命5人、追捕外逃反革命15人）、刑事犯罪分子71人（杀人犯19人、放火犯1人、放毒犯9人、惯偷14人、诈骗4人、贪污5人、人贩2人、流氓6人），共110人。

经过慎重的审讯，共判刑17人（其中死刑2人、无期徒刑2人、15年徒刑4人、15年以下徒刑9人）追捕外逃15人、释放46人、在押38人，有力地打击了敌人，保卫了党的中心工作，保卫了各族人民的生命财产和边疆国防的巩固。

6. 一、二区青生变死租的工作：我县虽然尚未进行基本改革，不过几年来由于党的领导和我们工作的结果，一、二区各族群众阶级觉悟有所提高，反封建斗争的宝贵情绪逐渐高涨，阶级矛盾日趋紧张，但因主佃双方亦即民族双方阶级矛盾和民族问题交织在一起，所以当前阻碍生产进步和容易引起民族纠纷的问题主要是主佃问题，因此，我们根据上级党的指示精神，结合我县的实际情况和主观力量，为了贯彻团结、生产、进步政策，正确地解决一、二区青生变死租的问题，采取在原有基础上，坚持团结上层，变阻力为助力，调查了解租佃情况，组织力量，然后具体进行定租工作的原则，于1955年8月18日起至11月止，全面胜利地完成了一、二区青生变死租的工作。据二区（一区材料尚未统计好）不完全的统计，全区1742户已进行了青生变死租的地主共340户，占总户数的19%；定租后受益户660户，占38%。全区土地54614亩，青生变死租的计有7676亩，占耕地面积的14%。全区青生变死租911件，定租租额不到1∶9的11件，1∶9162件，15∶85的28件，2∶8的327件，25∶75的76件，3∶7的57件，35∶65的6件，消除关系的250件。通过这一工作，基本上消灭了地主阶级利用水涨船高剥削各族农民的毒辣办法，使地主阶级在政治上、经济上受到一定削弱和打击，因而大大提高了各族群众的阶级觉悟和生产积极性，进一步密切了党与群众的联系。

7. 三、四区人民武装工作：我县三、四区人民武装力量，自1952年开始建立以来，截至目前，已发展了联防自卫队437人，其中摩梭族38人、西番族19人、傈僳族53人、汉族327人；计有干部58人，其中正副中队长7人、正副分队长9人、正副小队长42人、队员379人。

但由于发展不慎，严重地存在着组织不纯的情况。据初步了解，在干部58人中，地主2人、富农4人、富裕中农9人、中农16人、贫农27人；在队员379人中，已搞清者计有地主23人、富农16人、富裕中农12人、中农72人、贫农119人、雇农16人、尚未搞清者121人；干战437人中，社会成分已搞清者计兵痞6人、惯匪1人、流氓6人、保长1人、国民党员1人、狗腿12人、地富子弟47人，民团中、分队长9人。

目前全县现有武器计步枪394支、子弹2156发、手榴弹5枚、炮弹1枚；县武装部库存步枪124支、各种枪弹871发、手榴弹5枚、炮弹1枚；计发三、四区联防自卫队各种步枪270支、各种弹药1287发。

二、财经及文教卫生工作

1. 财经工作：根据总路线的精神实质，结合宁蒗县各地区的经济情况和主观力量，本着社会主义经济逐步增长的原则，紧紧地围绕团结生产工作，进行了以下几项工作：

（1）贸易工作：除原有支公司和永宁小组外，在二、三区增设了3个小组，结合粮食局和生产工作组，积极供应各族人民生产资料和生活必需品，并用合理价格收购了各族人民的土特产品，从1953年到1955年，推销总值币1080251元，收购总值币262735元，保证了生产的顺利进行，增加了各族人民的收入，对改善和提高各族人民的生产生活起了决定性的作用。

（2）银行金融工作：从1953年到1955年，贷放了各种贷款币45333元，有力地解决了各族人民在各个时期生产和生活上的困难，扶持和保证了生产的顺利进行。

（3）税务工作：在爱国纳税的宣传下，结合贸易、银行、生产工作组，整顿了初级市场3处，组织了工商联合会，初步划分了行业，全县从1954年起到1955年共收各种税款86981.15元。

（4）粮食工作：全县粮食工作，除加强了县直属部门及永宁门市部的工作外，在二区八耳桥、翠依、三区荔支河、金棉村，四区包都等地成立了购销点，加强了粮食收购和推销工作。单就1954年内，共收购各种品种粮食（公粮不在内）计678540斤，销售各种品种粮食1202121斤，加工粮食计1235268斤，因此不但保证了军需民食，而且克服了多年的灾荒威胁，尤其是有力地打击了农村地主、统治阶级对贫苦农民的剥削，稳定了市场，保证了中心工作的进行。

2. 文教卫生工作：

（1）文教工作：根据各族人民生产生活的提高程度，本着重点发展、稳步前进的原则，从1951年到目前为止，已有很大的发展。全县计有省小2所、小学15所（包括民办2所在内）；全县教师40人，各族学生1569人。上级党和人民政府为了提高和培养各族人民子女，大力地补助各族贫苦学生助学金，这对培养民族干部和建设边疆人才及开展边疆文化建设事业做了良好的开端。

（2）卫生工作：全县成立了卫生院，并在各区建立了医疗小组，经常派出医生加强巡视治疗工作，本着"预防为主、治疗为辅"的精神，结合中心工作，几年来在治疗方面，免费治疗184850人；在预防方面，根据不同情况，在各个时期内全县进行春季种痘34742人次，伤寒注射8817人次，白喉注射830人次；在妇幼卫生方面，新法接生242人。

在县城附近有重点地开展了爱国卫生运动，扑灭苍蝇839810只、虫蛆60斤、鼠23只，填水塘24立方公尺，除草180平方公尺，疏通沟渠2303公尺，清除垃圾2871担，改良水井1个、新建水井3个，饮水消毒241次，新建厕所2个、消毒厕所1个，DDT喷射240支。

此外，训练了各民族卫生员17人、接生员2人。

由于我们进行了以上各项工作，有力地扑灭了各个时期内各种病疫流行，免除了各族人民疾病死亡的痛苦，保障了各族人民的身体健康和生命安全，大力地支持了生产工作。

三、团结上层工作

我县是少数民族地区，如前面所说，由于以土司为中心的统治者利用民族矛盾，借保护为名，以便对各族农民施行压迫和剥削，特别是国民党反动统治阶级实行民族压迫政策、挑拨离间、制造民族纠纷的结果，促使统治者成为各族内部的"领袖"和"保卫者"，在群众中取得了一定的感情，进而统治各族人民。但由于历代反动统治阶级对各少数民族进行血腥统治，各族人民（包括民族上层在内）生产生活极其贫困和落后的情况，也为我们团结各族上层人物、建设边疆提供了条件。当然，民族上层因为是各族人民的统治者，所以从本质上看，是不会甘心自动退出历史舞台的，不过，由于我党民族政策的伟大和在我强大的军事压力之下，我们从军事占领直到现在，一直是本着中央"慎重稳进"

的方针,坚持团结上层,开展群众工作,在群众有所发动的基础上继续团结上层、教育改造上层的原则进行工作的。几年来,我们在党的正确领导下,经过若干工作和极其尖锐复杂的斗争,在团结上层工作方面基本上是顺利的。

解放初期,统治阶级由于本质关系,以及国民党反动派挑拨离间和反动宣传的影响,以阿少云为首的统治集团为了维护其统治利益,纠集乌合之众,组织"防共委员会"和武装,企图阻挡我人民解放军解放宁蒗,但由于大势所趋,和我强大的军事压力,及我党伟大的民族政策感召,统治阶级虽然从表面上"欢迎大军"。不过从1950年3月起到1952年,各族上层分子对我党我军一直是怀着恐惧疑虑和采取试探甚至公开对抗的态度的。我军完成军事占领后,在大力宣传我党民族政策的同时,本着中央"慎重稳进"的方针和团结上层的原则,根据我县的实际情况,成立了包括各民族各阶级在内的民族民主联合政府,争取团结和安置了各族上层人物,计县级1人,区级12人,村级34人,委员24人(有部分兼职及无供给者),基本上安定了上层,恢复了旧秩序,为在边疆进行各项工作提供了条件。当然,统治阶级由于本质关系,是不会甘心于灭亡的,所以正如前面所说,各族上层分子对我党长期团结的政策不仅存在着疑虑情绪,尤其是内地社改时期统治阶级怕清算斗争、怕杀头的恐惧心理更加普遍,因此曾经勾结西康方面的反革命分子胡清发和内地逃亡地霸、反革命分子等,拉拢和收买凉山彝族上层,煽动落后分子,曾组织发起试探性的暴乱,企图颠覆人民政权,恢复原有统治。我们根据当时的情况,在强大的军事压力下,仍坚持团结教育上层,并结合发动群众,进行政治瓦解,采取个别争取、各个击破的方法,特别是三、四区,经过反霸、减租和合理负担政策、初步发动群众之后,彻底粉碎了资产阶级的一切阴谋活动,也促成统治阶级内部的分化和瓦解,从而也促成了上层中的一般分子和左派分子不得不靠拢党和群众,为进一步团结、教育、改造上层和深入发动群众创造了良好条件。

从1953年起,我们在党的正确领导和教育下,贯彻了广泛团结头人并通过生产深入进行了群众工作,各民族群众阶级觉悟有所提高,反封建斗争的宝贵情绪日益高涨,统治阶级由于历次阴谋都遭到彻底失败,在内部分崩离析和大势已去的情势下,愈来愈陷于孤立,最后只好拿求神打卦等愚蠢办法求助于所谓的"神明保佑"。如以阿少云为首的统治集团,于1954年请了降神活佛和宗教界较有声望的喇嘛念了一台经,主要打共产党和贫苦农民的魂。做法是拿糌粑做了3个人,一个代表共产党,一个代表农民,一个代表统治阶级自己,共蒸于甑子中,由喇嘛念经盟誓,看蒸笼中面人的好坏来看前途,谁烂谁倒霉,结果代表统治阶级的蒸烂了,因此更加深了他们的疑虑和恐惧,已形成进退两难,一方面不甘心灭亡,不肯放弃统治利益;一方面农民群众的力量已发展壮大,再不能继续用群众作幌子公开继续破坏活动了。因此,他们内部为了各奔前程,更加分崩离析、瓦解分化,部分上层左派分子,在表面上已倾向我党,不得不向人民群众勉强让步,表面开明进步,但上层中的右派顽固分子,仍继续与人民作对,采取表面夸大话,伪装"进步",暗地制造民族问题,或以过左形式歪曲和破坏我党政策、法令等的两面手法,和我进行隐蔽斗争。如1954年统治阶级乘各族群众阶级觉悟逐渐提高,某些干部麻痹自满,把长期团结上层的政策当成"临时策略手段",因此在执行政策中产生过左倾向和大汉族主义情绪,盲目地又毫无计划地搞一、二区青生变死租之机,利用民族关系和历史上的仇隙,掩盖阶级矛盾,将租佃问题扩大并导致民族纠纷,挑起大小事件5起。虽然使工作暂时处于被动,但我们根据党的指示,在军事压力下,并结合发动群众,进行政治瓦解,最后又一次彻底击破了统治阶级的阴谋。在这一胜利的基础上,我们乘胜利重新组织力量,坚持广泛团结、教育、改造上层,依靠和发动群众,于1955年底胜利地完成了一、二区青生变死租的工作,发动和提高了各族群众的阶级觉悟,进一步粉碎了统治阶级利用"民族关系制造问题"的法宝,因此统治阶级看到大势已去,人心所向,也不得不伪装"进步",借以笼络人心。如以阿少云为首的统治集团,虽然"势在必行",但又不甘心于失败,仍阴谋"死灰复燃",因此表面上夸大话"保证改革无问题",并在群众中"称功",企图挽回其一败涂地的所谓"威信",别做打算。其他上层也只好"一只羊子过河,十只羊子过河",消极而无可奈何地执行政府和各族人民的决议。库脚村西番族地主起初还企图利用民族关系拉拢群众,但遭到西番族群众以"我们是佃户"的拒绝,有力地打击了地主阶级的光焰。在这种情况下,地主阶级又企图转换手法,伪装"进步"来笼络人心,如地主熊文星代其父亲向群众检讨,除青生定为死租外,还表示死租也只要四六等。所有这些都说明统治阶级不甘心于灭亡所采取的两面手法,也是目前统治阶级在一败涂地之下所惯用的最后手法。我们认为,只要本着中央"慎重稳进"的方针和坚持团结上层、深入发动群众的原则进行工作,是能够最后彻底揭穿统治阶级的一切阴谋诡计,进一步团结、教育、改造上层,为根本改革打下良好基础的。

四、民族干部和农民积极分子情况

几年来,在上级党的领导经验和督促下,在民族工作日益深入开展的基础上,随着党的中心工作的前进,各少数民族的革命力量也日益成长和壮大着。

目前,我县共有本地民族干部97人(本地汉族干部40人不在内),占全县干部总数261人的36.8%,计县级1人(上层)、区级12人(上层9人)、股长级2人、一般干部82人;摩梭族47人、西番族14人、彝族15人、藏族7人、傈僳族7人、仲教4人、纳西族2人、回族1人;其中民族上层11人,占11.34%;上层子弟11人,占11.34%;劳动农民出身75人,占77.32%。在民族干部中,中共党员5人、青年团员9人,这些干部大部是经过在省民族学院、地委民训班和县民训班学习并经两三年的工作锻炼,全体民族干部都懂汉语,经过在专区文化学校和县业余文化班学习,现在90%以上的懂汉语文,而且能看报、看公文和写信。党依靠他们密切地联系了各族群众,启发各族群众的阶级觉悟,他们在实际斗争中都能执行党的政策和完成党的任务。已安置的上层人物,经过团结、教育、改造和民族干部及各族人民政治觉悟的提高所给予他们的推动下,在不同的程度上也有一定的进步。

在农村中,随着党的中心工作的深入开展,紧密结合民族团结、兴修水利、发展生产等群众工作，尤其是经过三、四区反霸减租斗争和一、二区的青生变死租的工作，及有计划地开办短期训练班，大力地培养和锻炼了各族农民积极分子，现在全县共有各族农民积极分子××人（包括干事、组长在内），其各族占有情况和分布情况如下：

各族积极分子占有情况和分布情况表

	分布				合计	
	一区	二区	三区	四区	小计	%
汉族	27	65	106	243	495	
摩梭族	29	4	7	29	69	
西番	3	8	6	11	28	
傈僳	6	7	18	4	35	
纳西	2	2			4	
仲教	6				6	
藏族	1	1			2	
苗族	4				4	
合计	78	87	191		643	

说明：
①本表统计数字除四区较全外，其一、二、三区均不十分全面
②本表村干事缺一区及二区3个村、三区1个村，组长缺一区及二区3个村、三区4个村的材料
③一、二区在青生变死租工作中发现有其他原有积极分子，尚缺材料；三区缺1个村

各族积极分子成分及现任职务情况表

职务＼成分	地主	富农	中农	贫农	雇农	合计	备注
干事	2	6	12	15	4	39	一区全缺，三区缺3个村
组长	2	12	34	87	8	143	一区全缺，三区缺2个村
积极分子	2	4	92	325	38	461	三区缺1个村
合计	6	22	138	427	50	643	

各民族积极分子社会成分情况表

职务 \ 政治问题	中队长	分队长	甲长	班长	乡丁	兵	道士	喇嘛
干事	2	1						
组长	2	1	2	1	1	1	2	1
积极分子		2	1					
合计	4	4	3	1	1	1	2	1

注：本表仅为四区的材料

这些民族干部和各族农民积极分子，都是我党联系民族群众的桥梁，是党领导少数民族人民发展自己的政治、经济、文化，逐步跻身于先进民族的行列，彻底实现民族间事实上的平等，与全国各族人民一道共同进入社会主义的直接带路人，也是各族人民宝贵的革命力量。

伍、解放后的一些变化

解放几年来，我们根据过渡时期党在民族问题方面的任务，依据党的民族政策，在党和上级的正确领导和帮助下，进行了以上各项工作，随之群众阶级觉悟有所提高，在政治上、经济上和生活上都起了显著的变化。

首先在政治上，由于群众阶级觉悟的提高，随之出现了各民族团结、平等、互助的新关系，因此也就大大地动摇和削弱了土司和地主阶级的统治，为前进一步创造了条件。

1. 民族团结：由于认真贯彻了党的民族政策，根本改变了历史上遗留下来的歧视、压迫和仇杀的关系，各民族之间出现了团结、平等、互助、友爱的关系，目前打冤家的情况已是个别现象，特别是通过三、四区的反霸、减租和一、二区的青生变死租的工作后，进一步加强了民族之间的团结，有力地粉碎了统治阶级利用民族关系制造民族纠纷、企图苟延残喘的幻想，因此社会秩序日趋稳定。

2. 农村地主阶级虽然还没有彻底消除，封建旧制度尚未根本改革，尽管统治阶级尚有活动余地，但由于几年来的民族工作和内地改革的影响，各族群众阶级觉悟不断提高，从而有力地打击和削弱了土司和地主阶级在农村的政治优势。在一、二区，经过几年的团结生产和1955年青生变死租的工作，我党政策进一步与各族人民见了面，使党和毛主席的政治影响进一步深入人心，使各族群众从实际生活中进一步看清了谁是他们的敌人，谁给他们贫困与落后，加深了对统治阶级的仇恨。初步地启发和提高了各族群众的阶级觉悟，培养了各族农民积极分子，并形成了一定的群众优势，土司制度逐步为人民政权所代替，各族群众自发地反对土司抢租夺佃、派夫役，拒绝喇嘛寺的"官债"借款，要求增加雇工工资和清算剥削债，要求土地改革等，尤其是青生变死租中，以"我们是佃户"的严词正语反对统治者利用民族关系掩盖阶级矛盾，企图制造民族纠纷的阴谋，迫使以阿少云为首的统治者不得不承认自己是"傀儡"进而变换手法，企图伪装进步，在群众中卖弄人情的阴谋。在三、四区经过反霸、减租和实行合理负担政策，初步地发动了群众，树立了农民优势。目前，绝大部分自然村和小组基本群众的优势已基本形成，土司制度基本已垮，各村成立了生产小组、互助组、人民联防自卫队、青年小组和妇女小组等，全境农民最后全部消灭了土司地主三五、六五抽分的地租剥削，不赔旧债，并自发地向地主清算剥削账，增加雇工工资，要求土地改革，成立互助组、合作社，要求统购统销，积极反对地主的违法行为，迫使地主阶级在表面上不得不规矩一些。

第二在经济上，我县虽然尚未进行改革，旧制度还没有彻底消灭，地主阶级在经济上还有一定的优势，同时富农在经济上又有一定的发展，但由于我们认真贯彻了团结生产进步的政策，在一、二区进行了让租定租、保障佃权和在三、四区进行了反霸、减租、实行合理负担政策、调整土地等工作，在这些基础上进行了压倒一切的团结生产工作、兴修水利、发展生产、改良技术品种，并根据过渡时期党在民族问题方面的任务，结合中心工作，进行了一系列的财经贸易工作，初步地改变了一下子农村旧有的生产关系，使地主在经济上受到一定的打击和削弱，同时也限制了农村地主阶级的发展，国营经济也基本上占领了边疆农村阵地，各族农民的生产生活日渐提高和改善，从而进一步密切了党与群众的关系。

1. 土地占有和生产关系方面的变化。几年来，一、二区在团结上层的基础上进行了压倒一切的团结生产工作，及让租定租工作，随着群众阶级觉悟的提高和反封建斗争情绪的高涨，因此土司的各种剥削和封建成规已无法施展。目前，封建土司的门摊户派、兵役及夫役等苛捐杂税已基本上停止征派，地租已大大减轻，尤其是1955年青生变死租后，消灭了地主阶级利用水涨船高剥削各民族农民的毒辣办法，使农村38%至50%（包括死租、二八让租在内）的各民族农民平均减轻了15%至40%（按产量1石平分租为5斗，占50%，如定租后为1∶9的，只须交租1斗，占10%，即减低4斗，占产量的40%）的地租负担，有力地启发了各族人民的阶级觉悟和生产积极性。

三、四区由于进行了反霸、减租、调整佃权、实行合理负担，并在此基础上，认真贯彻了团结生产进步政策，领导和帮助各族农民兴修水利、发展生产、改良技术品种、收购粮食、人民武装和重点地展开了青妇工作，群众阶级觉悟逐渐提高，各族群众自发地消灭了官租、地租、山租、水租和封建水规"坝长粮"、不赔偿旧债、增加了工资、土地让步、清算剥削账、反对和处罚地主违法等的结果，三、四区土地关系已有很大变化，其解放前后的占有情形如下表：

三、四区解放前后土地占有情况对照表

面积：市亩

		人口				占有土地	
		户口	%	人口	%	面积	%
地主	解放前	301	11.25	2237	17.13	33369	83.25
	解放后					14032	35.00
富农	解放前	331	12.37	1656	12.65	3074	7.72
	解放后					6708	17.41
中农	解放前	535	20.06	2984	22.85	1808	4.51
	解放后					7754	19.34
贫农	解放前	1376	51.44	5775	64.23	1764	4.40
	解放后					10386	25.70
雇农	解放前	101	3.78	309	2.36		
	解放后					657	1.63
小土地出租者	解放前	3	0.07	8	0.06	33	0.02
	解放后					38	
商人	解放前	11	0.40	45	0.34		
	解放后					77	
小手工业	解放前	5	0.15	8	0.06		
	解放后					7	
游民	解放前	8	0.26	27	0.20		
	解放后						
迷信职业	解放前	3	0.07	8	0.06	16	0.01
	解放后						
合计	解放前	2675		13057		40084	
	解放后					40084	

注：（1）户口、人口变化不突出，故解放后未列入表内。
（2）解放后新开荒土地不详，故未列入。

从上表看，目前三、四区土地使用权已有所改变，即地主虽有土地所有权，却已失去土地使用权，因此也就丧失了利用土地剥削农民的特权；农民虽还没有土地所有权，但是

获得了部分土地使用权,因此也就再也不给地主交纳一粒租子,这在经济上对地主有一定的打击和削弱。

2. 全县各族农民由于在党的正确领导和帮助下进行了团结生产工作,生产逐年增加,粮食连年增产,就是灾情严重的1954年,也平均比1949年增产1倍以上,因此农民收入也就日益增加,生活逐步得到改善和提高。如四区干坝子自然村18户72人,在解放前只有3户地富有土地80亩,仅4户有耕牛7条;全村15户要交纳押头租子,5户终年忍受高利贷剥削;全村5户无房子住,13户缺口粮,绝大部分人穿不起衣服,生活极端贫困和痛苦。解放后,由于在党和人民政府的领导和扶持下,全村获得土地275亩,平均每人2.99亩,目前除1户给凉山彝族交租外,全村14户农民根本不给地主交租了。几年来,由于人民政府救济贷款和生产发展的结果,全村农民已经不再受高利贷的剥削了,而且全村添买耕牛16条,新盖房子7所11间,每年每户都能添置一些衣服;有11个儿童上学读书;全村只有3户缺半年的口粮。今年全村积极响应政府的号召出卖余粮10000斤,支援国家工业建设,使党的政治影响进一步深入人心。总之,全县各族人民由于在党和人民政府的领导和帮助下,生产生活逐渐提高和改善,初步改变了贫困落后的历史情况,正向繁荣幸福的社会主义社会前进。

3. 根据总路线、总任务的精神实质,我县财经贸易工作紧密结合党的中心任务,从1953年全面展开以来,社会主义经济逐步向前发展。目前,银行金融工作基本起到稳定市场,抵制了银圆、半开,打击了高利贷的作用,国营贸易工作基本上掌握了农村市场,为进一步发展边疆社会主义经济占领了巩固的阵地。

第三,目前阶级矛盾日趋尖锐和复杂化。

1. 地主与农民之间的矛盾,由于我县还未进行根本改革,当前农村的阶级问题主要是地主与各族农民的矛盾问题。几年来,由于党的工作和内地改革的影响,各族农民反封建斗争的情绪日益高涨,但以我县地处边疆,民族关系、周围环境都极其复杂,主佃双方及民族双方所有阶级矛盾又和复杂的民族问题交织在一起。特别是一、二区情况比较突出和复杂,一方面各族农民由于阶级觉悟有所提高,反对统治和剥削,要求土地改革的情绪很高,如永宁过去土司收割时,每户要派1人无偿地替土司劳动,直到土司的基本收割完后,方可收农民自己的庄稼;土司烧柴都要老百姓去砍。目前,除少数农民替土司干活外,绝大部分群众已再也不愿替土司干活了。如阿明桂的婢子次秭景受他辱骂和毒打,就起来反抗;今年春耕时,阿少云的百姓自发地要求增加工资,不出7角就不给他干活;二区农民何清远、熊七斤等号召群众积极检举地霸、狗腿的非法活动,组织群众与地富进行反抢租反夺佃的斗争;二区培德村农民群众起来反对村长王海清的非法活动,要求枪毙八耳桥各族群众控诉的地主李毓芬等7户地主,要求清算剥削,不给就拉牲口。三、四区农民已根本不给地主交租了,并自发地组织起来斗争顽固地主的事件极其普遍,如以"土地让步"动员带强迫地叫地主王克敏、张清培等拿出土地分给无地的农民耕种,增加工资1元以上;反对钟学仁等放牲口糟蹋庄稼,处罚地主张瑞其等偷农民粮食等非法行为。特别是卖余粮中监视地主隐瞒粮食，具体算账，要地主卖出应卖的余粮，并敲锣打鼓上公粮和卖余粮，反封建斗争的情绪极为高涨。但一方面地主阶级由于不甘心自己的灭亡，到处进行造谣破坏，威胁收买农民，分散土地财产，杀害耕牛，破坏公粮，制造民族纠纷，甚至杀害农民积极分子和我干部等，做垂死挣扎。如以阿少云为首的统治集团，1955年造谣破坏森林勘测工作，指使放火烧山；今年8月在丙衣开会奖励八耳桥事件的所谓"有功"地霸分子；在拉白村搞问题破坏秋收，在一、二区青生定死租中将土地转卖给彝族头人，企图制造民族纠纷；四区地主李文华不给耕牛草料，并杀羊11只；反革命分子罗宝贞，杀害我工作干部等反抗活动，企图维护其统治利益。

2. 地主和富农转移剥削方式，普遍买青卖黄、囤粮、做违法生意，甚至勾结他族商人偷运外货等。如阿少云分批派人携带布匹及武器和其他生活品，到四大凉山大量收买大烟，并到产粮区买青苗，甚至勾结他族商人偷运手表、水笔、布匹等外货做违法生意。四区地主富农囤积粮食搞黑市，制造粮荒，从中剥削，如包都地主梅成章，囤粮30余石，前后以每升价大烟1两2（约12元）的高价卖米10余石，换取大烟近百两。新营村地主曾光荣、肖金华（村长），以苞谷1升换食盐5斤的高价出卖粮食，然后用食盐雇工，每斤顶人工两个（当地工资币3角），计每升苞谷得利3元的手段剥削群众。各族农民由于在党的领导下，有一定的觉悟，不甘心忍受剥削，因此积极反对地主阶级的违法活动，没收大烟及烟具，禁止投机粮食，有组织地监视地主以增工资，反对地主囤粮。如四区包都村群众发现地主郑芳满做粮食生意，就要他出每天2元的工资，并强迫出卖粮，要求统购统销。限制地富投机倒把的斗争也是非常剧烈的。

总之，由于我县还未进行根本改革，封建旧制度还没有彻底消灭，农村富农不但原封未动，而且有一定的发展，所以当前农村的基本特点是农民与地主之间的矛盾尚未根本解决，社会主义与资本主义的矛盾亦开始突出。特别是我县民族复杂，由于历史长期的民族隔阂，因此阶级矛盾又和民族问题交织在一起，情况复杂，问题很多，这就是我县当前的基本情况。

陆、今后的工作意见

我们认为，必须在党的统一领导下，在总路线光辉照耀下，进一步加强党的团结，加强组织纪律性，从我县的具体情况出发，在原有基础上端正地执行民族政策，一切为今后社会改革做好必要的准备条件，使边疆各族人民逐步地跻于先进民族的行列，共同过渡到社会主义社会。因此我县今后必须做好以下工作：

1. 为了端正地执行党的民族政策，搞好民族团结工作，为前进一步创造条件，必须对现有干部继续进行总路线、总任务的教育，特别必须进一步加强六中全会《关于农业合作化问题》的决议的教育，提高社会主义觉悟和社会主义革命积极性及原则坚定性，并加强政策教育，克服片面的阶级观点，使党的政策真正变成干群的政策思想；树立实事求是、从边疆的实际情况出发的全面的阶级观点,克服盲目自满情绪和无组织无纪律的现象;在各项工作中依靠汉族干部积极地教育提高现有民族干部;加强建党建团工作,并继续发现和培养各族干部和农民积极分子,使社会主义革命力量不断地扩充和壮大,才能使边疆各族人民真正当家做主。

2.关于当前阶级矛盾问题,应该是一切为了对敌斗争,为了创造根本改革条件,在这一总的前提下有领导有步骤地广泛地在原有团结民族上层的基础上,进一步团结、教育、改造民族上层,并以团结生产为中心,通过兴修水利、改良耕作技术、发展生产等各项具体工作,广泛深入地发动群众,提高各族群众的阶级觉悟,有领导有重点地开展青年、妇女工作,结合党的中心任务,加强摸底镇反和人民武装工作,慎重稳进地树立农民优势,使阶级矛盾趋于正常发展,为社会改革创造群众基础。

3.今年凉山灾荒仍重,必须在"生产自救"的原则下,提倡多种早熟作物和搞副业生产,并适当地有重点地进行灾荒救济,进一步加强民族团结,促进社会秩序的进一步安定,保证边疆各项任务的胜利完成,为前进一步创造条件。

4.根据我县的实际情况及可能条件,有计划、有领导、有重点地开展山区改造工作,兴修水利、寻求水源,扩大耕地面积1500亩。今年(1956年)全县指标小春作物比1955年的总产量增加6.69%,大春作物比1955年的总产量增加14.84%。

怒江区三年来民族工作总结报告
报丽江地委、滇西工委、省委、省边委，发各组
中共怒江边工委
1953年8月×日

怒江区三年来民族工作总结报告

怒江区是一个多民族的地区，有傈僳、怒苏（兔莪）、勒墨、彝族（腊绿）、傣族、民家、浪速、茶山、独龙、藏族、纳西、汉族等13个民族，人口约12万。由于千百年来一贯受到大民族统治阶级的压迫、剥削，因此生活困难，文化落后，尤其近百年来的帝国主义的侵略，和近30多年来的国民党反动派的残酷统治，给各族人民生活更加穷困，以使饥饿、疾病、死亡、逃往未定界及密支那等地。有一位怒族头人说："假如不有毛主席、共产党，我们怒族不到50年就被消灭了。这不仅是怒族，泸水的傣族和茶山、浪速，过去不是人户很多吗？现在只剩下一二家人，其他不是死亡，就是逃往未定界去了。贡山第四区独龙族，如果不有毛主席、共产党，同样也要饿死、病死、逃亡完尽的。"

国民党反动统治阶级，为了便于统治、压迫，对各民族内部与各民族相互之间，也进行了极恶毒的挑拨离间，因此在共产党和解放军未到怒江之先，怒苏与傈僳之间，傈僳与民家、彝族之间，独龙与藏族之间，都存在着很大的仇恨，同样傈僳和勒墨族的内部，也有以地区或家族为界线的，随时披甲带弩，互相残杀，因而遭致家破人亡的不少。碧江第四区勒墨族之间的支派斗争，在国民党时期进行了24年，给国民党匪帮不知敲诈了多少钱文，也有许多人受到吊打、监禁，一直到解放，才算基本解决。第五区傈僳族中间索人头、要命债的普遍现象，到现在也算基本结束。福贡与贡山人民之间的互相不满情绪，完全是国民党反动派所挑拨而成，解放初期，还有一个时期表现很严重，而美帝国主义所一手制造的教徒与非教徒中间的互相歧视、不团结现象，则到现在才逐渐地消除。怒江区各民族之所以没有吃的、没有穿的、没有知识，以及民族之间与民族内部的仇恨纠纷，其根源就在国民党反动派的统治、剥削和帝国主义的侵略、挑拨所造成。我们少数民族为了求生存，在过去曾不止一次地反抗过国民党反动统治阶级，如碧江反抗过殖边队，杀了队长景绍武等30多人；福贡反抗过设治局，杀了局长施国华；贡山也曾驱逐过法帝国主义天主教的神父；曾反抗过局长赖惠生。至如祝长腿（称戛）、恒乍捧等民族英雄，则更勇敢地反抗过清政府，但由于历史条件的限制，这些对大民族主义者的压迫反抗斗争，都以被镇

压屠杀而告结束。1949年共产党进入怒江，各族人民奋起拥护，碧、福、贡3县相继驱逐了设治局长，接收了政权。从此，各民族在毛主席、共产党领导之下获得了解放，各民族相互之间与各民族内部的关系也起了根本的变化。

一、各族人民空前团结

三年来，怒江区各民族出现了空前未有的大团结。由于毛主席、共产党的民族团结政策的感召，各民族相互之间或各民族内部，都消除了过去的隔阂，一致团结起来。各地区都认为不团结不得，不团结就不合"共产道理"，因此，谁也不愿"输共产理"，谁都愿"学共产理"，一切的新仇旧恨，都在民族团结政策下消除了。

其次，1950年春，我们在碧江派了30人的参观团到保山、大理、丽江等地参观，受到解放军和各级领导的热烈欢迎招待；7月，我们又派代表团到昆明参观；10月国庆，我们又有代表到北京观礼；年底，中央人民政府、毛主席又派访问团到碧江、福贡访问了我们边疆各族人民，虽只送下我们每户几颗针和几两盐，但对怒江区各族人民来说，是第一次受到兄弟般的民族平等待遇。1951年起，我们更有大批的干部、青年、代表到丽江、昆明学习、开会，也有到重庆、北京及各大城市参观学习的。有了这样的内外交流参观，各民族人民进一步认识了祖国的伟大可爱，也进一步地体会到毛主席、共产党的民族政策的真诚无私，也就更增加了各民族的团结。

具体的表现，则为贡山第四区独龙族与藏族间数百年不可消解的世代仇恨化除了，藏族与独龙族之间的关系，还以新的平等兄弟的友谊代替了旧的封建的主奴压迫关系，不仅独龙族得到了自由幸福，藏族也非常高兴愉快。又如怒族与傈僳族，也有很长时期的不睦，但在共产党领导之下，各族领袖人物经过互相讨论追根，认识了共同敌人，现在也同样已经互相尊重、团结友爱了。至于怒江各族人民与汉族老大哥及其他内地各兄弟民族之间的关系，曾经由于蒋介石反动派之残酷剥削而更加恶化，但经过3年来汉族老大哥及其他内地各兄弟民族的无私支援和帮助，也由于毛主席、共产党的民族政策的伟大感召，已经有新的兄弟般的友爱团结的姿态出现了。各族人民都一致地欢迎汉族老大哥和其他兄弟民族的帮助，也认识了汉族老大哥对各族人民的翻身所起的决定性的意义，这是毛主席民族政策的伟大胜利，也是怒江区各族人民的胜利。

二、民族民主建政

1949年碧江、福贡社会秩序恢复之后，9月就在碧江以民主方式初次建立了民族政权——政务委员会，主任委员就是今天的裴阿欠副专员，委员分配各民族选任。这个委员会的时间虽不长，而且也仅限于碧江，但以怒江区各民族来说是破天荒的第一次，它的作用和影响是很大的。1949年底，我们在福贡、碧江正式建立人民政府，1951年秋又进一步地在碧江、福贡、贡山3县成立以傈僳族为主的区域自治政权，在泸水也建立了各民族的联合自治政权，同时在贡山我们又建立了区一级的独龙族和怒族的两个自治政权。对碧江的怒族和勒墨族，则在1950年底，我们重新划并了民族聚居区，新建立了单一民族的区政府，作为区域自治的准备。在泸水我们于最近建立了乡一级的卯照等以傈僳族为主的自治政权。

在各级自治政权和企业部门里面，都有我们各民族的许多干部工作。虽由于各种条件的限制，各民族还不能达到真正地当家做主，而且有些地方还不有自己的政权，但也正向这一目标日益迈进。我们希望能够在一二年之内把全区各小民族的各级区域自治政权全部建立和充实起来。

区域自治，这是各民族的平等权利、政治权利，任何人都不能对之发生任何怀疑和动摇，我们应该遵照毛主席和中央人民政府的指示，努力促其实现。

三、增加生产，改善生活

怒江区各民族的生活由于国民党反动派的压迫、剥削，以致无衣无食，穷困到了极点，这种情况在解放后三年的今天，还没有得到基本的解决。如福贡第四区四保有215户913人，其中有52户229人今年春夏之间就无口粮；碧江第四区的老盖14户69人，其中最富一户邓阿庆，每年5月以后即饿饭，到8月始吃青苞谷，没饭吃两个月，其他13户更不用说了。共产党和人民政府为了消灭这种现象，曾给各民族人民大力扶助救济、贷款，生活上已有所改善。

（一）在农业生产方面

我们于1951年帮助碧、福两县各族人民种小麦，碧江种下麦种16875斤，解决了第二年的春荒，也消除了各族人民对种小麦的顾虑和不习惯。1953年的小麦也很好，以福贡为例：每架牛生产量在300斤左右；碧江第五区一、二两村小麦的施肥都很认真，收成也在300斤以上。其他如对早熟作物及洋芋、春荞等类的种植，也由于政府大力提倡扶持，收到了很大的效果，解决了一部分的春荒困难。

从今年春季开始，政府更集中全部精力发动各族农民积粪施肥、深耕细作，并扶助农民耕牛、农具、籽种、口粮等，各县的生产情绪都很高涨。以福贡为例：今年上半年共上粪56767背，上粪面积达1449架，每户平均为46背，占全县户口的46.65%。其中，上帕村施肥224户，共1248背。全县开水田995架，定耕干地203架、地42块，开大山297架，修复水灾地50架，修大小水沟29条。其中，木枯甲一沟可灌溉190架，不老底一沟可灌溉100架。在捉虫保苗这一方面也取得了很大的成绩，单讲一、二两区，就捉到25000斤，其他不上秤不交公的数字比这还要多。

福贡县府在解决农民生产困难这方面也尽了最大的努力：今年上半年发放口粮50231

斤，救济口粮款5442万元，出售和救济锄头1607件，出售粮食52301斤。7月份还准备再贷放4000万元，继续解决农民的籽种和口粮困难。

由于政府的一方面领导鼓动，一方面大力救济扶助、解决困难，因此各县在生产上都呈现了从来未有的新气象。如碧江的苞谷长得又高又粗，67岁的老人都说："活到这么老都没见过这样好的。"福贡的稻子虽经虫灾，也由于政府领导捕捉及时，损害不大，长得又肥又黑，比往常要好，估计可以增加粮食1000石。在贡山、泸水的庄稼，同样有此情况，比往年耕种得好、保护得好，收成也要比往年增加。

（二）在贸易工作方面

贸易是发展繁荣少数民族经济的最主要工作之一，在这方面我们也有了不小的成绩。以碧江贸易支公司为例：在收购土产方面，我们从1952年起到现在共支出了5亿元，其中黄蜡就收购了16779斤，生漆收购了19000斤，过去这两种土产是销不出去的。又在销货方面，我们在1951年底到1952年计销售收入47519万元，今年上半年已超过了5亿元，共计97519万余元，其外我们投放在运输方面的运费，1951年底到1952年为3300多万元，今年上半年为3500万元，共计6800多万元。

过去由于国民党反动派吸尽了老百姓的血汗，又由于土产没有出路，因此老百姓就有许多吃不起盐。1951年，福贡有位女代表在丽江开各民族代表会上说：她活了50多岁，没有吃过多少盐巴，因此在内地她怕吃着盐巴会生病，也忍不住不吃，认为这是一生最难得的机会。以碧江为例，从1949年底开始，政府就注意食盐的供给，从喇井运来25000斤，平价供给老百姓。中央访问团到此，也每户每人送上了4两。从1951年开始，毛主席、共产党更为了彻底解决少数民族穷苦人民的食盐问题，大量地减税供应，自1951年8月到今年6月，共销出去70万斤，而政府在税收方面赔贴了3亿多元，在运费方面也投放了3.01亿多元。现在吃不到盐的已是个别现象，绝无仅有了。

国民党统治时期，碧江只1个知子罗街，后来也垮了，贸易公司成立后，街子又才恢复过来。1951年底，在第二区子楞甲开了1个小市场，1953年5月、6月相继又在第四、第五两区开了两个街子，福贡第三区里沙底也同时开了1个。这样，福、碧两县共有了6个街子，给老百姓在交易上大大地减省了人力，扩大了贸易网。外来的私商日益增加，本地的商人也在人民银行的扶助之下逐渐增加，市场也逐渐繁荣起来。但在这方面还有缺点，贡山还没有街子，福贡的街子只有两个，碧江还需要开两三个，我们打算在明年把这个缺陷弥补起来。过去上帕、子楞甲两个街子，外货充斥，现在内地商人外来，本地商人内向（碧江傈僳族商人已开始往大理下关经商），洋货几乎绝迹，也转变了老百姓认为洋货好、中国货不好的想法和看法。

贸易公司和银行对生产上也起了一定的作用，在碧江贸易公司销售了1500多件的农具，其中一半是由银行贷款给老百姓购买的；贡山供给了1500件，福贡供给了1060件。虽然有些地方供应不及时，也不合民族形式，但对配合增加生产这一中心工作上，起了不小的推动作用。

四、卫生文教工作

（一）卫生方面

少数民族由于贫困落后，不能讲究卫生，病了不吃药，只是祭鬼、祷告上帝。国民党反动派虽开办了卫生院，但对贫穷的少数民族人民没有好处，因此各民族的死亡率非常之高，也大量地杀鸡宰牛，极大地破坏了生产力。1936年，碧江第四区勒墨族地区俄戛村生天花（水痘）死去658人，死绝38户。解放前不久，泸水马普、拉底也发生痢疾，死了88人。类似的情况，各民族地区都有。1951年夏季，省人民政府派了两个巡回医疗队到怒江区，在碧江看了5000多个病人，都给以免费治疗。1952年卫生院成立，到现在将近10个月时间，福贡医治了7838人；碧江卫生院今年上半年6个月内，也看过11457人的病，其中有47个人是被疯狗咬着，省卫生厅特别给我们新制了狂犬疫苗47组，派专人送到丽江转给我们的。此种药品的价值，是不可以拿钱计算的，有了毛主席、共产党，才对我们少数民族的疾病如此重视与关怀。

为了推广我们的医疗工作，我们许多卫生员、医生都在乡下工作，福贡还给各区的小学教员学会使用几样普通药品，医治一般的肠胃病和头痛、伤风等病症；碧江现已训练小学教员卫生常识，回去给群众看病，也给生产工作队准备了一些普通病症所需用的药品带到乡间给少数民族服用。这样做法，收效很好，给少数民族减轻了很大的痛苦。

但是我们在卫生方面仍然有很大的缺点。如碧江今年1月至5月死亡人数为376人，其中第三区死了42人，内5岁以下的20人，占47.5%；绝大部分是麻疹。之所以造成这样的损失，主要是由于我们领导方面对人民的疾病痛苦关心不够，因此先前无准备，事到头来医生、药品两者俱缺，只有束手观望；其次是群众祭鬼祭神、祷告上帝，不吃药、不报告；再者交通不便、雪封山，上级政府虽很重视，赶紧送来药品、派来医生，但时间已过去。我们对这一重大的死亡事件领导上应负责检讨。

（二）文化教育方面

没有什么成绩，但也做了一些工作。如福贡小学过去只有6个，现在已增为12个。本地民族识字人数解放前只有7人，现在已增到72人。高小毕业36人，有的送丽江民族中学深造，有的参加了工作。碧江傈僳族过去到丽江读过中学的只有1人，现在丽江民族中学的已有23人。幻灯在福贡放映了50次，观众2万余人；碧江放映了电影4片12场，观众也在15000人以上；放映队继续还要到福贡、贡山巡回放映。总的说来，文化教育方面，我们工作做得不够，如碧江有许多村寨1949年就把学校盖起，也准备了学生吃的，但到现在才给他们派教员去。不过还有许多村寨还是没有教员，老百姓给我们提了许多意见，我们诚恳接受。

五、培养民族干部

培养民族干部是民族工作里面的重要部分,在这方面三年来我们做了什么呢?我们知道:过去国民党反动派38年的统治时间,碧江本地民族当过乡长的仅3人,而且时间很短。在碧江当乡长的多是鹤庆人。福贡当过乡长的也有3人,当乡长的多是维西人。贡山更典型了,17个乡长中只有1人是本地的独龙族,32个保董、保长中只有11人是本地民族。这说明国民党反动派是不愿少数民族抬头,而且直接利用自己的亲戚朋友作爪牙,或是利用别民族来替他压榨剥削。解放后,毛主席、共产党对培养民族干部是做了很多工作。现在以福、碧、贡3县来说:在北京民族学院学习的有傈僳族4人、怒族1人,共计5人,其中1人已回到昆明,在省民委会工作;在西南民族学院学习的有6人,其中勒墨族1人、妇女1人;在昆明民族学院学习的有28人,已经学习回来的有61人;在昆明医士班学习的有1人,在丽江护士班受训练的有12人,助产受过训的有5人,在各县卫生院受过短期训练的在60人左右。其次是财经方面,在丽江学习过的有20多人,现已回来在贸易、银行两部门内工作;在怒江工委民干班训练了150人,其中50人编在生产队工作及其他部门工作;民族基干队训练了两期,共计300人,除一部分留下作为日后自治区的公安部队和民兵骨干外,其余同民干班学员一样,回家积极带头,领导农民生产,又在生产工作中培养提拔。截至目前,在各级政府和企业里面,有县级干部4人、区级干部33人、一般干部139人,共计176人,民干班学习后新参加工作的不计在内。这些人不论在工作中、学习中都表现了他们对祖国的热爱,和跟着毛主席、共产党的决心。这批民族干部是我们各民族和我们国家在国防线上的宝贵资本,也是我们三年来工作上的最大收获。

但在这方面我们也有一个大缺点:就是对在职干部在工作中继续学习提高这一工作做得不够,就是说对他们的政治文化学习重视不够,甚至毫不用心,因此在工作中他们常感到文化低,不懂"共产理",不会做工作,也给我们整个工作的发展遭受到一定的限制。其次是对这些民族干部的职权重视不够,对他们的职务也不慎重严肃地加以分配,有许多人就感到有职无权,或是无职无权,或是工作岗位、工作地区不适合,因此产生消极情绪,甚至悲观失望,要求回家。对他们的宗教信仰和风俗习惯,也同样尊重不够,给他们感到被屈辱歧视、苦闷的现象。

六、今后的工作意见

三年来我们的工作各处虽然发展不同,缺点很多,但总的说来,是有成绩的。这成绩的获得,主要是由于毛主席、共产党的民族政策之伟大、正确,与上级党委的正确领导,其次是人民解放军和各县工作同志与本地各民族干部之不怕艰苦的努力奋斗及本地各民族之热烈拥护,与内地汉族老大哥及其他民族的支援帮助。事实证明:如果没有毛主席、共产党的领导和先进的各民族的帮助，少数民族要想获得翻身是不可能的，发展就更谈不上了。

根据以上情况，提出我们下一步的工作意见，请代表给予批评指正：

1. 继续建立和充实各级民族区域自治政权。我们怒江区的以傈僳族为主的区域自治，到今天还未开始筹备，我们需要各民族更加亲密团结、上下一心地在短期内把它建立起来。同时我们要继续建立和充实怒族、民家、勒墨、彝族、藏族、独龙6个民族的区、乡两级的区域自治政权。对其他散居在此地的汉族、民家、纳西、兔莪、浪速、茶山、傣族等的居民或民族成分，我们也要保障他们的民族平等权利，并在政权机关里面，给以适当的地位。

2. 加强民族团结。我们各民族相互之间及民族内部，还有不团结的现象。我们地处祖国边疆，为了反对帝国主义和巩固祖国国防，应该消除隔阂，互相谅解，互相尊重风俗习惯和宗教信仰，反对狭隘民族主义和大民族主义的倾向，增进民族团结，巩固国防。

3. 继续培养民族干部，是我们发展民族工作的重要关键。今后，我们除继续选拔青年积极分子送昆明、西南、北京民族学院学习深造外，我们还要在碧江继续训练积极分子，从学习里面、生产工作里面提拔一大批骨干；其次还要继续派遣参观团到内地各大城市参观学习，以增加对祖国的认识和热爱。

4. 增加生产，改善人民生活，是我们今后的主要任务。今年已取得了很大的成绩与经验，今后我们还要把一切力量集中在生产工作上。人没有衣食不能生活，没饭吃、没衣穿，就是谁也同他谈不上民族团结和反帝爱国，因此我们除继续欢迎汉族老大哥及其他先进民族，给我们物质上和经验上的支援和领导外，各族人民要大家努力，积粪施肥，改良技术，改良农具，用自己的双手在原有的土地上增加生产，搞好自己的生活；其次进行生产工作，还要大力发展贸易、文教、卫生工作，以改善各族人民的经济生活和文化生活。

5. 加强反帝、爱国、增产的教育。我们是在祖国的边疆，高黎贡山外面就是敌人活动的大本营。我们必须继续开展政治攻势，深入爱国主义教育，使各族人民认识美帝国主义是各族人民的共同敌人，以提高政治觉悟和增进爱护祖国的观念。

我们今后的工作，是重大而艰巨的，需要各民族团结在毛主席、共产党领导之下努力工作，争取更大更多的胜利。

以上报告和意见，难免有错误之处，希望批评与指正。

以上当否，请指示！

思茅地委向中央工作团关于边疆民族工作情况和意见的汇报[①] **提纲**[②]

中共思茅地委办公室印

1956年7月25日

思茅地委向中央工作团关于边疆民族工作情况和意见的汇报提纲

  这个汇报提纲是根据过去历次调查的材料和地委今年2月、5月边疆工作会议及最近地委关于边疆工作问题讨论的情况及意见写成,并于今年7月21日、23日地委会议上研究通过,但未经省委审核,而且许多地方材料不够全面,关于政策研究也很不充分,因此只能作为地委对边疆民族工作的情况汇报和初步意见。

思茅地委
1956年7月25日

壹、一般概况

  一、自然概况。思茅专区位于云南省西南,紧靠北回归线,气候属亚热带。全区土地面积约70610.5平方公里(内地6县土地面积33136平方公里,边疆1个自治州、4个自治县土地面积约37374.5平方公里),边疆土地面积占全区总面积的53.7%。

  全区总人口计1403367人(内6县计756865人,边疆646502人),边疆人口占全区总人口的46.2%。

  全区有24种民族(57个支系),人口在10万人以上的有汉、傣、佤、拉祜、哈尼、彝6种民族,在1万人以上的有布朗族,其余瑶、攸乐、山达、本人等民族均在1万人以下。少数民族占全区总人口的66.82%(内地少数民族占内地总人口的49.3%,边疆少数民族占

[①] 汇报,原作"会报"。据内文改。——编者
[②] 该汇报提纲为油印稿,原分为"之一"、"之二"和"之三",各有封面,分开装订,但页码连排。"之一"内容为"一般情况","之二"内容为"对边疆工作的意见、关于边疆民族工作的几个主要方面的措施、党的领导问题","之三"内容为"我们的要求"。全稿共计54页,私人收藏件缺第42页。云南省社会科学院馆藏云南民族调查资料第347卷8号为该汇报提纲的简要摘录。——编者

边疆总人口的87.3%），边疆傣、拉祜、佤、哈尼、布朗、瑶等民族大部分跨境而居，同一民族在境外的比境内还多（瑶族在我境内的7000余人，在境外的约万人；佤族在我防区外的人口比在我防区内的人口还多）。

全区山峦交错，在丛山中的小盆地，大多为冲积地带，地势凹、气温高、湿度大。我区主要山脉均属云岭山脉和怒山山脉。云岭山脉又分无量山脉和哀牢山脉。

江河主要是属澜沧江水系及红河水系。澜沧江经景东、景谷、思茅、澜沧、西双版纳流入湄公河，我区流入澜沧江的主要河流有威远江（景谷、景东、镇沅境）、小黑江、南卡江（澜沧境）、梭罗江（普洱、思茅境）、流沙河、南河、南腊河（西双版纳境）。把边江自大理专区流入，源流为南涧河，入景东境为川河，进镇沅叫把边江，经普洱至江城流入越南红河。

土壤：属红壤系，带酸性，土层深厚，一般较肥沃。

气候：温度因海拔而异，如景洪海拔仅520公尺，橄榄坝海拔420公尺，高至景东无量山则达3700公尺，因此景洪无霜，无量山则有雪。同一个地方早晚温差达10摄氏度以上，澜沧、江城、西盟每年平均温度为18摄氏度，最低温度为2摄氏度；西双版纳、孟连平均温度为21.3摄氏度，最低温度为3.5摄氏度；全区平均温度为18摄氏度。全区年雨量平均在1400公厘至1500公厘左右，一般说较充足，但以气温相较则嫌雨量较迟。雨量大而不均匀，称之为半年干旱半年雨（11月到次年4月为干季，5月到10月为雨季）。

矿藏：我区矿产丰富，但多数未开发。

经勘查，现在已知的主要矿产有盐矿，蕴藏量极大，已开采的有普洱磨黑井、石膏井、景谷县益香井、香盐井、凤岗井、江城县猛野井，此外尚有可开发的有整董井、小公妹井、磨歇井、盐者井、黄庄井、抱母井、茂夏井等。铁矿有景谷铁厂河、普洱菜子地铁厂、澜沧猛朗铁矿。煤矿有景谷凤岗煤矿、普洱回龙寺煤矿、镇沅梅子街煤矿、澜沧猛宾煤矿。铜矿：景谷正兴区、江城宝藏区、西双版纳易武街、普洱黎明区、澜沧谦六区、孟连、景东等地均发现铜矿。铅矿：澜沧、西盟、易武、墨江均有铅矿，而且蕴藏极大。

森林：我区森林分布极广，散森林遍山上均是，由于农民落后的生产，砍"懒火地"破坏森林很大。除澜沧的黑山、镇沅境内的哀牢山、景东的无量山仍有数百里的原始森林未予开发（主要是松、杉、柏、栎树等），其余均较分散。全区森林面积计2205244公顷，占全区土地面积31.4%，而边疆森林面积计771011公顷，占全区森林面积32.99%，显见边疆因生产落后对森林破坏很大。

特种林中，除西双版纳的橡树园，澜沧拉祜族自治区也有不少野生橡树，同时在西双版纳还有秃杉、柚木（黑心树）等，沿澜沧江两岸为茂密竹林，为造纸的好材料。

农副业生产，我区主要是以粮食作物为主，耕地面积约3619429市亩（内地6县为1803888市亩，边疆1815541市亩）。

副业与经济作物：

茶叶：有著名的普洱茶，年收春夏两季，墨江所有的龙井茶、玉露茶，西双版纳南糯茶均为茗茶；西双版纳、澜沧、景东、景谷、墨江均为产茶区，西双版纳南糯山11个寨子均以茶为业，1953年全年总产量4825600斤，其中90%均运销国内国外。

紫梗：也是我区特产之一，历史最高年产量150000斤，1953年政府大力收购后，1955年产量达355000市斤。

樟脑：主要产区在西双版纳，历史年产量60000斤，1955年产量达69690斤。

桐油：各地均有，年产40000斤。

火硝：年产50000斤。

桐麻：1955年产291037斤。

此外，药材也不少，除鹿茸、鹿胶、胎胶、虎胶、熊胆外，中药有知母、蔓菁子、茯苓等。

我区由于交通阻塞，政治、经济、文化远较内地落后，解放后，由于党的大力领导扶持，在文化教育事业方面有显著发展。从学校教育工作方面来看，1950年有一般小学400校，学生30000人；普通中学及师范9校，学生1280人。1956年有完小85校、初小659校，学生59563人，1956年比1950年学生增加了98.5%；中学9所，有高中生307、初中生1780人；师范2所414人，共计2501人，1956年比1950年学生增加95.3%。

在社会教育方面，解放以来都开办了夜校，1950年全区农民有38000多人入学；1956年已组织了民校1985所，学员82045人，教师2887人。在文化工作上，全区已有9个文化馆、80个农村俱乐部，边疆1个自治州、3个自治县就有1个文工队、8个电影队，各族人民文化生活有很大提高。

我区因气候炎热，疾病特多，防疫卫生工作就显得特别重要，几年来在卫生工作上也有显著发展。1950年全区只有卫生院6个，至1956年有卫生院14个、病床401张、卫生所42所、卫生防疫站1个、疟疾防治站2所、妇婴保健站9所、干部疗养院1所，并有中医师9人、西医师19人、医士84人、护士93人、卫生员297人、行政人员102人，共计378人。由于卫生工作逐步开展后死亡率也逐步下降，如思茅县8969户37824人，据统计，1952年出生的占到19.99%，死亡达22.9%；1953年出生达23.79%，死亡达17.29%，逐年有了下降。

二、边疆民族地区的社会经济概况及其特点。按我区边疆地区是以傣、拉祜、佤、哈尼、彝族为主的民族杂居区，由于历史上长期的民族歧视和压迫所造成的各民族之间的隔阂很深，民族内部及民族之间的械斗纠纷解放前则经常发生，解放后仍未根本消除。边民大部分是跨境而居，与境外民族同族同宗，经济、宗教、婚姻、生产关系十分密切，加之各民族的社会经济发展不平衡，面临着不同性质的国家，境外盘踞着李弥残匪，对敌斗争十分尖锐，民族问题和边防问题是紧密联系在一起的。

（一）各民族的社会经济发展不平衡。虽然边疆各个民族已进入或开始进入阶级社会，但由于各民族所处的地理环境、历史条件不同，所以社会经济的发展、阶级分化明显程度有很大的差异。

1. 西盟佤族、西双版纳瑶族、攸乐族、布朗族等虽然主要的生产资料（水田、耕牛、农具、猎具等）都已私有，雇工（佤族有"养子"，实际上是奴隶，整个地区2000多人，奴隶主占总户口5%，养奴隶多者至20余人，少者两三人）、高利贷（佧佤山区负债的人较多，约占佧佤山区人口的1/2，利率均在100%至200%左右，为单计利息）的剥削已经发生和发展，但仍然在不同程度上保持原始氏族社会的共同耕作习惯和原始的民主制度残余，信奉多神教，生产力十分低下，严重束缚着生产的发展和人民觉悟的启蒙。

2. 傣族社会是一个封建领主社会，是建立在农村公社基础上的封建领主经济，这里的土地所有制是封建领主土地所有制，农民（实际上是农奴）常年被束缚在封建领主的土地上，成为土地的奴隶，严重阻碍了生产力的发展。为封建领主服务的佛教在傣族中有极深刻的影响。

3. 江城的彝族、哈尼族，澜沧靠内地的拉祜族、哈尼族，已进入封建地主经济的时期，阶级分化已很明显（澜沧约占户口6.6%的地主，占有水田24.4%；江城5.8%的地主，占有水田24%，并占有全部山地），农民与地主的矛盾是这些民族内部的主要矛盾。

4. 有很多山区人数较少的民族，如西双版纳的哈尼族、布朗族等民族的社会经济发展面貌又严重地受其周围较先进民族的影响。

（二）边疆民族问题与对美蒋的斗争问题、外事问题紧密联系在一起。边疆的几个主要民族都是跨境而居，与境外民族往来互市（西双版纳之打洛市场及缅境猛拉市场成为中缅边民来往交易之主要市场，据西双版纳勐捧1955年不完全统计，就由外进入洋靛22桶、洋锄2974把及生活日用品等），境内境外互相通婚（打洛与境外有亲戚关系的41户，通婚的达28户，因此边民经常出入国境探亲访友，来往极其频繁）、移居（1952年2月至1955年5月，在勐遮曼卖兑、橄榄坝、打洛等地先后移入境外布朗族、哈尼族、拉祜族约38户140余人）、过境耕作（缅境猛汤17户傣族在我境打洛耕种着150斤籽种的水田，我境勐捧的群众1955年来还有20户人种着老境1800斤籽种的水田）。宗教，在历史上双方边民就有着互相来往"赕佛""拜塔"学习佛经的习惯（目前在我境的还有外籍佛爷7人）。上述这些关系来往都是十分密切的。

我区边沿国境线长2800华里，面临着老挝、缅甸和人民民主国家越南。李弥残匪及外逃地霸武装盘踞我区正面共4000余人，800多的缅军及不少境外的土司武装散布在未定界及边沿一线，敌特在境外设立特务据点11处，敌人经常利用边疆的地理条件和特殊情况进行派遣、策反、挑拨民族纠纷等破坏活动，因此边沿一线的民族工作如果不能很好地加强，民族关系就不能进一步改善，对敌斗争的胜利、国防的巩固也就缺乏坚实的群众基础。

（三）由于历史上统治阶级压迫的结果，造成边疆各民族之间的隔阂歧视十分严重。汉族统治者压迫着各少数民族，在少数民族中，比较先进的傣族封建领主则又统治压迫着其他民族，哈尼族则又受着布朗族山主、头人的压迫剥削，因此造成了汉族与各少数民族之间都有很深的历史隔阂。各民族内部也由于封建割据、部落间的仇杀，造成民族内部的不团结。这些历史隔阂常被敌特和民族上层所利用以挑拨制造民族纠纷。

（四）由于历史上民族隔阂、交通阻塞，政治、经济、文化落后，生产力十分低下，群众生活极为贫困（山区粮荒严重，每年均有50%的人缺4个月的粮食，西盟1955年每人平均产粮200斤，布朗山每人平均有粮140斤左右），佤族中剽牛、砍头、祭鬼等落后习惯对生产破坏很大，坝区大部分地区仍停顿于广种薄收的落后状态。

由于上述情况，就决定了边疆工作的艰苦复杂和它本身的特殊性。

三、几年来的工作进展情况及存在问题。根据上述基本情况，尊重中央"慎重稳进"的总方针及省委的历次指示，几年来在边疆民族地区主要地进行了下面几项工作：

（一）首先是完成了军事解放任务，警卫国防，开展对敌斗争。1951年击溃了残匪的军事窜扰，逐步歼灭了宁江黑山和墨江坝溜股匪，扑灭了江城的叛乱，开展了镇压反革命运动，因此在第二线内社会秩序基本安定，扩大了党的民族政策的影响，在疏通民族关系、取得边沿一线民族上层的同意下逐步向边沿一线推进。至今年5月，基本上完成了边沿空白地区的军事占领任务。

（二）在完成军事解放的基础上开展生产、贸易、文教、卫生工作，争取团结民族上层，疏通民族关系，开展对敌政治攻势。同时地方工作相适应跟着展开，通过做好事、交朋友，开展生产贸易、文教卫生工作，给各族群众予看得见的实际利益，争取团结民族上层，逐步接触群众。并通过组织参观、开办民族训练班等形式初步培养一批民族干部，西盟共训练900余人，吸收了其中较优秀的90余人参加工作。站稳了脚跟，进一步开展了强大的对敌政治攻势及加强了民族工作，提高群众的爱国主义觉悟，划清敌我界限，争取逃亡土司头人，瓦解境外李弥残匪。总计全区外逃为匪及附匪群众约3649人，1951年争取回国民族上层和群众383人，1952年至1955年6月争取回国的1797人（土司头人48人、大队长6人、中队长33人、分队长157人、匪众72人，以及附匪群众1100人、外籍将军31人）。到1955年止，共争取回来的计2180人，现尚在外为匪或附匪群众1469人。这样就大大地削弱了残匪的力量，打击了敌人，鼓舞了群众对敌斗争和生产的积极性。

（三）建立民族区域自治。在境内社会秩序基本稳定、争取稳定了大多数民族上层、培养了一批民族干部、初步发动群众的基础上，积极慎重地开展了民族民主建政工作。1954年先后建立了相当于专区一级的西双版纳傣族自治州，相当于县一级的澜沧拉祜族自治县、西盟傣族拉祜族佤族自治县、江城彝族哈尼族自治县、西盟佤族自治县筹备委员会、易武瑶族乡，相当于版纳一级的格朗和爱尼族自治区等。民族上层从政治、经济上给予适当照顾后进一步稳定。民族关系有了很大改善，特别是少数民族与汉族关系有了很大改善，少数民族解放初期普遍称汉族为"勾勾心"，现已改称为"新汉人""汉族老大哥"。

（四）通过生产，深入地进行群众工作，提高群众的阶级觉悟，培养一批劳动人民出身的当地民族干部。在自治区建立以后，各地都组织了民族工作队深入村寨，领导群众兴修水利、积肥施肥、战胜各种自然灾害、推广先进经验、提高耕作技术，供应农具、食盐、布匹等生产生活必需品，贷款和发放各种救济粮款，确保了农副业增产。如边疆地区粮食由1951年3亿零31万市斤，1954年增加到4亿零84万市斤，即增加了33.4%，每人平均620斤。在1954年基础上，1955年增加7.3%，每人平均665市斤。棉花1954年比1952年增加40%，在1954年基础上棉花增产21.8%。随着生产的发展、收入的增加，人民的物质文化生活比解放前有了很大的提高，澜沧原来有半年粮荒，现已缩短为3个月。

（以上数字均指64万边疆人口而言）

由于边疆完成了17万多人口地区的土改后，试办了一批农业生产合作社以及边沿地区生产、贸易、文教卫生等工作的加强，边疆的情况有了新的变化和发展，但又因我们对于两种地区两个革命高涨而引起对整个边疆地区所带来的新的形势与问题认识估计不足，在互助合作发展速度上存在着一些急躁思想，在和平协商土改中，仍存在着不同程度的和平麻痹思想和急躁情绪，对边沿地区缺乏认真的分析调查研究和采取必要的措施，致使工作中还出现了如下问题：

（一）解放以来，由于在边疆认真贯彻了党的民族政策，在政治、经济、文化等工作上采取一系列的有效措施，给予各族人民亲眼看得见的实际利益，在团结稳定上层、发动群众、吸引各族人民心向祖国上收到良好效果，边疆各个民族基本上是内向祖国的。

但另一方面，因历史上民族隔阂很深及国民党对边疆人民的敲诈勒索造下的恶劣影响，群众宗教信仰深，特别是基督教徒，由于受帝国主义分子的长期奴化教育，崇美和外倾的思想比较严重，加上我边沿一线工作开展较为迟缓，工作基础薄弱，民族关系复杂，民族上层统治较强且与对敌斗争直接联系着，加上我们在执行政策中存有缺点，在经济工作上缅方与残匪向我开展了经济斗争，收购大烟，低价倾销外货和缅方主动在边境搞送礼救济、争取群众等工作，而我在边疆的经济工作十分薄弱，财经工作方面不同程度地存在单纯任务与盈利观点，脱离实际，对于贯彻"一少、二多、三公道"的精神做得不够，物价一般比境外高，物资供应不足以及海关贸易部门对小额贸易限制过严过死，加上目前边沿一线粮荒比较严重，以及前一段"全面封锁边疆"的片面措施，使边民不得自由出入国境等等原因，因而边沿民族的外向问题还未得到彻底解决，集中表现在今年以来外迁外逃的严重事件上，若我们不加以警惕，即时注意解决，将会给我们在民族团结和对敌斗争中造成不良后果。

（二）在执行政策上：

1. 对目前正在土改和即将结束土改的13万多人口的地区，基本上是贯彻了和平协商土改的方针政策的，但因干部满足于过去一、二批土改及试点经验，对这批土改更加靠近边沿、工作基础更加薄弱等实际特点分析认识不足，因而局部地区在指导思想上曾想动富农、多划几家地主及在处理地主菜园、对待上层子女及劳动人民成分的头人、斗争形式等问题上，有过离开和平协商方针政策的倾向，在地委5月边疆工作会议上基本得到解决。但在工作队及基层干部思想上一时还未能及时扭转，故在部分地区仍出现动富农土地（猛阿动了30户）、孟连在执行对佃中农土地政策的处理时个别乡抽动了中农的头人田、大批清洗民兵、斗争富农，及由于缺乏教育和领导而产生的片面歧视打击上层子女等情况，以致造成土改中部分上层看不到前途而顾虑不安的混乱现象。

2. 边沿直接过渡地区目前虽已办了7个农业生产合作社，初步摸索到点滴经验，扩大了影响，但因我们对边沿地区各民族的社会经济情况缺乏系统调查研究，故便不能提出成熟的意见来指导工作。加上边沿干部缺乏边疆办社的直接经验，因而有硬搬内地的做法和强迫命令作风，办起的社后来又出现不少问题（如西盟佤佤山6个合作社中有1个窝奴寨的社，2/3土地不愿入社，入社后思想顾虑也很大，社干不纯，干部急躁，群众对社认识模糊，认为是帮"解放"办的，向干部要工钱，加之对头人和社外群众工作做得不够，坏分子借此进行挑拨，引起社内外关系有些紧张），因而在这些地区采取什么具体办法过渡到社会主义是当前亟待解决的新问题。

3. 对已经完成土地改革、逐步实行社会主义改造的地区，在互助合作工作上成绩是很大的，速度也较快，但部分地区没有坚持省委指示普遍组织互助组、重点试办合作社的方针，在发展速度上不视具体条件，有硬赶内地的思想，对合作化中的上层工作没有充分注意，致使他们感到前途渺茫，反映"地主像卜鬼一样死了""在中国当地主吃不开"，对党的政策产生新的怀疑，造成办社中发生外逃的情况。

鉴于上述原因，及敌特利用民族上层对土改及其他各项措施的怀疑顾虑，以及工作薄弱区群众对党的政策还不了解及我们在执行政策上的若干缺点和错误进行策反造谣、煽动外逃，加之缅方在境外用小恩小惠拉拢和当前粮荒问题等等原因，今年3月以来发生成批连续外逃的事件（3月至7月21日，共外逃外迁67起222户889人，当中劝阻回归17户133人，实在外逃205户756人），这是1952年以来第一次的大批外逃外迁，以致造成我们工作中的一些混乱和波动。形成上述这些偏差与缺点，除了没有经验和经验不足的原因外，地委在指导上是有一定责任的。

贰、对边疆工作的意见

一、解放几年以来，由于认真贯彻了中央"慎重稳进"的方针，在省委的直接领导下，思茅区的边疆民族工作基本上是稳妥、正常发展的，在完成军事解放，开展对敌斗争，开展生产贸易、文教卫生工作，建立民族区域自治，培养提拔民族干部，特别是去冬今春以来，发动群众进行和平协商土地改革等方面都取得了成绩。但是，也由于我们领会中央、省委指示精神不够明确和深刻，在政策执行上曾经出现过"左"右摇摆的情况，使边疆民族工作受到一些损失。几年来的工作证明，当我们是正确执行党的政策的时候，各项工作就迅速地见到成绩，但当执行政策发生左右偏向的时候，各项工作的进展就受到阻碍和破坏。因此坚持中央"慎重稳进"的方针，将是今后边疆工作顺利前进的保证。

今年春天以来，由于内地社会主义革命全面高涨对边疆的影响，由于边疆地区和平协商土改的全面铺开，由于今春以来边防部队的推进和对敌斗争的增强，由于边疆的国界勘察、公路修筑、电话架设和贸易、文教卫生等工作的进一步开展，由于在澜沧和西双版纳工厂和农场的建设和多批地组织了边疆各族群众和头人到内地参观的影响，大大地鼓舞了各族人民的革命积极性。边疆各族人民已经不满足过去几年来所做的零碎的、点滴的发展生产工作，也不满足于我们过去几年来所做的只局限于挑水、舂米的做好事运动了。过去对民族上层所做的一般的团结安置工作，虽然这个工作还必须加强，但已不能满足他们今天的要求，也不足以解除他们当前的怀疑和顾虑了。边疆各族人民迫切地要求党领导他们和全国人民一样过渡到社会主义。各民族怎样过渡到社会主义？这就是当前边疆各族人民对党和干部提出来的任务和问题。

只有正确地解决边疆各族人民如何过渡到社会主义的问题，才能从根本上加强民族团结，解决民族问题，也才能逐步消除各民族事实上的不平等，有利于国防的巩固和对敌斗争的加强。

对于如何正确贯彻中央"慎重稳进"的方针，根据各民族不同的特点，经过不同的道路过渡到社会主义的问题，我们党内干部曾经有过不同的意见和争论。

在边疆和平协商土改运动中，有些同志只强调了民族内部的阶级矛盾，对于民族之间的矛盾和边疆复杂的内外情况没有正确的估计，因此在和平协商土改中曾经想在富农头上"做点文章"，多划一些地主，企图逾越和平协商土改的政策，如西双版纳提出过征收富农土地、没收地主小片茶园的意见，猛阿土改中征收了30户富农的土地。在互助合作运动中也出现过搬用内地经验、忽视民族特点的现象，江城县委在今春指导互助合作运动中在指导思想上存在着硬赶内地的思想，有些地方搞了"后补社员"；糯福干部在建立互助组时片面地宣传有剥削的人不得入社，吓跑了20多人。

对于民族落后工作的地区，有些同志只片面地看到边疆落后的消极因素，被这些地区长期的民族纠纷、砍头、剽牛、做鬼和外逃外迁的情况吓住了，忽略了这些民族的广大群众要求发展生产、要求进步的基本一方面的积极因素，因而在相当长时期以来，我们不少同志对这些民族落后地区抱一种消极的盲目"迷信"态度，"迷信"这些地区难以开展工作，甚至有少数同志感到没有前途，动摇了信心，怀疑这些地区的民族"不知道什么时候才能到达社会主义"。但当我们在沿边一线做了一些点滴的调查，刚刚开始试办了几个农业合作社，群众受到了极大的鼓舞以后，在我们干部中又产生了一种盲目的急躁情绪，对于边疆地区任何一个新的前进都要引起旧制度的抵触和反抗缺乏认识，对于敌特破坏、对于历史上遗留下来的长期的民族隔阂和其各自不同特点又估计不足，不去注意，认为边疆地区"也不过如此"，认为什么工作都可以干了，企图把许多任务放在一起去完成（澜沧上允5个不进行土改的佤族乡，工作队下去做了两个月的工作，就企图与上层协商废除特权和高利贷剥削）。当对于不经过土改运动地区的民族如何过渡到社会主义的问题被提出来以后，也存在过不同的意见和分歧。有些同志认为，沿边一线的地区也必须进行民主改革的运动后才能过渡到社会主义（最初澜沧边工委的个别同志提出过这样的意见）；有的同志认为，不需要经过适当的特殊形式的必要的民主改革，在还没有具备了必要条件的前提下，又想通过合作化去解决一切问题（西双版纳工委和孟连工委的个别同志提出过这样的意见）。

二、在必须进行而又可能进行土改的地区，根据省委的指示，应坚决地按照和平协商土改的方针政策，积极地在今年11月底完成。土改地区在结束土地改革以后，应紧接着开展互助合作生产运动，大量发展互助组，重点试办农业生产合作社，大力发展生产。在今春结束土改，已经有了一批农业生产合作社的地区，秋收后合作社的优越性将会成为这些地区少数民族的亲身体验，在秋前做好发展合作社的准备工作，秋后大大地发展一批，在1958年底可以完成合作化。为了实现上述的速度，而又坚持"慎重稳进"的方针，因此在秋前结束土改的地区，应认真地做好3个准备、4个工作。

3个准备是：

（1）思想准备：帮助干部认识边疆从民主革命转变到社会主义革命的具体特点。

（2）政策准备：根据边疆的特点准备好办社的规划和具体政策的意见。

（3）干部准备：训练建社的领导骨干和农村积极分子，系统地总结重点办社的经验。

4个工作是：

（1）大力领导生产，发展互助合作，切实帮助农民解决生产上的困难，确保土改后第一年就显著增产。

（2）巩固与发展土改胜利成果，中心是强化基层政权，必须注意3个基本方面：一是建党，扎正根子；二是培养和提拔劳动人民的积极分子，特别是社会主义积极分子层；三是认真加强民族上层统战工作。

（3）大力培养和提拔当地民族干部，逐步实现政权机关的民族化。

（4）开展商业财经工作，并加强宗教工作的领导。

通过上面4项工作，在秋前认真地做好秋后发展农业生产合作社的群众和干部的思想准备、边疆合作社的政策准备，以及干部和经验的准备，迎接秋后互助合作大发展。

只要群众看到了合作社的优越性，安排好了民族上层，干部有了根据各民族不同的特点的办社经验，边沿一线工作的加强，政府的大力扶持，我们将会以这样的速度完成这些地区的合作社：

1956年春，现有合作社123个，入社农户占土改区总农户的4.04%。其中，高级社17个，占总农户的0.1%。

1956年秋后，将有617个农业生产合作社，入社农户占土改区总农户的25%。其中，高级社87个，入社农户占总农户的7%。

1957年，将有1142个合作社，入社农户占总农户的65%。其中，高级社258个，入社农户占总农户的35%。

1958年，将有1623个农业生产合作社，入社农户占总农户的92%。其中，高级社417个，入社农户占总农户的85%。

在边疆已经结束土改地区建立农业生产合作社的一些具体政策问题，我们考虑可以这样处理：

1. 土地评产与劳力分红比例问题。在贫雇农自愿的原则下，采取简单可行的办法，不要搞得过分复杂、烦琐，土地评产可以土改产量为基础，参照土质、阳光等条件；劳力分红一般地可以采取干几成的办法。原来就属集体开荒的田地，不再分红。

2. 耕牛、农具的处理。耕牛在初级社时以私养租用为宜，农具采用大农具租用，小农具自修、自带、自用、自保管的办法。政府救济发放的耕牛、农具可作为公共财产。

3. 集体开垦之荒田或村寨集体所有的鱼塘，仍可为村寨集体所有，由合作社经营，给未入社的农户或地主富农以合理的租金。

4. 劳动成分的头人，如本人坚决要求入社，又放弃剥削，遵守社章，在群众同意的情况下，可以吸收参加领导骨干强的合作社。地富成分的头人，在全乡基本合作化时，可以分批把他们吸收到合作社中来改造他们。

三、边疆阶级分化还不大明显的佤族、攸乐族、布朗族、瑶族、拉祜族等民族约278305人口的地区过渡到社会主义的具体道路和形式的问题，目前尚缺乏比较全面和确切的调查研究，但根据零碎材料来看，初步考虑是这样：因为这些地区既已有初步的阶级分化和剥削存在，就必须进行适当的民主改革，但这类地区又紧靠国境边沿，敌我和边境内外情况都很复杂，我们工作基础薄弱，头人的传统影响深厚，采取群众运动的突变式的方法来进行民主改革是具有很大的危险性，因此考虑只能采取更加缓和、更加稳妥的缓进办法来解决这类地区的必要的民主改革问题，以创造直接办社的必要前提，然后再采取"坚决依靠贫苦农民，团结一切劳动人民，团结和改造一切与群众有联系的民族公众领袖人物"，在国家大力扶持和帮助下，通过互助合作、发展生产以及加强与生产有关的各方面的工作，逐步提高人民的生活水平和政治觉悟，逐步克服不利于生产和民族发展的落后因素，逐步过渡到社会主义。

在具体做法上，根据我们半年来摸索的经验，开始应着手建立区域自治，采取由党委组成混合工作队，开展一个有领导、有计划的广大群众性的爱国生产运动，联系发动群众，团结改造头人，培养干部，并逐步改变头人和群众的力量对比关系，初步改造农村政权。对于在发展生产过程中暴露出来的不利于生产的落后因素，经过群众和头人的协商，逐步地以零敲碎打的办法加以解决，以便创造开展互助合作运动的前提条件。

（一）开展爱国生产运动大体可以分为3个步骤：

1. 准备阶段，召开各种会议，广泛宣传形势、政策、前途和过渡到社会主义的具体道路做法；说明来意，疏通关系，消除顾虑，安定头人、群众，了解情况，搭起爱国生产委员会的架子，立稳脚步，以便逐步开展工作。

2. 第二个步骤，是通过生产的改造和发展来发动组织群众的阶段。

（1）贯彻先上层后群众的工作方法，首先要加强民族上层的工作［上层头人一般是指现时当权的、阶级成分是地主富农的，不要把过去当过几天甲长、卡先、老先（村寨里的小头人）之类的农民也作为头人来对待］，凡是头人（除有现行严重的反革命罪行者外）都应一律实行团结、教育、改造的方针。对头人进行教育，也可采取回忆对比进行"五讲""三比三算"的办法（"五讲"就是讲形势、讲民族政策、讲具体做法、讲利害得失、讲社会主义前途；"三比三算"是比两种制度、两种政府、两种军队的好坏；算国民党统治压迫的账，算解放后头人在共产党领导下在政治上、经济上的所得，算现在生活与社会主义生活相对比好坏的账），以提高其爱国主义觉悟，划清敌我界限，解除各种顾虑，赞助我们进行工作。代表性大的民族上层，可事先主动安置在区的爱国生产委员会里，一般的地主、富农，如积极要求参加生产小组，并保证服从领导，参加劳动生产，实行平等互利，遵守生产小组的规定，可以吸收参加领导骨干强的生产小组，以利于进一步团结改造他们。

（2）在群众觉悟提高和自愿的基础上，和上层协商做好全寨的生产规划，订出国家扶持的计划，并立即深入群众，帮助群众解决口粮、籽种、农具等实际困难，兴修农田水利，切实在生产上做出成绩，并通过生产进行形势、政策和前途教育，提高群众的觉悟，发现和培养一批成分好、为人正直、与群众有联系的各民族的积极分子，再通过他们去积极发动群众，组织生产小组（相当于互助组）、大组（相当于联组），直接为办社创造群众条件。

（3）在以上工作的基础上，应适时进一步解决基层政权问题。开始可采取一段过渡形式（即以爱国生产委员会来代替旧有头人的权力），在事先安排好各个方面，把代表性大的头人尽量安置到县的、版纳的协商委员会里，并在生活上给予适当的补贴。在做好上层工作的前提下，召开乡的人民代表会议，选举建立乡人民委员会（以贫苦农民为核心，也可吸收个别进步头人参加乡村政权）。

（4）随着群众觉悟的提高，上层工作的加强，特别是通过群众农副业生产的发展，以树立群众优势，改变原来阶级力量的对比关系，这时在群众要求、头人同意的情况下，按照和平协商、零敲碎打的方针，采取政府补贴"赎买"的方法，逐步解决一些民主改革所需要解决的问题。如废除政治特权（如派白工、派款、派粮、收烟课等），为办社创造更好的政治和经济前提。

3. 第三个步骤，是直接为群众性的办社做好准备：

（1）建党、建团，强化政权和群众组织，酝酿准备办农业社，采取训练班和组织参观的办法，培养建社干部和合作社社长。

（2）进一步大力开展文教、卫生、贸易等工作。由于边沿一线分散落后，至今没有自己的政治、经济、文化的中心，因此帮助各民族建立自己的政治、经济、文化中心是一件十分重要的工作。拟在交通比较方便的中心部落地区建立17个生产文化站（西盟7个、孟连2个、澜沧3个、西双版纳5个，每个生产文化站有学校、卫生所和贸易机构），逐步把生产文化站发展建设成边疆地区的小城镇。这种组织形式对于开展目前还没有建立基层政权，政治、经济、文化落后的民族地区的工作来看是适宜的。

（3）做好重点办社布局，认真大力办好首批合作社，以取得经验，树立旗帜。

（二）上述3个步骤约需1年的时间，在开展爱国生产运动的基础上，经过试点办社，取得经验以后，就可以开展群众性的生产互助合作运动。只要政策正确，步骤稳妥，工作中充分注意民族特点，在国家的大力扶持下，到1959年也是可以完成这些民族落后地区的农业合作化。这些地区合作化的速度，我们考虑是：

现有农业生产合作社7个，占边沿地区总农户的0.28%；秋后在已经试办了合作社的地区发展一批合作社，在尚未建立合作社的地区重点试办一批。在这些地区共建立119个合作社，入社农户占总农户的5%。其中，高级社67个，占农业户的3.11%。

1957年，就可以开始成批的发展农业生产合作社，预计1957年底有合作社407个，入社农户占总农户的30%。其中，高级社271个，入社农户占总农户的20%。

1958年，预计有合作社413个，入社农户占总农户的60%。其中，高级社305个，入社农户占总农户的45%。

1959年，预计有合作社415个，入社农户占总农户的90%。其中，高级社307个，入社农户占总农户的85%。

在土地属于部落村寨的民族地区（如一部分布朗族和佤族地区）建社，只要领导骨干强、广大群众有要求，也可以直接就办高级社，在土地已属各户所有的地区，一般地仍坚持由"由低级到高级"的发展规律。因为这些地方都是山区，村寨分散，文化技术落后，合作化的规模初级社一般只宜在20户至30户左右，高级社一般也只宜在80户左右，不宜太大（佤族寨子虽大，但因社会经济落后，仍不宜组织太大的合作社）。

（三）在民族落后地区逐步过渡到社会主义的几个政策问题的意见：

1. 武装问题。上层枪支过去已借出者不再赔还，现仍掌握在上层手中者待政权问题解决后，再分不同地区的情况逐步协商解决。在某些地区必要时，时间还可拖长一点。

至于民兵组织，拟正面加强教育，提高觉悟，培养骨干，在加强了上层工作、充分发动了群众的基础上再逐步加以解决。

2. 土地问题。允许上层出租，并随着互助合作的发展，采取合作社租入，待吸收其入社后（农民成分的头人，只要本人要求可以允许入社，但不要担任领导骨干；地富成分的头人，应在该乡基本合作化后，可以批准吸收入社），对其土地给予"干几成"的报酬。到转高级社时，以取消土地分红的办法解决。但对代表性大或劳动力、生活水平较之过去下降者，视必要政府可适当予以补贴。

3. 佤族对拉祜族的摊派（属于保头税性质，在澜沧木戛区靠佧佤山的拉祜族村寨，每年须向佤族头人缴纳一定的粮食、牛或半开），则需待佧佤山工作进一步开展后再视条件协商解决。

4. 高利贷问题。采取政府大力贷放补贴，随着工作前进、上层工作的安置与加强，可以加强国家的无利或低利贷款，同时可考虑有计划地由点到面组织信贷合作社，以逐步抵制、最后达到消灭高利贷。

至于对原有借贷关系，如发生纠纷可个别予以调处，初步考虑不要做出统一规定进行清理为宜。

5. 大烟问题。边沿民族地区，解放前普遍种植大烟，西盟、孟连的富岩、腊垒区、西双版纳的西定、澜沧糯福区约有15万人口的地区种植较多，大烟占其总收入1/3左右，全区每年大烟估计约有50万两。从现有工作基础来看，目前不宜去宣传禁种大烟（在现在试点办社中也不要去过早进行处理，社内不准贩卖大烟，但在自留地上是否种植大烟听其自愿），只有逐步发展粮食及经济作物的生产，提高耕作技术，使广大群众真正认识到种大烟并不比种粮食及其他经济作物有利时，才能逐步减灭大烟的种植，目前急于禁种就会引起群众性的波动。

由于边疆各民族的生产、文化十分落后，因此需在各地的一般干部编制名额以外，组织专门的工作队（边沿落后民族地区以人口的0.3%至0.5%的比例，组织950名生产工作队供给3年至5年，在已经结束土改地区需要按人口0.2%的比例配备，组织720名建社工作队供给2年至3年），以便加强对边疆互助合作生产运动的领导和具体帮助，否则要加速边境互助合作运动的发展是不可能的。

因为文化的落后，在边疆合作化运动中会计人才十分缺乏，除了开办专门训练班培养本民族的会计外，在合作社初建时可以采取木刻等原始方法记账，甚至可以由工作队的干部暂时帮助他们记账。

叁、关于边疆民族工作的几个主要方面的措施

一、大力扶持发展农副业生产，改善目前边疆交通阻塞的状况，以逐步改变边疆的落后贫困面貌，加强与内地的联系。

（一）不论是土改地区，或边疆直接过渡地区，都必须加强对农业生产的领导，帮助各族群众解决口粮、籽种、农具困难，兴修水利、改地为田，改进耕作技术、提高单位面积产量，大量开垦荒地，扩大耕地面积和复种面积，克服各种自然灾害和兽灾，改变目前边疆耕作技术落后、广种薄收的情况。到1955年基本上达到够吃（全区边疆地区1955年产粮共430493200斤，1959年计划发展到687464480斤，每人平均从665斤提高到1063斤。在佤山边沿落后地区，从每人平均200斤粗粮提高到每人平均有550斤粗粮）。并大量发展经济作物，这就需要：

（1）大量兴修水利，改地为田（边疆今年耕地面积约180万亩，中仅有水田约13%、雷响田约20%，旱地和轮歇地占全部耕地面积的67%），争取在4年内完成增灌水田面积

325600亩，改善18360亩，使水田面积达到占全部耕地面积的35%。

（2）由国家大量扶持解决农具、耕牛、籽种、口粮困难。

（3）增设技术指导机构，对农业生产进行具体的技术指导。

（4）政府大力帮助发展畜牧业、手工业和副业，增设畜医站，以改变牲畜大量传染病疫死亡的现象（版纳勐遮上半年因流行口蹄疫，死水牛335头，占水牛总数的35.8%；死黄牛365头，占总数的9.18%；死猪5286口，占总猪数的62%；死骡马164匹，占总数的5.1%），保证牲畜健康。

（二）发展交通运输业。

这是对于密切边疆与内地联系，使边疆民族内向的重大问题之一，也是巩固国防的重大措施，因此必须解决交通运输，大力扶持边疆经济，开发边疆富源，以加速改变边疆民族的落后面貌和增强国防建设。

1. 逐年修建：

思茅至江城190公里、澜沧至孟连70公里、孟连至猛马至猛阿60公里、西盟至班帅60公里、勐养至勐腊210公里、猛马至腊垒80公里等公路（全长670公里），并修建县、区之间的简易公路1631公里。

2. 航运：

（1）开发澜沧江的航运（在我区境内长300公里），可以沟通滇缅公路与昆洛公路成一交线，便于发展景东、景谷山区乡及澜沧东部山区人民经济，将来并可与国外通航，经济价值很大。

（2）开发把边江的航运（从景东至江城共长343.7公里）。

开发澜沧江与把边江的航运，花钱不多（共需4133360元），但在经济上和国防上都有很大好处。

3. 边疆已通电话的共有30个区、88个乡，占总区数的61%、占总乡数的18.2%，共架线1423杆公里。为了加强边疆民族工作及国防需要，在1959年前需架5000杆公里，争取全部区、乡及部分高级社都通电话。

（三）加速地方工业的发展，以适应边疆农业的发展及对敌斗争的需要。现在边疆共有地方企业18项、工人960人、干部75人，还不能满足边疆各族人民生产生活的需要，在今后两年内拟新建和扩建企业21项，投资218万元。

二、随着合作化运动的开展，财经、贸易、文教卫生工作必须跟上。

（一）商业部门必须通过加强对当地土产的收购和生产生活资料的供应去刺激边疆生产的发展。在边沿一线，由于交通不便，物资供应不足，工业品比缅境价格高（据孟连调查：铝锅国货售价每口7.13元，外货2元；棉毯国货每床10元，外货5元；胶鞋国货每双3.76元，外货2元；包头巾国货每条3.83元，外货3.5元；和尚黄披国货每匹42.55元，外货27元；元贡呢国货每匹41元，外货35元；士林布国货每匹55.2元，外货35元；元布国货每匹38.85元,外货30元;棉纱国货每古26元,外货15元),缅甸常常使用小恩小惠,甚至故意降低物价,吸引我境边民外出购买,边沿一线历史上长期依赖国外商品输入的情况尚未得到改变(边沿一线的锄头、砍刀等农具几乎全部从缅甸进口),这在政治上对我是很不利的。今年3月以来我区有些边民外迁的原因之一,就为了"共产党好是好,就是物价太高"的缘故。因此,必须坚决贯彻"屁股朝里、赔钱供应"(有些地方还要赔钱收购)的方针,克服目前商业部门的单纯赢利观点,在边沿一线约17万人口的地区进行赔补(到1959年共需赔补4945000元),并在边疆其他47万人口地区适当降低工业品的价格,降低利润,这样整个边疆64万人口地区的贸易赔赚相抵,平衡计算还是会有赢利的。但因边疆商业调整,机构分细,各专业公司成立以后,均成立独立核算单位,规定利润直接上缴,各专业公司都只愿赚钱不愿赔钱,因此边沿一线"屁股朝里、赔钱供应"的方针各专业单位贯彻不坚决。如能由各自治州、县财委统一调整各商业单位的赔赚,经过上级党委批准后执行,对边疆商业工作会有很大好处。

另外,缅境物价波动很大,边疆小额贸易的价格调整,最好能在上级规定一定的幅度的原则下由当地财委批准,以便及时调整,有利于和缅方进行经济斗争。

(二)边疆税收,在最近几年内仍不增设新的税目,在从未征过税的西盟等边沿地区,在最近几年以内仍不征农业税、工商业税以及其他税款。扩大对边疆的农贷指标,延长贷款时间(设立借期2至3年的长期贷款),对于贫困农民过去的贷款无力偿还者可以准予免还。

(三)边疆卫生工作需要大力地加强,在1957年内做到每区及每个生产文化站都有卫生所,并扩建各自治县的民族医院,改各版纳的卫生所为卫生院,增设专门的防治机构及巡回医疗队。大力训练培养当地兄弟民族的卫生医疗人员,在边疆地区完全免费治疗,开展群众性的爱国卫生运动,防止和减少疾病的流行,为边疆生产和对敌斗争服务。

(四)边疆的文化教育工作,远远落后于形势发展的需要,小学生人数仅占适龄儿童的13%,应该在7年左右的时间内赶上内地,计划1959年小学生人数达到56600人,为现有小学生人数的438%,占适龄儿童的58.4%。在边沿一线落后民族地区,应分别采取"全部包干"及"部分补贴"的办法办学,全部包干的学校今年办15所,学生900人,1959年增至50所,学生3000人。边疆学校教育在发展的同时,应迅速解决教育民族化的问题,凡是民族文字已经定案的,应立即组织编译机构,编译教材,并组织教师学习民族文字。目前尚无文字者,也应立即组织教师学习民族语言,尽快地做到用民族语言进行教学。

普及中学及师范教育方面,也要大力发展,尽量扩大中等学校中兄弟民族学生的比重,到1959年计划边疆共有普通中学7校,学生6100人;师范一校,学生700人。

扫盲工作:边疆除傣族、汉族、回族等民族中有部分知识分子以外,其他各族人民98%以上均系文盲,估计为373697人,其中傣、拉祜、哈尼、佤、汉族等几种主要民族约有青壮年文盲344205人,计划在1962年内扫清。

社会文化事业:边疆现在只有文化馆3个、民族文工队1队,计划到1959年做到每县及相当于县的中心版纳都有文化馆，人口较集中的区有文化站，高级社和大社有收音站；并在中心地区建立艺术馆、图书馆等文化机构，办傣文、拉祜文、哈尼文、佤文等4种文字的报纸，以丰富边疆兄弟民族的文化生活。

边疆的文化教育工作，只有按照这样的速度发展，才能适应边疆合作化发展的需要。

三、加强对民族上层的统战工作和宗教工作。

（一）民族上层的统战工作。现在统计，全区（边疆地区）共有民族上层（乡以上）1175人，其中西双版纳有763人、澜沧164人、孟连68人、西盟173人、江城7人。几年来，党对民族上层进行了争取团结的工作，现已做了安置的上层（协委、人委、机关干部）共有307人，其中西双版纳203人、澜沧32人、西盟43人、孟连22人、江城7人。随着民族工作的进展，民族上层过去依靠剥削吃饭的生活就日感困难，结合土改、根据他们放弃剥削的程度，我们对他们的生活进行了补贴照顾（现已给补贴的有49户）。

通过在组织上安置地位，生活上给予照顾补贴，民族上层怕共产党不要，怕改革后没有饭吃，怕斗争杀头的思想顾虑，均有不同程度的解除，进一步稳定了民族上层，为各项工作前进扫清了些障碍。通过了安置和补贴，体现我党长期团结的政策，民族上层表示愿意进步，要靠拢共产党。

对民族上层今后应做好：

1.继续安置在政治上还需要安置的人，以扩大和巩固爱国统一战线。全区过去未安置现在需要安置的有172人，这些人拟采取扩大县、州协商机构，增设各版纳的协商机构中加以安插。

2.改革后对民族上层的生活问题，视其本人的代表性的大小和过去的生活情况，分别由政府给予补贴。约有245户需要给予补贴（叭竜以上的是全部包干下来），每年约需要款19.22万元（其中土司叭总以上约95个，每户每年平均补赔1000元计，全年共需95000元。叭竜和相当于乡一级的上层约有70户，每户每年给200元计，合计需要14000元。叭以下的头人，仅以放弃剥削后，生活实有困难者计算，估计约80户，每户每年100元，共需8000元）。对边沿一线落后民族地区，估计有802个人需补贴，每人每年100元，年共需80200元。3年总共需要补贴576000元。

3.加强对民族上层的思想改造和政治教育，除通过政府建立学习委员会和组织民族上层学习以及部分代表性大的送省里学习外，其他的在专区或自治州里分批训练，每年办3期，每期120人，计划在1959年训练完。

（二）宗教工作

我区宗教有基督教、天主教、佛教、伊斯兰教，主要是基督教和佛教，基督教主要是拉祜、佤、彝、哈尼等民族信仰，佛教是傣族、布朗族全民族信仰。根据目前的统计，全区有佛寺759个、佛爷以上的宗教职业者1106人，是900多年前从缅甸传入的小乘佛教①。

---

① 为"南传上座部佛教"的俗称。后同。——编者

基督教堂98个，教徒15758人，1921年传入，有上层分子约90人。天主教堂30个，天主教徒3060人，1936年传入。伊斯兰教上层26人（阿訇、五梭）。

由于民族跨境而居，宗教信仰相同，因而宗教上国内外的往来也就密切，如互相间来往做贶，有国内的佛寺里的佛爷是从缅境的佛寺派来的情况。因边疆情况复杂，敌特利用宗教作掩护对我境内进行派遣，1953年以来从境外进入7个外籍佛爷，其中有3个很可能是敌特派遣来的，有4个也有一般的破坏活动。由于小乘佛教由缅传入，宗教用品多从境外进入，佛教徒对祖国内地也很生疏，所以佛教过去一贯是向外的。在基督教方面，自帝国主义分子被赶走后，帝特永文生等仍在我区边境活动，帝特也利用宗教活动进行派遣嫌疑者，已发现有3名。

变宗教的外向为内向，将是今后边疆工作的重要内容。

1. 对佛教通过组织佛教徒到内地（北京、昆明等地）参观和由中央组织佛牙护侍团到边疆访问，在西双版纳组织中国佛教协会西双版纳分会，通过这些工作一方面提高佛教徒对祖国的认识，使边疆佛教与内地佛教挂上钩，通过迎奉佛牙广泛深入地进行一次祖国社会主义建设和宗教政策的宣传教育，并通过成立佛协将宗教事务管理起来。同时拟在西双版纳和孟连傣族地区新建2个、修建5个佛寺，以满足佛教徒的宗教生活要求。对于佛爷的生活问题，当群众布施减少后，有些人需要由国家做些补贴（全区有200人需长期补贴）。

2. 对基督教的工作，主要开展反帝爱国运动，发动教徒群众，争取中上层分子，逐步占领宗教阵地。

拟在澜沧、墨江建立三自爱国会和学委会，通过这个组织开展基督教的反帝爱国运动。拟修建澜沧教堂1个，教育教徒群众和中上层分子逐步割断教会与帝国主义的联系，并选送一批青年教徒和代表人物到省训练班学习（今年送了一批32人），以培养为宗教界中的进步骨干分子。

四、关于边防对敌斗争和外事问题。由于1954年下半年后缅军向我边境推进，活动更加频繁。针对我边民特点，利用边境复杂情况进行渗透工作，外货低价倾销，通过送礼救济，开会欢迎我方外逃出国人员，并对我方外逃外迁人员进行"救济"，帮助"安家""开田"，利用小恩小惠吸引群众；并派遣人员侦察我边界情况，偷移界桩（如6月份孟连发生缅方地方武装人员李达带炸药入境事件），加之我边境国界不清，境内外民族关系复杂，自由出入国境已成为历史习惯，部队推向边沿以后，对边民出国境限制过严，随便扣捕境外边民，哨兵击毙击伤境外边民的事件也时有发生（5月28日，驻西双版纳大猛笼之前哨部队曾误毙伤境外哈尼族各1人，江城曲水部队未经请示和查实情况即以越境犯为名逮捕了边沿山区1个瑶族群众）。敌特利用南段未定界上佤族砍头仇杀的落后习惯挑拨煽动境内外关系，因而民族纠纷时起时伏。缅方也常利用此与我争夺群众，如最近起伏着的果洛与关牙、徐南与永莫的纠纷，目前尚未缓和，还有准备械斗之

势。（关于对敌斗争的整个情况，另由分区详细汇报）

鉴于上述情况，边防外事问题、对敌斗争问题和民族问题扭在一起，关系是十分复杂的，斗争也是艰苦的。在处理一切边防外事问题上，总的是在认真贯彻"慎重稳进"的方针前提下，本着和平共处的五项原则、有利于民族团结、有利于中缅友好、扩大党的政治影响的精神处理。

（一）在中缅问题边民关系上，对于两国边民之间的偷牛盗马、过境耕作、放牧、割草排、砍明子、赕佛、祭塔等一般的边民问题，要和武装越境、破坏界桩、派遣活动等外事问题加以区别。对于一般的边民问题，应作为民族问题，本着有利于民族团结和有利于对敌斗争，并在双方自愿和有领导的由头人、群众出面协商解决，不必作为正式的外交问题解决较为有利，以争取主动。对于外事问题，则应按照中央的规定，慎重处理。

（二）对边防部队问题，既要提高警惕，严防坏人窜入和对界碑的损坏，保护祖国的每一寸国土，但也必须从边境民族关系的实际情况出发，照顾到民族历史习惯及边民友好团结。对两国边民过境耕作、互婚、互市、串亲访友等习惯性的往来，目前不宜加以限制过死，但对我境居民应在加强爱国主义宣传教育的同时，进行中缅国家友好及缅甸国家性质的教育，既要睦邻友好，又要划清界限。

（三）为争取边境各民族心向祖国和扩大政治影响，在商业工作上要贯彻"屁股朝里、赔钱供应"的方针，政府对边沿地区的少数民族要进行特殊的照顾，通过贷放救济，扶持发展生产，认真帮助解决生产生活上的实际困难外，在海关、税收等问题上也要充分照顾到边境特点，除打击大的走私犯、没收危及国计民生的违禁品外，对我国边民生产生活日需用品，如农具、布匹等仍应允许出入国境，对食盐、粮食实属境外边民所需的也应准予少量出口供应。同时必须充分注意和有计划地组织边沿一线的头人、群众到内地参观，对于代表性较大、影响较广的头人、群众，希望能更多量地组织到北京参观，这对于边疆民族内向是主要的措施之一（如西盟中课佤族头人岩顶的儿子岩火龙，于1951年到京参观回来后的极好表现及良好效果）。

五、培养民族干部问题。大力培养当地的民族干部，实现边疆党委和自治机关的民族化，是完成各项工作的保证。过去几年来在培养民族干部方面做了不少工作，现在全区共有少数民族干部3400人（其中佤族107人、哈尼族644人、傣族722人、彝族978人、拉祜族328人、其他民族1122人），占全区干部11770人的28.88%。边疆地区共有少数民族干部2070人（其中县级干部28人，区级干部148人），占边疆干部总数5488人的37.75%（党群系统少数民族干部占58.43%，财贸系统占30.16%，文教卫生系统占14.3%，农林水利部门占12.25%）。从上述情况可以看出，财贸系统、文教卫生部门和农林水利部门以及县以上的负责干部中少数民族干部的数量是很少的。今后必须通过开办训练班，在各种工作队和部门中采取带徒弟的办法大量培养提拔兄弟民族干部，提高现有兄弟民族干部的政治觉悟、工作能力和文化水平，并团结改造一批民族上层中的进步分子成为国家的干部，预计到1957年边疆的民族干部将占边疆干部总数的57.78%。1957年共增加干部6161人，其中少数民族干部增加4660人，占边疆干部增加总数的75.62%。那时党群政法系统中的民族干部将有1760人，占80%；财贸系统有民族干部2481人，占62.1%；文教卫生部门将有634个少数民族干部，占34%；农林水利部门将有少数民族干部504人，占45.5%。

1957年，边疆各地可以配备少数民族的边工委及县委书记1至2人，县上政副部长一级的领导骨干将有58人（占全部县上主要干部155人的37.4%），1958年县一级的兄弟民族干部预计占62%。区上的主要干部到1957年可以绝大部分配备当地少数民族干部。少数民族地区农村建党工作，在土改区262个乡中已建立了党支部72个，发展了各民族的党员557人，占土改地区总人口的0.15%（边疆共有少数民族党员1889人，占边疆全部党员的51.8，农村中少数民族党员占农村党员总数的84%）。原计划在今年以内在土改区的262个乡中都建立乡支部，那时将有当地各民族党员2846人，占土改区人口的0.77%。在不再进行土改的边沿地区，现在农村还没有建立党的支部，随着工作的开展，在今年下半年着手进行9个乡的建党试点工作，到1959年底在边沿一线的乡都建立起党的支部，发展党员总数占这些地区总人口的0.68%。

此外，在边疆机关民族干部以及进步民族上层中也要积极地进行建党。

肆、党的领导问题

一、边疆的情况是复杂的，任务是繁重的，胜利完成各项任务的根本保证，是党的团结统一的领导。加强马克思列宁主义和党的民族政策的学习，克服大民族主义思想和地方民族主义思想在各方面的表现，克服边疆社会的分散落后状况在我们党内所反映的某些组织上的分散状态，是边疆党组织的重要政治思想工作任务。必须：

（一）首先是要加强党委的集体领导，提高党委集体领导的质量，这是因为边疆情况十分复杂，只有正确地反映和研究边疆的客观实际，根据党中央的方针政策提出切实可行的具体措施，才能保证边疆各项工作的顺利前进。因此，必须努力学习，提高领导骨干的思想方法和工作方法，特别是深入地系统地加强调查研究，强调理论联系实际，接近群众，接近实际生活，密切与群众的联系，克服命令主义、主观主义和大民族主义的思想和工作作风。

而大量地培养民族干部，并大胆地破格地把他们提拔到党的各级领导岗位上来，放手地让他们工作，耐心地进行教育，充分发挥他们的积极性和创造性，实现党委领导机关的民族化，是密切党与群众联系、提高党的领导水平、解决边疆地区民族化的中心环节。

（二）认真发扬党内民主，表扬边疆干部中的好人好事，关心边疆干部的工作学习、恋爱、结婚、身体健康等生活福利，同时也要加强干部和党员的组织性，以正确发挥党员的创造性。

（三）加强请示报告制度，坚决执行有关政策性的问题必须请示省委，外事问题必须请示中央的规定，只有如此，才能保证少犯错误。

二、加强党委对边疆民族工作的统一领导：过去几年以来，边疆各项工作是在当地党委统一领导下进行的，最近由于部队向边沿一线推进，距离当地党委机关较远，军队参加地方党委的人员，没有根据新的情况及时加以调整和确定，边沿党委的统一领导问题还比较多，因此对边疆统一领导问题提出几点改进意见：

（一）凡是在边疆的部队及省、中央设在边疆的机构，在政治思想上、政策上必须接受当地党委的统一领导，各团的政治委员或团长、独立营营长、教导员及中央设在边疆机构的党的负责干部参加当地县委或边工委的领导，分散在边沿一线的营、连负责干部也应参加当地的党的区委会或担任区委书记，在尚未建立政权的地区，应以军队为主开展地方工作。

（二）有关外事问题、对敌斗争问题、民族政策问题，应由当地党委统一研究提出处理意见上报批准后执行，地方党委的负责干部有责任定期向当地驻军的军官和士兵作形势、民族政策以及当前工作任务的报告。

（三）税收、海关等直属上级机关所作的规定当地党委认为在当地无法执行的，要及时向上级党委反映，请求纠正。

（四）加强党委对财经工作的领导，地方党委要检查政策执行情况[①]……

伍、我们的要求

以上关于边疆民族工作情况和意见的汇报，请中央工作团审查指示。由于边疆民族跨境而居，内外情况复杂，对敌斗争尖锐，生产落后，生活贫困，稍有不慎就容易出乱子，因此请中央和省委对边疆民族工作在方针、政策以及在具体做法上多予指示和帮助。

根据前面汇报，为了改变边疆各兄弟民族的落后状况，帮助各少数民族大力发展工农业生产，发展交通运输、商业贸易以及文教卫生事业，同时做好民族上层和宗教的统一战线工作，使边疆各民族能更快地改变落后和贫困情况，争取边疆民族内向，以利于国防的巩固，使边疆各少数民族能发展为伟大的社会主义民族，因而我们请求中央在下述几方面的经费和干部上给予解决。

一、边疆民族地区所需的特殊补贴费用。我区边疆不再进行土改的边沿一线民族落后地区有215个乡，约55661户、278305人；边疆已经结束土改以及正在或即将进行土改的地区有262个乡，约74639户、368197人，将分别在1959年或1958年实现农业合作化。为了促使和保证合作化的发展，根据各民族生产、生活的不同情况，在经济上需要分别予以贴补。

---

① 此处缺一页。——编者

（一）边沿民族落后地区：共需13410716元，每人平均48.1元。

1. 生产贴补费：3609170元。

（1）耕牛：西盟佤族4户补贴1头，其他地区6户1头，共10531头，需款1053100元。

（2）农具：西盟佤族每户补贴15元，其他地区每户10元，共621920元。

（3）籽种：西盟佤族平均每户需要籽种补贴4元，其他地区每户平均要补贴2.7元，共167512元。

（4）副业：西盟佤族每户补助15元（平均每户小猪小羊各1头），其他地区每户补助10元，共631920元。

（5）畜牧（包括耕牛、菜牛及配种站、繁殖场、免费兽医等）：平均每户补助10元，共556610元。

（6）经济作物：西盟佤族每户补助5元，其他地区每户补助3元，共197108元。

（7）水利（只算小型水利的补助，中型水利以上的工程不算在内）：每乡补助1000元，共215000元。

（8）手工业：包括手工业工人的培养以及工具的发放救济，共需111000元。

（9）其他如打猎、积肥等费用：每乡补助200元，共45000元。

2. 生产工作队经费：2439000元。

（1）西盟佤族地区以总人口的0.5%，其他地区以0.3%配备工作队，共需950名，西盟400名使用5年，其他地区550名使用3年，每人每月包干55元（工资48元，其他医药旅差费等7元），计2409000元。

（2）新吸收队员需补贴（被服、雨具等）：每人50元，以600名计30000元。

3. 生产文化站经费：2455820元。

建立17个生产文化站（西盟7个、西双版纳5个、澜沧3个、孟连2个），每一个所需经费144460元。包括：

（1）房屋基建、炊具、家具等设备每站40000元。

（2）在每个生产文化站，开办1个生产文化训练班，培养各民族的生产技术干部和合作社的会计，每个训练班104460元。

甲、学员：每站常年训练150名，每人每年贴补生活及学习文娱费180元，3年共81000元。

乙、专职干部5人，每人每月平均工资60元；勤杂2人，每人每月平均工资40元，3年共需13460元。

丙、每个生产文化站训练班、生产投资（以便逐步做到减少国家补贴）需10000元。

以上每站需144460元，17个站共需2455820元。

4. 群众生活补贴费：3476488元。

（1）口粮：以总人口的40%计，1956年缺粮2个月（只以下半年算），1957年缺粮6个月，1958年缺粮4个月，计每人每月救济2.5元，需3061355元。

（2）衣服：救济27830套，198150元。

（3）救济盐巴：166983元。

（4）最初开展工作的地区，疏通关系送礼招待费用50000元。

5. 会议、参观费：351588元。

（1）会议费包括生产、青妇、协商、上层、宗教等代表会，以总人口的5%计，每年2次，每次3天，3年共需150288元。

（2）组织来思茅参观：3年内组织农民积极分子4500人到思茅、普洱等地参观，共需201300元。

6. 免费医疗：5年内全部免费治疗，每人每年0.75元计，需1078650元。

（二）土改地区（包括已结束或即将进行的）补贴：5952291元，每人平均16.1元。

1. 生产补贴费2226888元，其中：

（1）耕牛：20户补助1头，需3742头，共374200元。

（2）农具：每户补助10元，共需748560元。

（3）籽种：每户补助1元，共需74856元。

（4）副业：每户补助10元，共需748560元。

（5）经济作物：每户补助2元，共需149712元。

（6）水利：每乡500元，共需131000元。

2. 生产建设工作队经费。以总人口的0.2%计，需720名，每人每月平均工资55元，使用3年，共需1425600元。

3. 生产合作、文化训练班经费。建立16个训练班（西双版纳6个、澜沧6个、江城3个、孟连1个），需要经费1351360元。

每个训练班需要经费：84460元。

（1）学员：每班常年训练150名，每人每年补贴生活学习费120元，3年需54000元。

（2）干部5人，每人每月平均工资60元；勤杂2人，平均工资40元，3年需13460元。

（3）建盖训练班住房及设备：7000元。

（4）每个训练班生产投资费用（以便逐步做到减少国家补贴）需10000元。

4. 免费医疗：3年内全部免费，每人每年以0.75元计，需828443元。

5. 参观费：3年内组织农民积极分子3000人来思茅、普洱参观，共需120000元。

（三）民族上层补贴费：1307600元。

1. 根据统战部对上层补贴排列的具体名单，须补贴者土改地区总叭和土司以上的95户，每户每年1000元；叭竜和乡级上层70户，每户每年200元；叭以下上层头人80户，每户每年100元。非土改地区的上层头人约802户，每户每年100元。补贴3年共需591600元。

2. 集中在自治州或县上养起来的民族上层住房基建费：包括130户上层，及上层来往的招待所等，计需500000元。

3. 民族上层分子政治训练班：每期训练120人。需基建费50000元，开办费15000元，学员生活费100000元，行政教育公杂费21000元，干部、勤杂薪金30000元，计需216000元。

（四）全区宗教工作的特殊补贴费：657000元。

1. 新建佛寺2座，修建5座；修建基督教堂1座，计需450000元。

2. 佛教上层长期包养的200人，每人每年180元；基督教上层50人，每人每年180元；另机动费24000元。均以3年计，需207000元。

以上4项边疆特殊补贴费，总计21327607元，每人平均32.9元。

二、内地高寒山区特殊补贴费。

内地墨江、镇沅、景东、思茅等地高寒山区（居住着哈尼、彝、瑶等族）30个乡，在生产生活上的补贴费255000元。

三、我区边疆民族地区贸易、文教、卫生、交通、森林、畜牧、地方工业等事业补贴费：共需17808270元。

（一）文教补贴费：6268800元。

1. 公费包干小学：1956年办15所，学生900人，至1959年发展为50所，学生3000人，需要基建费、购置费、学生生活和学习费等：4027900元。

2. 中学基建补贴费：600000元。

3. 农村扫盲补贴费：681000元。包括：

（1）3650民师的训练和补贴：502000元。

（2）设备公杂费：179000元。

4. 社会文化事业费：927900元。包括：

（1）文化馆6个：177400元。

（2）图书馆1个：28000元。

（3）民族文工队2个：91000元。

（4）报社：369000元。

（5）广播收音站：262500元。

5. 电影队增加费：32000元。

（二）卫生补贴费：2315800元。包括：

1. 新建、扩建卫生院和小型医院31所，病床350张，需1402800元。

2. 新建卫生所9所，需90000元。

3. 新建性病防治所5所，需225000元。

4. 新建专业防治所5所，需225000元。

5. 新建妇幼保健站21站，需147000元。

6. 新建麻风病防治所1所，需70000元。

7. 训练培养兄弟民族初级卫生人员2080人，需156000元。

（三）地方工业建设投资费：2079310元。

1. 新建地方工业13项：

（1）樟脑精制厂：70000元。

（2）中小型水力发电站2个：1200000元。

（3）小型火力发电厂3所：170000元。

（4）机制糖厂：100000元。

（5）陶器厂：30000元。

（6）民族服装缝纫厂：21000元。

（7）农具厂：30000元。

（8）榨油厂：100000元。

（9）咖啡加工厂：80000元。

（10）石英矿：64000元。

2. 扩建工业8项，需214310元。

（四）开发航运经费：413360元。

1. 疏通澜沧江允景洪至腊撒渡的河道及船只建造费：268360元。

2. 疏通把边江景东县至江城县段的河道及船只建造需款：145000元。

（五）电线架设：5000杆公里（基本架通至区、乡及部分高级社），需4500000元。

（六）畜牧贴补费：1180000元。

1. 重点建立畜医站、配种站、检疫站等机构，包括干部、基建、药品等费用，4年需1130000元。

2. 澜沧建一综合牧场，养畜量30000头，投资50000元。

（七）森林事业补贴：包括建立特种林木指导站、经营所、木材公司、苗圃等机构，基建、设备、人员的经费共需1051000元。

整个边疆民族地区共需补贴39390877元。但第三项贸易、文教、卫生、交通（不包括公路建设经费）、地方工业及发展畜牧业、林业的经费，如能从各专业部门拨给，就可不必另拨专款，除去这一部分经费，则共需请中央补贴21582607元（1956年需要2740670元，1957年需要10099000元，1958年需要7334377元，1959年需要1408560元）。

这里还有两点需要加以说明：

1. 边沿一线17万人口的地区，从现在到1959年需要商业物价补贴费用490万元，并未列入上面的补贴预算内，因为我们考虑，如果省委、中央能够批准边疆64万人口地区的各商业单位的赔赚可以由当地党委调剂平衡，则整个边疆64万人口地区的商业，不但可以不赔钱，还可以稍赚一点；如果当地党委不能调剂平衡边疆各商业单位的赔赚，则需另匀拨专款490万元。

2. 扩大西双版纳自治州的辖区，地专机构搬往允景洪的基建费约需400万元也未列入补贴预算内。

四、由于边疆地区文化、技术的极端落后，除了在生产生活上给予大力扶持外，在人力上亦请省委和中央给予支持：在1956年至1959年内请求省委和中央给予解决以下技术人员：

（一）工矿高级技术人员16人：其中水电三级工程师1人，助理工程师1人，一级技术员4人；机制纸三级工程师1人，一级技术员2人；煤矿助理工程师1人，机械一级技术员2人，机制糖一级技术员1人，冶金一级技术员1人，精制樟脑技术员1人。

（二）高级卫生人员（医生）40人，中级卫生人员304人。

（三）中学教员186人。

（四）技术工人155人：其中水电技工12人，机制纸技工2人，农具制造技工30人，热电技工6人，缝纫技工20人，采矿技工5人，采煤技工15人，制咖啡技工15人，扎花技工5人，制酒技工2人，陶器技工10人，机制糖技工5人。

五、农村水利方面的各种技术人员77人。包括：

（一）林业技术人员：41人。

1. 森林经营管理一级技术员5人，助理技术员30人。

2. 病虫害一级技术员2人，助理技术员2人。

3. 森林测量二级技术员2人。

（二）水利技术人员：9人。

1. 水利工程师1人。

2. 一级技术员3人。

3. 二级技术员5人。

（三）航运技术人员：7人。

1. 内河四级工程师1人。

2. 一级技术员2人。

3. 助理技术员4人。

（四）畜牧技术人员：5人。

1. 一级技术员3人。

2. 三级技术员2人。

（五）农业技术人员：15人。

1. 亚热带作物农艺师2人。

2. 一级技术员3人。

3. 三级技术员10人。

澜沧县民族工作报告
中共澜沧县委会
1952年1月18日

澜沧县民族工作报告

一、民族情况

澜沧是一个多民族聚居区，共有倮黑族、佧佤族、僰族、阿卡族、汉族、回族、老缅族、倮倮族、蒙化族、傈僳族、卜满族、老亢族、阿茨曼等13种民族，估计约30万人口，其中以佧佤、倮黑二族为最多，汉族、阿卡族、僰族次少，其他则人数甚少。其人口分布，除佧佤族较集中于佧佤山、僰族较集中于各个盆地、汉族较集中于交通要道及市镇外，其他均分布零散，交错杂居，互相影响。

澜沧民族情况中，最主要的是汉族地霸与各少数民族人民群众的矛盾，而解放后至今，这矛盾更形尖锐，这表现在汉族地霸对少数民族人民的高利贷剥削和租佃剥削。如东主大地主黄道德利用其反动政治特权，强迫邦登、罗八寨、广面等处倮黑族及阿卡族为他在勐朗开荒地，开出后又强迫上述几寨的老百姓佃种，又用高利贷将佃农所得部分剥削干净。镇反后，上述各寨少数民族人民要求将这些田分还他们，并要求不交租子。最近东河等区，少数民族提出不交汉族地霸租子，并要求分汉族地霸的田地。还有像谦六区一个瓦拖倮（甲土灵造的烟斗）就剥削了人家的田地，又如上允区用水豆腐也能剥削田地，称为豆腐田。又如苏老文（旧保长）在1949年石柄忠叛乱时杀了蒋大黑（倮黑族）、自三（汉族）等几条人命，并抄了李三伙头等家产，使得帮地出门，倾家荡产。镇反后，老百姓都要求枪毙他，群众反映说"天真真亮了"（苏老文现在已枪决）。又如石炳辉在西盟区毕干寨，四五元一把锄头，要放十五六元一把；一件布只值五六元，就要放洋烟20多两，人民恨之入骨。这都是典型的例子。又由于数千年来大汉族统治的历史所遗留下来的民族仇恨和隔阂，和解放后少数汉族干部执行政策上的错误（如李晓春打烧刺竹河寨、孟连区长高力相用派夫马和僰族头人争执，并在僰族晒台上大便）及镇反未及时宣传，造成汉族与各少数民族间仍存在着一定的界限，各少数民族人民政治觉悟没有普遍提高，仍不能从阶级观点出发去看问题，而从民族界限出发去看问题，与广大的汉族人民间，仍存在着大民族主义思想，各少数民族仍存在着狭隘的民族主义思想。例如永安区倮黑族说："汉人主义大"，汉人去买米吃也不卖给；土匪来时，汉人要逃避到倮黑族人家中去亦遭拒绝。文东区少数民族参加土匪叛乱时，曾提"灭汉"的口号；大平掌汉族参加叛乱，逃到山上，去后，倮黑族便将所有汉族的谷子搬走分吃了，说"这些汉人爱反"。

各民族间由于社会、经济结构的不同，文化、宗教信仰的不同，以及风俗习惯、民族情感的不同，和历史上的仇恨与械斗，故仍存在着一定的隔阂和界限。其中永安区倮黑族与佧佤族间的隔阂，表现得更为典型。孟连僰族与各少数民族间也存在着矛盾，但内部则其本族表现得很不明显。又因在地理上及历史关系上均与境外各民族有密切联系，故至今仍与境外各民族保持一定的传统关系，并多跨境而居，不分国界。如西盟张光明所辖地达国外山东岩城，而僰族则与境外通亲，互相往来甚密。

在各民族内部，由于群众受了党的一些教育和影响，觉悟逐渐提高，故上下层间的阶级矛盾亦渐趋明朗化。其中，最明显的是倮黑族，如：东朗区下谷地阿卡族向其头人（圭板）强借谷子吃；永安区克朵寨倮黑族人民要求清算其头人李扎拉；大邦列一倮黑族清算了其头人现款40元。一般都不选旧头人做代表或委员，都是目前最具体的例子。

而各族内部之上层间，为要满足个人利益而争夺统治权，以巩固其统治地位，矛盾亦多。如孟连刀焕贞当权派与刀柄权失权派立矛盾，与在野派刀奉品亦有矛盾，特别是与中层头头（如与向钦中）的矛盾更为明显。总的说来，澜沧各土司除孟连土司是名存实衰外，其余均已名实俱亡，摊派款项及派白工等已经停止，但想在新政权中争夺地位、保存一定统治权的欲望很高。

在原始共产社会已达到衰落的佧佤族内部，争夺生活资料、猎头成为历史留下的仇恨，部落与部落间的矛盾仍极尖锐，械斗仍不断发生。如永蛮与岩丙间的争田纠纷，迄今未获协议，双方都说"宁可死光，也不让寸田"，因此可以说，各民族内部仍存在着上层与上层、上层与下层及部落与部落间的不协调的矛盾或隔阂。但总的说来，由于各民族人民曾数次经历蒋党残匪的蹂躏，生命财产遭受较大损失，故各族人民与蒋党反动派的矛盾是极尖锐的，与美帝的矛盾是锋刃相见。如永安区民兵9次打退残匪的进攻，各族人民经过这次斗争，都自动起来揭穿美帝特务撒拉所捏造的谣言和威胁。镇边、孟连两区人民（包括头人在内）与九十三师残匪之矛盾更为尖锐。在另一方面，由于经过了几次族代会、头人会及赴京、赴昆、赴宁及县区代表归来后的宣传，和党的一系列的民族政策的宣传与民族工作，更由于几次与美帝支持的蒋党残匪的实际斗争的教育，各族人民已经空前团结，分清了敌我界限，对党及人民政府从怀疑到相信，到逐渐靠拢，对党的民族政策有了进一步的体会。如永安区倮黑族区长李扎迫临死前把毛主席的像挂在面前说："毛主席，我活在你面前，死在你面前。"以前常骂"死佧佤"，后来也不骂了。又如南卡区南则5个倮黑族民兵用火柴头打死4个残匪，夺得5支卡宾枪的事迹等，都充分说明各民族人民已空前团结于党和毛主席的领导下，与美蒋反动派做极尖锐的斗争。

二、政治、军事、经济情况

自从党的政权在澜沧建立以后,由于上级的正确领导和党的民族政策的正确执行,党和各族人民正进入空前团结的阶段,毛主席在各族人民中的威望也空前提高,如永安、东回拉祜族都说:"毛主席恐怕是倮黑族。"其他各族人民歌颂毛主席的话,则不胜列举。

过去我们的政权由县到府都为地霸、反革命分子所掌握,自镇反以后,县、区两级领导已纯洁,但村级政权仍严重不纯,成为反革命分子、匪特活动的温床,如澜沧民族工作上的最后一道封锁线,而数目相当广大的天主教、基督教教徒,至今仍在思想上或政治上或多或少地与美帝保持一定的联系。如镇边区倮黑族说:"大撒拉(指永文生)给我们创造文字,教我们苦做苦吃是好的,不好的只是他参加反动派。"对敌我界限尚不能从政治上去划分,甚至对美蒋存有幻想。目前,帝特教士虽也驱逐,但三自革新运动没有展开,这些教徒与帝国主义的思想联系,也是尚未根本割断的。在另一方面,进步的群众越发靠拢我们,落后的中上层分子也在进步群众的推动下逐步靠拢我们,还顽固保守的一群则已处处陷于孤立(如酒井区之扎拍排长),其他部分群众或少数民族上层,则对我政府的顾虑正逐渐消除,如茨竹河倮黑族头人扎倮已从中立到靠拢我们,扎夺则从怀疑到逐渐消除怀疑。故总的说来,我县政治上目前最后一条封锁线是村级政权不纯及民族民主建政没有完成,因此,整顿组织结合建立民族民主政权,突破这最后一道封锁线,为我县目前政治斗争的主要方面。

在军事方面:蒋党残匪及逃亡地霸武装,在美帝直接支持下进犯我县遭到惨败之后,尚集中于国境外进行阴谋活动,而内地区等虽经镇反,但只可以说捣乱了其阵营,而广大教民正是敌匪活动的安全护身符,加之我县佧佤区基本是空白地,敌匪容易插入,且千余里的国防线无法处处设防戒备,使敌特容易周旋。目前,敌人也阴谋找基地、找粮、扩军,并进一步扩展其势力,向我进攻之可能性是很大的,且仍造谣破坏老佛祖等反道教的还继续活动。最近匪特曾在富邦摸独二师的哨兵,并从之敌探了解,敌匪也派来侦探2人,并有7人到我县活动,造谣、投毒、暗杀等破坏活动亦可能会发生。在另一方面,我县驻有重兵,随时准备消灭敌人,且经过镇反及实际与敌斗争的教育,群众对敌我斗争的情绪也普遍提高,各区群众也纷纷建立人民武装,在站岗放哨、侦察情报等方面都起了很大的作用,不断出现了许多英雄事迹,在拥军支前工作方面成绩更是显著,普遍地都分清了敌我界限,提高了消灭敌人的信心,目前普遍地都正加强备战支前的准备。敌方由于缺乏粮食,思家心切,许多被欺骗去的劳动人民纷纷回来,在我宽大政策的感召下,先后携械或徒手跑回来的已有20多人,毫无战斗士气。逃亡地霸武装逐渐崩溃,可惜我们过去在对敌展开政治宣传及争取瓦解工作做得不够,不能全部瓦解敌人,有些逃回家的还不敢来登记。

在经济方面：澜沧经济可说仍是封建的自然经济。一般来说：生产技术落后，迷信（赕佛、送鬼、剽牛）及酗酒非常浪费，自给自足的个体经济很浓厚，而又因处于边缘，帝国主义私货随时运输，套取白银，抵制国货，打击我人民币之威信，并曾偷入伪币，阴谋捣乱我市场金融。因我实力缺乏，各族人民日用必需品如盐巴、布匹等供应不上，而不能大量回笼人民币，并以食盐换取国外之棉花、汽油等我所需要之原料和物资，我已大量组织了运输力，这情况是可以改变的。澜沧山多田少，粮食生产不足，手工业亦极落后，加上交通不便，如茶、紫梗、铝等均形成减产。

在文教卫生方面：自解放以来，各民族人民都普遍要求进步，要求学习，如《东方红》等歌曲，普遍响于各村庄角落，并很强烈地要求派老师去办学校，有的还自愿筹办一切开支，事先建盖好了学校，如中课、班箐、大蛮令、西盟山、文东、南卡、镇边等区比比皆是。但因目前我县文教干部严重缺乏，且成分不纯，文东区的小学教员在上次叛匪入境时也参加叛变，目前学校教育远不能满足于各族人民的要求，且目前所发展之教育仍使用汉文教材，对少数民族文化教育则基本没有进行，还不能满足各少数民族的要求，而帝特教会在澜沧数十年来的文化侵略，使各少数民族（特别是倮黑、佧佤）在文化上与帝国主义有了联系，不可能立刻割断，是我县在文教上存在的问题之一。由于经济、文化落后，普遍的都不知注意公共及个人卫生，在地理上又处于亚热带疟疾区，故疾病流行，年死于疟疾及痢疾者很多。又兼一般农民都很贫困，无力购买或买不到药品，加上迷信鬼神，病了就打卦送鬼，因此，我县卫生情况可说是极其落后的。

三、一年来民族工作的成就

（一）抗美援朝保卫祖国边疆

"加强民族团结，抗美援朝保卫祖国边疆"是我县一年来的主要任务。一年来，县区府各级已先后成立了抗美援朝保家卫国分支会，经过宣传的地方，群众情绪普遍高涨，表现在对敌斗争中站岗放哨、担任情报员、担架队、运输队、向导与民兵队，配合解放军作战等，击垮美蒋残匪的进犯，捍卫了祖国神圣边疆。据不完全统计，先后共动员了民兵2000名以上、担架队200副以上，运输供应部队的牛马在千匹以上，涌现出了"侦察英雄""护桥模范"与坚决顽强向敌斗争的南卡区5个民兵英雄等的英雄事迹；在拥军方面也出现了"全家光荣"的娜妥、"拥军模范"马玉林，及数百里追随解放军慰问的谦六小组。通过抗美援朝宣传后，我县从7月至12月献款共6090000元，在谦六、大山、东河等区签订了爱国公约的已有156551人。谦六阿卡族李明生家订出的爱国公约，在一年内（去年）要增产35石谷子以25石来捐献。他全家都订立了爱国公约，他的妹妹12岁，订立的公约说"我要烧开水给解放军吃"；他16岁的妹妹订的是"今年决定种菜，支援解放军20斤菜"；他18岁的妹妹订的是"我早早起来，每天砍两次柴，支援解放军30斤柴"；他的母亲订出"要好好守在家庭"。大山区有一个小孩（小邱惠）订出两个月砍柴给母亲卖了买锄头、镰刀生产，每天学两个字。这都是最好的范例。总的说来，抗美援朝宣传教育与各族人民实际对敌斗争以后，敌我界限分明了，斗志也加强了，各族人民正在保卫祖国边疆的感召下坚决地向敌人进行斗争，日夜站岗放哨。政治攻势方面，从8月至12月止，据不完全统计，共争取回来312人。

（二）清匪肃特

自4月镇反以来，共捕了反革命分子466名，收缴匪特武器计长短枪2862支、重机枪3挺、轻机枪25挺，及弹药38000发。遵照上级指示，经过数月清案工作，已处理的计有死刑9名、教育释放27名；5月曾在上允、大山公审枪决恶霸苏有文及廖雨芬，情绪很高，如在大山，群众曾一度地轰动起来。为了结合清案，全面交代政策，故以谦六为重点，先召开了审查委员会，接着又召开了公审大会，枪决罪大恶极的匪特分子吴克明，释放了一批罪轻者，清匪肃特已达高潮，群众觉悟更进一步地提高，对镇压与宽大相结合的政策有了较深入全面的了解。经过这一运动以后，县区机关已较前纯洁，摧毁了以往地霸、匪特分子操纵封锁的局面，使我有利地开展了民族工作，所以各族人民一致反映："这个天真的亮了，做活路也有心肠（高兴）""毛主席的好处才真看到""压在头上的大石板，今天才取掉"。

（三）民族民主建政

10月，县委分别以永安、东回、孟连3区为重点，建立区域自治或联合政府，已于12月初成立了。县联合政府筹委会在4月澜宁洱族代会时成立的筹委会的基础上，召开了第一次会议，各族人民对民族民主建政热烈拥护，从建政和筹委会的情况来看，这个工作是完全符合于各族人民的意见，是各族人民迫切的政治要求，我党的民族政策也真正地得到体现，各族人民都感到"自己已经当家做主"。在这基础上，准备开展全年内全县大规模的建政工作。

（四）生产贸易

由于我县各族人民生产落后，帮助他们发展生产、搞好贸易，以供给他们日用必需品和收购运销土特产，帮助其改善生活，已成为民族工作中最迫切的一环。我们一年来共贷放了食盐20多万斤、救济粮42000斤、棉籽贷款1140000元、农具贷款39000000元、耕牛贷款1000000元，这些贷款贷粮等不但起了救济作用，且起了帮助恢复和发展生产的作用。另在秋末布置了冬耕，以防止来年春荒，贷了冬种共17万多斤，其中以麦子为主，获得了各族人民的一致欢迎，实际也帮助他们解决了一些困难。

在贸易方面：各族最近迫切需要的是食盐、土布。据不完全统计，单以贸易公司从8月至12月止，共运进了食盐27万斤，出售了27.79万多斤；土布2326件，其他私商售出者尚不在内，这虽未完全满足各族人民的要求，但也基本上克服了高涨和奇缺的现象。此外，多数区也成立和准备成立供销合作社，组织了骡马运输队，对食盐的运销供给上也起了很大的作用。

（五）培养和提拔干部

镇反以来，逐步地纯洁了县、区两级，使我培养提拔干部创造了条件。在一年内即回避了干部6人，因政治上不纯而送宁学习的10人，提拔了少数民族区长4人、村干31人，少数民族干部在数量上也有增加，并选送了少数民族干部共10余人至北京、成都、昆明民族学院学习，为将来民族工作开展准备了力量。虽然这样，但距我县干部（需要）相差很远。

（六）文教卫生工作

由于民族关系的基本改变，党的政策对各族人民有了一定影响，觉悟也普遍提高，对先进文化要求亦很迫切。在上级的帮助下，全县于1951年即开办了1所省中、两所省小及两所乡校、11所完全小学，共有中学生71人、高小学生364人、初小学生2200人，计有教职员103人；同时开办了夜校92班、早校2班、5个识字组，共有学生3630人，但因教材以汉文为主，少数民族参加学习者很少，这还远落于要求之后。

医药卫生上，巡回医疗队共诊断了8000多人，扑灭了大小拉巴俅黑族的咳嗽病、文东那卡的恶性疟疾，并协助卫生院训练了妇婴人员15人，另补助种痘14011人；县卫生院共诊断病人10155人。尤其是巡回医疗队的同志，不畏辛劳和艰险，直达祖国极边疆蛮井、公信去为佧佤和僰族、倮黑族的同胞诊病；并积极开展抗美援朝爱国主义的宣传教育，并扩大了党和毛主席的影响。

三、缺点和目前存在的问题

（一）干部少而弱，机构不健全

县、区都存在着干部既少又弱的现象，如县府司法科镇反后就没有科长，其他各科室或多或少都差；区上现缺区长4人，西盟区政府尚未成立起来。多数干部水平都低，如永安区仅有两人会看报告、指示（一般均如此），南卡区仅有1个识汉字的干部。少数民族干部也奇缺，因而影响了工作，（上级指示）不能贯彻、政策不能正确体会执行，上级要的材料多数报不上来，或不能按上级要求反映情况。更由于部分干部无政府无纪律，不执行请示报告制，不照政策办事，不严格执行指示和决议，或想代替政策。如南岭区直到12月还乱捕人，征粮时不照县委决定之负担原则征收（后也即时纠正）；镇边区本政村长领着民兵越国境去剿匪，这些都造成我工作上的损失。

（二）交通生产问题

1. 交通不便

从县到宁洱要8天，从县到区来往远的也要8天，运输力少而弱，全县仅能动员2000多匹牛马，因而盐、布运不进来，（特产）运不出去，各种物资不易交流，供销不能很好调剂。从县到区交通也非常不便，情况不能即时反映，问题发生也经久得不到解决。

2. 生产技术落后

山多田少，加上少数民族的保守性，因而不深耕细作、不施肥、不选种，农具缺乏，加上迷信、赕佛、做鬼、剽牛等严重的浪费和损害耕牛之现象，故不能累积，禁止资本扩大生产。其行医并不发达，又在疟疾区，疾病经常影响劳动力，今后厉行节约、增加生产、改善生活也是一件长期而又艰苦的工作。

3. 民族纠纷依然存在

如佧佤族永蛮与岩丙的争田纠纷已有50余年的历史，但至今虽经三番五次调解也仅能缓和其目前的武装械斗，并不能根本解决问题。永安区佧佤族同倮黑族的仇恨也有很长的历史，佧佤族长来派倮黑的款，倮黑对佧佤的仇也很深，常因一点小问题或受匪特钻空子而发生战争，因此在民族团结工作上阻碍很大，且易被匪特利用进行挑拨扩大纠纷而影响了我全盘工作。

4. 边境残匪扰乱

自5月10日至7月底，残匪大举向我进犯以来，全县11个区俱遭了匪击，现匪虽被赶出国境，但小股地霸武装不断地回我边境西盟、南卡、镇边、孟连的一部分村庄进行骚扰，派粮派款、拉牛盗马、抢人烧房子等，直接危害各族人民的生命财产，使我政权不能建立，政令不能到达，不免使边境各族人民多少对我党及政府失掉信任。

5. 文教方面

一方面是师资缺乏，全县广阔的16个区仅有教师100人，且多系旧人员，水平低，政治上不可靠，作风恶劣，不但不起促进文化提高各族人民觉悟的作用，且在某种情况下进行阴谋活动，造谣乱宣传。如南岭区小学教员王丕林和反革命分子家属有勾结破坏我政府，文东区小学教员在残匪窜扰时投敌，酒井区亦有一教师投敌。又因全部用汉文教学，对帮助少数民族发展语言文字上简直没有做，少数民族子弟能入学者为极少数。现大蛮令等地佧佤族即要求办学校，但我力量尚不能达到，因此文化不能普及，各族人民觉悟不能提高。若少数民族中培养一批先进的马列主义者，即是一件很艰苦的工作。

6. 医药卫生设备缺乏

地区辽阔，照顾不到，且因我县部分自然环境恶劣，疾病多，而一般不注意环境卫生，仅以1个卫生院、1个巡回医疗队，简直照顾不来，各族人民每年因病死的很多（现尚未做统计），因此住山头的不敢下坝子，住坝子的不敢到山头，影响了生产的发展与文化的交流。由于医药缺乏，都以迷信送鬼来治病，造成了很大的浪费。

7. 地方经费问题

我县地方粮食仅有40多万斤，款仅有人民币6000万元，又由于米价很低，每斤价500元，且米不易变卖成钱，因此影响了各项计划不能实现（因都要地粮开支），区上要召开各种代表会也无法报销。现在民族民主建政将在各区开始，经济建设也要逐步开展，更严重的是小学教师的待遇太低，每人月薪米15斤，尚不如县府的一个勤杂的供给，连主副食都不够吃的教师，一般工作情绪很低，想请假、想调换工作，有个别的因衣服破烂而痛苦。

8. 从整个工作来讲

多系有计划、有布置，但无深入检查，如生产计划与秋后工作、民族民主建政（孟连区未深入）等，因而影响了计划，不能圆满地完成政策决议，不能很好贯彻执行。如南岭区乱捕人，征粮不按政策办事（已纠正），在选举区长时唐岱同志不参加选举，而是当着群众宣布共产党派他来当区长，使群众对我党政策怀疑不满。又富邦区治安委员乱宣传反霸、反汉与减退，造成民族关系上的一度混乱。这些现象的造成，一方面是由于我控制不严和工作中的报喜不报忧，一方面是由于干部少弱，领导不能经常分身下去及时发现纠转，造成了官僚主义。

四、1952年的工作计划

（一）加强民族团结

1. 民族民主建政

1952年1月中旬在酒井、东朗、竹塘、大山、谦六、上允、富邦、东河、南岭等9区，结合普摸会召开联合政府（或区域自治）筹备委员会进行准备工作，争取在2月底前一般应召开各族各界代表会，选举成立联合政府或区域自治政府，在3月底以前县成立联合政府，文东、镇边、南卡、西盟4区召开筹委会，4月底以前成立区域自治或联合政府。

2. 依靠下层，坚持争取上层，广泛地建立反美反蒋统一战线，团结一致对敌斗争

3. 加强抗美援朝运动，保卫祖国边疆

抗美援朝爱国主义的宣传教育应广泛深入地开展，积极准备备战支前工作与扩大拥军优属运动，展开对敌政治攻势，并结合这些中心工作，而修订爱国公约，使抗美援朝更深入一步。

4. 继续清匪肃特工作，加强民兵及情报站的领导，缜密侦察发现匪特线索，有计划地、稳当地逮捕一批以纯洁境内，以便控制工作（详情应等上级指示）

5. 爱国增产、厉行节约

A. 增产：具体地说来，贯彻执行1952年的财经计划，尽力争取完成，县、区领导都应引起重视，亲自动手，并派人亲自下去检查。各区在现有基础上（土地、原料、工具）精

打细算，重点示范，以便做到选种、施肥、除草、深耕细作、兴修水利等工作，保证今年的增产，防止可能引起的灾荒。

B.节约方面：进行节约的宣传教育，以爱国主义与群众切身利益结合，指出各级政府机关及各族人民群众浪费的严重性，而具体地订出节约计划，再三向群众宣传，发动检举，并坚决地和贪污浪费、官僚主义的现象做斗争。

6.贸易、文教、卫生工作

A.贸易工作：各区于1月底前普遍建立供销合作社，组织骡马队，迅速和贸易公司盐店订立合同，到盐井去运盐巴及土布，以解决各族人民的日用必需品。

B.文教工作：目前主要掌握领导办好冬学，今后在巩固的基础上逐步开展，并设法帮助少数民族发展语言文字。

C.卫生工作：若情况不变，准备在上允、孟连成立诊疗所；各区供销社出售药品；医疗队下乡。

7.培养干部

A.培养民族干部：如开展少数民族工作，培养骨干，创造力量，打下基础，培养少数民族干部，已为急需开展的工作。1952年准备开办2至3期民族训练班，一期招生150名，吸收各少数民族现职干部、各族优秀青年知识分子与农村积极分子进行学习。训练毕业，优秀者适当提拔为区、村、队干部，一般分配回家生产，培养为农村群运的骨干。对现职少数民族干部及将要由民族学院回来的干部，亦需加强对其教育、培养和使用。

B.提高现职干部：在县、区政府机关中，有计划、有领导地进行教育，以提高理论水平，提高工作效率。

8.加强思想改造

我县各级干部一般的理论政治水平都很低，少数民族干部中也没有比较先进的马列主义分子，因此表现在思想认识上严重的个人主义、自由主义和各种各样的小资产阶级的意识形态，以及部分地主阶级和资产阶级的思想等，表现在工作作风上是严重的游击作风和官僚主义、单纯任务观点，因此思想的改造是一件艰巨的工作。县、区机关通过考绩与轮训，在本年内争取每人都能3天教育1次，并在今后工作中不断加强马列主义、毛泽东思想的学习。

9.三自革新运动

基督教传入我县已有50余年历史，天主教也有20余年历史，在倮黑族、佧佤族中影响很深。现传教士被逐出境或上送，但多数教徒对帝国主义思想上还有联系，如东回区倮黑族教徒说："大撒拉（永文生）什么都好，只是教我们打仗不好。"镇边区有少数倮黑族教徒与永文生有联系，因此要割断各族教徒与帝国主义的联系，三自革新运动就必须要开展。县委拟在东回、东河先摸重点，然后再扩至全县，以彻底肃清帝国主义的影响。

澜沧县三年来民族工作成就

澜沧县委

1953年4月5日

澜沧县三年来民族工作成就

澜沧三年来在中国共产党及伟大领袖毛主席的领导下，我们各族人民团结起来，在三年来的努力中，获得了各方面很大的成就。各族人民间团结、平等、友爱、兄弟般的友谊更深厚了，各族人民的爱国主义政治觉悟亦空前提高，国防也更加巩固了，在政治、经济、文化教育事业也都有了进一步的发展，生活也得到了逐步改善。

首先是民族团结、对敌斗争取得了基本胜利。

三年来，各族人民自卫武装配合我人民解放军，将美帝国主义直接支持下的蒋介石残余匪帮消灭和赶出边境，捍卫了祖国神圣边疆。三年来据不完全统计，和敌人作战79次，歼灭了敌人433名，缴获各种枪支54支、弹药9510发。在战斗中涌现了保卫倮黑大桥的护桥英雄李丙章、杨贵宝，几次击溃残匪的永安拉祜族民兵，南卡区南则村徒手打死4个残匪、缴获4支卡宾枪的4个拉祜青年，保卫祖国边疆的82岁老英雄布格弄，击溃残匪30多名的孟连芒糯村拉祜民兵扎客，与敌人进行英勇斗争的回族民兵马云才，热爱祖国、保卫边疆、4次击溃残匪进攻的南段村拉祜族自卫队和李凯，永安佧佤山区大槐冷佧佤族老水带领群众击毙匪首赵有廉和匪众数人，和孟连边缘佧佤族与残匪进行斗争、3次砍断藤桥及翻船淹死匪徒的佧佤族人民等等英雄人物。在全国抗美援朝保家卫国运动下，配合我军进行歼匪，掀起了群众性的拥军支前运动，发动了人力31922人、骡马1774匹、牛5135头的运输队，连续不断地保证供应了前方部队的粮食。到前线参加担架队的有18290人，向导有901人，替部队报情报的有753人，涌现出了拥军"全家光荣"的妇女娜妥之家、拥军模范马玉林，及数百里追随解放军进行慰问的谦六小组。在各族人民热烈的支持下，给予残匪帮一有力的打击，把敢于进犯我边疆的残匪追歼出去。

1952年12月9日进占了西盟，解放了将近10万人口的佧佤山，我军威震南卡江以南，又一次将李弥残匪赶出了国境线，给佧佤族人民带来了自由幸福，佧佤山区的佧佤族人民从此得到了解放，进一步增强了民族的团结，加强了保卫国防的力量。

我们也向境外残匪进行了政治攻势，各区召开了匪属座谈会及各种会议，具体地交代对敌政策，宣传了形势，给匪属认清了敌我，有了爱国为荣、靠敌可耻的认识，纷纷写信和亲往国外去叫自家被迫参加土匪的人。三年来共争取回来匪众150名，其中匪队长以上占2名，匪中队长以下占148名；带回枪14支、各种弹药423发。

在三年来的对敌斗争中，各族人民身经历次斗争越战越强，团结越更紧密，国防得到了巩固。

第二是实现了各民族平等权利，推行了民族区域自治政策。

全县建立了区一级永安拉祜族自治区1个，孟连、东回区一级民族民主联合政府两个，其他未成立自治区政府的地区多数都有民族干部参加了工作；在已建立了的孟连、东回、永安3区的联合政府和自治区人民政府，在对敌斗争、备战支前、调解民族纠纷、征粮工作、增产节约等工作中都起了很大作用。1951年，3个区的秋征任务都已顺利完成，代表一致表示要多交爱国粮，来迎接区域自治。孟连芒糯寨的拉祜民兵，在该区联合政府副区长李扎客的领导下，组织起来击溃了向我窜扰的土匪，击毙了来捕扎客的匪中队长杨中民及其匪众数人，保护了自己的联合政府。永安区过去拉祜族喜好酗酒，街天都要五六十人醉酒，每年要用掉24万斤粮食，成立了区域自治后，经过区长、政府委员、代表的带头和积极结合粮荒生产的宣传教育。酗酒的人大大减少，并大力地兴修水利、开荒生产。该自治区长李光宝在增产广种小春运动中，自动地把自己的骑骡也拿去驮运籽种给群众解决生产上之实际困难，来县上开区域自治筹委会都走路来；同时解决了历史上的争田、争水等纠纷，各族人民有事都到区政府来解决，大家认为有了自己的人出来办事，事情就好办了。

全县从1951年4月中访团到澜沧后即开始大张旗鼓地展开建政宣传，由县至区召开了一系列的代表会议和筹委会，利用各种民族形式广泛地把党的政策宣传到群众中去，3年来共进行宣传了362次，受到宣传的寨共1507个，受到教育的共196676人，已达到家喻户晓。各族人民要求当家做主的思想更明确，群众拖着来县开会的代表问：区域自治成立了没有？主席选谁当？迫切要求迅速建立民族自治区，以便实现真正的民族平等。大家都说："民族的区域自治，就是毛主席给我们当家做主。"经过民主建政的宣传教育，各族人民初步树立了主人翁的思想，进一步地加强了团结，有利地发展生产，巩固了边疆。

三年来，我们本着团结互助的原则，通过了剽牛、泡酒联欢、吃咒水等民族形式，合理地调解了民族内部或民族之间历史性牵扯着的大小各种不同的488件纠纷。如过去佤族部落与部落间发生械斗的永广与岩丙争田纠纷，双方表示"宁可死光，也不让寸田"，经我多次调解，刻已缓和下来，使矛盾日益消除。永安区拉祜族与汉族的隔阂、下允僰族与文东佤族之争田下坝等纠纷，通过充分协商调解也获解决，认识了在毛主席领导下，各族人民都是一家人了，改变了历史上的隔阂、械斗、不团结而达到团结的新面貌。

三年来，各族人民在毛主席、共产党的领导下，亲密地团结在一起，消除了历史上的民族仇恨，把汉族称为"新汉人"，把毛主席当作"阿爹阿妈"，已经坚强地、牢不可破地团结在温暖的中华人民共和国的大家庭里。

第三是生产贸易工作进一步有了发展。

为了帮助少数民族恢复和发展农业生产，人民政府积极地领导群众改进耕作技术，提高单位面积产量，大力兴修水利，领导群众抗旱防荒，战胜各种灾荒，并广泛地开展了爱国增产、广种小春运动，单1953年人民政府发放贷款及各种救济粮款、免税盐等约50亿元以上，可以买到盐巴300多万斤，可以买到粮食310万斤，够7万人吃1个月，为各少数民族度荒和解决了缺乏生产资料和生活资料的实际问题，大大地刺激了各族人民的生产积极性。因为各地少数民族重视了改进生产技术，做到2犁2耙，甚至3犁3耙，开始了使用肥料，单位面积产量提高了，改变了大部地区的刀耕火种的原始落后的生产方式。3年来，共修了843条小型水利，其中可新开田87713市斤籽种面积，可产1754260市斤粮食。

结合在1952年全县展开了爱国增产、广种小春运动，开展了解放前后生活好坏的对比算账，以具体数字、活人活事教育群众。在这运动的基础上，有的区订出了村寨爱国增产计划，在生产战线上互相挑战竞赛，为爱国增产、广种小春创造了极有利的条件。如谦六区勐撒寨共17户人，算出了解放前勉强够吃的只有3户，锄刀把歇手就没有饭吃；只有5户人养上13口猪，不知什么时候被反动派拉去了；全寨有耕牛的只有5户，共7头耕牛，其他农具也是如此。解放三年来，他们在政治上得到了解放，经济上减轻了剥削。以1952年来说：不够吃的只有1家，现有耕牛的已有15户共17头，闲牛14头；没养猪的只有两户，别的一家养上了2口至5口，全寨共有55口；鸡1斤重计算共184只，一寨人的鸡、猪、牛遍地成群，比三年前更新鲜。

通过人民政府一系列的做好事运动，各族人民政治觉悟更进一步地提高。茨竹河拉祜族头人扎夺、扎保，他们很感动地检讨了三年来对党和政府的怀疑顾虑，表示今后要坚决跟着共产党走。永安区拉祜族通过具体算账后，积极地以实际行动支援我进军西藏。在各族人民爱国增产积极性提高的基础上，像罗六十、刀开福等48个劳动模范，为今后发展农业生产树立了榜样。

1952年，在广种小春上大部地区把烟地变种麦地，竹塘区往年种大烟的占90%以上，今年种大烟的减少为60%。全县1952年共播种小麦109189斤、豆种57233斤、荞种472169斤，共计播种638591斤，以产量10倍计，可产6300000多斤粮食，解决了1953年粮荒区1个至2个月，为各族人民改善生活。

为了帮助各少数民族发展手工业生产，组织了农村妇女进行纺织，并在谦六、募酒成立了两个纺织厂，现有织机22架，共生产出土布1180件，供应了部分兄弟民族的穿衣问题；并视销路发展陶器、纸业、红糖等手工业、副业生产。在勐朗坝开办了铁厂，现已生产出铁3991斤，制成农具供应了各族人民缺乏的生产工具。铝已生产3688319斤，煤炭生产30000多斤。

人民银行1952年并贷出款77065296元，帮助少数民族发展农副业生产。

为了开展兄弟民族地区的贸易工作,在全县建立了贸易公司、小组4个,县联社1个,合作社11个,尽量地供应了各族人民之生产、生活资料。在人民政府大力扶助农、副业生产的基础上,各族人民的购买力日益提高,贸易公司、合作社1952年共收购了产品粮食284610斤、铁13500斤、棉花47477斤、棉纱1500古,销售供应各族人民之生产、生活资料,共售出粮食743960斤、土布39396件、棉布546匹、器具2371件、食盐1463805斤。并发动浩大运输力参加运粮运盐,根据谦六、东河等6区群众受益运费即达2384590800元,增加了收入。特别是运进了大批的盐巴,拉祜、佧佤族过去从来不过澜沧江的也渡过江到内地运盐,各族人民就此增加收入,购买力随即提高,大部地区每家都囤积了大块大块的盐巴,改变了历史上澜沧各族人民的严重盐荒。正如佧佤族说的:"毛主席的太阳照到了几千年照不到的地方——佧佤山,我们都吃上了免税的盐巴。"因而过去穿烂衣裳的今天也穿上了新衣裳。1952年10月以后,贸易公司土布销售量比前半年增多了10倍以上,谦六贸易小组过去1个月才销售320件土布,而10月份10天就销售2200件,连黑夜也有人来敲门买布。贸易工作进一步有了发展。

第四是文化教育卫生事业的发展。

三年来,人民政府帮助兄弟民族发展了文化教育事业。全县共设立了区级小学13校、村级小学43校;共有学生4123人,其中兄弟民族子女占1309人。各种夜校、半日班共设立了34所,学生997人。1952年冬学运动中共设立了冬学287班、22组,入学学生共13121人。设立了中学1校,学生154人,少数民族学生14人,其中包括初级师范1班,为各族人民培养了师资。为了更好地培养少数民族干部,并在孟连、上允、南卡等地设立了僰族学校3所,在南栅、大桥头、班利、蛮堆等地设立了佧佤、拉祜族学校几所。各族人民过去没有学校读书,今天有了自己的学校,因而各民族要求办学校的更迫切,要求给自己的子女多识字,今后建立自治区才能更好地为各族人民办事。佧佤山大蛮令地区佧佤族早已盖好了学校,要求政府派教员去。各少数民族子女也日益增多,有的地区学校也容纳不下入学的儿童,为了进一步发展少数民族的文化教育事业,还必须大力开展。

过去由于各族人民规律性的疾病关系,死亡率较大,特别处于坝子地区更形严重,因而对生产亦受到严重的损失,山头民族不敢下坝子开荒,因而防治疾病是各族人民的迫切要求。

三年来,上级拨下了3.54亿多元的卫生事业补助费,为各少数民族免费治疗。全县建立了1个卫生院、2个卫生所,培养出了初级卫生员15人、种痘员19人、新生接生员57人,并为各族人民免费注射防疫针8584人、种痘52119人、新法免费接生30人,在1952年1月至2月麻疹流行时期给各族人民治好患病者4083人。省卫生厅并派出巡回医疗队赴我县给各族人民巡回免费治疗,走遍了南卡等11个区,并直达国防边缘的公信一带,为各少数民族救死扶伤,受到广大人民的热烈欢迎。群众吃到了毛主席送给的药,说:"毛主席比我爹娘还亲,世世代代没有见过,今天见到了毛主席派来的医疗队,为我们看病,还教我们讲卫生，只有毛主席、共产党领导才会得到。"并在1952年开展了爱国卫生运动，结合积肥、爱国增产，减少和消灭了疾病，增强了各族人民的健康体质。

第五是少数民族干部的培养。

为了加强国防建设，巩固祖国边疆，大力领导群众，开展边疆民族工作，使党与人民进一步加强联系，并在1951年12月开始逐步执行了民族区域自治的政策，因而在各种运动中不断地涌现了一批民族干部。三年来，少数民族干部参加工作的有55人，其中区级14人、区级以下41人，包括拉祜族26人、佧佤族4人、傣族9人、阿卡族2人、其他民族14人；送出中央、西南、省民族学院学习50多人，并开办了第一期民族基干自卫队，共有学员190人；培养出一批土生土长的乡村一级干部。结合民族民主建政工作，又训练了1期民族工作队，吸收了各族人民之青年积极分子100人参加。本着边教边学的精神深入重点，一片一片地开展工作，帮助各少数民族发展政治、经济和文化教育事业。

由于培养了或正在培养的大批民族干部在各种工作中发挥了积极性，他们能紧密地联系群众，因此在民族干部中曾出现了像阿卡族副区长龙老二、拉祜族副区长扎克、张扎朵等英雄模范人物。他们热情地为本族人民和其他民族人民服务，对各地区各项工作的开展起了很大作用。

三年来，我县在各项工作中是取得了一定成就，今后还要继续深入下去，开展政治、经济、文化教育事业，在毛主席、共产党的正确领导下，"加强民族团结，发展生产，巩固国防"，使澜沧拉祜族自治区各族人民更进一步地巩固、团结、更强大起来。

大会秘书科翻印

1953年4月5日

梁河五年来民族工作初步总结（1950—1954）

一、对敌斗争①

解放初期，匪首龚统政、龚达政、施庆勋、杨永汉等股匪与我武装对抗，到处骚扰，各族人民生命财产受着严重的破坏和威胁。当时，各族人民要求平息叛乱、安心生产，也就是各族人民和蒋介石匪帮、帝国主义的矛盾突出，是开展民族工作的首要一环。经过解放军、公安部队、民兵联防的积极努力，贯彻了中央"在有充分军事准备条件下力争政治解放"和县委军区"加强军事准备，在边疆各民族中扩大与巩固反美反匪的爱国统一战线，全面开展以政治为主的对敌斗争"的方针，先后平息了股匪的窜扰。据不完全了解，从1951年到1954年，共歼灭了大小政治土匪7股。

二、几年来团结民族上层的主要经验

1. 在经济利益上要适当给予照顾。民族上层最怕的是经济上受损失，在1953年最怕土改，当民族工作队到遮岛时，龚建章曾偷碾米准备逃跑，大部分上层恐慌。经过几年的工作，和江东一、二区调整土地后，他们才相信边疆土地调整不分浮财、耕畜。1954年收不到租子又重新不安，至1955年采取了经济上补助才完全放了心。全县共补助了41户，每月合人民币1515元。农村上层收到了租才稳定下来。

2. 政治上给予安置，给他们有政治地位。当他们在经济上有着落后，最关心的是政治地位，怕我们把群众发动起来后就"过河拆桥"，不要他们了，面子上过不去。几年来我们在乡级政权中安置了上层、头人共17人，在区级以上的政府中安置了21人。安置了有代表性、威信较高的上层后，思想上安定下来，认为"朝中有人胆子大"，进一步地靠拢党，工作上还表现积极热心。

3. 开诚布公。正确地、全面地、反复地交代党的政策，并认真执行党的政策，是团结教育上层的关键。让他们懂党的政策，摸到我们的政策，他们才真正地信任我们，共

---

① 本文本级标题序号为编者所加。——编者

同工作、共同检查，在党的号召下使他们积极行动起来和我们工作，并通过检查，给他们也知道缺点和成绩，并适当地互相批评，这样他们才相信我们上下言行一致，才能表现真诚。

4. 经常地给予前途和形势教育，帮助他们提高爱国主义觉悟，诚诚恳恳地帮助他们进步，巩固他们点滴的进步成果，逐步使之坚定下来（不两边倒）。

1952年建立了梁河县各族人民联合政府，随后逐步开展了乡级政权的建设工作。

方法上一般都采用了向群众交代建乡意义、区域自治政策、新旧政权对比启发群众建政和当家做主的要求，酝酿成立筹备委员会，吸收1/5至1/4的民族上层参加，在筹备会上对各乡政府所在地、行政区划、乡人民政府委员会名额、乡委员候选人名单、代表名额、民族组成、建政时间等问题都要充分地协商，并分别贯彻到群众中去，让群众充分酝酿讨论，继而召开乡人民代表会。

建政后主要的收获是：

（1）提高了群众的觉悟，加强了党和各族人民的联系。

（2）培养了干部，基本上掌握了政权，代替了封建领主的老衎、老俸等政权统治。要把乡政权拿到农民手里，是一件极其深入细致耐心的思想工作，也是策略的阶级斗争。光明乡酝酿选举乡长时，上层囊国吕说，选乡长要选有福气的（指有钱有势的）、有老婆的，长出来的谷子才好；地主杨保昌说，要选识字的人，企图将群众的选举目标转移到某些上层身上去，但农民还是选中了培养对象，将政权换到农民手里，从而形成了贫雇农领导的、与中农联盟的、团结上层的、统一战线的乡政权。

（3）更进一步稳住了民族上层，加强了民族团结。民主权利的行使是培养干部体现当家做主、自治区权力最兑现最有效的工作，在已建立的7个民族乡，都订立了召开人民委员会的制度，每月1次，乡委员都分了工，分片、定期向乡长汇报。

1954年，进行了7个乡的减租清债（现已土地调整），14个乡156个村的汉族完成了土地调查，在政治上和经济上消灭了地主的封建统治和剥削，建立了农民自己的政权，基本上满足了各族人民的土地要求，解放了农村生产力。由于认真执行了省委"和平协商"的方针，在整个运动中基本上是健康的，达到了稳定地主、发动群众、培养干部、调整土地的目的。首先我们干部对"和平协商"的方针是认识不足的，错误地认为把地主请到桌子上来太不像话，未免有些丧失阶级立场；另外一种则认为，协商会是极不好掌握的场合，不是群众发动不起来，就是发动起来控制不住。运动开始，乡干和农民表示不满、消极，埋怨政策太宽大，特别是对不分耕畜不满。地主瞿思龙说："分土地是愿意的，就是坝子田分给那些小摆衣我不愿意，要求把坝子田拿回来寨子里分。"

干部从而明确了协商会的实质是阶级斗争，是另一种斗争形式和更好的斗争方法，并从县到乡由上而下地召开了和平协商代表会议，成立了包括各阶层的"和平协商调整土地委员会"（农民必须占优势），从内到外、从上到下地层层协商，通过各种形式使党的政策充分与群众见面。农民赵安和说："牛马不分也不要了，二天用拖拉机比牛好。房子也不要了,只要二天过到我盖起房子比地主的好。"对顽固地主,通过开地主会,用群众呼声要求教育他们,并适当指出历史罪恶,指出前途,揭发违法活动(不提名字)。

三、贷款救济

1952年前共贷各种款14000元,1953年贷67606元,完成计划的103%,比1952年增大10倍。1954年贷了97901元,完成计划的107%,有力地扶持了农业生产和与高利贷的斗争,减少了卖青谷、吃谷份等剥削,减轻了人民负担。据不完全统计,共买了耕牛306头、各种农具3847件、小猪1822口。仅1954年贷后修了水沟15条、修塘3个、打坝2个、打石笼163个、修碾1个;买耕牛176头、锄1239把、犁头53个、镰刀154把、其他19件;各种籽种22512斤,解决口粮293545斤。共贷了10679户次,大部分贷款户都能投入生产,干部思想重视。1954年通过贷款,解决了水利上可灌溉106箩种的面积,开荒140箩种,可增产23万斤;贷放耕牛176头,可解决704箩种的耕畜问题。从效果上看,基本上贯彻了边疆农贷工作"从生产出发,通过解决困难,消灭了剥削,达到发展生产以逐步消灭事实上的不平等,从而增加民族团结,有利于对敌斗争"及"帮助农民主要是贫雇农发展农业生产,和高利贷者进行经济斗争,巩固工农联盟"的农贷方针和目的。

救济方面:1950年至1952年共救济6357.84元、大米23480市斤、土布3715件、衣衫300件、裤子215条、被单10个。1953年救济了11273.34元,寒衣救济500元,买了布5075件、棉毯884个,救济给1351户1363人。1954年贫苦生活救济28265元,寒衣救济9517.8元,买了布1674件、棉毯2000个,救济给3295户12893人,其中傣族416户1725人、汉族2507户9658人、景颇族102户344人、傈僳族51户175人、阿昌族218户989人、本人族1户2人。在救济工作上,一般是及时地结合生产季节解决农民灾荒困难。

四、生产情况

山多田少,31个乡中只有坝区乡9个,其他都是山区。加之普遍种大烟,农民将主要生产资料即投入种大烟,如施肥、挖地、薅烟等,每年粮食依靠盈、莲、陇、潞、腾等邻县调入,农民生活困难,经济落后。解放初,1950年、1952年土匪骚扰,人民生产生活受着威胁,各族人民对我还缺乏认识,生产很不安心。当时我们的工作也是一切工作服从对敌斗争,我们只重视了政治工作,领导生产上除一般的发放贷款救济外是注意不够的,截至1953年省委指示"团结生产进步"的工作方针后,才有了初步的恢复和发展。

1953年省民族工作队开展劳动干活、做好事交朋友,在1个月中帮助农民干了各种活路1000多个工,大大地减轻了人民的负担,也刺激了农民的生产积极性。同时德宏自治区公布了生产15项政策,佃权较固定,农民生产更安心,大部分多薅了一道秧,因而1953年的生产都在1952年的基础上增加了一层。1954年进行了7个乡的减租清债,废除了官租，群众觉悟随着提高了一大步，干部对领导生产也较有头绪，技术上较1953年有所提高。

1. 兴修小型水利方面：1952年修水沟15条、蓄水塘3个，可灌溉360亩左右。1953年兴修水沟6条，可灌溉63亩，增产稻谷5917市斤；整修水沟70条，可灌溉6006亩，增产稻谷48218市斤；开垦梯田694.8亩，产178650市斤。1954年兴修水沟62条，长49800公尺；整修水沟87条，长16300公尺；修水沟10条，灌溉原面积1864.2箩种，平均每箩种增产3箩，共增产5592.2箩；开出荒田447.5箩种，产11087.5箩。

2. 耕作技术方面：有了很大的改进，从不施肥到施肥。

3. 山区改造情况：经济使用上，1953年用11500元解决了638户农民开垦荒地、334户缺乏籽种、466户缺乏农具、560户缺乏口粮的困难。1954年共拨35600元，其中购买了1955年的茶籽10575斤，其余购买了茶籽、小春籽种、小麦、蚕豆、豌豆、菜籽、油茶果、农具、猎器、火药、铜炮、口粮等。

4. 防止和抵抗自然灾害。

五、财经工作

解放初，卢比、半开、小钱、大烟等都在市场上流通，殖民地性非常突出，市场完全掌握在投机奸商手中，市场价格极不稳定。几年来，充实了财经部门的干部，由31人增加到188人，较1952年增加了6倍，其中有民族干部34人。逐步充实了财贸机构，现已有3个贸易小组、2个销售点、3个区粮库、3个营业所，并通过了货币斗争、粮食统购统销、棉花计划供应，人民币和国货占领了市场，国营商业占领了经济阵地，我经济成分不断增加。如公私比重上，1953年占36.7%，1954年占56.8%，1955年一季度占了57.5%；更有力地采取控制私商的投机漏税等，稳定了市场物价，基本上满足了各族人民生活生产资料的需要，减少了中间剥削，与各族人民建立了紧密的联系。

1951年建立贸易机构时，只有3个同志一个小组，经营品种极少，香烟只卖支数，各族人民对我贸易组顾虑很大，不敢买我们的东西，1952年营业额收购只1900元，销售额只2466元。几年来增加了生产，1954年又废除了官租，人民生活日益提高；加强了走私外货的管理，实行了棉布计划供应，取消了外纱外布的自由市场，由国营收购，私商停止进口，割断了进口商与走私奸商和内地的联系，小额贸易已掌握在国营手中。

1950年至1952年，甚至1953年，个别地区半开、卢比、小钱还在市场上交易，当时人民币还不能完全占领市场。几年来，随着各项工作的开展、国营经济的扩大，在货币斗争方面取得了很大的成绩。1954年，在全县境内彻底消灭了小钱、半开在市场上流通，大烟从1954年7月打入黑市，人民币完全占领了市场经济阵地，已受到各族人民的拥护和爱戴，树立了高度的威信。

我县粮食每年皆由外县直接调入，1953年公粮入仓大米1010000市斤，收购入仓大米

331009.3斤，调入1684704斤，销售3078203斤；1954年公粮入仓大米1320000斤，收购入仓大米1839410斤，调入4343144斤，销售531051斤，基本上保证了军需民食的供应。

六、文教卫生工作[①]

1952年基本上平息了土匪活动，才开始恢复教育工作。截至1955年上半年，新建和接办了学校共22所［其中完小2所、初小18所（民族小学12所）］，为1952年学校总数的2.8倍；发展了学生2628人，为1952年学生总数的2.5倍，加上原有数字共3678人，其中汉族2964人、傣族461人、阿昌族144人、景颇族77人、傈僳族19人、本人族3人。有21个民族学生享有人民助学金。

通过医疗卫生，密切了党与各族人民的联系。群众反映说："现在的政府关心人民，我们有病就找医生来看，生活困难又不要出钱。这种事情从来没有过，只有共产党、毛主席领导下才有。"从而提高了各族人民的觉悟。

七、人民武装工作

几年来的武装工作，是在上级党紧密的指示下，密切地结合对敌斗争、团结生产、建政、减租清债、土地调整等各个时期的中心工作，认真地执行了上级各个阶段的指示，在各种运动中组织发展起来的。

八、民族工作[②]

解放初，各族人民之间的隔阂仍很大，少数民族对我顾虑很多，叫我们"汉人官"，并说"十个汉人九个怪，不怪的那个没有来"。1953年民族工作队劳动干活，（又说）"毛主席派你们几千里路上来，就是搞生产可不相信"，"工作队帮干活，不要钱不吃饭，谷子出来分一半"。5年中我们执行了中央"慎重稳进"的方针，贯彻了上级党的指示，并经过了培养民族干部、建立区域自治、生产、救济、贷款、医病等工作，贯彻了民族平等政策，各族人民才真正认识到共产党确是各族人民的大救星，毛主席是各族人民的大恩人，人民觉悟有了提高，民族隔阂正在逐步消化。阿昌族赵安修说："国民党像大霜，把阿昌族冻木了爬不起来，毛主席像太阳，出来后把霜晒化，慢慢地把我们晒热了，得过温暖的日子。"又说："过去的生活像在泥坑里，越过越穷，毛主席把我们从泥坑里拉出来，还把我们洗干净，现在像个人了。我们要拥护毛主席，祝毛主席万万岁！""毛主席比太阳还好，太阳背阴处照不着，共产党到处都照着。""毛主席是父亲，爱我们、

---

① 本标题为编者所加。——编者
② 本标题为编者所加。——编者

教我们,各民族像儿子一样跟着他、拉着他,离开了他就过不成好日子。儿女爱父母,要像父母爱儿女一样。"

陇川县景颇族和梁河县傣族拉人拉牛问题有5件,其中以1953年3月6日陇川县景颇族拉木家寨牛6头纠纷较大。同年8月,政府召集各有关地区山官头目在厅子房开会,历经6天协商解决。"拉事"事件也逐年减少。

五年多以来,我县共选送了各族人民中比较优秀的子弟178人,前往保山民干班,省、西南、中央等民族学院学习,另外采取了送内地参观,并注意在乡干部中及农村积极分子的直接提拔。到目前为止,共提拔了当地干部1126人,其中傣族74人、阿昌族16人、景颇族17人、傈僳族3人、汉族116人。另外,垮台民族干部17人,其中阿昌族6人、景颇族6人、傣族5人。1953年、1954年共评选出模范干部73人,其中傣族7人、景颇族2人、阿昌族4人、回族1人、汉族5人。

孟连县民族工作年终总结
1957年

孟连县民族工作年终总结

　　一年来，部队帮助群众开荒和旱地变水田2725亩；挖修水沟11条，最长的7500公尺，最短的300公尺以上，深、宽都在1公尺左右，约11250公尺；（修）河坝1个，可灌溉面积5028亩；帮群众修水沟、开荒、插秧、拔草、收谷等共出6063个劳动日，在工作队重点区今年均增产15%以上；领导和帮助群众积肥37770斤。如腊福寨46户（拉祜）以往有24户不够吃，而今年只有4户不够吃，这4户是由互助组调剂解决的，未靠国家救济。腊福大、中、小寨，今年增加下种17亢，普遍种小麦；民兵队长种麦454斤，收31300多斤；乡长种了60斤，收了31200斤。同时这个寨子积肥做得也好，共积了14500斤，改变了历史上不积肥的情况。完卡工作队帮群众修了两条水沟，可灌田下种240斤，收32400斤，其中1条水沟能使10户人家靠此生活。东乃利用水利将旱地变成水田下种200斤，今年增产15%，实收2700多斤。

　　提高了群众觉悟，密切了军民关系，发展了一批农业生产互助组，在板塔、东乃、完卡、腊福、糯勿、龙作棚等地组织了63个互助组，参加有564户2683人（其中有3个参加户数未统计）。完卡有2个常年互助组，余为临时性的；东乃有35个，腊福有4个。今年互助组都增产15%以上，如龙作棚2个互助组1956年收了7000斤谷子，今年收了21000斤，比去年增产14000斤。同时协助政府发放了救济，板塔、蛮兴、完卡、腊福发放救济粮24273斤、盐巴450斤、锄头23把、砍刀10把。

　　开展了文化工作。办夜校3所，每所保持20人左右，共63人。完卡夜校每人能识到200余生字。此外，帮助理发3787人次、看病469人次。板塔卫生员刘宗元帮群众接了两个生，其中1个是塔塔寨佤族爱浪的女人，生后乳头炎，整天哭叫。他们不吃药，送鬼祭鬼，不解决问题，卫生员医治后好了，他们很受感动。群众反映：大军来了以后有三好：一是没有小偷，二是有病送鬼不好就找大军医治，三是过去不劳动的人没有了。此外，还帮助群众盖房子11间、舂米10140斤，背水、砍柴202次，植树2000多棵，解决民族纠纷9起。发动东乃、完卡、腊福捕害兽，据不完全统计，捕获"四害"及害兽53843只（老鼠832只、麻雀52203只、山羊12只、野猪2头、野鸡43只、老熊6头、刺猬6只、飞鼠2只、其他200只）。另外，军官还捐献了人民币381元，买了锄头、喷雾器等，支援了初建的3个合作社。

群众与军队建立了深厚的感情。在腊福情况紧张时，群众配合部队放潜伏哨，叫他们来3个人，结果来了78人，都不回去。后来情况稳定了部队走了，他们还继续站岗六七天。他们说："站岗不是为了大军，是为了老百姓。如敌人来了，我们一打枪，你们就出来，因为我们老百姓打不过他们。"1957年，群众助我捕获出入国境可疑分子23名，截回外逃群众100余人。

表1 孟连及各区村寨、户数、人数统计表[①]

	村寨	户数	人数	备注
孟连	113	3263	15039	孟连4个区共有人口44206人
富岩	73	1707	7417	
孟马	124	3136	16475	
腊垒	65	1229	5775	
糯福	82	2900	16495	
合计	495	12735	60701	

表2 孟连各区民族及人口统计表

	傣	拉祜	佤	哈尼	景颇	傈僳	老缅	布朗	回	蒙化	汉
富岩		1462	5385				375				195
孟马	4100	7568	3726		152	276					65
腊垒	1266	698	1964	1353							
糯福	1391	11194	514	1430				1402	20	42	952
合计	6667	20922	11139	2783	152	276	375	1402	20	42	1212

表3 孟连各区武器统计表

	总数	能掌握数	步枪	手枪	卡宾	其他
孟连	361	53	75	2		
富岩	117	55	7			3
孟马	609	216	54	4	3	2
腊垒	71	24	2			3
糯福	958	350				100
合计	2111	698	83	6	3	108

---

① 本文各表表题为编者所加。——编者

表4 孟连开展民族工作地区村寨民族、民兵及武器统计表

	村寨	户数	人口	傣	拉祜	佤	僾尼	积极分子	民兵总数	步枪	手枪	卡宾	土枪
板塔	4	276	1322			1322		4	7	7			65
东乃	11	296	1485					3	81	6			186
蛮信	15	227	1131						64	1	1		203
完卡	5	146	1036		1036			15	124	3		1	123
双相	5	138	606		142	464		3	32				12
腊福	6	146	936		936			7	26	10	5		77
糯勿	4	111	461			321	140	5	42	3	1	1	36
龙竹棚	4	124	871		871			4	28	9		1	
合计	54	1464	7848					41	404	49	7	3	702

备注：东乃、蛮信工作地区佤族没统计。

云南省少数民族概况

云南民族情况参考资料

云南省民族事务委员会研究室编印

1956年10月25日

云南省少数民族概况

目录

前言

一、彝族

二、白族（民家）

三、傣族

四、哈尼族

五、僮族（包括侬、沙、土佬等）

六、苗族

七、佧佤族

八、傈僳族

九、回族

十、纳西族

十一、拉祜族

十二、景颇族

十三、瑶族

十四、藏族

十五、布朗族（濮曼）

十六、阿昌族

十七、西番族

十八、怒族

十九、蒙古族

二十、独龙族[①]

---

① 此处独龙族，原作"都龙族"，据本文"前言"及内文改。——编者

附：崩龙

附：各族人口分布表

前 言

根据1954年云南省选举委员会选民登记统计，全省少数民族共有5633614人，占全省总人口17132710人的32.55%，但边疆民族地区的统计数字不够全面，与实有人口是有一定距离的（本材料仍然根据此项数字）。

云南少数民族单位众多，支系复杂，自称、他称尤其混乱，约有260个以上的不同称谓。1954年夏秋季，在党委领导下，组织云南省民族族别研究组，进行了一次规模较大的族别研究工作，初步确定了20个少数民族，即彝、白（民家）、傣、哈尼、僮（包括侬、沙、土佬等）、苗、佧佤、傈僳、回、纳西、拉祜、景颇、瑶、藏、布朗（濮曼）、阿昌、西番、怒、蒙古、独龙。尚未经过族别调查、或暂时不能确定族系的，尚有崩龙、攸乐、插满等80多个单位名称，3万余人。

各族语言系属包括两大语系（汉藏语系、南亚语系）、四大语族（僮傣、藏缅、苗瑶、孟高棉）、9个语支（僮傣、彝、景颇、藏、缅、苗、瑶、瓦崩、布朗）、70种以上的方言。

各族分布情况大体形成以北纬24度以北为彝族系的主要聚居区。北纬24度以南为傣僮系及佧佤系的主要聚居区（包括北纬25度以南的东经99度以西和东经104度以东的部分地区）。总的情况是各族交错杂居。目前在云南没有一个县是单一民族的县，即昆明也有9个民族。在全省9000多个乡中，单一的汉族乡占20%，单一的少数民族乡占30%，两个民族及以上的乡占50%；高度杂居的在一乡内竟有8个民族。

以族为单位，其分布情况还有若干特点：

第一，就集中程度来看：一种是大体集中，少数分散，如藏、西番、傈僳、怒、独龙、纳西、傣、景颇、阿昌、佧佤、布朗、拉祜、哈尼、僮、白、蒙古等族；一种是大部分散，小块集中，如回、苗、瑶；彝族虽有几块较大的聚居区，但总的情况仍属大分散。

第二，就聚居情况来看：一种是以1个少数民族为主，包括几个其他民族的小聚居区所组成的大聚居区，如白族地区、西双版纳傣族地区、佧佤族地区、怒江傈僳族地区、小凉山及圭西山彝族地区、红河哈尼族地区；一种是以两族为主共同组成的大聚居区，如德宏傣族景颇族地区、文山僮族苗族地区；一种是小块聚居、交错杂居和散居地区，内地区少数民族的分布情况多数如此。

第三，就分布地区来看：一种是主要在边疆，如傈僳、怒、独龙、傣、景颇、阿昌、佧佤、布朗、拉祜、哈尼、僮、瑶等，并且绝大部分都是跨越国境而居；一种是主要在内地，如彝、白、纳西、回族等。

第四，就自然条件来看：一种是多在平坝区，如傣、僮、回、白、纳西、阿昌；一种是多在条件较好的山区或半山区，如彝、景颇、佧佤、布朗、拉祜、哈尼、瑶等；一种是多在高寒山区，如苗、傈僳、小凉山彝族，多在山巅；藏、西番、怒、独龙等族，多在高寒地区的草原或河谷地带。

各族社会发展颇不平衡，根据几年来的社会调查，约可分为4类：

第一，阶级分化很不明显，或者已有阶级分化但是还保留着较多的原始性、部落性，将不经过土改运动阶段，根据"团结、生产、进步"的方针，逐步地过渡到社会主义社会的，如傈僳、怒、独龙、景颇、佧佤、布朗等。

第二，尚保存着较完整的奴隶制的小凉山彝族。

第三，已经进入封建社会，属于领主经济，或者初步跨入地主经济范畴，已经进行或正在进行和平协商土改的，如傣、拉祜、哈尼等。

第四，属于地主经济范畴，与汉族同时进行土改，目前正向合作化道路迈进的，如回、白、纳西、僮、内地区彝族等。

目前为供应有关部门参考，特根据各方面的资料，以族为单位，做一些轮廓性的介绍。

这个小册子主要是根据实地调查资料编辑，并由现况出发，审慎地引用了一些能与现况结合的历史文献。因系概述，一般都不注明出处。但要说明：所有调查材料，都是在几年来民族工作的基础上，各级党委、政府和各地工作队的同志，在党的领导下以及各族人民协助下辛勤劳动的成果。

由于水平限制，综合编纂中的错误一定很多，请各地同志随时提供意见，以便修改补充。

云南省民族事务委员会研究室
1956年5月初稿
1956年9月改订

一、彝族

（一）支系及人口分布

我省彝族有20多个支系、90余种自称和他称。共183万多人，占全省总人口10.7%。分布在102个县市里，较大的聚居区有楚雄专区、蒙自专区，除峨山、弥勒已建立彝族自治县外，相当于县级的聚居区尚有巍山、景东、华永宁小凉山等地区。分布的情况是小聚区多，杂居区更多。甚或在同一县境内，即有几个彝族支系居住，并各形成自己的小聚居区。有坝居，有山居。一般村落均较小，仅数十户至百户；巍山、景东的"迷撒拔"有较大的聚居村，而小凉山的"诺苏"几乎是单户散居的。

（二）历史概况

云南在远古即有人类居住。由现况追溯历史，结合文献来考察。在公元1世纪[①]以前，彝族各支系的大小部落，即分布在贵州西部、云南东北部、滇池地区及川西一带，有首领、邑聚和村落。在生产技术上，有部分已进入了农业定耕阶段。

公元3至7世纪（晋至唐初），出现了以爨姓为首的东爨、西爨的部落联盟。爨姓是大首领、大奴隶主，也是宗教上的祭祀长。

公元第7至13世纪（唐、宋），在云南先后出现了南诏国和大理国，彝族各部落也是组成成员的一部分。

历代封建王朝采取"以彝制彝"的手段，一些彝族大小部落首领被封为大小土司，计有8府（乌蒙、乌撒、东川、寻甸、镇雄、武定、泸西、蒙化）、10州（罗雄、马龙、陆良、霑益、弥勒、和曲、路南、阿迷、宁州、禄劝）、4长官（怀德、威信、归化、安静）、12巡检和大小头目数十，使彝族人民长期处于被统治、被奴役的地位。明、清两代，更先后两次镇压乌蒙（昭通一带）、乌撒（威宁一带）、武定、罗雄（罗平一带）等地的彝族，使彝族聚居区大部被冲碎割裂。特别是国民党反动统治者的残酷镇压，迫使彝族人民处于极端痛苦和落后的生活中。

但在历史上，彝族与汉族及各族人民之间，不论在政治上、经济上或文化上都有着长期的极其密切的关系。

（三）社会经济情况

彝族各支系的社会经济发展极不平衡，约可分为两类：

1. 尚保存奴隶制的地区

以华、永、宁小凉山山区为主，其社会经济的特点是：生产力水平极为低下，大部分还采用刀耕火种，轮歇耕地较多，耕地不完全固定，尚保有部分家族公有地。以农业生产为主，畜牧业为辅，手工业与农业尚未分工，无市场，也无专业商人。奴隶及农奴的劳动占主要地位。这里实行着严格的等级制度，按照人身的隶属关系和社会经济地位，居民被分为4个等级："诺"、"戛夕曲诺"、"及批"和"戛夕及批"［即黑彝、百姓、农奴（或隶农）、奴隶］，百姓和奴隶约占75%，其中隶农或奴隶又占50%左右，奴隶的比重很大。奴隶主在完全占有生活资料和奴隶的基础上，用掠夺和剥削奴隶及隶农剩余劳动的方法，来攫取剩余产品，以供黑彝家庭的寄生性消费。

部分土地已经商品化，劳役地租已逐步转向实物地租；奴隶被"安家"后，分与一小

[①] 本文公元纪年和历史纪年表述不一，为保持原貌，不做改动。——编者

块土地耕种，征收实物地租，因而蜕变为隶农；新的土地所有主——自由农不断地出现，这些就意味着奴隶制度封建化的过程。部落之间血的复仇和械斗（打冤家）过去很盛行。

统一的、集权的政治制度尚未形成，个体家庭是基本的组织单位。各个黑彝家庭可以亲属关系联系起来，成为若干个各自独立的家、支、房，如布约家（余家）、日枯家（刘家）、勒胡家（胡家）、瓦长家（张家）、鲁木家（米家），余家又分为大余、中余、小余支，大余支下又分大房、中房、小房……各个家庭被严格地约束在家族及家长的统治之下，每一个黑彝的个体家庭实质上就是一个独立的统治单位。

解放后，在中国共产党的领导下，1951年底在永胜所属的羊坪成立了华永宁小凉山彝族办事处。从1950年到1954年共计发放了救济粮13万斤、救济款10450元，无偿贷给农具4500件，1953年试种水稻成功。并建立了省立小学2所、贸易支公司1处、卫生所1处；至1954年，已培养了民族干部123人。最近该区已进行和平协商改革。

2. 内地区彝族

总人口计170多万人，包括20多个支系，其社会经济发展虽不平衡，但都已进入封建社会。截至解放前，除个别地区如武定、禄劝、建水、昭通等地尚保存土司制度（领主经济）外，一般地区均已进入封建的地主经济。内地区彝族的社会经济特点是：农业生产为主，耕地大部分已固定，栽种水田及旱地，手工业与农业生产有了初步分工，商业已部分地脱离农业生产而得到一些发展，农村中已有初级市场，城乡间的商业交易亦较频繁，商业资本已抬头，城镇及农村中还出现一些专门从事商业经营及经营厂矿的商业资本家，农村中也分化出了一定数量的地主阶级。

内地彝族区解放后都已实行了土地改革，并先后建立了峨山、弥勒两个彝族自治县，1953年起进行了山区改造工作；1954年起，发展了大量农业生产合作社，有部分已转高级社，与此同时，生产技术也获得了改进，如大量施肥，精耕细作，使用新式农具等，因而使各种农业作物的每亩单位面积产量获得了提高，如峨山彝族自治县的水稻已由解放初期的每亩400多斤增为600多斤，并且还订下了千斤丰产的计划。

（四）语言、文化、宗教和习俗

语言文字：彝语属汉藏语系藏缅语族的彝语支。由于支系众多、居住分散、经济发展不平衡、地域隔绝等原因，方言差别甚大，初步调查，我省彝语约有4个大的方言区：滇东北及小凉山区，大理白族自治州，蒙自专区及红河区，文山专区。

彝族有象形的古老经典文字及帝国主义分子传教士所妄造的极不完备的拼音文字，均不为彝族人民所应用。

解放后，在四川凉山彝族自治州已推行彝语新文字。我省也正继续进行方言的调查，做好创造新文字方案的准备工作。

文学艺术：彝族有丰富的口传诗歌，如著名的《阿诗玛》、《阿细人的歌》（原名《阿细的先鸡》）。歌舞有著名的阿西、撒尼"跳月"及蒙自区彝族的烟盒舞、碗舞、蜻蜓舞等。竹篾制的口弦是彝族人民中最流行的一种简便的乐器。

宗教信仰：彝族一般信仰多神教，巫师称"毕摩"或"赛波"。巍山、景东的彝族崇拜"本主"（部落神祇）。还有一部分地区的彝族（如阿西、撒尼、纳渣、他鲁及小凉山彝族）保有较原始的"祭密枝""祭密鲁""祭山坡"等祭祀仪式，祈求丰年。

也有少部分彝族信仰佛教（如巍山、景东）和基督教（如武定、禄劝等地）的。

习俗：彝族基本上是一夫一妻的小家庭制，也有阶级社会的一夫多妻制。一般均为封建的包办婚姻，部分地区尚有抢婚的残余。小凉山彝族实行着严格的等级内婚，黑彝、百姓、隶农和奴隶之间，均被禁止通婚，部分彝族（如撒尼、阿西、他鲁、纳渣）尚残存着"抱子认亲"的对偶婚和女子婚前性自由的"公房"制度。姑表婚姻（某些地区姨表不能通婚）是彝族共同的特点，所谓"河水朝低处淌，姑娘朝舅家嫁"。

彝族盛行"父子连名制"，这是一种父系氏族的命名方式。

小凉山彝族死者举行火葬，其他地区大部分已采用土葬了。

附

彝族支系、名称、人口及分布简表

族系		称谓			人口	主要分布地区
	支系	自称	他称	侮辱称谓		
彝族	1 诺苏	诺苏濮	黑彝、彝家	夷人、蛮子	73600	华、永、宁小凉山区
	2 纳苏	纳苏濮	彝族	小黑彝、四块瓦		武定、禄劝、弥勒、昭通区
	3 迷撒拔	迷撒拔、纳罗拔	土家、土族、蒙化族		206765	巍山、凤庆、景东、云县、漾濞
	4 俚倮	俚倮濮	俫族	俫俫、夷人	124581	景东、云县、个旧、墨江、双柏
	5 朴	泼哇、昨柯、颇罗、泼拉培、图拉拔	朴拉、卜拉、普拉		103166	文山、开远、砚山、马关、金平
	6 腊鲁拔	腊鲁濮、腊保、阿鲁	乡谈、香堂		63514	云县、普洱、新平、墨江、华坪
	7 撒尼	撒尼濮、尼濮	撒尼、撒梅、明朗	散民	43995	路南圭山、泸西、弥勒、昆明郊区
	8 聂苏	聂苏濮	花腰、罗武、土里	昆明、三道红	100286	龙武、石屏、云龙、昌宁、双柏
	9 黎伥	黎伥	黎族、粟族	俫俫	27130	凤庆、华坪、永胜
	10 山苏	撒苏、阿祖伥	山苏、卓苏	俫俫、山上人	27130	武定、新平、元江、峨山

族系支系		称谓			人口	主要分布地区
		自称	他称	侮辱称谓		
彝族	11 阿西	阿西濮	阿细、阿西		26939	弥勒西山区
	12 阿哲	阿哲濮	阿哲、阿卓		24864	弥勒、易门、双柏
	13 格濮	格濮、阿多濮	甘彝、白彝	干夷	22756	泸西、弥勒、师宗、鹤庆
	14 阿武	阿武、阿乌仆	孟武、阿武		17034	弥勒、元阳、西畴、金平
	15 腊米	罗米	唎咪、咪里		16140	凤庆、景东、墨江、普洱
	16 密期	密期	密岔、麦插	区区	9160	武定、禄劝、弥渡、昆阳
	17 阿罗濮	阿罗濮	红彝		7387	武定、师宗、陆良
	18 他鲁	他鲁苏、他谷鲁	他鲁、他谷		4108	永胜、华坪
	19 拉乌苏	拉乌苏	莨莪		1223	永胜
	20 撒摩都	撒摩都	子君		1638	昆明郊区
	21 堂郎	堂郎	堂郎、倮倮		586	丽江县堂郎乡
	22 纳若	纳若	支里、子彝	鼠族	541	永胜二区
	23 纳渣	纳渣苏	纳渣		430	永胜
	24 六得	六的薄	六得		105	永胜

（1）本表所列彝族支系是根据1954年云南省民族识别研究组第一次研究结果的二次修正，未经调查的彝族支系有5个至8个未列入本表内。

（2）各支系人口数字系根据1954年云南省选举委员会汇报及识别研究组调查数字合并统计。

二、白族（民家）

（一）人口及分布

白族自称"白子"、"白伙"或"白人"。全省约有60万人，占全省总人口3.5%。主要分布在大理、邓川、洱源、云龙、剑川、鹤庆、兰坪等县。在碧江的，傈僳族称之为"勒墨"，在兰坪的称之为"那马"。

（二）自然环境

白族主要聚居在大理、剑川一带的平坝地区。大理海拔为1980公尺，全年平均气温约为17摄氏度。自然条件优厚，盛产水稻，经济较为发展。

由于这个地区处于云南西部横断山脉断裂地带，历史上曾不断发生剧烈的断层地震。

大理的点苍山，海拔4000多公尺，每年约有8个月以上的积雪期，是古老的上升山地，造山运动还在继续中。与此相反，洱海的水位正在逐年减退。山上有显著的冰川遗迹，山麓低处有古代水藻类植物及蚌壳化石等，说明远古的洱海沿岸地区还是一片泽国。

点苍山和洱海是全国著名的风景区。

（三）历史发展

据古文献所载，今白族聚居的大理、剑川、邓川一带早期称为寓昆明，或叶榆，或昆弥川。这里的居民在汉以前还处于以畜牧经济为主的部落时代。唐代又称西洱河沿岸聚居的居民为"河蛮"，或"弥河白蛮"，就是早期的白族。汉以后，社会经济有了发展，已进入阶级社会，特权家族杨、李、赵、董等大姓已出现，部落联盟的形式已逐步形成。以农业生产为主，定居，有邑镇。约当第8至10世纪时期，在云南出现了南诏国，这是一个建基于奴隶制基础之上的军事行政的联合，组织人员可能包括彝族、白族等。统治者用征服其他部落及大规模移民掠夺奴隶，迫使其从事农业劳动或手工业生产的办法，用剥削奴隶或农奴剩余劳动，夺取其剩余产品的办法，来满足国王及贵族自己的享受。这是南诏时期的经济特点。

11至13世纪时期，以白族为主的段氏大理国出现，大理国继承了南诏的统治方式，但封建化的程度更进了一步。国王掌握国家大权，分封各大臣以爵位和领地，农业及手工业生产有了发展，城镇和市集在扩大，商品经济已发达。白族都操自己的语言，有大块的聚居区域，有特殊的拜"本主"的宗教仪式，部族共同体已形成。

13世纪以后，历经元、明、清诸代，以白族聚居为主的大理地区，一直是滇西政治、经济、文化的中心，封建的地主经济居于统治地位，白族内部的阶级分化很显著，大地主、大官僚统治了整个地区的政治和经济，农村中分化出来了大批的贫苦农民和完全丧失土地的雇农。城镇中分化出来一批专业手工业者和商人。与一定的经济关系相适应的是文化有了相当的发展，应科举、办书院，是典型的封建文化的反映，与汉族地区无大差异了。

随着生产力的提高和商品经济的发展，20世纪初叶白族中已出现一批商业资本家，从事对外贸易，开办矿厂、工厂、银行投资等近代资本主义工商业经营。与此同时，内部出现了一些产业工人和大批的手工业工人。下关市成为商业贸易的中心，共同的经济市场已经形成，他们正向近代民族的方向发展。

1949年初在中国共产党的领导下，白族与各族人民建立了滇西北革命武装根据地，进行了反蒋的斗争。

解放后，白族聚居的地区（怒江区除外）均已进行过土地改革。目前正进行社会主义建设及社会主义改造工作。农业生产合作社的发展，截至1955年9月，有2250多个，至1956年7月已建立高级社207个，年底可以全部转入高级社，并且使用了新式农具，下关市正计划修建一个中型的水电站；邓川已建立了一座新式的牛乳厂，目前每月产炼乳6000

听，将来还会提高；原有的一些小型工厂，如制革厂、制茶厂、肥皂厂、发电站等，正在改建或扩建中。最大的盐场——乔后井，于1955年内完成了水电站新式机械安装工程，大批的白族矿工已开始使用机器开采盐矿了。

1956年8月，大理白族自治州筹备委员会成立，目前正积极准备建州的工作。

由于新的生产力及生产关系的变化和社会主义因素的不断增长，白族将逐步形成为社会主义民族。

（四）语言、文化

白语就其基础语、语法构造和对应规律的完整性看来，与彝语较为接近，白语中曾大量借用了汉语词汇。段氏大理国时期及元明诸代白文很盛行。所谓白文，便是借用汉字来记载白族口语的一种书法，现今大理还存在5块白文碑，最完整的一块是大理圣源寺所存明代杨黼的咏苍洱境碑。

在文艺、音乐、建筑方面，有丰富多彩的口传歌谣、唱词和民间传说，是广泛地流传着的，如火把节、望夫云、白龙的传说等等。乐器方面有三弦及月琴和宗教祭祀时所用的铜、鼓、海螺。

约当公元第9至11世纪时期，在剑川的石宝山雕刻了著名的石刻。约在公元第8世纪时期，大理便建筑了有名的崇圣寺塔——三塔寺，主塔高30丈，极其雄伟，是西南第一大塔。

苍山出产名贵的大理石，本族石工用以制作各种精美的装饰品、建筑品，全国闻名。

（五）宗教习俗

大理远在初唐时佛教就已传入，最先是受印度教的影响，当时已有一批梵僧如岛罗岷、赞陀崛哆、李成眉贤等来大理传播佛教。段氏大理国时期佛教更盛行，有6个国王都先后禅位为僧，因而大理在古代有"妙香国"之称。洱海东岸的鸡足山已成为佛教的圣地。

白族还有一种人神合一的宗教——崇拜"本主"，是由原始的崇拜自然神祇发展为崇拜部落或部落首领的一种宗教形式，"本主"实际上是首领的化身。本主中有骠信苴神明天子庙（即南诏王）、白姐圣妃庙、金花公主庙、段赤城庙等。乡村中也信仰多神，有巫师称为"赛波"，专门替人求神、打卦、开路。也有信奉道教的。

白族有群众性的具有民族风格的绕三灵、绕海、火把节等共同的民族节日。大理白族的绕三灵是在每年春末举行，剑川白族的绕海是在夏初举行的。火把节每年夏历六月二十四或二十五日举行，人们对于这个节日给予各种美丽的传说，流传最广的一种是南诏王皮逻阁火焚松明楼吞并六诏，登赕诏妻焚火殉身（又一说是投洱海）的故事。

三、傣族

（一）人口、分布及支系

全省傣族人口有50万余人，占全省总人口2.93%，占全省少数民族人口11.23%。主要聚居区在德宏及西双版纳，此外临沧、思茅、蒙自等专区的边缘各县，分布也不少。与境外缅甸、泰国、老挝、越南的傣族相邻接。

国内傣族主要有4个支系，即傣哪（主要在德宏，汉语称"汉傣"）、傣仂（主要在西双版纳，汉语称"水傣"）、傣绷（主要在孟连）、傣赛（主要在元江、新平，汉语称"花腰傣"）。

（二）史地概况

结合现况与历史来考察，傣族的分布地区可能很早就在云南的西南部和缅甸的掸邦、泰国北部以至老挝、越南一带。古代受到了高棉（吉蔑）和缅（骠）这两个势力较大的部落的压迫，被分裂为"大泰""小泰"两部。云南境内属于大泰系的，即德宏的傣哪，属于小泰系的，即西双版纳的傣仂。现就境内几个傣族聚居的史地情况概述于下：

1. 西双版纳

"西双版纳"直译为"十二千稻田"，是傣族历史上分配各种负担的12个大单位（原为十三版纳）。每一个版纳又包括几个勐，意为"地方"或"坝子"；各有1个傣族统治者召勐（勐之主）和政权机构司郎（议事庭）。

元初在西双版纳设置车里路军民总管府；明初这里的大首领受封为车里军民宣慰使；清初改土归流，全区划归思茅厅。

清朝末年，先后遭受英、法帝国主义的侵略，丧失国土约在一万三四千平方公里。

1910年，清政府派柯树勋带领武装进驻西双版纳，设普思沿边行政总局，分置11个行政区，后又裁并为思茅、车里、佛海、镇越、江城、六顺7县及宁江设治局。1941年，国民党九十三师由缅甸退入，进行了长时期的血腥统治。

解放后，于1953年1月成立西双版纳傣族自治区。考虑到民族组成、交通条件和为了建立其他自治地方，把江城、思茅、六顺、宁江的大部分地区调整出来；傣族人民并把反动统治者遗留下来的县、局区划撤销，另外建立了景洪、勐海、勐混、勐遮、易武、勐旺、勐腊、勐捧、勐养、勐笼、勐往、曼敦12个版纳人民政府；又注意到自治区内的少数民族，建立了格朗和僾尼族（即哈尼族）、易武瑶族两个自治区；正在筹建攸乐（可能属彝族支系）、布朗族自治地方或民族乡的自治机关。1955年6月改为西双版纳傣族自治州，首府在允景洪。

西双版纳在云南最南部，与缅甸、老挝接界，约当北纬21°至23°、东经99°至102°之间。面积在25000平方公里以上。居全省山脉及河流的尾梢，平原多于山地。澜沧江纵贯其间，西纳流沙、南朗、南阿等河，东纳梭罗江、南腊河流出国界，称湄公河。江东为无量山余脉,江西为怒山余脉,山岭平缓,高度仅及2000公尺。许多开阔平地海拔730公尺（打洛）至1500公尺（勐旺），景洪为800公尺。因为处在亚热带,最高温度达43.3摄氏度（景洪）,最低4.5摄氏度（易武）。全年分干湿两季,大约从清明以后至霜降为湿季,晴天很少;其余时间为干季,常无点滴雨水。

由于自然条件很优厚,盛产亚热带作物、林木、水果,野生动物也很多。

2. 德宏

德宏区在元代为金齿宣抚司的一部分。元末麓川思氏强大,控制了德宏地区和邻近的广大区域。元、明以后,次第划分立为若干土司区。在今德宏区以内的,计有芒市、猛卯两个安抚司,陇川、南甸3个宣抚司,遮放、盏达两个副宣抚司;潞江安抚司;户撒、拉撒、勐板3个长官司;彼此间均无隶属关系。国民党时代,先设设治局,后又改为6个县,即潞西（包括芒市、遮放、勐板）、瑞丽（即猛卯）、陇川、莲山（即盏达）、盈江（包括干崖、户撒、腊撒）、梁河（即南甸）。解放后,1953年成立德宏傣族景颇族自治区,除辖上述6县外,又划入原属腾冲的盏西区,首府在芒市。1956年5月改州,经国务院批准,将保山、腾冲、龙陵、昌宁4县和畹町镇划归自治州建制。"德宏"系傣语,意为"潞江西岸",是在成立自治地方时各族协商采用的地名。它和缅甸接界,约当北纬23°至26°、东经97°至100°之间。改州后面积有39000多平方公里。山岭是高黎贡山的余脉,也很平缓,造成此一区内多个平坦的河谷地。主要河流一为陇川江,一为大盈江。坝区海拔在950公尺至1120公尺。全年最高温度为39摄氏度左右,最低温度为4.4摄氏度左右,同样分为干湿两季,也盛产亚热带植物。

3. 耿马及其他傣族地区

现属临沧专区的耿马,元属孟定路,明万历间析孟定地置耿马安抚司,后升宣抚司,属孟定土府;清乾隆间改隶顺宁府。国民党时代,合孟定土府地设耿马设治局。这里是一个松林密布的丘陵地带,原来只有佧佤族,约当明洪武年间,因麓川之役,傣族自猛卯迁来。起先用武力征服土著民族,其后傣族领袖罕姓与佧佤族领袖通婚夺得领导权,进而统治其他民族。明万历间,罕家被封为世袭耿马宣抚使司,其管辖范围为今沧源、耿马、双江3县地区;划为9勐（沧源勐角、勐胜、勐董、勐乌、双江勐库、勐勐及耿马、勐永、猛撒）,13圈（大寨、曼茂、空片、翁打、海岛、海内、娥德、鲜来、鲜干、干弄、干老、班令、曼肯）。勐为傣族聚居区,由土司本姓亲属任勐官太爷进行统治;圈是被征服民族的居住区,由土司外姓亲戚任新爷,通过傣族圈官去进行统治。1955年10月,成立耿马傣族佧佤族自治县。

现在的孟连,原系明代所置孟连长官司（旧属麓川平缅司地,后属孟定府）。孟连也是傣族的聚居区,与西双版纳傣族同属傣族支系。1954年成立孟连傣族拉祜族佤族自治县。

现在的元江县,是南诏蒙氏（公元8世纪）的步日甸。西双版纳极盛时代,北界曾至元江。元朝至元十三年（公元1276年）立元江府,以后又划元江流域立元江路。并在把边江上游设开南、威远两州，即今景东、镇沅两县。元江、把边江流域都是傣族散居地区，在地境上与西双版纳邻接。

（三）社会经济

从西双版纳往北经临沧专区到德宏区，几个大的傣族聚居区里留下了傣族社会由封建前期到封建社会的若干影子，体现着由封建领主经济蜕变为封建地主经济的全部历程。它们存在着相续发展的历史特点，现在分为3个地区类型概述如下：

1. 西双版纳傣族社会

西双版纳的土地，是为各级领主所领有，当中抽出一部分作为自己的私庄（土改前领主直接经营管理的私庄，占全部耕地14%），其余由各个村寨分别占有；又由村寨内部按户分给各个个体农民使用，从而建立了领主经济下的份地制度。农民接种份地后，要向各级领主提供各种封建地租，主要是劳役地租。

在这里，土地和封建负担紧密相结合。"种田就要出负担""一切为了平分负担"的观念，以及作为一个"负担户""负担人"的观念，顽强地盘踞在傣族人民的思想意识中，直到土改前还起着严重影响。

西双版纳的领主经济是建立在农村公社基础之上的，体现在还被认作是村寨共有、沿用村社分地成规按户分配、不准买卖、离寨交还的"寨公田"上。虽在实质上已为领主所盗窃，所有土地都变成"负担田"，但因村社成员以共同的负担换来了共同的土地，又给这种"共有"的观念添上了新的特质。

傣族农民久已进行个体耕作。分配土地的办法一般是抽补调整，较少打乱平分，使用权已较为稳定。因此同时存在3种"所有"观念，即领主所有、村寨共有、私人所有。

傣族农民占用的土地可以分为3大类：一是"纳哈滚"，意为家族田（占全部耕地19%），只有同一个家族的成员才能分配使用，分配权掌握在族长手中；一是"纳曼"，意为"寨公田"，又称"纳倘"，意为"负担田"（占58%），凡是同一个村社的成员都有权利分配使用，分配权掌握在村社当权头人的手中；一是"纳辛"，意为"私田"（占9%）。又可分为两类：属于"傣勐""滚很召"两个等级的"私田"，其在公共沟渠灌溉流域以外，或在公共竹篱以外的荒地上开出来的，具有较大程度的私有性质，即在"法理"上，也不必参加抽补调整，但禁止买卖，迁离村社也要交还；其在灌溉流域和公共竹篱以内的荒地上开出来的，只能暂时私有，一般都有"熟荒三年、生荒五年收归寨公田"的规定。属于"召庄"等级的"私田"，才算是真正的私有，种此项田，一般都免除负担（景洪除外），可以自由买卖，迁离村寨，还可以继续享有所有权。

这3类土地和4个名称体现了傣族社会相继发展诸阶段：由"家族公社"到"农村公社"，到土地属于一人所有或少数人所有的"奴隶制"和"封建制"，并露出了由领主经济到地主经济的萌芽。当中由"寨公田"转化为"负担田"，这是傣族社会出现了统治阶级的历史性的飞跃。

目前村社内部为分负担而分土地，也常常不是绝对平均的，特权家族和新户、外来户的占有，质量均有悬殊。特权家族凭借政治、经济上的优越条件，进行富农以至地主式的剥削；一些缺乏劳、畜力和生产资金的新户、外来户，不得不放弃或出租份地，转过来卖工，就出现一批不同于内地的雇农。农村内部已有阶级分化，其特点则为"中间大，两头小"（中农占60%至65%）。

由于等级不同和建寨有早晚，村社之间的土地占有也很不平衡，因而出现了异乎寻常的集体租佃关系；单户租佃也主要是在村社之间进行着。

因此傣族农民对取得土地所有权以及合理使用土地的要求同样很迫切。

与封建制度相适应，傣族内部又分若干等级：领主集团中属于贵族的有"孟"（最高贵的人）、"翁"（音：Vuŋ，领主亲属）两等；属于平民的有被封为"叭"（音pia）、"鲊"、"先"的各级当权头人。农民内部有三大个等级：一是由农村公社的自由农民变而为农奴的"傣勐"（意为"本地人"或"建寨最早的人"）。不少事实说明，此等人曾有一个时期被置于奴隶般的依附地位），据25个勐的统计，共有318寨11174户60403人，占总人口57%；一是曾经作为领主的家奴，分出建寨后，再由隶农变而为农奴的"滚很召"（意为"主子家内的奴隶"），共有282寨7971户40345人，占总人口30%；一是封建领主的远亲远戚，被分出去建寨，进行劳动生产，大部分成为自由农民，小部分已经下降为农奴的"召庄"（意为"官家的亲戚"），共有32寨1177户5841人，占总人口5%。在这三等人身上，还可以看出封建前期的影子及其封建化过程。

西双版纳的傣族的封建制度，不仅在经济上而且也从政治上是建立在农村公社的基础之上的，村社内部的行政组织就是封建领主政治组织的雏形。

首先是村社内部有一套足以独立自存的组织和旨在于自足自给的分工，其次是还留有"村社议事会"和"村社民众会议"（如分田会）的原始民主残余，最后是原来村社公共事务的共同管理（如水利、修桥、修路、围篱笆、祭社神）也留下若干沉淀。这些村社就构成傣族社会一个个的原生细胞，当中很少建立或者是没有必要建立有机的联系。因之尽管经历了那么多风云变化、若干次荒无人烟，又在同一地点以同一名称再建立起来，而一切地方组织习惯不变更。

又从土司的政权组织——议事庭身上，可以看出它是部落联盟组织形式的遗留，也是村社组织形式的扩展和质变；它和村社内部的议事会是一线贯穿的。目前西双版纳有30多个勐，各有议事庭；在土司的政权组织中，自成一个行政单位，统属于宣慰议事庭。部族早已形成，但部落的痕迹也还很明显。

解放后，傣族人民首先由国民党的苛重负担中解放出来；傣族公众领袖在放弃或削减官租及各项特权剥削等方面，也做了若干有益的贡献；在和平安定的环境中，党和政府大力扶持及领导发展生产，农民的生活已有显著改善。1953年昆洛公路通车，密切了和内地的联系，加强了物资交流，缩小了工、农业品价格上的剪刀差，大大鼓舞农民的生产热情。1954年在允景洪设立了一个农产品加工工厂。1955年先后在版纳勐旺普文乡和版纳的勐遮建立了两个国营机耕农场。1956年初，胜利结束了版纳景洪的和平协商土改的试点工作。4月中，就在5个版纳、54乡（包括9个山区乡）478寨、8万多人口的地区全面铺开。运动中，贯穿揭发份地制度的教育，发动了群众；执行协商阶级、先留后分的政策，团结、改造了大、小领主。废除封建领主土地所有制，没收领主、地主968万多斤产量的土地，分给和补给无地、少地的3249户农民；同时废除官租和特权剥削折谷合374万多斤；废除领主、地主债务23000多元。运动中，又加强"天下农民是一家"的教育，揭发村社、等级界限是旧制度的组成部分；以乡为单位进行分配土地；"插牌"方式肯定农民土地所有权。在"插牌"阶段，约占48%的不抽不补的中农也从思想深处发动了，他们体会到自己上升为土地的主人时，热情空前高涨，男女老幼敲锣打鼓全部出动，抓一把土闻闻，不断感谢共产党、毛主席。目前已在这个基础上，开展互助合作运动。其余各版纳将在九十月间铺开，年底可全部结束。

2. 德宏区傣族社会

土改前德宏部分傣族地区的生产关系仍属封建领主经济，但已具有封建地主经济的萌芽，而农村公社仅具残余；部分地区正在转化为地主经济，村社残余已经很少；个别地区早已形成和内地接近的地主经济。分述如次：

（1）以遮放、陇川为代表的地区，封建领主土地所有制较显著，领主保留着夺取和分配土地之权，不准农民自由抵押、典当和买卖。农民在遵守上述各项限制以及不拖欠官租和不反抗土司诸种条件下，可以占用一份土地。

在这里，领主的地租形态一般均已发展为"实物代地租"。所谓官租，已经直接和单户的耕地面积或产量相结合，并非安给全寨一个分配数。这方面，与西双版纳有显著区别。因之在这里，"领主所有"的观念更明朗。

由于负担已经具体到户，农民个体经济的性质也就更鲜明，他们对那块份地可以世袭占有和分割承继，村寨内部不再进行分配调整。表现在租佃关系上，也就没有村寨之间的集体租佃，单户租佃已经转到村寨内部来进行。因而农村内部的阶级分化也更为显著。地、富集中土地的方式和农民丧失土地的原因亦有所不同。尽管它还没有出现公开的抵押和买卖（已出现个别的私自抵押），但是已经具备了向这方面发展的条件。

村社残余表现在仍有村寨地界的限制，土地集中只能在寨内个别进行，离寨就要交还土地。此外还有少量公用田。

（2）以芒市为代表的地区，封建领主所有制表现不突出，官租实际上成为一种田赋，土司又以私人庄园直接参与地租剥削。土地私人占有权和使用权已经成为相对稳定的田面权，除上官租外，可以自由使用、转租、抵押和买卖（不卖死），官租随土地转移。土地集中开始突破村寨界线。无集体租佃，寨内单户租佃面很大，并且交织着土地抵押关系，已经是很明显的封建地主经济了。但村寨内部还有"特权家族"的痕迹。

（3）以盏西为代表的地区，早已形成和内地接近的地主经济；没有土司制度，农民直接受汉族、傣族地主剥削，土地高度集中，两极分化更大。

德宏区已在1955年完成和平协商土改，正向合作化道路迈进中。

其他散居在内地区的傣族，已经和汉族同时完成土地改革，并正和汉族一道向社会主义社会迈进。

3.临沧专区傣族社会

以耿马傣族佧佤族自治县为代表。这里的情况是介乎西双版纳和德宏之间。

全县土地均属土司所有，不准买卖和转让。在一般村寨里，私人占有权已确定；残存的公田，名义上仍为公共占有，但实际上已落入头人手中，变为地主、富农的阶级占有。但在个别地区（如勐撒坝）的个别村寨里，土地仍然是定期地按全村户口分配，因此，私人占有权目前仍未稳定。

由于村社较显著地存在，村寨的地界还较为严格，农民离寨即失土地占有权，甲村不能到乙村所辖范围内开荒，但两寨间的租佃关系是被允许的。

这里还残存着一部分"差役田"，如"夫马田""洗碗田""放炮田""搓烛条田""打扫厕所田"等。在西双版纳，这类"差役田"大量存在着，主要是用来安置领主家奴"滚很召"等级的专业劳役田；种此项田，就要提供与之相应的专业劳役，已改为实物折价。由此可见，这里也留有家内奴隶"农奴化"的痕迹。耿马也在1956年进行了和平协商土改。

（四）傣族的婚姻

各地傣族社会发展不平衡，表现在婚姻上也有若干差异。如西双版纳的傣族家庭虽已进入一夫一妻制，但还留下一些对偶婚的残迹，主要是结婚离婚很自由。男女意见不合，互递蜡条一对，就算办了离婚手续。一方死了，不管多大年纪，也要办离婚手续，同样用一对蜡条放在死者棺材上，送下楼梯，不再参加送葬的行列。说明这种婚姻仍是很不稳定的。

这里普遍流行着"招婿""上门"的习俗；婚姻上母系家族的意见具有决定意义；结婚时要向母系家族普遍送礼（送槟榔），这些都可能是母系的残余。到后来，又被争取男子作为"负担人"和"劳动人手"等的经济原因所巩固了。

在德宏，恋爱仍然自由，结婚就很不自由，父母要做最后决定，还有一笔巨额聘金。由于父母不同意或出不起聘金而逃婚的很多。可见已经是很明显的包办和买卖婚姻了。

（五）宗教

傣族的宗教，是固有的多神教与外来的佛教相并而行的，而后者已经占居统治地位。

几乎每个村寨都有一所佛寺，几寨又有一所中心佛寺，统属于土司所在地的大佛寺。佛爷、和尚也分为若干等级，大佛爷要称土司或宣慰为"恩父"。

赕佛（西双的说法）或做摆（德宏的说法。有如盛大的庙会，全村合办或一家独办，耗费很多），成为傣族精神生活中的主要内容，平日斋僧，更是普遍应尽的义务。

在西双版纳，除领主阶级外，男孩子有从七八岁到20岁做和尚的制度，对智力、体力的影响都是很大的（做和尚的都不准参加劳动）。

西双版纳的傣族祭"社神"和"部落神"等固有宗教仪节，至今仍然很重视。经批准加入村社或脱离村社的人，都要向"社神"祭献。全勐有1个"部落神"，1年或3年联合祭1次，叫作"灵披勐"。祭时禁止外寨或外勐的人闯入，地方色彩很浓厚。因而在宗教方面，也反映出这里社会经济结构的特点。

（六）傣族的文化

傣族的语言属于汉藏语系僮傣语族的傣语支。在云南，傣语主要包括3个方言，即傣伩语（西双版纳）、傣哪语（德宏区）和傣绷语（孟连边境）。

傣伩、傣哪都有文字，都是从印度巴利文演变而来的，可见傣族文字的使用是与佛教的传入密切相关，目前也还是大量使用在宗教方面。佛寺一直成为傣族的文化教育机构（德宏虽然没有固定的送孩子当和尚的制度，但他们学文化的场所依然是佛寺）。

在佛寺里，除大批经典外，还有许多传说故事，以至医学、历法、数学、占卜等类的书籍，都是手写的。

此外，各级领主一般都有自己的谱系、历史、田粮户籍册、统治法规、封建礼仪等。自治州人民委员会正在广泛搜集和进行翻译。

西双版纳的傣族村寨里，有一批歌手兼诗人的"张哈"，在他们的口头上或唱本中保留了不少民间传说，同时也创作了许多优秀的民间文艺，文工队也在搜集整理。德宏区还有一些翻译文学，如译《三国演义》《西游记》等，还编成傣戏演唱。

上述两种旧傣文都是拼音文字，但有若干缺点，不够准确和科学。解放以来，在党和各级人民政府以及苏联专家的协助指导下，中国科学院语言研究所与地方合作，已经分别设计出两个改进方案，正在试验推行中。

在音乐舞蹈方面，有象脚鼓舞、孔雀舞、器械舞、跳"于络呵"（跳时所唱的歌曲，每一节都以"于络呵"开端）等，文艺工作者正在发掘、提炼和加工。

四、哈尼族

（一）人口及分布

哈尼族人口有49万余，占全省总人口2.89%。主要聚居在红河哈尼族自治区、西双版纳、思茅专区等地的半山及河谷地带。

（二）支系及语言

哈尼族包括耶尼（卡多）、碧约、豪尼（布都、布孔）、哥搓、阿西鲁玛、堕尼、阿木、拉乌、梭尼、罗美等10多个支系。

哈尼语属藏缅语族的彝语支。由于支系较多、分布面广，方言上也有若干差别。总的说来，约可分为3个方言区：一是红河、西双版纳及澜沧区，一是墨江、江城、元江、普洱地区的豪尼（布都、布孔）方言，一是墨江、江城的碧约、耶尼（卡多）方言。各方言间除语法结构相同外，彼此都有50%以上的词汇相同或相近。因受他族的影响，少数变化较乱，但大部分都有对应规律。

（三）史地概况

哈尼族早期的历史尚不详知。南诏所辖"三十七蛮部"中，有溪处甸部、伴溪落恐部、铁容甸部、官桂思陀部等，均系哈尼族，聚居在目前的红河哈尼族自治区。元、明以来，部落首领先后授予土职官衔；明、清两代，设亏容（即铁容）、左能、思陀、落恐等长官司。1954年1月，成立红河哈尼族自治区（相当于州一级），辖元阳、红河、金平3个县。总面积约2万平方公里。

哈尼族大部分居住在哀牢山脉的半山或元江（下游叫红河）的河谷地区，土地肥沃，灌溉便利，俗谚称"山有多高，水有多高"；就在平缓的山坡上开出无数梯田。纬度较低（北纬22°至24°之间），气候较热，雨量很多，盛产亚热带植物，如甘蔗、棉花、咖啡、香蕉、菠萝等。

红河沿哀牢山脉蜿蜒千里，流入越南，称为富良江，注入东京湾。由元江县到红河迤萨（红河县），可通行木船；如炸去险滩，可通小型汽船。较大河流，还有藤条江、李仙江。

（四）社会经济

哈尼族各支系的发展不平衡，个别哈尼族支系如哥搓，生产力水平极为低下，还采用刀耕火种法，甚至使用木器、竹器作为生产工具。但元阳、红河地区的哈尼，农业生产技术比较发展，种植水稻及经济作物，开梯田，大量使用铁器和畜力耕作，有水利灌溉之便，单位面积产量只略逊于内地区汉族。生产关系正处于封建领主经济向地主经济发展的阶段，但原始协作如大伙盖房屋、犁地、收获等还盛行。原来各个家族所推选的族长和寨长已经变成领主属下的头目；家族的躯壳还保存，但它已经不是联系共同体的纽带了。

解放前，红河区共有18个土司（包括彝族、傣族），以司陀、瓦渣、稿吾、纳埂、猛弄5个土司最大；猛喇、者米、阿邦、五亩4司是傣族土司，力量较小。土司"管民管地"，土地为领主所有，农民向领主租种，按年缴纳6%—20%的官租，服7天以上的劳役，并定期向领主缴纳各种捐税摊派。在欠官租和不履行封建义务以及引起土地纠纷的情况下，土司即将土地收回，另行配给别人耕种。随着商品经济的发展，土地的买卖关系也发生了，部分地区领主制已完全崩溃（如元阳新街、水卜龙、麻栗寨、主鲁），地主经济已取而代之。某些领主制度保存较为完整的地区如司陀、瓦渣、猛弄等地也有了变化，即在领主的土地上也发生新兴的地主阶级,原来属于领主的土地正逐渐转入地主手中。

在土司制度早已崩溃的地区,农村阶级分化很剧烈,土地高度地集中。现以元阳麻栗寨为例:全寨共有303户,其中占5.6%的地主富农阶级占有26%的耕地,占64%的贫雇农只占有37%多的耕地(大多数是旱地)。目前正在进行和平协商土改。

(五)宗教习俗

哈尼族崇拜多神。主要神祇有:天女"奥玛"和地神"阿奥",公山"搓司搓欤"和母山"腊必腊衫",还有家神"合沙尼沙"。龙树"阿玛阿搓"是哈尼族最崇拜的神树,每个家族都有自己的龙树。每年农历二至三月间,各家族各村寨都要举行盛大的祭龙树仪式,由巫师"毕摩"及祭祀长"米谷"主祭。杀牛杀猪,男女饮酒歌舞,狂欢二三日。这也是红河区哈尼族的一个盛大节日。

六月二十四日的祭田节("古拉古杂杂")也是哈尼族的一个大节日。这一天,全寨杀牛祭"秋房"、祭"谷娘",男女老少都要向主祭人"米谷"跪拜。农历四月属羊日祭山坡。由巫师主祭,祭祀时不准其他民族或妇女及穿白衣服的人去看。

哈尼族已盛行包办、买卖的封建婚姻。农民还有多妻的习俗,主要是为了吸收劳动力;诸妻在家庭中地位平等,不同于统治阶级的"纳妾"。此外,也有一些群婚残余,即青年男女间所流行的"然咪然"——吃火草烟。男女关系较自由。寡妇可以再嫁,不受拘束。

哈尼族人民喜欢歌舞,比较流行的歌舞有酒歌、木雀舞、肩舞、碗舞等。少女喜吹把乌和口弦。

五、僮族

(一)人口及分布、支系名称

云南僮族系人口共48万余,占全省人口总数2.85%。包括8个支系:(1)布侬(即侬人,和桂西僮族自治区的南僮同一族系),20余万,主要分布在文山专区;(2)布雅伊(即沙人,和桂僮族自治区的北僮同一族系,在贵州省已正名为布依族),11万余人,主要分布于文山和曲靖两专区;(3)布傣(土族),主要分布于文山专区,9万余人;(4)傣门(土佬),分布于蒙自、开远两县和个旧市,近3万人;(5)傣德(土佬),1500多人,分布于元阳、金平两县;(6)布侬(天保),15000多人,分布在富宁县;(7)布雄(黑衣),12000多人,分布于文山专区的广南、马关两县;(8)侬安(隆安),共5000多人,分布于富宁县。此外有布依(即仲家),共计5600多人,分布于罗平、禄劝等10县。实际就是上述第(2)项所列的布雅伊(沙人)的另一名称。

(二)语言

僮族语言,在云南,主要有下列几种方言:

1. 布侬语（侬人语）

布侬语属于汉藏语系僮傣语族的僮语支中的（桂西）僮语南部方言。云南西畴县侬语与桂西龙州僮语比较：语法结构大体相同，只是方音上的差别。

此外，布侬（天保）、布雄（黑衣）、侬安3支系的话都属于僮语南部方言，与侬语是同一语支。

2. 布雅伊语（布依语——沙语）

布雅伊语（沙语）——属于僮语支的（桂西）僮语北部方言，从600个同源词的比较看：语音上的差别是没有ph、th、kh、tsh等吐气声音，语法结构上是一致的。

3. 傣门话（蒙自、开远土佬话）

傣门语言是属僮傣语言支中比较接近（桂西）僮语南部方言的一种方言。它与布侬语的语法结构大体一致。语音方面一般都有对应规律。

1955年12月10日，桂西僮族自治区人民委员会公布《僮族文字方案（草案）》，共有28个字母——计辅音字母15个、元音字母8个、声调符号5个。

云南布侬、布雅伊、傣门（侬、沙、土佬）3支系的人口在我省僮族系中为最多，地域上也是连成一大片。1951年以来，已进行云南布侬语和布雅伊语的调查研究，结果是侬、沙语与僮语的分歧较之僮语本身尚小。因此，拟采用已创制之僮文为侬、沙文，但必须照顾侬、沙语之特点。

（三）历史概况

唐、宋时代，今日桂西左、右两江流域和云南东部，都已经是僮傣支系人民所居地。宋初，广源州首领侬民富就是这里的大盟长。后有侬智高自称南天王。元代把这区域分割开，由滇、桂两省分别管辖。

宋人记载中有"沙奴"，为"沙"人土长，住地即今日的广南县，也是现在沙人最集中的地区。清《职贡图》载，沙人散处广南、广西、曲靖、临安、开化5府，分布面相当广。这和现代布雅伊人的分布区域大体上相符合。

（四）社会经济

僮族各支系均以农业为主，居住平坝和河谷，种植水稻，因此在有些地方汉族称他们为"水户"。布侬（侬人）、布雅伊（沙）、傣门（土佬）等支系人民的耕作技术较山区民族高，有的比附近汉族更能精耕细作。解放前不施人肥，仅施绿肥、畜肥及草木灰。男女均参加主要劳动。布侬（侬人）和布雅伊（沙人）都有自己的铁匠、木匠、泥水匠，但不是专业的。家庭副业包括饲养牛、马、猪、鸡，编制竹器，自纺自织，并能刺绣。没有专业商人，也没有本族的市场，他们按期到附近市集赶街，以农产品和家庭手工业品换取盐、布、丝线等日用品。

广南县历代的大领主是布侬（侬人）支系的侬土司，拥有佃户各族农民数百家；解放前，城镇附近多是汉族地主，租出土地给布侬佃农耕种；而广大农村绝大多数是布侬（侬人）地主。布雅伊（沙人）已出现地主、富农，但一般农民仍多是他族的佃户。蒙自、开远两县的傣门（土佬）内部阶级分化与汉区同。富宁县的布傣（土族）和侬安（隆安）两支内部阶级分化也较明显；而该县的布侬（天保）和布雄（黑衣）两支，很少本族地富，贫雇农占绝大多数，租耕他族的土地较多。

僮族区域的封建剥削方式是实物地租、高利贷和超额剥削。布侬（侬人）租额有定租（由地主纳粮）和分租（粮税是平分）。

1952年以来，僮族各支系的地区已先后实行土地改革。各支系农民分得了土地。1953年以来，先后成立了农业互助组、合作社，正走着社会主义改造的道路。

（五）风俗习惯、宗教信仰

僮族各支还保存不同程度的原始残余，例如每寨存有寨老制，设老人厅，供"神农氏"牌位，是老人们议事和祭祀的地方。在布侬一支的传统习俗中，老人厅、土地庙和龙树三者结合成为一种宗教制度。寨老的职务是主持祭祀，调解寨内纠纷。文山县的布傣（土族）原有寨老制，已为国民党反动统治时期的保甲长所代替。

布侬人、布雅伊人的村寨，多由不同姓氏的家族组成，布侬、布雅伊支系也往往杂居在一个寨子里，互相通婚。有少数布侬人上层与汉人通婚，但绝不与苗、瑶、彝各族通婚。

布侬和布雅伊都是一夫一妻制，也有某些群婚遗俗：如婚前恋爱自由，婚后即回娘家；生子后，夫妇才团聚。姨表、舅表可婚，姑表不婚等。此外还盛行招赘，注重母系亲属；祖先牌位中，也供外祖父母（另外供在灶房内）。

祖先崇拜已占主要地位。并受汉族影响，供孔子、关公、财神等。阿猛临安寨布侬人供家神，称为"老爷公"；布雅伊人在卧室内供"花王圣母"。

"祭龙山"是僮族各支系的共同宗教信仰。马关布侬人有龙山，每年二月初二杀猪祭祀，不准在山上大小便，不能砍伐山中树木，禁忌很严。老人厅在寨子当中，龙树在山坡上。据说这些神的职责是共同保护全寨庄稼。土地庙在寨边，保护人畜平安。每月初一、十五要到这个地方点灯敬茶，由全寨各家轮流担任。

僮族各支系的宗教师，男的称"波莫"，女的称"甲沙"。波莫专管过年及丧事的念经、开路、做道场等，有经书，收徒弟。甲沙不收徒弟，没有经书，自己供有"天兵天神"，会赶鬼卜卦。

丧葬习俗很多同汉族，但拾骨重葬还很普遍。

六、苗族

（一）人口、分布及名称

全省苗族有36万余，占总人口2.11%。主要分布在昭通、文山、蒙自、楚雄等专区及红河哈尼族自治区。

苗族自称"蒙"。在云南，有8个冠有"蒙"的自称单位，即蒙豆（白苗）、蒙是（青苗、素苗）、蒙爪（青苗）、蒙陪（花苗、汉苗）、蒙绸（红头苗、花苗）、蒙刷（汉苗）、蒙刹（汉苗）、蒙不阿（汉苗）。

（二）历史、社会经济及民族关系

苗族聚居区主要在湘、黔。元代在湖南苗区设五寨长官司。明代改土归流，相继设置凤凰城、永绥、乾城、古丈、保靖等州、厅、县，在苗寨中设百户寨长，归流官管辖；并对苗区采取封锁政策，立碉堡，设营哨，筑边墙，严格划分汉苗地区界线。清朝对湘、黔苗族加强统治掠夺，并进行武装屠杀，苗族先后5次起义，都被清军镇压，被迫四处逃散，形成苗族的大迁徙。云南苗族主要是由贵州迁来的。

到这里，境况并没有改变。他们散居在汉、彝、僮族的封建社会里，没有形成自己独立的社会经济区域。他们绝大部分是中、贫、雇农，一向遭受他族地富的剥削。如彝良县二区铜厂沟、米尔沟、仙马乡131户苗族，无一户地富，土改前所有土地是向一家彝族地主和一家汉族地主租种的。禄劝县一区10个小乡的苗族420户，中农41户，贫农293户，雇农86户，也没有地富。永善县马兰、塘坝两乡及砚山县倮黑乡，苗族人口均在50%以上，其中无一户地主，仅倮黑乡有一户富农。

他们分布在自然条件很差的高寒山区，只产荞子、洋芋、燕麦，吃得上苞谷的都很少，缺粮现象是较为突出的。

反动统治时代，他们不但在经济上受剥削，在政治上更受压迫和歧视。他们对待这些，是无可奈何地忍耐。到了忍无可忍时，再一次退让的行动是搬家。如果还不能逃避，那就是不顾一切地拼命。咸同年间，毕节、镇雄一带的苗族联合其他各族人民起来反抗清朝的封建统治，推苗族陶三春、陶新春为首，众至10万；同治五年，岑毓英前往镇压，进兵124日，在彝良、镇雄等地残杀数万人，毁屋数万间。1925年，麻栗坡苗族反抗对汛长和乡长；1933年，邱北苗族"抗捐、抗粮、抗租、抗债"；1938年，河口苗族暴动，均先后为国民党反动政府所镇压。

苗族人民一般只有靠艰苦的劳动、内部团结互助，才能生存在这种条件之下。他们一般是聚族而居，每个村以姓氏宗族为单位；各姓建立婚姻关系，同族泛称为"亲戚"，有互相帮助的义务。

"盘根古"、串亲戚久已成为苗族内部联系的有力的纽带，收获完毕后就到处串亲戚，有跑到几县以外甚至邻省去的。亲戚家除了热情款待、一留再留外，走时照例要送给盘缠。因而苗族的分布虽然很分散，但彼此间常常是呼吸相通的。

70多年前，英帝国主义计划从缅甸经云、贵修筑一条通达长江的铁路，曾派戴维斯[①]勘测；以后就派披着宗教外衣的特务分子到沿线苗族和其他少数民族地区活动。所到之处设立教堂、医院和学校，并为少数民族创制文字，用这些小恩小惠来收服人心。在开始时曾遭到拒绝，经过传教士长时期的活动，穿他们的服装，说他们的话，替他们看病，甚至有传染了疾病死在苗区的例子。就这样把侵略据点建筑在苗族和其他少数民族的心坎里。如彝良二区苗族至今仍有97%是教徒，他们每年都要派人到石门坎去祭奠传教40多年就死在那里的英帝国主义分子白格朗。

（三）解放后的变化

不难理解，苗族人民的第一个要求是渴望自由，因而在党领导下，他们敏锐察觉和衷心感激的第一个变化是获得解放。"毛主席的恩情说不完""永远跟着共产党走"，这是苗区普遍流传着的话。盐津三区大坪乡乡长罗德文说："我当干部，一年跳出跳进只有60天干活，3个小娃吃不上饭，老婆拉后腿；但我想，今后不再受压迫，饿着干也是痛快的！"

苗族人民的第二个要求是分得土地，因而在土改期间，表现了高度的革命热情，许多地区，等不及工作队来组织，就自己起来斗争地主。他们一往情深地要求靠拢党；昭通一个专区目前就有民族共产党员512人和干部128人；这些人无疑地会领导苗族人民更紧密地靠拢党和政府，为在本民族中实现社会主义而奋斗。

但历史上遗留下来的贫困面貌一时还没有改变，在社会主义改造过程中就突现了先进与落后的矛盾；苗族人民要求摆脱贫困落后的状态是很迫切的；而一些同志，认为土改以后不会再有民族问题了，以致长期放松了苗区的工作。1956年5月，全省进行了一次民族政策执行情况的检查，重点之一就在高寒山区，端正了干部思想；省委并提出"一少（少要）、二多（多帮助）、三公道（物价公道）"的工作方针，各地党委先后组织高寒山区工委会，加强领导，进行全面扶持，要求尽可能缩短时间，改变高寒山区各族的落后面貌。

（四）语言文字、宗教信仰

1.语言文字

苗族语言属于汉藏语系苗瑶语族的苗语支，与瑶语支平列。

苗族没有自己的文字。近数十年来，帝国主义传教士在四川南部、贵州西北部和云南东北部的同一苗语方言区内，创造了两种拼音文字，其制造民族分裂的阴谋是很显然的。

解放前基督教会在云南苗族区每个较大的教堂均附设教会学校1所，除石门坎设有校

---

① 参见戴维斯 H. R. Davies 的著作 YUN-NAN: THE LINK BETWEEN INDIA AND THE YANGTGE（《云南：联结印度和扬子江的链环》）（Cambridge: at the University Press, 1909）。——编者

本部外，在滇、黔边境设有分校37所。四川省内设有分校15所，先后共有大学生5人，高中生10余人，初中生60余人，小学生千余人。外籍传教士们在宗教外衣的掩护下，进行了一系列的阴谋活动。

解放以后，已在云贵两省积极进行苗族的方言调查。云南苗语有文山、蒙自方言区和昭通方言区；但是差别不大，可以考虑使用统一的苗文。

2.宗教信仰

苗族崇拜自然神祇，遇暴风骤雨，必烧黄蜡祭"鬼"。苗族最大的祀典是"椎牛"，遇有疾病灾祸，往往"椎牛还愿"。

祖先崇拜已占主要地位。最大的节日是"西松"（祭祖），每家在秋后举行1次。如家有新丧，则至多隔5天请巫师祭1次。

在云南苗区，苗族上层经常利用巫术来"闹巫害"。被陷于"巫害"的，往往是贫苦农民，被迫自杀或逃亡。影响团结很大。

苗区的"客教"（苗族称汉族为客家），是由汉族传入的。如供"土地庙"、"祭天王"、"谢土"（安置龙神）等。

基督教传播的主要苗区是昭通、楚雄、曲靖等专区。解放前共有6个系统：（1）石门坎教堂；（2）西差会的内地会（在武定洒普山）；（3）基督复临安息日会滇中分会（在富民大龙潭的马房）；（4）基督教布道公会（在禄丰）；（5）西南基督教联合会（在元谋）；（6）中华基督教会（中华基督教自立会）。

天主教传播的主要苗区是文山、马关一带，有80余年的历史。

七、佤佤族

（一）人口分布、支系及名称

云南佤佤族共280257人，占全省人口总数1.64%。

主要分布在澜沧县、西盟区、沧源、镇康、耿马、双江等县一带。均聚居在澜沧江流域以西。

佤佤族有三大支系，即布饶、瓦、卧。自称和他称较复杂，依地区列表如下：

佤佤族名称表

所在地区	自称	他称			
		汉族称谓	"本人"称谓	傣族称谓	拉祜族称谓
沧源县、班洪	布喇	腊家	拍喇	滚菜	
沧源县、岩帅	布饶	佤佤	布忍、佤约克	爱佤、滚拉	
沧源县南沙、糯良一带	拍窝				

续表

所在地区	自称	他称			
		汉族称谓	"本人"称谓	傣族称谓	拉祜族称谓
澜沧县、上允区	巴饶				阿佤
澜沧县、西盟区	阿维				
瓦冷部落	（一）布饶（二）士卧				
绍兴部落	（一）卧（二）士卧（三）佤（四）士佤				
"本人"	（一）佤鲁（二）爱佤（三）佤	本人			

历史文献上对佤佤的汉称，有哈瓦、喇瓦、卡剌（卡拉）、卡利拉、哈喇、哈喇蛮、古剌、刮剌、哈剌枉、卡瓦等。樊绰《蛮书》所载望苴子、望蛮、外喻，就分布地区看，"望""外"等可能为佤佤自称"卧"的别写。

1954年孟连傣族拉祜族佤族自治县成立，称谓"瓦族"。1955年10月，耿马傣族佤族自治县成立，定名为"佧佤族"。现在还没有统一的族称。

（二）社会经济

佧佤族社会经济面貌，因地区情况不同而有若干差别：在佧佤山中心地区，可以较多地看到基于内在因素自发展的本来面目；与汉族、傣族、拉祜族邻接或杂居的地区，因受外来影响，已有若干变化。据不完全了解，概述如下：

1.佧佤山中心地区

家长奴役制的色彩较鲜明。全西盟区奴隶人口约占5%至8%。

其来源，一是买卖，价格为2条水牛或200元至300元半开一个人；一是因负债出卖自身或子女抵账；一是作战时将大人杀死，掠小孩、妇女为奴或作为妻子。

童奴、女奴较多，主要从事家内劳动。所受待遇一般不得吃饱，干不好要挨打；若有违抗要受到吊打、火烙、木拷等酷刑。奴隶可以转卖，也可以赎身。以女奴为妻妾，生子后小孩可以抵账。童奴有被作为养子看待的，还可以继承财产。奴隶的社会地位一般还未受到歧视。

由于生产力低下（大量使用竹、木农具，不会用牛耕），一个全劳动每年创造的财富最多400斤粮食，一般只是200斤，不够养活自己；使用奴隶还无大利可图，因而尚未形成社会主要劳动生产力。

土地关系还具有二重性：宅地、园地和已经开垦的旱地、水田属于私有，个别地区有租佃、买卖关系；荒地、荒山仍属公有，部落间有区域界线。

土地除单户自耕外，尚有部分合耕地（比重不大）。合耕办法，一是双方（或三方）合出土地、籽种和人工，平分收成；一是一方出土地，双方出籽种和人工，同样平分收成；一是一方出土地、籽种，双方出人工，分配时先扣除籽种加5%的利息，然后平分。土地一般无报酬，双方出工是以工换工，欠工就补工。此外还可以借用耕地，送酒1瓶、鸡1只，期满归还。

牲畜占有很不平衡，多不用于生产，主要是表示财富。剽牛祭鬼的风气很盛行。1955年年节，一个头人一次剽牛9条，连同泡水酒共用去1000多元。头人说："剽了牛将肉分给大家吃，大家便会相信我了！"

个别村寨的头人有特权，大部分地区还保留着较多的军事民主色彩。社会组织，以部落为单位；部落内又包括若干氏族，每一氏族有一个"窝郎"，即氏族长，以看鸡卦的方式选出来，目前有些已世袭或固定。选举的对象多数是能说会讲的。每一部落又有大"窝郎"，由各氏族推选，一个人不同意都不行。处理内外事务，也要取得一致同意。群众不满意头人，也可以骂他或打他。各部落是独立的，但为了军事目的，已结成联盟，奉一个强大的部落酋长为盟主。只有在对外战争中他们的行动才能统一。

各部落有专管对外联系的长爷，有职掌宗教的"摩仈"，社会地位较高。

每个寨子外面都有防御建筑，戒备森严；部落共同体的利益是最高的利益，任何人泄露了内部秘密或与敌对部落有来往，都被认为是大错误，而要受到不同程度的惩罚。

部落成员有互助、协作的习惯，烧山、砍树、盖房子都是集体劳动。每遇祭祀、过节杀牲或猎获野兽时，大家都要平均分一份。

还有砍人头祭谷等落后习俗，对生产和生活方面的影响很大。

2. 邻接内地的地区

如沧源县的岩帅、班洪。反动统治时代，其首领受封为世袭的大头人；下设5种官职，群众称为"五道衙门"，为反动统治者收缴钱粮。在外力支持下，已经形成一套统治本民族的政治机构，过去还有固定武装，产生一些封建性质的特权剥削，如班洪、勐角，头人、属官一年派白工4000多个工作日。此外还要派粮、派款。也有蓄奴的，但不普遍。水田占有较集中，阶级分化较明显，债利剥削也更为严重。但在经济上，剥削分子尚未形成一种阶级力量。

佤山区的贫困落后状态也是较为突出的，缺粮现象很严重。解放以来，党和政府对山区各族人民进行了一系列的扶助和救济工作；截至1955年，在有工作的地区先后发放锄头1048把、犁头2091个、大小春籽种3万多斤，救济和贷放粮食30多万斤；还领导各族人民开荒生产、改进耕作技术，山区各族的生产和生活逐年有了改进和提高。1955年以来，在西盟山区试办了7个合作社（6个拉祜族社、1个佤佤族社），在领导山区各族逐步过渡到社会主义社会的前进道路中取得一些经验和成绩，但是要在较短期间改变各族的落后面貌，还要从多方面大力扶持。

（三）语言文字

佧佤族语言属南亚语系孟高棉语族的瓦崩语支。特点是：（1）不分声调；（2）元音有长短紧松的分别；（3）有复声母；（4）有韵尾；（5）语序是主语—谓语—宾语；（6）形容词在被形容字的后面；（7）有单音节语根，但由词头、词嵌可变出其他意义的词来。

帝国主义传教士曾为佧佤族创制了一套拉丁字母，不是根据基础方言设计的，有很大的缺点。现在正进行佧佤语文的调查研究，彻底改进中。

佧佤族人民还用"刻木"记事，人没有名字，数字和时间观念很模糊；甚至年龄和姓名亦不记，唱歌和跳舞是和对自然界的惊奇联系着的，尚未发展为较成形的艺术。

（四）宗教习俗

佧佤族的风俗习惯、宗教信仰、生活文化，也带有较多的原始性。例如亲属称谓上保有早期群婚残余。以人作祭品的习惯，在某些地区，还没有打破。

固有的多神教仍占优势地位，各地盛行祭木鼓、拉木鼓、剽牛、祭鬼等仪节。接近傣族和拉祜族地区的佧佤群众也信仰佛教，建立佛房，如班洪、朗腊、岩帅等地都有佛房。赕佛仪式和宗教节日如泼水节、开门节、关门节等与傣族相同。自1922年美帝国主义特务分子永伟里[①]及其子永文生、永享乐3人先后侵入佧佤山边沿地区以来，有部分佧佤族人民改信基督教。以后，又有天主教的罗维聪到东河区的大拉八，披着宗教外衣，进行特务活动。

八、傈僳族

（一）人口分布

全省傈僳族人口共计23万多人，占全省总人口1.37%。主要聚居于丽江专区及傈僳族自治州。

（二）自然概况

傈僳族以怒江河谷为聚居中心。

怒江纵贯在怒江山脉（即碧罗雪山）及高黎贡山之间，西为高黎贡山，东为怒江。怒山在德钦以北海拔4000公尺以上；从怒江腊早东通澜沧江岩瓦的额千里丫口，海拔3600公尺；从怒江西通都龙河，通常是翻越高黎贡山的茉莉王隘口，海拔3725公尺。东西坡度很陡，岭道上冬季有大雪封山，交通甚为不便。解放后已修筑了由兰坪至碧江的驿道，公路正在勘测修筑中。

[①] 永伟里，本文又作"永伟礼"。——编者

怒江源出西藏的唐古拉山口,水流湍急,长2000多公里,形成有名的南北大纵谷。河流不能通航,傈僳族人民利用着古老的交通工具,在两岸拉起竹制的溜索,上面套着溜筒,兜着人或牲畜溜滑而过。为解决傈僳人民的交通困难,人民政府现正准备修建一座铁索桥。

怒江河谷,东面气候比较干燥,西面怒江河谷,空气润湿,雨量充足,植物茂盛。除北部高峰因终年积雪气候寒冷外,在山半腰以下,气候就比较温和,河谷低地气候比较酷热,宜于生长各种作物。怒江河谷地带狭窄,仅贡山南面茨开到腊早之间,有狭小的冲积平原,适宜种植稻谷。

傈僳族和怒族人民,大都居住在山半坡地带。山地种苞谷、麻和杂粮,江边平地有水田,种植水稻。

(三)社会经济

傈僳族的社会经济,可分两类地区来叙述:

1. 怒江区

在碧江、福贡、贡山聚居的傈僳,土地已基本私有,但阶级分化尚不十分明显。解放初的情况是:占人口3%的富裕户占有7%的耕地,占15%的中等户占有20%的耕地,占80%的贫困户占有60%的耕地。大部分地区出现了占户口1%弱的富农(多系白、纳西等族),地主几乎没有。

傈僳族中也存在着变态的共耕方式:几家人互出土地、籽种、劳力,伙种之后平均分配收获物;但是没有怒族普遍。此外,有土地而缺乏劳动力的人,可以通过"瓦刷"(煮酒请客帮忙)邀请同族或邻居帮助种地。由于生产资料占有和劳动力多寡强弱有悬殊,上述各种原始互助形式中已经隐藏着不同程度的剥削关系。

1912年前,傈僳族还蓄养着相当数量的家庭奴隶,来源多是被征服的当地民族。但奴隶只是主人单纯的助手,主人也直接参加劳动。奴隶虽然可以买卖,但主人对他尚无生杀予夺之权。奴隶劳动尚未形成整个社会经济的基础。主人有时也把多余的土地分配给奴隶耕种,奴隶可以娶妻生子,进行个体性质的生产,定期为主人耕作或服劳役。1912年汉族统治集团进入傈僳族区,为了镇压傈僳反抗,实行"开笼放雀"(释放奴隶),至今只有极少数人蓄养奴隶了。由于蓄奴经济存在时间不长(在傈僳语的词汇中还没有专指"奴隶"这个等级的名词),它在阶级分化上留下来的烙印也不显著。

1954年8月,怒江傈僳族自治区成立,从此长时期受压迫、受歧视、丧失政治和经济权利的傈僳人民,在中国共产党的领导下获得了当家做主的自治权利。

又在国家的大力扶持和党的"团结、生产、进步"的指导方针下,已经试办若干互助组和合作社;1956年春怒江全区办了67个社,入社农户共有1569户,当中傈僳915户。入社土地共有12905架(1架约合2亩),其中水田2475架,占19%。入社耕牛1693条(可耕902条),贫困农民情绪很高,有的不待领导就自行组织。当然,要在互助合作运动中克服各种落后因素以及某些剥削因素，为过渡到社会主义打下坚实的基础，还是一个长期的、艰巨的工作。

2. 内地区傈僳族

包括兰坪、丽江、武定、禄劝等地区，其生产技术虽然落后，但地主经济已占优势地位，阶级分化很明显。这些地区都已实行过土地改革，目前正走农业生产合作化的道路，如在1955年底，兰坪县傈僳族的社即有5个，傈僳与他族合办社有9个，现正不断增长中。

（四）语言、文化、宗教和习俗

傈僳族语言，属于汉藏语系藏缅语族的彝语支。

20世纪初期，帝国主义传教士替傈僳族创造了一种拉丁化的拼音文字，但缺点很多，仅限于教徒间使用。解放后经过长时期的调查研究，帮助傈僳族人民另外设计了一套日常应用的拼音文字。

傈僳族有丰富的口传山歌和长诗，著名的有《逃婚调》《生产调》等。还有许多神话传说。

傈僳族人民一般信奉自然神祇，除山、川、林、石及道路有神鬼外，主要的神灵有：家神"海干尼丝"是保护全家吉凶祸福之神；社神"哈拉尼"，主宰全村的幸福，每年十月间全村祭祀1次；狩猎是傈僳族的副业之一，认为祭奉猎神"苏尼"可以获得更多的野兽。

巫师"尼帕"主持祭祀和打卦驱鬼。杀牲祭鬼，对傈僳族人民的生产破坏很大。解放后，由于医药卫生设备大大改善，建立了医院和防疫队，杀牲祭鬼的现象已大为减少。

半个世纪以来，怒江区傈僳族人民饱受帝国主义的侵略，19世纪的90年代至20世纪的50年代期间，英、美、法、瑞等国的帝国主义分子，披着宗教外衣，以称戛、茨开、白哈罗等地为据点，长时期进行阴谋活动。

怒江傈僳族信仰基督教的约占总人口的37%。解放以来，在热爱祖国、分清敌我的思想基础上，已实行三自革新运动。

九、回族

（一）人口及分布

全省回族计有21万多人，占总人口1.2%。分布在116个县市。聚居人口在14000人至30000人的有4个县市，5000人至10000人的有7个县，3000人至5000人的有8个县，1000人至3000人的有21个县，1000人以下的有54个县，不满100人的有31个县。特点是大分散，小聚居。多分布在交通沿线的平坝区和城镇，与汉族交错杂处。因交通较便，各地回族的联系也很紧密。

（二）历史及民族关系

回族大量来云南，是在元代，或者属于蒙元帝国的回回军，或者属于回族高级官吏的亲戚故旧及仆从；此外，迁到云南屯戍的"畏吾尔"（即维吾尔族）还不少（据《元史》，1285年雪雪的斤领畏吾尔1000户屯戍在滇西保山一带；1315年，立乌蒙军屯，发畏吾尔及新附汉军5000人屯垦）。清初，随哈元生来滇的还有一批，住滇东一带。

蒙元时代被征服的回族，政治、经济、文化的水平都很高，对蒙元帝国的建立和巩固，是一支强而有力的助手。元朝初年在云南做大官、掌大权的回族有32人；最杰出的是赡思丁父子，他们在政治、经济、文化、卫生等方面都做出了若干较进步的措施和有益的贡献，对云南地区社会经济的发展，起了一定的推动作用。

明清两代，汉族大量移殖云南；连同历代迁来的，在各族比重上占居最多数。一般都分布在内地平坝区，回、汉交错杂处。

就两族的劳动人民说，从来就有着亲密的关系：表现在经济、文化等方面的紧密联系、互相丰富、共同创造上，表现在与汉族操同一语文上，表现在阶级利害的痛痒相关上等。到今天，在社会主义的大家庭里，回、汉两族以及各族人民共命运、同呼吸的感受更深切。论民族关系，这是主要的方面。

但在旧中国，同样是"各民族的监狱"。反动统治者对汉族及其他各族的劳动人民，一贯进行着残酷的剥削和压迫；并煽动各民族互相敌视，唆使各民族互相残杀，以巩固其统治地位。晚清云南回族事件就是明显的例证。这次事件中，如永昌文武官员具印结给汉族地霸沈盈，要他充当"灭回"的刽子手；云南巡抚舒兴阿还有"剿回八百里"的通省行文，就是实行民族压迫的具体表现。同时也不能忽略各族统治阶级由于争夺私利，在民族外衣掩护下，制造民族纠纷，用各族劳动人民来做牺牲品的罪恶事实。

明清以来，汉、满官僚和汉族地主在政治上居于统治地位，但经济上回族并不落后，他们的生产水平不低于汉族，在经商、开矿等方面还表现了卓越的才干。

19世纪初，云南许多矿区已经普遍开采，回族在各个矿区当厂老板、技术指导（矿师）、封建把头的很多，充当砂丁和厂矿警卫的更不少。农村里面，回族的阶级分化也很明显。从一些历史文献看，当时回族的地主和高利贷者是很突出的。

在矿山，由于回、汉厂商互争利源，双方都用民族主义作号召，进行原始性的劫夺；或者倚财仗势，互相欺凌，掀起民族纠纷。如19世纪50年代的他郎（今墨江）金矿事件，南安（今双柏）石羊、马龙两厂事件。

在农村，由于官府敲诈勒索，汉族地霸侵夺土地财产，两族人民因为宗教习俗的不同，基于民族成见而引起纠纷，地霸扩大事态，从中取利。被压迫的一方，包括回族地富，因而在进行反抗中，他们同样用民族主义来号召，出现了一系列的民族报复。如19世纪50年代的缅宁和保山事件。

发展下去，民族仇恨几乎淹没了阶级矛盾，滇西、滇中、滇南、滇东到处掀起极为残酷的民族仇杀，以至波及川、康、贵州等邻近各省。回族失败后，留存下来的又有不少被迫迁徙（如迁潞江外官乃山）或四散逃亡（如逃佤佤山、西双版纳或省外）。

在统治阶级和剥削分子的挑拨利用下，各族人民的牺牲是十分惨重的：据道光十年（1830年）的人口统计，全省共有1181247户6552650人；光绪十年（1884年）的统计，只有742547户2992583人。在先后30多年的流血事件中（自1839年缅宁事件起至1871年清军陷大理），各族人口减少2/3，估计各族牺牲的人民当在5000000以上。

经过这样大的流血事件，在民族关系方面就留下了很深的鸿沟。总的是回族处于更受压迫和歧视的地位；但在回族聚居较多的地区，基于民族报复的思想情绪，对附近汉族及其他各族也有所压迫。这主要是回族地富从中掌握。他们提出"内部团结、一致对外""天下回民是一家"等民族主义的口号；某些地区的回族地富，并努力由经商方面发展，最近40年来回族的内部关系也起了显著的变化。如巍山县第三区16个乡，回族共有1705户8263人，土改前有地主151户，富农117户，中农464户，贫、雇农912户，其他成分61户。其中工商人口438人（养马两匹以上评为1商业人口），农兼商户平均在71%以上。商业资本的发展是比较突出的。

至于聚居在城镇或市集上的回族，很多从事小商贩及小手工业。以昆明为例，全市2720户回族中，工商户约占总户数50%，所经营的行业达72种。由于历史原因，大多数缺乏生产资料，加以风俗习惯不同，生活途径颇受限制。回族自己常说："回回路窄。"他们绝大部分经营牛羊肉、面食、皮革、小商摊贩等行业，极少部分经营资本主义工商业和其他较为稳定的行业。职工人数解放前也很有限。突出现象是城市贫民为数颇多。

（三）解放后的变化

解放以来，我们首先注意到加强民族团结、消除民族隔阂的工作。在党的民族政策贯彻执行下，回族人民逐步觉悟到历来流血事件当中的祸首罪魁乃是反动统治者及各族的官僚、地霸、奸商，认识到应当把历史上的流血事件作为惨痛教训来接受。1952年后，回、汉各族农民一道进行了土改；在联合斗争地霸中，进一步认清共同的敌人，并认识到各族农民才是一家人。农业合作化运动中，涌现了不少回族和汉族以及其他各族的联合社，为了保卫和积极参加祖国的社会主义建设，广大青年踊跃应征入伍和加入志愿垦荒队。民族关系和经济面貌正在起着根本性质的变化。

城市回民，也给予多方面的帮助和照顾。如昆明市大批回民被介绍和安置到工矿企业工作，连同解放以来参加政府工作的回族干部，职工比重显著增加。自1952年至1956年，对一些不能就业或生产生活有特殊困难的，先后发放救济金和棉衣。在社会主义改造中，对回族所经营的手工业和资本主义工商业都做了适当安排，对饮食摊贩的用粮也做了适当的调剂。1956年成立回民生产合作社，组织生产自救，又使一部分人解决了就业问题。成立回族公共食堂及食品供应店等，帮助解决回民生活习惯方面的若干困难；并组织回民文化协会，联系和教育广大的回族人民。

（四）文化、宗教及习俗

1. 文化教育

云南回族因与汉族杂居，经济生活密切联系，汉族语文早已成为共同使用的交际工具；在清真寺中，则用阿拉伯文作为宗教文字，但是能够使用的人并不多。宗教职业者有的也兼学汉文。

回族的文化教育虽在各少数民族中算是比较先进的，但与汉族、白族、纳西族相比较，仍然显得落后。游击时期有不少回族农民和知识分子参加了革命队伍，锻炼出大批革命干部，在全省各地工作。

解放以来，随着经济生活的上升，文教事业也有了进一步的发展；如在昆明市，1955年有回教大学生60人、中学生523人、小学生1811人。回族中、小学也在扩充、改进中。

2. 宗教

回族信仰的伊斯兰教，是在唐代传入中国。现在中国的穆斯林（教徒）有10000000左右，包括回族、维吾尔族、哈萨克族、乌孜别克族等族。

伊斯兰教的主要经典是《古兰经》，其次是穆罕默德的言行录，并规定了一个教民在一生中必修的"五功"，即"认"（认识真主）、"礼"（礼拜）、"斋"（封斋）、"课"（交"天课"，即交纳财物给清真寺，作为公共费用）、"朝"（朝觐"天方"）。有些教徒每天要做5次礼拜，每星期五的下午还要到清真寺聚礼1次，叫作"主麻"。在做一般的礼拜前要"小净"（四肢沐浴）；做较大的礼拜前要"大净"（周身沐浴）。主要的节日有3个，即圣纪节、开斋节、古尔邦节。

3. 婚丧

解放前，伊斯兰教不反对多妻，但教规禁止"待众妻不公"。仍是包办买卖的封建婚姻，定亲往往没有成年。婚礼都在主麻日举行。由阿訇填给结婚证。表兄妹可以结婚。回族男子可以和不信仰伊斯兰教的女子结婚，而且可以让她信仰原来信奉的宗教。回族妇女和不信伊斯兰教的男子结婚，则是被反对的。

死了人要请阿訇念经，停尸不超过3天，一般是早亡午葬。尸身沐浴后，用白布裹起，移置在木匣内。实行土葬，但不用棺椁。由阿訇率领亲友送殡，妻不送葬。

十、纳西族

（一）人口及名称、语言

纳西族人口共14万多人。主要分布在丽江县，有10.5万多人，次为维西、宁蒗、永胜、中甸、剑川、鹤庆等县，四川盐井县也有分布。

"纳西"是自称的族名。在宁蒗的又自称"吕西"，在永胜的又自称"巴西"，在木里的又自称"速西"，维西、宁蒗、木里也有称为"马里马沙"的。在晋朝人的记载上，定筰县（今四川盐源县）有"白摩挲"（见《华阳国志》）；唐朝以后的文献称为"麽些"或"麼蛮"、"些蛮"并称。

（二）历史概况

唐朝初年有一个大部落居住在越析州（今宾川县的宾居北面），称为"越析诏"，又称为"麼些诏"，即纳西族。经济生产以畜牧为主。后被南诏阁罗凤攻破，向金沙江北岸退走，再被迫溯江而上，到了铁桥城（今丽江县塔城），铁桥上下这一段金沙江即称为"麼些江"。唐贞元十年（公元794年），南诏异牟寻攻破了吐蕃所占据的铁桥东西二城，曾迁徙麼些1万户到昆川一带。（见樊绰《蛮书》）

从宋、元到明初（公元10世纪到14世纪之间），在今宁蒗、丽江、维西的纳西族分为若干小部落，元明封建王朝把这些地区设为州县，并分置土司：（1）今宁蒗县境分设蒗蕖、永宁二州，明时升永宁为府；（2）丽江军民宣抚司，领7州1县。在今丽江县境分设3州：一是通安州，今白沙、束河、大研一带，这里原来住着"仆䍨蛮"，被纳西族夺据；一是宝山州，在今县境的东北锐角，当蒙古兵侵入时，这里有"麼些弟兄七人，分据七寨"（见《读史方舆纪要》）；三是巨津州，在铁桥南面，今塔城、巨甸一带，州西设有临西县（今维西县）。

其中通安州的酋长木氏，在明朝逐渐发展成封建大领主，合并了丽江境内的部落，受封为丽江军民宣抚司。木德于明洪武十六年（公元1383年）到南京贡马，被委为丽江土知府，后因征巨津州酋长有功，得准世袭。嘉靖、万历年间，土司木高战胜了塔城的吐蕃，派纳西军到维西驻守，于是维西又增加了纳西族的住户。清雍正二年（公元1724年）、七年，丽江、维西相继改土归流。

从明朝以来，丽江纳西族的经济文化和汉族发生了进一步的联系。明初曾派汉族军户到丽江屯田，邻县鹤庆、永胜的屯田更加兴盛；永乐十六年（公元1418年）奏准在通安、宝山、巨津3州建立学校。以木土司为首的领主们首先接受了汉文化，聘请汉族文士来做家庭教师；并且大开银矿，拥有雄厚的财富，除了按年向明朝贡银760两之外，在嘉靖、万历年间又几次添贡银两，有一次多至2万余两。明朝末年丽江的农业生产已经有显著发展，据《徐霞客游记》，当时农业行间耕、休耕制，田亩沟渠纵横，人民住的是茅房、板房，头目住的是瓦房；北境的山区畜养牦牛群，上纳牛税银两；各处在正月间次第祭天，主祭的大把事要请木土司赴会，贡献金壶、八宝，最多的费至千金，可以看出领主经济的色彩。又据余庆远所记，清初乾隆年间维西的情形：每户都有畜群，在耕种收获时期按户出工3天去替头目服役，稻谷将熟时候贡献"扁米"二三升，腊月贡献鸡、米。（见《维西见闻录》）这更明显地反映出当时的工役制。

清初又派大批军户到丽江屯田。在改流后，逐渐发展为地主经济，反映在文化上已经不是领主所专有，在清朝科举中，不断涌现平民出身的纳西族的举人、进士、翰林，他们以地主阶级的代表身份参加进封建王朝的统治集团；光绪末年设立了师范学堂、小学堂，用木刻活字（旧存雪山书院）印行过《丽江白话报》、汉藏文对照的课本；以后小学中学都逐渐有所扩充,产生了大批的中小学生,也有大学生、留学生和教授。解放前纳西族社会的土地关系和阶级分化已经完全和内地一样。

(三) 社会经济

丽江地面海拔2480公尺,属于滇西北的高寒地区,北面有雪山称为玉龙山,山顶终年积雪。象山下有玉河,引为大小沟渠贯穿于丽江中心区的大研镇,灌溉着周围的大量菜园和农田。

金沙江围绕在北面和东面,江面上段海拔2200公尺(巨甸以上),下段海拔1650公尺(三江口),沿岸有冲积平地,气候温和,盛产稻谷及水果。在中甸雪山与丽江玉龙山之间的峡谷处,江水倾泻成大瀑布,称为"虎跳岩",落差300余公尺,有巨大水力可供利用。

纳西族的农业生产工具和生产技术和内地汉区相同。铁质农具由本族的工匠制造。大研镇的菜园耕作很为精细,为邻近各县所不及。

官僚地主(以军官为多)一贯掌握着武装团队,并结成"亲家团",在压迫各族农民中造下不少血腥罪恶,1936年4月红军由丽江渡过金沙江北上时,曾深深地激发了农民的革命意识。在1937年、1938年、1939年间,金沙江边的佃农曾先后发生过群众性的反抗,都遭受地主武装残酷的镇压,佃农被杀死很多。1948年、1949年,全国解放胜利的大形势更加鼓舞了丽江各族农民的斗志,在中国共产党的领导下,配合着邻县组织起革命武装,给予国民党反动政权以有力的打击。1951年,丽江及维西的纳西族地区已完全土改,最近也掀起了社会主义革命的高潮。

丽江中心区的大研镇早已有脱离农业的工商市民阶层。手工业以皮鞋匠、铜匠为著名,常聚居成一条街,施行师徒制,钢制家具和铜锁销行于邻近各县。纺织业和染业也相当发达,解放前已有使用机器纺织的小型工厂。商人中有少数大商业资本家,主要和康藏通商,在抗日期间一直远商印度,经营布匹、毛呢、纸烟、鸦片、枪支及买卖黄金、白银,他们同时都是大地主。此外丽江是滇西北区域药材、皮毛的主要集散地,有不少内地商人前来设立"收买山货"的商店;农历三月的龙王会及八月的骡马会,有大规模的露天市场,是滇西北各县及康藏人民的物资交流大会。

解放后,首先修通了公路,汽车南通大理,北达巨甸;并建筑了新式的气象台、电影院、小型水电厂。

(四) 语言文字

纳西语属汉藏语系的藏缅语族中的彝语支。有3种文字:(1) 东巴文——是一种象形文字;(2) 哥巴文——是一种音节文字;(3) 帝国主义传教士所拟的拉丁化拼音文字。但都不为一般人民所应用。

解放后,自1951年起,中央民族学院语文系即开办了纳西语的班次,积极培养纳西语文干部。目前语文研究机构正进行纳西语言的调查,准备制定新文字。

(五)宗教、习俗

纳西族有一种多神教,称东巴教。巫师叫东巴,有东巴文经典。也有信喇嘛教的。

此外,在婚丧祭祀也请道士或和尚念经。

崇拜祖先。如母亲在世,必祭外祖父母。农历正月初三"祭天"时,在院中或山上插3支树枝:中为柏树,代表国王;左右为栗树,代表纳西族祖先勒峨的岳父母;树下又有两小枝,象征勒峨夫妇。

"白土三多"是纳西族崇敬的神。据传说:白土(汉称白沙)是纳西族木土司的发祥地,木土司娶西番族女子为妻,妻逃回娘家,因而引起两族战争;木土司用其将"三多"之计战胜敌人,后来就奉他为神。

纳西族的婚姻由父母包办,但婚前恋爱自由;解放前,有因反抗封建婚姻而情死的很多。姑舅表婚较流行,纳西语"阿纠寄妹戛",意即姑舅应该通婚。

纳西族有较进步的文化,绘画和建筑上浮雕,具有优美的民族风格。喜歌舞。诗歌清丽,善取自然景物作比喻。

十一、拉祜族

(一)人口分布、名称及支系

拉祜族分布在思茅和临沧两专区,人口将近13万,占全省总人口0.76%。主要聚居区则为澜沧拉祜族自治区。住在山岳地带。但有水源,可开田。

缅、泰两国也有拉祜族。

"拉祜"译意,是到适当的地方烤吃虎肉。据传说古代各部落共同打猎,捕获一只猛虎(拉祜语称虎为"拉"),分配虎肉后在合适的地方吃(称作"祜"),因而自称为"拉祜"。可见这个族称,是具有狩猎的含义。

解放前汉称为"倮黑"(也有写作"拉胡"的)。本族不喜欢这个具有侮辱性的他称。

拉祜族包括"拉祜喜"(黄拉祜)和"拉祜拿"(黑拉祜)等支系。"拉祜喜"多与汉族杂居,所受影响较大。

(二)历史概况

拉祜族有因受民族压迫而南迁的传说,即由北方迁到滇池平原(糯弄糯谢),再迁大理和临沧、凤庆,再南迁上允、下允以至澜沧。至今本族的"募拔"(巫师)在念经或荐拔亡魂时,一定要由澜沧的上允送魂经临沧、凤庆而达滇池以至北方。

1406年(明永乐四年)孟连傣族头人受封世袭孟连长官司,属顺宁府管。孟连土司当时所辖地区有9圈、13猛、12朗，里面有很多拉祜族的聚居村寨。清光绪初年孟连土司因争立而起纠纷，无力控制各地各族头人，佤佤和拉祜族互相争执。澜沧和孟连的拉祜族，借佛教的力量，统治了很多地区。百余年前，拉祜族的一个首领李通明受封为西盟土千总，辖佤佤族的5个部落（马散、永别烈、永广、山东、岩城），并就佤佤族原有的部落组织，分封了王子、新爷、管事、新官、掌爷、客长等7级头人。

公元1798年（嘉庆三年），由于清朝官吏的贪污压榨和孟连土司的横征暴敛，激起拉祜族广大群众联合佤佤族群众起来反抗。在南明遗老杨德澜①的四徒弟张辅国（名铜金和尚）领导下，组织起勐缅（今临沧县）、改心（今双江县）、南栅、四佛地（今澜沧上允文东区）等地的两族群众，抵抗清军，坚持3年之久，不幸失败。1886年（光绪十二年）、1888年和1889年，谦控、木夏、南栅、卡朗②等地的拉祜族先后都有反抗。1892年拉祜族扎法、扎夏和傣族佛爷罕炳昭又一次联合起义，烧毁了镇边厅城子，清政府调大军来镇压，参将尉迟东晓被打死在老厂附近的石门坎。接着澜沧黑河各地拉祜族纷纷起义，滇总督又派参将周保林率兵镇压。1905年（光绪三十一年），扎法、扎夏在音同、曼糯、富邦又起义，不久也失败。1917年春，云南反动政府禁烟，沈营长率兵一营到中课被击毙，全军覆没。次年，该地拉祜族人民又起来反抗反动统治者的压迫，1919年被普洱道军队镇压下去。1943年，翁夏科地区的拉祜族在扎募拔领导下，对国民党反动统治又掀起反抗。由于没有很好的组织和领导，不久就失败。

澜沧原有18土司、22土目，解放前后人民群众掀起了革命斗争，大部分小土司、土目被迫宣布取消土司制度。

1953年4月成立了澜沧拉祜族自治区，实现了本族政治上当家做主的权利。

（三）社会经济

该族社会基本上已经进入封建地主经济阶段。如澜沧东河区拉巴村789户中（杂居的他族如汉、彝、佤佤、傣、哈尼等共有361户），地富占户数7.56%，集中了46.78%的水田；贫雇农占户数57.28%，仅占有土地12.71%。其中，汉族地富虽占主要地位，但本族地富亦不少，且有独立的手工业者和小商贩。

地租、雇佣、高利贷剥削都很重，出租土地者多为汉族地主；出卖长、短工者多为拉祜族贫雇农。

拉祜族自治区自然条件较内地山区优厚，但生产技术较落后，尤其祭鬼和酗酒对生产破坏很大。解放后经大力教育，已有显著改变。

1955年进行和平协商土改，1956年初已经基本上胜利完成，目前正在开展互助合作运动。

---

① 杨德澜，本文又作"杨德渊"。——编者
② 卡朗，本文又作"卡郎"。——编者

（四）语言、文字

拉祜族语言是属于汉藏语系藏缅语族的彝语支。这种语言的特征是没有p、t、k、m、n、ng等语尾。

拉祜族原来无文字。在清朝乾隆末年南明遗老大理鸡足山老僧杨德渊到南栅、大曼糯等地传播佛教，信徒逐渐增多，拉祜和佤群众都学习汉文佛经。现在曼大、帕洒的佛爷，木戛、卡郎、班威的拉祜佛爷还会使用汉文。

1909年至1911年，帝国主义传教士以东干地区的拉祜语音为准，创造了一套拉丁字母的拉祜文字。计声母35个、韵母13个、韵调符号6个。很不科学。

解放以来，在党和政府的领导、帮助下，对拉祜语文正积极进行调查研究；拉祜文字改革方案正在草拟中。

拉祜族人民仍有刻木为书信契约的习惯。传达意见时以竹片或木片刻刀痕3条，这是请人来商量事情的普通通知。如加3根鸡毛，表示快信；再加1片火炭，表示紧急通知；再加上辣子，表示对对方不满；再加上火药或铅弹，表示是战书。（以上与佤族的做法相同）

（五）风俗习惯、宗教信仰

拉祜族一般不与他族通婚，本民族内部"拉祜喜"与"拉祜拿"之间也少通婚。他们行一夫一妻制，夫妇不能共处，请村长和老人为凭，以半开银币一枚，点蜡烛祷拜天地寨神，男女各执一线的两端，由"募拔"（巫师）祈祷后，烧断丝线，即为离婚。

拉祜族除信佛教外，还保留着固有的多神教。

"募拔"（巫师）掌握着本族的历史、传说、经典、歌词、祝词、祭词等，也参与地方公共事务的集会。另有以巫术为人治病的"雪拔"。"募拔"主持本族的婚、丧、疾病、出行、生育等的卜吉问凶等事。占卜有鸡卦、鸡头卦、鸡蛋卦、草卦、猪肝卦、谷子卦等。

他们崇拜祖先。父母死后杀牛、猪祭献，在第三天出殡安葬。每年正月扫墓，逢年节烧香，以酒肉祭奠祖先。

近几十年来，美帝国主义传教士永伟礼侵入拉祜族地区，在那里进行了一系列的民族分裂和国际情报刺探的阴谋活动；如教会编印拉祜文教本课文有"汉人来了，我怕"。1934年班洪事件的爆发，就是永伟礼事先勾结英帝武装侵略的。又1937年由大理传入天主教，在澜沧上允区坝子、文东区的平掌、东河区的大拉八均建有天主堂，本族教徒3000多人。

十二、景颇族

（一）人口及分布

景颇族人口10万多，占全省总人口0.59%。主要分布在德宏傣族景颇族自治州的山岳地带。分布情况详附表。

（二）支系、名称及语言

境内景颇族有4个支系，即景颇、载瓦、茶山、浪速。此外，景颇支中还有一个分支叫"高日"；浪速支中也有一个分支叫"波落"。

各个支系还有许多不同的称谓，如下表：

支系	自称	阿萨密的景颇语称	景颇语称	载瓦语称	茶山语称	浪速语称	汉称	傣语称	缅族语称（英语同）	其他
景颇	景颇	新颇	景颇	石东	颇	1.颇瓦 2.濮曼 3.颇克	大山	亢	克钦（开钦）	1.阿濮 2.老亢 3.开枯
载瓦	载瓦		1.阿系 2.阿几 3.系	载瓦			小山	阿茶		
茶山	喇期		喇奚		喇期		茶山		喇期	
浪速	浪峨		马喇（马鲁）	喇龙		1.浪 2.曼瓦	浪峨	浪速（浪宋）	阿茶	马鲁

景颇语属藏缅语族，当中景颇话和载瓦话差别相当大（茶山、浪速话则与载瓦话相接近），表现在词汇上，有80%以上不相同；表现在语法上，景颇话使用大批表示人称、数、时间的语尾助词，载瓦话一般没有。这种差别，可能是在部落分化或迁徙过程中形成的。

19世纪末，英国传教士汉森曾为景颇语创制了一套拉丁化字母，没有确切地找出来景颇语的语音系统，很不科学。解放以来经调查研究，已经设计出一套改进方案。载瓦曾有人想使用傈僳文字母（倒写、反写的拉丁大楷字），这对将来走上统一的道路是有阻碍的，已进行说服。并在苏联专家帮助下，决定在同一种字母的基础上，设计出两个方言的文字方案；准备先分别发展基础方言的标准语，然后逐步导向统一。

（三）历史传说

根据景颇族的传说，始祖是在昆仑山，老家是在江心坡，几个支系的祖先都是弟兄行。前说可能有些附会，后说则与目前的分布相符合。德宏区景颇族与江心坡的同族经常有往来；山官官种绝了，百姓有到那里去接的；人死后请魔头举行送魂礼，叮嘱鬼魂早返家乡，背诵沿途经历的山、川、桥梁、渡口，向北送去，直到江心坡，可以看出两地景颇族的渊源。

但在南迁过程中，遭遇到较为强大的傣族，被傣族统治者征服，退处山上；以后并通过景颇族的山官实行分割统治。他们在山区又赶走了土著崩龙人（属孟高棉语族）。

解放前汉、傣两族统治者的压迫剥削与帝国主义的分裂活动，造成长时期的民族纠纷；解放以来，在党的民族政策贯彻执行下，逐步疏通民族关系，认清共同敌人；当地民族公众领袖与本族人民一起，协助人民解放军，肃清匪特，安定社会秩序；在党和国家的领导和帮助下，开展了团结生产、调解民族纠纷等一系列的工作，改善了人民生活，提高了人民的爱国主义觉悟。特别是在1953年实行民族区域自治，从政治上实现景颇族人民当家做主的权利，民族关系已有显著变化。

（四）社会经济

景颇族社会经济方面的特点是：

第一，山官以世袭的家长身份，成为山寨的统治者，其职权是分配土地、批准外人入寨，调解纠纷，征收劳役地租，并向傣族土司交纳贡税。寨头（亦多为世袭）协助山官处理公共事务；魔头司理宗教、祭祀。山官之间尚无部落联盟之类的组织形式。

在山官辖区内的水田和宅地、园地，已经属于个体家庭私有，但是公有土地仍占大部分；荒地准许自由开垦，草地、牧场、森林也是公用的；同时，在若干地区，单户占用的土地所有权仍受到一定限制。首先，山上土地一般不能自由抵押、转让和买卖，有时坝子里的水田买卖也要得山官同意。其次，不能超越山官辖区开荒或调剂耕地，如迁居即丧失本寨土地所有权。再次，氏族部落残余，如共耕、助耕、集体建屋、换工等较原始的单纯协作形式，平均分配猎获物、祭品和"拉事"劫来的财物，旅行不带口粮，"到谁家吃谁家"等遗俗，尚保持原始的"平等"和"平均"的习惯。

另一方面，山官占有比群众平均多1倍至4倍的土地和牲畜。但也有不少缺乏生产资料、出卖劳动力的现任山官。山官占有剩余劳动的主要方式是劳役地租，每户年出3个至5个无偿劳役；祭鬼杀牲和猎获野兽时送给山官一腿肉。少数大山官出租土地给他族，其余依靠地租剥削为主要生活来源的还不多。绝大部分山官还未脱离生产劳动。

一般说来，景颇族村社内部虽有阶级分化，可是尚未发展到对抗的程度：山官在本族内部的权力基本上还是一种家长的、习惯的约束力。又在景颇族社会里，还留有使用家内奴隶的痕迹，其当前发展的阶段可能是由家长奴役制向封建制的过渡。

第二，生产力水平低下和停滞。旱地刀耕火种和少部分水田的粗放经营占统治地位，从开荒、种地、盖房、打柴直到做饭、切菜和人身防护所用的工具只有一把向阿昌族买来的大刀，还停滞在性别、年龄的分工阶段，很少有从农业分离出来的独立手工业者和独立小商贩。

第三，建立在这种低下的生产水平上的社会经济制度和与之相适应的原始宗教——杀牲祭鬼，以及氏族复仇的遗俗——借端"拉事"等，对生产的严重破坏，甚至超过山官的经济剥削。

第四，由于内、外条件不同，各地景颇族村社的发展情况也不一致，约可分为3类：

（1）原始色彩保留较多的村社：根据1953年调查的估计，约占60%至70%。特点是：土地占有悬殊不太大；尚无当卖诸关系。租佃情况极个别，借贷关系并不多。

（2）封建色彩较为显著的村社：约占20%—30%。地区特点是：与较多的、在各方面已占优势地位的汉族杂居。经济特点是：土地占有较集中，突出表现在汉族乡、保、甲长的占有情况上；集中过程是由借贷转化为当卖；租佃面很宽，主要是和汉、傣两族建立租佃关系。

（3）被资本主义经济腐蚀较深、逐渐趋于解体的村社：约占全区10%至20%，多在国境边缘或交通线上。在这一类村社里，除了出现一些一般都还没有脱离农业生产的小商贩外，其在财产关系方面所起的变化，与第2类同。

解放以来，通过各项政治工作和生产工作，已有显著变化；国家为了帮助景颇族生产，每年曾补助铁质农具、耕牛、籽种等费30万元左右。1952年曾组织过自然条件较差地区的农民移民开荒，但当时只是在个体经济上去扶持，没有和社会主义改造相结合。这样，生产发展虽快，同时也产生了农村中的两极分化，第三年就出现了富农。1954年试办了4个农业生产合作社，其中3个社是开荒办起来的，1个社是就地发展的，平均每户贷款100元至150元。除1个社因领导不善增产较少外，3个社增产特别显著，最多的增加2倍半，社员收入增加1倍到5倍。盈江县芒撒社，1955年又在1954年的基础上增产80%。

基于以上情况，党委考虑这类地区可不再经过土地改革运动这一阶段，将继续根据"团结、生产、进步"的方针，在党的领导下，依靠贫苦农民，团结一切劳动人民，团结和教育一切与群众有联系的民族公众领袖人物，在国家大力扶持下，通过互助合作，发展生产，以及加强生产有关的各项工作，逐步提高人民的生活水平和政治觉悟，增加社会主义因素，逐渐消除不利于生产的各种因素，逐步地过渡到社会主义社会。

当然，这类地区的工作更要艰苦些，但只要通过大力帮助，加强工作，认真摸索和总结经验，过渡到社会主义的时间也不会太长的。1954年以来景颇族地区已经重点试办了17个农业生产合作社和发展了相当数量的互助组织。通过办社提高了生产技术，改善了人民生活，大多数社都显示了半社会主义的优越性，保证了增产，这就是有力的证明。

现又结合山区自然条件，大力发展咖啡、茶叶等热带植物的种植，将会加速景颇族社会面貌的根本改变。

（五）家族婚姻

景颇族现在已实行着一种不久才从对偶婚发展而来的较为稳固的一夫一妻制，但在目前的亲属称谓中,还保留着"彭那鲁亚"家族的遗迹。此外,男女青年在婚前仍然享有较充分的性的自由;在恋爱中也有女方是主动的;怀孕生子时,由她确定是和谁所生的儿子,采取"抱子认亲"办法。从这些习俗可以看到群婚和对偶婚的沉淀。

又在景颇族某些语汇和房屋结构中,还保留着家长制大家族的痕迹。目前家族公社已经解体,村社的组织已由"血缘联系"变为"地域联系",个体家庭已经成为经济细胞了。

景颇族中盛行着抢婚和买卖婚姻的制度。这可能是家族向前发展,通婚范围日益缩小的结果;还不能认为是在个体家庭形成中私有制度确立后才产生的现象。

(六)祭鬼与"拉事"

景颇族崇信多神教,巫师"魔头"与群众的联系很紧密,日常生活中大小事件如播种、收获、疾病、生死、"拉事"、灾害等,都要请他来消灾、打卦、祈福。因祭鬼而大量宰杀牛、猪、鸡,对生产和生活都有严重影响。

景颇族已有不甚完整的祖先崇拜,即供奉"家堂鬼",对象为自己家支中最值得纪念、尊重的人物;又在隆重的丧葬仪节中,也表现了宗教发展的趋向。此外,还供"财神"和看牛的鬼,这都是私有财产在宗教意识中的反映。

靠近国境的景颇族支系,有不少改信基督教的;解放前帝国主义分子在这些地区也很活跃。

严重影响景颇族生产、生活的,还有氏族复仇的"拉事"。他们有"吃新谷、话旧仇"的习俗:每年尝新这一天,全家团聚,请老人讲述祖宗仇恨,借以教育后辈,寻找机会报复,叫作"拉事"。仇人死了便记下他的儿子、孙子(有至数十代的)或所在的地方。

进行拉事时,由发起人杀牛分送亲友,接到的都要准时参加,叫作"散牛毛"。劫获仇家的财物,每人分一份。

拉事的范围不限于外族,"拉"的对象也不限于真正的仇人,只要可以牵挂得上的村寨或人都可以"拉"。

在拉事和反拉事的循环报复中,游离出一群不完全从事生产,依靠拉事为职业的二流子,逐渐发展成为"拉事头",在景颇族社会中,占有一定的地位。

解放以来,大力开展医药卫生工作和进行团结生产的教育,祭鬼和拉事已显著减少。

十三、瑶族

(一)人口分布及名称

瑶族人口共72000多人,占全省人口总数0.42%。

主要分布地区是文山专区;沿国境边缘,由东到西,直达西双版纳傣族自治州的版纳易武。聚居人口在5000以上的有富宁、广南、麻栗坡、屏边、金平等县及版纳易武。

国境外越南及老挝也有分布。

瑶族的一支自称"秀",即汉称的"蓝靛瑶"和"平头瑶"。另一支自称"孟",即汉称的"红头瑶"。此外又有汉称的"沙瑶",住地接近坝区,可能是受"沙人"的影响。屏边县瑶族也另有自称为"节睦"的,译意是山中的人;又有的自称"半孟",译意是自己人。

(二)历史来源

据文献记载及口头访问:

屏边县的蓝靛瑶自广西迁来已有360多年,最初住在尼戛寨(在今瑶山瑶族自治区内)。

版纳易武瑶族自治区(区级)的瑶族,原籍在广西泗城、柳庆一带,明代随沐英征缅到此。

景东县瑶族是由广东迁来。

金平县的红头瑶由贵州迁来,据说到现在才有五代。该县另有平头瑶和蓝靛瑶,分居在不同的村寨里。

河口县有红头瑶、平头瑶和蓝靛瑶,由广东迁来,至今仅有3代。

(三)社会经济

一般居住在山腰。他们在山腰种旱谷,山麓种棉花,山顶种蓝靛,也种苞谷、荞、菜籽、黄豆。耕地多为轮歇,尚未完全固定下来,因此常常举寨迁居。在河谷地带也有少数水田,不施人肥。旱地施牲畜肥。他们使用铁质农具,铁的来源靠汉区输入。手工业尚未从农业中分离出来。只有在农闲季节,铁匠、木匠、篾匠才制农具、做家具、錾磨和编篾篓。一般不取工资,只与他人换工。妇女纺线织布。最特殊的手工业就是制蓝靛。瑶族没有专靠畜牧为生的,狩猎成为农闲期间季节性的群众性的劳动。也没有专业经商的,仅有个别户专营赶骡马或搬运的行业。市场均在汉区,汉商运进盐、刀烟、面、红布以收购或交换瑶族的粮食、牲畜和棉花。

在瑶族地区,土地所有权一般地均属汉族地主,也有部分土地属于哈尼族地主和侬人、沙人地主的。本族的富农经济已有发展。瑶族佃农种旱地,每块地每年缴地皮租租谷100斤;种水田每千斤产量缴租由250斤至500斤、700斤不等,押金20元半开银圆。此外还有额外剥削:交客谷50斤、客鸡1只等。棉地每块交棉花租8斤。高利贷在民族之间与民族内部流行着:利率50%;三月借谷1石,秋收还1石5斗至2石。由于汉区商品经济的影响,本族内部已发生了地租、高利贷、日工、牛租和水碾租等剥削方式,因而本族内部已分化出少数富农分子,但绝大部分瑶族仍是贫苦农民。

1952年以来,在文山及蒙自专区以及内地的瑶区已实行了土地改革。屏边县大瑶山和版纳易武已先后成立了区级的瑶族自治区。人民政府在大瑶山进行了一系列的贷放、救济、赠送棉衣、免费治疗等工作，并大力开展贸易工作，领导瑶族人民发展生产；尽可能缩小工、农业产品的差价，如过去5斤棉花换1斤盐，现在1斤棉花可换3斤盐。瑶族人民购买力不断提高，生活有了显著的改善。

（四）语言文化、宗教习俗

瑶族语言属汉藏语系苗瑶语族的瑶语支。

金平、河口和屏边3县瑶族无自己的文字，系借用汉字来标音；也有语、文音读并不一致的，如"瑶"字，说话时发音是"半"，读书时发音是"幽"。

解放前，云南瑶族没有本民族的学校。解放后，屏边县瑶山瑶族自治区已建立了民族小学。以前，瑶族青年学习"文字"系在火塘旁，以"父传子受"的方式学习。留传的书籍有木刻和手抄本两种。内容多为卜问吉凶的经典和历史传说记载。

瑶族每户都有记载自己祖先及其简单历史的家谱，这是辨别他们家族的重要依据。

他们不与他族通婚，本族内部各支系间一般也不通婚。家庭组织是一夫一妻制。父母年老，弟兄均已成婚时，即开始析居。男女在未婚前可以自由恋爱，但婚姻由父母包办，常有婚后男女不满意而自杀的情况。

瑶族人民已进入祖先崇拜。祭祖无牌位或神龛，用木板挂在堂屋壁上，或放一张木桌，板上桌上摆竹筒或瓦筒两个，作点香之用。逢年节供菜饭祭祖，并请知识分子讲述历史谱系。

男子满11岁至12岁时，必须举行"度戒"仪式。度戒时由老年人主持。在7天内，向被度戒者训诫。多为道德训条。麻栗坡县的瑶族在度戒上还搭起1丈多高、1尺多宽的天桥。被度戒者由"魔公"（巫师）率领通过，并须背诵瑶族迁徙和战争的史实。背不出来的就不算通过，年长时还须补行此项仪式，否则很难取得少女的爱慕。男子7天度戒毕始算成人。

瑶族人民疾病时，不吃药，找"魔公"打卦，杀鸡、猪祭鬼。由于生产落后，疾病多，死亡率大，群众误认是"巫害"作怪，以致发生打死、火烧所谓"巫害"主使人的事件，因此造成人民群众间的隔阂。为了避"巫害"，有的甚至全村搬走。

人死装棺土葬。殓前剃头、沐浴、着新衣。择日子来决定停棺期限，最多1月，少则3日，请"魔公"念经超度。

十四、藏族

（一）人口分布及名称

云南藏族人口共66000多人，占全省人口总数0.33%。

主要分布于丽江专区的中甸、维西、德钦3县。3县面积共36877平方公里。除藏族外，尚杂居有纳西族（维西13000人、中甸近10000人）、傈僳族（维西32000多人）及西番、彝、回、民家、苗、怒、独龙等族。

德钦在滇西北的最北角，旧称阿墩子。地当高黎贡山右侧、澜沧江的上游，为进藏和入印度的要冲，大雪山纵贯全境，藏族人民每年常来朝山。草原地区海拔3480公尺，农历九月至次年二月降雪；大雪山巅则终年积雪不化。

中甸县在德钦东南，隔金沙江相望。江边地势低湿，温暖可种黄米。草原地带海拔3480公尺，气候高寒，仅能种青稞、小麦、苦荞、蔓菁。境内有相当开阔草原七八个。中甸河（硕多岗河）流贯其间，注入金沙江。小中甸附近的峡谷，水流湍急，水力可利用。

维西县北狭南宽。金沙江与澜沧江纵流东西境，以白马大雪山为分水岭。西南有碧罗雪山。森林密茂，金银汞（水银）矿、山货药材都很丰富。维西县在解放前分为奔子栏、其宗、拉普、叶枝、康普诸地，后划为8乡。县城在雪山麓，海拔2438公尺。汉人聚居较多。奔子栏偏于东北，为中、维、德3县交界中心，地居金沙江河谷，气候温和，藏族聚居在这里。叶枝、康普偏于南，为澜沧江谷地，是傈僳族和纳西族的聚居地。

藏族自称"博巴"（"博"指西藏，"巴"指人），或简称"博"或"伯"。在丽江区，解放前汉族称他们为"古宗"，可能是由于当地纳西族称他们为"古竹"和傈僳族称他们为"古孜"的音变。

（二）历史概况

唐代藏王弃宗弄赞（即松赞干布）时期，势力扩展到云南中甸、维西、德钦一带。明代嘉靖、万历年间，丽江土知府纳西族土司木高在塔城战胜吐蕃，派纳西军队驻守维西。

现在云南藏族所聚居的中甸、维西两地，是清代改土归流的。雍正年间（1727年）设维西厅，乾隆年间（1756年）设中甸厅。两地均于民国初年改县。德钦旧名阿墩子，原属维西县，清末设阿墩子弹压委员，1911年后改阿墩子行政委员，1932年改设设治局，1950年解放始改县。

（三）社会经济

云南藏族地区是由土司与喇嘛寺相结合，统治着藏族农奴与农民。

生产以农业为主、畜牧为辅，青稞是主要农作物，也是主要食粮。此外，也产苞谷、大麦、蔬菜。德钦农产品自给略有不足，赖维西输入。中甸无水田，全年产量不够吃。3县藏民都兼养牲畜，主要养牦牛、犏牛、黄牛。牦牛可挤乳剪毛，犏牛供耕作和驮运。商人和富裕农民养羊很多。商业在藏民经济生活中占相当地位。商人已经由农业中分化出来，自养骡马，经常出外流动经商，往返丽江和盐井县，甚至到拉萨做生意，也有到西双版纳驮运茶叶的。生产工具中，铁锄很小，仅是一直片。中甸部分地区藏民使用的犁头也是锻成一小片，平地用牛犁，山坡地用人挖；不多用肥料，有些地方也不中耕薅草。

德钦的土地系分封给世袭的3个土司，每一土司除直接占有土地外，下面又分封给火头，再下面又分给人民。后来因战乱、典杜、迁徙等情况变化外，人民自己所有土地已不多。二大喇嘛寺占有多量土地，分散于3个土司辖区之内。全县大部分土地属于土司和二大寺所有。此外，天主教在雁门乡也买有多量肥饶的土地。佛山乡的一部分土地属盐井县的干达寺所领有。火头占有较多的土地，一般农民都是无地和少地的。雁门乡有大地主夹衣得，是属于红坡寺管辖的；有家奴共约200，每年上给红坡寺地租春粮10石青稞，秋粮10石苞谷。每一土司皆养有家奴（娃子）男女共10人以上。个别火头及地主也养有娃子，是买来或作战掳来的。土司、二大喇嘛寺、地主和汉商都放高利贷。尤以德钦寺最厉害，因欠债而被抄家、卖子女、失去土地的人很不少。土司对他辖境内的藏族群众享有各种各样特权：如征收"钱粮银子"（地税），"放茶盐价"（每3年1次，放给每家茶1托、盐1筒，价各值两筒粮，转向每户收取茶价25筒粮、盐价4筒粮）。还有苛捐杂派（猪税——不论养猪户与否均收缴，等于门户税——民团费、买枪费、夫马差役费……）。

中甸县土司占有多量土地，全出租，租额不超过40%，额外剥削很多，如季节送礼、服无偿劳役等。中甸大寺附近第五行政村300多户，均为寺的佃户。佃户除上租外也须向土司衙门负担各种大粮（酥油粮、钱粮、银子），在行政上直属喇嘛管辖，每年佃户经常向大寺付出各种定额和不定额的负担。全年全村负担总值约占农民总收入7%。

解放以来，党和各级人民政府大力领导协助，发展藏族人民生产，加强牧畜业，改善人民生活，免费诊疗。1952年成立德钦县藏族自治区，实现了本族人民当家做主的权利。

（四）语言、文化

藏族语言是属于汉藏语系藏缅语族的藏语支。藏语支包括藏语和西番语。

云南丽江区的藏语与西藏拉萨、安多庄区和四川的藏语有方言的差别，又在中甸、维西、德钦3县之间，以及中甸的东旺区与中甸的其他地区的藏语，也有方言的差别，但云南藏族与全国藏族均使用同一的藏文。

藏文是根据梵文创造出来的拼音文字，共30个字母。在词汇中借用汉语很多，大约有1/3。翻译了许多佛教经典，并从9世纪起，写下了不少的历史文献和文学作品。在佛经中最驰名的是《甘觉尔》和《丹觉尔》两部。如噶举派祖师《米拉日巴传》是写得很优美的文学作品，诗歌《十万颂》也是家喻户晓的。

寺院建筑吸取了汉族宫殿式的屋脊，兼采印度与中亚的雕镂，形成平顶立体的形式，表现了藏族的艺术造诣。

（五）风俗习惯

藏族还留有一些群婚残余，如一妻多夫或一夫多妻，但一般仍是一夫一妻的小家庭，习惯上一家不能有几个主妇。他们或兄弟合娶一妻，子女都是共有；或留一人娶妻，其余出家做喇嘛，或到别家去入赘。藏族财产继承权也没有传长子的习惯，男女都可以继承，没有子女的家庭，将全部财产捐献给寺院。世家的爵位照例由男性世袭，女婿也和亲生子一样可以袭爵。

通婚的范围是：同家族4代以后同辈男女可以通婚，姨表舅表的兄弟姊妹可以通婚。

（六）宗教信仰

云南藏区崇信的喇嘛教，仍以黄教为主。政教合一，寺院同时还是经济统治的中心。寺院有职位的喇嘛为活佛、堪布、格喜、翁者、革规、老僧六等，此外则为一般的喇嘛。另设职员4种：祝以（文书员）、乡准（会计员）、捏以（总务员）、德瓦（收租、借贷管理员）。

藏族认为当喇嘛是一种权利和光荣，各个寺院有一定的名额，入寺后供给仍由家庭担负，中农以上的家庭才送得起。小喇嘛回家来，父、祖都要向他叩头。在本地寺院住满10年可以入藏，受训6个月得见达赖，回来即升格隆。家庭富裕的，又在拉萨学习10年至30年，考起学位后，回来可当选为堪布。

在中甸，最大的寺院是归化寺，五世达赖时修建，原为云南藏区第一个红教大寺。蒙古兵进入，以武力胁迫改信黄教。清初中甸改土归流，因之改名归化寺。喇嘛名额也从300人增至1250人。此外，各区尚有8个较小的寺院。

在德钦、雁门乡有5个红教小寺，不占势力，居于统治地位的是德钦寺、红坡寺两个黄教寺院。

（七）丧葬

藏族相信人会转世，死后要请喇嘛做法事超度。葬法有5种：

1. 香料裹尸体

最高的一种，即把尸体用香料保存起来，装在一个金塔内供人崇拜。只有达赖、班禅和少数大呼图克图等有这种葬仪。

2. 火葬

限于活佛和大喇嘛的尸体。

3. 天葬

这是最通行的。凡市镇村落均设天葬场。

4. 水葬

限于传染病死的或小孩。

5. 土葬

适用于凶死的和受刑死的。

十五、布朗族

（一）人口分布及名称

布朗族有3万多人，占全省人口总数0.19%。

主要分布在西双版纳傣族自治州，临沧专区的双江、镇康和临沧等县，思茅专区的澜沧、景东等县，大理专区的云县。国境外也有分布。

布朗族自称为"布朗"。西双版纳的布朗族，在解放后至1954年以前，曾被称为"白朗"，译音欠准确；在镇康县的自称为"乌"；澜沧、文东区旧苦寨的，自称为"翁拱"。

本族的汉称和历代的分布，历史文献上记载得很多。唐樊绰《云南志》卷四："朴子蛮……开南、银生、永昌、寻传四处皆有，铁桥西北边延澜沧江亦有部落。"清《职贡图》："蒲人即蒲蛮，今顺宁、澂江、镇沅、普洱、楚雄、永昌、景东七府有此种。"清雍正《云南通志》卷廿四："黑濮所居，多在威远、普洱江界之间。"上述的朴子蛮、蒲人、蒲蛮、黑濮……依他们当时的分布区域看，可能是今日的布朗族。

（二）社会经济

布朗族以农业生产为主。在西双版纳地区的，经济作物为棉花及茶叶。居住在景东县沿澜沧江一带的部分居民以捕鱼为副业。个别户亦有到镇沅县按板井背盐为生的。农作物尚有苞谷、黄豆等，也种菜蔬。家畜有牛、马、猪、鸡等。

在西双版纳布朗山的布朗族，绝大多数是刀耕火种，还很少使用铁制农具；1954年政府送给一部分农具后，少数人开始用锄头，还不会用牛犁地。

土地关系可分为3类：

（1）以张家寨为代表的，全部是公有的土地；每年由大佛爷卜卦择地后，全寨就集中砍烧那一片山林，再按户分配耕种。

（2）以曼兴竜为代表的公有私用土地：在历史上曾经按照家族分配过，只有使用权。家族之间可以互相讨地种，送给主人1小包茶叶、烟丝、1对蜡条作为礼品；播种时还得以1小包肉、饭向主人换回1筒谷种（2斤）。主人不种的地，不能拒绝讨要。外寨布朗族也可以用同样礼品前来讨种。若是僾尼族讨种，需要出滇铸银币2元半、大烟2两做礼。

（3）以新曼峨为代表：一部分土地仍为公有私用，但是使用权较固定；大部分土地为新立寨的10个家族世代承袭，外人租种时应付20%的地租。如果主人迁居他寨，土地就交公管理，再没有所有权。另一部分为公山公地，专门由一个头人管理；农民送头人1小包茶叶、1对蜡条就可以开垦使用。

整个布朗山的土地林木为布朗族所有。若拉祜族或僾尼族寨集体租用，秋收后享有业权的布朗族寨要集体前往吃喝3天，有时会吃去全年收成的大半。

每寨主要头人一二人，是世袭，无子由亲戚继承。其他头人抽签推选，当不好可以撤换。各寨头人直接受封于傣族领主，彼此间无隶属关系。

头人享有若干特区：逢年过节全寨出钱出米给头人吃喝；猎获野兽送头人一腿；外来户第一年应给每家头人服劳役12日；通奸生子或重婚罚银币39元；头人开会参观，群众凑给每日5角的旅差费。

有蓄养奴隶的，来源是收养孤儿或负债农民卖身抵账，生活待遇与主人同。高利贷是一种突出的剥削形式；借贷面相当广，年利往往是本银的2倍至4倍。此外尚有日工剥削。

有的寨子还是按家族或亲戚五六家人住在一间大房子内。

今年在布朗山新曼峨寨试办了一个农业生产合作社，共有14户贫苦农民参加，是在两个互助组的基础上建立的。总人口60人，劳动力32人。

办社后政府送了4条耕牛、1架打谷机、1部双轮双铧犁、1部七寸步犁、1部苞谷脱粒机，并送给3个月的口粮，完全保证了生产资料。

合作社订了开荒（162亩）、增产（每人平均收600斤，1955年平均只收110斤）、试种小春、经济作物（茶600株、花生籽种100斤）、养羊（20只）、挖鱼塘（2个）的计划，选举了社干，定了劳动纪律，并且基本上贯彻了评工记分。群众情绪高涨，自己回忆对比起来，有的说："死也要跟着共产党！"有的说："过去土匪造谣，共产党不好、在不长，今天才完全相信共产党是为人民谋福利的！"

在西双版纳曼敦的布朗族村寨，如帕那寨和帕多寨，土地森林为全村居民所有，推举长老"哈克斯玛吕"每年主持平均分配1次，先由大佛爷翻经书，择定砍地播种等吉日，每户有劳动力的人共同参加劳作7日。西定寨虽仍保有村公有地，但头人及个别户已有私有地。如曼卖兑等寨的"老先"（头人）已转化为地主兼商人，全寨农民已私有土地，内部阶级分化较明显，70%是无田少田户，该寨本族地主对本族农民进行地租剥削，此外住在布朗族头人辖区以内的各寨僾尼（哈尼族）农民，除"买地住家"——按年缴地皮租外，还要通过自己头人向布朗族头人集体租耕土地，并忍受高利贷的剥削。

西双版纳傣族的大领主（宣慰使）封布朗族大头人为"大叭"，并派他的属官"波郎"来进行管理。布朗族对傣族统治者实行"贡纳"制。各寨的大叭、老鲊、老先、老干各级头人要服从傣族土司的命令，遇大事要请示，按年按户贡纳礼品。

澜沧江以东，如云县、景东、普洱、镇沅等内地区布朗聚居区，早已形成封建的地主经济。1952年起，已实行土地改革，现正走农业合作化的道路。

（三）语言、宗教习俗

布朗族语言属于南亚语系孟高棉语族的一支；与瓦（佤伍）、崩龙语支平列。布朗语支又分为布朗语（西双版纳布朗族方言）和乌语（镇康县布朗族方言）。西双版纳傣族自治州的版纳曼敦的布朗语和版纳勐海的布朗语基本一致。

和汉族、傣族、佧佤族相邻接的布朗族，除在本寨及家庭内操本族语外，男子一般兼操汉语、傣语或佧佤语。在西双版纳傣族自治州的布朗族男性，多数说傣话，识傣文。男孩均入佛寺学傣文佛经,因此傣语词汇不断丰富了布朗语词汇。在澜沧和镇康两县的布朗族一部分人民也学会佤语并识佤文。

布朗族无自己的文字。

就西双版纳的布朗族风俗习惯和宗教信仰说,尚保留不少原始残余,但受傣族的影响很深,已经接受了傣族的宗教信仰,文化生活、衣服装饰等也和傣族相同。澜沧布朗族有信仰基督教的,在版纳曼敦,他们还保留着氏族复仇的遗俗。这不仅对他族施行"报仇"械斗,甚至也在同族异寨之间发生。版纳曼敦的曼娃寨百余年前还在"猎人头祭谷":每年撒种及收割前,全寨人民下坝猎取他族人头。现在改用人的头发作为祭品,也有用鸡、鸡蛋或5寸长的蜡条来代替人头祭献的。

婚姻是一夫一妻制,不能纳妾。寡妇可以再嫁。

人死用竹棺土葬,请大佛爷指定埋葬的方向及地点。

十六、阿昌族

(一)人口分布及自然环境

阿昌族总人口17000多人,占全省人口的0.1%。主要分布在盈江县的户撒、腊撒及梁河县。

户、腊撒位于盈江县东南角,相连成狭长谷地,海拔约1500公尺,户腊撒河迂回其间,气候凉爽,阿昌族人民就聚居在这些盆地上;梁河县阿昌族绝大多数居住在遮岛东北、坝区边沿的小坪子(山半坡的平地)。国境外也有分布。

(二)语言

据初步调查,阿昌语属汉藏语系藏缅语族中的一个语支,但究竟属彝族或缅语支,尚未确定。

长于制造铁器的阿昌族,因与邻近各族发生较紧密的经济联系,所以大多数懂得傣族、汉族、景颇族、傈僳族及缅族的数种语言;在自己的语言中,也吸收了不少他族的词汇。曾经比较了460个词汇,与载瓦语相同相近的达191个之多;盈江阿昌词汇1200个中,借用傣语89个;梁河阿昌词汇1100个中,借用汉语的380个;但阿昌族仍有自己的语法结构及基本词汇。

(三)历史概况

据说阿昌族早年是住在山上,继后迁居平坝,目前山上仍保留着许多阿昌族地名。

至今,傣族还有一句话说"昌第昂",意思即阿昌族是最先来的土著民族。

明初,户、腊撒分属干崖、瑞丽两长官司所辖;沐英西征,置庄园360区,划户、腊撒为"勋庄",封了两个庄头,并且留下一部分军队屯垦,至今已被称为"土著汉族"。

当中可能有一部分军匠，目前打铁的手工业户也很多。户、腊撒阿昌族会这行手艺受外来影响很大，梁河阿昌族就没有此项手工业者。

阿昌族长期受傣族土司的统治，大小头人均由傣族委派，每寨设1小头人，名"佐治"，数寨设1大头人，名"亢头"，均非世袭职，主要是负责收纳派款。解放前每年每户负担官租、捐税、兵款等约在100卢比以上，此外土司婚、丧、生育，也要派款。梁河阿昌族每年逢土司出巡或进奘房时还要备办酒席陪送。国民党反动政府派款纳粮，也是通过土司去搞。

一般老百姓有纠纷，多请寨内老人诺麽撒到佐治家共同商议解决，佐治处理寨内外纠纷也要征求这些老人的意见。较重大事件报土司解决，当事双方要先交12个卢比给土司。

解放后，户、腊撒阿昌族于1952年底就成立了区人民政府，梁河阿昌族也参加了人民民主政权。

（四）社会经济

以农业生产为主，种水稻，兼种苞谷、洋芋、蔬菜及草烟等。耕作技术进步，水田、园圃、宅地完全私有，可以自由买卖，租佃关系极为普遍；阶级分化明显，已出现地主。值得提出的是：户、腊撒手工业特别发达，擅长制造铁器，有专业性的铁工匠和作坊，所制长刀及农具驰名国内外，除供应整个德宏区外，解放前这些手工业户每年80%以上分季节性地出国经营，除到密支那、八莫、腊戍一带打铁，还去做挖铁矿、玉石、琥珀等工作，也有到景颇族地区采茶的；解放后由于民族地区农业生产逐步发展，农具供应数量增加，一般手工业得到政府大力扶持，据统计，手工业户约占10%，所制长刀及各种农具，1952年产98000多件，1953年已增加了将近5倍。

盈江阿昌族与梁河阿昌族的经济情况稍有不同：

盈江县户、腊撒阿昌族聚居坝区，坝尾与缅甸毗连，工商业相当发展，与国外有经济上的联系；阶级分化明显，多为高利贷、工商业兼地主，如龙光乡熊老厚解放前放债达6000卢比至7000卢比（按1954年比率折合人民币2000元至3000元），年利大都是100%。

梁河县阿昌族大都居住小坪子，接近内地，长期与汉族杂居，经济生产上与汉族往来非常密切，受汉族地主盘剥失去土地的农民很多，如丙岗、丙盖二寨90%以上，就因欠债典出土地而变成九保街汉族及部分傣族的佃户。

解放后，随着政治、经济、文化的发展，农民生产积极性的普遍提高，1952年九保街土改后，梁河丙岗等寨阿昌族就自动组织了换工互助组。盈江户、腊撒阿昌族地主也减轻了一些剥削。现本区已完成了土地改革，正向合作化道路前进中。

（五）风俗习惯、宗教信仰

1. 家庭、生活

阿昌族每个寨子多半是数姓同居。一般行小家庭制，儿子婚后一两年，即分家外迁居住,小儿子多留在家中供养父母,继承家业。女子无财产继承权。

亲属称谓比较特殊:如对伯母、姑母、舅母、姨母,同称谓"爬";伯父、姑丈、舅父、姨丈,同称为"龙哈"。夫系亲属全跟丈夫称呼,妻系亲属全跟妻子称呼。

因受土著汉族影响,住宅形式与内地同,多为砖瓦木石结构。男子喜欢文身,女子服饰类似傣族。梁河阿昌族妇女兼采景颇族装饰,围藤制的腰箍或脚箍。

2. 婚丧

婚姻主要为父母包办,婚前多自由恋爱,若父母不同意就实行抢婚,也有父母同意后仍举行抢婚形式的。

无子则招婿,所生子女随母姓;妻死,赘婿多留女家另娶妻子,所生子女仍随前妻姓。寡妇一般不外嫁,另与大伯或小叔婚配;如果他们已有妻子,经三方同意,仍可娶嫂或弟妇。

人死一般行土葬,请佛爷念经出殡;出嫁女死,要把亡魂(以衣1套、鸡1只代替)接回来供奉7天;凡怀孕死、生育死、恶性传染病死的,实行火葬。

3. 宗教、节日

盈江阿昌族信小乘佛教[①],有奘房及佛爷,一年数大节日与傣族同:过新年、进洼节(农历六月十五)、出洼节(农历九月十五),还过火把节。梁河阿昌族大都进汉族寺庙烧香敬神,也供祖先,节日与汉族同。每年还祭土主3次。但一般的也信"窝生院"(一种恶鬼),"祭龙树"。

十七、西番族

(一)人口、名称及语言

西番族人口15000人,主要分布于兰坪县,其次为宁蒗县和丽江县。

分布在兰坪的自称"普英米"(丽江、永胜同),在宁蒗的自称"普日米"。丽江的纳西族称之为"博",傈僳族称之为"流流帕";永胜的彝族称之为"窝朱"或"古兹",傈僳族称之为"高竹帕"。清朝文献上称为"西番"或"巴苴"。

语言属于汉藏语系藏缅语族藏语支中的西番语,与藏语、羌语并列。就兰坪、宁蒗西番语和中甸藏语比较,在800个词汇中,有6个词的语言词义全同,有99个相近,其余695个完全不同,约占87%。在这99个相近的词中,没有显著的对应规律。语法上也有独特的现象,即西番语的形态变化较多,特别是动词多用变换词头表示语法的变化,藏语则多用附加成分和助词来表示。这说明西番语与中甸藏语不是方言差别,而是语言差别。(现因川西的西番情况还未调查,本省的西番语言也还没有与康藏的藏语做比较,所以关于西番的语支及族系,还有必要做进一步的了解)

[①] 为"南传上座部佛教"的俗称。——编者

（二）历史传说

清乾隆时余庆远《维西见闻录》载："巴苴又名西番，亦无姓氏。元世祖取滇，渡自其宗，随从中流亡至此者，不知其为蒙古何部落也。浪沧江有之，板屋栖山，与麽些杂居。"（麽些即纳西）西番族随元世祖南来的传说现在还流行在本族中。西番族分布的地区也和蒙古军入滇所经的路线基本上是相符的。兰坪和宁蒗的西番族在举行丧礼时，请巫师念"开路经"送死者的灵魂还归故土，路线是越过金沙江的东面，再向北走到昆仑山。这也反映着本族在古代是从北方来的。

（三）自然概况

西番族分布的兰坪、宁蒗属于滇西北高寒山区。兰坪县在云岭山脉的老君山麓，云岭的北段称为白马大雪山，海拔4000公尺以上，为金沙江与澜沧江的分水岭，老君山是它的主峰之一，山间有大森林。

宁蒗为白牛厂山和绵绵山脉之间的盆地。白牛厂山在宁蒗东面，海拔3390公尺，山西面有八耳勺平坝海拔2660公尺，有永宁平坝海拔2750公尺，东接泸沽湖，湖面高出平坝，平坝上有开基河，过去因水利不修，缺少水田；四山畜牧旺盛，树木极为稀少。绵绵山脉在永宁平坝的西面，翻越野鸡梁子而西，即为金沙江谷地，野鸡梁子海拔3580公尺，山顶森林密集，以巨大的松树、杉树为最多。

矿产以三棵桩、白羊厂、二坪厂的银矿为著名，八耳勺有铁矿，畜产以马为著名。

（四）社会经济

西番族以农业生产为主，畜牧业为副。农业的生产工具和生产技术与杂居的汉族、民家相差不远；高山地多采取"歇耕"。各族有铁匠、木匠能制简单工具，家庭手工业是织羊毛布、编竹器。无专业商人，多以副业产品到丽江、剑川、维西交换日用必需品。

内部阶级分化很明显，兰坪、丽江的本族中有地主，并使用家奴，家奴可以买卖。宁蒗本族还受领主的剥削。

兰坪的土地集中在地主手中，例如解放前，本族地主杨宪庭原有土地20余架（每架约2亩），因逐渐收买欠债农民的土地，增加到190多架；没有房屋田地抵债的农民，被迫用人身作抵，而变为他的家奴。全村共有的山地，经村中头人允许后，可以在一定的地区内砍去森林垦种，5年后缴租，作为村中"公用"，产量10石缴租1石至1石5斗，较地主的租少一半。

宁蒗的土司是明朝所设的永宁土知府，土司下设总管1人、把事2人（以上世袭）、乡长4人及瓜44人，头人多属纳西族。每个村寨设总伙头1人，等于村长，又称"家叟"；下设小伙头数人，各管10户或20余户人家；小伙头下有派首1人、知开使2人，知开使由每户5天1轮，承办上级头人分配下来的钱物夫役等各项摊派。乡长以上的头人都有土地出租,租额高的占产量的四五成,缴纳实物或银钱。此外,对于农产、畜产、捕鱼、打猎、挖药、淘金、贩盐等等都有征派;并且不准人民穿着颜色布及花布的衣服,不准盖瓦房,不准种水稻,严重地扼制着生产的发展。此外,土司头人还各有家奴村寨(称为"叭子村"),土司有200余户,总管有140余户,两个把事各有80余户,4个乡长各有10余户;每户家奴耕种着领主所分给的份地,除按年缴纳粮食、烧酒、水果、柴草、药材、扫帚、鞋子等物品外,须按户轮流到领主家中挑水、扫地、喂牲口,以及办好领主私庄上的农务,妇女则去做饭洗衣。

解放后,兰坪、丽江两县的西番族地区已完全土改,涌现若干本族的及与他族合办的互助组及合作社。

(五)宗教和风俗

西番族有本族的巫师称为"师西毕",在兰坪的也信端公,也有道教的阴阳先生和洞经会。在宁蒗的以信奔布(西藏的钵教)为主,其次是信喇嘛教;小的法事也常请纳西族的巫师"东巴"来做。

最主要的祭典有下面几项:

(1)祖先和家堂神同时祭祀,代表家堂神的是铁质三脚(又称锅桩),三脚火坛的后上方供奉3代祖先的神龛,神龛和三脚火坛的中间,不许妇女通过(另隔有炊爨的灶房)。每天吃酒吃茶,都先向三脚奠一下,每年的过年、清明、中元节、八月收回荞子时,以及男女订婚结婚时,都须同时祭祀三脚和祖先,主祭人是家长。

(2)祭山神树和祭龙潭。每家各认定一棵松树或麻栗树作为本家的山神;在一群被分认了的神树之中,又有一棵大麻栗树作为全村的山神。在农历七月和腊月,是各家各自祭祀本家山神树的日子;在四五月封山时,七八月开山时,是全村公祭山神的日子。祭龙潭(山泉)和祭山神大致相同,于三月或七月举行祭祀,祭祀时不吃荤。

此外,端午节的"绕岩洞"(本族语为"转念堂"),是一个宗教娱乐节日。全村青年到山洞里烧香、聚餐、歌舞,然后到瀑布下面洗澡,烧野杜鹃树枝,用烟熏去不祥;近晚,在岩洞的许多小石坑中注油燃灯。老年人则聚集村头,各人折来一枝松树或栎树枝,向它烧香叩头,求祈丰收。此外也过汉族的节日。过年的娱乐活动有赛马、打靶、跳高、摔跤、踢毽子等。

十八、怒族

(一)人口、分布、族称及语言

怒族人口12736人,主要聚居于碧江、福贡、贡山及兰坪、维西等县,住在碧罗雪山及高黎贡山的山腰地带。分布情形详附表。昌都地区的察隅、察瓦龙也有分布。分布在独龙江的,人数未详。1956年9月,在怒江傈僳自治区内成立了怒族独龙族自治县。

怒族有"怒"（贡山）、"阿怒"（福贡）、"怒苏"（碧江）、"若若"（兰坪）等不同的自称，他称有"怒仉""怒然""怒尼""察""阿般"等。

怒族语言据初步调查是属于藏缅语族，语支尚未能确定。方言差别较大。

（二）社会经济

怒族村寨由一个或几个氏族组成，各有自己的地界。如碧江普乐乡205户怒族，有"腊块腰"（从岩缝里钻出来的人）、"腊胖腰"（熊）、"苏里腰"（麂子）、"腊乌齐"（蛇）等5个氏族。各氏族都有自己的头人，他们没有任何特权。

目前怒族的经济细胞已为个体家庭，已耕土地基本私有，但还保留着共耕方式——几家人互出土地、籽种、劳力，"伙种"之后平均分配。"伙种地"占总耕地的30%，"伙种户"占总户数的50%—70%。碧江知子罗村76户怒族，有68户组成108个"伙种组"，每组最少2户，最多7户；一户有参加到10个组的。其中，属于同一氏族或宗族的76组，与外人共同买地伙种或因土地买卖转为伙种关系的有32个组。伙种原来属于同氏族或宗族的土地，占全部伙种面积的48%；伙种有买卖关系的土地，面积占33%；伙种共同开荒的土地，面积占19%。

据1954年的调查材料，贡山第二区丹珠行政村的一个寨子里，怒族普嘉与娃勒的父亲是亲兄弟，他们和同族腊图共有旱地一块，3家伙种已有20余年。30年前，3家同意将旱地开为水田，考虑到劳动力不够，做不下来，就邀约同族梅倩及傈僳族郭则、独龙族托念帕3家伙开。开成水田后，6家伙种多年，并逐年均分收获物。20余年前，郭则要求散伙，把自己份内田退交其余5家，5家供给猪肉1块、酒1筒、饭1簸作为酬谢或交换代价。5年前，梅倩又把自己份内水田转让给同族保阿岔，如何交换不详。10余年前，腊图嫁女，把自己份内水田作为嫁妆给女婿夏生；夏生又把这份田的一半转让给傈僳族保阿欠，价3斗5升苞谷。娃勒父亲的一份，又由娃勒之弟琨继承；琨于6年前也将份内的一半转让给傈僳族批都，价3只牛腿。托念帕份内田由其子李岩汉继承，但李岩汉又将田的一半转让给傈僳族匹阿底，价半条牛。

多少年来，由3家到8家伙种这3架田（合6亩左右），按份出籽种、出劳动（大多数是不等价的），并按份均分果实（这方面是绝对平均的）。

由这个例子可以看出，参加共耕的已经不完全是氏族或家族，而是个体家庭，并且还突破了"族"的界限。此外，一户农户所占有的土地，与甲共有共耕一部分，又与乙及丙共有共耕一部分，并私有自种一部分；甲、乙及丙的土地亦然。形成极为复杂多角的关系。这就说明，这种共耕和原始共耕已有本质上的差别；共耕的成员和共耕的土地都是不固定，而且因时因地变化着的；共耕的成员已经不是稳定的共同体，而是基于某种需要的暂时性的组合，但也不能理解为单纯的互助，它毕竟还是历史的余留。

怒族和杂居各族的社会结构是以个体家庭为单位，说明生产力水平已有一段程度的提高（清初以来，汉族、白族商人往来贸易，用盐、布、针、线、铁器等换取黄连、贝母、秦归、茯苓、生漆等项土特产，有的并定居下来，他们把铁质农具和牛耕的方法带进去，就使当地各族受到一定的影响）；但在个体家庭的基础上，还保留着共耕的残余，说明生产力水平仍有一定程度的限制（主要是自然条件的限制，在山坡上开水田，个体家庭担负不下来）。

随着个体家庭的出现，其土地关系也不可避免地要逐步走向私有制的道路。上举例子中，份内土地的继承和转让正标志着私有制的萌芽。至于这种转让行为，还不能意味着土地已经"商品化"，因为它还是在共耕的基础上来进行的；由于开垦水田付出的劳力较大，所以在转让中有类似地价的报酬。

解放后，党和政府大力扶持，划为"山区改造"的重点区，无偿发放铁质农具及他项生产资料和生活资料，其社会面貌正起着日愈深刻的变化。怒江傈僳族自治区成立后，共同参加了这一政权组织。1956年9月，在怒江傈僳族自治区内成立了贡山独龙族怒族自治县，怒族人民的积极主动精神也在不断高涨。

（三）风俗和宗教

恋爱和离婚都比较自由，但订婚和结婚要由父母主持，以牛（多至4条）作聘礼，出不起的甚至变成子孙的债务。结婚时亲友相聚痛饮，常常把一年的收获物用来酿酒。婚后由青年男女帮助他们砍树砍草盖一间新房，和父母分居。

人死后吹"竹号"向全村报丧，竹号的数目按照死者的身份而有增减（未婚吹一个，已婚吹两个，老人及族长吹五六个）。听到的人都赶来吊丧，和死者吃"离别酒"，由巫师灌死者1杯，亲友各饮1杯。一般行土葬，不上坟，不立木主，崇拜祖先的观念还淡薄。

宗教信仰是崇拜自然神。集体祭天和祭岩神的仪式较隆重，妇女不得参加。本族巫师称为"缅紊苏"和"禹鼓苏"，也信傈僳族的巫师"尼帕"。

在贡山接近藏区的怒族信喇嘛教，有在普化寺里做喇嘛、学藏文经典的。

自清末基督教和天主教传入后，怒族信教的日益增多，帝国主义传教士曾阴谋制造怒族、傈僳族和藏族间的纠纷，挑拨起天主教徒与喇嘛教之间的武装冲突，前后经历了10多年。帝国主义分子借此要挟清政府，取得了在怒江区自由传教的特权。解放后，各族人民觉悟不断提高，进行了"三自革新"运动，热爱祖国的观念不断加强。

十九、蒙古族

（一）人口分布及名称

云南河西县蒙古族人口共3500多人，占本省人口总数0.03%。主要分布在河西县的上、下渔村，计3300多人。自称"蒙古瓦"或"蒙古勒"。汉族和彝族称他们为"蒙古族"；又因他们以捕鱼为主要副业，解放前也有称他们为"渔夫"的。

（二）历史

公元13世纪时元代蒙古族将军兀良合台率蒙古军进驻大理，1284年元世祖下令："敕免云南从征交趾蒙古军屯田租，立乌蒙站（今昭通专区）。"河西县的三渔村就是元代蒙古军屯田的一个中心。现在河西县的东湖之旁，就有鞑靼营。现在这里的蒙古族3000多人民，就是元代蒙古族屯戍将士和元时都元帅旃姓及其他落籍蒙古族的后裔。

（三）社会经济

蒙古族所聚居的河西县下渔乡，东接汉族居住的弯石头乡，南隔清水沟与汉族居住区接连，西接回汉两族杂居的书董乡，北接汉族居住的解家园。下渔乡位于平坝，有长沙河、龙里河、中河、红水河贯通全乡。水田产稻，河川多鱼虾。蒙古族在这样的自然环境里，主要从事水稻生产，而以捕捉鱼虾为主要副业。

蒙古族从事农业生产，他们因长期与汉族、彝族杂居，互相学习，精耕细作，使用人肥、灰肥、畜肥。生产技术与粮食单位面积产量可与汉族相比。生产工具有各种铁制农具，但蒙古族不会制铸铁具。捕鱼虾的工具，除木船由玉溪县买来外，其余如捻网、夹网、大罩、下花笋、捞兜都是自制的。

河西县下渔村967户，共3294人，解放前土地占有已集中，阶级分化已明显，计地主16户，富农8户，贫、雇、中农923户。剥削方式主要是分租，地主占六成、佃农得四成，也有押金；并服劳役，送礼物。高利贷以放秋谷最多。借钱利率10分，但多半折为秋谷，算成复利。

1952年该乡已实行土地改革，1954年8月止，下渔乡蒙古族已组成合作社4个，常年互助组50个，临时互助换工的9个，正向农业生产合作化道路前进。

现在已经建立了河西县下渔蒙古族乡。该族已获得了政治上当家做主的权利。

（四）风俗习惯、宗教信仰

自元代至今已经600余年，河西县蒙古族处在汉族、彝族的大聚居区中，受两族经济、文化方面的影响很大。蒙古族居民对外联系都说汉语或彝语，本族话的使用范围已经很窄狭了。全乡蒙古族人民识汉字的知识分子百余人，现有小学1所，本族教师4人。

婚姻是一夫一妻制，父母包办。与他族互不通婚，内部同姓不婚。子女随父姓，父死时长子点神主。遗产分给长子长孙多一些，女子无财产继承权。不招婿，无子的家庭，财产分给侄子或本家。

蒙古族信佛教；尊敬灶神，认为灶神是一家吉凶福祸的主宰，女子未梳头前不得进灶房，全族人民禁吃狗肉、水牛肉、猫肉。乡内设有观音庙、土地庙、财神庙、龙王庙、奎阁、北海寺和活佛寺等。最虔敬"观音老母"，也供奉"太白星""田公""地母"。蒙古族崇拜祖先，以木牌制成祖先神牌供奉在天地位的右边。人死行土葬，置木棺，念经超度亡魂，延请地师决定坟地。清明节日在家中杀猪祭祖，子孙扫坟墓。

二十、独龙族

（一）人口分布及语言

独龙族2500多人，主要分布在独龙河上游两岸的河谷地区；河谷南北长约500华里，紧靠高黎贡山西麓，两岸山势陡峭，水流湍急，与内地（怒江区）的交通联系也比较阻绝，只靠简陋的溜索、藤桥为渡河的交通工具。

语言属于藏缅语族，与怒语同属一支。贡山的独龙语与怒语完全可以相通，两种语言的语法结构基本相同，词汇方面根据490个词的比较，其中语音词义完全相同的词约占14%，词义相同语音相近的约占33.3%。但贡山的独龙语和碧江的怒语也有很大的差别，还有待于进一步的调查。

相传这里的独龙族是14代以前（约二三百年）从怒江迁移过来的，由于气候湿热及野兽、巨蛇、蚂蟥很多，据说数十年前还有一部分独龙人在树上筑巢而居。

（二）社会经济情况

独龙还没有统一的较为固定的族名，他们的族名常因地区不同而异。例如：居住独龙河谷的便自称为"独龙"；住在迪麻河的便称作"迪麻"；住在迪布里河的便称作"迪布里"，村寨名称也称作迪布里；住在拉打阔的是乾象氏族，因此便自称乾象；居住在四区以西的称作"米哇奴"（找地方的人），因此凡由四区迁去的都叫"米哇奴"；或用原来的氏族名称，如孔孟氏族迁往巴马氏族附近居住的仍称孔孟。

各个村寨大都按照氏族或血缘相近的家族集团组成，如因天灾或疾病，常常整个村寨迁走。

他们无姓，只有氏族名称，命名大都是以地名冠于排行上。如："芒邦加捧"，意思是芒邦加那个地方的老大；老二称"芒邦加丁"，老三称"芒邦加肯"。夺夺村的老大叫夺夺普，老二叫夺夺登，也有把地名、家支名、排行连在一起的，如孔志贤之子叫"孔孟拉五普"。

四区有巴马、孔孟、夺夺、黎坑等几个氏族，每一两个自然村都有一个头人，以精明强干、能说会讲之人充当，大家同意即可，头人不世袭，只调解纠纷，无特殊权力。头人之间无隶属关系，无统一的首领。

独龙族村寨是由几个父系家族或宗族组成，每一家族构成单个经济细胞。儿孙婚后不分居，在原来的房屋下面加盖一间房子，下一代再依次加盖，排列成长形。最多的有10间，分为两厢，中间留一条过道。一个家族有20至三四十人不等。辈分和年事最长的男子是家族的首脑，有事全家共同商量，家长无绝对权力，全家共同耕作，有两种分配情况：一是家族内各对夫妇分别保管收获物，轮流做饭供全家吃；一是集中保管，由专任炊爨的主妇统一分配，不论大小，每人平均1份。家族太大可以分居，几个分居家族又构成宗族。

土地完全公有，氏族各有自己的公地，其他氏族如果要来开荒，必先取得该氏族的同意。房屋附近的小块园地及种东瓜树的轮歇地已为各个分居的家族所私有。共耕的方式是：先由氏族头人选择荒地砍倒一棵树，插上木刻，占为标志，然后选择日子，集体前往开荒耕种。这种共耕的方式被称为"白来乎"。也有两个氏族共同"白来乎"的。共耕时由各个家族或氏族平摊籽种，共同劳动（不计工时），以后按户或按口（不分大小）平分粮食。同一块耕地里同时可以栽种几种以上的作物，如旱谷、黄豆、瓜、辣子、青稞、燕麦、青菜、洋芋等，什么熟就吃什么。

买卖土地的事情尚未发生，但村寨附近的好地也有个别交换的，交换一般是以粮食或牛作为交换条件，一二斗粮食或一头黄牛便可以交换一大片荒地，私人交换的较少，以家族交换的居多。

"瓦刷"的原始协作方式也很流行，但已被富裕户用以作为剥削贫苦农民劳动力的一种手段。如贡山县第四区二村××，全家4口人，两个劳动力，经常生病，主要靠"瓦刷"生产，方法是农忙季节由户主杀猪1口，煮水酒1锅，预备点饭食请村寨里的人来干活，干活后不付给任何报酬。

（三）交换情况及数字观念

交换的方式是以物易物为主，解放后已使用人民币，但不习惯。交换黄牛主要靠贝母、黄连，最多只要10斤贝母便可换1头黄牛（黄牛主要是祭鬼和杀吃，尚不知用牛犁地）。煮饭的土锅、铁锅、铁三脚、刀子、锄等少数铁制工具过去是由藏族输入的，大约三四斤黄连才能换1口土锅（每斤黄连值2元5），贫困户大都以竹筒煮饭，过去1升苞谷才能换1颗针，由于太贵，许多人以骨针缝制麻布、渔网等。

独立的小手工业或小商业者尚未产生，但有几家是经常挖取贝母、黄连背到贡山去售卖的，每年来贡山1次，每次背贝母百余斤交换食盐、布匹及日用品。

交换不发达，因此也无数字的累进观念，数字只有1至10，然后是20、30……最多到10个10，没有11、12、13等累进数字，以木刻、苞谷籽为记数，大事刻一大痕，小事刻一小痕，交换常常是不等价的。

由于无数字观念，因而也无年岁和季节的观念，算年岁是以砍火山地轮歇过几次和砍过几次东瓜树来推算的，但由于轮歇的时间长短不一，因而确切的年岁也就难以判断。季节只知道"波龙布那"（花开之月），每到这时候将树木焚烧，然后挖地生产，雨季后开始收获。

（四）宗教、婚姻及习俗

崇拜多神，巫师有两种：一称为"拿木沙"，专门看鬼打卦；另一种称为"班瓦当"，专门驱鬼、祭鬼。全区现有5个较大的巫师。祭鬼后的牛头要挂在屋外木架或墙上，以牛骨多的为光荣。近数十年来也有不少独龙人信基督教的。

婚姻方面行氏族外婚，同家族及同一氏族之内的男女不能婚配，婚姻关系中也有类似景颇族的"丈人种"和"姑爷种"之分，各氏族之间有比较固定的婚姻集团，如孟顶氏族必须与孔贤氏族婚配，孔贤氏族的姑娘一定要嫁给孟顶氏族，而孟顶氏族的姑娘则不能嫁给孔贤氏族。

一夫一妻在不稳固的状态中，因为个体家庭还不是主要的生产单位，家长式家族才是主要的生产单位。多妻及几个姊妹同嫁一夫的情形也较流行。女子婚前有性的自由，私生子不受歧视，也有抱子认亲的习俗，但家长对其子女的婚姻有包办权。

独龙尚无祖先崇拜观念，人死后第二天即埋葬，将尸体侧睡埋在房屋附近，不垒坟，死者生前所用刀、弩器物挂于木杆上作为随葬品。

氏族间发生纠纷，可由氏族头人出面调停，并立石为盟，盟石有固定的地点，大都在场子上。

女子有文面的习俗，女子在12岁以后，便在面部刺青色的蝶状及几何形图案花纹，她们以文面为美。第四村因教徒多，故文面的较少。腰间也缠数围染红的篾圈，颈挂料珠为饰。

（五）解放后生产生活的变化

解放前，全区有90%以上的人不够吃，只有占人口不到10%的乡保甲长氏族头人等够吃。解放后，我对独龙聚居区进行了不少帮助和扶持生产的工作，人民生活有了初步改变。

1951年起，便废除了对察瓦龙藏区土司的苛重负担，并发放了一批农具，至1954年全区有板条锄800把，其中政府发放的即有515把（即是说解放前以1125个劳动力计，每一个劳动力只有0.24把锄）、犁头19把、镰刀96把，此外并发放了救济衣服1732件、土布470件、大米14736斤、籽种1石，贷给耕牛12头，新开水田321架（每架约等于2亩）。

4年来（1951年至1954年）共收购了值50000余元人民币的土特产，廉价供应了食盐（万余斤），缺粮户也较解放前减少；如雨撒自然村18户住民，解放前仅有1户够吃，1955年够吃的已有7户，又如该村得克生全家9口人，有5个劳动力，解放前每年缺粮约4个月，1954年全家生产粮食7石4斗（约等于3750斤），平均每人每年有粮（包括苞谷、青稞、荞子、稗子、燕麦等）410多斤。1956年9月，已经成立了贡山独龙族怒族自治县。

附

崩龙

崩龙总人口2900多人，占全省人口0.02%，主要分布于德宏傣族景颇族自治州及临沧专区。

"崩龙"系自称，也因居住地区不同而异，如陇川县的自称"汝买"，潞西县遮放西山的自称"昂"或"曩"，其他地区有自称"骈""汝翁""饶若""饶演""倒波""猛板""祜拉"等。

语言属南亚语系孟高棉语族中的瓦崩语支。

据传说崩龙早期是居住在澜沧江以西，较早于景颇族，由于民族压迫，走上分散流离的道路，或避入山林，或杂居于其他民族中。因此，无论山居或坝居，其经济生活是从属于其他人口较多的少数民族；生产以农业为主，但坝居的也从事于农副业或手工业生产，如编篾席、竹箩及割马草为生，生活极为贫苦落后。

解放后，在党的领导下，通过各级人民政府的帮助，崩龙已参加了人民民主政权，生活已得到了逐步改善。

附

各族人口分布表

彝族人口分布表

地区		人口数
总计		1838652
省辖市（区）	昆明市	21873
	个旧市	28396
	东川矿区	857
	下关市	49
楚雄专区	小计	355663
	楚雄	33075
	牟定	16744
	盐兴	10260
	广通	7984
	禄丰	3039

续表

地区		人口数
楚雄专区	双柏	30109
	南华	31277
	姚安	27721
	盐丰	19357
	大姚	21314
	永仁	28262
	武定	64863
	禄劝	49236
	富民	2515
	安宁	1744
	罗次	1727
	元谋	6436
蒙自专区	小计	285159
	蒙自	38172
	河口	1452
	屏边	12165
	石屏	46646
	建水	40816
	曲溪	12824
	开远	46201
	龙武	27084
	弥勒自治县	59799
大理专区	小计	247386
	大理	25
	邓川	708
	祥云	14512
	宾川	6714
	凤仪	6318

续表

地区		人口数
大理专区	弥渡	9522
	巍山	83582
	云县	38156
	凤庆	45198
	永平	12888
	漾濞	15706
	云龙	5769
	洱源	8288
玉溪专区	小计	186820
	玉溪	14857
	昆阳	10114
	晋宁	2
	呈贡	15
	澂江	442
	江川	3683
	华宁	18506
	通海	4834
	河西	1981
	新平	49586
	易门	20372
	元江	22208
	峨山自治县	40220
思茅专区	小计	149374
	思茅	5848
	普洱	17162
	景谷	22364
	镇沅	7215
	景东	69848

续表

地区		人口数
思茅专区	墨江	14689
	江城自治县	5378
	澜沧自治县	6870
	孟连自治县	—
曲靖专区	小计	136415
	曲靖	375
	霑益	3120
	榕峰	20848
	富源	13836
	马龙	2053
	嵩明	1076
	寻甸	18523
	宜良	2401
	罗平	12215
	师宗	6714
	泸西	16081
	路南	35874
	陆良	3299
丽江专区	小计	120336
	丽江	2869
	永胜	15079
	鹤庆	7228
	剑川	614
	兰坪	1135
	维西	29
	中甸	3329
	华坪	16453

续表

地区		人口数
丽江专区	宁蒗	—
	华、永、宁、小凉山办事处	73600
	德钦	—
文山专区	小计	113082
	文山	27673
	麻栗坡	5825
	砚山	22212
	邱北	22435
	广南	16741
	富宁	1282
	西畴	3026
	马关	13888
红河哈尼族自治区	小计	73886
	元阳	40646
	红河	20271
	金平	12969
昭通专区	小计	73059
	昭通	6603
	盐津	1
	会泽	10747
	镇雄	27730
	巧家	6594
	彝良	8417
	永善	7160
	威信	932
	大关	1692
	鲁甸	3179
	绥江	4

续表

地区		人口数
德宏傣族景颇族自治州	小计	29363
	潞西（芒市）	—
	陇川	—
	莲山	—
	瑞丽	—
	梁河	—
德宏傣族景颇族自治州	盈江	—
	盏西区	—
	保山	19128
	龙陵	2160
	腾冲	86
	昌宁	7989
	畹町镇	—
西双版纳傣族自治州		9115
临沧专区	小计	6324
	临沧	1894
	双江	935
	镇康	1766
	沧源	295
	大雪山	1129
	耿马自治县	305
怒江傈僳族自治区	小计	1495
	碧江	—
	福贡	—
	贡山	—
	泸水	1495

白族人口分布表

地区		人口数
总计		592585
省辖市（区）	昆明市	11527
	个旧市	146
	下关市	5098
	东川矿区	32
大理专区	小计	314245
	大理	93886
	邓川	31727
	祥云	23974
	宾川	25489
	凤仪	27621
	弥渡	80
	巍山	2596
	云县	1151
	凤庆	1160
	永平	1810
	漾濞	3597
	云龙	71315
	洱源	29839
丽江专区	小计	220677
	丽江	18949
	鹤庆	77743
	剑川	72037
	兰坪	48649
	维西	1707
	中甸	827
	永胜	755
	宁蒗	10

续表

地区		人口数
德宏傣族景颇族自治州	小计	13912
	保山	13301
	腾冲	405
	盈江	126
	龙陵	49
	昌宁	31
怒江傈僳族自治区	小计	10008
	碧江	3977
	福贡	644
	贡山	60
	泸水	5327
楚雄专区	小计	7402
	楚雄	128
	盐兴	2
	广通	41
	禄丰	8
	双柏	514
	南华	3880
	永仁	22
	武定	9
	富民	107
	安宁	2661
	元谋	17
	其他	13
玉溪专区	小计	3885
	玉溪	455
	新平	17
	易门	13
	元江	3392
	其他	8

续表

地区		人口数
昭通专区	小计	1935
	昭通	7
	会泽	87
	镇雄	1831
	其他	10
文山专区	小计	1884
	文山	23
	邱北	1851
	其他	10
思茅专区	小计	1183
	思茅	6
	普洱	854
	景谷	22
	镇沅	46
	景东	237
	墨江	15
	江城自治县	3
临沧专区	小计	399
	双江	7
	镇康	392
曲靖专区	小计	138
	曲靖	11
	宜良	45
	师宗	7
	陆良	50
	其他	25

续表

地区		人口数
蒙自专区	小计	109
	蒙自	38
	开远	33
	弥勒自治县	20
	其他	18
西双版纳傣族自治州		3
红河哈尼族自治区		2

傣族人口分布表

地区		人口数
总计		500517
省辖市（区）	昆明市	422
	个旧市	476
	下关市	3
	东川矿区	1
德宏傣族景颇族自治州	小计	192308
	潞西（芒市）	65000
	盈江	35000
	陇川	20000
	瑞丽	20000
	梁河	14000
	莲山	12000
	盏西	10000
	保山	2370
	腾冲	6327
	龙陵	5198
	昌宁	2413
西双版纳傣族自治州		123427

续表

地区		人口数
思茅专区	小计	56401
	景谷	24129
	孟连自治县	13600
	景东	4821
	澜沧自治县	2910
	镇沅	3360
	普洱	2073
	墨江	1959
	江城自治县	1900
	思茅	1658
临沧专区	小计	34302
	耿马自治县	18751
	临沧	4885
	沧源	4381
	双江	3263
	镇康	2857
	大雪山	165
玉溪专区	小计	29316
	新平	16651
	元江	11593
	通海	1049
	峨山	19
	其他	4
蒙自专区	小计	18129
	弥勒自治县	10619
	石屏	2885
	建水	2171
	蒙自	1433
	河口	648

续表

地区		人口数
蒙自专区	开远	199
	龙武	168
	其他	6
红河哈尼族自治区	小计	16359
	元阳	6276
	金平	6116
	红河	3967
楚雄专区	小计	10866
	永仁	4735
	武定	3081
	禄劝	2028
	大姚	1009
	其他	13
文山专区	小计	7875
	马关	3315
	文山	1995
	邱北	1450
	麻栗坡	1055
	广南	57
	其他	3
大理专区	小计	5445
	云县	4535
	漾濞	433
	凤庆	404
	洱源	53
	邓川	47
	其他	3
曲靖专区	泸西	1306
	宜良	7

续表

地区		人口数
	小计	3719
	丽江	3
丽江专区	华坪	2761
	永胜	935
	宁蒗	17
	鹤庆	3
怒江区	泸水	118
昭通专区	永善	23
	昭通	5

哈尼族人口分布表

地区		人口数
总计		494480
省辖市	昆明市	133
	个旧市	180
	小计	230790
红河哈尼族自治区	元阳	86687
	红河	112501
	金平	31602
	小计	177861
	思茅	247
	普洱	21641
	景谷	2538
	镇沅	24511
思茅专区	景东	7731
	墨江	89733
	江城自治县	14631
	澜沧自治县	16249
	孟连自治县	580

续表

地区		人口数
玉溪专区	小计	46330
	玉溪	122
	昆阳	612
	呈贡	1
	通海	435
	河西	139
	新平	10166
	易门	1351
	元江	30506
	峨山自治县	2998
西双版纳傣族自治州		32840
蒙自专区	小计	3321
	石屏	173
	建水	2709
	开远	6
	龙武	416
	蒙自	13
	屏边	4
楚雄专区	小计	3004
	楚雄	8
	广通	12
	双柏	2142
	武定	273
	禄劝	569
大理专区	凤庆	21

僮族人口分布表

总计		486823
省辖市（区）	昆明市	154
	个旧市	2091
	东川矿区	92
	下关市	1
文山专区	小计	400861
	文山	34481
	麻栗坡	27016
	砚山	58249
	邱北	18243
	广南	142643
	富宁	86995
	西畴	12271
	马关	20963
蒙自专区	小计	39540
	蒙自	18747
	河口	4418
	屏边	1748
	石屏	6
	建水	84
	曲溪	2
	开远	12385
	龙武	3
	弥勒自治县	2147
曲靖专区	小计	29404
	榕峰	453
	宜良	44
	罗平	4937
	师宗	11283
	泸西	12580
	路南	100
	陆良	3
	其他	4

续表

地区		人口数
大理专区	小计	5143
	邓川	50
	云县	4863
	凤庆	230
昭通专区	小计	3453
	昭通	5
	会泽	1008
	镇雄	244
	巧家	1762
	彝良	63
	鲁甸	371
红河哈尼族自治区	小计	3020
	元阳	1344
	金平	1676
丽江专区	小计	1375
	丽江	227
	永胜	333
	鹤庆	9
	华坪	307
	宁蒗	499
楚雄专区	小计	1199
	武定	27
	禄劝	1169
	其他	3
西双版纳傣族自治州		479
德宏傣族景颇族自治州	小计	7
	保山	6
	腾冲	1
玉溪专区	呈贡	3
	新平	1

苗族人口分布表

地区		人口数
总计		360473
省辖市（区）	昆明市	775
	个旧市	1924
	东川矿区	78
	下关市	4
文山专区	小计	158042
	文山	19696
	麻栗坡	34455
	砚山	10479
	邱北	28976
	广南	38422
	富宁	1661
	西畴	4903
	马关	19450
昭通专区	小计	71016
	昭通	2334
	盐津	3354
	会泽	2209
	镇雄	10751
	巧家	2082
	彝良	22267
	永善	6764
	威信	14894
	大关	5440
	鲁甸	691
	绥江	230

续表

地区		人口数
蒙自专区	小计	51093
	蒙自	10001
	河口	3581
	屏边	25597
	石屏	9
	建水	89
	曲溪	374
	开远	8207
	弥勒自治县	3235
红河哈尼族自治区	小计	30679
	元阳	3608
	金平	27071
楚雄专区	小计	18963
	楚雄	332
	牟定	99
	盐兴	321
	广通	141
	禄丰	1661
	双柏	212
	盐丰	80
	大姚	113
	武定	8170
	禄劝	4301
	富民	734
	安宁	631
	罗次	2141
	其他	27

续表

地区		人口数
曲靖专区	小计	14763
	霑益	540
	榕峰	898
	马龙	920
	嵩明	1307
	寻甸	2881
	宜良	207
	罗平	988
	师宗	2567
	泸西	4032
	路南	364
	其他	59
丽江专区	小计	3809
	丽江	1346
	永胜	328
	鹤庆	510
	中甸	527
	华坪	855
	宁蒗	234
	其他	9
大理专区	小计	3643
	祥云	254
	宾川	162
	巍山	1057
	云县	111
	凤庆	1511
	云龙	452
	邓川	36
	凤仪	60

续表

地区		人口数
德宏傣族景颇族自治州	小计	3027
	保山	1472
	昌宁	1542
	龙陵、腾冲	13
玉溪专区	小计	1962
	华宁	1457
	易门	229
	澂江	139
	新平	85
	峨山自治县	33
	元江	17
	呈贡	2
思茅专区	景东	151
	镇沅	11
	普洱	7
	景谷	2
临沧专区	镇康	422
西双版纳傣族自治州		101
怒江区	泸水	1

佧佤族人口分布表

地区		人口数
总计		280257
昆明市		42
思茅专区	小计	158389
	思茅	525
	普洱	34
	景谷	25
	澜沧自治县	147365
	孟连自治县	10440

续表

地区		人口数
临沧专区	小计	116470
	临沧	1
	双江	4793
	镇康	13798
	沧源	85466
	耿马自治县	12412
西双版纳傣族自治州		3736
德宏区	腾冲	951
大理专区	小计	666
	云县	5
	凤庆	661
蒙自专区	小计	3
	屏边	1
	石屏	2

傈僳族人口分布表

地区		人口数
总计		235023
省辖市（区）	昆明市	46
	个旧市	5
	东川矿区	2
丽江专区	小计	116775
	维西	32192
	兰坪	32125
	永胜	21071
	丽江	14933
	华坪	6904
	中甸	4136
	宁蒗	3010

续表

地区		人口数
丽江专区	鹤庆	1235
	剑川	794
	华、永、宁、小凉山办事处	300
	德钦	75
怒江傈僳族自治区	小计	78536
	福贡	24679
	泸水	23359
	碧江	21157
	贡山	9341
德宏傣族景颇族自治州	小计	19312
	盏西	5500
	腾冲	3836
	龙陵	3036
	保山	1412
	莲山	1600
	梁河	1400
	盈江	1300
	潞西	1000
	瑞丽	150
	昌宁	78
大理专区	小计	8477
	云龙	4092
	宾川	2015
	漾濞	794
	祥云	494
	永平	412
	邓川	266

续表

地区		人口数
大理专区	洱源	117
	凤仪	104
	巍山	85
	云县	53
	凤庆	39
	大理	6
楚雄专区	小计	8331
	禄劝	5869
	大姚	935
	盐丰	526
	禄丰	509
	永仁	296
	罗次	120
	广通	52
	元谋	20
	其他	4
临沧专区	小计	3240
	镇康	1924
	耿马自治县	1133
	大雪山	167
	沧源	16
思茅专区	小计	288
	孟连自治县	267
	景东	21
蒙自专区	蒙自	10
	开远	1

回族人口分布表

地区		人口数
总计		217093
省辖市（区）	小计	16763
	昆明市	14345
	下关市	1005
	东川矿区	809
	个旧市	604
昭通专区	小计	51227
	昭通	27391
	鲁甸	14358
	会泽	7100
	大关	1703
	永善	439
	镇雄	126
	其他	110
曲靖专区	小计	49974
	寻甸	25263
	嵩明	5122
	榕峰	4715
	泸西	3446
	霑益	3092
	师宗	1994
	陆良	1422
	宜良	1436
	罗平	900
	富源	808
	马龙	784
	曲靖	532
	路南	460
大理专区	小计	27485
	巍山	9262
	永平	5552
	大理	3857

续表

地区		人口数
大理专区	邓川	2449
	漾濞	1363
	凤仪	1371
	云县	1254
	凤庆	952
	宾川	313
	洱源	511
	弥渡	240
	祥云	225
	云龙	136
蒙自专区	小计	22162
	开远	7685
	蒙自	5630
	曲溪	3913
	弥勒自治县	2472
	建水	1798
	龙武	492
	石屏	164
	屏边	8
玉溪专区	小计	19905
	河西	5486
	玉溪	4812
	华宁	3628
	澂江	2795
	呈贡	959
	峨山自治县	918
	新平	454
	易门	393
	昆阳	239
	晋宁	181
	其他	40

续表

地区		人口数
楚雄专区	小计	10570
	楚雄	2403
	盐兴	1600
	广通	1520
	禄劝	1190
	南华	1138
	双柏	149
	元谋	548
	姚安	454
	武定	461
	永仁	414
	安宁	256
	富民	227
	盐丰	79
	禄丰	88
	其他	13
德宏傣族景颇族自治州	小计	6057
	腾冲	3331
	保山	1990
	昌宁	521
	龙陵	92
	盏西	60
	盈江	63
文山专区	小计	5988
	文山	2561
	邱北	2178
	砚山	802
	广南	447

续表

地区		人口数
思茅专区	小计	3446
	澜沧自治县	1026
	景谷	853
	景东	812
	普洱	235
	墨江	204
	镇沅	134
	思茅	134
	孟连自治县	40
	江城自治县	8
丽江专区	小计	2814
	永胜	1187
	剑川	588
	中甸	426
	华坪	291
	丽江	131
	德钦	105
	鹤庆	35
	兰坪	21
	维西	18
	宁蒗	12
西双版纳傣族自治州		498
临沧专区	小计	192
	耿马自治县	125
	临沧	52
	其他	15
红河哈尼族自治区	小计	12
	红河	10
	元阳	2

纳西族人口分布表

地区		人口数
总计		143398
省辖市（区）	昆明市	423
	下关市	61
	个旧市	20
	东川矿区	19
丽江专区	小计	142597
	丽江	105818
	维西	12707
	宁蒗	8406
	永胜	3028
	中甸	9993
	德钦	903
	剑川	561
	鹤庆	448
	华、永、宁、小凉山办事处	400
	华坪	243
	兰坪	90
大理专区	小计	161
	洱源	73
	大理	41
	漾濞	21
	邓川	8
	永平	8
	其他	10
怒江傈僳族自治区	小计	64
	贡山	53
	福贡	8
	碧江	3
楚雄专区	小计	14
	安宁	4
	广通	3
	富民	3
	其他	4

续表

地区		人口数
德宏区	小计	12
	保山	8
	昌宁	3
	腾冲	1
玉溪专区	小计	5
	易门	3
	玉溪	1
	华宁	1
曲靖专区	小计	5
	曲靖	2
	其他	3
昭通专区	昭通	3
	巧家	1
思茅专区	思茅	2
临沧专区	镇康	2
蒙自专区	蒙自	8
	建水	1

拉祜族人口分布表

地区		人口数
总计		129763
省辖市	昆明市	53
	个旧市	2
临沧专区	小计	32255
	临沧	5473
	双江	13466
	耿马自治县	8081
	镇康	764
	沧源	4155
	大雪山	316

续表

地区		人口数
思茅专区	小计	96935
	思茅	289
	普洱	38
	景谷	7358
	镇沅	30
	景东	594
	墨江	18
	江城自治县	607
	澜沧自治县	80101
	孟连自治县	7900
西双版纳傣族自治州		490
蒙自专区	石屏	1

景颇族人口分布表

地区		人口数
总计		101558
昆明市		23
德宏傣族景颇族自治州	小计	100518
	陇川	35000
	潞西	20000
	瑞丽	15000
	莲山	10000
	盏西	10000
	盈江	6000
	梁河	4500
	保山	11
	腾冲	7
临沧专区	耿马自治县	1003
怒江区	泸水	9
大理专区	凤庆	5

瑶族人口分布表

地区		人口数
总计		72234
省辖市	昆明市	15
	个旧市	6
文山专区	小计	37548
	文山	13
	麻栗坡	9724
	砚山	460
	邱北	1154
	广南	7392
	富宁	16876
	西畴	306
	马关	1623
红河哈尼族自治区	小计	16156
	元阳	3293
	红河	1724
	金平	11139
蒙自专区	小计	7331
	蒙自	5
	河口	1921
	屏边	5401
	建水、开远	4
西双版纳傣族自治州		7135
思茅专区	小计	3501
	普洱	33
	镇沅	7
	景东	2086
	墨江	606
	江城自治县	769
曲靖专区	师宗	508
	宜良	1
楚雄专区	楚雄	29
玉溪专区	元江	3
昭通专区	镇雄	1

藏族人口分布表

地区		人口数
总计		66893
省辖市（区）	昆明市	102
	东川矿区	1
	下关市	6
丽江专区	小计	66074
	丽江	879
	维西	27548
	中甸	23970
	德钦	13093
	永胜	313
	宁蒗	182
	兰坪	34
	鹤庆	22
	剑川	6
怒江区	贡山	594
大理专区	小计	106
	大理	20
	洱源	79
	其他	7
思茅专区	景东	29
蒙自专区	蒙自	8

布朗族人口分布表

地区		人口数
总计		32148
昆明市		1
西双版纳傣族自治州		12440
临沧专区	小计	9057
	临沧	1058
	双江	5055
	镇康	2199
	耿马自治县	728
	大雪山	17

续表

地区		人口数
思茅专区	小计	6239
	思茅	109
	澜沧自治县	2438
	景东	1708
	景谷	744
	墨江	578
	普洱	349
	镇沅	216
	江城自治县	97
大理专区	小计	4257
	云县	4014
	凤庆	159
	巍山	84
德宏区	保山	154

阿昌族人口分布表

地区		人口数
总计		17740
德宏傣族景颇族自治州	盈江	10000
	梁河	3500
	陇川	3000
	莲山	658
	龙陵	310
	腾冲	272

注：据调查，莲山的是景颇族，非阿昌族。

西番族人口分布表

地区		人口数
总计		14934
昆明市		1
丽江专区	小计	14932
	兰坪	7353
	宁蒗	3810
	丽江	2475
	华、永、宁、小凉山办事处	600
	永胜	369
	维西	305
	中甸	11
	华坪	5
	鹤庆	3
	剑川	1
大理		1

怒族人口分布表

地区		人口数
总计		12736
昆明市		11
怒江傈僳族自治区	小计	10797
	碧江	4910
	贡山	3152
	福贡	2735
丽江专区	小计	1928
	兰坪	1316
	维西	606
	丽江	5
	鹤庆	1

蒙古族人口分布表

地区		人口数
总计		3589
省辖市（区）	昆明市	45
	个旧市	38
	东川矿区	11
玉溪专区	小计	3328
	河西	3324
	玉溪	3
	江川	1
思茅专区	景东	92
蒙自专区	小计	74
	蒙自	51
	开远	18
	龙武	5
昭通专区	昭通	1

独龙族人口分布表

地区		人口数
总计		2592
怒江傈僳族自治区	小计	2413
	碧江	—
	福贡	—
	贡山	2413
	泸水	—
丽江专区	维西	179